데이터베이스 총론

이 병 옥 지음

도서출판 그린

이 연구는 2009년도 경원대학교 지원에 의한 결과임.

PREFACE

정보화 사회가 발전하면서 데이터베이스의 중요성이 날로 증가하고 있다. 학부에서 데이터베이스 과목을 강의할 때 교재로 원서나 번역서를 사용하기도 하고, 직접 집필한 책으로 사용하기도 했지만 늘 어려움이 있었다. 원서와 번역서는 크기가 방대해서 학부에서 한 두 학기에 강의하기에 쉽지 않고 내용도 어려워서 학생들이 읽고 이해하기가 어렵다는 지적이 많았다. 이런 어려움을 극복하려고 10여년 만에 새로 데이터베이스 교과서를 집필하게 되었다.

이 교재의 목표는 첫째, 학생들이 쉽게 이해하고 배울 수 있는 책을 만드는데 두었다. 둘째, 한 두 학기에 모두 배울 수 있도록 구성하였다. 셋째, 이론과 실습을 겸할 수 있도록 별도의 실습 과제들을 구성하였다. 외국에서는 데이터베이스를 주로 대학원에서 배우지만 국내에서는 학부에서 배우고 있다. 따라서 국내에서 사용하는 교재는 외국 교재보다 훨씬 쉬워야 한다고 생각한다. 강의하는 교수는 오랫동안 연구하고 유사한 주제들을 다루었기 때문에 당연하다고 생각하고 가르치지만 학생들은 의외로 간단한 것을 이해하지 못하는 경우가 있다. 가급적 그림과 표를 많이 작성해서 핵심 내용을 쉽게 이해하도록 하고, 부수적으로 상세하게 내용을 기술하는 방법으로 책을 구성해 보았다.

제1장에서 6장까지는 데이터베이스 기초를 이해하고 응용 데이터베이스 시스템을 구축하는 것으로 구성하였다. 제7장부터 13장까지는 데이터베이스 관리 시스템을 구성하고 있는 내부 구조에 대한 내용이다. 제1장에서 6장까지 한 학기동안 공부하고, 7장에서 13장까지 다음 학기 동안 배우는 것을 기준으로 삼았다. 진도가 느린 것으로 생각할 수 있으나 이론 강의와 더불어 데이터베이스 실습을 통하여 배운 이론을 확인하고 구현하는 것을 전제로 하였다.

이 책을 집필하는데 많은 도움을 준 도서출판 그린의 직원 여러분들께 감사드린다. 자료를 정리하고 교정해준 노치환, 왕보현, 서창석 교수 여러분들에게 감사한다. 이해하기 쉽고 정확하게 집필한다고 했으나 부족한 점이 많아서 계속 보완할 것을 약속드린다.

2009년 8월

복정동에서 저자

CONTENTS

제1장 데이터베이스 개요

제2장 데이터베이스 설계

제3장 관계 모델

제4장 SQL

제5장 관계 데이터베이스 설계

제6장 파일과 색인

제7장 질의 처리

제8장 병행제어

제9장 복 구

제10장 데이터베이스 보안

제11장 웹데이터베이스

제12장 정보 검색

제13장 분산 데이터베이스

제 1 장

데이터베이스 개요

CHAPTER 01

데이터베이스 개요

현대 사회는 정보가 넘쳐나는 시대이다. 정보가 너무 많아서 원하는 정보를 찾는데 곤란을 겪는다. 이제는 정보 자체가 중요한 시대가 아니라 정보를 잘 검색하고 분석해서 새로운 가치의 정보를 창출하는 것이 더 중요한 시대가 되었다. 정보를 효율적으로 관리하고 효과적으로 가공하기 위해서는 자료를 관리하는 도구가 필요하다. 데이터베이스는 관련된 자료들의 모임이고, 데이터베이스 관리 시스템(DBMS, Database Management System)은 데이터베이스를 관리하는 도구이다.

DBMS는 자료를 관리하는 프로그램이며, 데이터베이스 시스템은 데이터베이스와 DBMS, 응용 프로그램 등을 모두 포함하는 시스템이다. 자료를 체계적으로 저장하는 데이터베이스는 컴퓨터를 기반으로 하는 모든 정보처리의 기반이다. 정보가 체계적으로 저장되어 관리되면 모든 정보처리가 용이하다. 시스템 환경이 멀티미디어, 지식사회, 유비쿼터스 등으로 계속 바뀌어도 모든 정보처리의 기반은 데이터베이스에 있다.

이 장에서는 자료와 정보처리 등의 기본적인 개념들을 살펴보고, 데이터베이스 시스템을 구성하는 기본 요소들과 특징들을 소개한다. 데이터베이스의 역사와 데이터베이스의 스키마 구조 그리고 데이터베이스를 구성하는 언어와 DBMS의 기본 모듈들을 논의한다. 데이터베이스와 관련된 직업들에 대해서도 간략히 기술하고, 데이터베이스의 새로운 분야를 논의한다.

1.1 자료와 정보

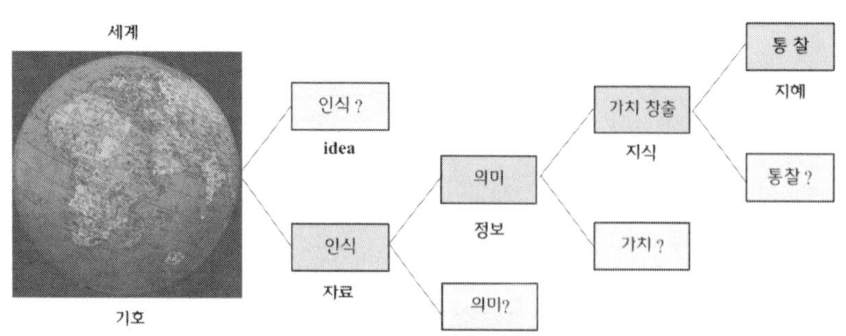

[그림 1.1] 정보의 세계

우리가 살고 있는 이 세계는 수많은 [그림 1.1]과 같이 기호(sign)들로 가득 차 있는 시공간이다. 이 기호세계는 우리가 인식할 수 있는 것과 인식하지 못하는 것으로 구분된다. 우리가 인식할 수 없는 기호들은 이데아의 세계라고 해서 경험 바깥의 세계에 속한다. 우리가 인식할 수 있는 기호들은 자료라고 한다. 인식할 수 없는 기호들도 언젠가는 자료가 될 수 있다. 자료들 중에서 의미가 있는 자료를 정보라고 한다. 정보는 사용할 가치가 있는 자료이다. 기존의 정보들을 이용하여 새로운 가치를 창출할 수 있는 능력을 지식이라고 한다. 지식이 많이 쌓여서 다방면의 모든 문제점들을 신속하게 파악하고 판단할 수 있는 능력을 지혜라고 한다. 지혜는 인간의 가장 높은 수준의 지적인 능력이다.

자료는 기호로 구성되어 있다. 우리는 기호들을 보고 자료를 인식한다. 기호는 사물을 직접적으로 나타낸 표시이다. 알파벳은 기호지만 알파벳으로 구성된 문자열은 자료가 된다. 과거에는 자료가 숫자, 문자, 특수 문자로 구성된 텍스트라고 설명하였다. 그러나 이제는 오디오, 영상, 동영상, 애니메이션 등 다양한 매체(media)들이 자료를 구성하고 있다. 따라서 자료를 정의하면 컴퓨터가 인식할 수 있는 모든 사물이라고 말할 수 있다.

[표 1.1] 정보의 구성과 체계

종류	내 역	실 례
기호	사물의 성질을 직접 나타내는 표시	알파벳, 화소, 음소
자료	사람과 컴퓨터가 인식할 수 있는 사물	문자열, 음성, 그림, 동영상
정보	가치가 인정되는 자료, 의미가 부여된 자료	자료, 가공된 자료
지식	기존 정보를 이용하여 새로운 정보를 창출할 수 있는 능력	창의력
지혜	많은 지식을 바탕으로 효과적으로 판단할 수 있는 능력	통찰력

정보란 자료들 중에서 가치가 있다고 인정된 자료이다. 즉 자료에서 의미가 부여된 자료를 정보라고 한다. 자료의 양이 폭발적으로 증가하고 있기 때문에 자료에서 정보를 추출하는 것은 중요한 일이다. 수많은 자료 중에서 사용자가 원하는 정보를 추출하는 검색의 중요성이 날로 커지고 있다. [표 1.1]에서 전반적인 정보의 구성과 체계를 설명하였다.

우리 사회는 정보사회에서 지식사회로 변화하고 있다. 정보사회는 정보를 얻는 것이 중요하지만 지식사회에서는 기존의 정보를 활용하여 새로운 정보를 창출하는 것이 중요하다. 지식이란 기존 정보를 많이 알고 있는 것이 아니라, 기존 정보를 활용하여 새로운 가치의 정보를 창출하는 능력이다. 여러 분야의 지식이 많이 쌓이면 앞날을 내다보고 의사결정을 잘 할 수 있는 통찰력이 향상된다. 치열한 경쟁 속에서 조직의 앞날을 예견하고 전략적 의사결정을 내리는 것은 매우 중요한 일이다. 지혜란 주어진 상황을 빨리 인식하고 정확하게 정보를 처리할 수 있는 능력이다. 지혜는 지식이라는 창의력을 바탕으로 전체 상황을 파악하고 신속하게 판단할 수 있는 통찰력이다.

[그림 1.2]는 기호로 구성된 자료가 여러 과정을 거쳐서 사용 가치가 상승하는 계층구조이다. 일상적인 업무에서는 단편적인 자료를 처리하고, 자료를 잘 가공하면 정보가 되고, 기존의 정보에서 새로운 가치의 정보를 창출하면 지식이 되고, 지식을 폭넓게 활용하여 미래에 대한 전략적 의사결정을 잘 할 수 있으면 지혜가 된다. 정보 피라미드의 각 계층은 계층별로 필요한 업무를 효과적으로 잘 수행해야 하지만 더욱 중요한 것은 각 계층의 정보관리 업무가 통합되어 효율적인 정보관리 체제를 구축하는 것이다. 데이터베이스는 지식사회에서 지식과 지혜를 창출하는 기반이 된다. 데이터베이스 시스템을 잘 설계하고 구현해야 정보 시스템을 성공적으로 구축할 수 있다.

[그림 1.2] 정보 피라미드

1.1.1 컴퓨터 프로그램

과거에는 컴퓨터가 정보를 저장하고 사람이 필요한 정보를 추출하고 가공하여 정보를 활용하는 역할을 하였다. 앞으로는 컴퓨터 프로그램이 기호 단계에서 지혜의 단계까지 전 과정에 참여하여 사람의 역할을 크게 대신하게 될 것이다. 그 역할은 기본적으로 정보를 저장하고 가공하는 데이터베이스 관리 시스템(DBMS)이 지원해야 한다. 인터넷의 보급과 함께 자료의 양이 폭발적으로 증가하고 있으므로 정보검색(information retrieval), 데이터 마이닝(data mining) 등이 중요한 과제가 되고 있다. 데이터베이스는 정보검색과 데이터 마이닝을 지원할 수 있는 유용한 도구 역할도 수행한다. 광산에서 귀금속과 보석을 채굴하여 정제하듯이 자료가 많으면 대용량 데이터베이스에서 귀한 정보와 지식을 추출하는 데이터 마이닝 작업이 중요하다.

컴퓨터 시스템의 핵심은 정보를 처리하는 프로그램에 있다. 프로그램은 자료를 입력하여 필요한 연산을 수행하고 결과를 출력하는 유한한 단계의 처리절차이다. 프로그램은 크게 과학기술과 사무관리라는 두 개의 분야로 나뉘어 발전되었다. 과학기술 업무는 [그림 1.3(a)]와 같이 수치계산 알고리즘이 중요한 반면에 자료의 복잡성이 적다. 사무관리 업무는 [그림 1.3(b)]와 같이 알고리즘은 파일을 읽고 쓰는 등 단순한 반면에 자료의 양이 많고 구성이 복잡하다. 따라서 데이터베이스는 사무관리 업무를 중심으로 발전되었다. 과학기술 업무는 복잡한 기술계산을 위주로 CPU를 많이 사용한다. 사무관리 업무는 주로 자료를 읽고, 기록하는 단순한 작업이므로 CPU보다는 디스크 같은 입•출력 저장장치를 주로 사용한다. 사무관리 업무는 자료의 양이 방대하고, 구성이 복잡하며, 실시간 서비스를 제공하는 일이 많으므로 데이터베이스 시스템이 필수적으로 요구된다.

(a) 기술계산 프로그램

(b) 사무관리 프로그램

[그림 1.3] 기술계산과 사무관리 업무의 프로그램

1.1.2 자료처리와 정보처리

사무관리 분야의 대표적인 업무가 은행의 여•수신업무다. 은행 업무는 예금업무와 대출업무로 크게 나뉜다. 두 업무에서 필요한 계산이란 잔액에 입금액을 더하거나 출금액을 빼는 계산과 이자를 계산하는 곱셈이다. 간단한 작업이지만 자료의 양이 매우 많아서 규모가 큰 시중은행은 하루에도 수백만 건의 거래를 처리한다. 고객의 편의와 은행 간의 경쟁 때문에 모든 작업을 실시간으로 신속하게 처리해야 한다. 증권거래도 주식을 사고파는 간단한 일이지만 하루에 수천만 건의 자료를 실시간으로 처리해야 하는 부담이 있다.

데이터베이스는 은행, 보험회사, 항공회사, 증권회사와 같이 대량의 정보 처리를 중심으로 발전해 왔다. 데이터베이스를 사용하기 이전에는 파일처리 기법을 사용하였으나 인건비, 생산성, 안전성, 무결성 등의 이유로 인하여 사양화되었다. 지식산업사회의 발전으로 인하여 데이터베이스는 기업 경영의 중심이 되고 있다.

[표 1.2] 정보 처리 계층

처리 종류	주요 업무	수요자	업무 실례
지식처리	의사결정	경영층	투자 계획, 조달계획, 인력 계획
정보처리	관리업무	중간 관리층	영업관리, 구매관리, 인사관리
자료처리	일상업무	실무층	판매, 구매, 급여 계산

[그림 1.4]는 자료처리와 정보처리의 관계를 보여준다. 실무층은 일상적인 자료처리 업무를 수행한다. 실무층 자료처리 업무의 주요 목표는 수작업 생산성 향상에 있다. 주로 단순 반복적인 작업을 기계가 신속하고 정확하게 처리하는데 목적이 있다. 예를 들어 급여계산 업무는 수작업으로 가능하지만, 사원의 수가 많으면 짧은 시간에 정확하게 처리하기에 부담이 많다. 은행의 여·수신업무, 증권매매업무, 항공예약업무 등이 바로 자료처리의 대표적인 분야이다.

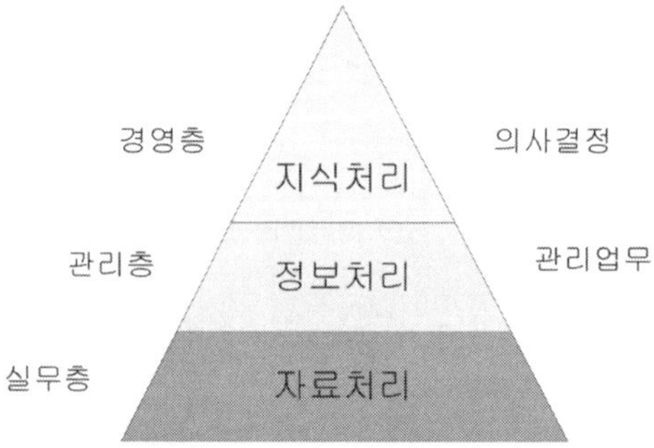

[그림 1.4] 자료처리와 정보처리

관리층에서는 실무층에서 축적된 자료를 기반으로 각종 정책을 입안할 수 있는 고급 정보를 가공하기를 원한다. 자료처리 과정에서 누적된 자료를 가공처리하면 경영에 도움이 되는 경영정보를 생산할 수 있다. 관리층 정보처리 업무의 주요 목표는 관리를 효율적으로 지원하는 고급정보를 생산하는데 있다. 예를 들어 영업부에서는 판매 자료를 기반으로 영업정책 정보를 생산하고, 구매부에서는 구매 자료를 기반으로 구매정책 정보를 생산한다. 증권매매자료를 잘 분석하면 증권시장 예측정보를 생산할 수 있다. 정보처리는 실무자보다 관리자에게 도움이 된다.

경영층은 조직의 전략 목표를 달성하기 위한 의사결정 업무를 수행한다. 경영층 업무의 주요 목표는 최고 경영자의 의사결정을 지원하는데 있다. 예를 들어 기획담당 임원은 다음 해의 시장 상황에 적합한 투자 방향과 재투자 규모를 전략 보고서에 제시하고자 한다. 경영자들이 원하는 정보는 관리자들이 원하는 정보와 다르다. 관리자들은 단위부서의 정책을 지원하는 정보를 원하는 반면에, 경영자들은 조직의 전반적인 정책을 결정하고 의사결정할 수 있는 정보를 원한다. 자료처리 업무가 안정화되고 발전되면 정보처리 업무가 가능하고, 조직체의 주요 정보처리 업무가 안정적으로 발전하면 경영자의 지식처리 업무가 가능하다.

자료처리와 정보처리는 데이터베이스가 잘 구축되어야 가능하며, 모든 조직의 정보관리에 기본이 된다. 자료처리는 일상적인 업무를 처리하는 일이고, 정보처리는 축적된 자료를 기반으로 새로운 정보를 생산하는 일이다. 자료처리가 잘 수행되어야 정보처리가 잘 수행될 수 있다. 또한 정보처리가 잘 수행되면 경영층을 위한 전략적 의사결정 지원 시스템(decision support system) 구축이 가능하다. [표 1.2]는 자료처리와 정보처리 그리고 지식처리의 구성 요소들에 대한 관계를 설명한다.

1.2 데이터베이스 개념

데이터베이스의 일반적인 의미는 자료의 집합이다. 음식점에서 각종 요리를 만들기 위한 조리법을 기록한 자료도 데이터베이스이다. 물론 직장에서 종이로 작성된 월급명세서 묶음, 출석부, 환자 진료 기록부, 학생 명부 등도 데이터베이스이다. 데이터베이스란 관련된 자료들의 집합이다.

데이터베이스를 만드는 목적은 첫째, 열람할 가능성을 염두에 두고 자료를 체계적으로 저장하는 것이다. 둘째, 필요한 정보를 적시에 제공하려는 것이다. 셋째, 지식관리 차원에서 의사결정을 지원하는 것이다. 자료의 양이 방대해지면 손으로 작업할 수 없으므로 컴퓨터를 이용하여 정확하고 신속하게 자료를 처리해야 한다.

컴퓨터 분야에서 말하는 데이터베이스는 자료가 컴퓨터에 체계적으로 저장되고 활용될 수 있는 시스템을 의미한다. 파일에 자료를 입력하고 검색하려면 프로그램이 필요하며, 이와 같이 데이터베이스 자료를 처리하는 일련의 프로그램을 데이터베이스 관리 시스템(DataBase Management System)이라고 한다.

데이터베이스를 사용하려면 DBMS 외에도 현실 문제를 해결하는 응용 프로그램이 필요하고, 실제 자료도 필요하다. 이와 같이 하드웨어, DBMS, 응용 프로그램과 자료를 모두 합하여 데이터베이스 시스템이라고 한다.

1.2.1 데이터베이스 시스템(Database System)

데이터베이스 시스템은 [표 1.3]에서와 같이 하드웨어, 소프트웨어 그리고 지속성 자료로 구성된다. 시스템 소프트웨어에서 지원 도구란 데이터베이스를 구축하는데 필요한 각종 언어, CASE(Computer Aided Software Engineering), utility 등을 말한다. 응용 소프트웨어 MIS는 경영정보 시스템, FIS는 금융정보 시스템, SIS는 학교정보 시스템, HIS는 의료정보 시스템, GIS는 지리정보 시스템 등의 현실 문제를 해결하는 정보처리 프로그램을 의미한다. 지속성 자료란 정보처리를 위하여 하드 디스크(hard disk), 테이프(tape) 등의 보조기억 장치에 항구적으로 저장되어야 하는 응용분야에 필요한 정보들을 의미한다.

[표 1.3] 데이터베이스 시스템 구성 요소

구분	구성 요소	내 역
Database System	하드웨어	CPU, RAM, DISK, MONITOR, TAPE,,
	시스템 소프트웨어	OS, DBMS, 지원 도구,,,
	응용 소프트웨어	MIS, FIS, SIS, HIS, GIS,
	지속성 자료	경영자료, 금융자료, 학생자료, 진료자료

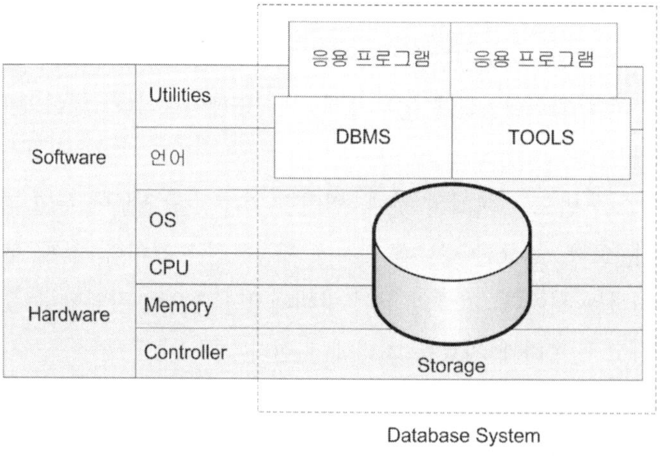

[그림 1.5] 데이터베이스 시스템 구성도

데이터베이스 시스템은 [그림 1.5]와 같이 CPU, memory, storage, controller 등의 하드웨어와 DBMS, 응용 프로그램, 설계 및 관리 도구 프로그램으로 구성된 소프트웨어와 지속성 자료 등이 계층적으로 구성된다.

(1) 데이터베이스 처리 개요

데이터베이스 시스템에 대한 이해를 돕기 위하여 데이터베이스 시스템이 구축된 것을 가정하고 데이터베이스 처리절차를 간략하게 설명하기로 한다. 이 내용은 제4장에서 상세히 기술하기로 한다. [그림 1.6](a)의 CUSTOMER 테이블에서 "성남에 사는 고객의 이름과 신용도를 검색하시오"라는 질의가 주어졌다. CUSTOMER 테이블의 자기 정의 자료는 [그림 1.6](b)의 CATALOG와 같다. 사용자는 다음과 같은 SQL 문장을 실행하면 [그림 1.6](c)와 같은 질의 결과를 얻을 수 있다.

질의

"성남에 사는 고객의 이름과 신용도를 검색하시오"

SQL 문장

```
SELECT name, credit
FROM   customer
WHERE  addr = '성남';
```

CUSTOMER

1	Kim	서울	22-345	1
2	Lee	인천	21-234	2
3	Park	성남	33-231	2
4	Lee	수원	22-333	9

(a) 자료 파일

CATALOG

cid	integer	2
name	char	25
addr	char	60
telephone	char	15
credit	num	10.2

DB NAME: SALES
TABLE NAME: CUSTOMER

(b) 자료에 대한 meta-data

Park	2

(c) 질의 결과

[그림 1.6] 데이터베이스 관련 정보

이 질의 결과는 [그림 1.6](c)와 같은 자료이다. 데이터베이스 시스템은 이와 같이 자료와 자료에 대한 정보와 질의와 같은 응용 프로그램 등으로 구성되며, 이런 질의처리가 가능하도록 시스템을 구축해야 한다.

(2) Program 중심처리와 Data 중심처리

프로그램 중심처리와 데이터 중심처리의 비교는 파일처리 기법과 데이터베이스 기법의 비교라고 할 수 있다. 기존의 컴퓨터 처리작업은 시스템 분석가(system analyst)가 업무 내용을 상세하게 정의하고, 프로그래머(programmer)가 프로그램을 작성하였다. 프로그램을 제일 중요한 요소로 보고, 입·출력 과정에서 자료를 정의하기 때문에 자료를 부수적으로 생각하였다. 이 방식을 프로그램 중심 처리 또는 파일처리 기법이라고 한다. 이 방식은 [그림 1.7](a)와 같이 프로그램 실행 과정에서 필요할 때마다 자료를 정의하고 생성하기 때문에 자료 파일이 많이 생성된다.

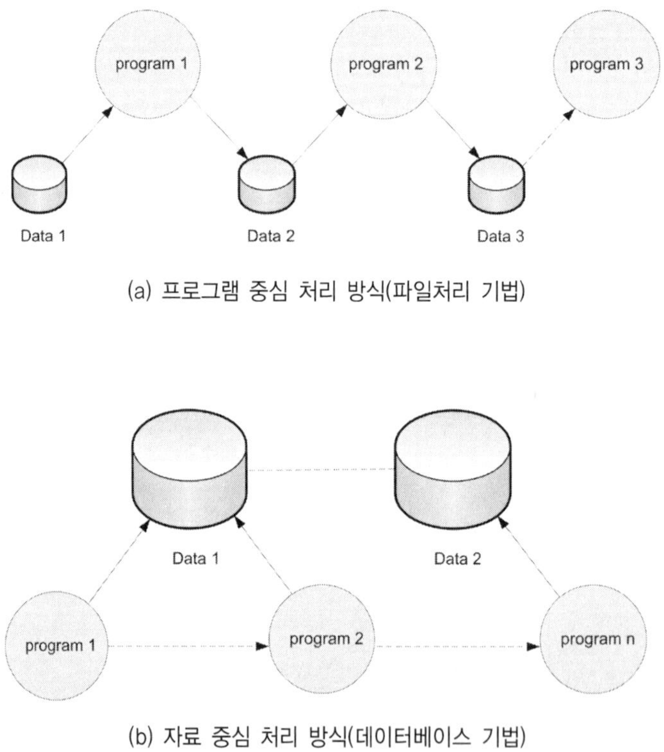

[그림 1.7] 프로그램 중심처리와 자료 중심 처리방식

데이터베이스에서는 이와는 반대로 자료를 중요한 요소로 보고, 프로그램이 자료를 변화시키는 변동 요소로 보았다. 주어진 자료부터 최종적으로 필요한 자료를 정의한 다음에 자료들을 변경해 줄 프로그램을 작성하는 방식이다. 이 방식은 [그림 1.7](b)와 같이 자료를 정의하고 자료내용을 수정하는 프로그램을 개발한다.

전자는 파일이 많이 생성되는데 반하여 후자는 파일 수가 적다. 일반적으로 자료의 형식과 구조는 자주 변경되지 않으나 프로그램이 처리하는 내용은 비교적 자주 변경된다. 따라서 변동이 적은 자료를 먼저 설계하고 변화가 많은 프로그램을 다음에 설계하는 것이 효율적이다.

1.2.2 데이터베이스의 특징

파일처리 기법은 컴퓨터의 발전과 더불어 경험적으로 발전되어 왔다. 여러 가지 문제점이 있어서 점차 개선되고 있지만 아직도 불편한 점이 많이 있다. 파일처리 기법을 이용하면 첫째 컴퓨터 저장장치와 파일 구성에 대한 지식이 많아야 하고, 둘째 프로그램 안에서 자료를 정의하기 때문에 프로그램이 복잡하고, 셋째 자료 구성이 프로그램마다 다르게 정의될 수 있으므로 혼돈을 야기할 수 있다. 이런 문제점을 해소하기 위하여 데이터베이스는 [표 1.4]와 같이 세 가지 요소들을 특징으로 만들어졌다. 자료 독립, 자기 정의, 추상화 등이다.

[표 1.4] 데이터베이스 특징의 3 요소

특 징	내 역	목 적
자료 독립	프로그램과 자료의 분리	프로그램과 자료 변경 용이
자기 정의	자료의 편성과 제약조건 명세	자료 파악 용이 및 오류 방지
추상화	복잡한 세부 사항 감추기	쉽게 사용하기

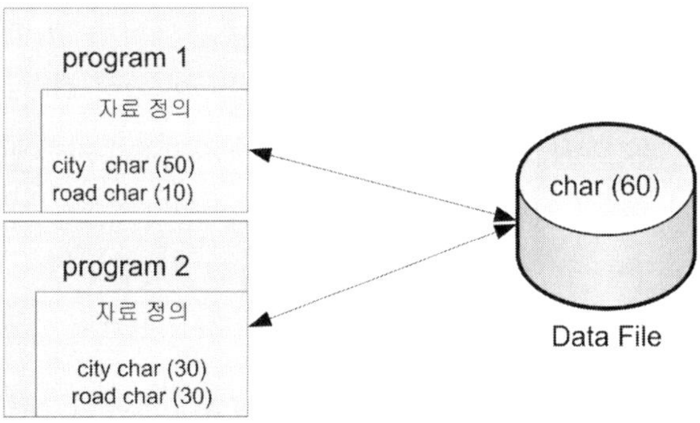

(a) 파일처리 기법의 자료종속

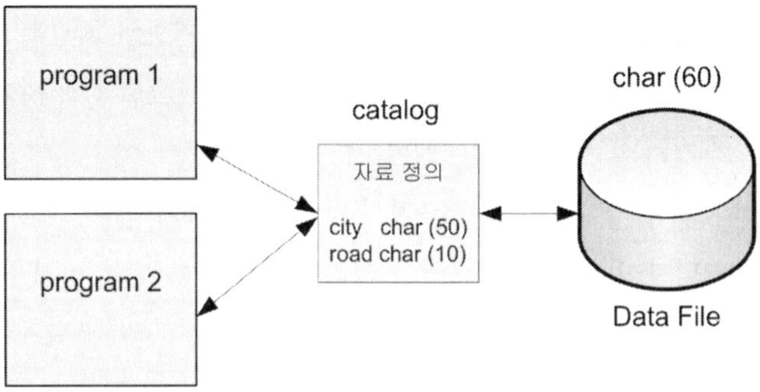

(b) 데이터베이스의 자료독립

[그림 1.8] 자료 종속과 자료독립

현재 시장에는 완벽한 데이터베이스뿐만 아니라 기능이 아주 적어서 데이터베이스라고 말하기 힘든 정도의 파일관리 비슷한 제품들이 있다. 예를 들어 Oracle은 완벽한 DBMS이고, Access는 완벽한 DBMS는 아니지만 개인 용도의 데이터베이스 역할을 한다. 그러나 Excel과 같은 spreadsheet는 데이터베이스라고 말할 수 없다. 그 이유는 Excel이 이들 DBMS의 3요소를 충족하지 못하기 때문이다.

(1) 자료 독립

파일처리 기법의 가장 큰 문제점은 응용 프로그램에서 자료를 정의하기 때문에 자료 구성이 바뀌면 프로그램을 다시 작성하거나 최소한 컴파일을 다시 해야 한다. 파일처리 기법은 프로그램 처리시마다 여러 가지 버전의 파일이 생성되어 파일관리가 복잡해진다. 이 문제를 해결하기 위하여 자료 정의를 프로그램에서 분리하여 메타-자료(또는 catalog, 데이터베이스의 구조와 저장될 내용을 정의한 자료)를 독립적으로 사용한다. 자료 구성이 바뀌어도 프로그램을 변경할 필요가 없으며, 여러 가지 버전의 파일이 계속 생성되지 않는다. 대신에 데이터베이스 변경 사항을 별도로 보관하여 복구 자료로 활용할 수 있다. [그림 1.8](b)와 같이 데이터베이스에서는 메타-자료(catalog)가 프로그램으로부터 독립되어 있다. 그러나 파일처리 기법에서는 [그림 1.8](a)와 같이 각 프로그램 안에서 자료를 정의한다. 따라서 동일한 파일의 자료를 각 프로그램 마다 다르게 정의해서 사용할 가능성이 있다.

자료 독립이란 자료가 프로그램으로부터 독립되어 있기 때문에 자료 구성을 변경해도 프로그램을 변경하지 않아도 되는 기능이다. 자료 독립에는 논리 자료 독립과 물리 자료 독립이 있다.

◉ **논리 자료 독립 :** 논리 자료 독립이란 자료의 논리구조(개념 스키마 또는 외부 스키마)를 변경해도 응용 프로그램을 수정하지 않아도 되는 기능이다. 예를 들어 개념 스키마에서 address라는 자료의 길이가 char(60)에서 char(50)으로 바꾸어도 외부 스키마를 바꿀 필요가 없으며 응용 프로그램도 바꿀 필요가 없다.

◉ **물리 자료 독립 :** 물리 자료 독립이란 자료의 내부 구조(schema)를 변경해도 응용 프로그램을 수정하지 않아도 되는 기능이다. 예를 들어 자료를 검색하기 위한 색인 구조를 바꾸더라도 검색 응용 프로그램은 수정하지 않아도 되는 기능이다.

(2) 자기 정의

데이터베이스를 생성할 때는 자료 정의 내용을 메타-자료에 저장한다. 즉 데이터베이스 이름, 테이블 이름, 테이블을 구성하는 자료들의 이름과 자료형과 길이, 기본 키 그리고 각종 제약조건 등을 catalog에 저장한다. 자료를 입력하거나 갱신할 때마다 DBMS는 입력이나 갱신하는 자료가 catalog에 저장된 내용과 일치하는지를 검사하여 오류를 사전에 제거한다. Catalog를 이용하여 데이터베이스의 무결성과 보안을 강화한다. [그림 1.9]의 메타-자료에는 데이터베이스에 대한 자세한 내용과 제약조건이 저장되어 있으며 이것이 자기 정의에 해당한다.

결과적으로 보면, 데이터베이스의 자기 정의는 자료 독립이 되어야 가능하다고 볼 수 있다. 자료가 독립되어 자료에 대한 내용인 meta-data를 외부에 별도의 파일로 저장한 것이 catalog이며, catalog에 기록하는 내용이 바로 자기 정의 내용이기 때문이다.

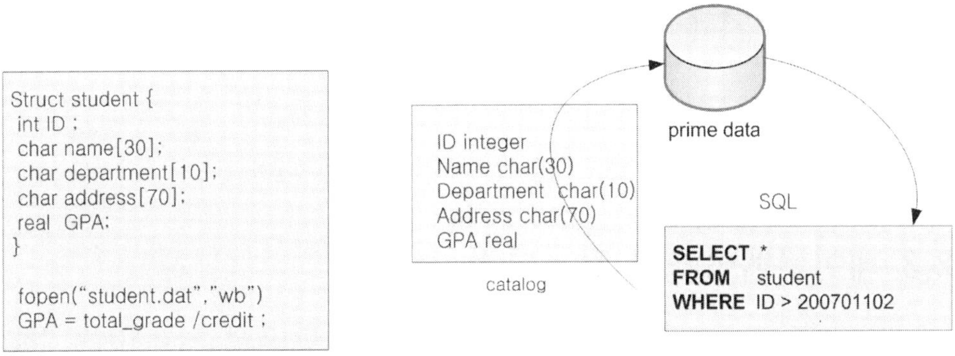

[그림 1.9] 데이터베이스의 자기 정의

(3) 추상화

추상화란 상세한 내용을 감추고 사용자가 이해하기 쉽게 단순화하는 것이다. 예를 들어 자동차는 매우 복잡한 기계지만 운전석에는 핸들과 몇 개의 페달 등을 설치하여 자동차의 상세한 내부 구조를 모르는 사람도 운전하기 쉽게 만들었다. 데이터베이스 시스템도 복잡한 내용을 감추고 간단한 사용법만을 제시하여 사용자가 이용하기 쉽도록 만들었다. 이를 위해 데이터베이스는 구조를 내부 스키마, 개념 스키마, 외부 스키마로 나누어 3단계 데이터 모델을 만들었다. 복잡한 내부 스키마를 모르고도 사용자는 간단한 외부 스키마만 보고 사용한다.

[그림 1.10](a)와 같이 실제 데이터베이스 자료는 내부 스키마에서 상세하게 정의하고, 사용자들은 외부 스키마에서 자신에게 필요한 부분만 쉽게 접근하고 사용할 수 있다. [그림 1.10](b)와 같이 차량은 약 2만개의 부속품으로 구성된 복잡한 기계지만 운전석을 간단하게 구성하여 운전을 쉽게 한다. 데이터베이스와 차량의 추상화 개념은 동일하다.

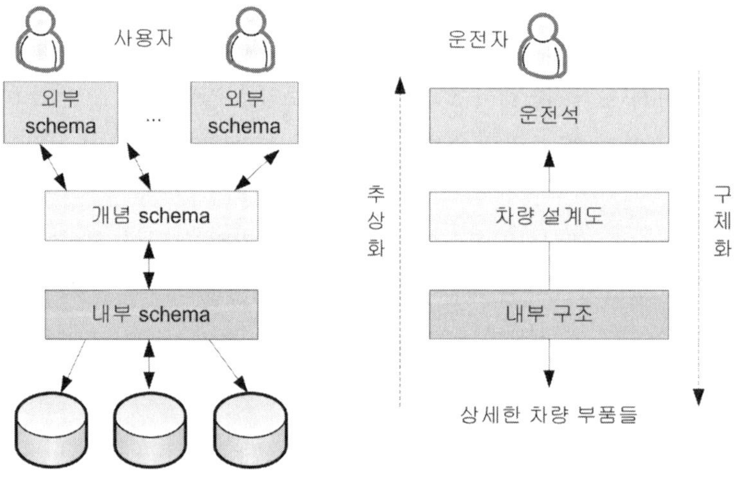

(a) Database 추상화 (b) 차량의 추상화

[그림 1.10] 데이터베이스와 차량의 추상화

1.2.3 데이터베이스의 장•단점

데이터베이스는 기존의 문제점을 해결하고 여러 가지 목적을 달성하기 위하여 작성된 프로그램이므로 많은 장점이 있으나, 상대적으로 여러 가지 단점들이 존재한다. 우리는 이들 장•단점을 파악하여 선택적으로 활용한다.

(1) 데이터베이스의 장점

데이터베이스는 자료를 공유함으로써 자료 접근 효율을 증대하고, 중복을 감소시킬 수 있다. DBMS를 이용하여 자료를 관리하면 [표 1.5]와 같은 장점들이 있다.

자료 추상화는 자료 사용을 단순화하여 사용을 편리하게 한다. 자료 공유와 중복 감소는 자료관리를 용이하게 하고 자료의 일관성을 향상시키고 공간을 절약시켜준다. 무결성과 보안은 데이터베이스를 정확하고 안전하게 유지시켜준다. 아울러, 여러 명의 사용자들이 공유함으로써 병행처리를 가능하게 하고, 질의처리 능력을 향상하고 고장 발생 시에 회복하는 능력과 백업하는 능력을 증대한다. 부수적으로 자료를 표준화하여 생산성을 증대하고 자료 접근의 가용성을 향상할 수 있다.

[표 1.5] 데이터베이스의 장점

종 류	내 역
편리성	자료 추상화 기능으로 복잡한 세부 사항을 감춤. 자료 공유, 검색, 저장 용이
자료관리	다양한 첨단 기술을 구사하여 효율적으로 자료를 접근하고 체계적으로 관리
무결성	오류 없는 정확한 자료 처리(입력, 갱신, 삭제)
보 안	불법 침입으로부터 자료 보호
병행제어	여러 사용자들이 동시에 동일한 자료를 효율적으로 처리
복 구	고장 발생 시 신속한 원상 회복 처리
백 업	시스템 붕괴 시에도 복구할 수 있도록 자료의 예비 저장
생산성	표준화 및 종합 설계를 통하여 자원 절약과 신속한 개발 및 운영. * 인건비, 기자재비 등 개발비와 유지보수비의 절감

(2) 데이터베이스의 단점

데이터베이스는 크기와 기능이 방대하고 용도가 다양하기 때문에 프로그램의 규모가 크고 복잡하여 [표 1.6]과 같이 여러 가지 단점이 있다.

[표 1.6] 데이터베이스의 단점

종 류	내 역
높은 비용	고가의 DBMS, 대형 하드웨어, 교육비 증가
낮은 속도	DBMS는 기능이 많아서 처리 속도 저하
고급 기술	컴퓨터 환경 발전에 따라 새로운 고급 기술을 지속적으로 DBMS에 수용해야

DBMS는 시스템 소프트웨어 중에서도 가격이 높은 분야에 속한다. 큰 규모의 DBMS를 운영하려면 저장장치, 메모리, 처리기 등 하드웨어 비용이 많이 소요된다. 데이터베이스 프로그램을 개발하고 운영하는 비용도 많이 소요된다. DBMS는 규모가 크고 기능이 많기 때문에 상대적으로 처리 속도가 빠르지 않다. 이를 극복하려면 하드웨어 규모와 성능을 높이거나 소프트웨어를 개선해야 한다. 컴퓨팅 환경이 발전함에 따라서 새로운 기능들이 개발되는데 DBMS는 새로운 기능들을 수용하여 내장하여야 한다. 따라서 데이터베이스에 적용되는 기술이 지속적으로 고급화하기 때문에 교육 수요도 증대된다.

파일처리 기법을 사용하는 경우에도 [표 1.7]과 같은 단점이 있으므로 두 분야의 단점을 검토하여 채택하여야 한다.

파일처리 기법은 프로그램 중심 기법이기 때문에 부수적인 파일이 많이 생성된다. 파일들이 많으므로 각종 자료가 중복될 수 있으며, 자료가 중복될수록 자료간의 일관성이 저하된다. 파일들이 많기 때문에 언제 어떤 업무에서 어떤 파일을 접근해야 하는지를 정확하게 알고 사용해야 하는 문제점이 있다. 자료들이 여러 개의 파일에 흩어져 있고 파일 형식이 다르기 때문에 프로그램 개발과 운영이 어렵다.

[표 1.7] 파일처리 기법의 단점

종류	내 역
자료 중복	자료처리를 할수록 파일의 수가 증가하고 자료가 중복됨
비 일관성	자료 중복이 많아서 일관성이 상실되기 쉽다
복잡성	파일 수가 많아서 자료 접근과 프로그램이 복잡

이밖에도 데이터베이스 시스템의 장점이 되는 사항들은 대부분 파일처리 기법의 단점이 될 수 있다.

◉ **첨단 기술 수요 :** 데이터베이스는 거의 모든 분야의 컴퓨터 작업에 필수적인 요소이다. 따라서 관련 컴퓨터 기술이 발전함에 따라서 병렬처리, 멀티미디어, 인공지능, 인터넷 등 제반분야가 발전하면 이에 맞추어 새로운 데이터베이스 시스템을 개발하여 지원해야 한다. 이를 위해 데이터베이스 분야는 지속적으로 개선과 개발이 이루어지고 있으므로 DBMS의 규모와 성능은 더욱 증가하고 있다.

1.2.4 데이터베이스의 분류

데이터베이스는 다양한 응용분야에서 사용되기 때문에 다양한 종류의 DBMS가 개발되어 왔다. 기능이 많고 성능이 높은 방향으로 끊임없이 개발되어 많은 종류의 제품이 공급되고 있다. 이들 DBMS들을 유형과 용도별로 구분하면 [표 1.8]과 같이 자료 모델, 자료처리 규모, 자료처리 방식 등의 측면에서 분류할 수 있다.

(1) 자료 모델(Data Model)

자료 모델은 노드 간의 관계에 따라서 망 모델, 계층 모델, 관계 모델, 객체지향 모델 등으로 구분된다. 망 모델은 노드들이 네트워크 형태이며, 계층 모델은 트리 형태이고, 관계 모델은 독립 형태를 가지며, 객체지향 모델은 그래프 구조의 복잡한 형태를 가진다. 응용분야별로 자료의 성격이 도로망, 상수도망, 통신망과 같은 그래프 체제는 [그림 1.11](b)의 망 모델에 적합하고, 정부나 기업의 조직 체계나 완성품의 조립체계 등은 [그림 1.11](a)의 계층 모델에 적합하고, 그래프나 트리처럼 특정 구조에 적합하지 않으면 [그림 1.11](c)와 같이 파일 간의 연결이 자유로운 관계 모델에 적합하며, 복잡한 자료를 현실 그대로 표현하려면 [그림 1.11](d)와 같은 객체지향 모델이 적합하다.

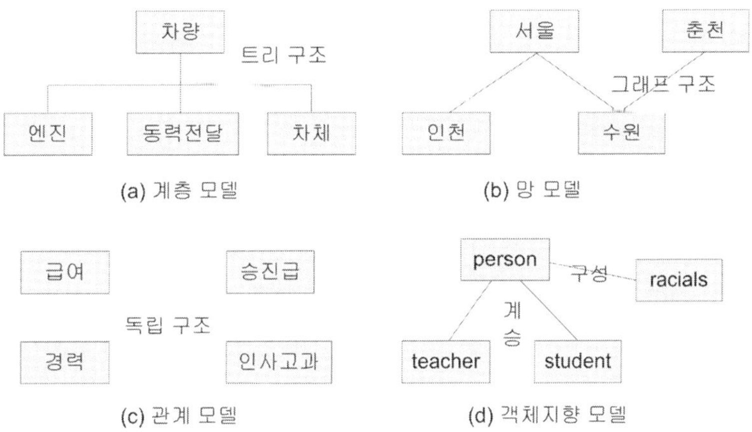

[그림 1.11] 데이터베이스 자료 모델의 종류

예를 들어 IBM의 IMS는 계층 모델이고, Total과 Image는 망 모델이며, Oracle과 Informix는 관계 모델이다. Gemstone, O_2, ORION 등은 객체지향 모델이다.

(2) 처리 규모

데이터베이스는 자료 처리능력에 따라서 대형, 소형, 워크스테이션용, 개인용 등으로 나뉜다. 대형 DBMS는 대형 컴퓨터에 소형은 소형 컴퓨터에, PC 용은 초소형 컴퓨터에 탑재되어 처리된다. 현재는 마이크로컴퓨터의 발전으로 인하여 다운사이징(downsizing) 효율이 높으므로 작은 규모의 컴퓨터들을 네트워크로 묶어서 협동 처리하는 클라이언트/서버 모델이 확대되고 있다. 실제로 금융권 시스템들이 과거의 초대형 컴퓨터에서 client/Server 형태로 전환하고 있다. 예를 들어 IBM의 IMS와 DB2는 대형 DBMS이고, Oracle은 소형과 워크스테이션용 DBMS로 제작되어 보급되고 있다. MS사의 Access는 개인용 컴퓨터에서 사용되는 최소 기능의 데이터베이스이므로 tablet이라고 부른다.

[표 1.8] 데이터베이스 분류

구분	종 류	내 역	실 례
자료 모델	계층 모델	트리 구조에 적합한 응용분야	IMS, System2000
	망 모델	망 구조에 적합한 응용분야	Total, Image
	관계 모델	독립 구조에 적합한 응용분야	Oracle, Informix
	객체지향 모델	복잡한 구조에 적합한 응용분야	GemStone, Orion, O_2
처리 규모	대형	슈퍼컴퓨터 등 대규모 자료처리용	IMS, DB2
	소형	미니컴퓨터 등 소규모 자료처리용	Image
	워크스테이션	특정 분야용 소규모 자료처리용	Oracle, Sybase
	개인용	개인 업무용 자료처리	Access, Paradox
처리 방식	집중식	호스트 기반 대형 시스템용	IMS, Total
	분산식	클라이언트/서버 시스템용	Oracle

(3) 처리 방식

자료처리의 제어권에 따라서 처리가 한 곳에서 제어되면 중앙집중식이라 하고, 자료처리가 여러 곳에서 제어되면 분산식이라고 말한다. 컴퓨터가 중앙집중식에서 점차 분산방식으로 진화하면서 자료처리 방식도 점차 분산식으로 진화하고 있다. 집중식과 분산식의 중간 단계로 서비스를 요청하는 클라이언트와 서비스를 제공하는 서버로 구성된 클라이언트/서버 컴퓨터가 보급되면서 데이터베이스도 클라이언트/서버 DBMS가 사용되고 있다.

예를 들어 IMS, Total 등은 중앙집중식으로 설계되었으며, Oracle, Ingres 등은 중앙집중식과 분산식 두 가지로 설계되었다. 관계 데이터베이스는 클라이언트/서버 시스템에 적합하여 클라이언트/서버 DBMS로 많이 사용된다.

1.2.5 데이터베이스 라이프 사이클

데이터베이스는 살아있는 생명체와 같이 주기적으로 갱신되면서 변화해 간다. 처음에 데이터베이스 기능을 정의하고, 기술 환경에 맞추어 데이터베이스를 설계하고, 경제원칙에 따라서 가장 효과적인 기술을 도입하여 데이터베이스를 구축한다. 구축된 데이터베이스는 시험을 거쳐 사용되기 시작한다. 데이터베이스를 사용하는 가운데 끊임없이 법규가 개정되고, 각종 규정과 규칙들이 변경되어 초기에 정의된 데이터베이스와 전혀 다른 환경에서 데이터베이스를 운용해야 하는 경우가 발생한다. 이를 극복하기 위하여 데이터베이스를 계속 수정하지만 수정해야할 내용이 어느 한도를 넘으면 수정하기 보다는 전면적으로 재검토해야 한다. 재검토 시에는 기존 데이터베이스를 폐기하거나 대폭 개편하기 위하여 재정의해야 한다. 따라서 데이터베이스 정의에서 재검토까지를 한 주기라 하고, 이러한 주기는 사회 변화와 발전에 따라서 끊임없이 반복된다.

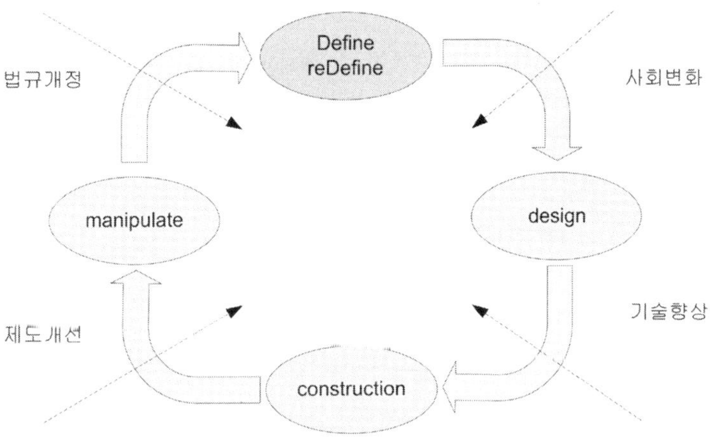

[그림 1.12] 데이터베이스의 라이프 사이클

[그림 1.12]의 그림과 같이 사회가 변화하면 보는 눈이 달라지므로 디자인을 바꾸어야 하고, 기술이 발전하면 신기술이 도입된 제품을 도입함에 따라 데이터베이스의 구조를 개선해야 하며, 사회 제도와 행정 제도가 개선되면 프로그램의 처리 방법을 바꾸어야 하고, 법령이 개정되면 전반적인 개혁이 이루어진 것이므로 데이터베이스 시스템 설계를 다시 정의해야 한다.

1.2.6 데이터베이스의 역사

데이터베이스는 컴퓨터가 처음 사용되기 시작하면서부터 경험적으로 개발되어 사용되고 있다. 초기에는 파일처리 방식으로 사용하면서 점차 데이터베이스 형태로 발전되었다. DBMS가 상품화되어 보급되는 과정을 연대별로 살펴보면 [표 1.9]와 같다.

데이터베이스는 2차 세계대전이 끝난 후에 미국이 전 세계에 군대를 배치하고 주둔하기 위하여 군수물자 보급 시스템을 컴퓨터로 처리하면서 발전하기 시작하였다. 1960년 이후부터 GE의 Bachman이 CODASYL을 기반으로 IDS라는 네트워크 모델의 데이터베이스를 개발하였다. IBM에서는 SABRE라는 항공예약시스템을 구축하기 위하여 IMS라는 계층 데이터베이스를 개발하였다. 1970년에 IBM San Jose 연구소의 Codd 박사가 수학의 집합론을 기반으로 관계 데이터베이스 논문을 발표하고, System R이라는 관계 데이터베이스를 개발하였다. 1980년 이후는 관계 데이터베이스 붐이 불어서 Oracle, Ingres, Informix, Sybase 등이 중소기업의 업무까지 DBMS를 보급하게 되었다. 1990년 이후에는 객체지향 프로그램의 영향으로 Gemstone, O_2, ORION 등의 객체지향 데이터베이스가 개발되어 보급되었다. 2000년 이후에는 인터넷의 보급으로 모든 데이터베이스들이 웹 데이터베이스로 적용하였으며 클라이언트/서버 모델로 발전하였다.

[표 1.9] 데이터베이스의 역사

종 류	내 역	사 례
1945년 이후	미국 국방성에서 군수물자관리를 위한 개발 착수	
1960년 이후	상업용 데이터베이스 출시	IDS, IMS
1970년 이후	관계 데이터베이스 연구 및 개발 착수	System R
1980년 이후	상업용 관계 데이터베이스 출시	Oracle, Informix, Sybase
1990년 이후	상업용 객체지향 데이터베이스 출시	Orion, O_2
2000년 이후	인터넷 데이터베이스 활성화	Client/Server 모델로 발전

[그림 1.13]은 데이터베이스 모델의 발전사를 보여주고 있다. 마지막으로 2000년 이후에는 인터넷의 발전과 보급에 따라서 인터넷에 데이터베이스를 연동하기 위한 기술이 개발되어 XML과 같은 마크업 언어가 활용되기 시작하였다. XML은 전자상거래 사이트 등에 데이터베이스를 연결하고 동적인 페이지 구축에 활용되기 시작하였다.

DBMS 제작회사들은 [그림 1.14]와 같이 컴퓨팅 기술 환경의 발전과 더불어 지속적으로 자사의 DBMS 기능을 개선하고 성능을 보완하고 있다. 예를 들어 객체지향 개념이 보급되면 객체지향 기능을 추가하고, 멀티미디어가 출현하면 멀티미디어 자료를 다루는 기능을 추가하고, 인공지능 기술이 보급되면 지능형 데이터베이스를 개발하고, 클라이언트/서버 환경이 보급되면 클라이언트/서버 DBMS를 개발하고, 병렬처리가 보급되면 병렬 DBMS 기능이 추가되며, 실시간 서비스 기능이 요구되면 주기억장치 데이터베이스를 개발하고, 인터넷이 보급되면 웹 DBMS를 개발하여 공급한다. 앞으로 새로운 기술이 보급되면 계속적으로 DBMS는 같이 발맞추어 새로운 DBMS를 개발할 것이다.

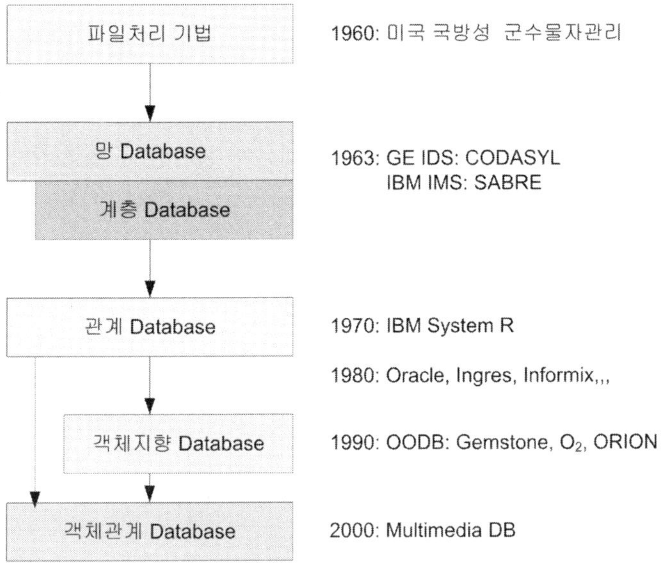

[그림 1.13] 데이터베이스의 발전사

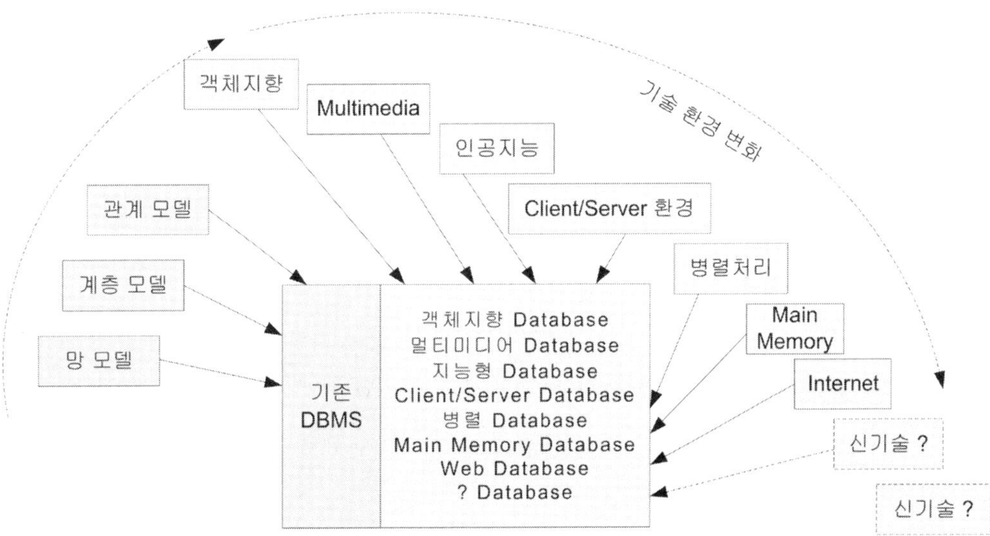

[그림 1.14] DBMS 제작 기술 변천

1.3 데이터베이스 구조

데이터베이스는 다양한 기능을 제공하기 때문에 복잡한 구조(스키마)로 구성된다. 스키마를 간단히 설명하면 "데이터베이스의 논리적 정의"를 의미하며, 구체적으로 표현하면 "데이터베이스의 전반적인 구조와 제약조건"을 의미한다. 여기서 제약조건이란 데이터베이스에서 허용할 수 있는 자료 값들과 자료들 간의 관계를 의미하며, 데이터베이스의 무결성을 지원하는 도구이다.

1.3.1 3단계 스키마 구조

DBMS의 구조는 [그림 1.15]와 같이 3단계의 추상화로 기술된다. DBMS 스키마의 목적은 사용자들이 데이터베이스의 복잡한 내부 구조를 모르고도 외부 형식만 알면 쉽게 사용하도록 하는 것이다.

DBMS 스키마를 설계하는 순서는 데이터베이스의 전반적인 구조를 기술하는 개념 스키마, 데이터베이스의 물리적인 상세 구조를 기술하는 내부(물리) 스키마, 사용자들이 외부 형식만 알고도 사용할 수 있는 외부 스키마(view)로 구성된다. [표 1.10]은 세 가지 스키마의 간단한 요약이다.

(1) 개념 스키마

응용업무를 위한 데이터베이스를 만들려면 우선 데이터의 전반적인 구조를 설계한다. 이 작업의 결과를 개념 스키마라고 한다.

개념 스키마에는 데이터베이스를 구성하는 테이블들을 기술하고, 테이블 간의 관계를 기술하고, 테이블을 구성하는 자료들의 구성 내용을 정의한다. 아울러 각 테이블과 자료들의 제약조건을 기술한다. 개념 스키마는 개념적인 구조를 기술한 것으로서 아직 데이터베이스가 구체화되지 않은 상태이다.

[표 1.10] 데이터베이스의 3단계 추상화 스키마

종류	내 역
내부 스키마	데이터베이스를 디스크에 구현하기 위한 물리 구조
개념 스키마	데이터베이스의 전반적인 논리 구조
외부 스키마	사용자가 접근할 수 있는 가상적인 구조

(2) 내부 스키마

내부 스키마는 개념 스키마를 구체적으로 생성하기 위해 물리적인 세부 사항들을 정의한 것이다. 데이터 파일의 형태, 접근 구조, 키의 종류와 특성들을 하드 디스크에 구현하기 위한 세부적인 명세서이다. 물리 스키마(내부 스키마)는 저장장치를 제어하여 자료를 관리한다. 따라서 내부 스키마는 운영체제의 파일 시스템을 사용한다. 그러나 운영체제를 사용하면 DBMS가 특정 회사 제품에 종속이 되기 때문에 많은 DBMS 회사들이 특정 운영체제를 사용하지 않고 자체적으로 제작한 공간관리 프로그램을 사용하고 있다.

(3) 외부 스키마

외부 스키마는 사용자가 꼭 사용할 데이터베이스 자료만 정의한 것이다. 예를 들어 급여담당자에게는 데이터베이스의 급여계산 부분만을 노출시키고, 영업 담당자에게는 영업 관련 정보만을 노출시켜서 해당 자료만 접근하도록 허용한다. 꼭 필요한 담당자들만 관련 자료를 접근하게 함으로써 데이터베이스의 보안을 유지한다.

외부 스키마가 없다면 개념 스키마를 직접 이용하면 된다. 그러나 이 경우에는 보안이 문제 된다. 인사 데이터베이스의 외부 스키마가 없고 개념 스키마만 있다면 모든 인사부와 영업부 직원들이 전체 사원들의 모든 인사 정보를 접근할 수 있으므로 인사비밀 유지가 곤란해진다.

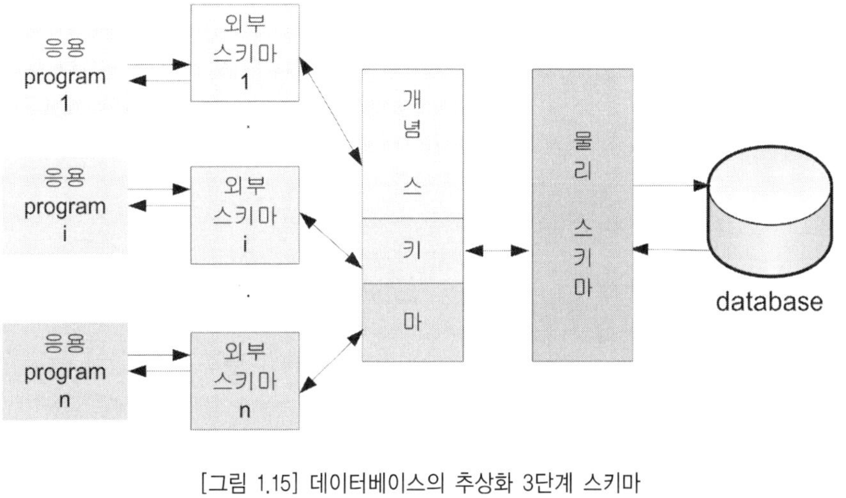

[그림 1.15] 데이터베이스의 추상화 3단계 스키마

1.3.2 언어 기능

DBMS는 데이터베이스를 관리하는 프로그램이므로 언어로 작성되어 있고, 사용자들은 이들 언어를 잘 이해해야 효율적으로 사용할 수 있다. 데이터베이스를 구성하는 언어는 첫째 데이터베이스의 전반적인 구조와 제약조건을 정의하는 자료 정의 언어DDL, 둘째 자료를 입력, 갱신, 삭제, 검색 등을 수행하는 자료 조작 언어DML, 셋째 자료의 무결성, 보안성, 병행성, 회복 등의 관리 기능을 수행하는 자료 제어 언어DCL로 구성된다. [표 1.11]은 이들 세 가지 언어의 기능이다.

[표 1.11] DBMS 기능을 구성하는 3가지 언어

종류	내 역
자료 정의어	새 데이터베이스 구성을 정의하는 언어
자료 조작어	데이터베이스에 자료를 입력, 갱신, 검색, 삭제하는 언어
자료 제어어	병행제어, 복구, 백업, 보안 등을 지원하는 언어

[그림 1.16]은 데이터베이스의 3가지 언어 기능을 관련 자료와 사용자의 관점에서 관계를 설명한다. DBA는 자료를 정의하여 catalog에 결과를 저장하고, 캐주얼 사용자는 대화식 질의로 원하는 결과를 얻으며, 초급 사용자는 개발된 응용 프로그램으로 자료를 접근한다. 무결성, 보안, 회복, 병행제어 등의 제어 기능은 고급 데이터베이스 프로그래머가 적합한 프로그램을 이용하여 관리한다.

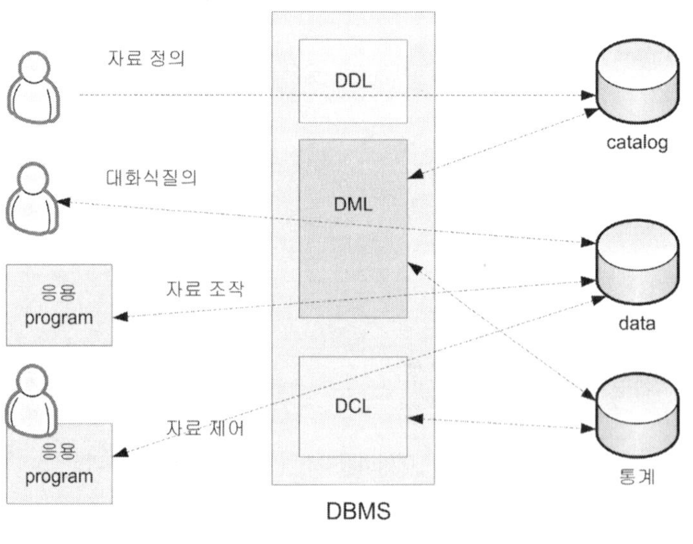

[그림 1.16] 데이터베이스의 3 가지 언어 기능

(1) 자료 정의어(DDL ; Data Definition Language)

자료 정의어는 사용자가 요구하는 대로 데이터베이스의 전반적인 구조와 제약조건을 정의하는 언어이다. 자료 정의어는 텍스트로 기술하기도 하고, 메뉴 방식으로 기술할 수도 있다.

(2) 자료 조작어(DML ; Data Manipulation Language)

자료 조작어는 사용자가 요구하는 대로 자료를 입력하고, 갱신하고, 삭제하고, 검색하는 언어이다. 응용 프로그램에서 자료 조작어를 주로 사용한다. 자료 조작어는 처리 방식에 따라서 절차언어와 비절차언어로 구분된다. [표 1.12]는 이들 자료 조작어 간의 기능과 대상을 포함하는 관계이다.

1) 절차언어/비절차언어

◉ **절차언어(procedural language)** : 프로그램에서 원하는 자료를 지정하고 접근하는 방법까지 기술해야 하는 언어이다. 예를 들어 순차 접근 방식으로 특정 레코드를 읽을 수도 있고, 기본 키를 이용하면 색인으로 원하는 레코드를 읽도록 프로그램을 원하는 대로 작성하는 것이 가능하다. BASIC, C, C++ 등 사칙연산을 수행하는 모든 프로그래밍 언어가 이에 해당한다.

◉ **비절차언어(non-procedural language)** : 프로그램에서 원하는 자료를 지정하고 접근하는 방법은 지정하지 않는 언어이다. 따라서 데이터베이스 시스템이 자료를 접근하는 방법을 결정해야 하므로 프로그래머는 편리하지만 데이터베이스 시스템은 더 많은 일을 해야 한다. 예를 들어 SQL, QBE 처럼 원하는 자료의 이름만 지정하면 DBMS가 접근 방식을 결정하여 원하는 결과를 가져다준다.

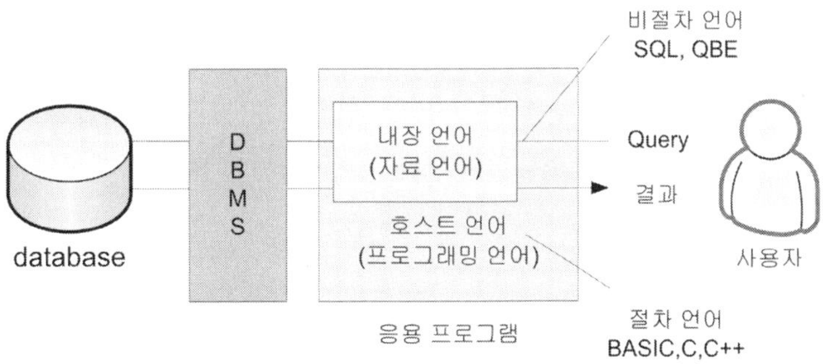

[그림 1.17] 프로그래밍 언어와 자료 언어와의 관계

[표 1.12] 자료 조작어들의 관계

종류	대 상	기 능	포함 관계	실 례
절차언어	프로그래밍 언어	사칙 연산	호스트 언어	C, C++, C#
비절차언어	자료 언어	파일 연산	내장 언어	SQL, QBE

2) 프로그래밍 언어/자료 언어

◉ **프로그래밍 언어** : 사칙연산을 수행하는 언어이다. BASIC, C, C++ 등과 같은 언어들은 모두 프로그래밍 언어이면서 절차언어이다. 이들 언어에서는 원하는 자료를 선언하고 접근하여 사칙연산을 수행하는 모든 과정을 프로그램에서 책임지고 수행한다.

◉ **자료 언어** : 데이터베이스에 있는 자료를 읽고, 쓰기만 하고 사칙 연산은 하지 못하는 언어이다. SQL, QBE 등과 같은 언어들은 모두 자료 언어이면서 비절차언어이다. 이들 언어에서는 자료를 집합단위로 읽거나 쓰지만 사칙연산을 수행하지는 못한다. 따라서 사용 방법이 매우 간단하다. [그림 1.17]은 자료 언어와 프로그래밍 언어와의 관계 그리고 절차언어와 비절차언어와의 관계 그리고 내장 언어와 호스트 언어와의 관계를 보여 준다.

예를 들어 프로그래머는 사칙연산을 위하여 프로그래밍 언어인 C를 사용하면서 자료 처리를 위하여 자료 언어인 SQL을 사용한다. 이 때 사용되는 C 언어는 호스트 언어이며 절차 언어이고, C 언어 안에 기술된 SQL은 내장 언어이면서 비절차언어이다.

(3) 자료 제어어(DCL ; Data Control Language)

자료 제어어는 데이터베이스를 정확하게, 효율적으로, 안전하게, 다수가 공유하며 사용할 수 있도록 지원하는 언어이다. 무결성, 보안, 병행제어, 복구, 백업, 질의 등이 부수적인 기능으로 보이지만 사실상 데이터베이스 실행에 매우 중요하다. 무결성은 자료의 오류를 배제하며, 보안은 불법적인 접근으로부터 안전을 지키며, 병행제어는 다수 사용자의 접근을 허용하고, 복구는 고장 시 원상 복구를 지원하고, 백업은 유사시를 대비하여 자료를 저장하는 작업이며, 질의는 검색을 효과적으로 지원한다. 이들 기능이 없으면 데이터베이스를 사용하는 것은 사실상 불가능하다.

1.3.3 데이터베이스 시스템 구조

우선 데이터베이스 시스템의 구조를 간단히 살펴보기로 한다. 데이터베이스 시스템은 하드웨어, DBMS, 응용 프로그램과 자료 등으로 구성된다. 이중에서 가장 중요한 DBMS는 자료 정의 부분, 자료 조작 부분, 자료 제어 부분을 담당하는 프로그램으로 구성된다. 자료 부분은 자료를 저장하는 데이터베이스와 메타-자료를 저장하는 카탈로그(catalog) 그리고 자료를 신속하게 검색해주는 색인과 통계 파일 등으로 구성된다. [그림 1.18]과 같이 다양한 사용자들은 자신에게 주어진 응용 프로그램을 통하여 데이터베이스를 사용한다. 응용 프로그램도 DBMS를 통하여 데이터베이스를 접근한다. DBMS는 앞에서 설명한 바와 같이 자료정의, 자료조작, 자료제어 프로그램으로 구성된다. 데이터베이스는 실제 자료가 저장된 prime data와 자료가 정의된 내용을 저장한 meta data 또는 catalog로 구성된다.

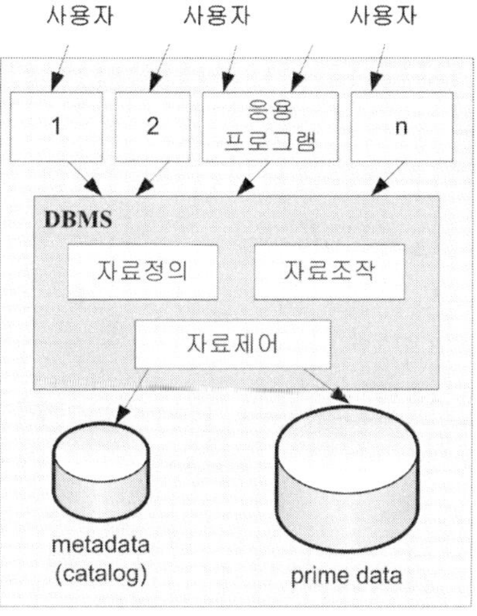

[그림 1.18] 데이터베이스 시스템 구성도

데이터베이스 시스템의 모듈 구성도를 자세히 살펴보면 [그림 1.19]와 같이 복잡하다. 사용자를 분류하면, 업무에 따라서 데이터베이스를 정의하는 DBA도 있고, 응용 프로그램을 개발하는 프로그래머도 있고, 주어진 응용 프로그램의 사용법만을 알아서 사용하는 초급 사용자도 있고, 프로그래밍을 배워서 전문적인 작업을 수행할 수 있는 전문 사용자도 있을 수 있다.

DBMS 엔진을 크게 두 개로 나누면 사용자들의 요구(질의)를 처리하는 질의 엔진과 실제 데이터베이스를 접근하는 처리 엔진으로 구성된다. 질의 엔진은 데이터베이스의 구조를 정의해주는 DDL interpreter, 사용자가 입력한 질의의 성능을 최적화해주는 optimizer, 사용자가 입력한 문장들의 문법을 점검하는 parser, 사용자들이 입력한 질의를 실행 가능한 코드로 생성해주는 plan executor 등의 4가지 주요 모듈로 구성된다.

질의 엔진은 대화식 질의를 구동하거나 응용 인터페이스를 구동시켜준다. 처리 엔진은 데이터베이스 프로그램을 실행하기 위하여 디스크를 읽고 쓰고 주기억장치의 버퍼로 이동하는 저장장치 관리자(storage manager)와 주기억장치의 버퍼를 효율적으로 관리하는 버퍼 관리자(buffer manager), 여러 프로그램들이 동시에 동일한 자료를 접근하도록 허용하는 병행제어기, 고장 시에 데이터베이스를 손실 없이 신속하게 원상 회복하는 복구 등의 4가지 주요 모듈로 구성된다.

자료 파일에는 데이터베이스의 자료 정의부분을 저장하는 카탈로그(catalog), 실제 자료를 저장하는 데이터베이스(prime data), 신속한 검색을 도와주는 색인, 질의 최적화를 위하여 접근 정보를 저장하는 통계 파일 등으로 구성된다.

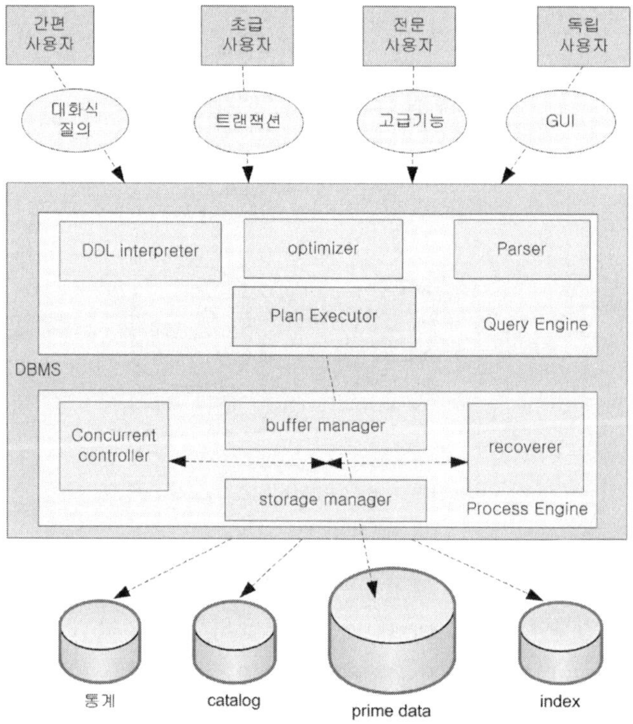

[그림 1.19] 데이터베이스 시스템 모듈 구성도

1.4 데이터베이스 종사자

데이터베이스 업무 종사자를 구분하면 크게 DBMS 제작자와 사용자로 나눌 수 있다. DBMS 제작자는 실제 DBMS 상품을 개발하는 회사의 설계자, 개발자, 시험자 등으로 나눌 수 있다. DBMS 사용자는 데이터베이스 응용 부문의 사용자들이다. 이 절에서는 DBMS 사용자 부문을 중심으로 업무별 종사자를 설명하기로 한다.

1.4.1 DBMS 제작 분야

DBMS는 사용자와 응용 프로그램의 요구대로 하드웨어와 제어 프로그램을 이용하여 정보를 다양하게 처리하는 프로그램이다. DBMS 개발자들은 정보산업 분야의 현실 문제를 이해하고 사용자의 요구를 반영해야 하며, 컴퓨팅 환경의 발전에 따라서 각종 분야의 개념을 소화하여 DBMS의 기능과 성능을 개선해야 한다. 따라서 전반적인 시스템에 대한 다양한 능력을 요구하고 있다. 특히 하드웨어와 운영체제에 대한 기술이 해박해야 특정 운영체제에 종속되지 않으면서 DBMS를 위한 제어 프로그램을 직접 제작할 수 있다.

DBMS를 제작하는 회사는 수없이 많다. 1960년대 이래 IBM의 계층형 데이터베이스인 IMS가 시장을 주도하고, Total, System2000 등의 망형 데이터베이스들이 나머지 시장을 분할하였다. 1970년대 이후 소형 컴퓨터의 보급으로 HP사의 Image3000 등 소형 DBMS들이 시장에 진출하였다. 1980년대에는 Oracle, Ingres 등의 관계 데이터베이스가 출현하여 시장을 확대하고 있다. 1980년대 이래 객체지향 기술의 보급으로 GemStone, ORION 같은 객체지향 DBMS들이 시장에 보급되었다. 다목적 용도의 DBMS를 사용하기 힘든 전문 분야에서는 특수한 DBMS가 개발되어 보급되고 있다. 실시간 서비스 분야에서는 Altibase 같은 메인 메모리 DBMS가 통신 분야에 보급되고 있다. 이와 같이 DBMS는 지속적으로 변화하는 시장의 요구를 반영하여 진화하고 있다.

DBMS 제작 분야의 종사자들은 진화하는 컴퓨터 기술과 사회적 요구에 부응하여 기술적으로 새로운 DBMS를 개발할 수 있어야 한다. 기본적으로 제어 프로그램을 잘 다루어야 하고, 기술 환경 변화에 따르는 제반 기술들을 DBMS에 반영할 수 있어야 한다. 객체지향, 멀티미디어, 인공지능, Client/Server 환경, 병렬처리, 주기억장치, 인터넷 등 새로 시장에 보급되는 기술들을 충분히 이해해야 새로운 DBMS 기능을 설계하고 구현할 수 있다.

1.4.2 DBMS 사용 분야

DBMS 사용분야는 DBMS를 이용하여 현실 세계의 응용업무를 데이터베이스로 개발하고 이용하는 분야이다. 전체 조직의 업무를 이해하고 전사적인 정보 시스템을 설계하는 사람부터 데이터베이스 응용 프로그램을 하나씩 자세히 검사하는 사람까지 전문분야가 다양하다. 다음은 데이터베이스 관련직 종사자들의 직업이다.

(1) 정보 책임자(CIO, Chief Information Officer)

정보 책임자는 조직의 경영과 전략적 관점에서 정보기술과 정보 시스템을 총괄하는 최고책임자이다. 조직의 경영 목표를 이해하고 이를 근간으로 정보 시스템의 비전을 제시하고 정보 시스템전략을 수립한다. 정보 시스템전략을 수행하는 과정에서 변화 요인과 갈등 요소들을 조정하고 전략적 관점에서 정보 시스템에 대한 투자를 관리한다. 정보 책임자는 조직 목표와 정보기술의 중간 입장에서 이를 잘 이해하고 서로의 요구사항을 잘 정리하여 기업의 목표와 비전을 달성하도록 해야 한다.

[표 1.13] 데이터베이스 업종

직 업	업 무 내 역	비 고(자격)
정보 책임자	조직 전체의 정보기술 총괄	정보담당 상무(중역)
프로젝트 관리자	프로젝트 수주에서 납품까지의 총 책임자	규모에 따라 다양한 직위
시스템 분석가	개발 업무를 분석하여 시스템 설계	개발 경력 필요
DBA	전체 조직의 데이터베이스 관리 책임자	시스템 경력 필요
프로그래머	프로그램 설계, 수정, 구현	업무 지식과 프로그램 개발 능력
품질관리사	프로그램의 기능과 성능 시험	프로그램 시험 능력

(2) 프로젝트 관리자(PM, Project Manager)

프로젝트 관리자는 데이터베이스 개발을 목표로 관리하고 지휘하는 사람이다. 관리자는 목표를 달성하기 위하여 인적자원관리를 통하여 프로젝트를 관리한다. 프로젝트 팀과 팀원들, 경영층, 그리고 거래처와의 의사소통을 통하여 업무를 관리한다. 목표 시간을 지키기 위한 일정관리, 수입과 지출의 균형을 유지하는 비용관리, 제품의 성능을 달성하기 위한 품질관리 등을 통하여 예상되는 위험을 대처하고 해결하면서 프로젝트를 관리한다.

(3) 시스템 분석가(SA, System Analyst)

시스템 분석가는 주어진 환경과 현실 업무를 분석하여 새로운 시스템을 설계하고 개발하는 사람이다. 발주자의 요구사항들을 분석하고 정리하여 기능명세서, 설계서 등을 작성한다. 사용자들의 문제점 해결 방안을 개발하고 기술 가능성과 운영 가능성을 결정한다. 관련 비용을 예측하고, 프로토타입(prototype)을 개발하며 최종 설계서를 작성한다.

(4) 데이터베이스 관리자(DBA, DataBase Administrator)

데이터베이스 관리자는 정보 시스템 설계서를 토대로 데이터베이스 설계와 운영을 기술적으로 지원하는 사람이다. 현실 업무보다는 데이터베이스 시스템 자체에 대한 경험과 지식이 많이 요구된다. 관리자의 목표는 데이터베이스 시스템의 성능과 효율을 극대화하도록 데이터베이스를 설계하는 것이다. DBA의 주요 업무는 [표 1.14]와 같다.

[표 1.14] DBA 주요 업무

구 분	내 역
설 계	스키마 정의
보 안	무결성 유지 및 불법적인 침투 방지 대책 수립 및 운용
복 구	고장 발생 시 원상회복
조 정	운용 중인 데이터베이스의 성능 개선

설계업무는 관련자들과 충분한 의사소통을 통하여 개념 스키마와 물리 스키마를 설계한다. 많이 사용되는 외부 스키마도 설계하여 사용자들은 나머지 뷰만 만들도록 한다. **보안업무**는 권한이 없는 자료 접근을 불허한다. 이것은 접근 권한 테이블을 만들어서 읽기, 쓰기, 실행 권한 등으로 자료를 보호한다. 아울러 오류를 방지하기 위한 전반적인 대책을 수립하고 운용한다. **복구업무**는 시스템에 장애가 발생하면 신속하게 데이터베이스를 복구하여 사용자들의 피해를 줄이도록 지원한다. DBA는 안전을 위하여 주기적으로 자료를 백업하고, 로그 작업을 수행하도록 지원한다. **조정업무**(Database tuning)는 데이터베이스를 운영하는 과정에서 많은 변화가 발생하므로 데이터베이스의 성능이 저하될 수 있다. DBA는 환경 변화에 대응하여 시스템 성능이 보장되도록 각 스키마와 처리 기법들을 조정하고 수정할 책임이 있다.

(5) 프로그래머(Programmer)

일반적인 프로그래머와 달리 단말 사용자를 위하여 호스트 언어와 자료 언어, 그리고 DBMS 공급자가 제공하는 도구를 이용하여 데이터베이스 프로그램을 개발하는 사람이다. 프로그래머는 데이터베이스 개발을 위하여 프로그램 설계서를 작성하고 코드를 구현하고 자체 시험을 수행한다.

(6) 품질관리자(QA, Quality Assurance)

작성된 프로그램이 설계서대로 작성되었는지 확인하는 사람이다. 설계된 기능이 동작하는지를 확인하는 positive test와 이상한 자료를 입력했을 때 정상적으로 동작하는지를 확인하는 negative test 등으로 나누어 시험한다. QA의 시험에 통과하지 못하면 프로그램을 출하하거나 사용하지 못한다.

[그림 1.20]과 같이 DBA와 QA는 프로그램 개발 조직과 별도의 조직이다. DBA는 조직 전체의 데이터베이스 개발을 지원하며, QA는 조직 전체에서 생산되는 프로그램의 기능과 성능을 시험한다.

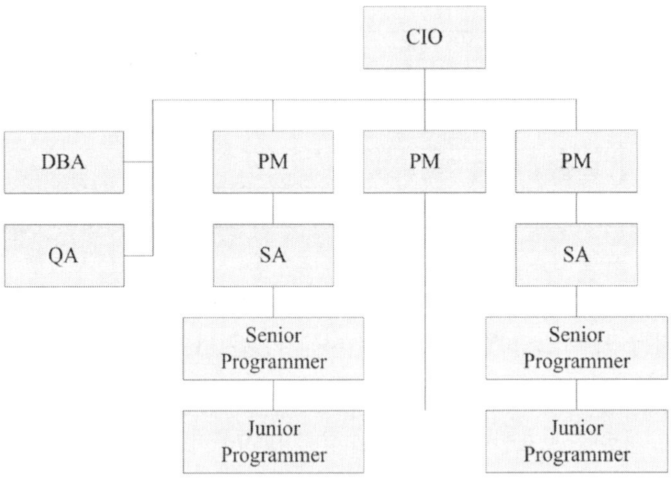

[그림 1.20] 응용 데이터베이스 시스템 개발 조직

(7) 최종 사용자(End User)

데이터베이스에 질의하고, 갱신하고, 보고서를 작성하는 사람이다. 사용하는 수준에 따라서 [표 1.15]와 같이 여러 가지로 분류된다.

간편 사용자(casual end user)는 정교한 데이터베이스 질의어를 사용하여 정보를 찾고 문서를 작성하는 사람이다. 예를 들어 대화식 SQL을 이용하여 재고관리 보고서를 작성하는 사무원이다. **초급 사용자**(naive end user)는 준비된 응용 프로그램을 이용하여 데이터베이스로 정보를 처리하는 사람이다. 실례로서, 은행원, 비행기 호텔 등의 예약담당 직원 등이 있다. **전문 사용자**(sophiscated end user)는 복잡한 요구 사항을 스스로 해결하려고 데이터베이스 응용 프로그램을 구현하는 사람이다. 예를 들어 공학 분야에서 건축물의 구조계산 프로그램을 직접 작성하고 실행하는 엔지니어, 과학자, 비즈니스 분석가 등이다. **독립 사용자**(stand-alone end user)는 메뉴 등의 편리한 인터페이스를 제공하는 패키지를 이용하여 개인 데이터베이스를 유지하는 사람들이다. 예를 들어 집에서 주식 투자를 하는 사람, 병원에서 의료 보험료를 청구하는 사람, 세무 기록을 정리하여 세무서에 납세 서류를 작성하는 자영업자 등이다.

[표 1.15] 최종 데이터베이스 사용자

구 분	내 역	직 업
간편 사용자	질의어로 보고서 작성	사무원
초급 사용자	응용 프로그램으로 자료처리	은행원, 항공사 예약담당
전문 사용자	기술계산 프로그램 작성	엔지니어, 과학자
독립 사용자	개인 데이터베이스 사용	재택 주식투자자

1.4.3 데이터베이스 응용분야

[표 1.16] 기존의 데이터베이스 응용 분야

분 야	업 무 내 역	관련 기관
금융분야	금융 트랜잭션 처리	은행, 보험, 증권, 신용카드, 투자업체
여행분야	예약관리	항공사, 호텔, 관광, 교통 분야
공공분야	대민 서비스, 자원관리 등	정부, 지자체, 군대, 병원
제조업	생산, 재고, 주문 등의 관리	자동차, 선박, 반도체 회사 등
유통분야	주문 추적, 고객관계관리 등	전자상거래, 도·소매업, 물류회사 등
교육분야	등록, 교육, 평가관리 등	초, 중, 고교, 대학, 학원, 연수원 등
인력분야	직원 이력관리, 급여, 세무 행정 등	관공서, 기업체
영업분야	마케팅, 고객, 상품, 구매관리 등	기업체

데이터베이스는 대용량의 정보처리를 지원하는 프로그램이다. 초기의 데이터베이스 시스템은 은행, 보험회사 등의 자료가 단순한 대용량 정보처리업무에 제한적으로 사용되었으나 기능과 성능이 발전하면서 다양한 전문분야의 업무를 점차 데이터베이스로 처리하게 되었다.

기존의 분야와 함께 앞으로의 신규분야를 설명하고 데이터베이스가 별로 중요하지 않은 분야를 기술한다.

(1) 기존 분야

기존 분야는 자료의 내용은 간단하지만 대량의 자료를 신속하게 처리해야 하는 분야이다. 처음에는 대부분 주기적으로 오프라인에서 일괄처리 하는 방식으로 처리하다가 점차 온라인에서 실시간 처리방식으로 바뀌었다. 초기 투자비용이 크기 때문에 대기업과 중앙정부에서 시작하여 점차 지자체와 중소기업으로 보급되었다. 데이터베이스가 도입된 순서를 중심으로 응용 분야를 살펴보면 [표 1.16]과 같다.

(2) 신규분야

지금까지 데이터베이스에 적합한 분야는 구성이 간단한 대용량의 자료를 신속하게 처리하는 것이었다. 신규분야는 구성이 복잡한 자료를 처리하거나, 이동환경에서 처리하거나, 비교적 긴 시간동안 처리하는 것 등으로 이제까지는 데이터베이스를 사용하지 못하던 분야이다. 점차 데이터베이스 시스템의 기능과 성능이 발전하고 사용자 요구가 고도화됨에 따라서 새롭게 개척되는 다음과 같은 분야이다.

또한 데이터베이스는 정부, 기업 등의 조직에서 일상적으로 발생되는 정형적인 자료를 다루었다. 그러나 도서관의 도서, 논문, 원고, 기사들은 구조적이지도 않고 정형적이지도 않은 텍스트들을 다룬다. 특히 인터넷이 발전하면서 웹 사이트의 수많은 비정형 텍스트 자료들을 검색하기 위하여 새로운 정보검색 기술이 요구된다. 이들을 살펴보면 [표 1.17]과 같다.

[표 1.17] 신규 데이터베이스 분야

구 분	내 역
이동 컴퓨팅	이동 DB, 이동식 물류관리 업무 등
멀티미디어	텍스트, 이미지, 애니메이션, 비디오 등
지리정보	[1]GIS, [2]LBS, Telematics 등
생명과학	게놈 DB, 생물 DB 등
정보검색	전자도서관, 정보검색 사이트 등

1) GIS : Geographic Information System
2) LBS : Location-based System

지금까지 우리는 데이터베이스 시스템이 필요한 분야를 살펴보았다. 그러나 데이터베이스는 단점들이 있기 때문에 데이터베이스보다 파일처리 기법을 사용하는 것이 효과적인 분야가 있다. 현실업무가 데이터베이스에 적합하지 않다면 파일처리 기법을 고려해야 한다. DBMS가 부적합하고 파일처리 기법이 더 적합한 업무를 살펴보기로 한다.

(3) 데이터베이스 시스템 보다 파일처리 기법이 적합한 분야

데이터베이스의 많은 장점에도 불구하고 파일처리 방식을 사용하는 것이 더 좋은 경우가 있다. 그 이유는 데이터베이스의 다음과 같은 단점이 부담을 야기할 수 있기 때문이다.

1) 하드웨어, 소프트웨어, 교육 등 초기 투자비용이 높다
2) DBMS가 주로 다목적으로 제작되어 전문분야의 세밀한 업무에 부족한 점이 있다.
3) 무결성, 복구, 병행제어, 보안 등 지원 기능의 부담이 크다.

파일처리 방식에서는 아무리 프로그램을 잘못 작성해도 최적화하는 기능이 있기 때문에 최소한의 처리 성능이 유지된다. 그러나 데이터베이스 시스템을 잘못 설계하면 오히려 성능이 매우 나빠질 수 있다. 개념 스키마나 물리 스키마를 잘못 설계하면 아무리 응용 프로그램을 잘 작성해도 효율을 개선하기 힘들다. 다음과 같은 경우에는 파일처리 방식을 사용하는 것이 좋다.

1) 자료의 구성과 응용이 단순하고 변경이 적은 경우
2) 실시간 처리가 매우 중요하고 데이터베이스의 주요 기능이 필요 없는 경우
3) 혼자 데이터베이스를 접근하는 경우

상당수의 응용분야에서는 범용 데이터베이스 시스템을 사용하지 않는다. 예를 들어 CAD/CAM 분야의 도구들은 데이터베이스를 사용하지 않는다. 특히 변경이 거의 발생하지 않는 경우에는 ISAM 파일로도 데이터베이스와 같은 효과를 거둘 수 있다. 예를 들어 보험 상품의 보험료 테이블이나 금융 상품의 이자율 테이블은 수정되지 않고 검색만 하므로 ISAM 파일로 충분하다. 영화를 다루는 멀티미디어 데이터베이스에서는 영화 제작일자, 제작자, 영화 제목, 주연 배우 이름 등 속성 자료들은 관계형 데이터베이스에 저장하고 소리, 이미지, 비디오 자료들은 파일로 처리하는 것이 아직은 효율적이다.

연습문제

1.1 다음 용어들을 정의하시오.

1) 기호	2) 데이터베이스	3) DBMS
4) 지식	5) 스키마	6) 메타 데이터
7) 자료언어	8) 절차언어	9) 파일 시스템
10) 트랜잭션	11) QA	12) 지혜

1.2 기호를 사용하는 목적은 무엇인가? 어디에 사용되는가?
자료를 사용하는 목적은 무엇인가? 어떻게 구성되는가?

1.3 정보란 무엇인가? 정보는 어떻게 구성되는가? 정보처리의 궁극적인 목적은 무엇인가?

1.4 창의력이란 무엇인가? 지식의 목적은 무엇인가? 지식은 어떻게 얻어지는가?

1.5 통찰력이란 무엇인가? 지혜의 목적은 무엇인가? 지혜는 어떻게 얻어지는가?

1.6 사무관리 업무와 기술계산 업무는 어떻게 다른가? 각각 어떤 하드웨어와 소프트웨어가 필요한가?

1.7 자료관리와 정보관리의 목적과 산출물의 차이점을 설명하시오.

1.8 자신의 주변에서 자료관리를 해야 할 중요한 일을 하나만 선정하여 설명하시오.

1.9 자신의 주변에서 정보관리를 해야 할 중요한 일을 하나만 선정하여 설명하시오.

1.10 경영자가 원하는 프로그램과 실무자가 원하는 데이터베이스 프로그램을 구분하고 예를 들어 설명하시오.

1.11 응용 데이터베이스를 개발하려고 한다. 프로그램과 자료 중에서 어느 것을 먼저 설계해야 하는가? 그 이유는 무엇인가?

1.12 데이터베이스의 목적은 무엇인가?

1.13 논리적 자료독립이 필요한 이유를 기술하시오.

1.14 자료 독립을 통하여 얻을 수 있는 이익은 무엇인가?

1.15 자료 추상은 무엇이며 왜 필요한가?

1.16 자기 정의를 통하여 얻을 수 있는 이익은 무엇인가?

1.17 데이터베이스의 추상화 3단계 구조를 설명하시오.

1.18 자료중심 처리와 프로그램중심 처리란 무엇인가? 처리방식이 어떻게 다른지 설명하시오.

1.19 DBMS가 제공해야 하는 기능을 설명하시오.

1.20 데이터베이스의 장점을 설명하시오.

1.21 데이터베이스의 단점을 설명하고, 단점을 극복할 수 있는 대책을 설명하시오.

1.22 데이터베이스의 스키마 구조를 3단계로 구성한 이유는 무엇인가?

1.23 데이터베이스에서 프로그래밍 언어와 자료 언어의 각 역할과 관계를 설명하시오.

1.24 절차 언어와 비절차언어의 각 목적과 장·단점을 비교하시오.

1.25 호스트 언어와 내장 언어의 역할과 관계를 설명하시오.

1.26 각 자료 모델별로 가장 적합한 응용 분야를 설명하시오.

1.27 데이터베이스의 발전과정을 자료 모델로 설명하시오.

1.28 현재 시장에서 가장 인기 있는 DBMS는 무엇인가? 그 이유는 무엇인가?

1.29 정보책임자와 프로젝트 관리자의 업무 상 차이점을 설명하시오.

1.30 DBA의 주요업무를 기술하시오.

1.31 시스템 분석가와 DBA는 모두 데이터베이스를 설계하는데 업무 상 차이는 무엇인가?

1.32 품질보증 업무를 수행하는 회사의 응용분야를 찾아서 실례를 제시하시오.

1.33 데이터베이스 최종 사용자를 기능별로 나열하고 각자의 업무를 기술하시오.

1.34 데이터베이스가 가장 적합하게 사용되고 있는 응용분야는 무엇인가? 그 이유는 무엇인가?

1.35 기존 데이터베이스 분야의 공통적인 특징은 무엇인가?

1.36 앞으로 데이터베이스가 새롭게 적용될 분야는 어떤 응용분야인가? 그 이유는 무엇인가?

1.37 데이터베이스는 모든 업무에 필요한가? 데이터베이스가 불필요한 업무는 무엇인가?

1.38 데이터베이스 보다 파일처리가 더 적합한 분야가 있는가? 왜 그런가?

1.39 데이터베이스 관리자의 기능을 중요한 순서대로 기술하시오.

1.40 데이터베이스 관리자의 역할과 데이터베이스 설계자의 역할을 비교하시오.

1.41 절차언어 5가지와 비절차언어 두 가지를 나열하고 특징을 설명하시오.

1.42 특정한 회사의 데이터베이스를 신규로 설치하려고 할 때 주요 절차를 나열하시오.

제 2 장

데이터베이스 설계

CHAPTER 02

데이터베이스 설계

데이터베이스는 정보처리의 기반이므로 한번 구축하면 오랜 기간 운용된다. 데이터베이스 시스템은 기술 환경에 적합하고, 외부 변동에 강건하게 적응할 수 있어야 한다. 현장의 요구를 충족하면서 효율적이고, 유지보수 부담이 적으며 생명 주기가 긴 시스템을 설계해야 한다. 데이터베이스 설계 기술은 현장의 요구에 부응하면서 데이터베이스 시스템을 경제적이고 효율적인 시스템으로 개발하는 방법을 표준화하는 기술이다.

이 장에서는 데이터베이스 구축에 대한 이해를 쉽게 하기 위하여 데이터베이스를 설치하는 기술 환경을 분석하고, 데이터베이스를 구성하는 개체와 속성의 개념을 기술한다. 데이터베이스 구축을 위한 전반적인 설계 방법을 논의하고, 데이터 모델링 방법을 기술하고, 사례 연구를 통하여 구체적인 현실 문제를 해결하는 설계 방법을 실습한다.

2.1 데이터베이스 환경

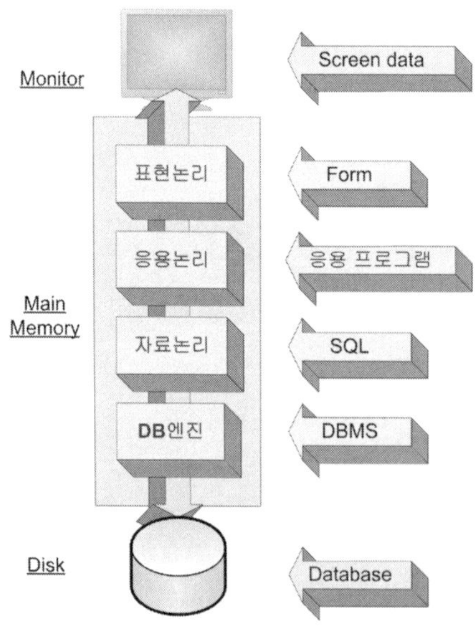

[그림 2.1] 데이터베이스 시스템 구성 요소(1계층 모델)

DBMS는 제반 컴퓨터 하드웨어와 소프트웨어 기술의 발전과 함께 발전하였다. 초기에는 대형 컴퓨터에서 실행되는 DBMS가 보급되었지만, 마이크로컴퓨터 기술의 발전에 따라 다운사이징(downsizing)되면서 소형 컴퓨터(minicomputer)에 적합한 DBMS가 개발되기 시작하였다. Unix 운영체제의 워크스테이션용 DBMS가 주도적으로 개발되었다. 컴퓨터 초기 시대부터 현재에 이르기까지 컴퓨터 운영방식이 변화함에 따라 DBMS도 같이 변화하며 적응하고 진화하고 있다.

2.1.1 중앙집중식 데이터베이스

초기 컴퓨터는 대형 시스템이었으므로 정보처리가 한 곳에서 집중적으로 실행되었다. 아무리 단말기가 많아도 하나의 컴퓨터에서 제어하며, 하나의 주기억장치에서 모든 프로그램이 실행되었다. DBMS도 당연히 중앙에 하나밖에 없으므로 모든 사용자의 단말기들이 하나의 DBMS에 연결되어 서비스를 제공하였다. 응용 데이터베이스가 실행되려면 [그림 2.1]과 같이 6개의 구성 요소가 필요하다. 자료가 저장되는 디스크와 자료가 표시되는 모니터는 하드웨어다. 표현논리, 응용논리, 자료논리, DBMS는 모두 주기억장치에서 실행되는 프로그램들이다. 표현논리는 모니터에 보여주는 화면 양식을 제공하는 프로그램이며, 응용논리는 현실 문제를 해결하는 급여계산 같은 프로그램이고, 자료논리는 데이터베이스를 조작하는 SQL 같은 자료언어이고, 자료 처리 작업을 주도하는 DBMS는 DB 엔진을 의미한다. [표 2.1]의 각 구성 요소들은 개인용 컴퓨터와 중앙집중식 컴퓨터에는 [그림 2.1]과 같이 한 곳에 주재하지만 클라이언트/서버 시스템에서는 클라이언트와 서버에 나누어 주재한다.

[표 2.1] 데이터베이스 시스템의 6 가지 구성 요소

구성 요소	기 능	실 례
모니터	자료 출력장치	CRT, LCD,,
표현 논리	사용자와 인터페이스하는 프로그램	웹 브라우저, screen form
응용 논리	현실 문제를 해결하는 응용 프로그램	급여계산, 구매관리 프로그램
자료 논리	자료 연산을 수행하는 프로그램	SQL, QBE
데이터베이스 엔진	자료 처리를 주도하는 프로그램	ORACLE, ACCESS
디스크	자료 저장장치	HDD

중앙집중식 모델은 [그림 2.2]와 같이 컴퓨터가 크고 모니터가 많아도 이들 DBMS는 주기억장치에서 하나만 실행된다. 개인용 컴퓨터에서 실행되는 데이터베이스도 중앙집중식 모델과 마찬가지로 데이터베이스 프로그램이 모두 한 컴퓨터에서 실행된다. 이 모델은 프로그램 관리가 용이한 장점이 있으나 중앙 컴퓨터에 문제가 발생하면 모든 업무가 중단되는 약점이 있다.

중앙집중식 데이터베이스의 실례 중의 하나가 개인용 데이터베이스이다. 개인용 데이터베이스는 개인용 컴퓨터에 하드웨어와 소프트웨어를 포함하여 [그림 2.1]과 같이 6개의 모든 구성 요소들이 설치된다. 개인용 데이터베이스는 병행제어, 회복, 무결성 같은 기능이 없지만 작은 컴퓨터에서 실행될 수 있을 정도로 프로그램 규모가 작아서 효율적으로 실행된다.

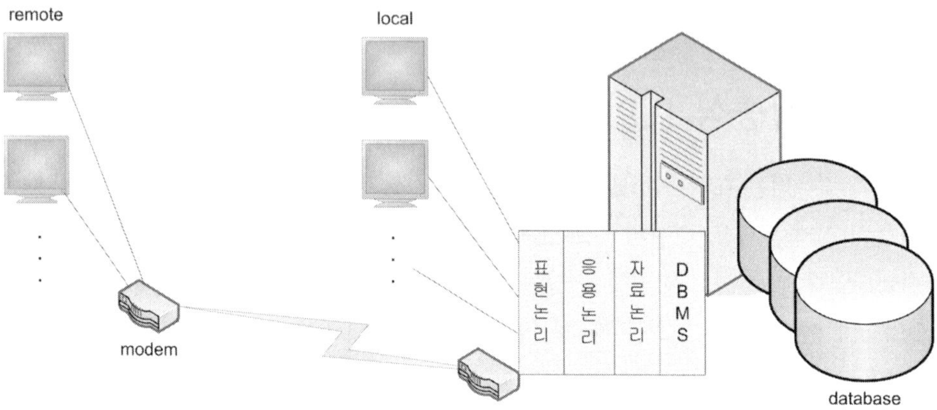

[그림 2.2] 중앙집중식 모델

[표 2.2] 중앙집중식과 클라이언트/서버 모델 비교

구성 요소	중앙집중식	클라이언트/서버	
		클라이언트	서버
모니터	dumb terminal	intelligent terminal	
표현 논리	주기억장치	클라이언트	
응용 논리/자료 논리	주기억장치	클라이언트(2계층)	서버(3계층)
데이터베이스 엔진/디스크	주기억장치		서버
차이점	대형 컴퓨터	개인용 마이크로컴퓨터	워크스테이션

2.1.2 Client/Server 데이터베이스

마이크로컴퓨터가 발전하여 개인용 컴퓨터가 보급되면서 [표 2.2]와 같이 모니터 단말기가 자료처리 기능이 없는 단순 단말기(dumb terminal)에서 지능형 단말기(intelligent terminal, 개인용 컴퓨터)로 교체되어 단말기에서 자료처리를 위한 프로그램 실행이 가능하게 되었다. 클라이언트/서버 시스템은 표현논리와 응용논리를 개인 컴퓨터에 설치하고 데이터베이스를 서버에 설치하여 시스템을 운용한다. 프로그램들이 두 컴퓨터에 나뉘어 서로 협동 처리하는 시스템이다. 클라이언트 컴퓨터는 사용자 인터페이스에 활용하므로 사용자들에게 활용성과 편의성이 좋고, 서버는 자료 처리에 집중하므로 효율이 좋은 장점이 있다. 이 시스템에 데이터베이스를 설치하여 클라이언트/서버 데이터베이스를 구현한 것이 [그림 2.3]의 클라이언트/서버 데이터베이스이다. 클라이언트/서버 모델은 근거리 통신망을 이용하기 때문에 작은 구역에서 업무 처리하는데 적합하다. 예를 들어 학교 캠퍼스와 같이 수 킬로미터 내에 위치한 사무실에서의 업무처리에 적합하다.

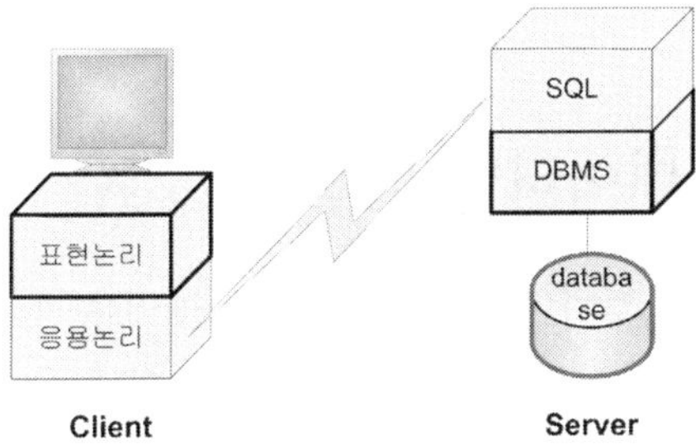

(a) 2계층 모델

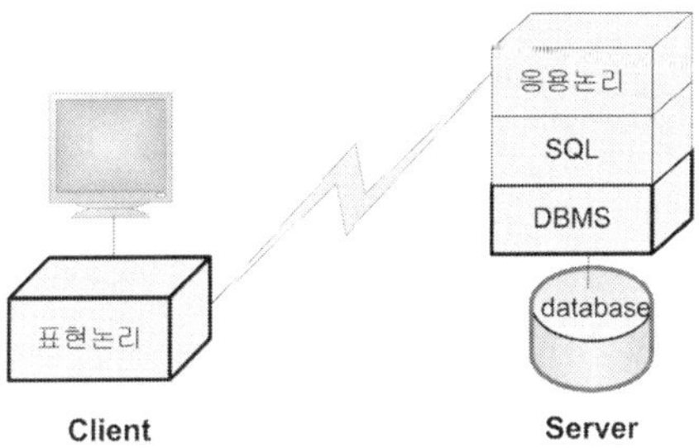

(b) 3계층 모델

[그림 2.3] 클라이언트/서버 데이터베이스

클라이언트/서버 모델이 초기에는 [그림 2.3](a)와 같이 응용논리가 클라이언트에 설치되어 있는 소규모 2계층 모델이 개발되었다. 2계층 모델은 응용 프로그램이 클라이언트에 설치되므로 사용자(client) 수가 많아지면 프로그램 유지보수(갱신)가 어려워진다. 점차 처리 규모가 증대함에 따라서 응용 프로그램의 유지/보수 문제 등을 해결할 수 있도록 [그림 2.3](b)와 같이 응용 프로그램을 서버에서 운영하는 3계층 모델이 보급되었다. 3계층 모델은 응용 프로그램이 서버에 있으므로 프로그램 유지보수가 용이하다. 2계층 모델은 규모가 작은 회사나 큰 회사의 부서업무에 적합하고, 3계층 모델은 대기업과 같은 큰 규모의 업무에 적합하다.

[표 2.3] 시스템별 구성요소 비교

시스템	단말기	클라이언트	서버	자료처리 규모
중앙집중식	dumb terminal	에뮬레이터	모든 소프트웨어	대규모
2계층 모델 클라이언트/서버	개인용 컴퓨터	표현논리 응용논리	자료논리/DBMS	소규모
3계층 모델 클라이언트/서버	개인용 컴퓨터	표현논리	응용논리 자료논리/DBMS	중대규모

2.1.3 Web Server 데이터베이스

인터넷이 발전함에 따라 클라이언트/서버 데이터베이스가 통신망을 인터넷으로 이용하게 된다. 웹 클라이언트에는 웹 브라우저를 설치하고 웹 서버에는 응용 프로그램과 DBMS를 설치하여 사용자가 원하는 서비스를 서버가 제공한다. 따라서 웹 서버 모델은 클라이언트/서버의 3계층 모델을 인터넷에 적용한 시스템이라고 할 수 있다.

웹 사이트에서 HTML만을 이용하여 서비스하는 것은 서버의 정보를 정적으로만 제공하므로 정적 사이트라고 한다. 동적으로 변화하는 서버의 정보 현황을 클라이언트들에게 실시간으로 제공하기 어렵기 때문에 웹 서버에 데이터베이스를 연동하는 동적 사이트의 필요성이 대두되었다.

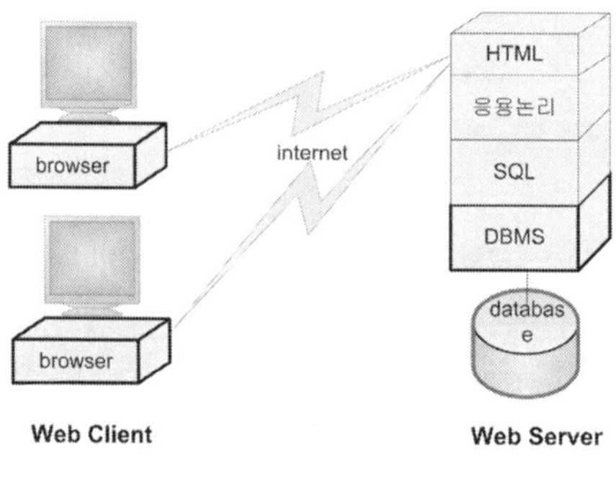

[그림 2.4] 웹 서버 데이터베이스

[그림 2.4]와 같이 클라이언트에는 표현논리로서 internet explorer같은 웹 브라우저가 설치되어 있고, 서버에는 응용 프로그램, SQL, DBMS 등이 설치되어 사용자가 서비스를 요청하면 원하는 결과를 HTML로 변환하여 클라이언트에게 전송한다. 클라이언트의 브라우저는 HTML을 모니터에 출력하여 보여준다.

2.1.4 분산 데이터베이스

클라이언트/서버 모델은 물리적으로 소프트웨어가 분산되어 있지만 데이터베이스는 서버 한 곳에 위치하여 정보를 제공한다. 분산 데이터베이스 모델에서는 데이터베이스 자체가 여러 사이트에 분산된 상태에서 하나의 응용을 위하여 자료들을 처리하는 점이 다르다.

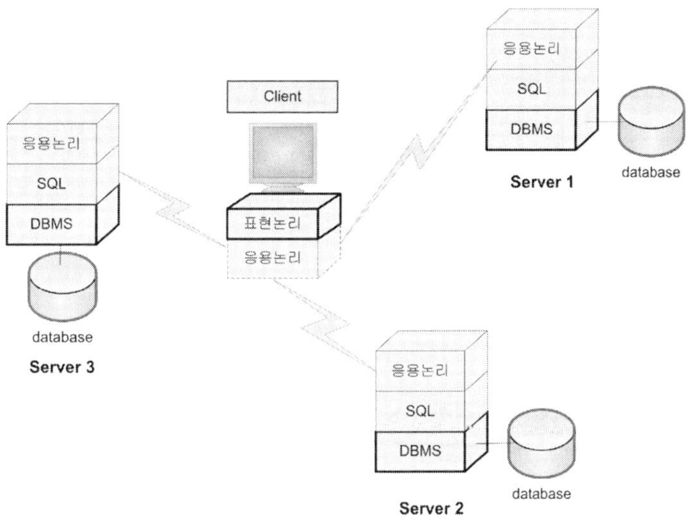

[그림 2.5] 분산 데이터베이스

[그림 2.5]는 3 개 지역에 데이터베이스를 설치하고 서비스를 제공하는 분산 모델이다. 클라이언트에서 사용자가 서비스를 요청하면 각 지역의 데이터베이스에서 자료를 처리한 결과를 클라이언트에게 전송하고 클라이언트가 3 곳에서 보내온 자료를 취합하여 사용자에게 결과를 제공한다.

분산 처리는 지역별로 자료처리를 분담하므로 응답 시간을 단축하여 실시간 서비스를 강화할 수 있다. 금융 기관과 같이 자료의 안전이 중요한 업무에서는 데이터베이스를 여러 사이트에 복제함으로써 사고 발생 시 안전을 제고할 수 있다.

데이터베이스 설계는 데이터베이스를 구축하는 환경을 먼저 결정하는 일이 중요하다. 환경이 결정되면 제반 하드웨어와 소프트웨어의 설계가 집중식, 클라이언트/서버식, 분산식 등으로 나누어 진행될 수 있기 때문이다.

2.2 개체와 속성

개체(entity)란 실제 세계에서 서로 구분할 수 있는 객체(object)를 의미한다. 개체의 예를 들면, 자동차, 책상, 노트북, 가방 등 모든 사물이다. 사람들은 이름이 있어서 서로 구분이 가능하므로 사람들도 개체라고 할 수 있다. 개체들은 여러 가지 속성으로 구성된다. 컴퓨터는 중앙처리장치, 주기억장치, 입・출력장치, 제어장치 등의 속성(attribute)으로 구성된다. 컴퓨터들도 여러 종류의 컴퓨터가 있으며, 속성들이 조금씩 다르기 때문에 다른 개체라고 할 수 있다.

정보 세계에도 개체가 존재한다. 이들 개체들은 고객을 의미하기도 하고, 고객이 주문한 주문서를 의미하기도 하고, 주문한 상품일 수도 있다. 고객 개체는 이름, 주소, 전화번호 등의 속성으로 구성된다. 본 절에서는 개체와 개체를 이루는 속성, 개체들이 모여서 구성되는 개체 집합 등에 대하여 기술한다.

[표 2.4] 개체 관련 용어

구분	파일처리	데이터베이스	테이블	실례
1	파일	개체 집합	테이블	고객 파일
2	레코드	개체	행	고객 레코드
3	필드	속성	열	고객번호, 이름,
4	파일구성	개체 유형	열의 이름의 행	고객번호, 이름, 주소, 전화,,
5	인스턴스	인스턴스	인스턴스	〈15, 홍길동, 서울, 02-333-4444〉

2.2.1 개체와 속성

사무관리 업무에서 파일은 특정한 주제에 관련된 자료가 잘 구조화된 형식으로 작성된 자료의 묶음이다. 파일은 같은 형식을 가진 레코드들로 구성되며 레코드는 다양한 필드들의 모음이다. 고객 파일은 고객에 관련된 정보가 특정한 형식에 맞추어 작성된 자료의 묶음이다. 고객 파일은 고객 레코드들로 구성되고, 고객 레코드는 고객 필드들의 모음이다. 개체(entity)는 파일에서의 레코드에 해당하며, 속성(attribute)은 필드 이름에 해당한다. 개체들이 모여서 이루어지는 개체 집합(entity set)은 파일에 해당한다. 개체 유형(entity type)은 속성의 이름들로 구성된 개체이다.

사무관리 업무에서 파일은 주로 테이블 형식으로 작성된다. 급여 파일은 급여계산이 가능하도록 작성된 테이블 또는 표로 구성된다. 급여 테이블에 직원들의 실제 자료를 기재하여 작성한 것이 급여 파일이다. 급여 테이블 양식을 잘 만들수록 급여계산이 용이하다. 급여 테이블은 사번, 이름, 소속, 직위, 기본급, 수당 등의 필드로 구성된다. 이 테이블을 컴퓨터에서 동일하게 사용하도록 만든 것이 spreadsheet이다. 직원 수가 많지 않은 직장에서는 Excel, Lotus 등의 spreadsheet에 급여 테이블을 작성하고 매월 직원들의 급여계산을 하기도 한다.

[표 2.4]와 같이 행(row)을 개체라고 하며, 열(column)의 이름이 속성이며, 이들 속성들의 행을 개체 유형이라고 한다. 속성은 정보가 의미를 갖는 최소 단위이다. 개체는 속성으로 구성되고, 테이블은 개체로 구성되므로 속성은 데이터베이스의 기반이다. 속성은 구성 형태로 보아 여러 가지 속성으로 나눌 수 있으며 이들 속성들을 정리하면 [표 2.5]와 같다.

[표 2.5] 속성의 정의

종 류	내 역
속성	의미를 갖는 최소 단위의 정보.
	도메인이 사용된 역할
	개체를 이루는 원소.
원자 속성	하나의 자료 값만 갖는 속성
복합 속성	두 개 이상의 속성들로 구성된 속성
유도 속성	다른 속성으로부터 유도될 수 있는 속성
다치 속성	여러 개의 값으로 구성된 속성
도메인	속성들이 가질 수 있는 값들의 집합

속성을 크게 구분하면 더 이상 나누어지지 않은 원자(atomic) 속성과 여러 개로 나누어지는 복합(composite) 속성이 있다. 주소는 시군구, 읍면동과 번지, 나머지 등으로 나누는 것이 편리할 때가 있다. 주소를 address char(60)과 같이 하나의 변수로 정의할 수도 있고, 다음과 같이 3개의 변수로 나누어 정의할 수도 있다.

```
struct address {
  city    char(20);     //시군구
  dong    char(20);     // 읍면동
  number  char(20);     // 번지, 나머지
}
```

이들은 각각 장•단점이 있다. 주소를 하나의 변수로 정의하면 [그림 2.6](a)와 같이 원자 속성이 되어 주소 세부 사항을 구분하기 힘들다. 주소를 여러 개의 변수로 정의하면 [그림

2.6](b)와 같이 복합 속성이 되어 세부 사항으로 관리할 수 있다. 세 개의 변수를 다루어야 하는 복잡성이 있다. 나이는 생년월일로부터 유도할 수 있으므로 유도 속성으로 정의할 수 있다. 책의 저자는 경우에 따라서 한 명일 수도 있고 세 명일 수도 있으므로 [그림 2.6](c)와 같이 다치(multi-valued) 속성으로 정의할 수 있다.

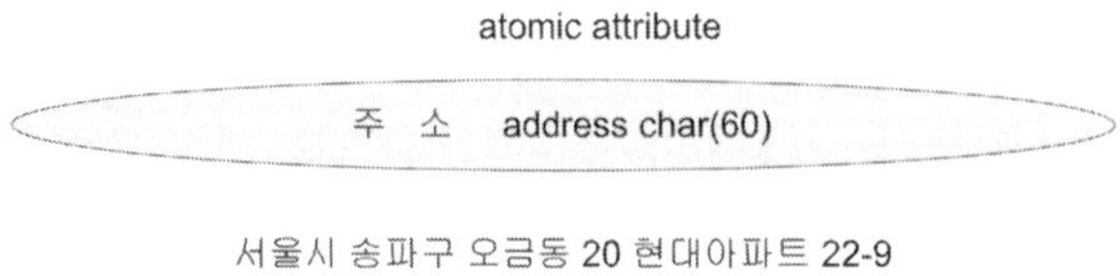

(a) 원자 속성

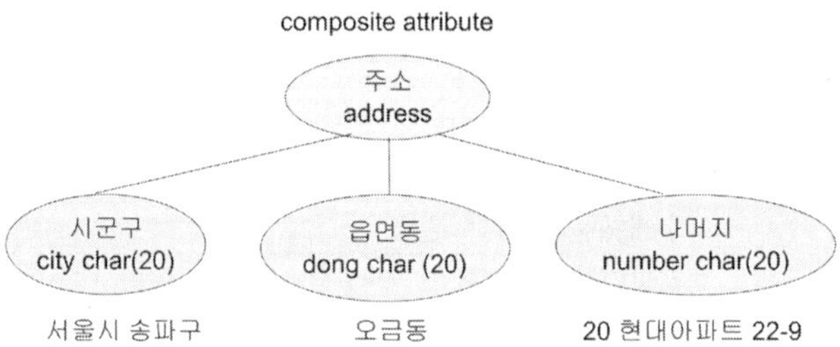

(b) 복합 속성

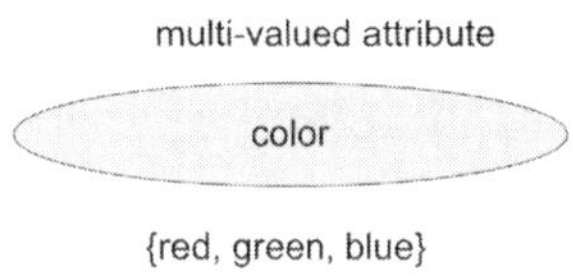

(c) 다치 속성

[그림 2.6] 속성의 종류

도메인은 속성들이 가질 수 있는 값들의 집합이므로, 속성은 도메인이 사용될 역할이라고 할 수 있다. 생년월일 속성을 yyyymmdd로 정의하면 생년월일에는 yyyymmdd의 범위를 벗어나는 자료는 입력이 곤란하다. 생년월일은 yyyymmdd가 사용된 역할이며, yyyymmdd는 생년월일이 가질 수 있는 값들의 집합이다. [그림 2.7]에서 CID, OID는 숫자로 구성된 도메인을 가지고 있고, name은 문자만으로 구성된 도메인을 가지고 있고, address는 문자와 숫자 모두를 도메인으로 가지고 있다. CID와 OID의 차이는 숫자라는 도메인이 사용된 역할이

고객번호와 주문번호라는 것이다. 도메인과 속성의 관계는 자료형과 변수와의 관계와 같다. 예를 들어 C 언어에서 CID integer;라는 정의가 있을 때 변수 CID가 가질 수 있는 값은 정수이며, 정수가 사용된 역할은 고객번호 CID이다. 이들의 관계를 [표 2.6]으로 표현하였으며, 등식으로 표현하면 다음과 같다.

도메인 : 속성 = 자료형 : 변수

[표 2.6] 도메인(속성)과 자료형(변수)의 관계

구분	내 역	구분	내 역
도메인	속성들이 가질 수 있는 값들의 집합	자료형	변수가 가질 수 있는 값들의 집합
속성	도메인이 사용된 역할	변수	자료형이 사용된 역할

개체를 구성하는 속성들을 간단한 그림으로 표현한 것을 개체관계 도표(ERD, entity relationship diagram)라고 하며 고객 개체의 ERD를 그린 것이 [그림 2.8]이다. 고객 개체는 5개의 원자 속성으로 구성되며, 기본 키는 고객번호 CID이다. 개체는 다른 개체들과 관계성을 가지며 연결되어 확장된다. ERD는 다음 절에서 자세히 기술하기로 한다.

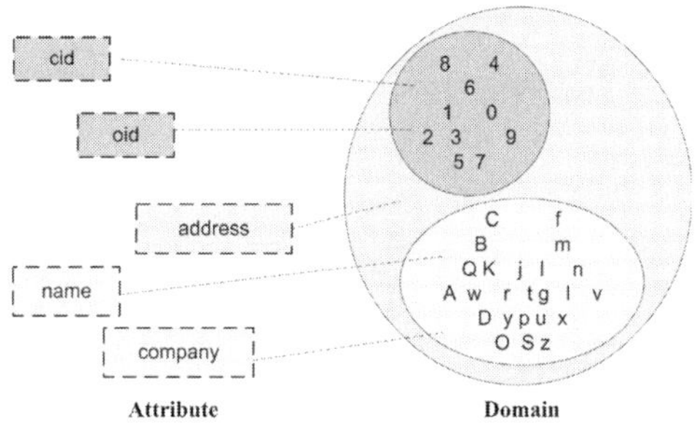

[그림 2.7] 도메인과 속성의 관계

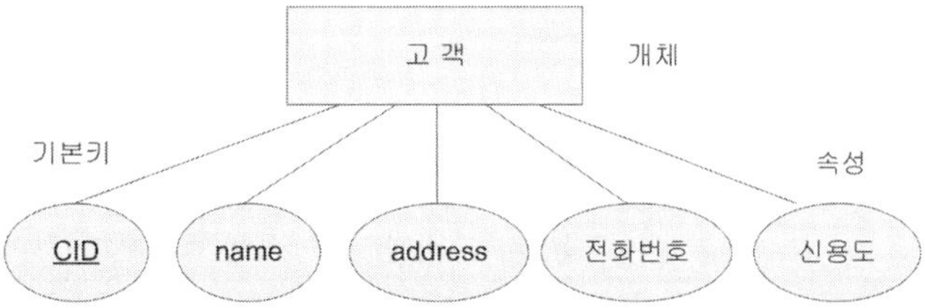

[그림 2.8] 고객 개체

2.2.2 식별자와 키

개체의 수가 증가하면 원하는 개체를 신속하게 검색하는 것이 중요하다. 수많은 개체 중에서 원하는 개체를 검색하기 위해서는 개체를 유일하게 식별할 수 있는 속성이 필요하다. 개체를 유일하게 식별할 수 있는 속성을 식별자(identifier)라고 하며, 고객 개체에서는 이름, 주소, 전화번호, 주민번호 등이 식별자가 될 수 있다. 그 중에서 이름 속성은 같은 이름이 많아서 식별자 역할을 못하고, 주소는 너무 길이가 크고, 전화번호는 사정상 바뀔 가능성이 있으며, 주민번호는 공개적으로 사용하기 곤란하다. 결과적으로 새로운 속성을 만들어서 사용하는 경우가 있는데 고객번호가 이에 해당한다. CID 속성은 고객 개체집합에서 특정한 고객 개체를 식별하기 위하여 만든 고객번호 속성이다. 이와 같은 식별자 중에서 효율적으로 사용할 수 있는 속성을 키(key)라고 한다.

키가 될 수 있는 속성들은 모두 후보 키(candidate key)가 된다. 후보 키 중에는 원자 속성도 있고 복합 속성도 있다. 슈퍼 키(super key)는 원자 속성과 복합 속성을 모두 수용할 수 있으므로 한 개 이상의 속성으로 구성된 키라고 정의할 수 있다. 후보 키 중에서 개체 집합의 대표 식별자로 선정된 키를 기본 키(primary key)라고 한다.

따라서 기본 키는 모든 개체를 유일하게 식별 가능하다. 그러나 편의상 유일하지 않게 사용할 수 있는 키가 필요하다. 예를 들어 컴퓨터학과의 모든 학생들을 검색하고자 할 때는 유일하게 식별되는 식별자로는 곤란하고, 여러 개체들이 같이 식별되는 키가 필요하다. 이런 키를 보조 키(secondary key)라고 한다. 보조 키는 부분 검색(partial search)에 매우 유용한 키로 사용되는 속성이다.

[표 2.7] 키의 종류

종류	기 능	비고
식별자	유일하게 레코드를 식별할 수 있는 속성	ex. 고객번호, 전화번호, 주소
키	효율적으로 사용할 수 있는 식별자	고객번호, 주민번호
후보 키	키가 될 수 있는 모든 속성	여러 개 가능
슈퍼 키	한 개 이상의 속성으로 구성된 키	여러 개 가능
기본 키	후보 키 중에서 대표로 선정된 키	파일(테이블)에서 한 개
보조 키	중복(복수) 레코드를 식별할 수 있는 속성	여러 개 가능
외부 키	다른 파일에서 기본 키로 사용되는 속성	여러 개 가능
대체 키	후보 키 중에서 기본 키가 되지 않은 속성	후보 키 - 기본 키

좋은 키를 설계하는 것은 데이터베이스 시스템 설계에서 매우 중요하다. 모든 개체를 검색하는 순차 탐색 시에는 키가 필요하지 않지만, 특정한 개체를 검색하는 것은 주로 키를 이용한다. 키는 너무 길어도 효율을 저하하므로 곤란하고, 키가 의미 있는 정보를 나타내면 정보처리에 유리하다. 키에서 오류가 발생하면 곤란하므로 키에 검사 숫자(check digit)를 넣어서 오류를 방지하기도 한다.

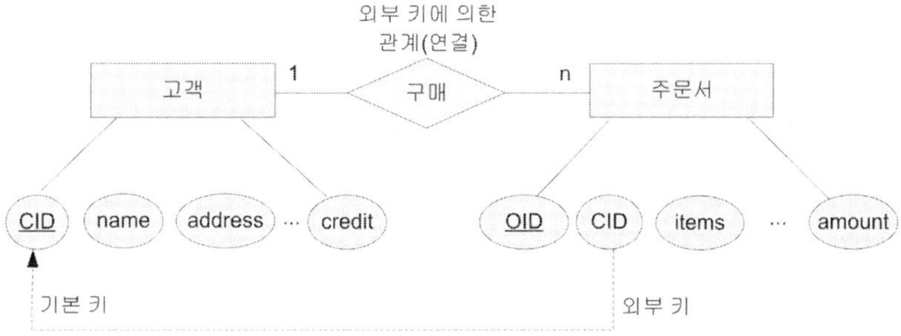

[그림 2.9] 외부 키에 의한 두 개체 집합의 연결

속성 중에는 자신이 속한 개체 집합에서는 키로 사용되지 않으나 다른 개체 집합에서는 기본 키로 사용되는 경우가 있다. 이런 속성을 외부 키(foreign key)라고 하는데 다른 개세 집합과의 연결에 중요한 역할을 한다. [그림 2.9]는 고객이 구매하기 위하여 주문서를 작성한 개체를 표현하는 ERD이다. 이것은 관계 모델이기 때문에 두 개체를 연결하는 포인터가 없다. 고객 개체는 고객번호 CID가 기본 키가 되며, 주문서의 CID 속성이 주문한 고객의 고객번호를 알려준다. 고객이 1이고 주문서가 n이라는 것은 한 고객이 다수의 주문을 할 수 있는 것을 의미하며, 두 개체의 연결은 외부 키에 의하여 가능하다.

2.2.3 개체와 사상

두 개의 개체 집합을 연결하는 [그림 2.9]의 사상(mapping)을 살펴보자. 고객 개체 한 개에 연결되는 주문서 개체의 수는 몇 개가 가능할까? [그림 2.9]에서는 고객 하나에 주문서가 여러 개 연결되므로 일대다 관계라고 한다. 이와 같이 양쪽 개체 집합에 소속되어 연결되는 각 개체의 수에 따라서 4가지가 있을 수 있다. 일대일, 일대다, 다대일, 다대다 등의 4가지가 있다. [그림 2.9]는 고객 1명이 여러 번의 주문을 할 수 있으므로 1:n이라고 ERD에 표기하였다. 데이터베이스에서는 키 값에 의하여 검색을 수행하므로 함수 관계가 중요하다.

함수는 한 집합의 모든 원소에 대하여 다른 집합의 모든 원소가 일대일 대응되는 관계이다.

함수 관계란 정의역 X의 모든 원소에 대하여 자료 값이 주어지면 치역 y에 일대일 대응되는 원소의 자료 값이 존재하는 관계이다. [그림 2.10]과 같이 정의역 x는 정수이며, −1보다 크고 3보다 작으므로 0, 1, 2 세 개의 원소로 구성된다. 치역 y는 정의역 x의 원소마다 일대일 대응되는 원소 1, 3, 9가 존재하므로 함수 관계이다. 함수 관계는 식별자의 자료 값으로 개체를 검색하는데 필수적이다. 네 가지 관계 중에서 일대일과 다대일은 조건에 의하여 함수 관계에 해당한다.

(1) 일대일 관계

정의역의 모든 원소마다 치역의 원소가 일대일 대응되는 관계이다. [그림 2.11](a)의 모든 가정교사는 자신이 강의하는 학생이 한 명이 있으므로 일대일 관계이다. 따라서 가정교사와 학생의 강의 관계는 함수관계이다.

(2) 일대다 관계

정의역의 한 원소가 치역의 여러 원소와 대응되는 관계이다. [그림 2.11](b)의 모든 초등교사들은 다수의 학생들을 교육하고 있으므로 일대다 관계이다. 따라서 함수관계가 아니다.

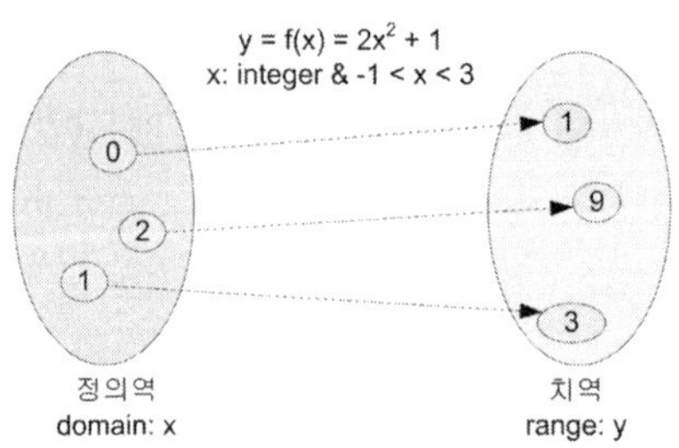

[그림 2.10] 함수 관계

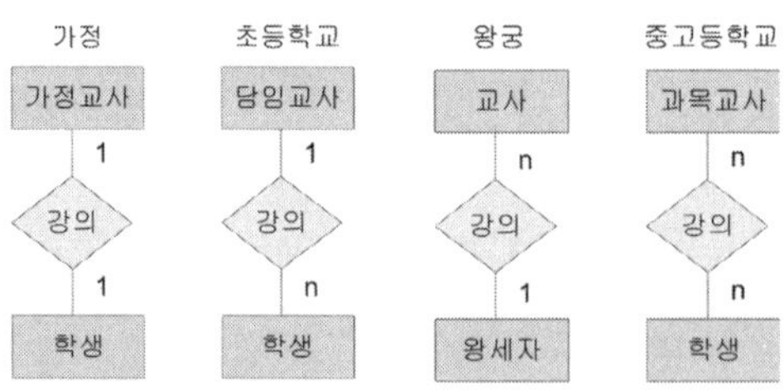

(a) 일대일 (b) 일대다 (c) 다대일 (d) 다대다

[그림 2.11] 개체 사상의 실례

(3) 다대일 관계

정의역의 여러 원소가 치역의 한 원소와 대응되는 관계이다. [그림 2.11](c)의 여러 교사와 왕세자의 관계는 다대일 관계이다. 따라서 모든 교사마다 왕세자와 관계가 형성되므로 함수 관계이다.

(4) 다대다 관계

정의역의 여러 원소들이 치역의 여러 원소와 대응되는 관계이다. [그림 2.11](d)의 중·고등학교 교사와 학생들 간의 관계가 다대다 관계이다. 정의역과 치역이 일대다이면서 치역과 정의역이 일대다인 경우는 서로 다대다 관계이다. 따라서 함수 관계는 아니다.

2.3 데이터베이스 설계 개요

데이터베이스 시스템에 대한 이해를 돕기 위하여 본 절에서는 응용 데이터베이스 개발에 대한 내용을 기술한다. 앞 장에서 기술한 데이터베이스 환경을 감안하여 개발하려는 데이터베이스를 어느 모델로 선택할 것인지를 고려해야 한다.

[표 2.8] 데이터베이스 공정별 담당자와 산출물

구분	담당자	산 출 물	
		자료 부문	코드 부문
기획공정	PM, SA	개발계획서(일정, 인력, 장비, 비용, 품질보증)	
분석공정	SA, DBA	요구 명세서	
		ERD, 자료사전	자료흐름도, 기능명세서
설계공정	SA, Programmer	관계 스키마, 제약조건	구조차트, 모듈설명서, 모듈스펙
구현공정	Programmer	데이터베이스	소스코드
		사용자 설명서, 시험성적표	

2.3.1 데이터베이스 개발 공정

데이터베이스 개발 공정은 크게 기획, 분석, 설계, 구현 공정으로 이루어지며, 각 공정은 각종 서류와 보고서, 전표 등의 정보를 의미하는 자료 부문과 사무업무 처리를 의미하는 코드 부문으로 구성된다. 각 공정별로 산출물을 생산하며, 산출물이 각 공정의 품질을 결정한다.

기획공정은 개발 계획서를 생산하며, 분석공정은 전반적인 시스템 설계서를 생산하고, 설계공정은 상세 설계서를 생산하고, 구현공정에서는 프로그램과 데이터베이스가 생산된다. 이 중에서 분석공정과 설계공정을 합하여 설계라고 한다. [그림 2.12]는 데이터베이스 개발 공정별로 생산하는 산출물을 보여준다. 최종 생산된 데이터베이스와 프로그램은 운영되면서 문제점이 발견되면 다시 정의하여 시스템을 보완한다. 기획과 분석공정은 구체적인 운영체제나 DBMS에 독립적이지만, 설계공정부터는 구체적인 운영체제와 DBMS 등이 결정되어야 공정을 진행할 수 있다.

[표 2.8]은 각 공정별로 업무 담당자와 구체적인 산출물 내역을 기술한다. 데이터베이스 시스템을 개발할 수 있다는 것은 공정별로 산출물을 잘 생산할 수 있다는 의미이다. 따라서 각 공정별로 생산할 산출물들은 담당자들의 업무분장에 해당한다.

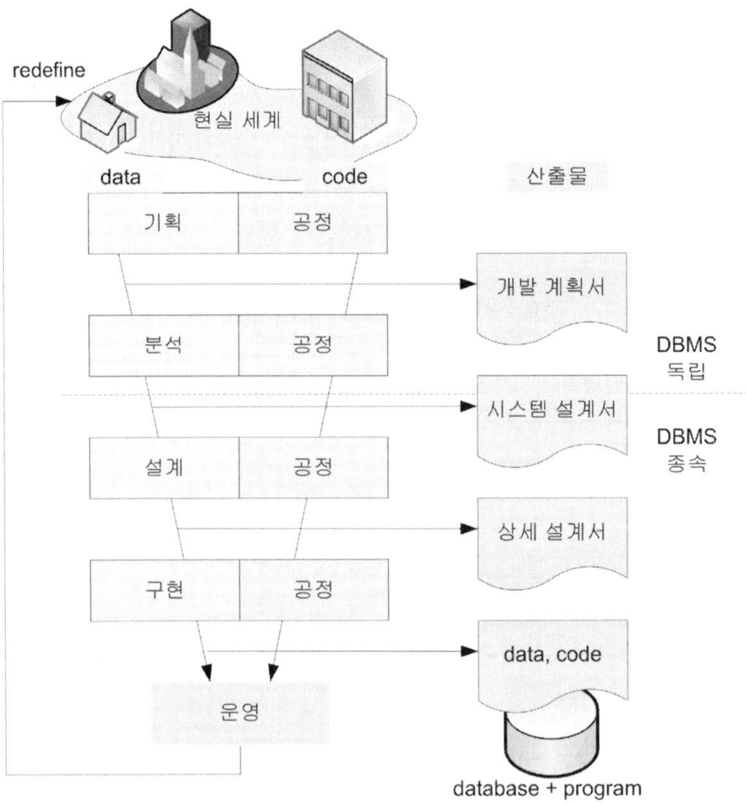

[그림 2.12] 데이터베이스 개발 공정 개요

(1) 기획 공정

기획 공정은 시스템 개발 목표를 달성하기 위하여 전반적인 계획을 세우는 공정이다. 이미 프로젝트를 수주했다면 개발 기간과 비용 등 주요 사항들이 결정되었으므로 상세한 집행 계획을 의미한다. 계약 기간을 감안하여 주간 업무 단위로 세부 일정계획을 세우고, 업무별 일정에 맞추어 투입하는 인력계획을 세우고, 일정을 지원할 수 있는 장비 사용계획을 세우고, 최종 결과물의 품질을 보증할 수 있는 품질보증계획을 세우고, 사업을 완수하는데 소요되는 비용계획을 세운다. 이에 앞서 개발 시스템의 목표를 정확하게 기술하고, 관련 기능과 요구되는 성능을 명시하며, 필요한 관련 기술들을 제공할 조직과 인력을 명시한다.

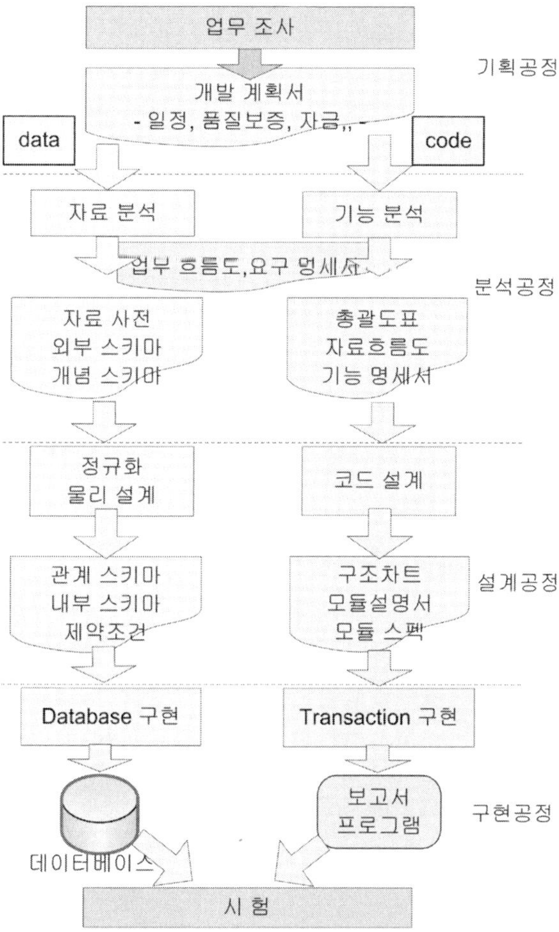

[그림 2.13] 데이터베이스 개발 공정과 산출물

(2) 분석 공정

기획 공정에 의하여 제시된 해당 업무의 내용을 분석하고, 개발에 요구되는 사항들을 구체적으로 파악하여 시스템을 설계한다. 무슨 업무의 정보를 처리하며, 어떤 응용을 개발하고, 어떤 연산을 수행하며, 관련 기능과 성능 요건을 구비하고, 사업과 기술 환경의 변화를 예견하고 요구 명세서를 작성한다. 업무 분석 과정에서는 자료 부문과 프로그램 부문으로 나누어 분석업무를 진행한다. 자료 부문의 결과물은 자료사전과 ERD이며, 코드 프로그램 부문의 결과물은 배경도(context diagram), 자료 흐름도와 기능 명세서 등이다.

(3) 설계 공정

설계 공정은 분석공정에서 작성된 시스템 설계서를 부문별로 나누어 상세 설계서를 작성한다. 자료 부문에서는 ERD와 자료사전을 기반으로 관계 스키마와 내부 스키마를 작성하고, 코드 부문에서는 자료 흐름도를 기반으로 구조 차트(structure chart), 모듈 개요도, 모듈 설명서, 모듈 스펙을 작성한다. 자료 부문에서는 정규화 과정을 거쳐서 테이블들을 정제한다. 정규형을 만드는 정규화 이론은 3장에서 설명한다.

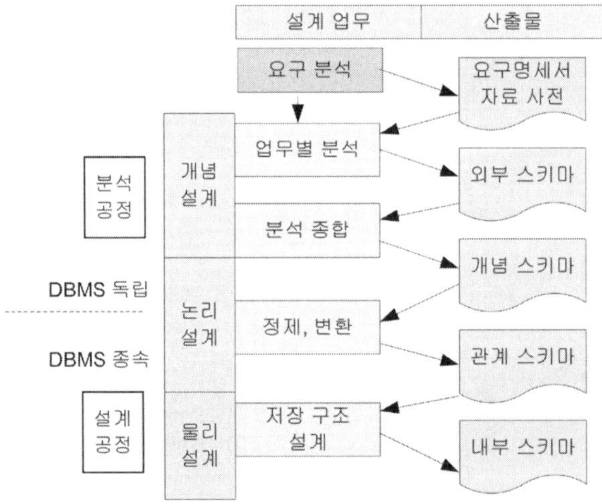

[그림 2.14] 자료 설계 단계별 작업 내용과 산출물

(4) 구현 공정

구현 공정은 상세 설계서를 기반으로 자료 부문에서는 데이터베이스를 생성하고, 코드 부문에서는 프로그램을 생성한다. 생성한 프로그램과 데이터베이스를 테스트 자료로 시험하면

서 시험에 통과할 때까지 데이터베이스와 프로그램을 수정하고 보완한다.

[그림 2.13]는 데이터베이스 시스템 개발을 하는 프로젝트를 수주하여 기획에서 시험까지 데이터베이스 시스템을 구축하는 전 과정에서 발생하는 업무와 산출물이다.

2.3.2 자료 분석 및 설계

데이터베이스 개발 공정에서 가장 중요한 것은 분석 공정과 설계 공정이다. 기획 공정은 프로젝트 수주 시에 이미 대강의 윤곽이 잡혀있는 상태이고, 구현 공정은 설계서에 의하여 종속적으로 집행되는 과정이기 때문이다. 데이터베이스 개발 시에 자료 부문을 스키마 구축이라는 관점에서 설명하기로 한다. [그림 2.14]는 설계 단계별로 수행하는 작업과 관련 산출물을 보여준다.

(1) 개념 설계

요구 분석에 의하여 작성된 정보를 근거로 자료를 분석하여 개별적인 업무에서 요구되는 외부 스키마를 설계한다. 외부 스키마는 단위 업무별로 요구되는 데이터베이스 자료의 일부분이다. 단위 업무에서 요구되는 외부 스키마들을 전부 통합하여 정리하면 개념 스키마가 된다. 개념 설계란 외부 스키마와 개념 스키마를 작성하는 것이다. 예를 들어 전자상거래 데이터베이스를 구축한다고 가정한다.

시스템 분석가는 업무 분석을 위해 고객 담당, 주문 담당, 창고(재고) 담당 직원 등을 면담하여 단위 업무별로 필요한 외부 스키마를 [그림 2.15](a)(b)(c)와 같이 작성한다. 단위 업무별 외부 스키마를 종합하면 [그림 2.15](d)와 같은 개념 스키마가 된다. 구체적인 개념 설계 업무는 ER model을 이용하여 ERD를 작성하고 제약조건을 기술하는 것이다.

[표 2.9] 자료 설계 절차 및 산출물

설계 분야	업무 내역	입력 자료	산출물
개념 설계	단위 업무 분석 및 ERD 작성	요구 분석 자료, 자료 사전	외부 스키마
	외부 스키마 종합 분석 및 ERD 통합	외부 스키마	개념 스키마
논리 설계	개념 스키마의 각 테이블 보완 및 정규화[3]	개념 스키마	관계 스키마
물리 설계	파일 구성, 접근 구조, 색인 구조 설계	관계 스키마	내부 스키마

3) 정규화 : 관계 스키마를 개선하는 정규형을 만드는 과정(3장에서 논의)

(2) 논리 설계

논리 설계란 테이블들을 생성하기 위하여 테이블을 정의하는 작업이다. 외부 스키마와 개념 스키마 작성이 완료되면 이를 근거로 구체적인 관계 스키마를 작성한다. 관계 스키마는 관계 이름과 관계를 구성하는 속성들의 집합이다.

[그림 2.15](a)의 ERD를 관계 스키마로 작성하면 R은 관계 이름이고 A_1, A_2, …, A_n은 속성들의 이름으로 다음과 같이 표현한다.

```
차수가 n인 관계 스키마 R은 R(A1, A2, ..., An)로 표현.
CUSTOMER(CID, name, address, telephone, credit)
ORDER(OID, CID, odate, items, Qty, amount)
```

고객 테이블 이름 CUSTOMER와 CID, name, address, telephone, credit 이라는 자료 이름들을 기술한 것이 관계 스키마이다. 관계 스키마의 구체적인 형태는 테이블을 의미한다. 테이블 설계는 중복과 효율을 감안하여 신중하게 문제점을 검토하고 정제하는 작업을 거친다. 정제하는 작업을 통하여 가장 우수한 테이블인 정규형(normal form)을 만드는 정규화(normalization) 작업은 제3장에서 기술한다.

(3) 물리 설계

논리 설계가 완성되면 효율성을 유지할 있도록 상세하게 데이터베이스의 저장 구조를 설계한다. 데이터베이스 개체들의 저장 구조, 저장 방법, 접근 방법 등을 명시한다. 예를 들어 각 개체들의 물리적인 파일 편성, 파일 접근 구조, 색인 편성, 색인 구조 등을 점검하여 상세하게 설계한다. [그림 2.15](a)의 고객 개체를 관계 스키마로 작성한 것을 다시 내부(물리) 스키마로 작성하면 다음과 같다.

```
CUSTOMER(CID: integer, name: char(30), address: char(60), telephone: char(20))
```

관계 스키마와 다른 점은 각 테이블의 기본 키를 지정하고, 다른 테이블과 연결하기 위한 외부 키를 지정한 것과 모든 자료들의 자료형과 자료 길이를 정의하였다. 여기서 기술하지는 않았지만 각 테이블의 파일 구조와 기본 키, 외부 키, 보조 키 등의 색인 구조와 접근 방법 등을 상세하게 설정하는 것이 물리 설계다. 물리 스키마를 실행하면 자료 저장 테이블들과 시스템 catalog 테이블(meta-data)이 생성된다. 물리 설계를 위한 사항은 제6장 파일과 색인에서 상세하게 논의한다.

[그림 2.15](a)(b)(c)는 개념 설계 과정에서 고객, 주문, 창고 담당자를 면담하고 작성한 외부 스키마이다. 고객 담당은 고객 관리를 위한 자료를 취급하고, 주문 담당은 주문 내역 자료를 취급하고, 창고 담당은 창고 자료를 주로 취급한다. 논리 설계 과정에서 세 종류의 외부 스키마를 취합하여 통합 ERD를 작성한 것이 [그림 2.15](d)이다. 통합 ERD를 읽으면, 고객은 다수의 주문을 할 수 있으며, 각 주문서는 다수의 주문 상품들로 구성되는 것을 알 수 있다.

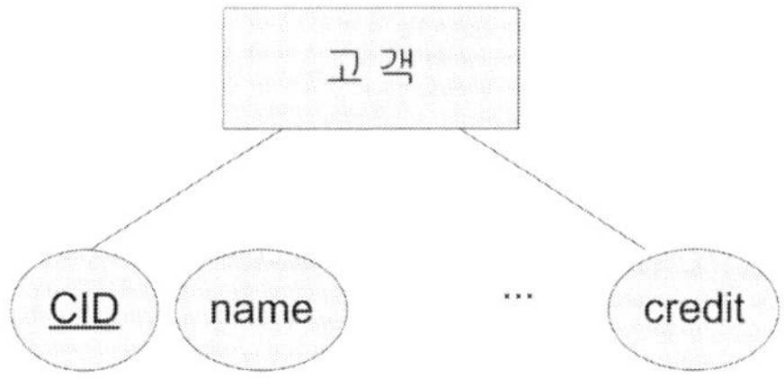

(a) 고객 개체집합(외부 스키마)

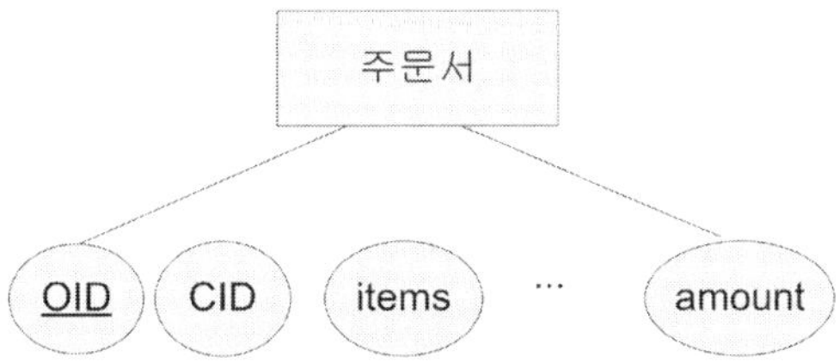

(b) 주문서 개체집합(외부 스키마)

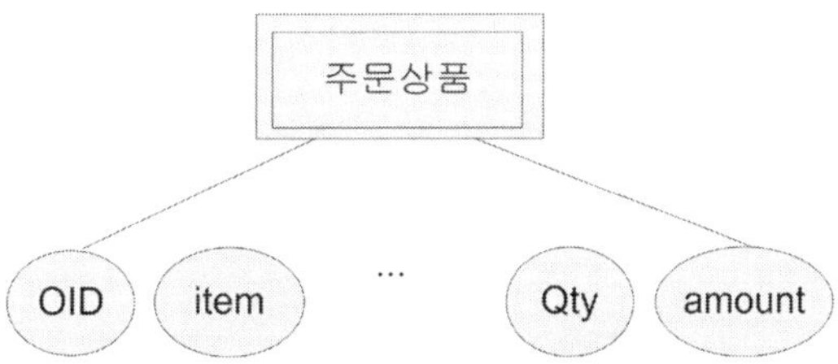

(c) 주문상품 개체집합(외부 스키마)

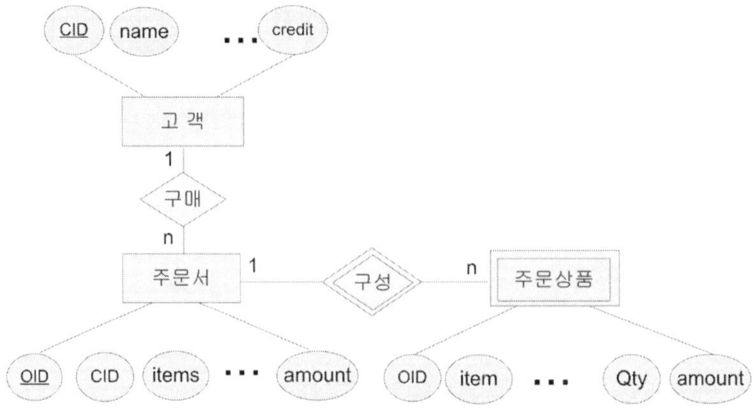

(d) 통합된 개체집합(개념 스키마)

[그림 2.15] 개념 설계(외부 스키마와 개념 스키마 작성) 과정

2.4 데이터 모델링

자료 설계는 데이터베이스 개발 과정에서 코드 설계와 병행하여 자료를 분석하고 테이블을 설계하는 중요한 부분이다. 데이터 모델이란 구현할 데이터베이스 시스템의 자료 테이블들을 만드는 도구이자 수단이다. 데이터 모델링이란 구현할 데이터베이스 시스템을 만들기 위해서 데이터 모델을 이용하여 자료를 설계하는 작업이다. 따라서 데이터 모델링은 데이터베이스 시스템의 자료 설계도를 작성하는 작업이다. 본 절에서 사용하는 모델링은 개체관계 모델링이다.

[표 2.10] 데이터 모델의 종류

종류	테이블 연결	적용 분야	DBMS 제품
망 데이터 모델	그래프순항식	네트워크 형 업무 상하수도, 통신망,	IDS, IMAGE, IDMS, Total
계층 데이터 모델	트리순항식	계층형 업무 조직관리, 조립생산	IMS, System2000
관계 데이터 모델	독립관계	독립형 업무 유통관리, 학사관리,	DB2, ORACLE, SYBASE, INFORMIX
객체지향 데이터 모델	그래프순항식	복잡한 업무 기계 설계,	GemStone, ORION, O2

2.4.1 데이터 모델

패션 모델이 앞으로 생산할 의류의 모형이라면 데이터 모델이란 앞으로 구축할 데이터베이스 시스템의 모형이다. 아파트를 짓기 위하여 모델 하우스를 짓는 것이나, 공장을 짓기 위해서 미리 공장 모형을 짓고 여러 가지 가능성을 시험하는 것이나, 데이터 모델을 만드는 이유는 모두 동일하다. 다른 모형들은 실물로 제작하여 눈에 보이기 때문에 설계상의 오류나 문제점을 확인하기 쉽다. 그러나 데이터 모델은 데이터베이스와 프로그램이 완성되어 실행되기 전까지는 눈으로 확인하기 힘든 소프트웨어이기 때문에 현실과 동일하게 작성하기 힘들다. 이런 이유로 인하여 다른 분야의 모델 보다 데이터 모델이 더욱 만들기 어렵다. 간단한 정의는 다음과 같다.

– **데이터 모델 :** 자료, 자료의 의미, 자료 간의 관계, 자료의 제약 조건 등을 표현하는 도구
– **데이터 모델링 :** 데이터 모델을 이용하여 자료를 설계하는 작업

현실 문제를 데이터베이스로 표현하기 위하여 사용하는 설계 도구이며 추상화하는 수단이다. 따라서 데이터 모델은 현실을 잘 반영할 수 있는 기능이 중요하기 때문에 현실업무 분야에 따라 여러 가지 데이터 모델이 존재한다. 망 구조를 갖는 현실업무는 망 데이터 모델이 적합하듯이 계층 데이터 모델, 관계 데이터 모델 등 여러 모델이 개발되었다.

(1) 망 데이터 모델

전화, 상수도, 고속도로 등과 같은 업무는 개체들이 망으로 구성되어 있다. 망으로 구성된 업무는 그래프 구조로 표현하는 것이 자연스럽다. 그래프 구조의 업무에 적합한 것이 망 데이터 모델이다. [그림 2.16](a)와 같이 고객이 주문한 주문서를 기반으로 영업부에서 판매 지시가 내려지면 배송 지시가 내려서 거래가 이루어지는 업무의 개체 구조는 복잡한 망 구조를 가진다. 최초의 데이터베이스인 IDS와 IMAGE, IDMS, Total 등이 있다.

(2) 계층 데이터 모델

정부와 회사 조직, 제조업의 조립 제품 등과 같은 업무는 개체들이 계층으로 구성되어 있다. 계층으로 구성된 업무는 트리 구조로 만드는 것이 자연스럽다. 트리 구조의 업무에 적합한 것이 계층 데이터 모델이다. [그림 2.16](b)와 같이 인사업무의 개체 구성은 계층 구조로 구성하기 쉽다. 오랫동안 시장을 장악했던 데이터베이스로 IBM의 IMS와 System2000 등이 있다.

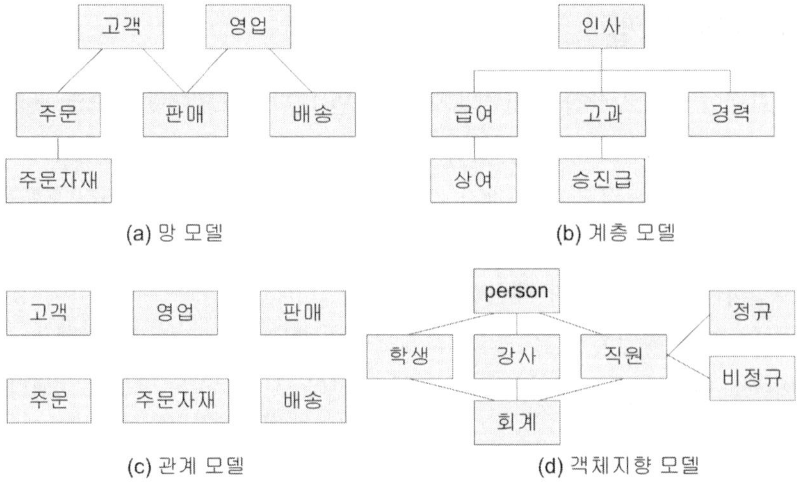

[그림 2.16] 데이터 모델의 응용분야 실례

(3) 관계 데이터 모델

망이나 계층 구조에 적합하지 않은 업무는 개체들을 독립적으로 구성하고 필요에 따라서 유연하게 구조를 변형하는 것이 편리하다. 특정한 구조가 없는 업무들은 독립 구조로 만드는 것이 자연스럽다. [그림 2.16](c)와 같이 인사업무의 개체 구성은 계층 구조에만 적용할 수 있는 것이 아니라 독립적인 구조로도 가능하다. 최초의 관계 데이터베이스인 System R과 Oracle, Informix, Sybase 등이 있다.

망 모델과 계층 모델이 경험적으로 발전된 것이라면 관계 모델은 집합론을 기반으로 개발되었다. 관계 모델은 수학적으로 기반이 튼튼하기 때문에 대규모의 복잡한 데이터 시스템을 구축해도 정확성, 안정성이 좋다. 관계 모델의 특징은 개체 간의 연결이 포인터로 명시되어 있지 않고 독립적이라는데 있다.

(4) 객체지향 데이터 모델

자동차, 가전제품과 같은 복잡한 기계를 기존의 데이터 모델로 표현하는 것은 매우 어렵다. 자동차는 매우 복잡한데 비하여 데이터 모델이 너무 간단하기 때문이다. 객체지향 모델은 복잡한 현실 세계를 있는 그대로 표현하기 위하여 개발된 모델이다. [그림 2.16](d)와 같이 학생, 직원, 강사 개체들은 상위에 있는 person 개체의 공통 내용(예를 들면, 성명, 주소, 전화번호 등)을 계승하고, 회계업무는 상위에 있는 학생, 강사, 직원 개체의 내용을 모두 계승하고, 강사는 정규직과 비정규직으로 나누어 편성되는 복잡한 정보를 관리할 수 있다. 객체지향 데이터베이스로 GemStone, O2, Orion 등이 있다.

데이터 모델은 이외에도 많이 있지만 현재는 많은 분야에서 관계 모델을 사용하고 있기 때문에 이 책에서도 특별히 언급하지 않는 이상 관계 모델을 기반으로 기술하기로 한다.

2.4.2 개체관계 데이터 모델

개체관계 데이터 모델은 개체의 관계와 구성을 표기하는 수단이므로 데이터베이스를 개념적으로 설계하기 편리하다. 개체관계 데이터 모델은 외부 스키마와 개념 스키마 설계에 매우 효과적이다. 개체관계 데이터 모델로 작성한 결과가 개체관계도표(ERD, entity relationship diagram)이다.

개체관계 도표는 현실 세계의 자료 간의 관계와 자료 구성 내용을 그림으로 표현한 것이다. 개체관계 도표의 표기법은 1976년 Peter Chen의 학위 논문에서 제안되었다. 이 책에서는 여러 표기법을 수용하여 [그림 2.17]의 표기법을 이용한다.

개체관계 모델링에도 몇 가지 문제점이 있다. 첫째, 의미 있는 개념 표기 수단이 미약하다. 결과 테이블 간의 관계만 표시하기 때문이다. 둘째, 사용자 중심의 설계 기능이 미약하다. 따라서 설계 개선을 위한 제안 기능이 미약하다. 이와 같은 이유로 인하여 표기법의 기본은 같지만 더 좋은 표현을 위하여 지금도 기능을 확장하고 있다. 대책으로는 확장형 ERD가 제시되고 있으며, 개체 간의 관계를 일반화, 특수화, 등으로 세분하는 방법이 나오고 있다.

기호	의미	기호	의미	기호	의미
	강 개체		속성	…	복합 속성
	약 개체		키 속성		
	관계 형태		약 개체 식별 속성		
	약 개체 식별관계 형태		다치 속성		
R	다대일 관계		유도 속성		
R	일대일 관계	R E	E가 R에 전체 참여		

[그림 2.17] 개체관계 도표의 표기법 요약

(1) 자료 모델링 절차

개체관계 도표 작성에 의한 자료 설계 절차는 다음과 같다.

1) 개체 설계

현장의 단위 업무에 필요한 개체들을 정의하고, 개체에 소속되는 속성들을 정의한다. 속성들 중에서 후보 키를 선발한 다음에 기본 키를 선정한다. 다른 개체와 연결할 필요가 있으면 다른 개체의 기본 키를 개체의 속성으로 추가하고 외부 키로 선정한다. 다른 개체와의 사상관계(일대일, 다대일 등)를 설정한다. 이와 함께 속성별로 또는 개체별로 제약조건을 기술한다. 단위 업무라는 것은 단위 조직 안에서 독자적으로 수행하는 업무를 의미한다. 예를 들어 판매과, 구매과, 영업에서는 판매업무, 구매업무, 영업업무 등이 단위업무이다. 개체 설계는 단위업무별로 정의한다. 개체 설계는 외부 스키마 단계의 설계이다.

[표 2.11] 자료 모델링 절차

순서	업무 내역	산출물	비고
1	업무분석/ 요구분석	요구 명세서, 데이터 모델	개념 설계
2	개체 설계 및 개체별 속성 설계, 기본 키 설계, 제약조건 기술	외부 스키마	
3	ERD 연결, 외부 키, 보조 키 설계	부분적 개념 스키마	
4	ERD 통합	전체 개념 스키마	
5	보완 및 정제(정규화)	관계 스키마	논리 설계
6	저장 구조 설계	내부 스키마	물리 설계

2) ERD 통합과 관계 스키마 설계

단위 조직별로 개체 설계가 완료되면 개별적인 ERD를 전체 ERD로 통합한다. ERD 통합은 전체 업무를 위한 자료를 설계하는 것이다. 이 과정에서 ERD의 조정이 수반된다. 통합 ERD가 작성되면 ERD로부터 관계 스키마를 작성한다.

그림으로 작성된 ERD를 문자로 기술한 것이 관계 스키마이다. 아울러 각 개체들의 제약조건들을 통합하여 오류와 모순이 없는지, 또는 효율성이 좋은지 검토하고 종합한다. 이 과정에서 속성의 추가와 삭제가 있을 수 있으며, 개체의 통합과 분해도 있을 수 있다. 이 검토 과정을 자료 정제라고 한다. 자료를 정제하는 과정을 정규화라고 하며, 제3장에서 기술한다.

3) 내부 스키마

자료 정제 과정을 거쳐서 관계 스키마가 확정되면 관계 스키마를 내부 스키마로 변환한다. 내부 스키마는 언제든지 관계 데이터베이스 테이블로 구현할 수 있는 단계이다. 따라서 지금까지 개념적으로 설정했던 사항들을 물리적인 사항으로 확정해야 한다. 예를 들어 기본 키라고 설정한 것을 구체적인 색인 또는 해싱 기법으로 정의해야 한다. 각 속성들의 자료형도 효율적인 자료형으로 검토한다. 예를 들어 숫자도 이진수, 정수, 십진수, 팩 십진수, 실수 등 여러 가지로 정의가 가능하다. 이것은 구체적인 운영체제와 DBMS가 선정된 후이므로 관련 소프트웨어를 참고하여 결정한다.

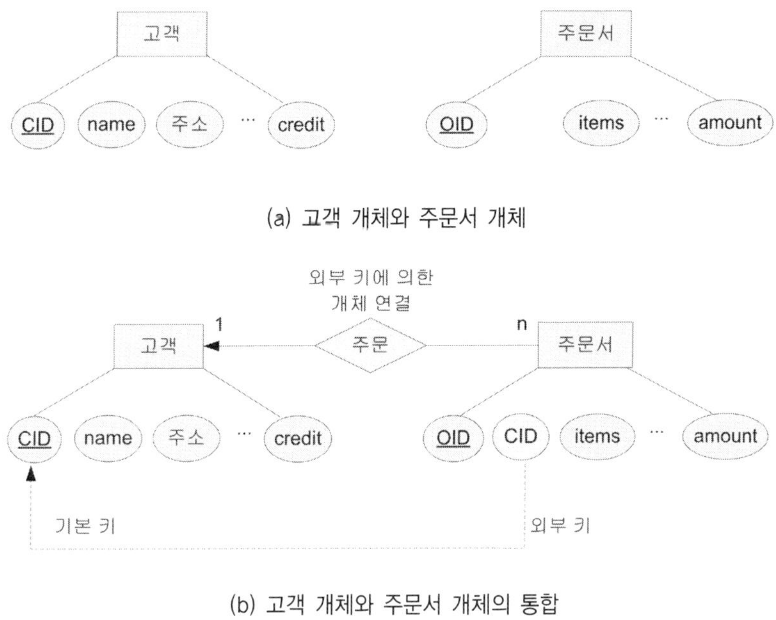

[그림 2.18] 강개체 ERD 통합

(2) ERD 통합 절차

가장 간단한 개체관계 도표는 [그림 2.18](a)의 고객 개체, 주문서 개체와 같이 하나의 개체로 구성된 도표이다. 두 개의 개체로 구성된 개체관계 도표는 관계성(relationship)을 이용하여 개체를 연결해야 하기 때문에 ERD가 복잡해진다. [그림 2.18](a)의 주문서 개체가 완성되어 고객 개체와 ERD를 통합하려면 두 개체를 연결할 수 있는 외부 키를 설정한다. 한 고객이 여러 번 상품을 주문할 수 있으므로 고객과 주문서의 사상 관계는 일대다이며, 주문서들은 한 명의 고객에게만 연결되므로 주문서와 고객 간의 사상 관계는 다대일이다. 주문서에 고객 번호 속성을 추가하고 외부 키로 설정하면 ERD가 통합된다. [그림 2.18](b)는 고객 개체와 주문서 개체를 통합한 ERD이다.

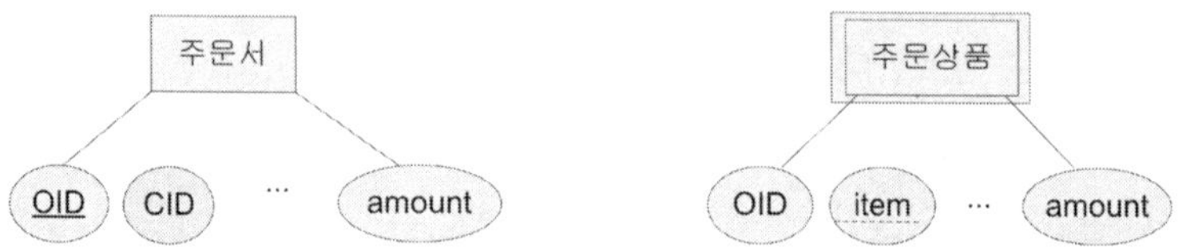

(a) 주문서 개체와 주문상품 약개체

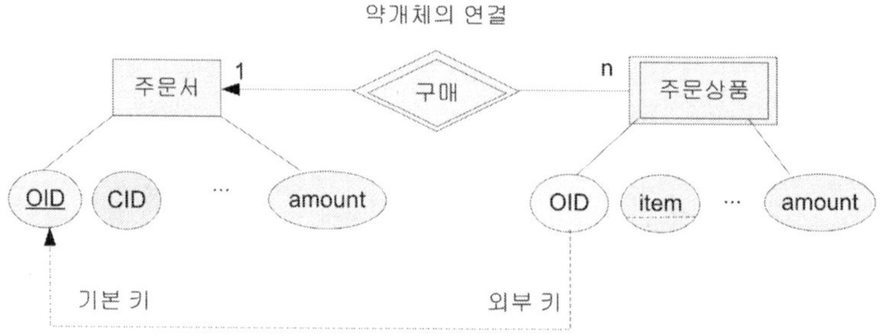

(b) 외부 키에 의한 약개체의 통합

[그림 2.19] 약개체 ERD의 통합

[그림 2.19](a) 주문상품 개체는 한 번의 주문에 여러 상품을 주문하기 때문에 주문번호인 OID가 중복되므로 기본 키가 없다. 이와 같이 기본 키가 없는 개체를 약개체(weak entity)라고 하고, [그림 2.19](a)의 주문번호와 같은 기본 키가 있는 개체를 강개체(strong entity)라고 한다. 주문상품 개체와 같은 약개체는 이중선으로 그린 사각형으로 표기한다. 한 주문서에는 여러 개의 주문상품을 포함하기 때문에 주문서와 주문상품 간의 사상관계는 일대다가 된다. 두 개체 간의 관계성은 포함관계로서 일대다의 약개체이므로 이중선의 마름모꼴로 표기한다.

[그림 2.18]에서 고객 개체와 주문서 개체의 ERD가 통합되었으며, 주문서 개체와 주문상품 개체의 ERD가 통합되었으므로 이제는 세 개의 개체를 통합하여 ERD를 작성할 수 있다. 고객 개체는 고객 담당 직원이 관리하고, 주문서 개체는 영업 담당 직원과 대금을 입금하기 위하여 영업 담당 직원이 관리하고, 주문상품 개체는 창고 담당 직원이 관리한다. 이들 세 명

의 담당자들은 외부 스키마를 설계하는데 관련되었으며, 세 개체를 통합한 것은 개념 스키마를 설계한 것이다.

2.4.3 관계집합의 스키마 변환

개체집합(사각형으로 구성)이 테이블이 되는 것처럼 관계집합(마름모꼴로 구성)도 테이블이 될 수 있다. 또한 테이블은 제약조건이 있는 경우와 제약조건이 없는 경우에 따라서 생성하는 방법이 조금씩 다르다.

(1) 제약조건이 없는 관계집합 변환

[그림 2.20]은 사원 개체와 부서 개체의 관계를 보여준다. 사원 개체는 사원 정보로 구성되고, 부서 개체는 부서 정보로 구성된다. 사원들은 한 부서에 특정한 날짜(yyyymmdd)부터 근무한다. 사원 개체와 부서 개체가 연결되는 방법은 근무 관계집합이라는 개체를 만들어서 연결할 수 있다. 관계집합의 속성은 두 개체의 기본 키와 관계집합의 속성(여기서는 from)을 합하여 구성되며, 관계집합의 기본 키는 두 개체 기본 키의 합집합으로 구성된다.

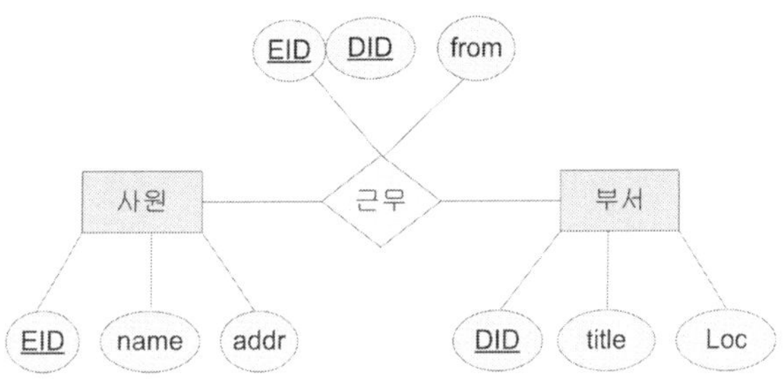

[그림 2.20] 2진 관계집합

직장에서 사원들은 자신의 관리자에게 업무를 보고하고 관리자는 자신의 부하 직원들을 감독하는 책임이 있다. [그림 2.21]의 ERD는 사원들의 감독과 보고 기능을 표현하는 두 가지 방식을 보여준다. [그림 2.21](a)는 순환 관계집합을 만드는 설계 방식이다. 감독 관계집합의 기본 키는 감독자와 부하 직원의 기본 키를 합집합하여 만들었다.

사원 개체집합에서 사원의 보고와 감독업무를 표현하기 위해서는 사원개체집합에 별도의 사원번호를 기억하여 관리하는 방법도 있다. [그림 2.21](b)에서는 감독 관계집합의 내용을 별도로 만들지 않고 사원 개체집합에 포함하였다. 관리자 사원번호 meid는 외부 키로서 사원 개체집합의 기본 키가 된다.

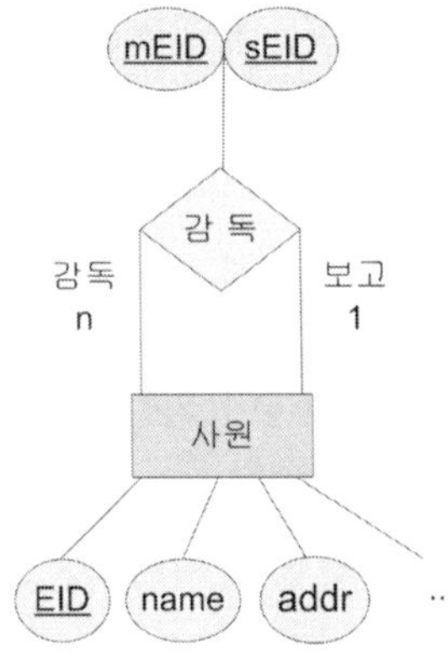

(a) 순환 관계집합

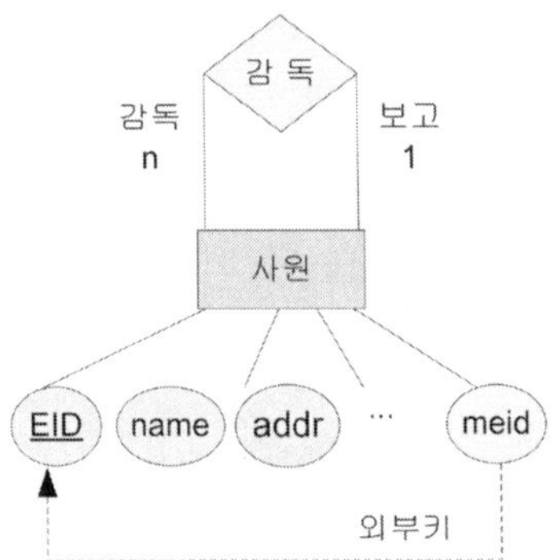

(b) 외부 키에 의한 연결

[그림 2.21] 감독 관계집합과 사원 개체집합

(2) 제약조건이 있는 관계집합 변환

무결성 제약조건이 있는 경우에는 관계집합을 변환하는데 약간의 주의가 필요하다. 특히, 키 제약조건, 참여 제약조건, 약 개체 제약조건 등이 있는 경우에는 다음과 같이 변환에 유의하여 개체관계 모델을 작성한다.

1) 키 제약조건의 관계집합 변환

관계집합을 관계 스키마로 만드는 과정에서 기본 키는 관련 개체집합의 기본 키의 합집합으로 구성되지만 특별한 경우에는 기본 키의 구성이 다를 수 있다. 예를 들어 [그림 2.22]의 경우에는 한 부서에는 반드시 한 명의 관리자만 있을 수 있다. 따라서 관리 관계집합의 기본 키는 부서의 기본 키 하나로 충분하다. 관계집합의 기본 키가 한 개체집합의 기본 키 하나로

만 가능한 것은 [그림 2.22]와 같이 화살표로 표기한다.

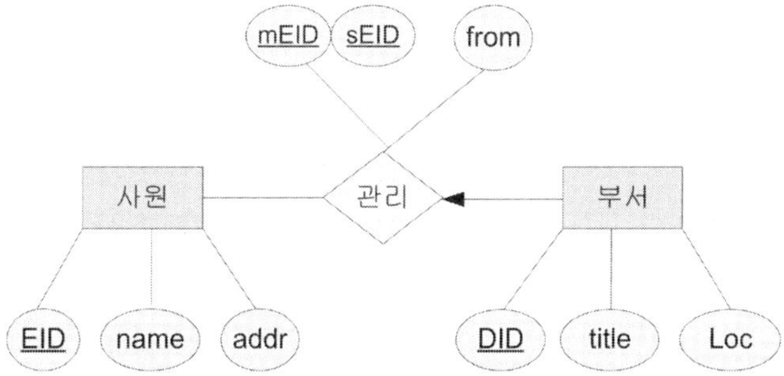

[그림 2.22] 관리 관계집합에 대한 키 제약조건

관계집합의 기본 키가 부서 개체집합과 동일하다면 관계집합을 별도로 만들지 않고 부서 개체집합에 통합시키는 방법도 가능하다.

2) 참여 제약조건의 관계집합 변환

참여 제약조건에 의하여 반드시 부서마다 관리자가 있어야 하며, 키 제약조건에 의하여 각 부서는 한 명의 관리자를 두어야 한다.

3) 약개체 제약조건의 관계집합 변환

[그림 2.23]에서 사원들은 여러 명의 부양자가 있을 수 있으므로 일대다의 관계를 가진다. 사원들은 부양가족이 없는 사원들도 있으나, 부양자들은 반드시 부양하는 사원이 있어야 하므로 키 제약조건을 가진다. 따라서 사원은 일부만 부양 관계에 참여할 수 있으나 부양자들은 전체참여 제약조건을 가진다. 그러나 부양자 개체집합은 약개체이므로 부분키만 가지고 있다. 한 사원 개체가 삭제되면 모든 부양자 개체들도 삭제된다.

[그림 2.23](a)는 관계집합으로 두 개체를 연결하였으며, 부양자는 반드시 사원이 있어야 하므로 키 제약조건 임을 보여준다. [그림 2.23](b)는 관계집합을 설정하지 않고, 비용을 약개체집합에 포함하였다. [그림 2.23](c)는 참여 제약조건을 보여준다. 사원들은 부분 참여하므로 단선으로 그렸고, 부양자들은 전체가 참여해야 하므로 전체 참여 제약조건을 의미하는 이중선으로 표시하였다.

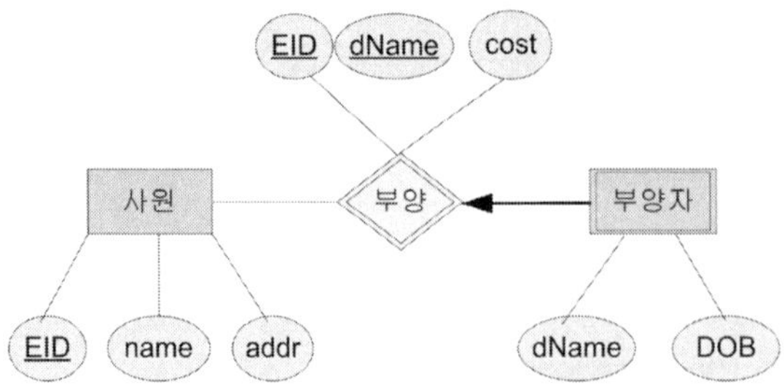

(a) 관계집합에 의한 약개체집합 연결

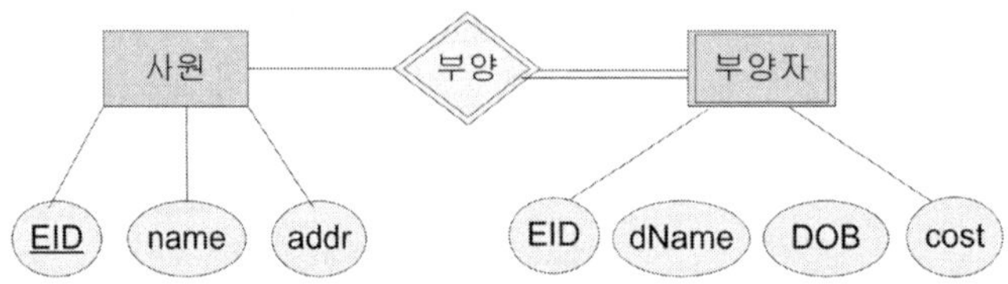

(b) 개체집합에 의한 약개체집합의 연결

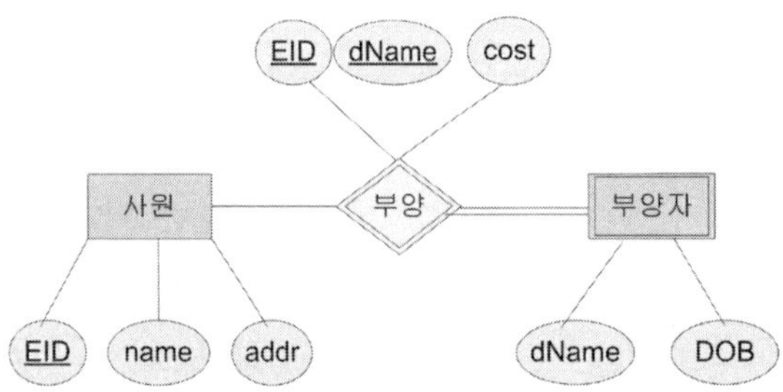

(c) 참여 제약조건 표시

[그림 2.23] 부양 관계집합

4) 순환 제약조건의 관계집합 변환

자동차, 가구 등을 조립하는 공장에서는 한 부품이 다른 부품의 부품으로 조립되는 경우가 많이 있다. 조립 상의 상위 부품은 하위 부품들과 일대다 관계를 가지며, 순환 관계를 형성한다. 이것은 외부 키 방식과 관계집합 방식의 두 가지로 설계할 수 있다. [그림 2.24](a)에서 부품들은 다른 부품의 일부분이 될 수 있으므로 다른 부품을 외부 키로 설정할 필요가 있다. pNo는 partNo를 만드는 부품이다. 따라서 pNo는 부품 테이블의 기본 키를 참조하므로 외부 키로 설정된다. [그림 2.24](b)는 상위 부품 mPNO와 이를 조립하는 하위 부품 sPNO로 구성되는 기본 키를 이용하는 관계집합에 의하여 부품들의 순환 제약조건을 해결한다.

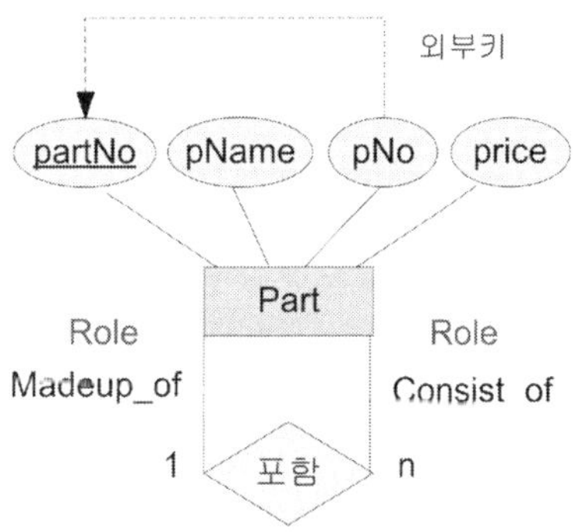

(a) 외부 키에 의한 연결

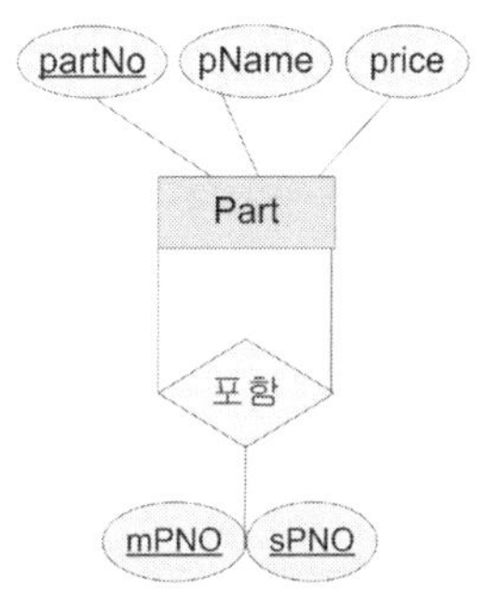

(b) 관계집합에 의한 연결

[그림 2.24] contains 관계집합에 대한 순환 제약조건

2.5 사례 연구

데이터베이스를 설계하는 업무 중에서 데이터 모델링은 실무 차원에서 매우 중요하며, 이 업무는 많은 경험을 필요로 한다. 정보처리 분야의 전형적이며 대표적인 업무가 은행업무, 판매업무, 대여업무 등이다. 은행 업무는 규모가 방대하기 때문에 일상생활에서 쉽게 확인할 수 있는 작은 규모의 판매업무, 대여업부 등을 대상으로 실습하는 것이 바람직하다. 따라서 인터넷의 상거래 업무 중에서 대상 품목이 제한적인 인터넷 서점, 비디오 또는 서적 대여점, 마을금고 대출업무, 자동차 정비소 수리업무 등을 대상으로 실습하기로 한다.

(1) 비디오 대여점

비디오 대여점의 대여 업무를 지원하는 데이터베이스 시스템을 구축하려고 한다. 개체관계 모델 설계에 필요한 조사 내용은 다음과 같다.

1) 대여 사업 현황

- 비디오와 DVD를 다수 보유하고 있으며 영화가 출시되는 대로 계속 수가 증가하고 있다.
- 비디오와 DVD는 영화별로 여러 장르(멜로, 무협, 미스터리,S F, 다큐,,)로 분류한다.
- 영화별로 여러 개의 비디오 또는 DVD가 있다.
- 고객이 수 천 명에 이를 것으로 추정한다.

2) 요구사항

◉ **자료 관리 :** 대여, 반납, 회계 등
◉ **현황 출력 :** 고객별, 비디오별, 기간별 대여 실적 등 제반 현황
◉ **자료 검색 :** 장르별, 비디오별, 대여별, 배우별 비디오 검색

3) 개체관계 모델 설계

가) 개체집합 설계

비디오를 대여 업무를 위해 고객 정보, 비디오 정보, 대여 정보 등을 관리해야하므로 고객, 비디오, 대여 자료를 저장하는 개체가 필요하다. 각 개체에 기본적으로 필요한 속성들은 다음과 같다.

◉ **고객 개체 :** 전화번호를 기본 키로 사용하고, 고객 이름과 주소 등.
◉ **비디오 개체 :** 비디오 번호(임의 부여)를 기본 키로 사용하고, 제목, 장르, 가격.

- **대여 개체 :** 대여번호(임의 부여)를 기본 키로 하고, 고객 전화번호, 대여일자, 반납일자, 대여 비디오 수, 대여 합계 금액 등.
- **대여비디오 개체 :** 한 번의 대여에 포함되는 비디오 테이프 정보.
  대여번호, 비디오 번호, 테이프 번호 등.

이상의 정보들을 토대로 작성한 각각의 개체집합이 [그림 2.25]이다. 이들은 사용자들이 외부에서 사용할 수 있는 정보이므로 외부 스키마라고 할 수 있다. 고객, 비디오, 대여 개체는 기본 키를 가지고 있는 강개체이다. 고객은 전화번호를 기본 키로 하고, 비디오는 비디오 번호를 기본 키로 하고, 대여는 대여번호를 임의로 만들어서 기본 키로 사용할 수 있다. 대여비디오는 한 번 대여에 여러 개의 비디오를 빌려가므로 대여번호를 기본 키로 사용할 수 없으므로 기본 키가 없는 약개체로 설계한다. 대여 업무를 수행하기 위해서는 4 개의 ERD들을 효과적으로 통합해야 한다.

대여 업무는 특정 고객이 특정 비디오를 대여하는 관계에서 비롯되므로 [그림 2.26](a)와 같은 관계집합을 설계할 수 있다. 대여 시에는 대여일자와 대여 금액이 수반된다. 비디오 대여점의 주인은 한 번에 빌려가는 비디오 금액 전체를 관리하는 것이 중요하므로 [그림 2.26](b)와 같이 빌려가는 비디오 전체 금액과 비디오의 수를 개체집합으로 독립하는 방법이 의미가 있다.

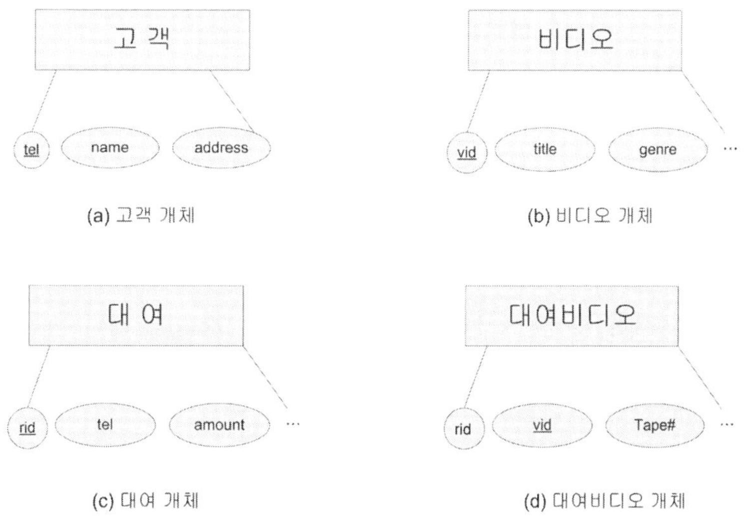

[그림 2.25] 비디오 대여점에 필요한 기본적인 개체

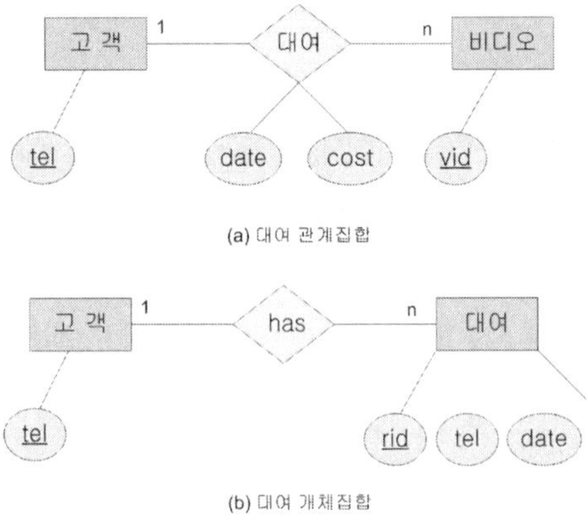

[그림 2.26] 대여 관계집합과 대여 개체집합

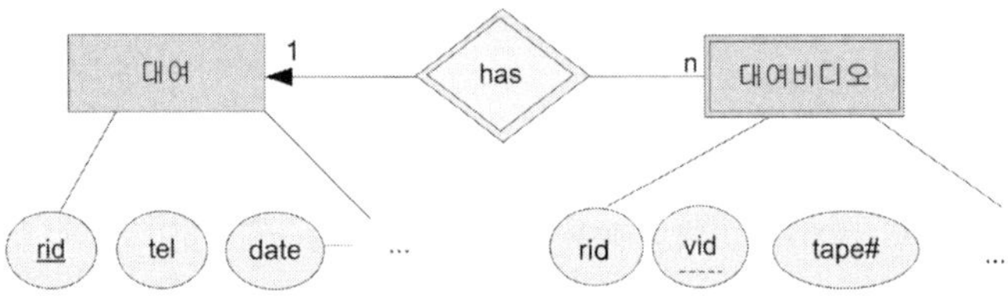

[그림 2.27] 대여 개체집합과 대여비디오 개체집합의 관계

[그림 2.27]은 한 건의 대여로 빌려가는 모든 비디오들의 관계를 연결한 것이다. 한 번의 대여에 여러 개의 비디오들이 포함되므로 모두 대여번호가 동일하다. 대여 비디오 개체가 약개체이므로 약개체 관계가 성립한다.

[그림 2.26](b)의 ERD와 [그림 2.27]의 ERD를 통합하면 고객이 빌려가는 비디오들과 대여금액을 모두 표현하는 ERD가 된다. 여기에 [그림 2.25](b)의 비디오 개체를 모두 통합하면서 발생되는 문제점을 보완하면 개체관계 모델이 완성된다.

(2) 인터넷 서점

인터넷 전자상거래 사이트에서 소규모 서점을 운영할 수 있는 데이터베이스 시스템을 구축하려고 한다. 개체관계 모델 설계에 필요한 조사 내용은 다음과 같다.

1) 서점 사업 현황

- 컴퓨터 관련 서적 수 천 종을 컴퓨터 관련자와 학생들 수 천 명을 고객으로 영업을 시작한다. 서적의 수와 고객은 꾸준히 증가할 것으로 예상한다.
- 서적의 종류는 학교 교과서, 이론 서적, 실무용 서적, 프로그래밍 서적, 초보자 입문서 등으로 분류한다.

2) 요구사항

- ◉ **자료 관리 :** 주문, 회계, 입·출고, 배송업무 등
- ◉ **현황 출력 :** 고객별, 분야별, 기간별, 출판사별 주문 및 판매 실적 등 제반 현황
- ◉ **자료 검색 :** 분야별, 서적 이름별, 저자별, 출판사별 검색.

3) 개체관계 모델 설계

가) 개체집합 설계

인터넷 서점에서 서적 판매 업무를 위해 고객 정보, 서적 정보, 주문 정보, 배송 정보 등을 관리해야하므로 고객, 서적, 주문, 배송 자료를 저장하는 개체가 필요하다. 기본적으로 필요한 개체와 속성들은 [그림 2.28]과 같다.

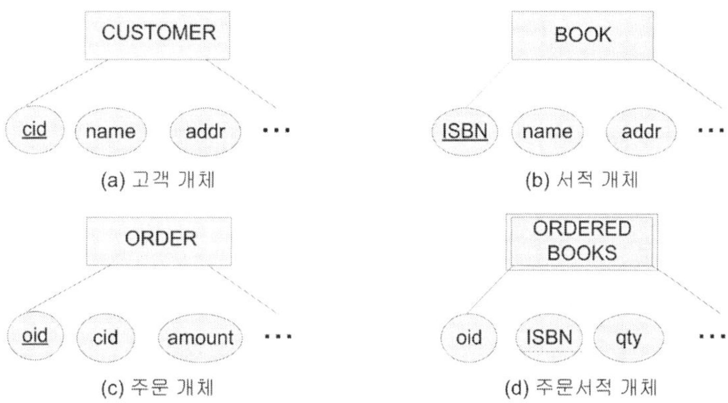

[그림 2.28] 인터넷 서점에 필요한 정보를 저장하는 개체집합

비디오 대여점의 실례와 마찬가지로 개체들 간의 관계를 설정하고 ERD를 통합하고 문제점을 정리하면 설계가 완성된다.

(3) 마을금고

상인들이 작은 시장에서 조합을 결성하여 마을금고를 운영하려고 한다. 이 금고 업무를 지원할 수 있는 데이터베이스 시스템을 구축하려고 한다. 개체관계 모델 설계에 필요한 조사 내용은 다음과 같다.

1) 마을금고 사업 현황

- 수 백 명의 상인들이 스스로 사업주와 고객이 되어 예금과 대출 사업을 시작한다. 금융 상품의 수와 고객은 꾸준히 증가할 것으로 예상한다.
- 금융 상품의 종류는 크게 보통예금, 저축예금, 단기 대출, 장기 대출 등으로 분류한다.

2) 요구사항

◉ **자료 관리 :** 예금 및 대출 업무 자료,,

◉ **현황 출력 :** 고객별, 종류별, 기간별, 예금과 대출 등 제반 현황

◉ **자료 검색 :** 종류별, 상품별, 고객별, 기간별 예금 및 대출 실적 검색.

3) 개체관계 모델 설계

가) 개체집합 설계

마을금고에서 금융 업무를 위해 고객 정보, 상품 정보, 예금 및 대출 정보 등을 관리해야 하므로 고객, 예금, 대출, 상환 자료를 저장하는 개체가 필요하다. 기본적으로 필요한 개체와 속성들을 외부 스키마를 중심으로 설계한다. 외부 스키마를 통합하여 개념 스키마를 설계하고 개체관계 모델을 ERD로 작성한다.

[그림 2.29]는 예금, 대출업무에 필요한 정보를 기억할 개체들이다. 이들 개체집합들의 관계를 설계하여 관계집합을 만들고, ERD를 통합한다.

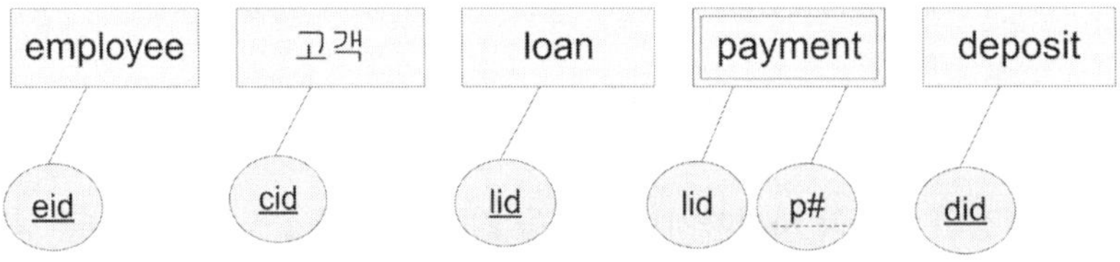

[그림 2.29] 마을금고 업무에 필요한 개체집합

(4) 자동차 정비소

도시 주택가 근처에 자동차 정비소를 운영하고 있다. 국내・외 모든 승용차, RV 차량들을 대상으로 자동차 수리정비를 한다. 설계에 필요한 조사 내용은 다음과 같다.

1) 정비 사업 현황

- 100여 종류의 차량들을 대상으로 수리 정비한다.
- 자동차 리프트 3대에 정비공 6명이 하루 12시간, 2주에 13일씩 근무한다.
  하루에 100대 내외로 차량을 정비한다.
- 국내에 대량 보급된 차량의 부품들은 약간의 재고를 유지한다.
  ex. 엔진 오일 교환 관련 소모품, 제동장치 관련 소모품 등
- 주기적으로 등록 고객들에게 정비 문자 발송 서비스를 제공한다.

2) 요구사항

◉ **자료 관리 :** 고객, 재고, 차량 정비, 회계 기록 관리
◉ **자료 작성 :** 견적서, 수리대금 청구서, 보험료 청구서
◉ **현황 출력 :** 고객별, 차량별, 기간별, 수리 및 보험 청구 등 제빈 현황
◉ **자료 검색 :** 고객별, 차량별, 기간별 정비 실적 검색.

3) 개체관계 모델 설계

고객 개체, 부품 재고 개체, 견적 및 수리 개체, 표준 공임 개체,,,

이상의 자료를 토대로 정비소에 꼭 필요한 기능을 수행하는 간략한 데이터베이스 시스템을 설계한다.

연습문제

2.1 다음 용어들을 정의하시오.

1) 데이터 모델
2) 개체
3) 스키마
4) 다치 속성
5) 관계 집합
6) 제약조건
7) 외부 키
8) 물리 설계
9) 3계층 모델
10) 도메인
11) 순환 제약조건

2.2 데이터베이스의 SW 컴포넌트들을 클라이언트/서버 데이터베이스 시스템에 배치하고자 한다. 필요한 SW와 배치 기준을 설명하시오.

2.3 슈퍼컴퓨터 DB와 개인용 컴퓨터 DB의 유사점과 차이점을 비교하시오.

2.4 client/server 모델의 발전 과정을 설명하시오.

2.5 다운사이징과 클라이언트/서버 시스템과의 발전 관계를 설명하시오.

2.6 분산 database의 주요 목적은 무엇인가? 응용분야를 기술하시오.

2.7 네트워크 DB, 분산 DB의 특징을 식별하고, 각 용도를 설명하시오.

2.8 Atomic 속성, composite 속성, multivalued 속성을 구분하여 설명하시오.

2.9 도메인과 속성의 관계를 설명하시오.

2.10 주소를 원자 속성으로 만들 때와 복합 속성으로 만들 때의 차이점을 설명하시오.

2.11 Entity와 attribute를 정의하시오.

2.12 기본 키, 보조 키, 외부 키들을 정의하고 구분하시오.

2.13 함수란 무엇인가?

2.14 정의역과 치역을 정의하시오.

2.15 일대일, 일대다, 다대일, 다대다 관계에서 함수 관계는 어느 것인가?

2.16 데이디베이스 개발 공정별로 가장 중요한 산출물들을 두 개씩 설명하시오.

2.17 기획, 분석, 설계, 구현 등 4개 공정에 투입되는 비중을 순서대로 추정하시오. 각 비중은 몇 퍼센트인지 추정하시오.

2.18 응용 DB 개발절차를 기술하시오.

2.19 데이터베이스 설계에서 개념 설계, 논리 설계, 물리 설계에서 하는 일과 산출물을 설명하시오.

2.20 Data model이란? Data model의 목적과 용도는?

2.21 망모델, 계층모델, 관계모델을 정의하고, 가장 적합한 용도를 각각 설명하시오.

2.22 ERD의 목적과 용도는?

2.23 ERD 작성 절차를 설명하시오.

2.24 강개체와 약개체가 필요한 이유를 각각 설명하시오.

2.25 ERD 작성 시 제약조건들을 설명하시오.

2.26 ERD 제약조건들을 예를 들어 설명하시오.

2.27 관계 집합이란? 필요한 경우를 예를 들어 설명하시오.

2.28 치과의원에서 환자 예약과 회계를 지원하는 데이터베이스를 구축하고자 한다. 고객마다 다음 예약 시간을 정해주고, 치료 시에는 치료 내역과 치료비를 기록하는 업무를 지원하고자 한다. 이 업무에 필요한 ERD를 작성하시오.

2.29 웹 데이터베이스는 클라이언트/서버 모델인가? 2계층인지 3계층인지 설명하시오.

2.30 데이터베이스 모델을 분류하고 용도를 설명하시오.

제 3 장

관계 모델

CHAP **03** 관계 모델

항공, 금융 등의 주요 산업계에서 사용했던 초기의 데이터베이스들은 계층 모델이나 망 모델이었다. 이들 모델들은 경험적으로 발전하여 널리 사용되고 있었으나 이론적 기반이 취약하였다. 1970년 IBM에서 관계 자료 모델을 제안하였다. 기존의 자료 모델과 달리 관계 모델은 수학의 집합론을 기반으로 개발하여 매우 단순하며 정밀하다. 관계 모델은 이론적 기반이 취약한 기존 모델들을 점차 대체하여 이제는 데이터베이스 시장의 주류가 되었다.

이 장에서는 관계 자료 모델의 개념을 기술하고, 이들의 무결성 제약조건을 논의한다. 관계 모델 설계에서는 제약조건에 따라서 ERD를 이용하여 테이블을 구축하는 사례를 논의한다. 관계 연산은 대수와 해석으로 분류하고, 관계 대수와 관계 해석을 구현하는 관계식을 논의한다.

3.1 관계 자료 모델

1970년 IBM San Jose 연구소의 Codd 박사는 관계 자료 모델에 관한 논문을 발표하였다. 이를 기반으로 IBM과 대학, 기업체에서 연구 프로젝트를 추진하여 System R과 여러 가지 관계 DBMS들이 출시되었다. IBM의 DB2 계열, Informix, Oracle, Sybase, SQL Server, Foxbase, Paradox 등이 출시되고, 지속적으로 발전하여 이제는 광범위하게 사용되고 있다.

3.1.1 관계 모델 개요

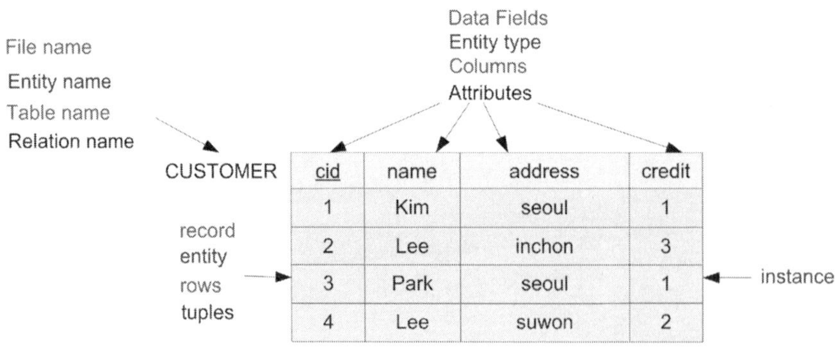

[그림 3.1] 관계 모델의 각 요소 명칭

관계 자료 모델은 관계(relation)를 기반으로 자료를 설계하는 도구이다. 관계란 두 개체 사이의 연결이다. 관계 모델에서 관계는 정보를 저장하는 테이블을 의미한다. 망 모델이나 계층 모델은 테이블들을 연결하기 위하여 포인터를 사용하는데 반하여, 관계 모델은 연결 포인터가 없이 독립적으로 테이블을 구성한다. 두 테이블의 연결 방법은 한 테이블의 외부 키를 이용하여 다른 테이블의 기본 키로 검색하는 것이다. 따라서 두 테이블 사이의 관계가 관계 모델의 중요한 개념이 되었다.

고객 테이블을 의미하는 CUSTOMER 관계의 각 요소들의 명칭과 관계 인스턴스는 [그림 3.1]의 내용과 같다. 다만 명칭이 파일 이름은 entity name, table name, relation name으로 바뀌고, 레코드는 entity, row, tuple로 바뀌고, 필드 이름은 entity type, column, attribute로 바뀌었다. 이렇게 명칭이 바뀌는 이유는 자료처리의 개념이 바뀌었기 때문이다. 관계 모델은 집합론을 기반으로 하기 때문에 모든 명칭의 개념에 집합 개념이 반영되었다.

3.1.2 관계 모델의 표현

관계 데이터베이스 RD는 관계 R들의 모임이며, 관계 데이터베이스 스키마 RDS는 관계 데이터베이스에 소속된 관계 스키마 RS들의 모임이다. 이들을 표기하면 다음과 같다.

- 차수가 n인 관계 데이터베이스 RD는 (R_1, R_2, ... , R_n)로 표기한다.
- 관계 데이터베이스 스키마 RDS는 (RS_1, RS_2, ... , RS_n)로 표기한다.
- 관계 데이터베이스의 차수는 관계들의 수 n이다.

관계는 속성들의 모임이며, 관계 스키마는 관계 이름과 관계에 소속된 속성들의 모임이다. 이들을 표기하면 다음과 같다.

- 차수가 n인 관계 스키마 RS는 {A_1, A_2, ... , A_n}로 표기한다.
- 관계 스키마의 차수는 속성들의 수 n이다.

관계는 투플들의 모임이며, 관계 인스턴스 r은 m개의 투플들의 집합이고, 각 투플들은 n개의 속성들로 구성된다. 이들을 표기하면 다음과 같다.

- 관계 R의 인스턴스 r은 {t_1, t_2, ... , t_m}으로 표기한다.
  차수 m은 투플의 수이다.
- 관계 t(R)의 n-투플 t는 <v_1, v_2, ... , v_n>로 표기한다.
  v_i는 속성 A_i의 자료 값이다.

즉 v_i는 속성 A_i의 도메인 dom(A_i)의 원소이거나 널(null)값이다.

관계 모델을 표현하기 위하여 다음과 같은 관용적인 표기법을 사용한다.

- 대문자 Q, R, S 등은 관계 이름을 나타낸다.
- 소문자 q, r, s 등은 관계의 상태를 나타낸다.
- 소문자 t, u, v 등은 투플을 나타낸다.
  t[A_i], t.A_i, t[i]는 투플 t에서 속성 A_i의 값 v_i를 가리킨다.
- 관계 스키마 이름은 현재 관계의 상태를 가리키고, CUSTOMER(CID, name,,)은 관계 스키마를 가리킨다.
- 속성 이름 A에 속성이 소속된 관계 이름 R을 붙여서 R.A로 표기할 수 있다.

이상과 같은 표기법을 이용하여 관계를 정의해보기로 한다. 관계 R의 인스턴스 r(R)은 도메인 dom(A_1), dom(A_2), … , dom(A_n)의 카티션 곱의 부분 집합이다. 관계 스키마 R(A_1,A_2)에서 dom(A_1) = {0, 1}이고 dom(A_2) = {a, b, c}라고 가정하면, 도메인 A_1과 도메인 A_2의 모든 조합이 카티션 곱이다. 즉, 두 도메인을 카티션 곱하면, 다음 식이 성립한다.

```
dom(A1) X dom(A2) = {<0, a>, <0, b>, <0, c>, <1, a>, <1, b>, <1, c>}
```

관계 상태 r은 다음과 같이 몇 개의 투플들로 구성될 것이다.

```
r1(R) = {<0, a>,<1, b>}
r2(R) = {<0, a>,<1, c>}
r3(R) = {<1, a>,<1, b>}
```

예를 들어 제2장에서 설명한 인터넷 서점을 위한 데이터베이스는 고객, 주문서, 주문서적, 서적 테이블로 구성된다. 관계 데이터베이스 RD, 관계 데이터베이스 스키마 RDS, 관계 스키마 RS를 표현하면 다음과 같다.

```
BookStore RD = {CUSTOMER, ORDER, ORDER-BOOK, book}
BookStore RDS = {CUSTOMER schema, ORDER schema, ORDER-BOOK schema, BOOK schema}
CUSTOMER RS = {CID, name, address, tel, credit}
ORDER RS = {OID, CID, odate, items, price, qty, amount}
CUSTOMER r1(R) = <1, 김, 서울, 031-750-5325, 1>
```

관계 모델의 핵심은 테이블을 의미하는 관계에 있다. 관계는 관계 스키마가 정의된 후에 관계 인스턴스가 생성된다. 제2장에서 언급하였듯이 관계 스키마는 속성 이름들과 무결성 제약조건들의 집합으로 구성된다. 관계 인스턴스는 테이블의 자료 값들이다. 제2장 고객 테이블의 관계 스키마 실례를 제약조건과 함께 살펴보자.

```
CUSTOMER(CID: integer, name: string, address: string, credit: integer)
```

관계 스키마는 [그림 3.1]과 달리 각 속성들의 도메인이 정의되어 있으므로 도메인 무결성 제약조건을 규정하고 있다. 따라서 각 속성들의 자료형에 적합한 인스턴스들만 입력이 가능하다.

3.2 무결성 제약조건

정보를 정확하게 처리하기 위해서는 우선 데이터베이스의 관계 안에 있는 정보들이 정확해야 한다. 관계 안에 정확한 자료를 저장하려면 다음 두 가지 경우에 대비해야 한다.

1) 관계 스키마를 정의할 때 무결성을 유지하도록 제약조건을 정확하게 정의한다.
2) 데이터베이스 응용 프로그램이 자료를 입력, 갱신, 삭제하는 경우에는 정의된 무결성 제약조건을 충족하는 경우에만 실행을 허용한다.

데이터베이스에서 무결성을 위반하는 형태는 다음과 같이 여러 가지가 있을 수 있다. 다음 절에서는 제약조건을 상세하게 기술한다.

[표 3.1] 무결성 제약조건 리스트

종 류	내 역	비 고
도메인 제약조건	속성의 자료 값은 소속 도메인의 원자값이어야	단일 관계 적용
개체 무결성 제약조건	속성은 NULL 값이 아니어야	단일 관계 적용
키 제약조건	키 값은 유일하게 투플을 식별해야	단일 관계 적용
참조 무결성 제약조건	외부 키 값은 반드시 다른 테이블에 존재해야	두 관계 적용
의미 무결성 제약조건	조건을 명시한 제약조건은 지켜야	단일/두 관계 적용

(1) 도메인 제약조건

도메인 제약조건은 속성 A의 자료 값이 반드시 A의 도메인 dom(A)에 속하는 원자값이어야 한다는 의미이다. 도메인 제약조건은 속성들이 가질 수 있는 값들의 집합을 명시함으로써 오류 입력을 방지하는 수단이다. 속성의 도메인은 표준 자료형과 사상되어야 한다. 각 속성의 자료형은 엔티티 안에서 그 속성이 나타낼 수 있는 자료 값들의 집합이다. 관계 스키마를 정의할 때 속성의 자료형(data type)을 정의함으로써 속성의 무결성을 유지할 수 있다. 관계 스키마 R을 {A_1, A_2, ... , A_n}로 표현하는 경우에는 속성들의 도메인이 정의되지 않아서 제약조건이 없는 상태이다. 도메인 제약조건이 포함된 관계 스키마 형식은 아래와 같다.

$$R = \{A_1 : D_1, A_2 : D_2, ... , A_n : D_n\}$$

속성 A_i는 $_i$의 범위 (1<= i<= n) 안에서 Dom(A_i)는 D(A_i)라는 도메인 값들의 집합이다. 따라서 도메인 제약조건을 만족하는 관계 스키마는 다음과 같다.

$$\{A_1: d_1, A_2: d_2, ... , A_n: d_n \mid d_1 \in Dom(A_1), ... , d_n \in Dom(A_n)\}$$

(2) 개체 제약조건

개체를 구성하고 있는 속성들의 일반적인 특성에 대한 무결성 제약조건에 대하여 기술한다. 모든 속성들은 널(NULL) 값이 아니어야 한다. 특히 기본 키는 널 값이 아니어야 한다.

(3) 키 제약조건

키란 유일하게 투플들을 식별할 수 있는 식별자이며 속성이다. 관계는 투플들의 집합이며, 집합은 원소들(여기서는 투플)의 중복을 허용하지 않으므로 키는 모든 투플들을 식별할 수 있어야 한다. 키는 다음의 두 조건을 만족한다.

1. 서로 다른 두 투플은 동일한 키 속성 값을 가질 수 없다.
2. 키는 최소의 수퍼 키이다. 수퍼 키의 어떤 속성도 제거하면 키가 될 수 없다.

일반적으로 관계 스키마는 하나 이상의 키를 가질 수 있다. 이 경우 각 키를 후보 키라고 한다. 후보 키 중에서 대표로 선정된 후보 키를 기본 키로 지정한다.

(4) 참조 무결성 제약조건

키 제약조건과 엔티티 무결성 제약조건은 개별 관계에서 명시되는 조건이지만, 참조 무결성 제약조건은 두 관계 사이에 명시되는 제약조건이다. 참조 무결성 제약조건은 한 관계에 있는 투플이 다른 관계에 있는 투플을 참조하려면 반드시 참조되는 투플이 그 관계 안에 존재해야 한다는 뜻이다. 예를 들어 주문서 관계의 고객번호 속성은 주문한 고객을 의미한다. 따라서 주문서 관계의 고객번호는 반드시 고객 관계의 어떤 투플의 고객번호와 일치해야 한다. 한 속성을 갱신할 때는 다른 관계의 속성과 일관성을 유지하는지를 점검해야 한다.

참조 무결성 제약조건을 정의하기 위해서는 외부 키를 정의해야 한다. 외부 키가 되기 위해서는 두 관계 사이의 참조 무결성 제약조건을 만족해야 한다.

(5) 의미 무결성 제약조건

지금까지 기술한 제약조건들은 관계 스키마에서 명시하지는 않았지만 지켜야 할 필요가 있는 조건들을 포함하지 않는다. 예를 들어 다음과 같은 조건들은 명시하지 않으면 의미를 상실하게 되는 제약조건들이다.

- 학교의 복학일자는 휴학일자보다 늦어야 한다.
- 졸업일자는 입학일자보다 늦어야 한다.
- 사원들의 급여는 상사의 급여보다 많을 수 없다.
- 사원들의 근무 시간은 주당 40시간을 초과하지 못한다.

이상과 같은 제약조건들은 데이터베이스에 자료를 입력하거나 갱신하는 응용 프로그램 안에서 또는 유사한 도구에서 조건을 정의하여야 한다. 사용되는 도구로는 트리거(trigger)나 주장(assertion) 등이 있다.

3.3 관계 모델 설계

제2장에서는 ER 모델 설계에 관하여 기술하였다. ER 모델은 특정한 자료 모델에 독립적으로 자료를 설계하는 도구이다. 이 절에서는 ER 모델에 의하여 작성된 ERD를 기반으로 관계 스키마를 통하여 테이블을 설계하는 기법을 기술하고자 한다. 즉, ERD를 관계 스키마로 변환한 것을 다시 관계 데이터베이스의 테이블로 변환하고자 한다. 또한 사용자는 테이블을 직

접 접근하는 것보다 뷰(view)를 통하여 접근하는 것이 필요하므로 뷰 테이블 생성에 관하여 기술한다.

[표 3.2] 제약조건이 없는 ER 모델을 테이블로 변환

순서	테이블 유형		테이블 변환 내역
1	단순 개체집합		독립 테이블 작성
2	두 테이블 연결		테이블 연결을 위한 외부 키 생성
3	관계집합		두 테이블 연결을 위한 테이블 생성
4	순환 방식	관계집합 생성	순환 연결을 위한 테이블 생성
		외부 키 생성	순환 연결을 위한 외부 키 생성

3.3.1 ER 모델을 관계 모델로 변환

ER 모델은 데이터베이스 설계에 매우 편리한 도구이다. 특히 고급 수준에서의 분석과 설계에 효과적이다. 테이블을 설계하기 위해서는 제약조건을 충분히 반영하는 것이 중요하다. 따라서 ER 모델을 제약조건을 반영하는 관계 데이터베이스 스키마로 변환하여 테이블을 구축하는 기법을 논의한다. 무결성 제약조건을 적용하지 않는 방식과 적용하는 방식으로 나누어 기술한다.

(1) 제약조건이 없는 테이블 변환

테이블을 구축하는데 특별한 제약조건이 없는 경우는 크게 네 가지이다[표 3.2].

1) 단순 개체집합의 테이블 변환

하나의 개체집합은 하나의 관계 스키마로 사상되며, 하나의 관계 스키마는 테이블로 일대일 사상된다. 개체집합의 속성은 관계 스키마의 속성으로 다시 테이블의 속성으로 사상된다. [그림 3.2]와 같은 고객 개체집합은 고객(CID, name, address, credit)와 같이 정확하게 고객 관계 스키마로 변환이 가능하다. 고객 관계 스키마를 테이블로 변환하려면 다음과 같이 SQL 문장을 이용하여 각 속성들의 자료형과 기본 키 설정을 기술해야 한다.

```
CREATE TABLE 고객 (
   CID          integer,
   name         char(30),
   address      char(60),
   credit       integer,
```

```
PRIMARY KEY (CID));
```

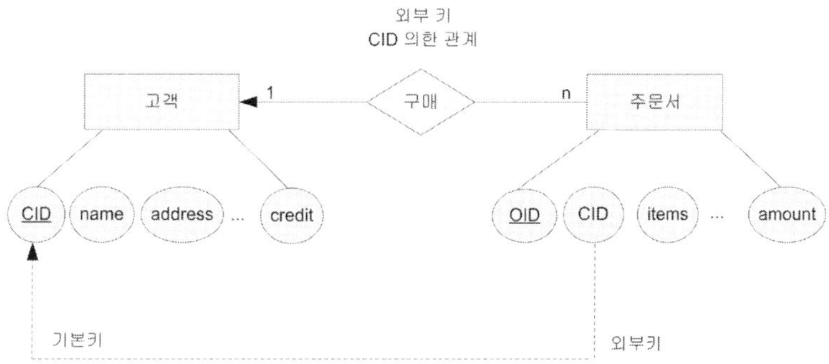

[그림 3.2] 두 개체집합의 통합

2) 외부 키 개체집합의 테이블 변환

고객이 상품을 주문하면 주문서 개체집합에 주문일자, 수량, 금액 등의 속성이 필요하다. [그림 3.2]의 주문서 개체를 고객 개체에 연결하고자 한다. 두 개체를 연결하기 위해서는 외부 키 설정이 필요하다. 고객의 CID가 기본 키이므로 주문서에 CID를 추가하여 외부 키로 설정하면 두 테이블이 연결되어 통합된다. 주문서 개체집합의 관계 스키마를 SQL문으로 정의하면 다음과 같다.

```
CREATE TABLE 주문서 (
 OID          integer,
 CID          integer,
 items char(30),
 ........
 amount       long,
 PRIMARY KEY  (OID),
 FOREIGN KEY  (CID) REFERENCES 고객(CID));
```

3) 관계집합의 테이블 변환

두 개체집합을 연결하기 위해서는 앞에서와 같은 외부 키 방식이 있고, 새 개체를 만들어서 연결하는 관계집합을 만드는 두 가지 방식이 있다. 개체집합과 마찬가지로 관계집합도 테이블로 사상된다. 그러나 관계집합을 테이블로 변환하는 방법은 개체집합의 변환과 달리 다음과 같이 두 가지가 있을 수 있다.

가. 관계집합을 독립적으로 설계하는 방법
나. 관계집합을 다른 개체집합에 통합하는 방법.

여기서는 관계집합을 독립적으로 설계하는 방법을 설명하고, 다음 절에서 다른 개체집합에 통합하는 방법을 소개한다.

[그림 3.3]과 같이 고객이 상품을 주문하면 구매 자료인 주문일자, 주문 수량, 금액 등의 속성과 이들을 저장할 테이블이 필요하다. 구매는 고객 개체와 상품 개체를 관계로 연결함으로써 생성되는 관계집합이다. 구매 관련 속성들을 고객 개체집합과 상품 개체집합의 구매 관계집합으로 연결하려면 고객번호와 상품번호를 추가해야 한다. 구매 관계집합의 기본 키는 두 개체집합의 기본 키인 고객번호와 상품번호의 복합속성이다. 구매 관계집합의 관계 스키마를 SQL문으로 정의하면 다음과 같다. 관계집합의 기본 키는 두 개체집합의 기본 키의 합집합이다. 관계집합의 기본 키를 구성하는 속성들은 다음과 같이 SQL에서 외부 키로 설정해야 한다.

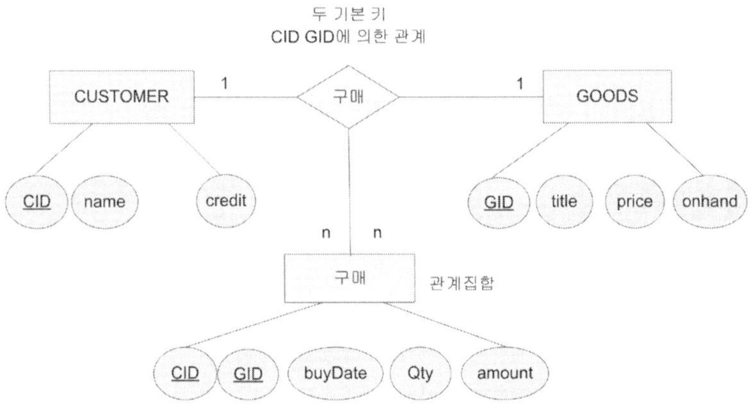

[그림 3.3] 고객과 상품을 연결하는 관계집합

```
CREATE TABLE Buy (
   CID          integer,
   GID          integer,
   buydate      DATE,
   Qty          integer,
   amount       real,
   PRIMARY KEY  (CID, SID),
   FOREIGN KEY  (CID) REFERENCES CUSTOMER(CID),
   FOREIGN KEY  (GID) REFERENCES Goods(GID));
```

4) 순환방식 관계집합의 테이블 변환

[그림 3.4]의 ER 모델은 직원 개체를 이용하여 상사와 부하 관계를 표현한 두 가지 모델이다. 모든 직원들은 자신의 업무를 보고해야 하는 상사가 있으므로 상사와 부하의 관계는 일대다 관계이다. 하나의 직원 개체에서 상사와 부하 관계를 표현하는 방법은 다음과 같이 두 가지이다.

가. [그림 3.4](a)와 같이 별도의 관리라고 하는 관계집합을 생성하는 방식.
나. [그림 3.4](b)와 같이 하나의 개체에서 외부 키를 설정하여 연결하는 방식.

가. 관계집합 생성 방식

[그림 3.4](a)와 같이 직원 테이블은 하나이므로 관계집합에서 상사와 부하 관계를 정의해야 한다. 기본 키는 상사와 부하의 기본 키의 합집합으로 설정한다. 두 개의 외부 키는 모두 직원 테이블의 기본 키로 한다. 두 개체의 관계를 설정하는 관리 관계집합의 관계 스키마를 SQL로 정의하면 다음과 같다.

```
CREATE TABLE Manage (
    mEID          integer,
    sEID          integer,
    PRIMARY KEY   (mEID, sEID),
    FOREIGN KEY   (mEID) REFERENCES 직원(EID),
    FOREIGN KEY   (sEID) REFERENCES 직원(EID));
```

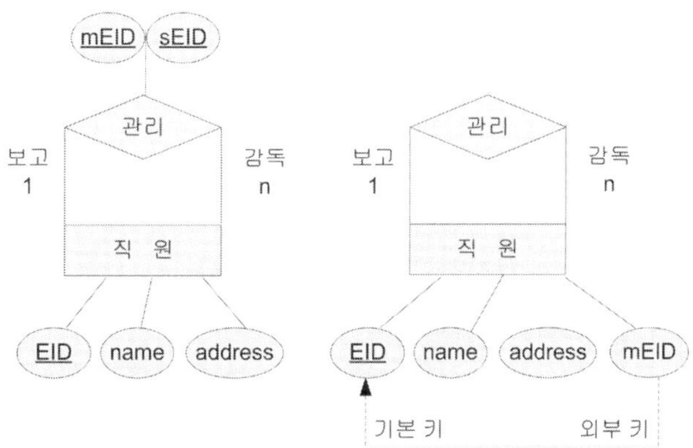

(a) 순환 관계집합 (b) 외부 키에 의한 연결

[그림 3.4] 하나의 개체집합을 연결하는 관계집합

나. 외부 키에 의한 연결 방식

[그림 3.4](b)와 같이 하나의 직원 개체에서 스스로 상사와 부하의 관계를 외부 키로 연결하는 방식이다. 직원 개체에 관리자의 직원번호 EID를 추가하고 외부 키를 선언하면 된다. 따라서 직원 개체집합의 관계 스키마를 다음과 같이 SQL로 정의한다.

```
CREATE TABLE 직원 (
   EID            integer,
   name           char(30),
   address        char(60),
   ....
   mEID           integer,
   PRIMARY KEY    (EID),
   FOREIGN KEY    (mEID) REFERENCES 직원(EID));
```

(2) 제약조건이 있는 테이블 변환

테이블 구축에 제약조건이 있는 경우는 크게 네 가지이다[표 3.3].

[표 3.3] 제약조건이 있는 ER 모델을 테이블로 변환

순서	테이블 유형		변환 내역
1	키 제약조건	관계집합 생성	두 테이블 연결을 위한 관계집합 생성
		외부 키 생성	두 테이블 연결을 위한 외부 키 생성
2	참여 제약조건		전체 참여 또는 부분 참여에 의한 연결
3	약 개체 제약조건	테이블에 속성 추가	약 개체집합에 속성 추가
		관계집합 생성	두 테이블 연결에 의한 테이블 생성
4	순환 제약조건	관계집합 생성	순환 연결을 위한 테이블 생성
		외부 키 생성	순환 연결을 위한 외부 키 생성

1) 키 제약조건이 있는 관계집합을 테이블로 변환

[그림 3.5](a)와 같이 사원 개체와 부서 개체 사이에는 관리자가 하나의 부서를 대표하는 경우에 관계집합을 만든다. 단 부서에는 한 명의 사원만이 부서장이 될 수 있으므로 약간 특별한 경우이다. 이런 경우를 표현하기 위하여 부서 개체에서 사원 개체 쪽으로 화살표를 연결한다. 그러나 이 경우에도 관계집합을 생성하는 방법과 관계집합을 생성하지 않는 두 가지 방법이 있다.

가. 관계집합에 의한 연결

[그림 3.5](a)의 관리 관계집합은 사원과 부서 개체집합을 연결하므로 사원번호와 부서번호 그리고 from 속성이 기본적으로 구성된다. 관리 관계집합의 기본 키는 두 개체집합의 기본 키의 합집합으로 만들 수 있다. 그러나 부서의 관리자는 항상 한 명이므로 기본 키에 사원번호를 이중으로 추가할 필요가 없으므로 부서번호만으로 기본 키가 성립한다. ERD에서는 부서 개체집합에서 화살표가 나오는 것은 관리 관계집합으로 연결되는 사원이 한 명이라는 의미이다. 따라서 기본 키를 한 개로 구성한 관리 관계집합을 SQL로 정의하면 다음과 같다.

```
CREATE TABLE Manager (
    EID            integer,
    DID            integer,
    from           DATE,
    PRIMARY KEY    (DID),
    FOREIGN KEY    (EID) REFERENCES 직원(EID),
    FOREIGN KEY    (DID) REFERENCES 부서(DID));
```

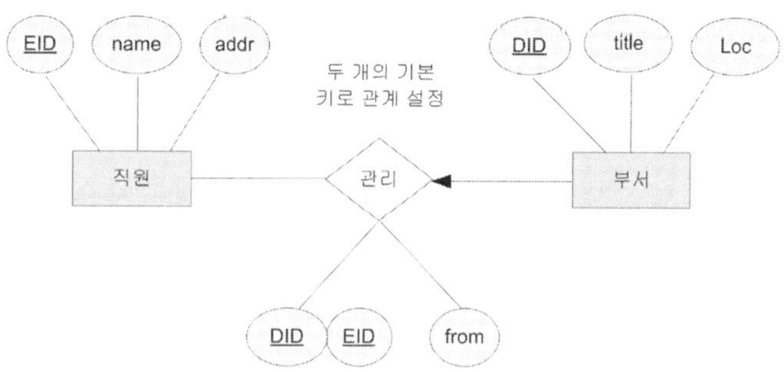

(a) 관계집합에 의한 연결 방식

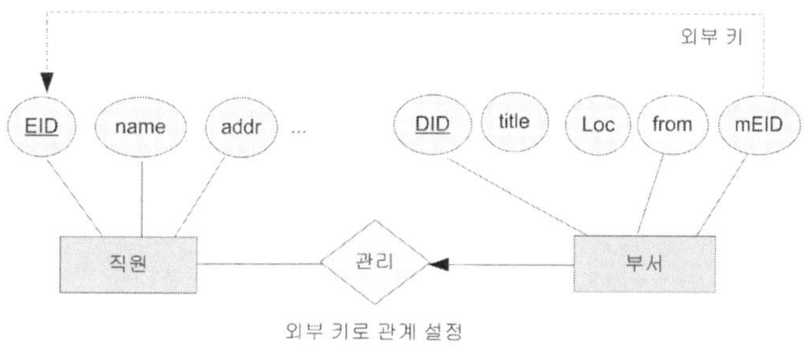

(b) 외부 키에 의한 연결 방식

[그림 3.5] 키 제약조건이 있는 관계집합

나. 외부 키에 의한 연결

관계집합에 두 개의 기본 키를 포함하지 않는다면 [그림 3.5](b)와 같이 EID와 from 속성만 부서 개체집합에 넣어서 부서 개체집합 하나로 통합하는 방법도 가능하다. 이 방식은 테이블이 한 개로 축소되면서 두 개체집합을 연결하므로 더 우수한 방법이다. 이 방법은 별도의 관계집합을 만들지 않고 다음과 같이 SQL로 부서 개체집합을 정의하면 된다.

```
CREATE TABLE Department (
   DID          integer,
   title        char(30),
   Loc          char(15),
   mEID         integer,
   from         DATE,
   PRIMARY KEY  (DID),
   FOREIGN KEY  (mEID) REFERENCES 직원(EID));
```

2) 참여 제약조건이 있는 관계집합을 테이블로 변환

[그림 3.6](a)의 근무 관계집합은 다수의 사원들이 하나의 부서에 소속되어 근무하는 관계를 표현하고 있다. 사원 개체의 투플들이 반드시 참여하든지 부분적으로 참여하든지 아무런 제약조건이 없다. 부서 개체도 근무 관계집합에 대한 참여 여부를 제약하지 않는다. 관계집합에 관련된 개체의 투플들이 얼마나 참여하는지를 명시하는 것이 참여 제약조건이다. 참여 제약조건에는 일부분만 참여하는 부분 참여 제약조건과 전체가 참여하는 전체 참여 제약조건이 있다. [그림 3.6](b)는 참여 제약조건을 표현한 관계집합을 보여준다.

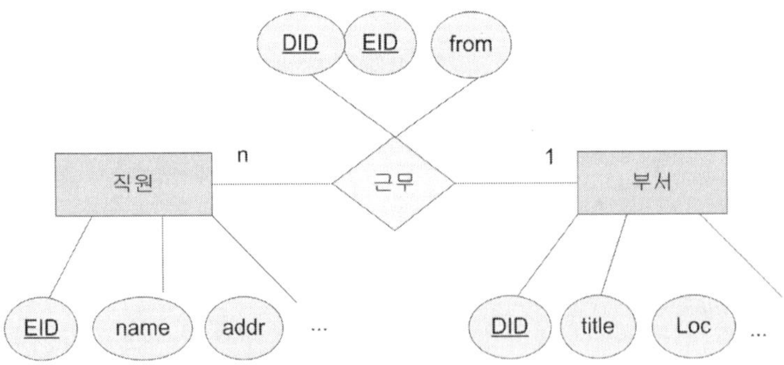

(a) 제약조건이 없는 근무 관계집합

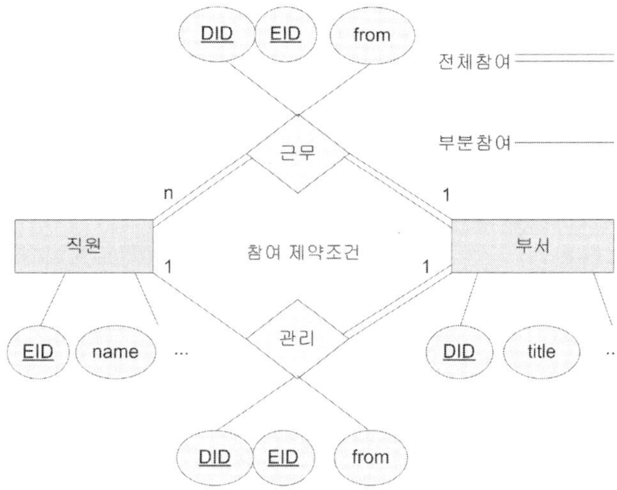

(b) 참여 제약조건이 있는 근무 및 관리 관계집합

[그림 3.6] 근무와 관리 관계집합의 참여 조건

[그림 3.6](b)의 한 부서는 다수의 사원들이 근무하고 있다. 사원과 부서 개체집합이 근무 관계집합으로 연결되어 있다. 근무 관계집합은 기본 키(부서번호와 사원번호)와 from 속성으로 구성된다. 근무 관계집합의 사원 개체는 모든 사원이 부서에 참여하므로 전체 참여 조건이 되고, 부서 개체는 모든 부서가 사원과의 근무 관계집합에 연결되므로 역시 전체 참여 조건이 된다. 그러나 근무 관계집합은 키에 관한 조건이 없으므로 키 제약조건이 아니다.

관리 관계집합은 사원 개체의 사원들이 부분적으로 부서장만 부분적으로 참여하고, 부서 개체의 모든 부서에는 반드시 한 명의 관리자가 있으므로 부서 전체가 참여한다. 관리 관계집합에 사원 개체의 일부 투플들이 참여하는 것을 부분 참여 제약조건(단일선을 의미)이라고 하고, 부서 개체의 모든 투플이 참여하는 것을 전체 참여 제약조건(이중선을 의미)이라고 한다.

다음의 SQL 문은 관리 관계집합의 키 제약조건과 참여 제약조건을 반영하여 속성들을 부서에 통합하여 작성한다. EID에 NOT NULL이 지정된 것은 부서마다 반드시 한 명의 관리자가 있어야 하는 키 제약조건을 의미한다. 외부 키에 ON DELETE NO ACTION이 지정된 것은 관리 관계집합에 연결되어 있는 한 Employee의 해당 투플은 삭제될 수 없음을 보장하는 전체 참여 제약조건을 의미한다. 마찬가지로 관리 관계집합의 DID도 부서 개체에서 삭제되면 않되기 때문에 외부 키와 ON DELETE NO ACTION로 지정한다. 관리 관계집합 스키마의 SQL을 다음과 같이 정의한다.

```
CREATE TABLE Dept_Mgr (
  DID          integer,
  title        char(30),
  Loc          char(15),
  mEID         integer NOT NULL,  // 키 제약조건
  from         DATE,
  PRIMARY KEY  (DID,mEID),
  FOREIGN KEY  (DID)  REFERENCES 부서(DID) ON DELETE NO ACTION,
  FOREIGN KEY  (mEID) REFERENCES 직원(EID) ON DELETE NO ACTION));
```

3) 약개체집합을 테이블로 변환

[그림 3.7](a)에서 사원은 여러 명의 가족을 부양할 수 있으므로 사원과 부양자와의 관계는 일대다관계이다. 부양자들은 모두 특정한 사원에게 연결된다. 사원 개체의 투플이 삭제되면 소속된 모든 부양자 약개체들이 삭제된다. [그림 3.7](a)의 부양자 개체집합은 EID가 중복되기 때문에 기본 키가 될 수 없으므로 dName이 식별자 역할을 하고 있다. 부양자 개체는 사원의 기본 키와 약개체 식별자를 함께 취해야 유일하게 식별이 된다. 다음은 약개체집합 부양자 관계 스키마를 SQL로 정의한 것이다.

```
CREATE TABLE Dependents (
  EID          integer,
  dName        char(30),
  DOB          date,
  cost         REAL,
  FOREIGN KEY  (EID) REFERENCES 직원(EID));
```

[그림 3.7](b)는 사원과 부양자 개체를 연결하기 위하여 관계집합을 생성한 방식이다. 기본키는 EID와 dName의 합집합이고, 사원 개체에서 EID가 삭제된다면 부양자 개체에서도 자동적으로 삭제되는 것을 ON DELETE CASCADE로 표현하였다. 다음은 부양 관계집합의 스키마를 SQL로 정의한 것이다.

```
CREATE TABLE Dependents (
  dName        char(30),
  cost         REAL,
  EID          integerNOT NULL,  // 키 제약조건
  PRIMARY KEY  (EID, dName),
```

```
        FOREIGN KEY (EID) REFERENCES 직원(EID))
                ON DELETE CASCADE);
```

4) 순환 제약조건이 있는 관계집합을 테이블로 변환

가구를 생산하는 공장에서는 한 부품이 다른 가구의 부품이 되거나, 다른 부품의 부품으로 구성되는 경우가 많이 있다. 동일한 부품이 한 제품의 부품이면서 또 다른 제품이나 부품의 부품이 될 수 있는 경우가 제조업체에서는 흔하게 있는 일이다. 이와 같이 순환하여 종속되는 관계를 효율적으로 표현하는 방법이 필요하다. [그림 3.8]은 순환 종속되는 부품들 간의 관계를 표현한 ERD이다. 순환 관계집합은 [그림 3.4]의 관리 관계집합과 유사하지만 한 부품이 여러 부품의 부속 부품으로 사용된다는 점에서 상이하다. 이 경우는 부품들을 조립하여 완성품을 제작하는 조립공장의 경우에 많이 발생하는 응용분야이다.

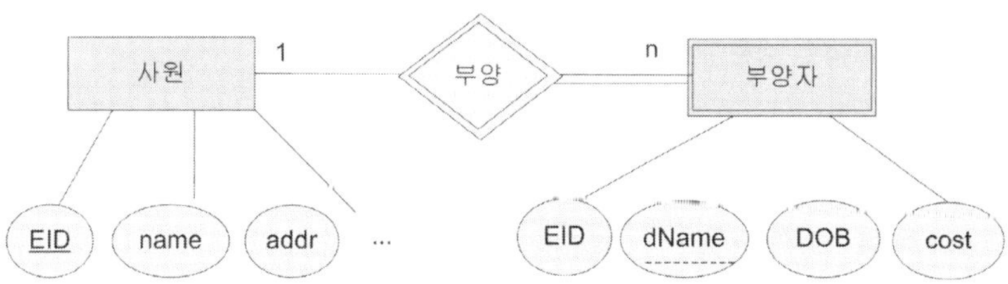

(a) 외부 키에 의한 약개체집합의 연결

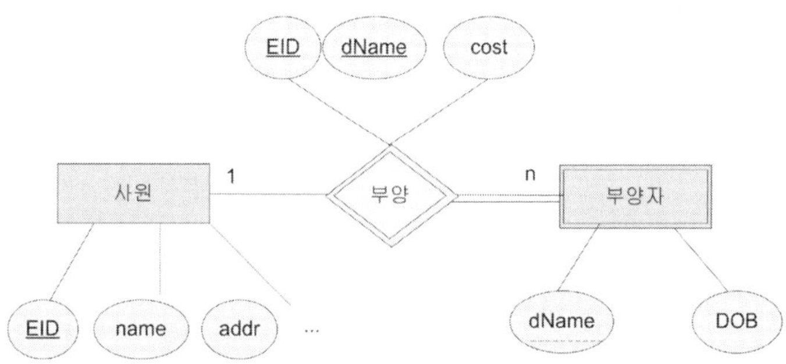

(b) 관계집합에 의한 약개체집합의 연결

[그림 3.7] 부양자 약개체집합

다음은 부품의 종속관계를 외부 키를 이용하여 SQL 문으로 연결하는 방법을 정의한 것이다.

```
CREATE TABLE Part (
   PID            integer,
   pName          char(30),
   price          real,
   mPID           integer,
   PRIMARY KEY    (PID),
   FOREIGN KEY    (mPID)   REFERENCES Part(PID));
```

다음은 부품들의 종속관계를 순환 관계집합을 이용하여 SQL 문으로 연결하는 방법을 정의한 것이다.

```
CREATE TABLE subPart (
   mPID           integer,
   sPID           integer,
   PRIMARY KEY    (mPID, sPID),
   FOREIGN KEY    (mPID)   REFERENCES Part(PID),
   FOREIGN KEY    (sPID)   REFERENCES Part(PID));
```

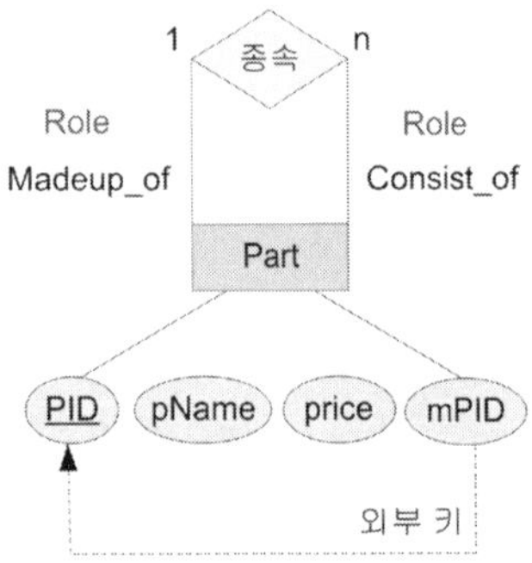

(a) 외부 키에 의한 연결

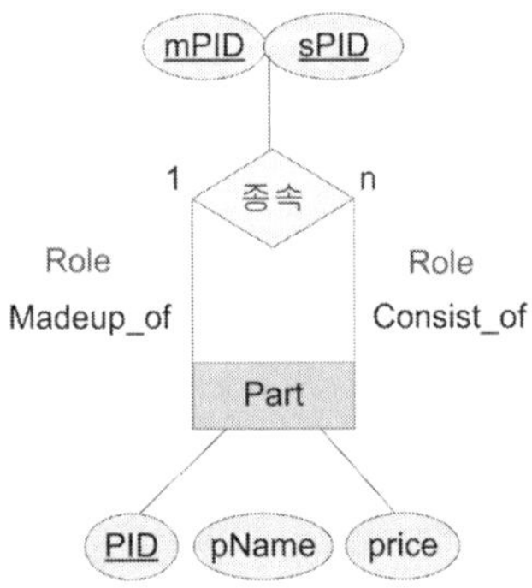

(b) 관계집합에 의한 연결

[그림 3.8] 다른 개체에 순환 종속되는 개체의 관계집합

(3) 다대다 관계집합을 테이블로 변환

지금까지 살펴본 개체들 간의 연결은 모두 일대다 관계를 표현한 것들이다. 대부분의 일대다 관계에서는 관계에 해당하는 개체집합에 통합하여 표현하는 것이 관계집합을 독립하여 설계하는 것보다 효과적이었다. 그러나 다대다 관계는 개체집합을 통합하여 외부 키로 연결하는 방식으로 쉽게 해결되지 않는다. 관계집합은 다대다 관계일 때 매우 효과적인 해결 방식이다.

[그림 3.9]는 건설회사에서 공사현장을 지원하는 본사의 부서와 본사에 근무하는 직원들이 공사현장의 업무를 지원하는 관계를 표현한 것이다. 부서 Department와 직원의 Employee 관계와, 부서와 공사현장 Project의 관계는 일대다이다. 그러나 직원 개체와 공사현장 개체는 한 직원은 여러 공사현장을 지원하므로 일대다 관계이며, 공사현장과 직원과의 관계는 한 현장이 인사, 경리, 공정, 자재 등의 업무에 따라서 여러 본사 직원들의 지원을 받으므로 일대다이다. 결과적으로 직원 Employee와 현장 Project 개체의 관계는 다대다이다. 따라서 어느 직원이 어느 현장을 지원하는지를 표현하기 곤란하다는 다대다의 문제점이 발생한다. 이와 같이 다대다 문제를 해결하는 방법은 지원 **관계집합** Support를 생성하여 두 개체(Employee와 Project)를 연결하는 것이다. 다음은 Employee와 Project 개체의 다대다 관계를 지원하는 관계집합 Support 관계 스키마를 SQL 문장으로 정의한 것이다.

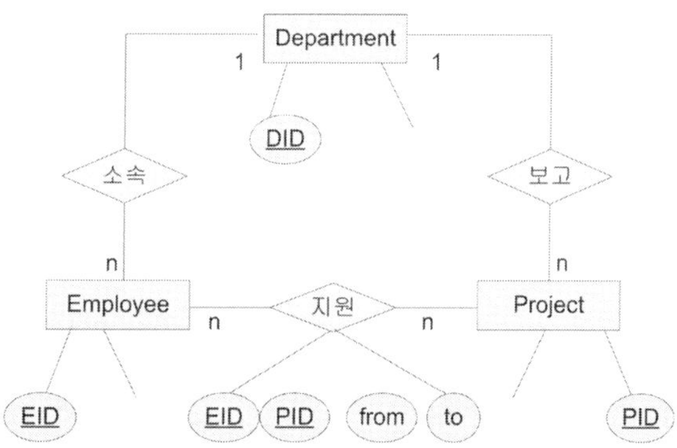

[그림 3.9] 다대다를 지원하는 관계집합

```
CREATE TABLE Support_Project (
  EID  integer,
  PID  integer,
  from DATE,
```

```
    PRIMARY KEY (EID, PID),
    FOREIGN KEY (EID) REFERENCES Employee(EID),
    FOREIGN KEY (PID) REFERENCES Project(PID));
```

3.4 관계 연산

데이터베이스의 주요 목적의 하나는 원하는 자료를 효과적으로 검색하는데 있다. 자료를 검색하는 언어를 질의어라고 한다. 질의(query)는 사용자가 데이터베이스에게 정보 검색을 요청할 때 사용하는 문장이다. 좋은 데이터베이스는 질의를 작성하기 쉬워야 하고, 질의를 던졌을 때 신속하게 정보가 검색되어야 한다. 사용자가 질의를 요청하면 DBMS는 질의에 합당한 연산을 수행한다. 사용자는 질의 이외에도 자료의 삽입, 삭제, 갱신 등의 자료 연산을 요청한다.

관계 모델은 질의의 대상이 관계이므로 질의는 관계 질의이고, 연산은 관계를 대상으로 하는 관계 연산이다. 관계 질의란 관계에서 원하는 자료를 추출하는 문장이다. 관계 데이터베이스는 기존의 데이터베이스와 달리 질의를 사용하기 쉽기 때문에 높은 평가를 받는다. 관계 연산이란 주어진 관계에서 새로운 관계를 생산하는 작업이다. 관계 연산에는 관계 대수와 관계 해석이 있다. 본 절에서는 관계 대수와 관계 해석을 이해하기 위하여 관계의 표현과 관계 연산의 기본적인 연산에 대해 살펴본다.

3.4.1 투플

투플(tuple)은 속성 값들의 순서 리스트이다. 파일처리 기법에서는 레코드, 테이블에서는 행(row), 데이터베이스에서는 개체로 불렸으며, 관계 모델에서는 투플(tuple)라고 부른다. 데이터베이스에서 주로 수행하는 자료 검색의 단위는 투플이므로 투플에 대해 좀 더 알아보자.

(1) 투플의 순서

집합이란 순서와 중복이 허용되지 않는 객체들의 모임이다. 관계에서 투플은 특정한 순서를 갖지 않는다. 관계 스키마 R의 관계 인스턴스 r은 n개의 투플들로 구성된 집합이다. 투플은 속성 값들의 순서 리스트이다. 관계 모델은 집합을 기반으로 한다. 따라서 투플은 집합이므로 투플에는 순서가 없다. 그러나 투플이 저장되어 있는 디스크에는 저장된 순서가 있다. 마찬가지로 테이블에도 자료가 기재되어 있는 행들의 순서가 있다. 그러나 집합의 정의에 의하여 전체적으로는 순서에 의미가 없다. 또한 중복되는 투플이 있어도 집합의 정의상 의미가 없다. 다음은 [그림 3.1]의 CUSTOMER 테이블의 상태이다.

t_1 = <1, Kim, Seoul, 1>
t_2 = <2, Lee, Incheon, 3>
t_3 = <3, Park, Seoul, 1>
t_4 = <4, Lee, Suwon, 2>

투플들이 기재된 순서는 있지만 이 순서를 바꾼다고 해서 테이블이 바뀌는 것이 아니다. 관계는 집합이므로 투플을 어떤 순서로 기재한다고해도 순서에 관계없이 이들은 동일한 테이블이다.

(2) 속성의 순서

투플은 속성들로 구성되며, 속성은 도메인으로 사상하는 함수이다. 투플은 속성의 이름과 속성의 자료 값으로 구성되는 (〈속성의 이름〉,〈속성의 값〉)의 쌍으로 구성된다. [그림 3.1]의 CUSTOMER 테이블의 첫 번째 투플을 다음과 같이 몇 가지로 기재할 수 있다.

```
(<CID, 1>,<name, Kim>,<addr, Seoul>,<credit, 1>)
(<name, Kim>,<CID, 1>,<addr, Seoul>,<credit, 1>)
(<name, Kim>,<addr, Seoul>,<CID, 1>,<credit, 1>)
(<name, Kim>,<addr, Seoul>,<credit, 1>,(<CID, 1>)
....
```

이상의 투플들은 모두 내용이 동일한 투플이다. 〈속성 이름, 속성 값〉의 쌍들의 순서만 다르므로 집합에서는 모두 동일한 투플이다.

3.4.2 레코드 연산과 집합 연산

파일은 레코드들의 모임이며, 레코드들은 디스크에 순차적으로 저장된다. 관계 데이터베이스 시스템도 파일처리 기법과 마찬가지로 레코드 단위로 순서대로 디스크에 저장된다. 관계 연산은 고급 수준에서 집합 단위로 실행되지만 디스크의 저급 수준에서는 순차적으로 저장되고 검색된다. 다음은 일반적인 프로그래밍 언어로 'Seoul'에 사는 고객들을 검색하는 루틴이다.

```
WHILE NOT EOF(CUSTOMER)
BEGIN
```

```
  read CUSTOMER file into CUSTOMER_Rec.
  if address = "Seoul"
  then
    write seoul-file;
END
```

이 루틴은 CUSTOMER 파일의 첫 레코드부터 마지막 레코드까지 주소가 'Seoul'인 레코드를 하나씩 읽는 record-at-a-time 처리 방식이다. 다음은 동등한 작업을 수행하는 관계 자료 언어인 SQL 문장이다.

```
SELECT *
FROM  CUSTOMER
WHERE address = "Seoul"
```

이 루틴은 관계 모델에서 주소가 'Seoul'인 모든 레코드들을 읽어오는 set-at-a-time 처리 방식이다. 디스크 저장장치에서는 레코드 단위로 자료를 읽지만 고급 수준에서는 집합 단위로 처리한다.

[그림 3.10]에서와 같이 디스크에서 자료를 읽고 쓰는 작업은 저장장치의 속성상 레코드 연산을 수행한다. 메모리에서 모니터로 자료를 출력하고 입력하는 작업도 기계 장치의 특성상 레코드 연산을 순차적으로 수행한다. 사용자들이 사용하는 고급 수준의 자료 언어에서는 SQL 문장을 이용하여 집합 단위로 자료를 입력하고 출력한다. 그러나 사칙연산을 수행하기 위해서는 프로그래밍 언어에서 레코드 단위로 자료를 처리한다. MoveNext() 메소드는 레코드 집합에서 커서를 한 레코드씩 뒤로 이동시키는 명령이다.

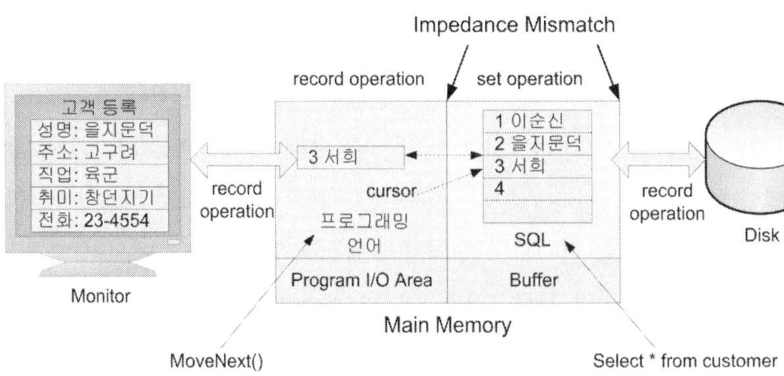

[그림 3.10] 디스크에서 모니터까지 자료의 흐름과 언어

◉ Impedance Mismatch
기계적인 자료처리를 위해서는 순차적인 레코드 단위 연산을 수행하고, 사용자들의 편리를 위해서는 집합 연산을 수행해야 하는 모순이 발생한다. 이와 같은 모순을 impedance mismatch라고 한다. 이 모순을 해결하는 방법이 [그림 3.10]과 같이 프로그래밍 언어에서 자료 언어를 내장하여 레코드 연산과 집합 연산을 교대로 수행하면서 모순을 조화시키는 것이다. 그래도 모순이 완전히 사라지는 것은 아니어서 객체지향 데이터베이스가 출현한다.

3.4.3 대수와 해석

수학에서 연산을 수행하는 방식은 대수와 해석으로 구분할 수 있다. 대수는 연산 절차를 기술하는 방식이고, 해석은 연산 결과를 정의하는 방식이다. 관계를 대상으로 하는 관계 연산에서도 대수 방식을 적용하면 관계 대수이고, 해석을 적용하면 관계 해석이다. 관계 대수와 관계 해석에 대한 이해를 돕기 위하여 대수와 해석의 개념을 간단히 살펴본다.

(1) 대수 代數(Algebra)

대수는 수량을 표현하기 위하여 문자를 사용하는 수학이다. 수를 대신하여 문자를 사용하기 때문에 대수라고 한다. 대수 또는 대수계(algebraic system, 代數系)는 연산자와 피연산자 그리고 연산을 적용하는 연산 규칙으로 구성된다. 피연산자들은 대수계 원소들의 집합 C(Carrier)이고, 연산자는 연산을 수행하는 기호들의 집합(Ω)이며, 연산 규칙은 연산 기능인 원소로부터 다른 원소로의 사상(E)이라고 말할 수 있다. 대수 A를 기호로 표기하면 A = (C, Ω, E)이다. 대수계의 원소들이 1, 2, 3, 4라는 정수라면 C = {1, 2, 3, 4}이고, 연산자가 덧셈과 뺄셈 기호만 있다면 Ω = {+, −}이고, 연산 규칙이 덧셈이라면 "+"의 사상은 E(+) = {(x,y), z) | z is the sum of x and y}이고, 연산 규칙이 뺄셈이라면 "−"의 사상은 E(−) = {(x,y), z) | z is the subtraction of y from x}이다.

```
A = (C, Ω, E)
C = {1,2,3,4}
Ω = {+, -, *, /}
E(+) = {(x,y), z) | z is the sum of x and y}
E(-) = {(x,y), z) | z is the subtraction of y from x}
E(*) = {(x,y), z) | z is the production of x and y}
E(/) = {(x,y), z) | z is the division of x by y}
연산자 우선순위 ?
```

[그림 3.11] 대수계의 실례

[그림 3.11]의 실례를 살펴보고 간단한 계산을 해보자. "2 + 4/2" 를 수행할 때 수행 순서가 정해지지 않았다고 가장하자. ((2 + 4) / 2)의 순서로 계산하면 결과가 3이고, (2 + (4/2))의 순서로 계산하면 결과가 4이다. 이것은 괄호가 계산 순서를 결정하므로 계산 순서에 따라서 결과가 달라지는 것을 의미한다. 따라서 정확하게 계산하려면 연산자의 우선순위를 알아야 한다. 연산자 우선순위가 "/"가 "+"보다 높다는 것을 정의해야 한다. 예를 들면 priority(+) 〈 priority(/)라고 정의한다.

우리가 일상적으로 사용하는 언어도 일종의 대수이다. 피연산자는 문자이고, 연산자는 결합이고, 사상은 문자들을 문법에 맞추어 적절하게 연결하는 것이다. 관계 대수란 관계를 피연산자로, 연산자를 select, insert, update, delete 등으로 하며, 사상은 주어진 관계에서 원하는 관계를 적절하게 만들어내는 과정이다. 관계 대수는 대수이기 때문에 언어로 만들면 관계를 대상으로 하는 절차언어(procedural language)가 된다. 관계 모델에서는 기본적인 연산들의 집합으로 이루어진 관계 대수를 기반으로 하며, 연산들도 집합 연산이 기본이다.

(2) 해석 解析(Calculus)

해석은 함수의 연속성에 관한 성질을 연구하는 학문이다. 다각형과 곡선으로 둘러싸인 면적을 구하는 방식은 전혀 다르다. 곡선은 이산적(discrete)인 선으로 표현하기 어렵지만 연속적인(continuous) 선으로 표현하기 쉬우므로 곡선으로 둘러싸인 면적을 계산하는 것은 간단하지 않다. 미분과 적분이 바로 연속적인 성질을 이용하여 계산하는 해석이라는 학문이다. 미분과 적분은 대수와 달리 원하는 결과를 선언적으로 정의하는 표기법을 이용한다. 대수가 기술적(prescriptive)이라면 해석은 선언적(declarative)이라고 할 수 있다. 해석은 명제 해석과 술어 해석으로 구분할 수 있다.

1) 명제 해석(propositional calculus)

논리학에서 명제는 진위를 가릴 수 있는 문장을 말한다. "원숭이는 동물이다"라는 문장은 진위를 가릴 수 있으므로 명제이다. 원자 명제는 더 이상 분해할 수 없는 명제이다. 원자 명제를 조합하면 모든 명제를 만들 수 있다. 원리적으로 연언(連言: ∧), 선언(選言: ∨), 함의(含意: ⊃), 부정(否定: ~)의 4개의 조합 기호를 이용하면 모든 명제를 만들 수 있다. 모든 명제 A는 '참'과 '거짓'의 두 가지 상태로 정의될 수 있다. 이 중 어느 한 상태로 나타내는 것을 논리값이라 하는데, 일반적으로 참은 1, 거짓은 0으로 표현한다. 한 가지 이상의 논리 값에서 새로운 논리 값을 얻는 것을 논리연산이라고 한다. 명제 해석은 한 가지 이상의 명제에서 새로운 명제를 만드는 것을 말한다.

실례 1) 명제 해석

원숭이는 동물이다.
돼지는 식물이다.
난초는 식물이다.
1에 2를 더하면 3이다.
원숭이는 동물이다. ∧ 난초는 식물이다.
원숭이는 동물이다. ∨ 돼지는 식물이다.
~돼지는 식물이다.

이상의 실례 1)은 진위를 가릴 수 있으므로 명제에 해당한다.

2) 술어 해석(predicate calculus)

명제는 단칭 명제와 전칭 명제로 구분된다. "홍길동은 인간이다"라는 문장은 특정 대상에 대해서 말하므로 단칭 명제라고 하고, "모든 인간은 죽는다"라는 문장은 모든 인간을 대상으로 일반적으로 말하기 때문에 전칭 명제라고 한다. 단칭 명제에서 특정 대상의 이름을 뺀 나머지를 술어라고 한다. 술어는 객체의 성질이나 관계를 서술하는 문장이다. 단칭 명제에서 이름을 빼면 술어가 된다. 즉, "-은 인간이다."는 술어이다. '-'은 공백인데 공백이 하나면 단항 술어라고 한다. 단항 술어는 대상의 성실을 나타낸다. 공백이 둘 이상이면 다항 술어라고 하며 대상의 관계를 나타낸다. 이 공백에 대상의 이름을 넣으면 단칭 명제를 만들 수 있다.

실례 2) 술어 해석

1) 철수는 학생이다.
2) 영수는 학생이다.
3) 창수는 프로그래머다.
4) 프로그래머는 사람이다.

술어 해석은 단칭 명제의 성질과 전칭 명제의 관계를 분석하여 추론을 할 수 있다. 실례 2)에서 술어는 "-는 학생이다", "-는 프로그래머다", "-는 사람이다"이다. 철수, 영수, 창수는 특정인이므로 모두 1), 2), 3) 모두 단칭 명제이므로 대상의 성질을 나타낸다. 4)는 여러 명을 지칭하므로 전칭 명제이다. 철수와 영수는 술어가 같으므로 관계를 알 수 있다.

일반 명제는 술어에 적용되는 양에 따라서 진위가 결정될 수 있다. 어떤 성질이나 관계를 갖는 것이 "적어도 하나는 존재한다"는 존재 명제와 "모든 것"은 어떤 성질이나 관계를 가진다는 전칭 명제가 있다. "적어도 하나는 존재한다"는 것과 "모든 것"을 존재 정량자 기호 "∃"와 전체 정량자 기호 "∀"로 나타낼 수 있다. 이들 기호들을 이용하면 술어도 정확하게 표현할 수 있다. 다음은 술어 해석을 이용하여 삼단 논법이라는 추론을 할 수 있다.

```
1) 창수는 프로그래머다.      ......  전제 1
2) 프로그래머는 사람이다.    ......  전제 2
-------------------------------------
3) 창수는 사람이다.          ......  결론
```

[그림 3.12] 삼단 논법의 실례

추론은 기존의 명제로부터 새로운 명제를 얻는 논리기법이다. 따라서 추론은 정보로부터 지식을 얻는 수단이다. 1)과 2)는 전제이고 3)은 두 전제에 의하여 얻어진 결론이다. 결론은 추론에 의하여 얻어진 새로운 지식이다. 그러나 "모든 프로그래머가 사람이다"라고 하지 않으면 3)과 같은 결론을 얻을 수 없다. '모든' 이라고 제한하지 않으면 프로그래머 중에 사람이 아닌 기계가 있을 수도 있기 때문이다. 결과적으로 2) 문장의 "프로그래머는 사람이다"는 "모든 프로그래머는 사람이다"라는 전칭 명제로 바꾸어야 한다.

술어 해석은 ∃, ∀ 등의 술어 기호를 사용하는 논리 구조를 의미한다. ∀ 기호를 사용한 경우는 "모든 사람은 죽는다"와 같이 모든 경우를 포함하는 것이며, ∃를 사용하는 경우는 "암으로 죽는 사람도 있다"와 같이 일부분에 해당하는 경우에 사용된다. 앞의 두 문장을 이들 기호를 사용하는 술어 해석으로 표현하면 다음과 같다.

```
∀ : 모든 것(for all)
∃ : 일부분(there exist)

∀x {x is human, x is mortal} // 모든(∀) 인간(x)은 죽는다(mortal)
∃x {x is human, x is mortal by cancer}
                         // 일부(∃) 인간(x)은 암으로 죽는다(mortal by cancer)
```

3.5 관계 대수

데이터베이스의 주요 목적의 하나는 자료 검색이며, 자료 검색을 위한 언어가 질의다. 효과적인 검색을 위해서 질의를 작성하기 쉬워야 하고, 신속하게 정보가 검색되어야 한다. 관계 대수는 관계 데이터베이스에 대한 관계 질의를 만드는 두 가지 연산 기법 중의 하나이다. 관계 대수는 주어진 관계에서 원하는 관계를 얻는 대수 기반의 질의 언어이다. 단 연산 기법이 대수이기 때문에 연산자, 피연산자, 연산 규칙 등을 제공하는 언어이다. 관계 대수에서 피연산자는 관계이고, 연산자는 집합 연산자이고, 연산 규칙은 집합 연산 규칙이 적용된다. 관계 대수식은 한 관계를 대상으로 하는 단항(unary) 대수 연산자 또는 두 개의 관계에 적용되

는 이항(binary) 대수 연산자를 순환적으로 적용하여 복잡한 관계 질의를 표현한다.

관계 질의는 연산 규칙에 의거하여 수행할 연산 순서를 단계적으로 기술한다. 앞으로 수행할 연산 절차를 기술하는 것은 계획이므로 대수식을 이용하여 질의 수행 계획을 작성한다. 질의 수행 계획을 분석하면 질의 성능과 효과를 예측할 수 있으므로 편리하다.

앞으로 나올 예제를 위한 질의들은 다음의 스키마를 이용한다.

고객(고객번호, 이름, 주소, 신용도)
주문(주문번호, 고객번호, 주요상품, 총수량, 총금액)
주문상품(주문번호, 상품, 단가, 수량, 금액)

[그림 3.13]은 인터넷 서점을 대상으로 이상의 관계 스키마에 의하여 작성된 인스턴스들이다. 인터넷 서점을 운영하기에는 매우 부족하지만 실습을 목적으로 주요 기능을 최소한 사용하도록 하였다.

CID	name	address	credit
1	김	서울	1
2	이	인천	3
3	박	서울	1
4	이	수원	2

(a) CUSTOMER 관계의 인스턴스 C_1

CID	name	address	credit
3	박	서울	1
4	이	수원	2
5	윤	대전	4
6	최	성남	2

(b) CUSTOMER 관계의 인스턴스 C_2

OID	CID	books	qty	amount
1	1	Database 외	1	100
2	2	OS 외	3	350
3	2	소설류	4	500
4	3	시집류	2	3,000

(c) ORDER 관계의 인스턴스

OID	book	price	qty	amount
1	Database	100	1	100
2	OS	100	2	200
2	SE	150	1	150
3	모모	100	2	200
3	삼국지	150	2	300
4	진달래 꽃	150	2	300

(d) ORDER-BOOK 관계의 인스턴스

[그림 3.13] 인터넷 서점을 위한 예제용 관계

3.5.1 단항 연산자

관계 대수에는 하나의 관계를 대상으로 연산하는 단항 연산자(unary operator)가 두 개 있다. 하나는 투플들을 선택(selection)할 수 있는 연산자 시그마 σ와 속성들을 투영(projection)할 수 있는 연산자 파이 π가 있다. [그림 3.14]에서 선택 연산 σ는 관계에서 수평적인 부분

집합을 추출하는 것이며, 투영 연산 π은 수직적인 부분집합을 추출하는 것이며, 선택과 투영의 복합 연산은 두 부분 집합의 교집합을 구하는 것이다.

(1) 선택 연산(SELECT)

선택 연산은 관계에서 주어진 조건을 만족하는 투플들을 추출하여 주기억장치로 불러온다. 주어지 조건이란 비교 연산자 〈, 〈=, =, 〈〉, 〉=, 〉 중의 하나를 연산자로 사용하고, 속성의 자료 값이나 상수를 피 연산자로 사용하여 결과가 "참"인 경우이다. 조건식은 속성 연산자 속성 또는 속성 연산자 상수로 한 개의 항이 구성된다. 이런 항들이 여러 개인 경우에는 논리 연산자 ∧ 또는 ∨로 조합하여 결과 값을 불리언 값으로 결정한다. 선택 연산의 조건을 정리하면 다음과 같다.

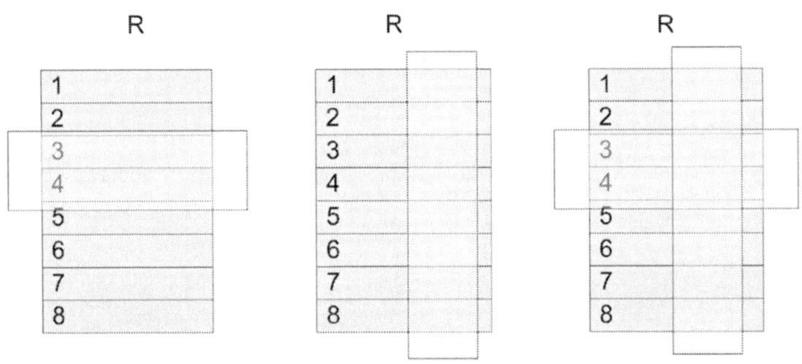

(a) σ select (b) π project (c) select & project

[그림 3.14] 선택 연산과 투영 연산

```
조건식 = 단항식 | 다항식
단항식 = ((속성 op1 속성) or (속성 op1 상수))
다항식 = (단항식 op2 단항식)
op1 = 비교 연산자 <,<=,=,<>,>=,>
op2 = 논리 연산자 ∧, ∨
```

[그림 3.13](a)의 고객관계에서 "서울에 사는 고객을 찾아라"라는 조건에 맞은 투플들을 모두 선택하는 관계 대수식은 다음과 같다.

$$\sigma_{\text{address = '서울'}}(\text{CUSTOMER})$$

이 선택 연산의 조건식은 단항식이며, 결과는 [그림 3.15]의 고객 인스턴스이다.

[그림 3.13](a)의 고객관계에서 "서울이나 인천에 살면서 신용이 3 이상인 고객을 찾아라"라는 조건에 맞은 투플들을 모두 선택하는 관계 대수식은 다음과 같다.

$$\sigma_{(address\ =\ \text{'서울'}\ \vee\ address\ =\ \text{'인천'})\ \wedge\ credit\ >=\ 3}\ (CUSTOMER)$$

CID	name	address	credit
1	김	서울	1
2	이	인천	3
3	박	서울	1
4	이	수원	2

[그림 3.15] $\sigma_{address\ =\ \text{"서울"}}$ (CUSTOMER)의 결과 인스턴스

이 선택 연산의 조건식은 다항식이며, 결과는 [그림 3.16]의 고객 인스턴스이다.

CID	name	address	credit
1	김	서울	1
2	이	인천	3
3	박	서울	1
4	이	수원	2

[그림 3.16] $\sigma_{(address\ =\ \text{'서울'}\ \vee\ address\ =\ \text{'인천'})\ \wedge\ credit\ >=\ 3}$ (CUSTOMER)의 결과

CID	name	address	credit
1	김	서울	1
2	이	인천	3
3	박	서울	1
4	이	수원	2

[그림 3.17] 투영의 실례

(2) 투영 연산(PROJECT)

투영 연산자 π는 한 관계에서 주어진 속성들의 자료 값들을 추출하여 주기억장치로 불러온다. 주어진 속성이란 하나 이상의 속성들의 이름을 지정할 수 있다. 고객 관계에서 이름과 주소를 추출하는 관계 대수식은 다음과 같다.

$$\pi_{\text{name,address}}\ (\text{CUSTOMER})$$

만약 전체 속성들의 이름을 지정한다면 모든 투플을 추출하는 선택 연산과 결과가 동일하므로 그렇게 투영 연산을 실행하는 경우는 없다.

$$\pi_{\text{CID,name,address,credit}}\ (\text{CUSTOMER}) = \sigma_{\text{CID > 0}}\ (\text{CUSTOMER})$$

실제 업무에서는 선택 연산과 투영 연산을 혼합하여 같이 사용하는 경우가 많다.

CID	name	address	credit
1	김	서울	1
2	이	인천	3
3	박	서울	1
4	이	수원	2

[그림 3.18] 선택 연산과 투영 연산의 복합 연산

(3) 선택과 투영의 복합 연산

응용 업무에서는 선택 연산과 투영 연산을 함께 수행하는 것이 일반적이다. 검색이 특성상 특정한 조건에 맞는 투플들을 선택하고, 전체가 아닌 일부 속성만 선택적으로 추출하는 일이 많이 발생하기 때문이다. 고객 관계에서 "서울에 거주하는 고객들의 이름과 신용도를 찾아라"라는 질의의 관계 대수식은 다음과 같으며, 결과는 [그림 3.18]과 같다.

$$\pi_{\text{name,credit}}\ (\sigma_{\text{address = '서울'}}\ (\text{CUSTOMER}))$$

3.5.2 이항 연산자(집합 연산자)

관계 대수에는 두 개의 관계를 연산하여 새로운 관계를 생성하는 이항 연산자(binary operator)가 여러 가지 있다. 이들은 대부분 집합론을 기반으로 만든 합집합, 교집합, 차집합과 같은 집합 연산자들이다. [그림 3.19]와 같이 집합 연산자는 R과 S 두 개의 관계를 대상으로 연산하여 하나의 관계를 만드는 연산이다. 합집합은 두 관계의 모든 투플들을 포함하여 결과를 만들고, 교집합은 두 관계에 공통적으로 존재하는 5, 6, 7, 8번 투플들로 결과를 만들고, 차집합은 R에 있는 투플들 중에서 S에 있는 투플들을 제외한 투플들로 결과를 만든다.

(1) 합집합(UNION)

R과 S 관계의 합집합은 R∪S로 표현하며, R과 S에 속하는 모든 투플들을 포함하는 관계를 만든다. 두 관계가 합집합이 되려면 합병 가능해야 한다. 합병 가능이란 다음 두 가지 조건을 만족하는 것이다.

1) 두 관계의 속성 수가 같아야 한다.
2) 왼쪽에서 오른쪽으로 가면서 필드의 도메인이 같아야 한다.

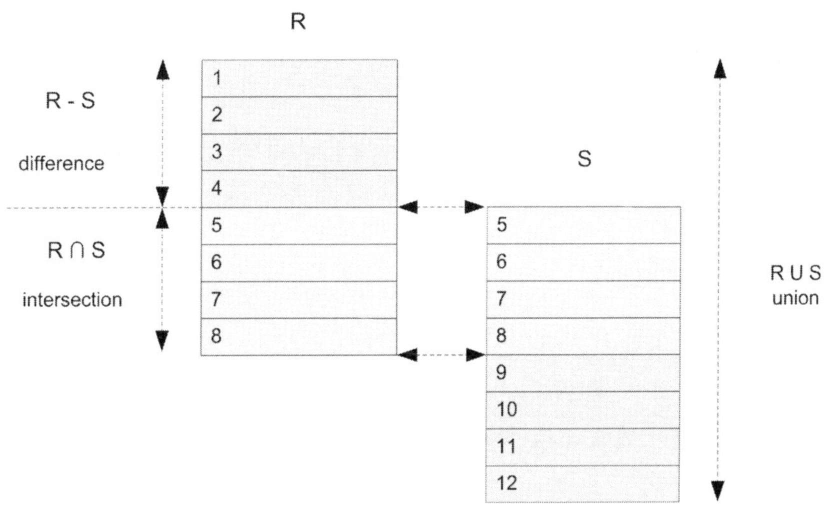

[그림 3.19] 집합 연산자

cid	name	address	credit
1	김	서울	1
2	이	인천	3
3	박	서울	1
4	이	수원	2
5	윤	대전	4
6	최	성남	2

[그림 3.20] C_1과 C_2의 합집합 C_3

합병 가능이란 필드의 이름이 달라도 합집합할 수 있으며, 속성의 이름이 달라도 된다. 결과의 스키마는 R의 스키마와 동일하다. 즉, R의 속성 이름을 결과에 그대로 사용한다.

[그림 3.13]의 C_1을 우리 상품을 구매한 고객이라 하고, C_2를 우리에게 상품을 판매한 고객이라고 가정하자. "구매 고객이거나 판매 고객인 고객들의 이름을 찾아라"라는 질의에 대한 관계 대수식은 다음과 같다.

$$\pi_{name}(C_1) \cup \pi_{name}(C_2) \rightarrow C_3$$

이 관계 대수식에 따라서 [그림 3.13]의 C_1과 C_2를 합집합한 것이 [그림 3.20]이다. C_1과 C_2의 속성의 수는 동일하며, 속성들의 순서에 대응하는 도메인들이 동일하다. 결과인 C_3의 관계 스키마는 C_1의 스키마를 따른 것이다.

(2) 교집합(INTERSECTION)

R과 S 관계의 교집합은 R∩S로 표현하며, R과 S 양쪽 모두에 속하는 투플들을 포함하는 관계를 만든다. 두 관계가 교집합이 되려면 합집합이 되는 조건과 마찬가지로 합병 가능해야 한다. "구매 고객이면서 판매 고객인 고객의 이름을 찾아라"라는 질의에 대한 관계 대수식은 다음과 같다.

$$\pi_{name}(C_1) \cap \pi_{name}(C_2) = C_3$$

이 관계 대수식에 따라서 [그림 3.13]의 C_1과 C_2를 교집합한 것이 [그림 3.21]이다.

cid	name	address	credit
3	박	서울	1
4	이	수원	2

[그림 3.21] C_1과 C_2의 교집합 C_3

(3) 차집합(DIFFERENCE)

R과 S 관계의 차집합은 R−S로 표현하며, R에 있는 투플 중에서 S에 있는 투플들을 제외한 관계를 만든다. 두 관계가 차집합이 되려면 합집합이 되는 조건과 마찬가지로 합병 가능해야 한다. "구매 고객 중에서 판매 고객들을 제외한 고객의 이름을 찾아라"라는 질의에 대한 관계 대수식은 다음과 같다.

$$\pi_{name}(C_1) - \pi_{name}(C_2) = C_3$$

이 관계 대수식에 따라서 [그림 3.13]의 C_1에서 C_2를 차집합한 것이 [그림 3.22]이다.

cid	name	address	credit
1	김	서울	1
2	이	인천	3

[그림 3.22] C_1과 C_2의 차집합 C_3

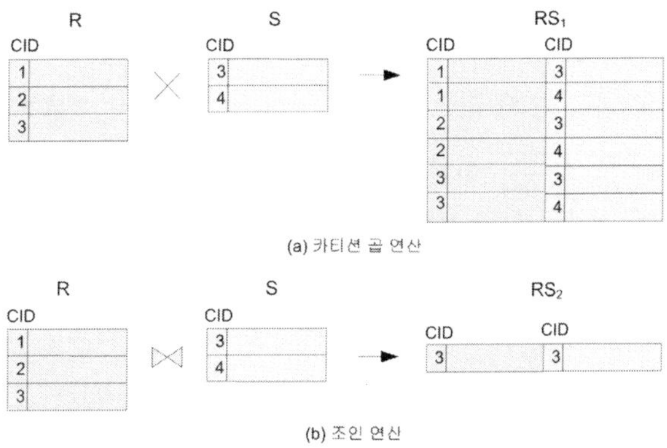

[그림 3.23] 두 관계의 횡적 연결

3.5.3 이항 연산자(횡적 연결)

지금까지의 이항 연산자들은 두 관계를 대상으로 조건에 따라서 같은 크기의 관계 스키마를 만드는 연산이다. [그림 3.23]과 같이 카티션 프로덕트와 조인 연산은 두 개의 관계를 횡적으로 연결하여 더 큰 관계를 만드는 연산이다. 카티션 프로덕트는 첫 번째 관계의 모든 투플들에게 두 번째 관계의 모든 투플들을 각각 연결시키는 연산인 반면에 조인 연산은 두 관계의 투플 중에서 서로 공통되는 속성의 자료 값이 같은 투플들만을 연결시키는 연산이다.

(1) 카티션 곱(CARTESIAN PRODUCT)

관계 R과 S의 카티션 프로덕트 R × S는 R의 모든 투플에 대하여 S의 모든 투플들을 순서대로 옆으로 연결하여 새로운 관계를 만드는 이항 연산자이다. 합집합 연산과 달리 합병 조건은 없다. 두 관계의 관계 스키마가 달라도 연결할 수 있다. 투플의 수가 곱으로 증가하기 때문에 카티션 프로덕트라고 한다. [그림 3.23]의 R과 S를 카티션 프로덕트 하는 질의를 관계 대수식으로 작성하면 다음과 같다.

$$(R)\ X\ (S) = (RS_1)$$

이 관계 대수식의 결과는 [그림 3.23](a)의 오른쪽 인스턴스와 같다.

(2) 조인(JOIN)

관계 R과 S의 조인 R ⋈ S는 지정된 공통 속성을 매개변수로 하여 속성의 자료 값이 같으면 R과 S의 투플을 옆으로 연결하여 새로운 관계를 만드는 연산이다. 카티션 프로덕트와 마찬가지로 합병 조건은 없다. 따라서 두 관계의 관계 스키마가 달라도 연결할 수 있다. 카티션 프로덕트와 달리 결과가 크지 않으므로 관계 대수에서 가장 유용한 연산 중의 하나이다. 두 개 이상의 관계로부터 자료를 조합하기 위하여 일반적으로 사용하는 방법이다. [그림 3.23]의 R과 S를 CID를 기준으로 조인하는 질의의 대수 관계식은 다음과 같다.

$$(R) \bowtie_{join} (S) = (RS_2)$$

이 관계 대수식의 결과는 [그림 3.23](b)의 오른쪽 인스턴스와 같다. 결과적으로는 R과 S를 카티션 프로덕트한 다음에 공통 속성의 자료 값이 같은 투플들을 선택 연산한 것과 결과가 동일하다. 다음은 조인 관계 대수식을 등가의 카티션 프로덕트로 변환한 식이다. 즉 R과 S를 카티션 프로덕트한 다음에 두 CID가 동일한 투플을 선택 연산하는 관계 대수식이다.

$\sigma_{CID1 = CID2}$ ((R) X (S)) -> (RS_2)

3.6 관계 해석

관계 대수는 관계를 대상으로 연산할 때 연산의 처리 순서를 명시해야 한다. 실수로 명령어의 처리 순서가 바뀌면 실행 결과가 달라진다. 관계 해석은 관계 대수의 이런 문제점을 해소하기 위하여 만들었다. 관계 해석은 관계 질의를 표현하기 위한 고급의 선언적 표기법이다. 관계 대수가 절차형인 반면에 관계 해석은 비절차형 언어이다. 관계 해석은 정보를 얻는 방법은 기술하지 않고 원하는 결과만 기술한다. QBE와 Datalog는 관계 해석에 의하여 설계된 상업용 언어이다.

관계 해석은 투플 관계 해석과 도메인 관계 해석으로 구분된다. 두 관계 해석은 투플들을 변수 값으로 갖는 것과 속성의 도메인을 변수 값으로 갖는 것이 차이점이다. 즉, 사용하는 변수에 따라서 두 가지 언어로 구분된다. 이 절에서는 투플 관계 해석과 도메인 관계 해석을 간단히 정의하고 간단한 예제만을 설명한다. 다음과 같은 관계 스키마에 대한 질의를 생각해보자.

```
CUSTOMER(CID, name, address, credit)
ORDER(OID, CID, books, qty, amount)
```

질의 "신용도가 6 이상 되는 고객의 이름을 찾으시오"를 관계 해석으로 표현하면 다음과 같다.

```
name(CUSTOMER.credit >= 6)
```

괄호 안에는 조건식을 기술하고 괄호 밖에는 사용자가 원하는 속성들을 기술하면 질의가 완성되므로 문법적으로 오류가 발생하기 어렵다. 질의 "'좁은문'이라는 책을 주문한 고객의 이름을 찾으시오"를 관계 해석으로 표현하면 다음과 같다.

```
CUSTOMER.name(ORDER.books = '좁은문' and CUSTOMER.cid = ORDER.cid)
```

이상과 같이 관계 해석에서는 사용자가 원하는 속성의 이름과 조건식만을 지정하면 질의가 완성된다. 괄호 안에 있는 두 개의 조건식은 (ORDER.book = "좁은문" and CUSTOMER.cid = ORDER.cid)로서 두 개의 조건식의 순서가 바뀌어도 질의에는 문제가 없다. 질의 "신용도가 6 이상 되는 고객이 주문한 책의 이름을 찾으시오"를 관계 해석으로 표현하면 다음과 같다.

```
ORDER.books(CUSTOMER.credit >= 6 and CUSTOMER.CID = ORDER.CID)
```

3.6.1 투플 관계 해석

투플 관계 해석은 투플 변수들을 이용하여 주어진 관계로부터 원하는 관계를 정의하는 언어이다. 투플 변수란 특정 관계 스키마의 투플들을 자료 값으로 갖는 변수이다. 주어진 투플 변수에 대입되는 자료 값들은 모두 동일한 개수와 형태의 속성들을 가진다. 투플 관계 해석 질의는 다음의 형식으로 구성된다.

```
{ T | p(T) }
```

T는 투플 변수이며, p(T)는 변수 T를 표현하는 조건식이다. 이 질의의 결과는 조건식 p(T)를 만족하는 모든 투플들의 집합 T이다. 이 형식을 이용하여 질의를 투플 관계 해석식으로 작성한다. 투플 변수를 보기 쉽게 표현하기 위하여 대문자를 사용한다. 투플 관계 해석의 일반적인 표현식은 다음과 같다.

$$\{T_1.A_1,\ T_2.A_2,\ ..,\ T_nA_n \mid p(T_1,\ T_2,\ ...\ ,\ T_n)\}$$

T_1, T_2, .., T_nA은 투플 변수이고, 각 A_i.는 범위 관계의 속성들이며, p( )의 괄호 안에는 조건식이 기술된다. 투플 변수가 여러 개인 것은 테이블이 여러 개인 것을 의미한다. 이 형식을 이용하여 다음 질의를 투플 관계 해석식으로 작성하기로 한다.

〉〉〉 질의 1

"신용이 8을 넘는 모든 고객들을 구하라"

$$\{ T \mid T \in CUSTOMER \wedge T.credit > 8 \}$$

조건식에서 'T ∈ CUSTOMER'는 투플 변수 T가 CUSTOMER 관계에 포함되는 모든 투플의 모든 속성들이라는 뜻이며, 'T.credit > 8'은 신용도가 8을 넘는 투플로 한정한다는 뜻이다. 두 조건을 종합하면, "CUSTOMER 테이블에 있는 투플들 중에서 신용도가 8을 넘는 투플들을 찾는다"는 말을 투플 관계 해석식으로 간략하게 표현한 것이다. 표현이 정확하다면 실행 결과도 정확하다.

>>> 질의 2

"성남에 사는 고객의 이름과 신용도를 찾아라"

```
{ T.name, T.credit | ∃T∈CUSTOMER(T.address = '성남') }
```

CUSTOMER 관계를 대상으로 질의를 실행하였다. 투플 변수 T는 CUSTOMER 테이블에 속하는 투플이며 앞의 기호 ∃는 존재 정량자(existential quantifier)를 의미한다. 존재 정량자는 투플 변수를 제한한다는 의미로서 그런 조건식에 맞는 투플들이 존재할 수 있다는 의미이다. 투플 변수 T에 포함하는 주소가 '성남'인 투플이 존재한다면 투플 변수 T의 속성인 name과 credit로 자료 값을 가져오라는 명령의 수식이다.

다음에는 주문 테이블 ORDER와 고객 테이블 CUSTOMER를 연결해야 해결할 수 있는 질의를 실행하기로 한다.

>>> 질의 3

"Database를 주문한 고객의 이름과 주소를 찾아라"

```
{ T.name, T.address | ∃T∈CUSTOMER ∧ ∃O∈ORDER (O.cid = T.cid ∧ (O.items =
'Database')) }
```

관계 해석식에서 자유 변수는 막대 표시 '|' 왼쪽에 기재한다. 오른쪽의 변수 T와 O는 각각의 해당 테이블에 속박된다. 조건식에서 주문 테이블의 고객번호와 고객 테이블의 고객번호가 같으며, 주문한 항목이 'Database'인 투플을 조인하여 새로운 투플 변수 T의 속성인 name과 address로 자료 값을 가져오라는 명령의 수식이다.

3.6.2 도메인 관계 해석

도메인 관계 해석은 도메인 변수들을 이용하여 원하는 관계를 정의하는 언어이다. 도메인 변수란 특정 관계 스키마의 속성들의 도메인을 자료 값으로 갖는 변수이다. 도메인 관계 해석 질의는 다음의 형식으로 구성된다.

```
{<x1, x2, ..., xn> | P(<x1, x2, ..., xn>)}
```

x_i는 도메인 변수이거나 상수이며, P는 원자들로 구성된 식을 나타낸다. P(〈x_1, x_2, ..., x_n〉)는 도메인 관계 해석식으로서 도메인 변수 x_i의 범위는 1〈=i〈=n이다. 이 질의의 결과는 식을 참으로 만드는 모든 투플 〈x_1, x_2, ..., x_n〉의 집합이다. 도메인 관계 해석에서 원자는 다음 중의 한 형태이다.

- 〈x_1, x_2, ..., x_n〉 ∈ Rel, 이 때 Rel은 n개의 속성을 갖는 관계이고, x_1, x_2, ..., x_n은 도메인 변수 혹은 상수이다.
- X op Y, X와 Y는 도메인 변수, op는 비교 연산자(〈, 〉, ≤, ≥, ≠)이다.
- X op 상수, 또는 상수 op X

식은 다음 중의 하나로 순환적으로 정의되며, P와 Q도 식이며 P(X)는 변수 X가 나타나는 식을 표기한다.

- 원자는 식이다.
- P가 식이면, ¬ P와 (P)도 식이다.
- P와 Q가 식이면 P ∧ Q, P ∨ Q, P ⇒ Q도 식이다.
- ∃X(P(X)와 ∀X(P(X))도 식이다.

지금까지 정리된 도메인 관계 해석식을 기준으로 다음의 질의를 작성해보기로 한다. 도메인 변수를 표현하기 위하여 소문자를 사용한다.

〉〉〉 질의 4

"신용도가 8을 넘는 모든 고객들을 구하라"

```
{<c, n, a, r> | <c, n, a, r> ∈ CUSTOMER ∧ r > 8}
```

'〈c, n, a, r〉 ∈ CUSTOMER'는 CUSTOMER 테이블에 도메인 변수가 네 개 있으며 cid, name, address, credit를 의미하는 〈c, n, a, r〉로 자유 변수를 표현하였다는 의미이다. 'r 〉 8'은 신용도가 8을 넘는다는 조건이므로 이 조건을 충족하는 테이블 변수의 자료 값들을 자유 변수 〈c, n, a, r〉로 가져오라는 명령의 수식이다.

》》 질의 5

"Database를 주문한 고객의 이름과 주소를 찾아라"

```
{<n, a> | ∃c, n, a<c, n, a, r>∈CUSTOMER ∧
   ∃i, t<o, i, d, t, q, m> ∈ ORDER ∧ c = i ∧ t = 'Database'}
```

ORDER 테이블에서 〈o, i, d, t, q, m〉는 oid, cid, date, item, quantity, amount를 의미하는 각 도메인 변수들이다. "c = i"는 두 테이블을 조인하는 조건이며, " t = 'Database'"가 충족되는 투플의 도메인 자료 값을 자유 변수 〈n, a〉에 가져오라는 명령의 수식이다.

》》 질의 6

"'성남'에 거주하는 고객이 주문한 상품을 찾아라"

```
{<t> | ∃c, a<c, n, a, r>∈CUSTOMER ∧
   ∃i, t<o, i, d, t, q, m> ∈ ORDER ∧ c = i ∧ a = '성남'}
```

주소를 의미하는 도메인 변수 a를 이용하여 CUSTOMER 테이블에서 고객번호 c와 고객의 이름 n을 찾고, c를 이용하여 ORDER 테이블에서 i를 찾아서 상품 t를 찾는다.

》》 질의 7

"상품을 주문하지 않은 고객의 이름을 찾아라"

```
{<n> | ∃c, n<c, n, a, r>∈CUSTOMER ∧
   (NOT)∃i(<o, i, d, t, q, m> ∈ ORDER ∧ c = i)}
```

다음은 같은 질의 7에 대하여 존재 정량자 대신 전체 정량자(universal quantifier) ∀를 사용한 해석식이다. 전체 정량자는 조건식이 모든 대상에 적용되는 것을 의미한다.

```
{<n> | ∃c, n<c, n, a, r>∈CUSTOMER ∧
   ((∀i) (NOT)∃i(<o, i, d, t, q, m> ∈ ORDER ∨ NOT( c = i))}
```

연 습 문 제

3.1 다음 용어들을 정의하시오.

1) 자료 모델	2) ER 모델	3) 개체
4) 관계 모델	5) 제약조건	6) 관계집합
7) 관계 대수	8) 해석	9) 조인
10) 명제	11) 술어 해석	12) 투플 변수

3.2 무결성 제약조건을 달성하는 방법을 설명하시오.

3.3 관계 모델을 설계하는 절차를 설명하시오.

3.4 개체집합과 관계집합의 차이점을 설명하고 각각 어느 경우에 사용하는지 용도를 기술하시오.

3.5 두 개의 개체집합을 연결하는 기법들을 나열하시오.

3.6 도메인 제약조건이란 무엇인가? SQL에서 어떻게 구현하는가?

3.7 개체 제약조건이란 무엇인가? SQL에서 어떻게 구현하는가?

3.8 키 제약조건이란 무엇인가? SQL에서 어떻게 구현하는가?

3.9 참조 무결정 제약조건이란 무엇인가? 어떤 종류가 있는가? SQL에서 어떻게 구현하는가?

3.10 의미 무결성 제약조건은 무엇을 제약하는 것인가? SQL에서 어떻게 구현하는지 예를 들어 설명하시오.

3.11 약개체집합은 어떤 분야에 필요한가? 약개체 집합을 구현하는 방법을 설명하시오.

3.12 순환 제약조건이란 무엇인가? SQL에서 구현하는 방법을 설명하시오.

3.13 다대다 관계의 문제점은 무엇인가? 다대다 관계는 어떻게 구현하는가?

3.14 레코드 연산과 집합 연산의 차이점을 설명하고 어느 경우에 각각 적합한지 설명하시오.

3.15 Impedence mismatch는 왜 발생하는가? 대책은 무엇인가?

3.16 대수와 해석을 각각 정의하고 실례를 들어 설명하시오.

3.17 관계 대수와 관계 해석을 각각 정의하시오.

3.18 관계 대수와 관계 해석으로 만든 언어들을 나열하고 용도를 설명하시오.

3.19 명제 해석과 술어 해석을 정의하시오. 각각의 필요성을 설명하시오.

3.20 삼단 논법이란 무엇인가? 삼단 논법을 구현하는 절차를 설명하시오.

3.21 기호 ∃와 ∀는 각각 무엇을 의미하는가?

- "학생들은 공부하는 사람이다"라는 문장을 기호 ∃ 또는 ∀이용하여 술어 해석으로 표현하시오.

EMPLOYEE

EID	name	addr	credit
133	김	서울	2
135	이	수원	5
136	박	서울	10
139	최	대전	7

DEPARTMENT

DID	Loc	title	EID
10	서울	인사	136
20	서울	총무	200
30	인천	영업	235
40	부산	자재	133

[그림 3.24] 사원과 부서 테이블

3.22 [그림 3.24]에서 "서울에 거주하는 직원의 이름을 찾으시오"라는 질의를 관계 대수와 관계 해석으로 작성하시오.

3.23 [그림 3.24]에서 "인사부에 근무하는 직원의 주소를 찾으시오"를 관계 대수와 관계 해석으로 작성하시오.

3.24 [그림 3.24]에서 "신용도가 6이상되는 직원들이 근무하는 부서를 찾으시오"를 관계 대수와 관계 해석으로 작성하시오.

제 4 장

SQL

CHAPTER 04 SQL

관계 데이터베이스가 출현하기 전에는 데이터베이스를 사용하기 위하여 DBMS별로 상이한 질의 언어를 사용했다. 이들은 프로그래밍 언어와 같은 절차언어였으므로 사용하기 어려웠다. 데이터베이스를 잘 사용하기 위해서는 많은 지식과 훈련이 필요했다. 관계 데이터베이스가 상업적으로 성공할 수 있었던 이유 중의 하나가 SQL이다. SQL은 비절차언어이므로 배우기 쉽고, 사용하기 쉽다. SQL이 관계 데이터베이스의 표준이 되었기 때문에 사용자들은 SQL을 익히면 모든 DBMS들을 쉽게 사용할 수 있다.

SQL은 처음 개발된 이래 지속적으로 진화하고 있다. 1970년 관계 데이터베이스에 관한 논문이 발표된 이래 SEQUEL로 시작하여 SQL, SQL2, SQL3, SQL-99 등으로 계속 발전하고 있다. SQL은 초창기의 기본적인 기능 이외에도 중요한 기능이 많이 개발되고 있다.

이 장에서는 SQL의 기본 개요를 설명하고, 자료 정의, 자료 질의, 자료 갱신을 위한 문법과 사용법을 설명한다. 데이터베이스 구축에 필요한 관련 무결성 제약조건들을 기술하고 이들을 구현하는 사용법을 실례를 들어서 설명한다.

4.1 개요

[표 4.1] SQL의 장점

내 역	실 례
모든 관계 DBMS가 사용	Oracle, Informix, SQLServer, Sybase 등
이식성	많은 컴퓨터에서 실행 가능
단일 언어	자료 연산 + 사칙 연산 가능
대화식, 내장식 가능	사용 편리
집합 연산	프로그래밍 간단
구조 간단, 표현력 풍부	비절차 언어로 다양한 연산 가능
엔진과 언어 분리	인터넷 클라이언트/서버 환경에 적합

IBM San Hose 연구소에서는 1970년대 초에 System R이라고 하는 연구용 관계 데이터베이스의 언어 이름을 Sequel이라고 명명하여 개발하였다. 점차 기능을 확장하여 발전하다가 Structured Query Language의 약자로 SQL이라는 이름으로 바뀌었지만 명칭은 아직도 '씨퀄'이라고 부른다. 1986년 미국표준국(ANSI ; American National Standard Institute)에서 SQL-86(SQL1)이라는 SQL 표준으로 채택하였으며 이어 1987년에 국제표준국(ISO; International Standards Organization)에서도 채택하였다. ANSI는 1989년에 표준을 확장하여 SQL-89를 발표하였다. SQL은 계속 확장되어 SQL-92(SQL2)를 발표하고 이어서, SQL-99를 발표하였다. SQL3는 SQL-86에 객체지향 개념을 추가한 것으로서 기존 SQL과는 다른 버전이다. SQL이 표준화되면서 자연스럽게 상업용 관계 DBMS의 표준 언어가 되었다. SQL은 표준이 되면서 고유명사가 되었고, IBM에서 개발하였지만 Oracle, Informix, Sybase, Ingress, SQL Server 등으로 다양한 상품들이 출시되어 널리 보급되었다.

SQL의 기능을 살펴보면 자료 정의, 질의, 갱신, 뷰 정의, 보안과 권한관리, 무결성, 트랜잭션 제어, 내장언어 및 대화식 언어 지원 등으로 기능이 계속 확장되고 있다. SQL은 관계 데이터베이스 언어지만 이제는 객체지향 개념을 지원하므로 멀티미디어 정보처리도 가능하게 되었다. SQL의 장점을 살펴보면 다음과 같다.

1) 모든 관계 데이터베이스의 언어

Oracle, Informix, Ingress 등 모든 관계 데이터베이스가 사용한다. 과거에는 DBMS마다 다른 언어를 사용했으므로 데이터베이스를 바꾸면 새로운 언어를 배워야 했다.

2) 우수한 이식성

모든 관계 데이터베이스 회사들은 표준에 따라서 SQL 언어를 제작하므로 SQL 프로그램을 변경하지 않고 이식해서 사용할 수 있다. 거의 모든 컴퓨터에서 실행된다.

3) 단일 언어로 여러 가지 기능 수행

SQL 문법 하나만으로 모든 종류의 데이터베이스 연산을 지원한다. 자료 연산 뿐만 아니라 사칙연산을 위해 기본적인 자료형인 정수, 실수, 문자열 등의 8가지 자료형을 지원한다.

4) 내장 언어와 대화식 언어 지원

기존의 자료 언어들은 한 가지만 지원했으나 SQL은 대화식으로도 사용할 수 있고, 다른 프로그래밍 언어 안에서 자료 처리를 위한 내장 언어로도 사용할 수도 있다. SQL을 C, C++, Java 같은 호스트 언어 안에서 사용하는 것은 호스트 언어가 프로그래밍 언어로서 사칙 연산과 같은 자료 가공을 섬세하게 잘하기 때문이다.

5) 집합 단위 연산

관계 데이터베이스는 집합론을 기반으로 하기 때문에 SQL도 집합 연산을 기반으로 한다. 따라서 레코드 단위의 연산도 가능하고, 집합 단위 연산도 수행한다.

6) 표현력 풍부, 구조 간단

비절차언어이므로 표현이 간단함에도 불구하고 다양한 연산을 지원한다.

7) 데이터베이스 엔진과 분리

기존의 질의 언어들은 데이터베이스 엔진과 밀접하게 결합되어 있으므로 같은 컴퓨터의 주기억장치에서 실행되었다. SQL은 엔진과 분리되어 있으므로 엔진은 서버에 두고 SQL은 클라이언트에 두고 실행이 가능하여 클라이언트/서버(C/S) 환경에서 C/S 데이터베이스의 구현이 가능하게 되었다. SQL 구성 요소들을 살펴보면 다음과 같다.

1) **자료 정의 언어(DDL; Data Definition Language)** : 관계 스키마 정의, 관계 삭제 및 스키마 수정.
2) **자료 조작 언어(DML; Data Manipulation Language)** : 관계 대수 기반 질의 및 투플 관계 해석 질의 지원.
3) **뷰 정의(View definition)** : 외부 스키마 정의 및 수정, 삭제.
4) **내장 SQL** : C, C++, Java 같은 호스트 언어에서 SQL 지원.
5) **무결성(Integrity)** : 자료 정의 언어에서 무결성 제약조건을 명시.
6) **권한부여** : 자료 정의 언어에서 데이터베이스 접근 권한을 명시.
7) **Trigger** : 데이터베이스에 특정한 내용이 변경되면 자동으로 동작을 실행하는 기능으로 능동적인 데이터베이스 지원.

[표 4.2] SQL의 주요 구성 요소

내 역	기 능
자료 정의 언어	스키마 정의 및 갱신
자료 조작 언어	투플 관계 해석 언어 지원
뷰	외부 스키마 정의 및 갱신
내장 언어	프로그래밍 언어에서 자료 언어 수행
무결성	오류 방지 기능
권한 부여	자료 접근 제어 및 보안 기능
active Database	trigger 기능으로 능동적 실행 기능

본 장에서는 자료언어의 중요도에 따라서 자료 정의문, 질의문, 자료 갱신, 관계 스키마 변경, 무결성 제약조건의 순서로 SQL의 내용을 설명하기로 한다.

4.2 SQL의 자료 정의

SQL은 데이터베이스를 자료 정의 언어(DDL)를 이용하여 정의한다. SQL의 DDL은 관계뿐만 아니라 다음과 같이 모든 관계에 관한 정보를 명시할 수 있다.

- 각 관계의 스키마
- 각 속성들과 이들의 도메인
- 무결성 제약조건
- 각 관계의 색인
- 각 관계의 보안과 권한 정보
- 각 관계의 물리적 저장구조

CUSTOMER

CID	name	address	tel	credit

ORDER

OID	CID	oDate	rbooks	Qty	amount	EID

// EID: 영업사원
// CID: 고객번호

ORDERED_BOOK

OID	BID	price	Qty	amount

// 점선: 약개체 식별자

BOOKS

BID	title	author	publisher	price	onhand	CID

// CID: Client ID

CLIENT

CID	name	address	tel	credit

// CID: Client ID

EMPLOYEE

EID	eName	DID	mEID	salary

DEPENDENT

EID	pName	bDate	cost

// 점선: 약개체 식별자

DEPT

DID	dName	mEID	sales	budget

[그림 4.1] BookStore 관계 데이터베이스 스키마의 스키마 도표

[그림 4.1]은 SQL 문을 실습용으로 사용하기 위하여 만든 테이블들의 관계 데이터베이스 스키마 도표(schema diagram)이다. [그림 4.1]의 관계 데이터베이스 스키마를 관계 스키마로 작성한 것이 [그림 4.2]이다.

```
CUSTOMER(CID: char(5), name: char(30), address: char(30), tel: char(15),
        credit: numeric(1,0))
ORDER(OID: char(5), CID: char(5), oDate: DATE, rbooks: char(30), Qty:
numeric(10,2), amount: numeric(12,0), EID: char(5))
ORDERED_BOOKS(OID: char(5), BID: char(12), price: numeric(10,2), Qty:
numeric(5,0), amount: numeric(12,0))
BOOKS(BID: char(12),  title char(30), author: char(30), publisher: char(50),
price: numeric(10,2), onhand: numeric(5,0), CID: char(5))
CLIENT(CID: char(5), name: char(30), address: char(60), tel: char(15),
       credit: numeric(1,0))
EMPLOYEE(EID: char(5), eName: char(30), DID: char(5), mEID: char(5),
         salary: numeric(12,0))
DEPENDENT(EID: char(5), pName: char(30), bDate: DATE, cost: numeric(10,0))
DEPT(DID: char(5), dName: char(30), mEID: char(5), sales: numeric(12,0),
     budget: numeric(12,0))
```

[그림 4.2] BookStore 관계 데이터베이스의 관계 스키마

SQL에서 자료 정의를 기술하기 위하여 기본적으로 사용하는 용어를 [표 4.3]에서 살펴본다.

[표 4.3] SQL의 자료 정의 용어

자료 정의 용어	내 역
테이블(table)	관계 데이터베이스의 관계이며 열과 행으로 구성
행(row)	관계 데이터베이스의 투플이며, 파일의 레코드를 의미
열(column)	관계 데이터베이스의 속성이며, 파일의 필드를 의미

4.2.1 SQL의 자료형

SQL 표준은 속성에 명시할 수 있는 기본적인 자료형으로 숫자, 문자열, 비트열, 불리언, 날짜, 시간 등이 있다. SQL이 지원하는 자료형을 정리하면 [표 4.4]와 같다.

[표 4.4] SQL이 지원하는 자료형

자료형	실 례
char(n)	길이가 n인 고정 길이 문자열
varchar(n)	최대 길이가 n인 가변 길이 문자열
int	정수
smallint	상대적으로 작은 정수(int가 4바이트라면 smallint는 2바이트)
numeric(p, d)	사용자가 지정하는 고정 소숫점 수*
real	부동 소숫점 수
float(n)	n개의 소숫점 수를 가지는 부동 소숫점 수
date	일자(yyyymmdd)
time	시간(hhmmss)

* 수는 부호를 포함하여 p개의 숫자로 구성되고, d개의 숫자는 소숫점 오른쪽에 있다.

1) 숫자

정수는 SMALLINT, INTEGER 등과 같이 다양한 크기의 자료형을 지원하며, 실수는 다양한 크기와 정밀도를 가진 FLOAT, REAL, DOUBLE PRECISION 등의 부동 소수점수를 지원한다. 형식화된 10진수로는 DECIMAL(p, d) 또는 DEC(p, d), NUMERIC(p, d) 등으로 선언할 수 있다. 여기서 정밀도 p는 십진 숫자의 총 개수이고 d는 소수점 아래 숫자들의 개수이다.

2) 문자열

문자열은 고정 길이의 CHAR(n) 또는 character(n)을 지원하고, 가변 길이의 VARCHAR(n) 또는 CHAR VARYING(n) 등으로 지원한다. 여기서 n은 최대 문자수이다. 문자열은 작은 따옴표(‘’) 사이에 명시하며 대소문자를 구분한다. 고정길이 문자열의 경우에 주어진 길이 보다 작은 문자열은 오른쪽을 공백으로 채운다.

3) 비트열(bit string)

비트열은 고정 길이의 BIT(n)이나 가변길이의 BIT VARYING(n)로 정의하며 n은 최대 비트수이다. 문자열이나 비트열의 길이 n의 디폴트 값은 1이다.

4) 불리언(bool)

불리언은 참 또는 거짓 중의 한 값을 가진다. SQL은 NULL 값을 허용하기 때문에 불리언 변수는 3가지 값을 가질 수 있다.

5) 날짜와 시간

DATE는 10개의 자리수를 가지며 YEAR, MONTH, DAY를 구성요소로 갖는다. 전형적인 형식은 YYYY-MM-DD이다. TIME은 최소한 8개의 자릿수를 가지며 HOUR, MINUTE, SECOND를 구성요소로 갖는다.

4.2.2 SQL의 자료 정의문

SQL에는 다음과 같이 5 가지의 자료를 정의하는 문장이 있다.

[표 4.5] SQL의 자료 정의 문장

정의 문장	내 역
comment on	주석문장을 기술한다.
CREATE SCHEMA	새 스키마를 생성한다.
CREATE TABLE	새 테이블을 생성한다.
CREATE VIEW	테이블의 뷰를 생성한다.
CREATE INDEX	테이블의 색인을 생성한다.

CREATE 문은 스키마, 테이블, 뷰 등의 객체를 생성하는 문장이다. CREATE 문장을 수행하여 얻어지는 자료를 **catalog**라고 한다. catalog에는 생성된 객체들의 정보가 수록되어 있다. 이들 문장들을 이용하면 데이터베이스 테이블을 생성하고 수정, 삭제할 수 있다.

(1) CREATE SCHEMA

기존의 SQL은 모든 테이블을 하나의 스키마로 간주하였으나 SQL2부터는 스키마를 여러 개로 분류할 수 있고 스키마 안에 테이블이 소속되도록 개정하였다. 동일한 응용에 속하는 테이블들은 같은 스키마 안에서 그룹화 되도록 스키마 개념을 포함하였다. SQL 스키마는 스키마 이름을 부여하고, 스키마 소유자도 지정하여 권한부여를 가능하게 설계하였다. 스키마는 CREATE SCHEMA 문장을 이용하여 생성하며 관리한다. 스키마를 생성하는 SQL 스키마 문장을 살펴보자.

```
CREATE SCHEMA sales AUTHORIZATION Kim;
```

이 문장은 sales라는 스키마를 생성하고 Kim이라는 계정에게 권한을 부여하였다. 이 스키마를 사용하거나 수정, 삭제하는 권한은 일반 사용자들에게는 주어지지 않고 DBA나 DBA가 허락한 계정 사용자에게 주어진다. 이 정보들은 모두 catalog에 저장된다. 스키마를 생성하지 않으면 하나의 스키마로 간주하고 테이블을 생성하도록 한다.

(2) CREATE TABLE

CREATE TABLE 문장은 테이블을 생성한다. 즉, 테이블의 이름, 컬럼들의 이름과 자료형과 길이, 키의 설정, 제약조건 등을 정의한다. CREATE 문장을 실행하여 만들어진 테이블에 대한 내용은 catalog에 저장된다. SQL의 테이블 종류는 [표 4.6]과 같다.

[표 4.6] SQL의 테이블

순서	테이블 종류	기 능
1	기본 테이블	실제 자료를 저장하는 파일
2	뷰 테이블	기본 테이블이나 뷰 테이블에서 유도하여 만든 가상테이블
3	색인 테이블	속성 값으로 원하는 투플을 빠르게 검색하기 위해 만든 보조테이블
4	작업 테이블	SQL 문을 처리하기 위하여 시스템이 사용하는 임시 테이블

CREATE TABLE 명령문의 형식은 다음과 같다.

```
CREATE TABLE table-name(A1 D1, A2 D2, ... , An Dn,
            <무결성-제약조건 1>,
            <무결성-제약조건 2>,
                    ...,
            <무결성-제약조건 n>)
```

A_i는 속성의 이름이며, D_i는 속성 A_i의 도메인 형태이다. 테이블에 관련한 무결성 제약조건은 응용분야에 따라서 많이 있을 수 있다. 예를 들어 기본 키와 외부 키를 선언할 수 있다. 기본 키와 외부 키에 대한 제약조건은 다음과 같다.

primary key(A_{k1},A_{k2}, ... , A_{kn}) : A_{k1},A_{k2}, ... , A_{kn}가 테이블의 기본 키를 구성함을 의미.
foreign key(A_j) **references** table-name(B_m) : 외부 키는 속성 A_j가 다른 테이블 table-name의 기본 키 속성 B_m을 참조하는 것을 의미.

여기서 속성 A는 자신이 소속한 테이블의 속성이며, B는 외부 테이블에 있는 속성 이름이다. 이상과 같은 CREATE 문장의 문법을 기반으로 [그림 4.1]의 CUSTOMER, ORDER 등의 관계를 생성하는 SQL 문은 다음과 같다.

```
CREATE TABLE        CUSTOMER (     // 고객 테이블(거래처 CLIENT와 동일)
   CID              char(5),       // 고객번호
   name             char(30),
   address          char(60),
   tel              char(15),
   credit           numeric(1,0),   // 개인 신용도: 0 - 9(최고)
   primary key(CID));

CREATE TABLE        ORDER (         // 주문 테이블
   OID              char(5),        // 주문번호
   CID              char(5),
   oDate            DATE,
   rbooks           char(30),       // 대표 서적 이름
   Qty              numeric(10,2),
   amount           numeric(12,0),
   EID              char(5),        // 담당 영업사원의 고객번호
   primary key(OID),
   foreign key(CID) references CUSTOMER(CID),
   foreign key(EID) references EMPLOYEE(EID));

CREATE TABLE        ORDERED_BOOKS ( // 주문한 서적 목록 테이블
   OID              char(5),
   BID              char(12),       // 서적번호
   price            numeric(10,2),
   Qty              numeric(5,0),
   amount           numeric(12,0),
   foreign key(OID)        references ORDER(OID),
   foreign key(BID)        references BOOK(BID));

CREATE TABLE        BOOKS (         // 재고 서적 테이블
   BID              char(5),        // 서적번호
   title            char(30),
   author           char(30),
   publisher        char(50),
   price            numeric(10,2),  // 단가
   onhand           numeric(5,0),   // 재고 수량
   CID              char(5),        // client id
   primary key(BID),
   foreign key(CID) references CLIENT(CID));
```

```
CREATE TABLE        EMPLOYEE (          // 사원 테이블
    EID             char(5),            // 사원번호
    eName           char(30),
    DID             char(5),
    mEID            char(5),            // 상사의 사원번호
    salary          numeric(12,2),
    primary key(EID),
    foreign key(DID)   references DEPT(DID),
    foreign key(mEID)  references EMPLOYEE(EID));

CREATE TABLE        DEPENDENT (         // 부양자 테이블
    EID             char(5),            // 사원번호
    pName           char(30),           // 부양자 이름
    bDate           DATE,               // 부양자 생년월일
    cost            numeric(10,0),      // 부양자 수당
    foreign key(EID)   references EMPLOYEE(EID));

CREATE TABLE        DEPT (              // 부서 테이블
    DID             char(5),
    dName           char(30),
    mEID            char(5),            // 부서장의 사원번호
    sales           numeric(12,0),      // 사무실 위치
    budget          numeric(12,0),      // 지출 예산
    primary key(DID),
    UNIQUE(dName),                      // 부서 이름은 회사 안에서 유일
    foreign key(mEID)  references EMPLOYEE(EID));
```

[그림 4.3] 인터넷 서점을 위한 테이블 정의

(3) CREATE VIEW

뷰는 하나 이상의 기본 테이블로부터 유도되는 가상적인 테이블이다. 뷰는 물리적인 저장 구조에 기억되지 않고 뷰의 정의만 catalog에 저장되었다가 실행 시간에 테이블을 구축한다. 뷰에서 새로운 뷰를 생성하는 것도 가능하다. 그러나 사용자는 기본 테이블과 별다른 차이 없이 사용할 수 있다. 뷰는 기본 테이블과 달리 가상 테이블이기 때문에 추가와 갱신에 제한을 받지만 질의는 아무 제한이 없다. 뷰가 필요한 이유는 두 가지이다.

1) 자료 보안

이것은 인가된 사용자에게 꼭 필요한 자료만 보여주는 것이 목적이다. 특정한 데이터베이스에 접근하는 모든 사용자들이 모든 데이터베이스 자료를 접근하게 해서는 안되기 때문이다.

2) 읽기 전용

뷰는 자료의 추가나 갱신보다는 읽기 전용으로 사용하는 업무에 적합하다. 추가와 갱신은 자료의 내용을 변경할 뿐만 아니라 대부분의 데이터베이스 작업은 읽기가 압도적으로 많기 때문이다.

SQL에서 뷰를 생성하는 것도 CREATE 명령어를 다음과 같은 형식으로 사용한다.

```
CREATE VIEW view-name as <질의 표현식>
```

CUSTOMER 테이블에서 성남에 거주하는 고객들의 고객번호와 이름과 신용도만 찾기 위한 뷰를 만들려면 다음과 같이 정의한다.

```
CREATE VIEW SN-CUSTOMER
as SELECT CID, name, credit
    FROM CUSTOMER
    WHERE address = '성남';
```

뷰를 이용하여 다른 뷰를 정의할 수도 있다. 예를 들어 다음의 명령을 살펴보자.

```
CREATE VIEW SN-name
as SELECT name
   FROM SN-CUSTOMER
   WHERE CID > 500;
```

이 명령은 '성남'에 거주하는 고객의 SN-CUSTOMER 뷰에서 이름만으로 뷰를 만드는 명령이다.

(4) CREATE INDEX

CREATE INDEX 문은 이미 생성된 기본 테이블에 색인을 추가할 때 사용하는 것으로 형식은 다음과 같다.

```
CREATE INDEX index_name on basetable_name attribute_name ASC|DESC
```

DEPT 테이블에 부서 이름을 오름차순의 색인으로 추가하려면 다음과 같이 색인 파일을 생성한다.

```
CREATE unique INDEX name_inx ON CUSTOMER name ASC;
```

4.2.3 SQL의 스키마 변경

SQL에는 [표 4.7]과 같이 2 가지의 스키마를 변경하는 문장이 있다.

[표 4.7] SQL의 테이블

순서	명령어 이름	기 능
1	DROP	기존 테이블을 삭제한다.
2	ALTER	기존 테이블의 구조를 변경한다.

(1) ALTER TABLE

CREATE 문으로 생성한 테이블의 구조를 변경할 때 사용하는 문장으로 형식은 다음과 같다.

```
ALTER TABLE table-name <하부 명령>
```

CUSTOMER 테이블에 전화번호 속성을 추가할 때 다음과 같이 명령을 작성할 수 있다.

```
ALTER TABLE CUSTOMER
ADD COLUMN telephone char(12);
```

기존의 존재하던 CUSTOMER 관계의 투플에 새로운 속성이 추가되었으므로 telephone 속성에 자료 값들을 입력해야 한다. 기존의 속성 credit를 제거하고 싶으면 다음과 같이 작성한다.

```
ALTER TABLE CUSTOMER
DROP COLUMN credit CASCADE;
```

CASCADE 옵션을 사용하면 해당 속성과 관련된 모든 제약조건과 참조 사항들도 제거된다.

(2) DROP TABLE

CREATE 문으로 생성한 스키마 또는 테이블을 완전히 제거할 때 사용하는 명령이다.

```
DROP SCHEMA schema-name CASCADE;
DROP TABLE table-name CASCADE;
```

CUSTOMER 테이블을 삭제하려면 다음과 같다.

```
DROP TABLE CUSTOMER CASCADE;
```

CASCADE 옵션을 사용하면 해당 테이블과 관련된 뷰나 제약조건들을 모두 제거한다. 다음은 이미 생성된 뷰를 제거하는 명령이다.

```
DROP VIEW SN_CUSTOMER;
```

4.3 SQL의 자료 질의

SQL 질의문의 기본 구조는 SELECT, FROM, WHERE의 세 개의 절로 이루어진다.

- SELECT 절은 관계 대수의 투영 연산에 해당한다. 원하는 질의 결과를 속성들로 나타낸다.
- FROM 절은 관계 대수의 카티션 곱에 해당한다. 질의 대상이 되는 테이블들을 열거한다.
- WHERE 절은 관계 대수에서 선택 조건에 해당한다. FROM 절에 나타나는 속성들의 조건으로 구성된다. WHERE 절이 없으면 모든 투플을 검색한다.

전형적인 SQL 질의는 [그림 4.4]와 같은 형식을 가진다.

```
SELECT  ALL | DISTINCT <속성 리스트>
FROM      <테이블 리스트>
WHERE     <조건식>
GROUP BY <그룹화 속성>
HAVING    <그룹 조건>
ORDER BY <속성 리스트 ASC | DESC>;
```

[그림 4.4] SQL의 질의 형식

SELECT 문에서 〈속성 리스트〉는 A_1, A_2, … , A_n 의 형식이며, 〈테이블 리스트〉는 r_1, r_2, … , r_m의 형식이다. A_i는 속성들을 의미하며, r_i는 관계들을 의미한다. ALL은 모든 투플들을 검색하는 것이며, DISTINCT는 중복되는 투플들은 하나만 검색한다. FROM 절은 테이블을 기술한다. 같은 테이블을 다른 이름으로 사용할 때는 투플 변수를 선언하여 사용한다. WHERE 절의 〈조건식〉은 관계 연산자 <, >, =, <=, >=, <> 등과 함께 연결사 AND, OR를 이용하여 논리값을 결정한다. 만약 조건식이 없다면 참값(true)으로 간주하여 조건 없이 모든 투플을 선택한다.

부수적으로 GROUP BY 절은 조건에 맞는 투플들을 묶어서 함께 처리할 때 사용한다. HAVING 절은 GROUP BY 절을 사용할 때 조건을 부여한다. ORDER BY 절은 출력 순서를 오름차순(ASC)이나 내림차순(DESC)으로 지정한다.

4.3.1 기본적인 SQL 질의

몇 개의 질의를 이용하여 기본적인 질의문을 설명한다.

〉〉〉 질의 1

'성남'에 거주하면서 신용도가 3 이상인 고객의 이름을 검색하시오.

```
SELECT name
FROM CUSTOMER
WHERE address = '성남' AND credit >= 3;
```

이 질의는 FROM 절에 표시된 CUSTOMER 관계만 검색한다. WHERE 절의 조건을 만족하는 CUSTOMER 투플들을 검색하면, SELECT 절에서 지정한 name 속성을 투영한다. 이 질의는 다음의 관계 대수식과 같다.

$$\pi_{name}\ (\sigma_{address\ =\ '성남'\ AND\ credit\ >=\ 3}\ (CUSTOMER))$$

이 질의를 투플 관계 해석식으로 표현하면 다음과 같다.

```
{t.name | CUSTOMER(t) AND t.address = '성남' AND t.credit >= 3}
```

이 질의는 CUSTOMER 관계에 있는 각 투플들을 대상으로 WHERE 절의 조건을 평가하여 SELECT 절에 있는 속성만을 찾는다. 따라서 묵시적인 투플 변수를 사용하는 선택-투영 연산이라고 한다.

〉〉〉 질의 2

'성남'에 사는 고객이 주문한 내용을 검색하시오.

```
SELECT name, oDate, rbooks, Qty, amount
FROM CUSTOMER, ORDER
WHERE address = '성남' AND CUSTOMER.CID = ORDER.CID;
```

이 질의는 두 개의 관계를 연결해야 원하는 결과를 얻을 수 있다. 두 개의 관계는 CID라는 공통의 속성을 기준으로 조인하고 나머지 조건을 충족하는 투플을 선택하고, 원하는 속성을 투영한다. address = '성남'은 선택 조건이고 관계 대수에서 선택 연산에 해당한다.

CUSTOMER.CID = ORDER.CID는 관계 대수의 조인 조건에 해당되는 조인 조건이다.

조인 조건에 해당하는 CID는 두 관계를 연결하는 속성이지만 어느 관계의 속성인지 애매한 경우가 있으므로 조인하는 질의문에서는 관계 이름을 속성 이름 앞에 명시하는 방법이 바로 CUSTOMER.CID = ORDER.CID 등이다. 여기서 CUSTOMER를 C로 ORDER는 O라는 투플 변수를 사용할 수 있다. 앞의 SQL 질의를 투플 변수를 이용하면 다음과 같다.

```
SELECT C.name, O.rbooks, O.Qty, O.amount
FROM   CUSTOMER AS C, ORDER AS O
WHERE C.address = '성남' AND C.CID = O.CID;
```

WHERE 절이 없으면 모든 투플을 검색한다. 따라서 다음 질의를 살펴보자.

〉〉〉 질의 3

모든 고객의 정보를 검색하시오.

```
SELECT CID, name, address, tel, credit
FROM CUSTOMER;

SELECT *
FROM CUSTOMER;
```

앞의 두 SQL 문은 조건 없이 모든 투플을 검색하며 동일한 결과를 가져온다. '*'는 모든 속성을 추출하는 것을 의미한다.

4.3.2 SQL의 집합 연산

SQL에는 합집합(union), 교집합(intersection), 차집합(difference) 등의 집합 연산 기능이 있다. 집합 연산의 결과는 투플들의 집합이다. 집합 연산은 중복을 허용하지 않는다. 이들 집합 연산은 두 개의 관계를 대상으로 하기 때문에 결과로 얻어지는 관계와 함께 세 관계의 스키마가 모두 동일하다. 즉, 집합 연산의 대상인 두 개의 관계는 동일한 속성을 가지며 속성의 순서도 동일해야 한다.

집합 연산을 실습하기 위해 CUSTOMER 관계 스키마와 동일한 CLIENT라는 관계를 추가하기로 한다. 고객(customer)은 우리 서점에서 책을 사가는 고객이고, 거래처(client)는 우리 서점에 서적을 공급하는 거래처이므로 관계 스키마의 내용이 동일하고, 인스턴스만 다르다. 그러나 어떤 거래처는 특정 분야의 서적을 우리에게 공급하지만 어떤 분야의 서적은 우리 서점에서 구매하는 고객이기도 한다.

〉〉〉 질의 4

'성남'에 사는 우리 서점의 고객이나 거래처의 이름과 주소를 검색하시오.

```
(SELECT name, address
 FROM CUSTOMER
 WHERE address = '성남' )
UNION
(SELECT name, address
 FROM CLIENT
 WHERE address = '성남' );
```

〉〉〉 질의 5

'성남'에 사는 우리 서점의 고객이면서 거래처인 이름과 주소를 검색하시오.

```
(SELECT name, address
 FROM CUSTOMER
 WHERE address = '성남' )
INTERSECTION
(SELECT name, address
 FROM CLIENT
 WHERE address = '성남' );
```

>>> 질의 6

'성남'에 사는 우리 서점의 고객이면서 거래처가 아닌 이름과 주소를 검색하시오.

```
(SELECT name, address
 FROM CUSTOMER
 WHERE address = '성남' )
EXCEPT
(SELECT name, address
 FROM CLIENT
 WHERE address = '성남' );
```

4.3.3 SQL의 부분 문자열 및 산술 연산

SQL에는 여러 가지의 연산 기능이 제공된다. 그 중에서 유용한 것 하나가 부분 문자열 검색 기능이다. LIKE 비교 연산자를 이용하면 부분 문자열 검색에 편리하다. '%'는 임의의 개수의 문자를 대체하고 '_'는 임의의 한 개 문자를 대체한다.

>>> 질의 7

이름이 '김'으로 시작하는 고객의 이름과 주소를 검색하시오.

```
SELECT name, address
FROM CUSTOMER
WHERE name LIKE '김%';
```

>>> 질의 8

이름의 두 번째 글자가 '동'인 고객의 이름과 주소를 검색하시오.

```
SELECT name, address
FROM CUSTOMER
WHERE name LIKE '_동_';
```

특정한 속성의 자료 값이 일정한 범위에 있는 것을 조건으로 하는 BETWEEN 연산자도 있다.

>>> 질의 9

신용도가 5와 8 사이가 되는 고객의 이름과 주소를 검색하시오.

```
SELECT name, address
```

```
FROM CUSTOMER
WHERE (credit BETWEEN 5 AND 8);
```

4.3.4 SQL의 중첩 질의

두 관계를 연결하여 검색할 때는 조인을 사용할 수도 있고 중첩 질의(nested query)를 사용할 수도 있다. 질의의 종류에 따라서 조인보다 중첩 질의가 편리할 때가 많이 있으며 IN, ANY, ALL 등의 비교 연산자를 활용하면 많은 도움이 된다. 질의 2에서 사용한 조인 대신에 다음과 같이 중첩 질의를 사용할 수 있다.

〉〉〉 질의 10

고객(customer)이면서 거래처(client)인 모든 고객을 찾으시오.

```
SELECT *
FROM CUSTOMER
WHERE CID IN (SELECT CID
              FROM CLIENT);
```

〉〉〉 질의 11

customer이면서 client가 아닌 고객을 찾으시오.

```
SELECT *
FROM CUSTOMER
WHERE CID NOT IN (SELECT CID
                  FROM CLIENT);
```

〉〉〉 질의 12

'성남'에 사는 고객이 주문한 내용을 검색하시오.

```
SELECT name, rbooks, Qty, amount
FROM ORDER
WHERE CID IN
  (SELECT CID
   FROM CUSTOMER
   WHERE address = '성남');
```

〉〉〉 질의 13

'삼국지'를 주문하지 않은 고객의 이름을 검색하시오.

```
SELECT name
FROM CUSTOMER
WHERE CID NOT IN
  (SELECT CID
   FROM ORDER
   WHERE rbooks = '%삼국지%');
```

〉〉〉 질의 14

'홍길동'보다 신용도가 높은 고객의 이름을 검색하시오.

```
SELECT name
FROM CUSTOMER
WHERE credit > ANY
  (SELECT credit
   FROM CUSTOMER
   WHERE name = '홍길동');
```

〉〉〉 질의 15

'성남'에 사는 모든 고객보다 신용도가 높은 고객의 이름을 검색하시오.

```
SELECT name
FROM CUSTOMER
WHERE credit > ALL
  (SELECT credit
   FROM CUSTOMER
   WHERE address = '성남');
```

〉〉〉 질의 16

'삼국지'로 시작되는 서적을 구매한 고객의 이름을 검색하시오.

```
SELECT C.name
FROM CUSTOMER C
WHERE EXISTS   (
    SELECT *
    FROM ORDER O
    WHERE  rbooks = '삼국지%' AND C.CID = O.CID);
```

EXISTS 연산자는 IN 처럼 일종의 비교 연산자이다. 이 연산자는 부속 질의 결과가 공집합인지를 점검한다. rbooks에 '삼국지'라는 부분 문자열이 있으면 해당 투플을 반환한다. 반환된 집합이 공집합이 아니면 고객번호가 동일한 CUSTOMER의 투플에서 이름을 추출한다.

4.3.5 집합 비교

SQL은 다양한 비교 연산자를 제공한다. 여기서는 자주 사용하는 연산자 몇 개를 소개한다. 〉some 연산자는 집합 내에서 자신보다 작은 값이 최소한 하나 존재하는 것을 검색한다. 〈some, 〈=some, 〉=some, 〈〉some 등도 가능하다.

〉〉〉 질의 17

'홍길동'이 부서장으로 있는 부서의 예산보다 큰 모든 부서의 이름을 검색하시오.

```
SELECT eName
FROM DEPT
WHERE budget > some
   (SELECT budget
    FROM  DEPT
    WHERE  mEID IN (SELECT EID
                    FROM EMPLOYEE
                    WHERE eName = '홍길동'));
```

〉〉〉 질의 18

매출이 500,000원을 넘는 모든 부서의 예산보다 큰 예산을 가진 부서의 이름을 구하시오.

```
SELECT dName
FROM DEPT
WHERE budget > all
   (SELECT budget
    FROM  DEPT
    WHERE  sales > 500,000);
```

4.3.6 SQL의 집단 함수

데이터베이스 응용분야에서는 그룹화하여 검색하는 작업이 많으므로 집단 함수 기능이 필요하다. COUNT, SUM, MAX, MIN, AVG 등은 투플들을 그룹화하여 간단한 계산 기능을 수행해준다. 이 내장 함수들은 SELECT 절이나 HAVING 절에서 사용할 수 있다.

>>> 질의 19

2008년 10월 1일 이후의 모든 주문의 금액의 합계, 평균 주문 금액, 최고 금액, 최저 금액을 검색하시오.

```
SELECT SUM(amount), AVG(amount), MAX(amount), MIN(amount)
FROM ORDER
WHERE oDate > '20081001';
```

>>> 질의 20

'서울'에 사는 고객의 수를 검색하시오.

```
SELECT COUNT(*)
FROM CUSTOMER
WHERE address = '서울';
```

>>> 질의 21

3번 이상 주문한 고객의 이름과 주소를 검색하시오.

```
SELECT name, address
FROM CUSTOMER C
WHERE (SELECT COUNT(*)
       FROM ORDER O
       WHERE C.CID = O.CID) >= 3;
```

4.3.7 GROUP BY와 HAVING 절

응용분야에서는 투플들을 그룹으로 나누어 처리하는 경우가 많이 있다. 예를 들어 고객들을 거주 지역으로 나누고 지역별로 평균 매출이나 고객의 수를 구하기도 한다. 그룹으로 나누면 집단함수를 적용하기 쉽다. 그룹으로 나누는 기준을 속성으로 하므로 그룹화 속성이라고 한다. SQL에서는 이런 목적을 위하여 만든 것이 GROUP BY 절이다. GROUP BY 절에 조건을 부여하는 것을 HAVING 절이라고 한다.

>>> 질의 22

사원들의 수가 10명이 넘는 부서별로 부서 번호, 사원들의 수, 사원들의 평균 급여를 구하시오.

```
SELECT DID, COUNT(*), AVG(salary)
FROM EMPLOYEE
GROUP BY DID
HAVING COUNT(*) > 10;
```

4.3.8 출력의 순서

SQL은 관계에 있는 투플들의 출력 순서를 지정할 수 있다. ORDER BY 절은 질의 결과를 오름차순이나 내림차순으로 정렬할 수 있게 한다.

>>> 질의 23

월급이 2,500,000원 이상인 사원들의 부서 이름과 직원 이름들을 부서 이름과 직원 이름의 순서로 검색하시오.

```
SELECT dName, eName
FROM EMPLOYEE E, DEPT D
WHERE E.DID = D.DID AND salary >= 2500000
ORDER BY dName, eName;
```

4.3.9 빈 관계에 대한 검사

SQL은 EXISTS 구문을 이용하여 하위 질의 결과가 투플이 존재하는지의 여부를 검사할 수 있다. 하위 질의 결과가 투플이 존재하면 참이고 가지고 있지 않으면 거짓이다.

>>> 질의 24

CUSTOMER와 CLIENT에 모두 거래가 있는 고객의 이름과 주소를 찾으시오.

```
SELECT name, address
FROM CUSTOMER
WHERE EXISTS
    (SELECT *
     FROM CLIENT
     WHERE CUSTOMER.CID = CLIENT.CID);
```

이 질의는 "customer이면서 client인 모든 고객을 찾으시오"라는 질의 10과 동일하다.

>>> 질의 25

CUSTOMER에 존재하지만 CLIENT에는 존재하지 않는 고객의 이름과 주소를 찾으시오.

```
SELECT name, address
FROM CUSTOMER
WHERE not exists
   (SELECT *
    FROM CLIENT
    WHERE CUSTOMER.CID = CLIENT.CID);
```

4.4 SQL의 자료 갱신

SQL은 데이터베이스의 내용을 갱신하기 위하여 INSERT, DELETE, UPDATE 문을 제공한다.

4.4.1 INSERT 명령

SQL의 INSERT는 투플을 삽입하는 명령이다. 관계 이름과 속성들의 자료 값 리스트를 명시해야 한다. 속성 값들의 순서는 CREATE TABLE 명령에서 명시한 속성들의 순서를 지켜야 한다.

>>> 질의 26

CUSTOMER 테이블에 새로운 투플 <'10020','홍길동','대전','042-0003-9999',7>을 추가하시오.

```
INSERT INTO     CUSTOMER
VALUES          ('10020','홍길동','대전','042-0003-9999',7);
```

테이블에 새로운 자료를 삽입할 때 모든 속성들의 자료를 넣지 않고 몇 개만 선정해서 삽입하려면 다음과 같이 속성의 이름들을 명시해야 한다.

>>> 질의 27

CUSTOMER 테이블에 속성 CID, name, credit에 <'10020','홍길동',7>삽입하시오.

```
INSERT INTO    CUSTOMER (CID, name, credit)
VALUES         ('10020','홍길동',7);
```

새로운 투플을 삽입할 때 기본 키의 자료 값이 없으면 추가할 수 없다. 기본 키 속성은 반드시 NOT NULL로 제약조건이 명시되기 때문이다.

4.4.2 DELETE 명령

SQL의 DELETE는 관계에서 투플을 삭제한다. DELETE 명령은 조건식을 지정할 수 있는 WHERE 절을 포함할 수 있어서 선택적으로 투플들을 삭제하는 것이 가능하다. 만약 WHERE 절이 없다면 모든 투플들을 삭제한다. 다음은 조건을 주어서 삭제하는 실례, SELECT 문으로 특정한 투플들을 선택하여 삭제하는 실례, 무조건 모든 투플들을 삭제하는 실례를 보여준다.

>>> 질의 28

대구에 거주하는 모든 고객들을 삭제하시오.

```
DELETE  FROM    CUSTOMER
WHERE           address = '대구';
```

>>> 질의 29

100,000원 미만을 주문한 고객을 찾아서 삭제하시오.

```
DELETE  FROM    CUSTOMER
WHERE   CID IN (
        SELECT CID
        FROM ORDER
        WHERE amount < 100000);
```

>>> 질의 30

모든 고객의 투플들을 삭제하시오.

```
DELETE  FROM CUSTOMER;
```

4.4.3 UPDATE 명령

SQL의 UPDATE 명령은 선택된 투플에서 속성 값들을 수정하기 위해서 사용된다. 조건식을 포함할 수 있는 WHERE 절이 있어서 선택적으로 수정하는 것이 가능하다. 단 기본 키의 값은 수정하지 못한다. SET 절에서는 변경할 속성과 새로운 값을 명시한다.

〉〉〉 질의 31

고객번호가 10인 고객의 신용도를 7로 갱신하시오.

```
UPDATE  CUSTOMER
SET     credit = 7
WHERE   CID = 10;
```

WHERE 절이 있으므로 SELECT 문을 이용하여 특정 투플들을 선택적으로 수정할 수 있다.

〉〉〉 질의 32

500,000원 이상 주문한 고객들의 신용도를 7로 갱신하시오.

```
UPDATE   CUSTOMER
SET      credit = 7
WHERE    CID IN ( SELECT CID
         FROM ORDER
         WHERE amount >= 500000);
```

4.5 무결성 제약조건

SQL에서는 테이블을 정의할 때부터 무결성 제약조건을 명시할 수 있다. 제약조건을 잘 활용하면 데이터베이스에 정확한 자료만을 저장할 수 있다. 본 절에서는 기본적인 키 제약조건, 참조 무결성 제약조건, 도메인 제약조건, 관계 안의 각 투플에 대한 제약조건 등을 설명한다.

4.5.1 속성 제약조건

SQL은 속성 값으로 널값을 허용하므로 어떤 속성에 반드시 자료 값이 입력되어야 한다면 제약조건 NOT NULL을 명시해야 한다. 특히 기본 키 속성은 반드시 자료 값이 있어야 하므로 NOT NULL을 명시해야 한다.

```
CREATE TABLE CUSTOMER (
   CID     integer NOT NULL,
   ...
   PRIMARY KEY(CID),
```

속성을 정의할 때 DEFAULT 〈값〉을 추가하면 속성에 디폴트 값을 명시할 수 있다. 이 속성에 자료 값을 주지 않고 새 투플을 삽입하면 지정한 디폴트 값이 삽입된다.

```
CREATE TABLE CUSTOMER (
CID   integer         NOT NULL DEFAULT 999,
```

4.5.2 키와 참조 무결성 제약조건

SQL에서는 테이블 간의 연결이 매우 중요하므로 기본 키와 외부 키의 정의를 CREATE TABLE 구문에서 명시해야 한다. 기본 키의 선언은 다음과 같이 세 가지 방식으로 명시할 수 있다. 첫째, 기본 키가 하나의 속성일 때는 속성 바로 뒤에서 기본 키임을 선언할 수 있다. 둘째, 속성의 정의가 끝난 다음에 별도로 선언할 수 있다. 셋째, 기본 키에 제약조건의 이름을 부여할 수 있다. 제약조건이 바뀌거나 삭제될 때 쉽게 갱신할 수 있기 때문에 편리하다.

```
CID  INT  PRIMARY KEY,
PRIMARY KEY(CID),
constraint EMPkey PRIMARY KEY(CID),
```

대체 키 또는 보조 키로 이용할 때는 [그림 4.3]의 DEPT 테이블 선언에서와 같이 UNIQUE 절을 사용할 수 있다.

```
UNIQUE(dName),
```

자신이나 다른 테이블의 기본 키로 사용되는 외부 키도 CREATE TABLE 구문에서 명시해야 한다. 다음은 [그림 4.3]의 EMPLOYEE 테이블에서의 외부 키 선언이다. ON DELETE SET NULL이란 감독자의 EID가 삭제되면 감독자 속성 mEID에 NULL 값으로 대치하라는 뜻이며, 감독자의 EID가 바뀌면 모든 피 감독자들의 mEID를 연쇄적으로 바뀐 값으로 갱신하라는 의미이다. SET NULL 대신에 SET DEFAULT가 있는데 이것은 디폴트 값으로 대치하라는 의미이다. NO ACTION은 CASCADE와 달리 조치를 취하지 말라는 의미이다.

```
primary key(EID),
foreign key(DID)              references DEPT(DID)
   ON DELETE NO ACTION,       // 부서 테이블의 DID 값을 삭제하면 안됨
foreign key(mEID)             references EMPLOYEE(EID))
   ON DELETE SET NULL         ON UPDATE CASCADE,
          // 감독자 EID가 직원 테이블에서 삭제되면 NULL로 갱신함
```

4.5.3 CHECK 문으로 명시

데이터베이스는 투플들이 삽입, 삭제, 갱신 될 때마다 자료의 내용을 검사하여 오류를 막아주는 기능이 필요하다. 속성에 제약조건을 지정하는 또 하나의 방법은 CHECK 절을 사용하여 속성의 자료 값을 제한할 수 있다. CHECK의 형식은 다음과 같다.

```
속성 이름          도메인    CHECK (<술어>)
```

예를 들어 CUSTOMER 관계의 credit는 국내 은행에서 개인의 신용도 범위를 1에서 10까지로 지정하고 있으므로 이외의 값이 들어오면 오류로 처리해야 한다. 따라서 credit의 자료값을 다음과 같이 제한할 수 있다.

```
credit  integer NOT NULL CHECK (credit > 0 AND credit < 11);
```

문자열을 제한하는 경우는 다음과 같이 선언할 수 있다.

```
hobby   char(10),                  // hobby는 수영, 골프, 사격만 가능함
CHECK (hobby in ('swim','golf','shooting'));
```

고객의 이름을 입력받거나 수정할 때 기존의 고객 테이블에 존재하는 이름인지를 확인할 때는 다음과 같이 check 문에서 SELECT-FROM-WHERE 문을 활용할 수 있다.

```
name char(30),          // name은 고객 테이블에 있는 값이어야 한다.
CHECK (bname IN (SELECT name FROM customer));
```

4.5.4 ASSERTION 문으로 명시

SQL에서는 일반적인 제약조건을 선언적 주장(ASSERTION)을 통하여 명시할 수 있다. 주장은 CREATE ASSERTION 문으로 선언한다. 주장은 제약조건의 이름을 가지며, SELECT-FROM-WHERE 절을 이용하여 제약사항을 선언한다.

〉〉〉 질의 33

같은 고객이 주문한 ORDERED_BOOK의 서적의 Qty의 합계가 ORDER의 Qty보다 많은 주문을 검색하시오.

```
SELECT *
FROM ORDER O
WHERE (SELECT sum(qty)
        FROM ORDER_BOOKS B
            WHERE O.OID = B.OID )  > O.Qty;
```

이것을 주장(ASSERTION)으로 작성하면 다음과 같다.

```
CREATE ASSERTION Order_constraint
CHECK ( NOT EXISTS
        SELECT *
        FROM ORDER O
        WHERE (SELECT sum(qty)
                    FROM ORDER_BOOKS B
                        WHERE O.OID = B.OID )  > O.Qty;
```

〉〉〉 질의 34

사원의 급여는 자신의 부서장보다 많을 수 없다.

```
CREATE ASSERTION Salary_constraint
CHECK ( NOT EXISTS
        (SELECT *
         FROM EMPLOYEE E, EMPLOYEE M, DEPT D
         WHERE E.salary > M.salary AND E.DID = D.DID
                                   AND D.mEID = M.EID ));
```

4.5.5 TRIGGER 문으로 명시

TRIGGER 문은 데이터베이스의 상태가 변경될 때 필요한 조치를 실행하는 능동적인 문장이다. 질의 34를 TRIGGER 문으로 작성하면 다음과 같다.

```
DEFINE TRIGGER Salary_constraint
ON EMPLOYEE E, EMPLOYEE M, DEPT D :
   E.salary > M.salary AND E.DID =D.DID AND D.EID=M.EID
ACTION_PROCEDURE INFORM_WARNING (D.mEID);
```

직원 테이블의 salary 속성의 자료 값이 갱신되어 앞에서와 같은 조건식이 성립하면 TRIGGER가 기동하여 INFORM_WARNING(D.mEID) 함수를 호출하고 관리자로 하여금 문제를 해결하도록 조치한다.

연습문제

4.1 다음 용어들을 정의하시오.

1) SQL3	2) ASSERTION	3) 스키마	4) 뷰
5) 스키마	6) CHECK	7) 중첩 질의	8) EXISTS
9) 집단 함수	10) Trigger	11) 집합 연산	12) CASCADE

4.2 뷰의 필요성을 설명하시오.

4.3 SQL의 장점과 단점을 설명하시오.

4.4 SQL의 주요 구성요소를 설명하시오.

4.5 SQL의 자료형을 기술하시오.

4.6 SQL에서 스키마 갱신 방법을 명령어별로 설명하시오.

4.7 다음은 은행의 여수신 관리용 관계 스키마이다. ERD를 작성하시오.

```
CUSTOMER(CID, name, addr, credit)
DEPOSIT(d#, CID, date, BID, balance)      // BID: branch id
BORROW(b#, CID, date, BID, amount)
```

[그림 4.5] 은행 관계 스키마

1) 고객번호 순으로 성명과 주소를 출력하시오.

2) 지점별로 그룹핑하여 지점별 저축합계를 계산하시오.

3) '성남'에 거주하는 고객들의 평균 신용도를 계산하시오.

4.8 앞의 관계 스키마를 보고 다음 질의를 SQL로 작성하시오.

1) credit이 8이상 되는 고객의 이름은? (credit은 1부터 10까지)

2) 대출받은 고객의 명단은?

3) 5,000원 이상 저축한 고객의 이름과 주소는?

4) 5,000원 이상 저축하고 10,000원 이상 대출받은 고객은?

5) 지점별로 대출금 현황은?

4.9 다음 질의를 SQL로 작성하시오.

1) 고객 테이블을 생성하시오.

2) 고객 테이블의 name을 index로 추가하여 설정하시오.

3) 고객에서 이름과 주소만으로 새로운 view 테이블을 생성하시오.

4) 고객 "kim"씨의 주소를 수원으로 갱신하시오.

5) 고객의 이름을 char(25)에서 char(30)으로 수정하시오.

6) 고객 테이블에 income 필드(real)를 추가하시오.
income의 범위가 500에서 5000 범위 밖이면 오류 처리하시오.

4.10 다음 질의를 SQL로 작성하시오.

1) deposit 테이블을 생성하시오.

2) borrow 테이블을 생성하시오.

3) deposit 테이블에서 계좌번호 340번을 제거하시오.

4) borrow 테이블 자체를 제거하시오.

5) 저축 테이블에서 잔고가 100원 이하가 되면 경고 메시지를 인쇄하시오.

4.11 다음은 건설회사 공사를 위한 인력관리용 관계 스키마이다. ERD를 작성하시오.

```
Employee(EID, name, address, major, DID, mEID)
Department(DID, name, mid, budget)
Project(pid, name, DID, mEID, amount, location)      mEID: manager
```

[그림 4.6] 회사 관계 스키마

1) '홍길동'이 근무하는 부서의 관리자 이름은?

2) 앞의 질의를 join 방식의 SQL로 작성하시오.

3) 앞의 질의를 subquery 방식의 SQL로 작성하시오.

4.12 앞의 관계 스키마를 보고 다음 질의를 SQL로 작성하시오.

1) "인사부"에 근무하는 직원을 찾으시오.

2) "기계"를 전공하는 직원이 근무하는 부서의 이름은?

3) "성남"에 근무하는 직원들의 이름과 주소는?

4) "토목부"에 소속된 공사 현장 소장의 이름은?

제 5 장

관계 데이터베이스 설계

CHAPTER 05 관계 데이터베이스 설계

개념 스키마를 작성하고 관계 스키마와 무결성 제약조건들을 기술하면 테이블들을 생성할 수 있다. 그러나 이 단계에서 테이블을 생성했을 때 성공적으로 사용할 수 있다는 보장이 없다. 우선 테이블 자체에 문제점이 있는지를 점검하고, 사용자의 요구 사항을 충족할 수 없는 문제가 예상되면 수정하고 정제해야 한다. 성능과 작업 부하, 편리성 등을 고려하여 테이블을 정제해야 한다. 관계 모델에서 가장 중요한 제약조건은 함수 종속성이다. 함수 종속성은 무결성 제약조건들의 위반 상태를 파악하는 좋은 수단이다. 데이터베이스 설계자들은 여러 가지 함수 종속성들을 이용하여 다양한 정규형(normal form)을 설계한다.

이 장에서는 관계 데이터베이스를 설계할 때 예상되는 문제점들을 검토하고, 테이블을 설계하는 기본적인 방법을 기술한다. 함수종속을 위주로 테이블들의 제약조건을 충족할 수 있는 정규형 이론을 논의한다. 함수종속을 기반으로 하는 기본적인 정규형들과 고급 정규형을 설계하고, 데이터베이스 설계 절차를 설명한다.

5.1 개요

데이터베이스를 설계할 때의 어려움 중의 하나는 의도하지 않는데도 중복이 발생하는 점이다. 중복이 많으면 저장 공간이 낭비되며, 비일관성이 초래될 가능성이 높아진다. 따라서 관계 데이터베이스 설계의 목표는 다음 두 가지이다.

1) 불필요한 중복 저장 감소
2) 효율적으로 정보 검색할 수 있는 스키마 정의.

중복을 해결하는 방법은 분해지만 분해는 또 다른 여러 가지 어려움을 발생시킨다. 따라서 중복과 분해를 극복하는 적절한 설계 기법이 요구된다. 이러한 목표를 충족시키는 방법이 바로 적절한 정규형(normal form)을 설계하여 스키마를 정의하는 것이다. 적절한 정규형을 만들기 위하여 데이터베이스 테이블들을 효과적으로 조직화하는 것을 정규화(normalization)라고 한다. 이미 작성된 관계 스키마들을 정규화를 통하여 정제하고 보완한다.

5.1.1 데이터베이스 설계의 주안점

데이터베이스를 설계할 때는 고려해야할 사항들이 많이 있다. 이런 사항들을 고려하지 않으면 데이터베이스 구축 후에 기능이나 성능에서 어려움에 직면하게 되며, 구축 후에 데이터베이스를 수정하는 것은 매우 어려운 일이고 비용이 많이 든다. 설계 시에 문제점을 예측하고 배제하는 것이 중요하다.

(1) 설계 시 고려 사항

데이터베이스를 개발할 때 개발자들은 항상 유사한 고민을 한다. 테이블을 만들다보면 자료들의 중복이 발생하기 때문에 테이블을 합치기도 하고, 분리하기도 하지만 그래도 문제점이 발생한다. 데이터베이스 개발자들의 공통적인 고민을 정리하면 [표 5.1]과 같다. 이 문제를 해결하기 위해서는 분석 공정에서의 업무 분석서와 요구 명세서가 필요하고, 테이블 설계는 앞으로 언급할 정규화 이론으로 해결하고, 속성 설계는 자료 사전을 기반으로 키 설계까지 연결된다. 최종적으로 테이블 설계에 확신을 갖는 것은 정규형 이론을 적용하는 과정을 필요로 한다.

[표 5.1] 데이터베이스 개발자들의 고민

순서	내 역	비 고
1	어떤 테이블들을 만들까?	요구 명세서
2	테이블을 합해야 하나? 분리해야 하나?	정규화
3	테이블에는 어떤 속성들을 넣을까?	자료 사전
4	어떤 속성을 키로 선정할 것인가?	기본 키 설계
5	다른 테이블과 어떻게 연결할 것인가?	외부 키 설계
6	설계한 테이블들은 합리적인가?	정규형 설계

출판사 업무용 서적 테이블을 만든다면 어떤 속성들을 넣을 것인가? 대형 서점용 서적 테이블과 어떻게 다른가? 속성들을 결정하는 것은 사용자들의 요구를 기반으로 결정한다. 기본 키는 어떤 속성으로 할 것인가? 기본 키를 만들려면 후보 키를 선별하고, 후보 키 중에서 엔티티(entity)를 가장 효율적으로 대표할 수 있는 속성을 기본 키로 선정한다. 다른 테이블과는 어떤 속성으로 연결할 것인가? 외부 키를 설정해야 하는데, 외부 키로 어떤 속성을 선택할 것인가? 응용업무를 지원하는데 필요한 관련 테이블을 선정한 후에 그 테이블의 기본 키에 해당하는 속성을 선택하거나 추가한다.

이상과 같이 테이블을 설계해도 과연 이 테이블이 합리적으로 잘 설계된 것인지 확인해야 한다. 합리적인 테이블을 설계하기 위해서 테이블의 문제점을 확인하고 개선 작업을 하는 것을 테이블 정제라고 한다. 테이블을 정제하는 이론이 바로 정규형 이론이다.

인터넷서점에서 거래처인 서적 출판사들을 영업 차원에서 데이터베이스를 구축한다고 가정하자. 출판사에 따라서 많은 서적을 공급하기도 하고, 적게 공급하기도 한다. 출판사의 서적 자료를 관리하려면 [그림 5.1]의 (a)와 같이 고정길이 레코드 방식으로 최대 크기를 확보하거나, (b)와 같이 가변길이 레코드 방식으로 하거나, (c)와 같이 정규형으로 만들 수 있다. 고정길이 방식은 공간의 낭비가 발생하고, 가변길이 방식은 파일관리가 복잡해지고, 정규형은 출판사의 이름이 반복되고 투플 수가 많아진다는 문제점이 있다.

출판사	서적	서적	서적
그린	VC++	VB	DB
금성	SE	DB	
참글	OS		

(a) 고정길이 레코드

그린	VC++	VB	DB	금성	SE	DB	참글	OS

(b) 가변길이 레코드

출판사	서적
그린	VC++
그린	VB
그린	DB
금성	SE
금성	DB
참글	OS

(c) 정규형

[그림 5.1] 출판사의 서적 자료

앞에서 지적한 문제보다 더 큰 문제가 있다. [그림 5.1](a)는 기본 키가 출판사가 되지만 출판사 속성과 서적 속성의 관계가 함수관계가 아니라는데 문제가 있다. 함수관계가 아니면 검색의 정확성을 기할 수 없다. (b)의 가변길이 방식도 기본 키와 나머지 속성들과의 관계가 함수관계가 아니라는데 문제가 있다. (c)의 방식은 출판사가 중복되어 기본 키가 형성되지 않는 문제가 있다. 그러나 이들 세 가지 문제 중에서 가장 해결하기 쉬운 것이 (c)의 정규형이다. 그 이유는 기본 키는 새로 만들어서 사용하면 가능하기 때문이다.

출판사	서적	가격
그린	DB	200
LG	DB	200
참글	OS	150

1. 금성의 SE를 추가하려면?
2. OS를 삭제하려면?
3. DB값이 오르면?

금성	LG	

[그림 5.2] 서적 가격 테이블

[그림 5.2]는 서적별 가격 테이블이다. 편의 상 책의 제목이 같으면 가격이 같은 것으로 가정하였다. 가격 테이블에는 서적별로 가격이 중복되어 저장되어 여러 가지 문제를 야기한다. [그림 5.2]의 자료를 실례로 테이블 설계 시 발생하는 이상 현상을 살펴보기로 한다.

- **중복 저장 :** 서적의 가격은 서적에 따라 결정되는데 서적마다 가격을 반복하여 저장하였다.
- **갱신 이상 :** DB의 가격이 200원에서 300원으로 바뀌면 모든 DB 터플의 가격을 갱신해야 한다.
- **삭제 이상 :** 참글의 OS를 삭제하면 OS의 가격이 150원이라는 사실이 함께 삭제된다.
- **삽입 이상 :** 금성에서 SE를 공급한다는 자료를 삽입하려면 SE의 가격을 알아야 한다. SE의 가격을 모르면 가격 속성이 널 값이 되어 삽입이 곤란한 경우가 발생할 수 있다.

[표 5.2] 테이블 설계 시 발생할 수 있는 이상 현상

순서	문제점	이상 현상의 내역
1	중복 저장	어떤 자료는 반복적으로 저장된다.
2	갱신 이상	복수 자료를 갱신하려면 여러 번 갱신해야 한다.
3	삭제 이상	어떤 정보를 삭제하면 다른 정보도 같이 상실될 수 있다.
4	삽입 이상	어떤 정보를 삽입하려면 다른 정보도 같이 저장해야 한다.

[표 5.2]는 테이블 설계 시 일반적으로 나타날 수 있는 이상 현상을 정리한 내역이다.

(2) 설계 오류가 야기하는 문제점

테이블을 잘못 설계하여 발생하는 문제점은 다음과 같다.

1) 자료의 중복
2) 특정한 정보의 표현 불가능

예를 들어 대출정보와 지점정보를 함께 저장하는 대출-지점 관계 스키마를 [그림 5.3]과 같이 설계하였다고 가정하자.

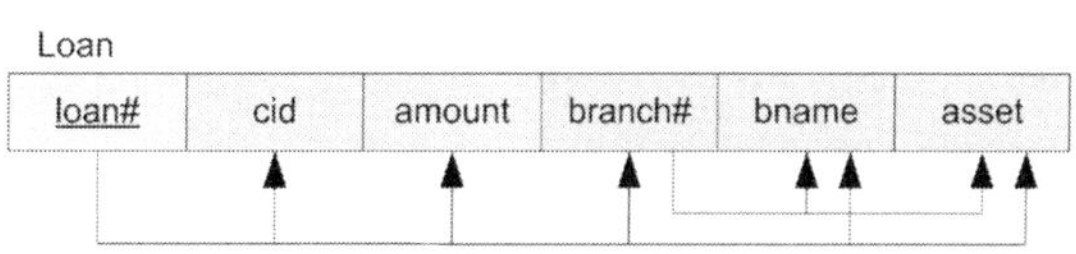

[그림 5.3] 대출-지점 관계 스키마

이 관계에 자료를 입력하려면 대출마다 지점의 이름과 자산을 중복해서 넣어야 하므로 입력 작업이 낭비된다. 또한 저장 공간이 낭비되고, 지점의 정보를 갱신하려면 대출마다 지점의 정보가 있으므로 많은 갱신이 이루어져야 한다. 지점은 대출을 많이 하므로 지점을 알아도 대출을 결정하지 못한다. 대출번호를 알면 고객과 대출액을 알 수 있으므로 대출번호와 고객, 대출번호와 대출액은 함수 종속 관계가 있다. 또한 지점번호를 알면 지점 이름과 자산을 알 수 있으므로 함수 종속 관계에 있다. 이들의 함수 종속 관계는 다음과 같이 표현한다.

```
loan#   → {CID, amount}
branch# → {bname, asset}
```

지점 이름과 대출번호는 함수 종속 관계가 없다. 한 지점에서 여러 대출을 하기도 하고, 한 고객이 여러 지점에서 대출을 받을 수 있기 때문이다. 종속 관계가 없는 것은 다른 관계를 통해서 나타내는 것이 바람직하다. 다른 말로 함수 종속을 유일 값 제약조건이라고 한다. 즉, 함수 종속은 관계가 충족해야 하는 제약조건 중의 하나이다.

대출이 없으면 지점에 관한 정보를 나타낼 수 없다. 널값(null value)은 사용할 수 있으나 여러 가지 문제점이 있기 때문이다.

5.1.2 테이블의 분해

중복 문제는 테이블을 분해하면 해결이 되지만 분해 기준과 분해 시 고려 사항들에 유의해야 한다.

(1) 분해 기준

이상 현상의 원인은 내용이 다른 두 분야의 속성들을 하나의 테이블로 묶었기 때문에 빈칸을 채우기 위하여 중복이 발생하는 것이다. [그림 5.2]의 테이블에는 서적의 출판사에 대한 정보는 서적의 가격 정보와 내용이 다른 속성들을 함께 저장한 것이다. [그림 5.3]의 대출-지점 관계 스키마는 대출 정보와 지점정보를 함께 저장한 것이다. 따라서 분해의 기준은 엔티티 형태가 같은 것끼리 같은 테이블이 되도록 테이블을 분해하는 것이다.

이상 현상은 서적의 이름이 같으면 가격이 같으므로 서적 이름과 가격은 중복되는 정보라는 사실에 기인한다. 자료 중복은 공간의 낭비일 뿐만 아니라 자료의 일관성 유지를 어렵게 하고, 자료 관리를 어렵게 하고 이상 현상을 야기한다. 이 문제의 원인을 해결하려면 서적 이름과 가격의 중복을 해결하는 것이다. 해결 방법은 두 속성을 테이블의 분해로 해결할 수 있다.

출판사	서적
그린	DB
금성	DB
참글	OS

(a) 서적-출판사

서적	가격
DB	200
OS	150

(b) 서적-가격

[그림 5.4] 서적 테이블의 분해

[그림 5.4]는 서적별 가격 테이블에서 서적의 출판사 정보와 가격 정보를 분리하여 두 개의 테이블을 만들었다. 서적-출판사 테이블에서는 서적의 출판사 정보를 알려주고 서적-가격 테이블에서는 서적의 가격을 알려준다. 따라서 [그림 5.2]의 이상 현상을 다음과 같이 해결할 수 있다.

- 중복 저장 : 서적의 가격이 중복 저장되지 않는다.
- 갱신 이상 : DB의 가격이 바뀌면 서적-가격 테이블에서 한 번만 갱신한다.
- 삭제 이상 : 참글의 OS를 삭제해도 다른 정보가 유실되지 않는다.
- 삽입 이상 : 금성에서 SE를 공급하면 출판사-서적 테이블에 삽입해도 문제가 없다.

(2) 무손실 조인 분해

테이블을 분해하면 중복의 문제점을 해결할 수 있으나 다른 문제점이 발생할 수도 있다. 첫째, 테이블을 분해한 다음에 다시 조인했을 때 다시 복원되지 않을 수 있기 때문이다. 둘째, 테이블의 수가 증가하면 프로그램이 복잡해지고 관리가 어려워질 수 있다.

이상과 같은 어려움 때문에 테이블을 분해를 하려면 다음과 같은 점검이 필요하다.

1. 관계를 꼭 분해해야 하는가?
2. 분해했을 때 다른 문제점은 없는가?

테이블을 분해한 다음에 다시 조인하면 원래 테이블로 돌아오기를 기대한다. 하지만 안 돌아올 수도 있다. 원래 테이블로 돌아올 수 있는 분해를 무손실 조인 분해(lossless-join decomposition)라 하고, 돌아올 수 없는 분해를 손실 조인 분해(lossy-join decomposition)라고 한다.

R이 관계 스키마이고, 다음이 성립하면 {R_1, R_2, ... , R_n}은 R의 분해라고 한다.

$$R = R_1 \cup R_2 \cup \ldots \cup R_n$$

r(R)이고 $r_i = \Pi_{Ri}(r)$이면 다음의 조인이 항상 성립한다.

$$r \subseteq r_1 \bowtie r_2 \ldots \bowtie r_n$$

앞의 조인이 성립하면 무손실 조인 분해이다. 즉 분해한 테이블들을 다시 조인하면 원래의 테이블로 다시 돌아오므로 무손실 분해라고 한다. 하지만 일반적으로 다음 식도 성립할 수 있다.

$$r \neq r_1 \bowtie r_2 \ldots \bowtie r_n$$

이것이 성립하면 조인 결과가 원래 테이블로 복원되지 않으므로 손실 조인 분해이다.

5.2 함수 종속

함수 종속은 자료들 간의 관계에서 한 자료의 값이 다른 자료의 값을 결정한다는 자료 종속의 개념에서 비롯된다. 키 값을 알면 다른 속성의 자료 값들을 알 수 있으므로 자료 종속은 제약조건과 관련이 된다. 한 자료의 모든 값에 대하여 다른 자료의 값들이 일대일로 관계되어 알 수 있다면 함수 관계가 성립한다. 함수 관계가 성립되는 자료 종속은 함수 종속으로서 자료 검색에 유용하게 사용된다.

5.2.1 자료 종속

oid	cid	name	items	price
33	005	Cha	OS	100
35	005	Cha	DB	150
36	077	Kim	SE	500
37	006	Yoon	AI	100
38	006	Yoon	DB	150

(a) 주문 테이블

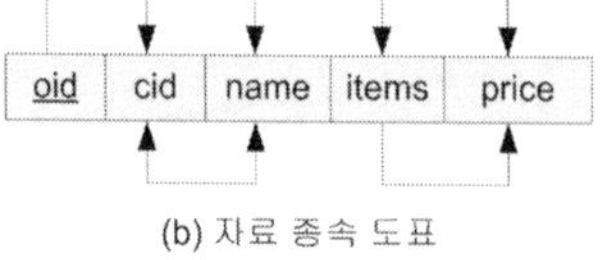

(b) 자료 종속 도표

[그림 5.5] 주문 테이블의 자료 종속

테이블의 여러 속성들 사이에는 속성들의 자료 값에 따라서 종속 관계가 성립할 수 있다. 자료 종속을 정의하면 다음과 같다.

자료 종속은 한 속성의 자료 값이 다른 속성의 자료 값에 의하여 결정되는 관계이다.

[그림 5.5]에서 (a)는 주문 테이블의 인스턴스이고 (b)는 주문 테이블의 속성 간의 종속 관계를 나타낸다. 주문번호 oid를 알면 고객번호, 고객이름, 주문 항목, 금액 등을 알 수 있으므로 모든 속성들은 주문번호 oid에 의하여 종속된다. 고객번호 CID를 알면 고객이름 name을 알 수 있으며, 반대로 고객이름 name을 알면 고객번호를 알 수 있다(단, 동명이인이 없을 경우에 한함). 주문항목 items를 알면 금액 price를 알 수 있으므로 화살표가 일정한 방향으로 표시된다. (b)를 문자로 표현하면 {oid} → {CID},,,{price}, {CID} → {name}, {name } → {CID}, {items} → {price}라고 표현한다. 자료 종속 관계를 형식화하면 X → Y로 표현하며 X는 결정자, Y는 종속자라고 한다.

자료 종속 관계를 일반화하면 자신의 속성 값으로 다른 속성을 알 수 있는 속성을 결정자(determinant)라 하고, 다른 속성에 의하여 알려지는 속성을 종속자(dependent)라고 한다. 결정자와 종속자와의 관계는 [그림 5.6]과 같이 화살표로 지정할 수 있다.

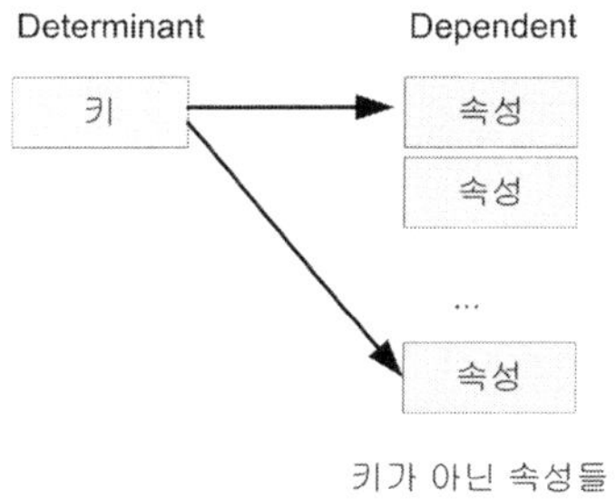

[그림 5.6] 속성들 간의 종속 관계

5.2.2 함수 종속

함수란 y = f(x)와 같이 한 집합 x의 모든 원소들에 대하여 다른 집합 y의 원소들과 일대일 대응되는 관계이다. 함수 종속(FD, functional dependency)을 정의하면 다음과 같다.

함수 종속은 테이블에서 속성 간의 관계성이 함수 관계를 가지는 자료 종속 관계.

테이블에서 한 속성의 모든 자료 값에 대하여 다른 속성의 자료 값과 일대일 대응되는 자료 종속 관계가 있음을 의미한다. [그림 5.7](b)에서 회사 속성은 키가 될 수 있으므로 회사 속성은 다른 속성들과 함수 종속 관계이다. 즉 {회사} → {상품}, {회사} → {가격}이라는 자료 종속이 함수 관계로 성립한다. 또한 상품을 알면 가격을 알 수 있으므로 {상품} → {가격}이 성립한다. 그러나 가격은 같지만 상품이 다른 경우가 있으므로 {가격} → {상품}은 성립하지 않는다.

함수 종속은 일종의 무결성 제약조건이며, 키의 개념을 일반화한 것이다. 관계 스키마 R에서 X와 Y는 R에 속한 속성들의 집합이다. R의 인스턴스 r에 속한 모든 투플 쌍 t_1과 t_2에 대해서 다음 조건을 만족하면 r은 함수 종속 x → y를 만족한다.

if $t_1.x = t_2.x$ then $t_1.y = t_2.y$

$t_1.x$와 $t_2.x$가 같다는 것은 속성 x의 값이 동일한 터플이라면 속성 y의 값도 동일하다는 의미이다. 함수 종속 x → y는 임의의 두 투플에 대하여 만약 속성 x의 값이 같다면 속성 y의 값도 같아야 함을 의미한다. 임의의 투플 y의 값은 x의 값에 의하여 결정된다는 뜻이다. y가 x에 함수적으로 종속된다는 뜻으로 FD라고 표기한다.

[그림 5.7](b)의 상품–가격 관계 스키마를 살펴보면 다음과 같은 함수 종속성들이 있음을 알 수 있다.

1. {회사} → {상품}
2. {회사} → {가격}
3. {상품} → {가격}

[그림 5.7](b)에서 상품 속성의 자료 값이 같은 두 개의 투플을 취하여 가격이 같다면 {상품} → {가격}의 함수 종속이 성립함을 의미한다. 그러나 가격 속성의 값이 같은 두 개의 투플을 취했을 때 상품 속성의 값이 다르므로 {가격} → {상품}은 성립하지 않고, 같은 이유로 인하여 {가격} → {회사}도 성립하지 않음을 의미한다.

회사	상품	상품	상품
삼성	TV	HP	Radio
금성	TV	HP	aircon
대우	aircon		
GE	HP	aircon	

(a) 회사–상품 테이블

회사	상품	가격
삼성	TV	100
LG	TV	100
대우	aircon	150
GE	HP	150

(b) 상품–가격 테이블

[그림 5.7] 회사–상품–가격 테이블

[그림 5.8]에서 공급자를 알면 주소와 상품을 알 수 있고, 상품을 알면 원산지와 가격을 알 수 있다. 즉 주소와 상품은 공급자에 의하여 함수 종속되며, 원산지와 가격은 상품에 의하여 함수 종속되는 것을 의미한다.

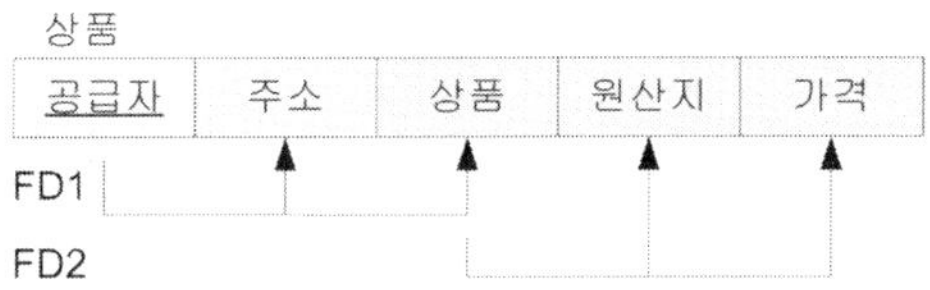

[그림 5.8] 함수 종속 관계 스키마 도표

5.2.3 함수 종속 집합의 폐포

관계 스키마 R에 명시되어 있는 함수적 종속성들의 집합을 F라고 표기한다. 스키마 설계자들은 의미적으로 명백한 함수 종속성들만을 지정한다. 그러나 의미적으로 명백한 함수적 종속성 외에 F내의 종속성들로부터 유도되거나, 다른 이유로 인하여 추가될 수 있는 또 다른 함수적 종속성들이 존재하는 경우가 많다. 이런 종속성들은 F에 있는 함수적 종속성들로부터 추론되거나 연역될 수 있다. 명시적으로 주어진 함수 종속성의 집합 F로부터 추론할 수 있는 가능한 종속성들을 모두 포함하는 종속성의 집합을 F의 폐포(closure)라 하고, F^+라고 한다.

예를 들어 [그림 5.8]의 관계 스키마에서 명백한 함수적 종속들의 집합 F가 다음과 같다고 가정하자.

F = {공급자 → {주소, 상품}, 상품 → {원산지, 가격}}

F로부터 추론할 수 있는 추가적인 함수적 종속성은 다음과 같다.

공급자 → {원산지, 가격}

F의 폐포 F^+는 F로부터 추론할 수 있는 모든 함수적 종속성의 집합이므로 다음과 같다.

F^+ = {공급자 → {주소, 상품, 원산지, 가격}, 상품 → {원산지, 가격} }

이상과 같은 종속성들을 체계적으로 추론하기 위해서는 추론 규칙을 찾아야 한다. 암스트롱의 공리(Armstrong's Axiom)는 다음의 세 가지 법칙들을 반복하여 적용하면 F로부터 F

의 폐포 F^+를 추론할 수 있다. X, Y, Z는 각각 관계 스키마 R에 정의된 속성들의 집합이다.

- 재귀(reflexive): 만약 X ⊇ Y이면 X → Y이다.
- 부가(augmentative): 만약 X → Y이면 XZ → YZ이다.
- 이행(transitive): 만약 X → Y이고 Y → Z이면 X → Z이다.

암스트롱의 공리 외에 다음과 같은 부가적인 규칙들을 이용하면 F^+를 추론하는데 더욱 편리하다.

- 결합(union): 만약 X → Y이고 X → Z이면 X → YZ이다.
- 분해(decompositive): 만약 X → YZ이면 X → Y이고 X → Z이다.

이상과 같은 함수 종속의 추론 규칙들을 이용하여 폐포를 구하기로 한다. 어떤 관계 스키마 ABC에서 A → B이고, B → C인 함수 종속이 성립한다고 가정하자. 여기서 어떤 함수 종속을 살펴보면 화살표 우측에 있는 속성들이 좌측에 모두 있는 경우가 있는데 이런 함수 종속을 당연 함수 종속(trivial FD), 당연 종속 또는 자명 종속이라 한다. 당연 또는 자명이라고 부르는 것은 부분이 전체에 의하여 종속되는 것이 너무 당연하기 때문이다. 이런 당연한 함수 종속은 앞의 재귀 규칙에 의하여 항상 성립이 된다. 재귀 규칙을 이용하면 다음과 같은 형태의 당연한 함수 종속들을 생성할 수 있다. 앞의 함수 종속들로부터 이행 규칙을 이용하면 A → C를 얻을 수 있다. 또한 부가 규칙을 이용하면 다음과 같은 함수 종속들을 추가적으로 얻을 수 있다.

AC → BC, AB → AC, AB → CB

이상과 같이 함수 종속 FD의 집합 F(A → B, B → C)에서 폐포 F^+(A → B, B → C, AC → BC, AB → AC, AB → CB)를 구하는 것을 추론이라고 한다.

5.3 정규형

테이블의 정규화는 중복과 이상 현상을 최소화하기 위하여 함수적 종속성과 기본 키를 기반으로 주어진 관계 스키마를 분석하는 과정이다. 어떤 조건을 만족하지 못한 관계 스키마는 조건을 충족할 수 있는 작은 관계 스키마로 분해되어 조건을 만족하는 관계 스키마가 된다.

5.3.1 정규형과 비정규형

IBM의 Codd 박사가 처음에 제안한 정규형은 관계 스키마의 모든 속성들이 원자적인 관계이다. 원자적 속성이란 속성이 원자 값을 갖는다는 것으로서 속성을 더 이상 작은 속성으로 분해할 수 없다는 의미이다. 즉, 복합 속성이나 다치 속성은 원자적 속성이 아니다. 속성이 원자적이 아니면 여러 가지 문제가 발생할 수 있기 때문에 속성의 원자성에 따라서 정규형과 비정규형으로 구분한다. 즉, 관계 스키마의 속성이 원자적이면 정규형이고 아니면 비정규형이다.

정규형을 구분하면 함수 종속에 기반을 둔 정규형들은 제1정규형, 제2정규형, 제3정규형, BCNF의 네 가지이다. 현실 업무에서 필요한 정규형들은 모두 함수 종속에 기반을 둔 정규형들이다. 더 복잡한 제약조건을 가진 정규형들이 제 4 및 제 5 정규형이다. 이들 정규형들은 뒤로 갈수록 제약조건들이 많아지는 대신에 이상 현상이 줄어든다.

(1) 비정규형

관계 스키마를 구성하는 속성들이 원자적인 관계를 정규형이라고 한다. 따라서 비정규형은 관계 스키마의 속성들에 원자성에 대한 제약조건이 없는 관계이다. 속성이 원자적이 아니면 다음과 같은 세 가지 문제가 야기될 수 있다.

1) 복합 속성

복합 속성에서 세부 속성을 추출하는 부가적인 프로그래밍이 요구된다. 예를 들어 사원번호를 부서번호와 부서에서의 일련번호를 합하여 만든다고 가정하자. 사원번호는 두 개의 속성으로 구성되어 있으므로 원자적이 아니다. 사원의 소속 부서를 알고 싶으면 사원번호에서 소속 부서를 추출하는 프로그램을 실행해야 한다. 이런 작업이 데이터베이스가 아니고 응용부분에서 이루어져야 한다. 사원이 부서를 옮기면 사원번호가 바뀌어야 하는데 이것은 기본키를 바꾸어야 하는 것이므로 곤란하다.

2) 다치 속성

다치 속성이란 한 속성에 여러 개의 자료 값을 저장하는 속성이다. 다치 속성에서 세부 내용을 추출하는 부가적인 프로그래밍이 요구된다. 예를 들어 서적의 공동 저자 속성에서 각 저자의 이름을 밝히려면 다치 속성에서 각 저자의 이름을 추출해야 하기 때문이다. 이것도 응용프로그램으로 해결해야 한다.

3) 함수 종속

[그림 5.7](a)의 회사-상품 테이블에서는 회사를 알아도 상품이 여러 개이기 때문에 어느 상품인지를 정확하게 연결하지 못한다. 이것은 키가 아닌 속성들이 기본 키에 함수 종속을 이루지 못하는 것을 의미한다. 같은 속성들이 여러 개 존재하는 것은 하나의 속성 이름이 여러 개로 이루어진 것을 의미하므로 복합 속성으로 볼 수도 있다.

응용분야에 따라서 비정규형이 유용할 수 있다. 멀티미디어의 경우에는 정규형이 불편한 경우가 많이 있으나 여기서는 논의하지 않는다.

(2) 제1정규형

제1정규형이란 관계 스키마 R의 모든 속성의 도메인이 원자적인 관계이다. 표현을 달리하면, 제1정규형이란 관계 R의 모든 속성에 원자 값만 허용하는 관계이다. 제1정규형의 모든 속성들은 모두 상이하므로 기본 키를 알면 모든 속성들의 자료 값을 알 수 있다. 제1정규형을 정의하면 다음과 같다.

> 제1정규형은 키가 아닌 속성들이 기본 키에 의하여 함수 종속되는 관계이다.

제1정규형에는 기본 키가 없을 수 있지만 언제나 만들 수 있다. 만약 기본 키가 없다면 모든 속성들을 묶어서 수퍼 키를 만들 수 있으므로 모든 제1정규형은 기본 키를 만들 수 있다. 모든 관계에서 충족되는 함수 종속은 당연(trivial)하다고 말하며 다음의 실례와 같은 종속을 당연 종속(trivial dependency)이라고 한다.

> 1) $A \rightarrow A$
> 2) $AB \rightarrow A$
> 3) 만약 $\beta \subseteq \alpha$ 이면, 함수 종속 $\alpha \rightarrow \beta$ 은 당연하다.

[그림 5.9]는 제1정규형의 제약조건을 그림으로 그린 것이다. 제1정규형의 제약조건은 키가 아닌 모든 속성들이 기본 키에 함수 종속되는 관계이다. 그 이외의 어떤 자료 종속 관계가 추가되어도 제1정규형에는 변함이 없다. 즉, 기본 키의 부분 집합이 되는 속성이 키가 아닌 속성에 의하여 함수 종속되어도 제1정규형이고, 기본 키가 아닌 속성들끼리 함수 종속 관계를 이루어도 제1정규형에는 변함이 없다. 따라서 제1정규형은 제약조건이 간단하기 때문에 더 많은 복잡한 관계를 가질 수 있으므로 이상 현상이 발생할 가능성이 높다.

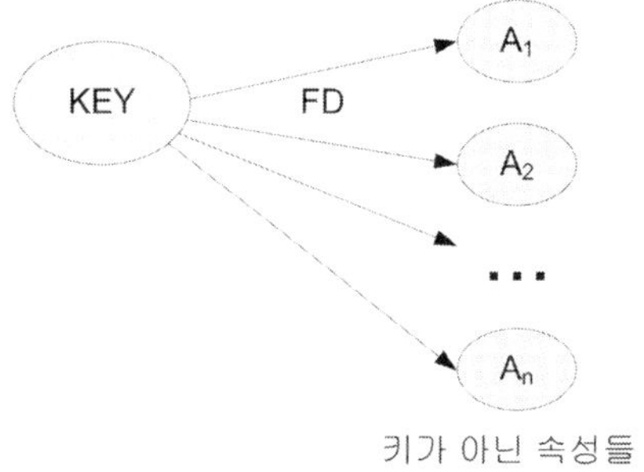

[그림 5.9] 제1정규형의 제약조건

5.3.2 제2정규형

[그림 5.10](a)의 상품 테이블의 속성들 간의 자료 종속 관계를 나타낸 것이 (b)의 종속 도표이다. 키가 아닌 속성인 가격이 기본 키인 회사와 상품의 복합 키에 함수 종속된다. 동시에 상품을 알면 가격을 알 수 있다. 따라서 복합 키의 부분 집합인 상품 속성에 의하여 가격이 함수 종속되는 관계이다. 이와 같이 키가 아닌 속성들이 키의 부분 집합에 종속되는 관계를 완전함수 종속되지 않는다고 한다. 완전함수 종속되지 않으면 복잡한 관계로 인하여 제2정규형이 못된다. 상품 테이블은 완전 함수 종속되지 않으므로 제2정규형이 되지 못한다. 완전 함수 종속되지 못하는 테이블은 다음과 같은 이상 현상을 수반한다.

- **삽입 이상 :** 은성이 MP3를 공급한다는 정보를 입력하려면 MP3의 가격을 알아야 한다.
- **갱신 이상 :** TV 가격이 갱신되면 여러 번 갱신해야 한다.
- **삭제 이상 :** 삼성에서 HP를 공급하지 않는다고 삭제하면 HP의 가격 정보가 사라진다.

회사	상품	가격
삼성	TV	100
삼성	HP	50
금성	aircon	100
금성	TV	100
대우	aircon	100

(a) 상품 테이블

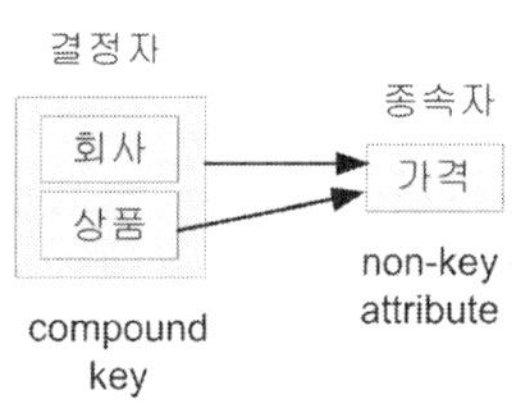

(b) 종속 도표

[그림 5.10] 완전 함수 종속이 아닌 테이블

이와 같은 이상 현상은 복잡한 관계로 인한 것이기 때문에 테이블을 분해하여 관계를 단순화한다. [그림 5.11]은 앞의 상품 테이블을 두 개로 분해하였다. [그림 5.11]의 테이블에서는 {회사, 상품} 테이블과 {상품, 가격} 테이블이 나뉘어 있으므로 앞에서와 같은 이상 현상이 나타나지 않는다. 즉, 앞의 문제점들이 다음과 같이 해결된다.

- **삽입** : 은성이 MP3를 공급한다는 정보를 입력할 수 있다.
- **갱신** : TV 가격이 갱신되면 한 번에 갱신된다.
- **삭제** : 삼성이 HP를 공급하지 않으면 즉시 삭제할 수 있다.

제2정규형은 완전 함수 종속이 성립하는 정규형이다. 완전 함수 종속이란 키가 아닌 속성들이 기본 키에 함수 종속되면서 기본 키의 부분 집합에 함수 종속되지 않는 관계이다. 기본 키가 복합 속성이라면 기본 키의 부분 집합이 존재하며, 키가 아닌 속성이 키의 부분 집합에 함수 종속되면 완전함수 종속되지 않는다. 기본 키가 복합 속성이 아니라면 그 부분 집합에 종속될 수 없으므로 완전함수 종속된다. 제2정규형을 정의하면 다음과 같다.

> 제2정규형은 키가 아닌 속성들이 기본 키의 부분 집합에 종속되지 않는 제1정규형이다.

회사	상품
삼성	TV
삼성	HP
금성	aircon
금성	TV
대우	aircon

상품	가격
TV	100
HP	50
aircon	100

[그림 5.11] [그림 5.10] 상품 테이블이 분해된 테이블

[그림 5.11]의 두 테이블에서는 이상 현상이 나타나지 않으므로 제2정규형을 충족한다.

5.3.3 제3정규형

[그림 5.12]에서 속성 A는 키이기 때문에 B와 C가 A에 함수 종속된다. 만약 C가 B에 자료 종속된다면 속성 A, B, C의 관계는 이행 종속 관계가 성립한다. 이행 종속(transitive dependency)이란 만약 $A \rightarrow B$와 $B \rightarrow C$가 존재할 때 $A \rightarrow C$가 성립하는 관계이다. 제3정규형은 이행 종속이 없는 제2정규형이므로 제3정규형의 정의는 다음과 같다.

제3정규형은 키가 아닌 속성들이 기본 키에 이행 종속되지 않는 관계이다.

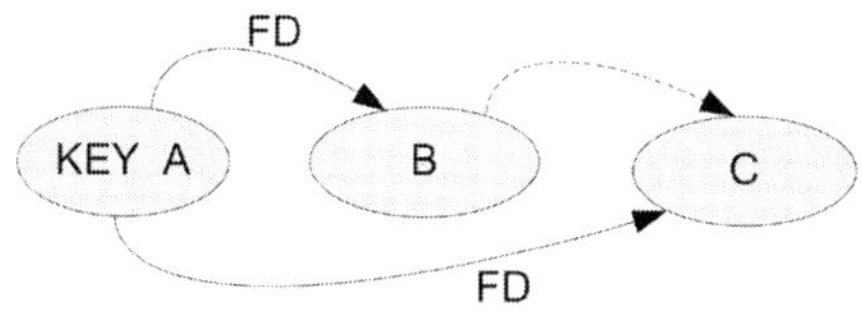

[그림 5.12] 이행 종속성

회사	상품	가격
삼성	TV	150
LG	HP	80
대우	aircon	100
SONY	aircon	100

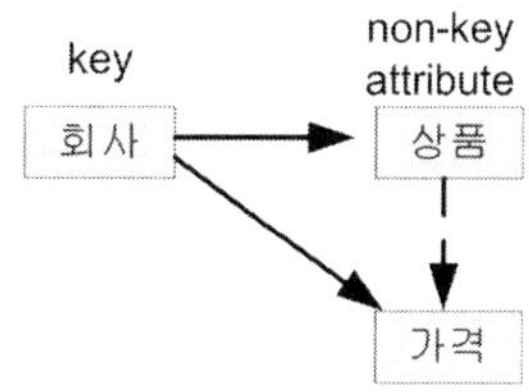

(a) 상품 테이블　　　　　　(b) 종속 도표

[그림 5.13] 제3정규형이 아닌 이행 종속 테이블

[그림 5.13]은 이행 종속성이 있는 테이블의 실례를 보여준다. 회사 속성이 기본 기이므로 {회사} → {상품, 가격}의 함수 종속이 성립한다. 이 테이블에서 상품을 알면 가격을 알 수 있으므로 {상품} → {가격}의 자료 종속이 성립하므로 {회사} → {상품} → {가격}의 이행 종속이 성립한다. 이행 종속이 성립하면 복잡한 관계로 인하여 이상 현상이 다음과 같이 발생한다.

- **삽입 이상** : 은성이 MP3를 공급하려면 MP3의 가격을 알아야 한다.
- **갱신 이상** : aircon의 가격이 바뀌면 여러 번 갱신해야 한다.
- **삭제 이상** : LG가 HP 투플을 삭제하면 HP의 가격 정보가 사라진다.

이상과 같은 이상 현상을 제거하려면 테이블을 분해하여 복잡한 관계를 제거해야 한다. 앞에서는 이해하기 쉽고 간단하게 제3정규형을 정의하였으나 이번에는 형식적으로 명확하게 정의하고자 한다. 관계 R에 속하는 속성들의 부분 집합을 X라 하고, R에 속하는 어떤 속성을 A라고 하자. R의 함수 종속의 집합 F의 모든 FD X → A에 대해, 다음 조건 중의 하나만 만족하면 제3정규형이다.

```
1) A ∈ X (당연 종속).
2) X는 수퍼 키.
3) A는 R의 어떤 키의 일부.
```

이상의 문제점을 해결하기 위하여 [그림 5.13]의 테이블을 분해한 것이 [그림 5.14]이다. [그림 5.14](a)의 회사-상품 테이블은 회사가 기본 키가 되어 이상현상이 없는 이상적인 관계이므로 이행적 종속 관계를 해소하였다. [그림 5.14](b)의 상품-가격 테이블도 상품이 기본 키가 되어 이상적인 관계이다. 두 테이블 모두 정규형의 정의에 의하여 제1, 제2, 제3 정규형에 해당한다.

회사	상품
삼성	TV
LG	HP
대우	aircon
SONY	aircon

회사 → 상품

(a) 회사-상품 테이블

상품	가격
TV	100
HP	80
aircon	100

상품 → 가격

(b) 상품-가격 테이블

[그림 5.14] [그림 5.13]의 테이블을 분해한 결과

5.3.4 BCNF 정규형

[그림 5.15] 테이블의 기본 키는 {회사, 상품}의 복합 속성으로 구성된다. {공장}의 값을 알면, {상품}을 알 수 있으므로 {공장} → {상품}의 자료 종속이 성립한다. 이것은 키가 아닌 속성이 결정자 역할을 수행하는 복잡한 관계가 성립하는 것이며, 복잡한 관계는 다음과 같은 이상 현상을 나타낸다.

- **삽입 이상 :** 대우가 MP3를 공급해도 MP3의 공장을 알지 못하면 삽입이 곤란하다.
- **갱신 이상 :** TV의 공장이 바뀌면 여러 번 갱신해야 한다.
- **삭제 이상 :** 삼성이 HP 공급을 중단해서 투플을 삭제하면 HP의 공장 정보가 사라진다.

앞의 이상 현상을 제거하려면 키가 아닌 속성이 결정자가 되는 것을 제거해야 한다. [그림 5.15](b)와 같이 테이블을 분해하면 이상 현상이 제거되어 보이스-코드 정규형(BCNF)이 된다. BCNF는 관계 R에서 모든 의미 있는 함수 종속 X → A를 만족할 때 X가 R의 수퍼 키인 관계이다. BCNF를 정의하면 다음과 같다.

BCNF는 후보 키가 아닌 모든 속성들이 후보 키에 함수 종속되는 관계이다.

회사	상품	공장
삼성	TV	수원
삼성	HP	평택
대우	HP	대구
LG	TV	수원

(a) 상품 테이블

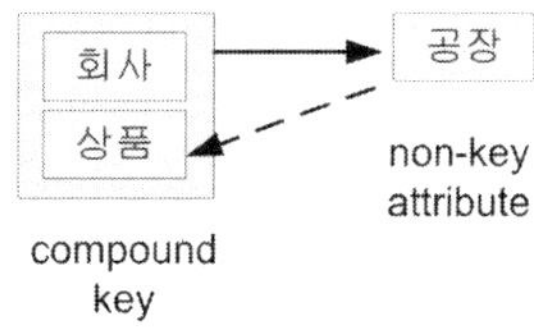

(b) 종속 도표

[그림 5.15] BCNF가 아닌 테이블

앞에서는 이해하기 쉽고 간단하게 BCNF를 정의하였으나 이번에는 형식적으로 명확하게 BCNF를 정의하고자 한다. 관계 R에 속하는 속성들의 부분 집합을 X라 하고, R에 속하는 어떤 속성을 A라고 하자. R의 함수 종속의 집합 F의 모든 FD X → A에 대해, 다음 조건 중의 하나만 만족하면 BCNF이다.

1) A ∈ X (당연 종속).
2) X는 수퍼 키.

R이 BCNF인지 알기 위해서는 폐포 F^+에 속하는 모든 자료 종속 X → A를 살펴보아야 한다. 이 때 각 함수 종속의 좌측에 키가 포함되어 있으면 BCNF이다.

제3정규형과 BCNF의 비교

제3정규형의 정의는 BCNF의 정의에 3)번이 추가된 것이므로 제3정규형은 BCNF보다 제약조건이 적다. [그림 5.16]은 제3정규형과 BCNF를 구분하는 관계를 보여준다. 즉, 키가 아닌 속성 X가 키의 부분 집합인 속성 A를 함수 종속시키면 BCNF가 되지 못한다. 그러나 제3정규형에서는 허용하는 제약조건이다.

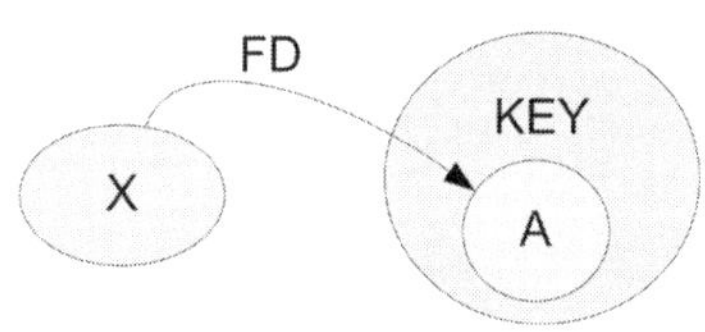

[그림 5.16] 제 3정규형을 허용하는 종속 관계

회사	상품	공장
삼성	TV	수원
LG	HP	평택
대우	MP3	대구
SONY	PMP	대구

(a) 상품 테이블

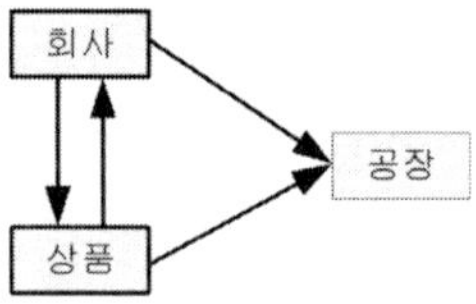

(b) 종속 도표

[그림 5.17] 수퍼 키 종속 테이블

BCNF가 더 강한 제약조건이지만 BCNF이면서 제3정규형이 되지 못하는 관계도 존재한다. [그림 5.17]의 테이블을 살펴보면, 키 속성은 {회사},{상품}이고 키가 아닌 속성은 {공장}이다. 여기서 모든 함수 종속의 결정자는 키이므로 BCNF가 된다. 그러나 {회사} → {상품} → {공장}의 이행 관계가 성립하므로 제3정규형은 성립하지 못한다. 따라서 제3정규형보다 BCNF의 제약조건이 강하지만 경우에 따라서는 제3정규형의 제약조건이 강할 수도 있다.

지금까지 제1정규형에서 BCNF까지 형식적인 정의를 중심으로 논의하였으므로 [표 5.3]에서는 상식적으로 쉽게 알 수 있는 각 정규형들의 약식 정의이다.

[표 5.3] 정규형의 형식적 정의와 약식 정의 비교

정규형	형식적 정의 / 약식 정의
제1정규형	키가 아닌 모든 속성들이 기본 키에 함수 종속된다. 모든 속성들의 이름이 다르다
제2정규형	키가 아닌 모든 속성들이 기본 키에 완전함수 종속된다. 모든 속성들이 전체 키에만 함수 종속된다
제3정규형	키가 아닌 모든 속성들이 기본 키에 비 이행 종속된다. 모든 속성들이 키에만 함수 종속된다
BCNF	후보 키가 아닌 모든 속성들이 후보 키에 함수 종속된다. 모든 결정자들이 후보 키이다

5.4 고급 정규형

지금까지 서술한 정규형들은 함수 종속을 기반으로 하는 제약조건을 가지고 있다. 그러나 함수 종속만으로 설명할 수 없는 제약조건들이 있으므로 이들을 설명하고자 한다. 실무에서 많이 발생하지는 않으나 무시할 수는 없으므로 다치 종속에 관련된 제4정규형과 조인 종속에 관련된 제5정규형에 관한 제약조건을 기술한다.

5.4.1 다치 종속과 제4정규형

다치 종속성과 관련 제약조건을 살펴보고 제4정규형을 설명하기로 한다.

(1) 다치 종속

다치 종속성이란 속성들이 집합 값을 가지지 못하게 하는 제1정규형의 함수 종속성에 기인한다. 만약 다치 독립적인 속성들이 같은 관계에 존재한다면 한 속성의 모든 값을 다른 속성의 모든 값마다 충족시켜야 하는 문제점에 직면한다. 이런 제약조건들은 다치 종속성에 의해 표현된다.

예를 들어 [그림 5.18]의 실례를 살펴보자. 사원 테이블에는 사원이 담당하는 거래처와 가족인 부양자가 각각 여러 개씩 존재한다. 기본적으로 거래처는 사원의 업무에 관련된 사항이며, 부양자는 사원의 급여에 관련된 사항이다. 거래처와 부양자 간에는 아무 관련이 없다. 테이블 상태를 일관성 있게 유지하기 위해서는 각 사원마다 거래처와 부양 가족의 모든 가능한 조합을 포함해야 한다. 결과적으로 거래처와 부양자가 중복되지 않을 수 없다.

이런 제약조건은 사원 테이블에 대한 다지 종속으로 표현된다. 두 개의 독립적인 일대다 관계인 사원:거래처와 사원:부양자가 동일한 테이블에 존재할 때 다치 종속성이 발생한다. 이것을 정리하면 관계 스키마 R(A, B, C)에서 A와 B가 일대다 관계이고 A와 C가 일대다 관계이면 다치 종속이 발생한다. 만약 자료의 성격에 따라서 사원-거래처 테이블과 사원-부양자 테이블로 분해한다면 중복은 사라진다.

이름	거래처	부양자
김	삼성	길동
김	LG	길순
김	삼성	길순
김	LG	길동

(a) 사원 테이블

→

이름	거래처
김	삼성
김	LG

(b) 사원-거래처 테이블

이름	부양자
김	길동
김	길순

(c) 사원-부양자 테이블

[그림 5.18] 사원 테이블의 분해

다치 종속성을 정형적으로 정의하면 관계 스키마 R에서 다치 종속 MVD X ->> Y가 성립하고 Z = R - XY라면 R의 관계 상태 r은 다음 조건을 만족해야 한다.

- r에 t_1[X] = t_2[X]를 만족하는 두 개의 투플 t_1과 t_2가 존재한다면, t_1.XY = t_3.XY와 t_2.Z = t_3.Z를 만족하는 투플 $t_3 \in r$이 반드시 존재해야 한다.

[그림 5.19]에서 다치 종속의 실례를 살펴보자. 첫 번째 두 개의 투플이 있고, MVD X ->> Y가 성립한다면, 세 번째 투플 t_3도 포함되어야 한다. 첫 번째 두 개의 투플에 대해 역할을 바꾸어 보면 네 번째 투플 t_4도 역시 포함되어야 한다.

	X	Y	Z
tuple t_1 →	a	b	c
tuple t_2 →	a	bb	cc
tuple t_3 →	a	b	cc
tuple t_4 →	a	bb	c

[그림 5.19] 다치 종속 정의의 실례

(2) 제4정규형

제4정규형의 정의는 관계 스키마 R에서 성립되는 모든 다치 종속 MVD X ->> Y에 대해 다음 중의 하나의 조건이 만족되는 정규형이다. X와 Y는 각각 R에 속한 속성들의 부분 집합이다.

- Y ⊆ X 또는 XY = R, 또는
- X는 수퍼 키.

[그림 5.18](a)의 사원 테이블은 제4정규형이 아니다. 그 이유는 {이름} ->> {거래처}는 당연한 다치 종속이 아니며, 또한 {이름}이 키가 아니기 때문이다. 그러나 [그림 5.18](b)의 사원-거래처 테이블과 [그림 5.18](c)의 사원-부양자 테이블은 다치 중복성이 제거되어 모두 제4정규형이다.

다치 종속을 뒷받침하는 이론은 다음의 Fagin의 정리이다.

Fagin의 정리: R{A, B, C}가 관계 스키마이고, A, B, C는 속성들의 집합이다. R이 프로젝션한 {A, B}와 {A, C}의 조인과 동일하기 위한 필요 충분한 조건은 R이 MVD A ->> BC를 만족하는 것이다.

제4정규형을 Fagin의 정리를 이용하여 다시 정의하면, 관계 스키마 R의 속성들의 부분집합인 A와 B가 존재하고 MVD A ->> B를 만족하는 경우마다, R의 모든 속성들이 A에 함수적으로 종속되는 관계이다.

이 정의를 요약하면 R에서 유일한 자료 종속은 X → Y의 형태이다. 만일 R이 BCNF에 속하고 R에 있는 모든 MVD들이 실제로 후보 키에서 나오는 함수 종속이면 R은 제4정규형이다. 그러므로 제4정규형은 BCNF를 포함한다.

관계 스키마 R{A, B, C}가 MVD들 A ->> B|C를 만족하기 위한 필요 충분 조건은, (A, C) 쌍과 관계된 B값들의 집합은 오직 A값에만 종속되며, (A, B) 쌍과 관련된 C값들도 비슷하다. 다치 종속이 충족되면 제4정규형이다. R{A, B, C}에서 MVD A ->> B|C가 충족되면 {A, B}와 {A, C}의 프로젝션들로 무손실 분해될 수 있는 제4정규형이다. Fagin의 정리에 의하여 MVD들은 이 분해가 바람직하기 위한 필요 충분 조건이다.

5.4.2 조인 종속과 제5정규형

조인 종속성의 제약조건을 살펴보고 제5정규형을 설명하기로 한다.

(1) 조인 종속

한 테이블을 분해했다가 분해된 결과들을 다시 조인하면 당연히 원래의 테이블로 복원된다고 기대하지만 그렇지 못한 경우가 있다. 다시 조인하면 예상하지 않았던 투플들이 생성되는 경우가 발생한다.

[그림 5.20]은 (a)의 과목-강사-교재 테이블을 3 개의 테이블로 분해하여 (b) 과목-강사 테이블과 (c) 강사-교재 테이블과 (d) 과목-교재 테이블로 분해하였다. 다시 과목-강사 테이블과 강사교재 테이블을 조인하여 (e) 1차 조인된 테이블을 만들고 다시 과목-교재 테이블과 조인하여 (f) 2차 조인된 테이블을 만들었다. 결과적으로 최종 복원된 테이블에는 〈영어, 이, EA〉와 〈영어, 이, EB〉라는 두 개의 새로운 투플이 생성되었다. 이와 같은 이상 현상이 발생하는 분해를 손실 분해라고 한다.

과목	강사	교재
영어	김	EA
영어	김	EB
영어	이	EC
전산	박	CA

(a) 과목-강사-교재 테이블

→ 분해

과목	강사
영어	김
영어	이
전산	박

(b) 과목-강사 테이블

강사	교재
김	EA
김	EB
이	EC
박	CA

(c) 강사-교재 테이블

과목	교재
영어	EA
영어	EB
영어	EC
전산	CA

(d) 과목-교재 테이블

(b) 과목-강사 테이블 ⋈ (c) 강사-교재 테이블

과목	강사	교재
영어	김	EA
영어	김	EB
영어	이	EC
전산	박	CA

(e) 1차 조인된 테이블

⋈ (d) 과목-교재 테이블

과목	강사	교재
영어	김	EA
영어	김	EB
영어	김	EC
영어	이	EA
영어	이	EB
영어	이	EC
전산	박	CA

(f) 2차 조인된 테이블

[그림 5.20] 손실 분해의 실례

조인 종속(JD, join dependency)은 테이블을 분해한 결과를 다시 조인했을 때 원래의 테이블과 동일하게 복원되는 제약조건이다. 조인 종속성은 다치 종속의 개념을 더 일반화한 것이다. 만약 R_1, R_2, …, R_n이 어떤 테이블 R에 대한 무손실 조인 분해라면, 조인 종속성 ⋈ $\{R_1, R_2, …, R_n\}$이 R에 대해 성립되며 R의 상태 r에 대한 제약조건을 명시한다. 이 제약조건은 R의 상태 r이 R_1, R_2, …, R_n으로의 비부가적인 조인분해를 가져야함을 의미한다. 이것은 r이 다음 조건을 만족해야 한다.

$$*(\Pi_{R1}(r), \Pi_{R2}(r), \ldots, \Pi_{Rn}(r)) = r$$

이 제약조건을 조인 종속성이라고 한다. 조인 종속은 함수 종속이나 다치 종속과 마찬가지로 관계 스키마 속성의 제약조건이다. 다음은 조인 종속의 정의이다.

> 조인 종속은 R이 관계 스키마이고 A, B, ..., Z를 각각 R의 속성 집합의 임의의 부분집합이라 할 때 관계 스키마 R이 *{A, B, ..., Z}로 생성되는 종속 관계이다.

이것은 R의 모든 가능한 값이 A, B, ..., Z에 대한 R의 프로젝션들의 조인과 동등하다는 것과 필요 충분한 관계에 있다.

(2) 제5정규형

제5정규형의 정의: 관계 스키마 R에 대해 성립되는 모든 조인 종속 JD ⋈ {R_1, ..., R_n}에 대해서, 다음 중 하나의 조건이 만족되면 제5정규형이라고 한다.

1) 어떤 i에 대하여 R_i = R이 성립한다.
2) R에 대한 함수 종속 중에서 좌측이 R의 키인 함수 종속의 집합으로부터 조인 종속이 유도된다.

제5정규형을 간단하게 정의하면, 관계 스키마 R의 후보 키들이 R에 있는 모든 당연하지 않은 조인 종속성을 내포하는 것이다.

다치 종속과 조인 종속은 데이터베이스 설계에 훌륭한 지침이 되지만 함수 종속처럼 일반적이지 않고 인지하거나 부석하는 것이 더 어렵다. 실제로 함수 종속만으로도 실무에서의 대부분의 문제를 해결할 수 있다.

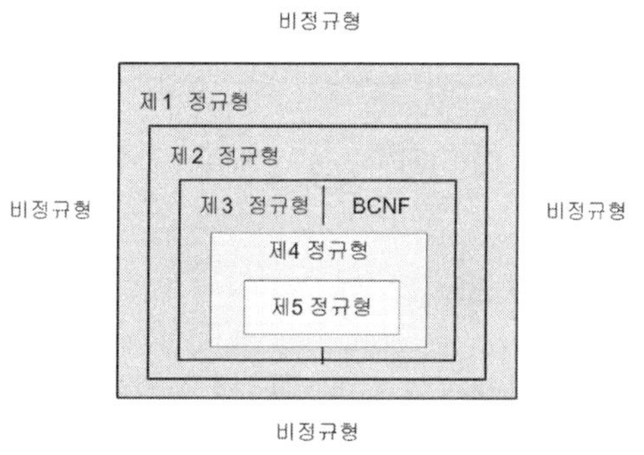

[그림 5.21] 정규형 간의 포함관계

[그림 5.21]은 정규형 간의 포함 관계를 보여준다. 비정규형에서 제약조건이 증가하면서 고급 정규형으로 갈수록 적용 범위가 적어짐을 볼 수 있다. 제3정규형과 BCNF는 거의 대등한 제약조건이므로 같은 위치에 놓았다. [그림 5.22]는 비정규형에서 제약조건이 부여되면서 고급 정규형으로 진화되는 것을 보여준다. 단, 제2정규형에서 제약조건에 따라 제3정규형이나 BCNF로 발전하는 것을 볼 수 있다.

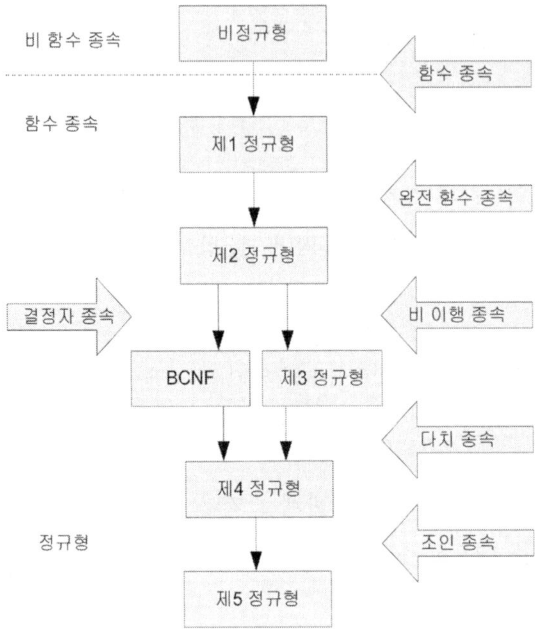

[그림 5.22] 정규형들의 변환 관계

5.5 데이터베이스 설계 절차

정규형과 정규화의 목적은 데이터베이스 설계를 이론적으로 완성하는데 있다.

5.5.1 데이터베이스 설계 과정

데이터베이스 개발 공정 중에서 속성과 테이블 설계의 설계 과정을 살펴본다.

(1) 속성 설계

속성 설계에서 바람직한 특징의 하나는 고유한 역할을 가정하는 것이다(역할 가정 원칙). 이것은 모든 속성의 이름이 그 데이터베이스 안에서 고유한 의미를 가진다는 뜻이다. 이 가정을 따르면 서로 다른 테이블에서는 동일한 속성을 사용하지 못한다. 고객 테이블의 고객번호와 거래처 테이블의 클라이언트번호를 동일하게 CID라고 부여하면 여러 가지 혼동이 예상된다. 예를 들어 고객 테이블과 거래처 테이블을 조인한다면 동일한 자료 값에 따라서 조인되는 결과가 나타나지만 그 결과는 아무 의미가 없는 것이다.

서로 다른 테이블의 속성들이 같은 이름을 가진다면 좋은 경우도 있을 수 있다. 예를 들어 고객 테이블과 사원 테이블에서 CID와 EID라는 속성 이름을 사용하였다. 만약 PERSON 개체 집합을 생성하여 이 개체 집합을 일반화하고자 한다면 속성의 이름을 다시 지어야 할 것이다. 두 개의 테이블을 일반화하여 새로운 테이블을 생성하는 기법은 객체지향 기법으로서 계승(inheritance) 개념을 이용하는 것이다. 객체지향 데이터베이스 개념은 관계 데이터베이스에서 논의할 범위를 벗어나므로 논의하지 않는다.

결과적으로 관계 데이터베이스의 속성 설계에서는 고유한 가정 역할을 따르는 것이 바람직하다.

(2) 테이블 설계

데이터베이스 설계 과정에서 정규형과 정규화를 어떻게 적용할 것인지를 살펴본다. 관계형 데이터베이스를 설계하려면 다음과 같이 세 가지 방법이 있다.

1) 개체관계 도표 방식

개체관계 도표(ERD)를 설계한 후에 테이블로 변환하는 방법이다. 모든 개체들을 완벽하게 정의하여 개체관계 도표를 만들면 개체관계 도표에서 생성되는 관계 스키마들은 더 이상 정규화할 필요가 없다. 그러나 완벽하게 정의하지 못하면 개체의 속성들 간에 함수 종속이 있을 수 있다. 기본 키와 키가 아닌 속성들 간에만 함수 종속이 있어야 이상 현상이 발생하지 않는데 키가 아닌 속성들 간에 함수 종속이 존재한다면 이상 현상이 예상되므로 정규화를 해야 한다.

2) 범용 테이블 방식

모든 속성들을 포함하여 하나의 테이블로 만든 후에 정규화 하는 방법이다. 범용 관계란 데이터베이스에 있는 모든 관계를 조인하여 만든 관계를 말한다. 범용 관계의 모든 속성들의 이름은 쉽게 구별이 가도록 설계해야 한다. 정규화시에는 무손실 분해를 해야 한다. 작은 규모의 업무에서는 가능할 수 있으나 대형업무에서는 하나의 테이블을 만드는 것조차 쉽지 않다.

3) 임의 테이블 방식

필요에 따라서 임의의 테이블을 만들고 정규형을 충족하는지 검사하는 방법이다. 이 방식은 빨리 테이블을 설계하고 사용할 수 있는 장점이 있으나 여러 개의 임의 테이블을 설계하다 보면 중복이 발생하게 된다. 중복이 발생하면 기존의 테이블을 재설계하는 작업이 어렵기 때문에 후에 설계하는 테이블이 곤란을 겪을 수 있다. 작은 규모의 업무에서는 가능할 수 있으나 대형 업무에서는 곤란하다.

5.5.2 정규형 이외의 설계 분야

정규형을 이용하면 대부분의 응용분야 업무들을 설계할 수 있으나 모든 분야를 정규형이 해결하지는 못한다. 정규형 이외의 방식으로 데이터베이스를 설계해야하는 분야들을 살펴본다.

(1) 비정규형

데이터베이스는 정규형이 항상 모든 문제를 해결하지 못한다. 멀티미디어 데이터베이스의 경우에는 자료를 중복시키는 것이 중복시키지 않는 것보다 더 효율적인 경우가 많이 있다. 예를 들어 오디오와 이미지 그리고 비디오 자료의 경우에 정형화된 자료보다 비정형화된 자료가 많기 때문에 정형화된 크기로 자료를 나누어 관리하고 저장하기 어렵다. BLOB이라는 자료구조는 최고 2GB의 가변길이로 문자가 아닌 2진 자료로 저장된다. BLOB은 이미지, 비디오, 오디오 같은 멀티미디어 객체들을 저장하기 위해 주로 사용된다. SQL3는 BLOB을 지원하지만 지원하지 않는 DBMS도 많이 있다.

자료를 중복시킬 때의 문제점은 갱신 시에 많은 비용이 소요된다는 것이다. 갱신 비용을 수용할 수 있다면 자료 중복이 더 효율적일 수 있다. 멀티미디어의 경우에는 고의로 중복된 스키마를 사용할 수 있다. 즉, 정규형이 아닌 비정규형의 테이블을 이용하여 자료를 관리한다. 정규화된 스키마를 가지고 비정규화 과정을 거쳐서 비정규형을 만든다. 비정규형은 오디오와 비디오 같이 시간과 동기화가 중요한 연산을 지원하는데 유용하게 사용된다.

(2) 시간성 자료

데이터베이스는 정규화에 의하여 해결되지 않는 문제점도 있다. 정규화하기 어려워서 좋지 않은 데이터베이스 설계를 하는 업무 형태가 몇 가지 있다. 시간에 따라서 자료가 발생하는 업무들 중에 간혹 발생한다. 이런 업무를 실례를 들어 설명하기로 한다.

매달 급여를 계산하는 회사들의 데이터베이스를 고려해 보자. 관계 스키마 payroll(EID, year_month, salary)은 월급 정보를 저장하기 위해 사용된다. 이 관계에 존재하는 함수 종속은 {EID} → {year_month, salary} 밖에 없다. 따라서 이 관계는 BCNF에 속한다. 그러나 사원번호 EID가 중복되어야 사원별로 연월별로 월급을 저장할 수 있으므로 기본 키가 없다. 이 중복을 제거하려면 다음의 두 가지 방법이 예상된다.

1) 매월 새 테이블을 생성

```
payroll2008_01(EID, salary), ... ,payroll2008_12(EID, salary)
```

이 테이블에서는 EID가 기본 키가 될 수 있으며 키가 아닌 속성인 월급은 EID에 함수 종속되므로 BCNF에 속한다. 그러나 매월 새로운 테이블을 생성해야 하고 년말정산을 하려면 프로그램에서 12개의 테이블을 읽어야 하므로 복잡한 처리 때문에 좋은 해결책은 아니다.

2) 매월 속성을 추가

```
payroll2008(EID, 01_salary, ... ,12_salary)
```

이 테이블에서는 EID가 기본 키가 될 수 있으며 기본 키가 아닌 모든 속성들이 기본 키에 함수 종속되므로 BCNF에 속한다. 테이블은 하나지만 12개의 배열을 사용하는 것과 유사하므로 좋은 해결책은 아니다.

이밖에도 대학에서 성적 업무를 지원하는 테이블들은 매년 동일한 구조의 수강 테이블이 1학기와 2학기로 나뉘어 작성된다. 또한 매년 두 학기의 수강 테이블과 동일한 구조의 테이블이 해마다 중복된다. 따라서 대학의 성적처리 테이블도 시간성을 포함하는 설계 방식에 해당하며 초보자들에게는 쉽지 않은 과제이다.

연습문제

5.1 다음 용어들을 정의하시오.

1) 정규형 2) 함수 종속 3) 무손실 분해 4) 이상 현상

5) 이행 종속 6) 비정규형 7) 무손실 분해 8) 당연 종속

9) BCNF 10) 폐포 11) 자료 종속 12) 조인 종속

5.2 데이터베이스를 설계할 때의 큰 고민은 무엇인가? 고민을 위한 대책은 무엇인가?

5.3 좋은 관계 스키마를 위한 속성은 어떤 것인가?

5.4 테이블에서 삽입, 삭제, 갱신의 이상 현상은 왜 발생하는가?

5.5 널 값은 왜 피해야 하는가?

5.6 분해란 무엇인가? 분해로 인하여 얻을 수 있는 것은? 손해 보는 것은?

5.7 자료 종속이란? 자료 종속과 함수 종속의 차이점을 설명하시오.

5.8 함수종속이란? 기본 키와 함수종속은 무슨 관계인가?

5.9 함수 종속의 집합의 폐포 F^+란 무엇인가? 어떻게 구하는가?

5.10 암스트롱의 공리를 설명하시오.

5.11 정규형과 비정규형을 비교하여 설명하시오.

5.12 정규형과 비정규형이 성립하는 요건을 설명하시오.

5.13 완전함수종속이 되지 못하는 테이블은 어느 때 발생하는가?

5.14 이행 종속이 발생하는 이유는 어떤 경우인가?

5.15 BCNF를 정의하시오. 3정규형과의 차이점은? 어느 것이 더 좋은 정규형인가?

5.16 고급 정규형은 무엇이 다른가?

5.17 다치 종속이 발생하는 이유는 무엇인가?

5.18 관계를 분해할 때 무손실 분해란 어떤 성질을 말하는 것인가?

5.19 어떤 분해가 종속성을 유지한다는 것은 어떤 의미인가?

5.20 테이블을 설계하는 주요 방법 3가지를 설명하시오.

5.21 비정규형이 필요한 분야는 없는가?

5.22 테이블 설계에 시간성이 포함되어 애로가 되는 경우는 어떤 분야인가? 실례를 들어 보시오.

5.23 [그림 5.23] 시험용 테이블에서 함수 종속성들을 모두 나열하시오. 마지막 투플의 속성 Z 값이 Z3에서 Z2로 변경되었다면 이 때의 함수 종속성을 모두 나열하시오.

X	Y	Z
x1	y1	z1
x1	y1	z2
x2	y1	z1
x2	y1	z3

[그림 5.23] 시험용 테이블

5.24 가장 좋은 정규형은 어떤 형태의 테이블인가?

5.25 데이터베이스 설계 절차를 기술하시오.

5.26 비정규형을 필요로 하는 분야에 대해 설명하시오.

5.27 가장 설계하기 힘든 분야의 테이블은 어떤 속성을 가지는가?

제 6 장

파일과 색인

CHAPTER 06 파일과 색인

데이터베이스를 구축하는 목적은 자료를 저장하고 필요할 때 검색하는 것이다. 데이터베이스 자료는 파일에 저장하고, 저장한 자료를 찾기 위하여 색인을 이용한다. 자료를 효과적으로 관리하기 위하여 여러 가지 형식의 파일과 여러 가지 색인이나 해싱 기법이 요구된다. 색인은 자료 검색을 도와주는 보조 파일이고, 해싱은 자료를 신속하게 찾아주는 알고리즘이다. 해싱과 색인을 적절하게 이용하는 것은 자료관리에 필수적이다.

이 장에서는 DBMS의 파일과 색인의 구성을 살펴본다. 파일과 색인을 분류하고, 파일의 구조를 논의한다. 색인은 구조를 변경하기 힘든 정적인 색인과 색인의 추가와 삭제 시에 색인의 크기가 변동하는 동적인 색인이 있다. 색인이 자료를 찾기 위한 보조 파일이라면 해싱은 자료를 찾기 위한 알고리즘으로서 정적 알고리즘과 동적 알고리즘으로 구분하여 논의한다.

6.1 파일 구성

파일 구성(file organization)이란 레코드를 디스크에 배치하는 방법을 말한다. 레코드 배치 방법에 따라서 레코드를 읽고 갱신하는 비용이 크게 좌우된다. 파일 구성 기법을 잘 이해하면 파일을 효율적으로 구축하고 사용할 수 있다.

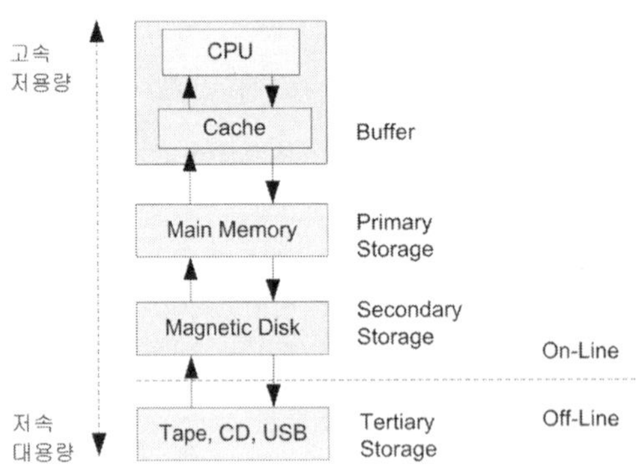

[그림 6.1] 기억장치 구조

파일을 저장하는 디스크를 잘 다루려면 저장장치에 대한 지식과 저장장치 관리 기법을 상세히 알아야 하고, 자료가 저장된 레코드들을 잘 다루려면 파일 구성 기법을 이해하고 적절한 알고리즘을 사용해야 한다. 파일은 용도에 따라서 다양한 형태가 있으며, 각 형태에 적합한 저장장치가 요구된다. 대용량 데이터베이스는 주로 하드 디스크를 이용하지만 실시간 데이터베이스는 주기억장치를 이용한다.

6.1.1 저장장치

컴퓨터 시스템의 기억장치는 [그림 6.1]에서와 같이 계층적으로 구성된다. 처리기(proessor)에 있는 캐시와 주기억장치는 전자회로로 구성된 전자장치이므로 자료 처리 속도가 빠르며, 중앙연산 처리장치에서 1차적으로 접근하기 때문에 주 저장장치(primary storage)라고 한다. 주 저장장치는 가격이 높기 때문에 용량을 크게 확장할 수 없으므로 용량 확보를 위하여 가격이 저렴한 자기 디스크 보조 저장장치(secondary storage)를 사용한다. 보조 저장장치는 기계장치이기 때문에 전자장치인 주 저장장치보다 속도가 느리다. 주 저장장치의 전원이 꺼지면 기억된 정보가 소실되는데 반하여 보조 저장장치는 전원이 꺼져도 기억된 정보가 유지되는 특징이 있다. 주 저장장치와 보조 저장장치는 컴퓨터 시스템에 항상 연결되어 있어야 하므로 자료를 휴대하거나 이동하기 곤란하다. 자기 테이프, USB(Universal Serial Bus)와 같은 3차 저장장치는 컴퓨터에 연결하여 자료를 교환할 수 있으며 휴대할 수 있으므로 이동이 자유롭다. 3차 저장장치는 휴대와 이동이 간편한 대신에 용량이 작고 속도가 느리다.

(1) 디스크 구조

자기 테이프에서 원하는 위치에 접근하려면 처음부터 순차적으로 다른 레코드들을 접근해야 한다. 자기 디스크는 원하는 레코드의 위치로 직접 접근할 수 있는 저장장치이므로 대용량의 파일에서도 원하는 레코드를 빨리 찾을 수 있는 구조를 가지고 있다. [그림 6.2]의 디스크를 보면서 동작 원리를 살펴보자.

디스크에서 자료는 물리 블록(physical block)이라는 단위로 저장된다. 물리 블록은 바이트의 연속으로서 디스크에서 입출력되는 단위이다. 블록의 크기는 운영체제가 디스크를 초기화할 때 결정되며 변경되지 않는다. 크기는 512바이트에서 8,192바이트 사이가 보통이다. 디스크는 여러 개의 원반(platter)으로 구성되어 같은 축을 중심으로 고속 회전한다. 자료를 읽고 쓰는 헤드는 회전하는 원반 위로 이동하면서 동심원의 트랙(track)을 구성한다.

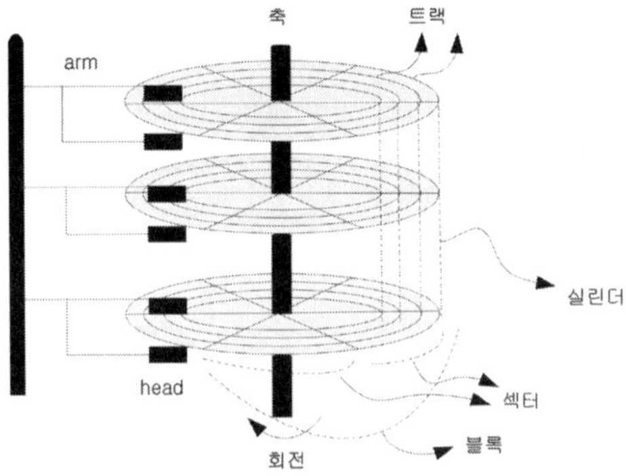

[그림 6.2] 디스크의 구조

헤드는 트랙 사이를 이동하는 헤드 방식과 트랙마다 헤드가 있는 고정 헤드 방식이 있다. 트랙들이 모여서 원반을 이루고, 같은 위치의 트랙들이 모여서 실린더(cylinder)를 이룬다. 헤드가 트랙 위를 이동하면서 일정한 단위로 읽고 쓰기를 하는 단위를 섹터(sector)라고 한다. 섹터는 기계적인 특성에 의하여 결정되므로 사용자가 크기를 지정하지 못한다. 섹터는 트랙을 일정 각으로 분할하기도하고, 동일한 밀도로 분할하기도 한다. 동일한 밀도로 분할하면 축에서 먼 트랙은 섹터 수가 많아진다. 섹터들이 모여서 트랙을 이룬다. 물리 블록은 몇 개의 섹터들이 모여서 구성된다. 물리 블록은 사용자가 지정할 수 있으나 섹터 크기의 배수로 정하는 것이 좋다.

DBMS가 작업을 수행하려면 자료는 주기억장치에 있어야 한다. 주기억장치와 디스크 사이의 자료 전송 단위는 물리 블록이다. 블록 안의 아주 작은 자료 하나만 필요해도 그 자료가 속한 전체 블록이 전송되어야 한다. 디스크의 자료 전송 속도는 수십 밀리초(mili second) 단위이고 주기억장치의 전송 속도는 수십 나노초(nano second) 단위이므로 디스크와 주기억장치의 속도 차이는 약 백만 배에 달한다. 데이터베이스 연산의 대부분은 디스크를 읽고 쓰는 작업이므로 디스크에 파일을 배치하고 활용하는 기술이 매우 중요하다.

(2) 디스크 공간관리

디스크 공간 관리기(disk space manager)는 디스크 공간을 페이지(page) 단위로 나누어 페이지를 파일에 할당하고 페이지 내용을 읽고 쓰는 명령을 제공한다. 페이지는 물리 블록의 크기로 지정되기 때문에 페이지를 읽고 쓰는 작업은 한 번의 디스크 입•출력 작업으로 완성된다.

[표 6.1] 자료 접근을 위한 명령어 실행 절차

주 체	세부 명령
응용 프로그램	파일 file의 i번째 바이트를 읽어라
파일 시스템	볼륨 번호 v에서 실린더 번호 c, 트랙 번호 t, 블록 b를 읽어라
	물리 블록(페이지) b를 주기억장치의 버퍼 풀에 저장하라

자료를 순차적으로 접근하는 경우에는 페이지들을 연속된 물리 블록에 할당하는 것이 좋다. 과거에는 디스크를 정밀하게 제어하지 못하여 순차 파일의 경우에도 물리 블록이 띄엄띄엄 기록되었는데 이제는 연속된 물리 블록을 순차적으로 읽는 것이 효율적이다. 데이터베이스를 사용하면서 자료를 추가하고 삭제함에 따라서 디스크 공간의 사용 현황을 잘 파악할 필요가 있다. 디스크 공간 관리기는 어느 블록이 사용 중이고 어느 블록이 어느 페이지에 해당하는지를 추적하여 공간을 할당하고 관리한다.

운영체제는 하드웨어를 제어하는 시스템 프로그램이므로 파일 시스템을 이용하여 디스크 공간을 관리한다. 파일 시스템은 파일을 바이트의 연속이라는 형태로 디스크 공간 서비스를 지원한다. [표 6.1]과 같이 응용에서 다음의 디스크 접근 요구가 접수되면, 파일 시스템은 다음 디스크 접근 명령으로 변환한다. 예를 들어 응용 프로그램이 "파일 file의 i번째 바이트를 읽어라"라는 명령을 실행하면, 파일 시스템은 해당 위치의 물리 주소로 찾아가서 한 블록을 읽어서 주기억장치의 버퍼 풀에 저장한다. 여기서 말하는 v, c, t, b는 디스크의 하드웨어 주소이다. 따라서 DBMS의 디스크 공간 관리기는 운영체제의 파일 시스템을 이용할 수 있다.

현재의 많은 DBMS들은 예전과 달리 운영체제의 파일 시스템을 이용하지 않는다. DBMS에서 직접 디스크 관리를 수행하든지, 운영체제의 기능을 확장하여 수행한다. 그 이유는 여러 가지가 있는데 [표 6.2]와 같이 상업적인 측면과 기술적인 측면이 있다. 상업적으로는 특정 운영체제에 자신의 DBMS를 적용하면 다양한 운영체제에서 범용으로 사용하기 어렵기 때문이다. 기술적으로 다음과 같이 두 가지 이유가 있다.

1) 전형적인 운영체제에서는 하나의 파일이 여러 디스크 장치에 걸쳐서 존재하지 못하는데 데이터베이스는 하나의 테이블이 여러 개의 디스크에 저장되는 것이 흔히 있는 일이다.
2) 한 워드(word)가 32비트인 컴퓨터의 최대 주소 값의 크기는 4 GB에 불과한데 데이터베이스에서는 4 GB가 넘는 파일이 얼마든지 존재하기 때문이다.

이런 이유들로 인하여 DBMS 제작사들은 이식성을 높이기 위하여 DBMS의 공간 관리기(space manager)를 독립적으로 구축하려고 한다.

[표 6.2] DBMS가 독자적인 공간 관리기를 사용하는 이유

이 유	내 역
상업적	특정 운영체제에 종속되면, 다양한 시스템에 보급 곤란
기술적	파일이 여러 저장장치에 나뉘어 저장
	파일 크기가 WORD 범위(32비트)를 초과

(3) 버퍼 관리기

DBMS가 자료를 처리하려면 자료가 주기억장치에 있어야 한다. 그러나 주기억장치의 크기는 데이터베이스 자료의 크기에 비하면 매우 작아서 신속하게 자료를 접근하지 못하는 문제가 있다. DBMS가 원하는 데이터베이스의 페이지를 디스크에서 빨리 주기억장치로 이동시켜 주는 기능이 요구된다. 버퍼 관리기(buffer manager)는 DBMS가 원하는 페이지를 디스크에서 가져와 주기억장치의 버퍼 풀(buffer pool)에 저장하는 일을 한다. 버퍼 풀에 페이지를 저장할 빈 공간이 없으면 기존의 페이지 중에서 급하지 않은 페이지를 선택하여 디스크로 퇴피시키는 방법을 통해서 DBMS가 원하는 페이지를 버퍼 풀에 가져온다.

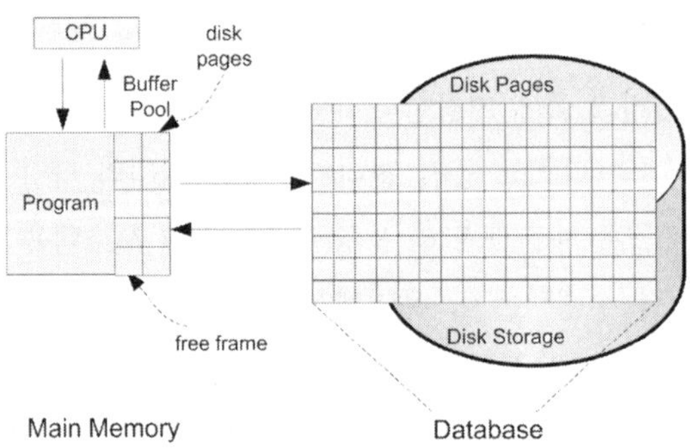

(a) 버퍼 관리기와 디스크 페이지

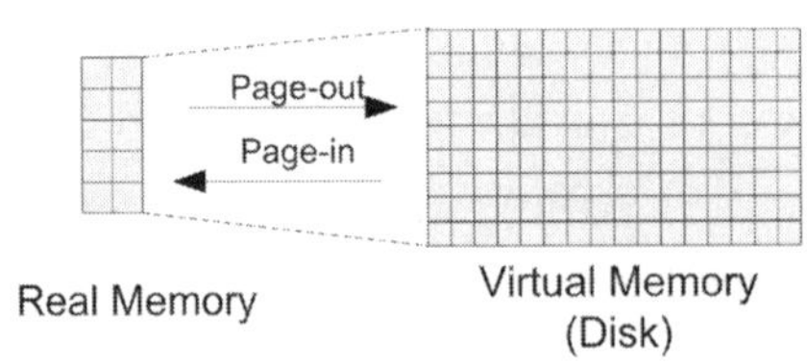

(b) 실제 기억장치와 가상 기억장치의 관계

[그림 6.3] 버퍼 관리기의 역할

[그림 6.3](a)에서 보는 바와 같이 버퍼 풀의 크기는 상대적으로 데이터베이스의 디스크 페이지보다 작다. 버퍼 풀의 빈 공간을 이용하여 디스크 페이지들을 읽어 와야 한다. 주기억장치의 버퍼 풀과 디스크 사이에 페이지를 효과적으로 이동하면서 DBMS의 작업을 지원하는 것을 페이지 교체 전략이라고 한다. 버퍼가 하나라면 페이지가 꽉 차서 대기 시간이 발생할 우려가 있으므로 버퍼를 두 개로 증설하여 한 버퍼를 채우는 시간에 다른 버퍼를 사용하는 병렬처리 효과도 가능하다.

[그림 6.3](b)와 같이 운영체제의 가상 기억장치(virtual memory)는 DBMS의 버퍼 관리기와 매우 유사하다. 운영체제의 메모리 시스템도 주기억장치보다 큰 디스크에 있는 자료를 효율적으로 접근하는 방법을 제공하고 있다. 운영체제도 유사한 페이지 교체 전략을 사용하고 있다. DBMS 회사들은 운영체제를 사용할 수 있는데도 대부분 독자적인 버퍼 관리기를 사용하고 있다. 그 이유는 DBMS에서의 페이지 교체 패턴이 일반적인 운영체제의 패턴과 다르기 때문이다. DBMS는 한번 페이지를 읽은 후에 다음에 읽을 페이지를 쉽게 예측할 수 있기 때문이다. DBMS에서는 앞으로 읽을 페이지들을 미리미리 버퍼 풀에 가져오기 때문에 디스크를 읽는 속도가 아니라 주기억장치를 읽는 속도로 데이터베이스를 처리할 수 있다.

DBMS는 언제든지 버퍼 풀의 페이지를 디스크에 강제로 출력시킬 수 있어야 한다. 따라서 주기억장치의 페이지의 내용과 디스크의 페이지 내용을 항상 동일하게 유지시킬 수 있다. 이것은 데이터베이스의 회복에 관련된 기능으로서 매우 중요하다. DBMS 프로그램이 완료되면 언제나 디스크에 완료된 자료 값이 저장된다는 것을 보장해주기 때문이다. 이것은 제9장 복구에서 설명한다.

6.1.2 파일 구성

파일은 레코드들로 구성되며, 레코드들은 같은 형태를 가진 속성들로 구성된다. 파일 구성(file organization)이란 파일이 디스크에 저장되어 있을 때 레코드를 파일에 배치하는 방법이다. 레코드들을 페이지 안에 저장하는 방법과 페이지들을 파일이라는 조직에 연결하는 기법이 중요하다. 한 페이지 안에 여러 개의 파일이 있을 수 있고, 한 파일이 여러 페이지에 나뉘어 있을 수 있기 때문이다. 각 레코드에는 레코드를 유일하게 식별할 수 있는 레코드 식별자 rid(record identifier)가 존재해서 개별 레코드들을 검색할 수 있다. 구체적인 파일의 종류들을 다음과 같이 살펴본다.

(1) 파일 구조

파일의 구조는 파일을 구성하는 레코드들이 연결되는 방식에 따라서 다양하다. 파일 구조는 파일의 길이에 따라서, 레코드들의 순서에 따라서, 레코드들이 연결되는 방식에 따라서 다양하게 구성된다.

파일을 구성하는 레코드들의 길이에 따라서 다음과 같이 두 가지로 분류가 가능하다.

1) 고정 길이 레코드

한 파일의 레코드들의 길이가 동일한 경우이다. 레코드를 구성하는 각 속성들의 길이가 고정되어 있고, 속성들의 수가 고정되어 있으면 고정 길이 레코드가 된다.

2) 가변 길이 레코드

가. 레코드를 구성하는 속성의 길이가 다르면 레코드들의 길이가 다를 수 있다. 예를 들어 주소의 길이가 짧은 경우와 긴 경우가 있을 수 있다.

나. 사용하는 속성의 수가 많아지면 가변 길이가 된다. 예를 들어 사원들의 경력 파일에서 경력이 많으면 레코드의 길이가 길어진다.

디스크에서 자료의 읽기/쓰기 단위와 주기억장치 사이의 전송 단위는 블록이다. 레코드의 크기보다 블록의 크기가 일반적으로 크기 때문에 한 블록에 여러 개의 레코드를 저장한다. 레코드를 블록에 저장하다보면 마지막 레코드는 중간만 저장하고 나머지는 다음 블록에 저장하게 될 수 있다. 또는 블록의 끝 부분이 남더라도 레코드를 저장하지 않고 다음 블록에 저장할 수도 있다.

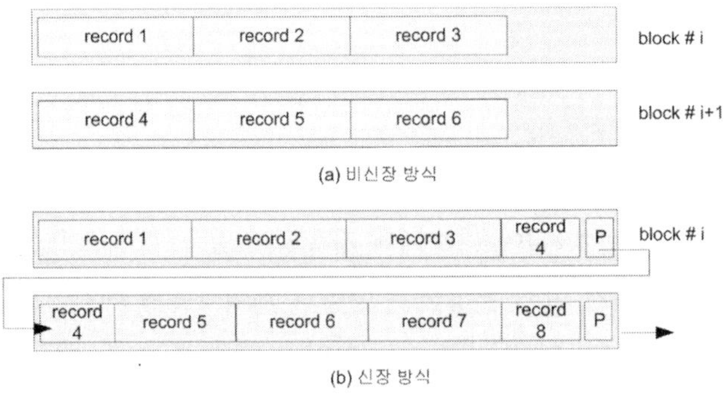

[그림 6.4] 비신장 블록과 신장 블록

[그림 6.4]는 레코드 크기가 600바이트이고 블록의 크기가 2k바이트인 페이지에서 블록의 구성을 보여준다. 하나의 레코드가 두 블록에 나뉘어 있는지 한 블록에만 있는지에 따라서 다음과 같이 신장 레코드와 비신장 레코드로 구분한다.

1) 비신장 레코드(unspanned record)

레코드들을 블록에 저장할 수 있을 만큼 블록에 저장하고 빈 공간을 남겨둔다. 레코드가 들어갈 수 없으면 다음 블록에 저장하므로 블록 공간의 낭비가 있다.

2) 신장 레코드(spanned record)

레코드를 블록에 채우고 남는 여분의 공간이 있으면 레코드를 적당한 크기로 잘라서 저장하고 나머지 레코드 부분은 다음 블록에 저장한다. 디스크 공간을 낭비하지 않는 장점이 있다.

레코드들을 블록에 저장할 때 여러 레코드를 저장할 수도 있으며 블록 당 하나의 레코드를 저장할 수도 있다. 프로그램에서는 논리적으로 레코드 단위로 작업을 처리지만 주기억장치의 버퍼 풀과 디스크 사이에는 블록 단위로 전송된다. 따라서 한 블록에 가능한 한 다수의 레코드를 저장하는 것이 효율적이다. 블록킹 인수(blocking factor)는 한 블록에 저장되는 레코드들의 수이다.

(2) 파일 종류

파일의 종류는 구성에 따라서 크게 히프 파일(heap file), 순서 파일(sequential file), 해시 파일(hash file)로 나눌 수 있다. 세 가지 모두 파일 구조가 다르므로 특성과 용도가 다르다. 히프 파일은 순서가 없는 파일이고, 순서 파일은 특정한 필드 값의 순서로 저장된 파일이고, 해시 파일은 키 값으로 레코드의 위치를 찾을 수 있는 파일이다.

[표 6.3] 파일의 종류

파일 종류	탐색 절차	특 징
히프 파일	무 순서 탐색	검색 비효율, 추가 용이,
순서 파일	입력 순서, 키 순서 등 순차 탐색	이진 탐색 시 검색 효율적
해시 파일	키에 의한 직접 탐색	직접 탐색 효율적, 전체 탐색 비효율적

1) 히프 파일: 비순서 파일

히프 파일은 순서가 없는 가장 간단한 파일이다. 히프 파일에서는 레코드들이 어떤 형태로든 정렬되지 않으며, 파일의 레코드들을 검색하려면 다음 레코드를 반복적으로 읽어야 한다. 히프 파일에서의 연산은 추가, 삭제, 갱신, 검색 등이다. 레코드의 추가는 마지막에 추가하는 것이므로 마지막 페이지를 읽어서 새로운 레코드를 추가한 다음에 다시 기록한다. 레코드를 삭제하려면 해당 레코드가 있는 페이지를 찾아서 그 레코드를 삭제하고 페이지를 다시 디스크에 기록한다. 레코드가 삭제된 부분은 빈 공간으로 남겨두고 삭제 표시를 해둔다. 삭제 표시가 많아지면 공간이 낭비되므로 주기적으로 파일을 읽어서 빈 공간이 없도록 다시 기록하다. 갱신을 하려면 원하는 레코드가 있는 페이지를 찾아서 해당 레코드를 갱신한 후에 다시 페이지를 디스크에 기록한다. 검색의 경우에는 모든 페이지들을 읽어서 원하는 레코드인지를 확인해야 하므로 평균적으로 전체 블록의 반을 읽어야 한다. 검색은 비효율적이지만 추가는 매우 효율적이다.

2) 순서 파일

순서 파일은 레코드를 구성하는 한 필드의 자료 값을 기준으로 레코드들을 정렬한 파일이다. 정렬의 기준이 되는 필드를 순서 필드라고 한다. 순서 필드가 파일의 키라면 순서 키가 된다. 순서 파일은 히프 파일에 비하여 다음과 같이 여러 가지 장점이 있다.

가. 레코드들이 정렬되어 있으므로 정렬 연산이 불필요하다. 정렬 순서로 레코드를 읽는 작업이 효율적이다.
나. 현재 레코드에서 다음 레코드를 읽는데 부가적인 연산이 필요 없으므로 효율적이다.
다. 순서 킷값으로 검색하는 경우에 이진 탐색 기법을 이용하면 처리가 신속하다. 이진 탐색은 레코드들 보다는 블록들에 대해 수행된다.

3) 해시 파일

해시 파일은 탐색 킷값을 이용하여 원하는 레코드를 신속하게 찾을 수 있도록 구성된 파일이다. 히프 파일과 순서 파일에서는 원하는 레코드를 찾기 위해서 처음부터 다른 레코드들을 검색해야 하는데 반하여 해시 파일은 킷값을 알면 다른 레코드들을 거치지 않고 직접 원하는 레코드를 찾을 수 있다. 이런 이유로 인하여 직접 파일(direct file)이라고도 하고, 상대적인 위치를 조사하여 찾으므로 상대 파일(relative file)이라고도 한다. 레코드의 위치는 해시 함수(hash function)를 이용하여 결정한다. 레코드 추가 시에는 해시 함수에 의하여 레코드의 위치를 찾아서 추가한다. 갱신도 해싱 함수에 의하여 레코드의 주소를 직접 찾아가서 해당 페이지의 레코드를 갱신하고 다시 디스크에 기록한다. 삭제는 해당 레코드를 해시 함수로 찾은 후에 삭제 표시를 해둔다. 전체 레코드를 검색하는 작업은 상대적으로 비효율적이다.

데이터베이스의 자료를 저장하는 파일들은 이상과 같이 3 가지 파일이 주류를 이룬다. 응용분야에 따라서 적합한 파일 구조를 선택하고 필요한 만큼 변형하여 사용한다. 어느 파일이든지 시간과 공간의 절충효과가 필요하다.

6.2 색인 구성

색인은 파일에 있는 레코드를 찾아주는 보조적인 파일이다. 색인은 정렬되어 있으며 검색을 빨리 하도록 도와주며, 상대적으로 자료 파일보다 양이 적다. 색인의 원리는 책의 색인과 동일하다. 책에서 원하는 용어의 내용을 찾으려면 색인을 이용하면 된다. 아니면, 책 전체를 읽어야 한다. 마찬가지로 데이터베이스에 색인이 없으면 파일 전체를 모두 읽어야 원하는 레코드를 찾을 수 있다.

색인은 순서 구조의 색인과 해싱 구조의 색인으로 구분된다. 순서 색인은 색인 필드와 주소 값으로 구성된 엔트리들의 모임이다. 기본적인 색인 기법을 다단계로 이용하여 ISAM (Indexed Sequential Access Method)이라는 색인 순차 파일이 데이터베이스 초기에 널리 보급되었다. ISAM이 정적인데 반하여 B-tree는 자료의 추가와 삭제에 따라서 색인 구조가 증대하고 수축하는 동적인 색인이다. 해싱은 키 값에 의하여 레코드의 위치를 직접 찾아주는 기법이다.

6.2.1 색인의 형태

색인에는 기본 키로 구성된 기본 색인(primary index)과, 기본 색인이 있는 파일을 보조하는 보조 색인(secondary index)과, 키가 아닌 필드에 따라 물리적으로 정렬된 클러스터링 색인(clustering index) 등이 있다. 색인의 구조를 기준으로 단일 단계 색인과 다단계 색인으로 나눌 수 있으며, 색인 엔트리가 많고 적음에 따라서 밀집 색인과 희소 색인으로 구분한다.

[표 6.4] 색인의 종류

색인 종류	탐색 절차	특 징
기본 색인	유일 투플 검색	작은 색인 크기
보조 색인	복수 투플 검색	큰 색인 크기, 중복 허용, 부분 탐색
클러스터링 색인	키에 의한 직접 탐색	키가 아닌 속성을 위한 물리적 순서, 중복 허용

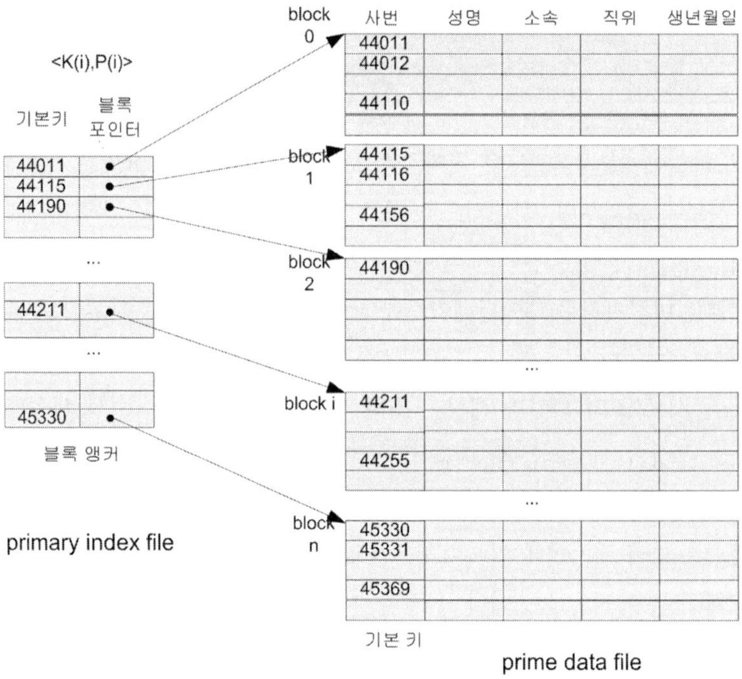

[그림 6.5] 기본 색인이 구축된 파일

(1) 기본 색인

기본 색인은 기본 키를 기준으로 레코드를 검색해주는 보조 파일이다. 기본 색인은 기본 키 속성과 해당 레코드가 저장된 블록의 주소로 구성된다. 기본 색인 자체는 순서 파일이므로 특정한 레코드를 찾으려면 기본 색인을 순서대로 읽어야 한다. 원하는 기본 키 값이 나오면 기억된 블록의 주소를 읽어서 찾아간다. 블록의 주소란 원하는 레코드가 저장된 블록에서 첫 번째 레코드가 저장된 주소이다. 자료 파일에서 각 블록의 첫 번째 레코드를 앵커 레코드(anchor record) 또는 블록 앵커라고 한다. 블록에는 블록킹 인수만큼의 레코드 수가 저장되어 있다.

[그림 6.5]에서 기본 색인을 만들기 위하여 기본 키인 사번 필드를 순서 키 필드로 사용한다. 색인 엔트리는 〈사번, 블록 포인터〉이다. 색인 파일의 전체 엔트리 수는 자료 블록의 수와 동일하다. 각 블록의 첫 번째 레코드의 사번만 색인의 엔트리로 입력하기 때문이다. 사번은 기본 키이기 때문에 동일한 사번은 없다. 기본 색인은 물리적으로 정렬된 파일에서 사용되므로 레코드의 추가와 삭제 시에 문제점이 있다. 블록에 새로운 레코드를 추가하면 앵커 블록이 바뀌므로 복잡하다. 삭제 시에는 삭제 표시자로 해결한다.

이 파일을 사용하는데 소요되는 공간을 계산해보자. 한 레코드의 크기가 400바이트이고 자료 블록의 크기는 2,000바이트라고 가정하자. 자료 블록 당 5개의 레코드가 저장되므로 블록킹 인수는 5이다. 사원의 수가 만 명이라면 레코드 수는 10,000개, 블록은 2,000개가 소요된다. 색인 엔트리의 수도 2,000개이다. 색인 엔트리의 크기를 사번과 블록 포인터를 합하여 20바이트라고 가정하면 기본 색인은 한 블록에 100개 저장되므로 20개의 블록이 필요하다. 따라서 2,020 블록 * 2,000바이트/블록 = 4,040K바이트의 공간이 소요된다. 여기서 기본 색인이 차지하는 공간이 20블록 * 2,000바이트 = 40K바이트이므로 색인을 검색하는데 소요되는 시간은 상대적으로 작다.

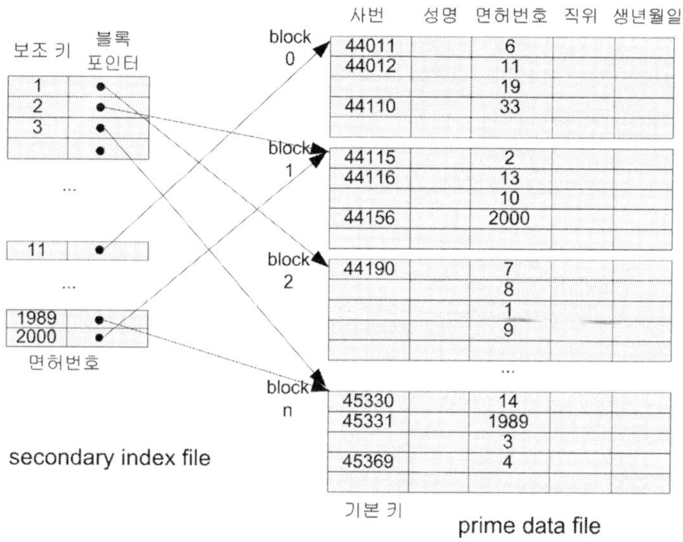

[그림 6.6] 유일한 값을 가진 보조 색인(밀집 색인)

(2) 보조 색인

보조 색인(secondary index)은 기본 색인이 있는 파일에서 부수적인 검색을 도와주는 목적으로 만든 파일이다. 기본 색인이 있으므로 보조 색인의 순서는 물리적인 파일의 레코드 순서와는 무관하다. 기본 키 이외에도 다양하게 신속한 검색을 필요로 하는 업무에 효과적이다. 중복을 허용하기 때문에 부분 검색에 유리하다. 다양한 검색을 지원하기 위하여 여러 개의 보조 색인이 존재할 수 있다. 사원 파일에는 사번을 기본 키로 하고, 소속 부서번호를 보조 색인으로 할 수 있으며, 직종과 자격증 등을 보조 색인으로 하여 급여계산 등에 활용할 수 있다. 보조 색인은 유일한 값을 가질 수도 있고 중복된 값을 가질 수도 있다. 그러나 기본색인이 없이 보조색인을 만들 수도 있다.

[그림 6.6]은 사번을 기본 키로 설정된 파일에 면허번호를 보조 색인으로 추가하였다. 면허번호는 사원마다 모두 상이하므로 키가 될 수 있는 속성이다. 보조 색인은 면허번호 순서로 정렬된 순서 파일이다. 보조 색인 엔트리는 〈면허번호, 블록 포인터〉 쌍으로 구성되어 있다. 면허번호가 유일한 값이므로 보조 색인 엔트리의 수는 사원 레코드의 수와 동일하다.

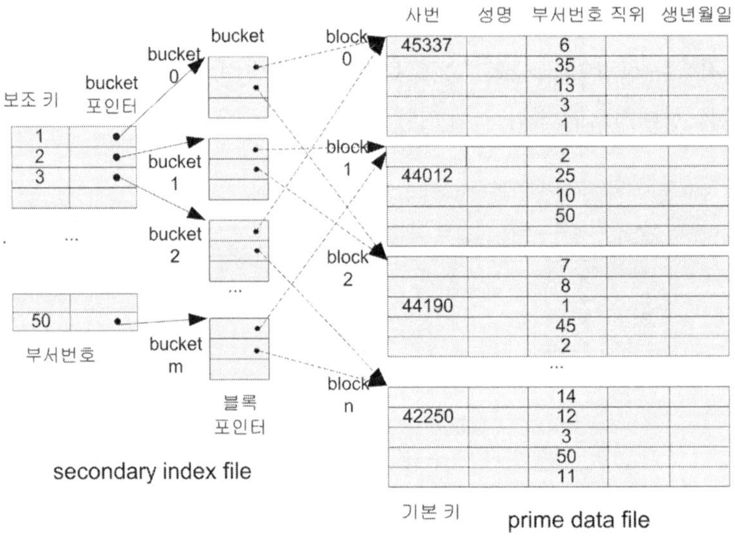

[그림 6.7] 중복 값을 가진 보조 색인

이 색인 파일을 구성하는데 소요되는 공간을 계산해보자. 자료 블록의 크기는 동일하고, 보조 색인의 크기만 다르다. 색인 엔트리의 수는 사원수와 같은 10,000개이고 엔트리의 크기가 20바이트라면 200K바이트가 된다. 앞에서 계산된 기본 색인의 크기가 40K바이트에 비하면 5배 크다. 따라서 보조 색인의 처리 효율도 낮을 것으로 예상된다. 보조 색인인 면허번호의 자료 값은 기본 키가 아니므로 갱신이 가능하다. 보조 색인의 자료 값을 갱신하면 여러 가지 복잡한 연산이 수반될 것이므로 더욱 비효율적이다. [그림 6.6]은 모든 레코드마다 하나씩의 색인 엔트리가 저장되므로 밀집 색인이라고 한다.

[그림 6.7]은 보조 색인이 중복 값을 허용하는 속성으로 구성된 파일이다. 기본 키는 사번이고 부서번호가 보조 색인이다. 부서번호는 모든 사원들이 소속된 부서이므로 당연히 중복된다. 색인 엔트리는 〈부서번호, 버켓 포인터〉 쌍으로 구성된다. 회사의 부서가 50개라고 하면 색인 엔트리의 수는 50개이다. 그러나 사원 파일의 레코드 수가 1만 개이므로 부서번호 하나마다 약 200명의 사원들이 근무한다. 색인 엔트리에서 부서번호를 찾으면 버켓번호를 따라서 버켓에 가면 소속부서의 사원 레코드에 대한 블록 포인터를 찾을 수 있다. 버켓에는 〈부서

번호, 블록 포인터〉 쌍의 엔트리가 저장되어 있다. 버켓이란 특정한 부류의 자료들을 모아두는 디스크 안의 논리적인 공간이다. 하나의 버켓이 여러 개의 페이지를 포함할 수 있다. 하나의 버켓에는 모든 소속부서의 사원에 대한 레코드들이 저장된 블록번호가 저장되어 있다. 하나의 버켓은 여러 개의 블록에 나뉘어 저장될 수 있다. 결과적으로 중복을 허용하는 보조 색인은 2단계 색인을 구성하게 된다.

(3) 클러스터링 색인

파일 안의 레코드들이 키가 아닌 필드에 따라 물리적으로 정렬되어 있을 때 이 키가 아닌 필드를 클러스터링 필드라고 하고, 클러스터링 필드로 만든 색인을 클러스터링 색인이라고 한다. 클러스터링 필드는 키가 아닌 필드이므로 중복이 가능하다. 클러스터링 색인은 클러스터링 필드와 블록의 주소로 구성된다. 클러스터링 필드는 중복이 가능하므로 색인의 크기가 작고, 여러 레코드들이 저장된 블록을 검색하는데 효율적이다. 보조 색인은 기본 키가 있어야 존재하기 때문에 클러스터링 색인과 무관하다.

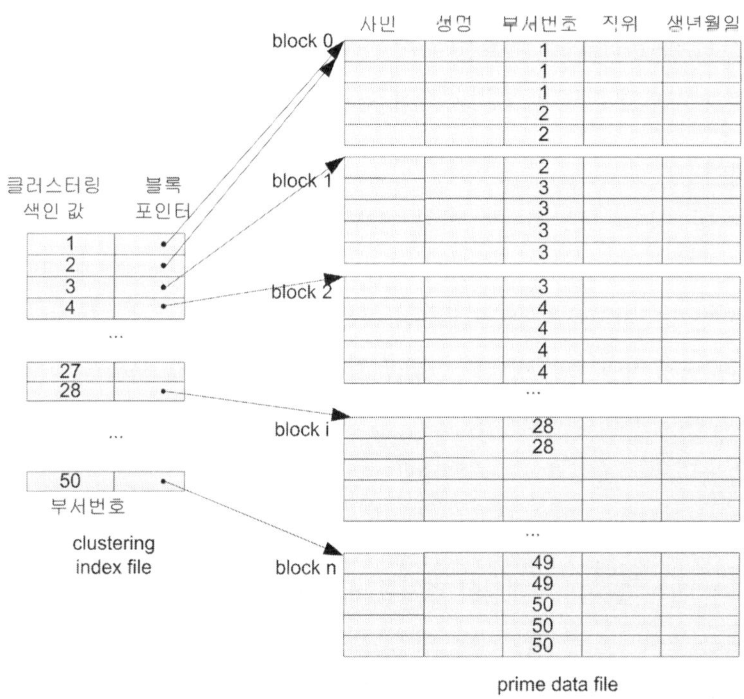

[그림 6.8] 클러스터링 색인으로 구성한 파일

[그림 6.8]의 파일은 사원 파일을 키가 아닌 필드인 부서번호로 정렬하여 물리적으로 저장한 파일이므로 부서번호는 클러스터링 필드이고, 이것으로 만든 색인은 클러스터링 색인이다. 클러스터링 색인은 중복이 허용되므로 중복 엔트리를 저장하기 위하여 버켓(bucket)이라는 중간 저장 공간을 사용한다. 색인 엔트리는 〈부서번호, 버켓 포인터〉 쌍으로 구성된다. 버켓 포인터는 중복된 색인을 저장하는 버켓의 주소를 가리킨다. 버켓의 각 엔트리는 첫 번째 해당 자료 레코드가 저장된 블록 포인터를 가리킨다. 색인 엔트리의 수가 부서번호의 수만큼 작으므로 검색 효율은 높다.

클러스터링 색인은 물리적으로 정렬된 파일에 적용하기 때문에 삽입과 삭제 시에 여전히 문제점이 있다. 삽입 시에는 앵커 블록이 변경되므로 포인터 변경이 복잡하게 되고, 삭제 시에는 삭제 표시자를 이용한다.

6.2.2 색인 구조의 종류

색인의 밀도를 분류하면 밀집 색인과 희소 색인으로 구분할 수 있으며, 색인의 구조를 분류하면 [표 6.5]와 같이 트리 구조와 해시 구조로 구분할 수 있다. 밀집 색인은 색인 엔트리의 수가 많아서 색인 파일의 규모가 큰 색인이고, 희소 색인은 색인 엔트리 수가 작은 색인 파일이다. 트리 색인이 원하는 자료를 찾기 위하여 다른 자료를 거쳐서 찾는 방식이라면 해시 색인은 원하는 자료를 자료의 킷값만 가지고 직접 찾는 방식으로서 다음과 같이 구성된다.

1) 트리 색인

색인을 가장 기본적으로 적용한 파일 형태가 트리 기반의 색인 순차 접근 방식(ISAM, Indexed Sequential Access Method)의 파일이다. ISAM은 순차 파일에 색인 파일을 추가하여 순서대로 읽기도 하고, 색인을 이용하여 직접 접근할 수 있는 접근 방식이다. 전형적인 색인은 다단계로 구성하여 트리 형태를 이루고 있다. ISAM의 효율 문제를 개선한 것이 균형 트리 색인(balanced tree index)이다.

2) 해시 색인

해시(hash)는 키의 자료 값만으로 원하는 레코드를 찾아주는 검색 기법이다. 키 값으로 원하는 레코드가 있는 블록의 상대적인 위치를 계산하여 주소를 찾는다. 킷값으로 블록의 주소값을 계산하는 해시 함수가 핵심이다. 해시 함수는 킷값으로 난수(random number)를 생성하는 프로그램이며, 난수는 블록의 위치를 계산하는 자원이다.

[표 6.5] 색인 구조의 종류

<table>
<tr><th colspan="3">색인 구조</th><th>종 류</th><th>구 조 적 특 징</th></tr>
<tr><td rowspan="6">파일 구조</td><td rowspan="2">트리 구조</td><td>정적</td><td>ISAM</td><td>순서 파일 + 색인 파일</td></tr>
<tr><td>동적</td><td>B-tree</td><td>모든 색인 노드들의 높이가 일정</td></tr>
<tr><td rowspan="4">해시 구조</td><td rowspan="2">확장성</td><td>정적 해싱</td><td>해시 테이블 설계 시 테이블 크기 고정</td></tr>
<tr><td>동적 해싱</td><td>테이블 크기가 사용 중에 자동으로 확장 및 축소</td></tr>
<tr><td rowspan="2">저장 위치</td><td>내부 해싱</td><td>주기억장치 안에서 해싱, 배열 구조</td></tr>
<tr><td>외부 해싱</td><td>보조 기억장치 안에서 해싱</td></tr>
<tr><td rowspan="2">밀도 구조</td><td colspan="3">밀집 색인</td><td>자료 레코드 단위로 색인 엔트리 부여</td></tr>
<tr><td colspan="3">희소 색인</td><td>자료 레코드 집단 단위로 색인 엔트리 부여</td></tr>
</table>

(1) 색인순차 파일(ISAM FILE)의 트리 구조

색인순차 파일은 순차 파일에 색인을 추가함으로써 레코드들을 순차적으로 읽을 수도 있고, 원하는 레코드를 색인을 이용하여 직접 읽을 수도 있는 파일이다. 색인은 레코드의 주소를 저장하고 있는 정적인 트리 구조이므로 파일이 추가, 삭제되는 변동에 적응하기 어렵다. 레코드가 추가되면 오버플로우 구역(overflow area)에 저장하고, 레코드가 삭제되면 블록에 삭제 표시자를 기록하여 다시 저장하므로 접근 효율이 저하된다. 반면에 구조 변동이 없는 갱신 작업은 간단하다. 레코드가 있는 해당 페이지를 읽어서 갱신한 후에 다시 디스크에 저장한다.

[그림 6.9]는 자재 파일의 색인 순차 파일의 구조를 보여준다. 색인 순차 파일은 색인 페이지, 자료 페이지, 오버플로우 페이지로 구성된다. 색인 페이지는 〈색인 값, 블록 포인터〉 쌍으로 구성된 색인 엔트리가 저장된다. 색인 페이지 안에서 엔트리들은 키 순서대로 저장된다. 처음에 자료 페이지가 생성되었을 때는 오버플로우 페이지가 비어있으나, 레코드들이 추가되면서 해당 블록에 공간이 없으면 오버플로우 페이지에 순서대로 저장된다. 현재 상태에서 자재 473번의 레코드가 추가된다면 block 1에 공간이 없으므로 오버플로우 페이지로 간다. 그러나 오버플로우 페이지 block x에도 공간이 없으므로 block x에 다음 오버플로우 페이지 block z의 블록번호를 저장하여 연결시켜야 한다. 레코드 삭제 시에는 해당 위치에 삭제 표시자를 기억시키는 것으로 비교적 간단하게 해결된다. 가장 간단한 연산은 수정 연산이다. 해당 페이지를 갱신 한 후에 다시 디스크에 저장하는 것으로 완료된다. 따라서 색인 순차 파일은 추가와 삭제가 빈번하게 발생하는 업무에는 비효율적이다. 그러나 동적인 색인 트리가 출현하기 전까지는 가장 광범위하게 사용되었다. 색인 순차 파일은 주기적으로 파일을 백업받아서 다시 파일을 구축하는 것이 가장 효과적인 대책이었다. 그러나 보험료 테이블이나 금융 이자율 테이블 같은 갱신이 적은 업무에는 효과적이다.

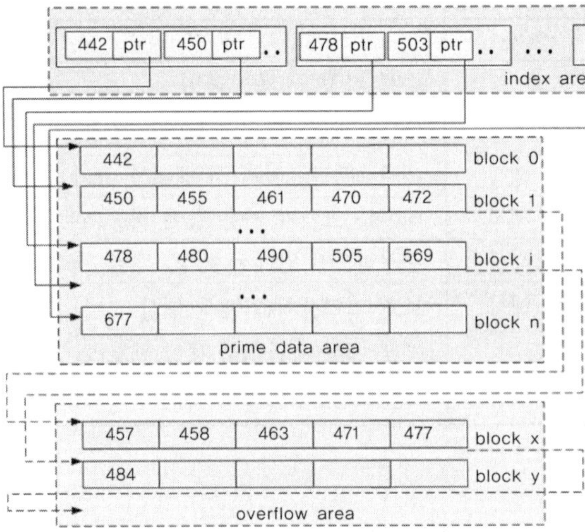

[그림 6.9] 색인 순차 파일의 구조

색인 순차 파일의 색인은 순서 파일이다. 따라서 파일의 크기가 커지면 색인의 크기도 커지기 때문에 색인을 읽는 시간이 길어진다. 이를 해결하는 방법은 색인을 위한 색인을 만드는 것으로 다단계 색인을 구축하는 것이다. 하드 디스크에 자료가 저장되어 있으므로 원하는 레코드를 검색하려면 우선 디스크 볼륨 번호, 실린더 번호, 트랙 번호를 알아야 블록 번호를 알 수 있으므로 물리적으로는 디스크 볼륨 색인, 실린더 색인, 트랙 색인 등의 다단계로 디스크를 이용하고 있다. 소프트웨어에서는 트리 구조를 이용하여 색인을 다단계로 구축한다.

[그림 6.10]은 ISAM 파일의 색인 트리 구조이다. 단일 단계 색인이라면 Level 2의 잎 노드들만으로 구성된다. 자료의 수가 많으면 색인 노드의 수도 많기 때문에 색인들이 다단계의 트리 구조를 이룬다. 그림을 간단하게 하기 위하여 잎 노드에 두 개의 색인 엔트리만 저장한다고 가정하였다. 그림에서는 3단계로 색인 계층이 구축되어 있는 상태이다. 루트 노드와 중간 노드는 하위 노드를 가리키기 위한 노드 포인터가 필요하지만 잎 노드에는 하위노드 포인터가 필요 없다. 색인 노드가 만원일 때 새로운 색인을 추가하기 위하여 오버플로우로 연결하는 오버플로우 포인터가 필요하다. 만약 새로운 자료 444가 추가되면 Level 2의 두 번째 색인 노드에 삽입해야 하지만 이미 노드에 344와 435가 입력되어 있다. 자료 444는 새로운 노드인 오버플로우 색인에 저장해야 한다. 따라서 포인터의 연결이 복잡해지고 접근 효율이 저하된다.

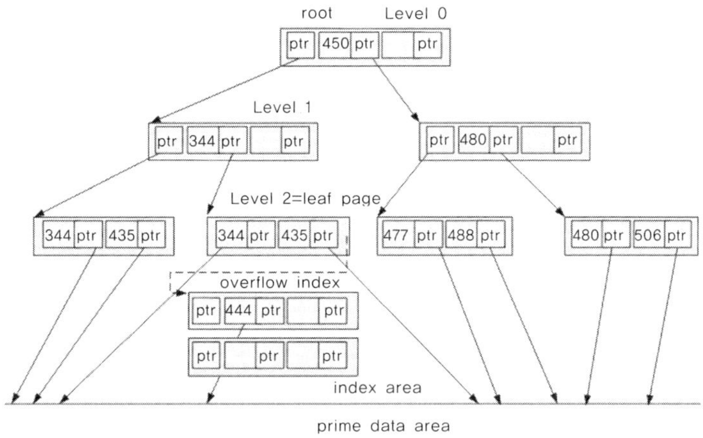

[그림 6.10] ISAM의 색인 트리 구조

(2) 해시 기반의 색인

트리 색인이 다른 자료들을 거쳐서 원하는 레코드를 찾는 방법이라면 해시 색인은 다른 레코드들을 거치지 않고 한 두 번의 접근만으로 원하는 레코드를 직접 찾을 수 있는 검색 자료구조이다. 해시 기반의 색인은 해시 함수가 탐색 키 값을 이용하여 원하는 레코드들이 저장된 버켓(bucket)의 주소를 알려준다. 버켓이란 특정한 부류의 레코드들을 모아두는 디스크 안의 공간이다. 해시 파일을 구성하는 페이지들은 버켓 단위로 묶이므로 한 버켓은 한 개 이상의 페이지들을 포함할 수 있다. 해시 검색에서 중요한 것은 탐색 키의 값으로 버켓의 번호를 계산하는 해시 함수이다.

자료의 추가 시에는 해시 함수에 의하여 버켓 번호가 결정되고, 그 버켓을 찾아가서 빈 공간에 레코드를 추가한다. 만약 빈 공간이 없다면 오버플로우 버켓에 저장한다. 버켓의 크기와 수는 예상되는 크기의 파일을 저장할 수 있을 정도보다 좀 더 커야 한다. 간단하게 계산하면 버켓의 크기는 페이지와 블록 크기와 동일하게 설계하고, 필요한 버켓의 수보다 20 - 30%를 더 여유 있게 확보한다. 버켓의 번호는 0번부터 시작하고 파일의 시작 위치부터 상대적으로 다른 버켓의 위치를 계산한다.

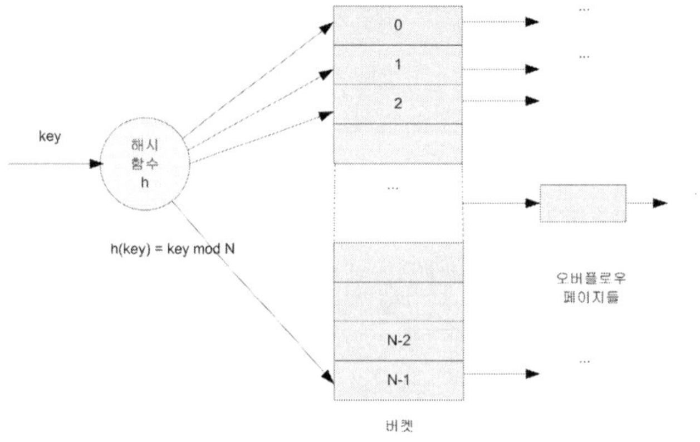

[그림 6.11] 해시 색인의 구조

[그림 6.11]에서 버켓은 0에서 N-1까지 구성된다. 한 버켓이 하나의 페이지로 구성되었다고 가정한다. 키 값을 해시 함수에 입력하면 0에서 N-1까지의 숫자가 출력되므로 그 킷값을 해당 버켓에 입력한다. 예를 들어 사원번호 1784를 해시 함수에 입력하면 사원번호를 버켓의 크기 1,000으로 나눈 나머지 값인 784를 반환한다. 사원번호 1784를 버켓번호 784에 입력한다. 여기서 해시 함수는 킷값을 버켓의 크기로 나눈 값의 나머지 값이다. 그러나 사원번호가 0784, 2784, 3784가 입력되면 해시 함수는 1,000으로 나눈 나머지 값이므로 이들은 모두 버켓번호 784에 저장되어야 한다. 이와 같이 다른 킷값들이 같은 버켓번호로 저장해야 하는 것을 해시 함수의 충돌이라고 부른다. 해시 함수가 충돌하면 하나의 버켓에 여러 킷값들을 저장할 공간이 부족할 수 있다. 해시 색인 기법에서는 항상 공간의 부족을 대비하여 오버플로우 버켓을 준비해야 한다. 특정 자료를 갱신하거나 삭제하는 경우에도 해시 함수를 이용하여 색인이 저장된 버켓번호를 찾아야 한다.

(3) 다른 분류의 색인

순서 색인의 종류는 색인 엔트리 수의 다소에 따라서 밀집 색인(dense index)과 희소 색인(sparse index)으로 다음과 같이 구분할 수 있다.

1) 밀집 색인

파일에서 사용하고 있는 모든 검색 킷값을 색인으로 사용하는 순서 색인이다. 밀집 색인의 색인 엔트리는 〈색인값, 주소값〉로서 검색 킷값과 해당 페이지의 첫 레코드의 주소 값으로 구성된다. 원하는 검색 킷값은 색인 엔트리에 반드시 존재하므로 해당 주소값을 찾아가면 원하는 레코드가 있다. 같은 검색 킷값을 가진 나머지 레코드들은 첫 번째 레코드 이후에 순서대로 저장된다. 이것은 클러스터링 색인이기 때문이다.

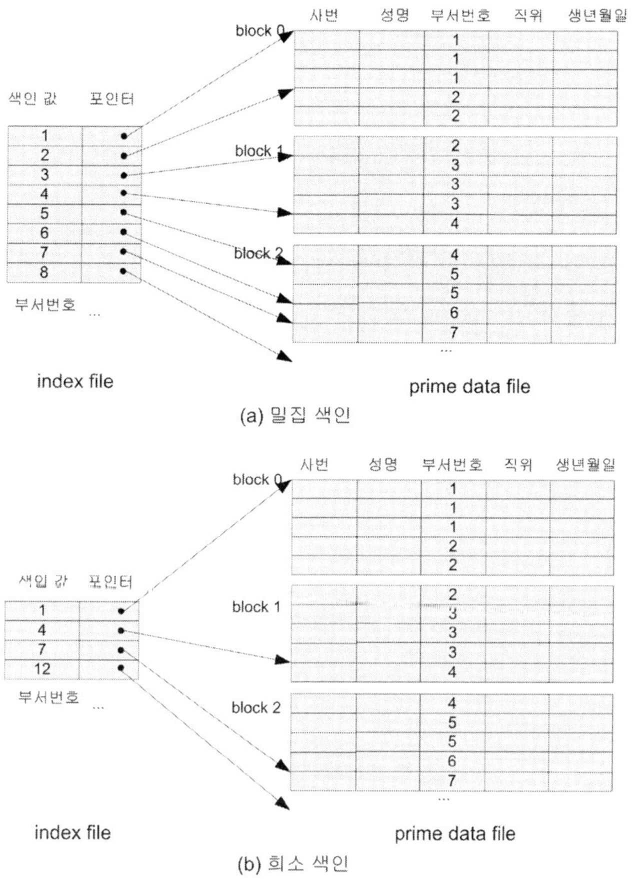

[그림 6.12] 밀집 색인과 희소 색인

2) 희소 색인

파일에서 사용하고 있는 검색 킷값 중에서 일부만 색인으로 사용하는 순서 색인이다. 색인 엔트리는 밀집 색인과 마찬가지로 〈색인값, 주소값〉로서 검색 킷값과 해당 페이지의 첫 레코드의 주소 값으로 구성된다. 검색하려는 검색 킷값이 색인 엔트리에 없을 때는 검색 킷값에 가장 가까운 작은 색인 엔트리를 찾아야 한다. 그리고 그 검색 키가 가리키는 주소부터 원하는 레코드가 나올 때까지 순서대로 찾아야 한다.

[그림 6.12]의 실례는 클러스터링 색인을 기반으로 밀집 색인과 희소 색인을 구현한 그림이다. 밀집 색인 파일에서 원하는 검색 킷값을 찾으면 반드시 색인 엔트리가 존재하므로 색인

엔트리의 수는 자료 레코드의 수가 아닌 검색 킷값의 수만큼 존재한다.

희소 색인 파일에서는 색인 엔트리의 수는 검색 킷값의 수보다 훨씬 작다. 희소 색인에서는 원하는 색인 엔트리가 없을 수 있다. 그 때는 원하는 색인 값에 가장 가까운 작은 색인 값의 주소를 찾는다. 그 주소로 자료 파일의 레코드를 읽어 나가면 원하는 레코드들이 나온다.

6.3 균형 트리 색인

색인 순차 파일은 자료가 많아질수록 색인 파일의 크기가 커지면서 검색 성능이 떨어진다. 새로운 레코드가 추가되면 오버플로우가 발생하여 검색 체인이 길어지고, 레코드가 삭제되면 페이지에 빈 공간이 증가한다. 색인 순차 파일은 레코드의 추가 삭제 시에 기본 구조가 변하지 않는 정적인 구조이다. 데이터베이스를 재편성하면 오버플로우도 사라지고 빈 공간도 없어지므로 효율 향상을 위한 유일한 대책은 재편성이다. 그러나 방대한 데이터베이스를 백업(backup)하고 재구축(restore)하는 재편성 작업은 시간이 많이 소요되기 때문에 자주 할 수 있는 일이 아니다.

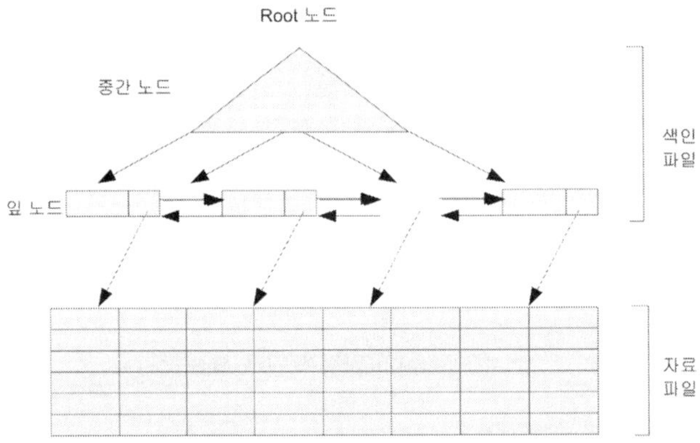

[그림 6.13] 균형 트리의 색인 구조

[표 6.6] B-트리의 특징

특 징	내 역
높이	모든 잎 노드의 높이가 동일
노드 재편성	자료가 추가되면 노드를 분할하고, 자료가 삭제되면 노드를 통합
노드 공백	노드 생성 시 노드의 50%는 공백

색인 순차 파일의 성능 문제를 해결하기 위하여 균형 트리(balanced tree)가 개발되었다. 1972년에 Bayer와 McCreight는 균형 트리의 일종인 B-트리를 개발하였다. 균형 트리는 자료의 추가 삭제 시에도 트리의 모든 잎 노드의 높이가 동일하므로 균형 트리라고 한다([표 6.6] 참조). 또한 자료의 추가 삭제 시에 즉시 구조를 재편성하여 균형을 유지하므로 동적 트리(dynamic tree)라고 한다. 균형 트리는 레코드의 추가 시에 오버플로우도 없고 삭제 시에 빈 공간이 생기지 않는다. 잎 노드들 사이에 양방향으로 연결되는 포인터를 가지고 있어서 순차/역순차 탐색이 용이하다. 균형트리의 단점은 추가와 삭제 시에 재편성을 위한 연산 부담이다. 그러나 연산 부담보다 장점이 크기 때문에 많이 사용된다. B-트리가 개발된 후에 이를 변형하여 B^*-트리와 B^+-트리 등으로 발전하였다. 현재 데이터베이스에서 B^+-트리가 가장 많이 사용되고 있으므로 B-트리와 함께 B^+-트리를 논의한다.

[표 6.7] B-트리의 노드관리 규칙

순 서	규 칙
1	모든 색인 노드는 2k 개의 색인 엔트리를 저장할 수 있다.(k는 정수)
2	뿌리 노드는 1 - 2k 개의 색인 엔트리를 가진다.
3	뿌리 노드는 0 - (2k+1) 개의 자식 노드를 가진다.
4	뿌리 이외의 노드는 k개의 색인 엔트리로 생성된다.(50% 빈 공간 확보)
5	뿌리와 잎 이외의 노드는 2 - (2k+1) 개의 자식 노드를 가진다.

* k : 차수(한 노드에 저장되는 색인의 수의 절반)

6.3.1 B-트리 색인

균형 트리의 색인 구조는 [그림 6.13]에서와 같이 항상 모든 잎 노드들의 높이가 동일하다. 트리에서 모든 잎 노드의 높이가 같다면 노드의 뿌리에서 잎 노드 까지의 높이는 O(log n)이 되며, 이 값이 모든 노드를 탐색하는 시간이 되므로 매우 효율적인 검색 트리가 된다. 정확하게 표현하면 균형 트리는 노드의 수가 2^n개가 아니면 잎 노드의 높이가 하나 정도 다를 수 있는 유사 완전 트리(almost complete tree)이므로 트리의 모양은 삼각형과 유사하다. B-트리의 주요 특징은 [표 6.6]과 같다. 트리에 자료를 추가, 삭제 연산을 해도 항상 모든 잎 노드들의 높이가 동일하게 유지된다. 트리에 자료를 추가하면 노드를 분열하고, 삭제하면 노드를 통합하여 색인의 트리 구조를 항상 재편성한다. 자료의 추가, 삭제 시에 노드의 분열과 통합을 적게 하기 위해 노드 생성 시에 노드 공간의 50%는 비워 놓는다.

B-트리의 특징을 지원하기 위하여 유지하는 노드관리 규칙은 [표 6.7]과 같이 자료구조와 알고리즘이 약간 복잡하다.

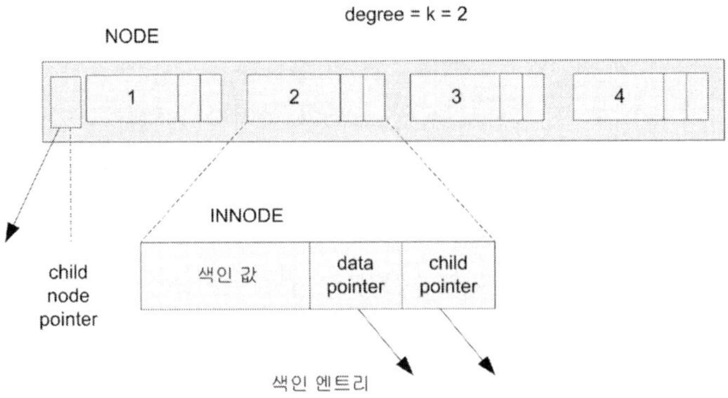

[그림 6.14] B-트리 노드의 구조

[그림 6.14]는 전형적인 B-트리의 색인 노드 구조이다. 차수(degree) k가 2이므로 한 노드에 색인 엔트리는 네 개가 저장되며, 생성 시에는 두 개만 저장된다. 자식 노드 포인터는 첫 번째 색인의 자료 값보다 작은 자료 값을 저장하는 노드의 주소를 가리키고, 첫 번째 인노드의 자식 포인터는 자신의 색인 값보다 크고 다음 인노드의 색인 값보다 작은 값을 가진 자식 노드의 주소를 가리킨다. 각 색인 엔트리는 색인 값과 자료 파일의 주소 값 그리고 자식 노드의 주소를 저장한다.

[그림 6.15]는 균형 트리의 변화를 간단하게 표현하기 위하여 차수(degree)가 1인 B-트리를 기준으로 자료를 입력하여 B-트리의 생성과정을 보여준다. 따라서 색인 엔트리를 저장하는 인노드(innode)는 두 개이다. (1)은 자료를 추가하기 위하여 빈 노드를 생성한다. (2)는 처음에 색인 25를 첫 번째 인노드에 삽입한다. (3)에서 다시 15가 입력되면 두 번째 인노드에 삽입한 다음에 노드 안에서 정렬하여 15, 25 순서로 저장된다. (4)에서 5가 입력되면 노드의 공간이 부족하므로 인노드를 생성하여 5를 저장한다. 15, 25, 5를 정렬하여 5, 15, 25 순서대로 노드를 정리하고 중간 노드인 15를 위하여 새 노드를 생성한다. 새 노드 15를 뿌리 노드로 올리고 5와 25 노드를 자식 노드로 재편성하여 새로운 트리 구조를 만든다.

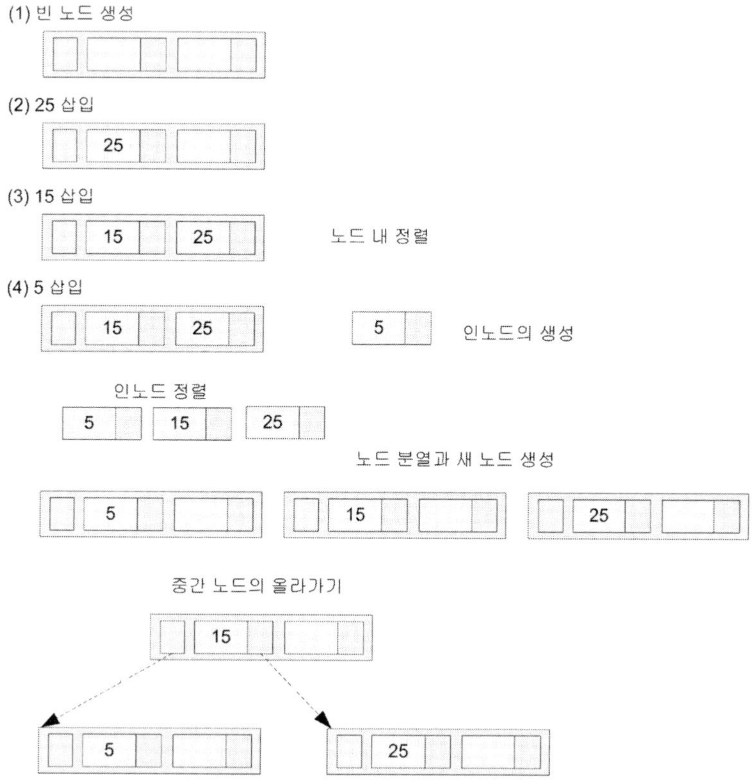

[그림 6.15] B-트리 노드의 생성

[그림 6.15]에서 보는 바와 같이 B-트리의 노드들은 평균적으로 공간의 50%를 채우는 선에서 노드를 생성한다. 이해를 돕기 위하여 [그림 6.16]에서 계속하여 색인을 추가하기로 한다. (5)에서 10이 입력되면 왼쪽 부트리 노드에 공간이 있으므로 구조 변경 없이 추가한다. 30이 입력되어도 구조 변경 없이 오른쪽 부 트리 노드에 색인을 추가한다. (6)에서 20이 입력되면 여유 공간이 없으므로 새로운 인노드를 생성하여 20을 저장하고 25, 30, 20을 정렬한다. 20을 앞 노드에 저장하고 30은 새 노드를 생성하여 저장하고 25는 위 노드로 올린다. 위 노드는 뿌리 노드로서 공간이 있으므로 쉽게 20의 인노드가 삽입되어 새로운 트리 구조를 만들어낸다.

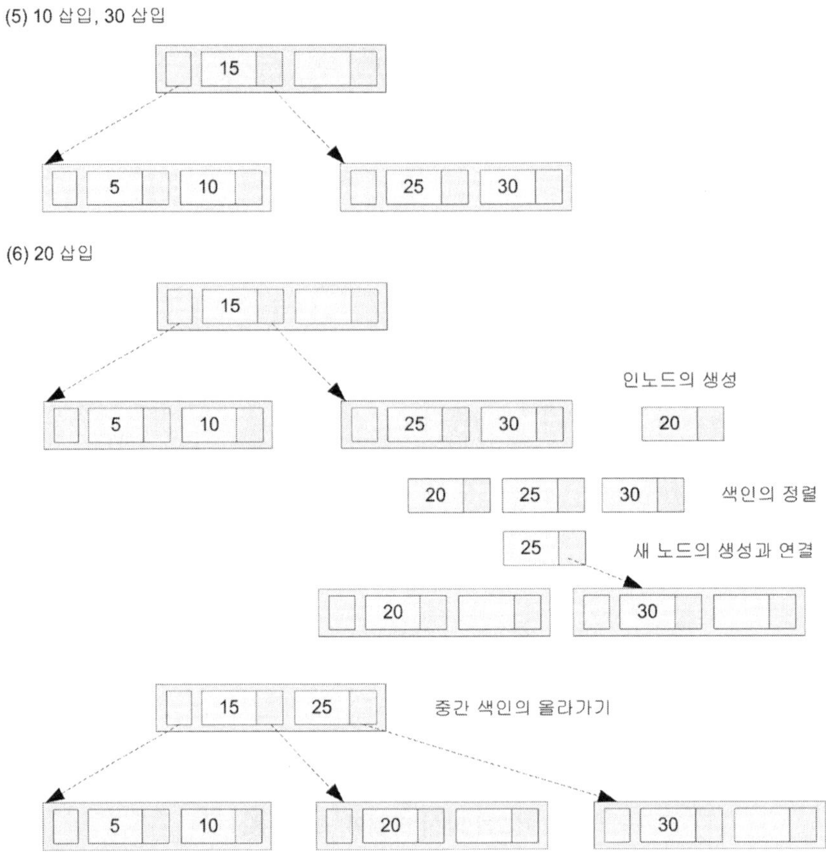

[그림 6.16] B-트리 색인의 추가

6.3.2 B$^+$-트리 색인

ISAM 파일의 특징을 살펴보면 자료 레코드들이 순서대로 저장되어 있으므로 순차 탐색이 용이하다. [그림 6.12](a)의 밀집 색인의 경우에는 색인 자체가 정렬되어 있으므로 순차 탐색이 용이하다. 그러나 B-트리는 자료의 추가 삭제 시에 노드들이 동적으로 변동하므로 색인 자체가 순서대로 저장되지 않는다. B$^+$-트리는 색인의 잎 노드만 순서대로 탐색하도록 노드들 사이를 포인터로 양방향으로 연결한다. B$^+$-트리의 잎 노드 포인터를 따라가면 순차 및 역순차 탐색이 가능하다. [그림 6.17]은 B$^+$-트리의 색인 구조를 보여준다. B-트리의 색인 구조와 달리 순차 탐색을 위하여 전진 포인터와 후진 포인터가 있다.

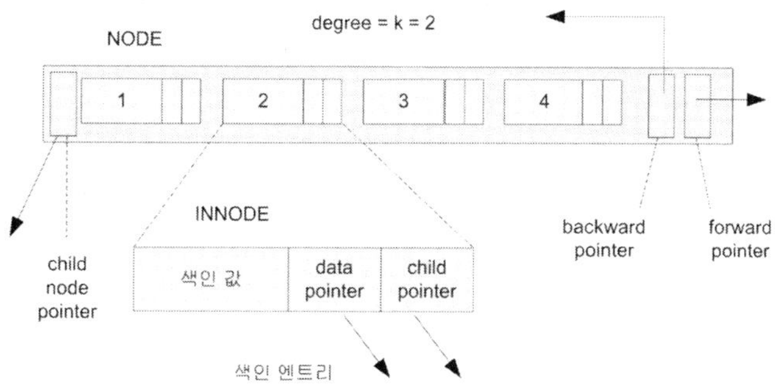

[그림 6.17] B^+-트리 색인의 노드 구조

[그림 6.18] B^+-트리 노드의 생성

[그림 6.18]은 B^+-트리의 자료 입력과정을 보여준다. 사용된 입력 자료는 B-트리의 것과 동일하므로 두 트리의 차이를 쉽게 알 수 있다. 빈 노드가 생성되고 자료 25, 15가 입력되는 과정은 동일하다. 5가 입력되면 노드가 분열되고 새로운 노드가 생성되어 3 개의 노드가 삼각형의 트리를 구성한다. 자료의 중간 값이 15를 가진 노드가 뿌리가 되고 5가 왼쪽 부 트리

노드로 25가 오른쪽 부 트리 노드가 된다. 이 때 중간 값인 15가 오른 쪽 부 트리에 중복되어 저장됨으로써 잎 노드에 모든 색인 엔트리가 저장된다. 따라서 잎 노드가 양방향으로 연결되어 순서 파일을 구축한다.

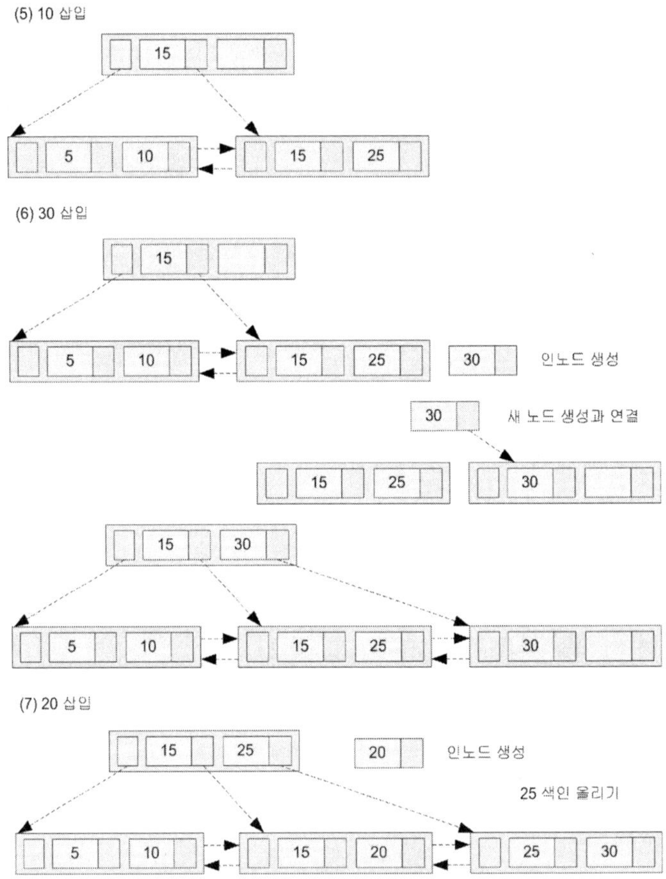

[그림 6.19] B^{+}-트리의 색인 추가

[그림 6.19]는 [그림 6.18]에 연속하여 색인을 추가하면서 트리 구조를 재편성하는 과정을 보여준다.

6.4 Hash 색인

해싱 기법은 파일 조직뿐만 아니라 색인으로도 사용할 수 있다. 해시 색인 구조는 보조 색인으로만 사용된다. 파일 자체가 해시 구조로 되어 있으면 이미 기본 색인이 해시 구조로 작성되어 있기 때문이다. 지금까지의 색인은 원하는 자료를 접근하려면 다른 자료들을 접근해야 한다. 즉, 원하는 레코드를 검색하기 위하여 색인 구조를 접근해야 하므로 디스크 입출력 연산이 추가로 소요된다. 해시 기반 색인은 원하는 자료를 한두 번 만에 검색하는 파일 검색 기법이다. 해시 기반 색인의 기본적인 아이디어는 버켓(bucket)과 해시 함수에 있다. 버켓이란 레코드들을 저장하는 단위로서 전형적으로 블록 단위이다. 해시 함수는 탐색 키의 자료 값을 입력하여 버켓 번호(버켓의 주소)로 변환한다. 해시 함수는 접근하려는 레코드들의 위치를 찾는데 사용된다. 그러나 탐색 키의 자료 값이 다른 레코드들이 동일한 버켓으로 사상될 수 있으므로 오버플로우 버켓을 준비해야 하고 버켓 안에서는 레코드를 찾기 위하여 순차 탐색을 해야 하므로 성능 저하가 우려된다.

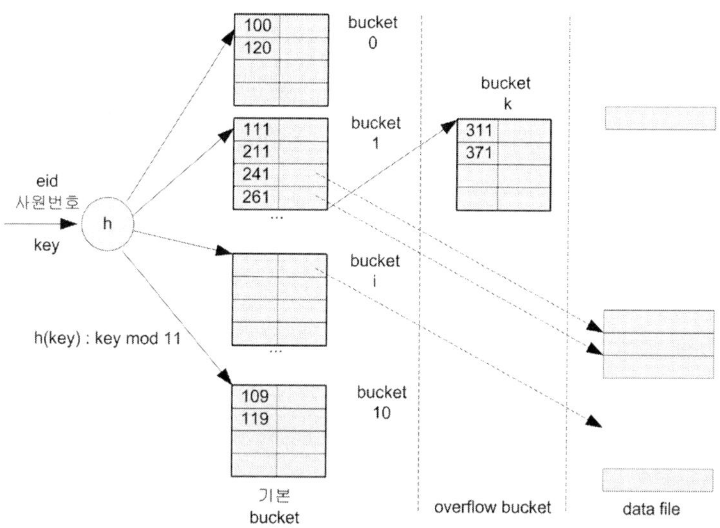

[그림 6.20] 정적 해싱의 실례

[그림 6.20]은 정적 해싱의 실례이다. 정적 해싱이란 버켓의 수가 11개로 한정되어 변하지 않는다는 뜻으로서 자료의 크기에 따라서 버켓의 수가 한정된다. 한 버켓에는 4 개의 레코드

를 저장할 수 있다. 해시 함수는 사원번호를 입력하여 11로 나눈 나머지 값을 돌려준다. 즉, 사원번호를 입력하면 해시 함수가 0에서 10까지의 버켓 번호를 반환한다. 1로 끝나는 번호가 많으면 1번 버켓의 공간이 부족하므로 오버플로우 버켓에 저장한다. 만약 1번 버켓이 계속 부족하면 오버플로우 버켓을 순차 탐색해야 하므로 해시 파일의 장점이 감소한다.

해시 함수는 모든 킷값의 집합으로부터 모든 버켓 주소의 집합으로 사상하는 프로그램이다. 좋은 해시 함수는 다음과 같이 두 가지 특징이 있다.

1) 균일(uniform) 분포

각 버켓마다 같은 수의 검색 키를 할당해야 한다. 좋은 해시 함수는 킷값을 입력하면 균일하게 버켓 번호를 반환한다. 그래야 오버플로우의 발생이 적다.

2) 무작위(random) 분포

킷값의 분포와 상관없이 모든 버켓들이 같은 수의 레코드들을 갖게 하는 것이다. 이렇게 함으로써 모든 킷값마다 자료를 탐색하는 시간이 균등하게 소요될 것이다. 가장 나쁜 해시 함수는 모든 킷값들에 대하여 동일한 버켓 번호를 반환하는 것이다.

버켓에서 오버플로우가 발생하는 것은 버켓의 수를 부족하게 설계했기 때문이다. 그러나 버켓을 처음부터 크게 설계하면 공간이 낭비되는 것이므로 무작정 크게 하지 못한다. 버켓의 크기를 적정하게 설정하는 것은 매우 힘들기 때문에 데이터베이스 설계자들의 고민이다. 버켓의 크기를 처음에 자료의 크기에 맞추어 적정하게 설정했더라도 시간이 지나면 자료의 크기가 예상보다 증대하고 버켓을 더 많이 요구할 수 있다. 버켓의 크기를 바꾸려면 데이터베이스를 백업 받은 후에 다시 버켓의 크기를 크게 설정하고 재편성해야 하는데 이것은 쉽지 않은 일이다.

정적 해싱의 문제점을 해결하기 위해 제안된 것이 동적 해싱 파일이다. 동적 해싱은 자료의 수가 증가하면 버켓의 수와 해시 함수의 범위가 함께 증가하고, 자료가 감소하면 버켓의 수와 해시 함수의 범위가 함께 감소하여 항상 적정한 해시 파일의 크기를 유지한다. 동적 해싱은 6.4.2절에서 다시 설명한다.

6.4.1 내부 및 외부 해싱

해시 파일은 메모리 안에서 배열을 대상으로 해싱을 수행하는 내부 해싱과 디스크 파일을 대상으로 해싱을 수행하는 외부 해싱으로 구분된다.

(1) 내부 해싱

내부 해싱은 배열을 이용하여 해시 테이블을 구성하고 해시 함수의 출력은 배열의 번호로 설정한다. [그림 6.21]은 고객 테이블을 배열로 구성하고 해시 함수를 이용하여 고객번호를 입력하면 배열 번호를 반환받는다. 정적 해시 함수를 이용하기 때문에 충돌이 발생하면 오버플로우로 연결해야 한다. 이를 위해 각 레코드마다 오버플로우로 연결하는 필드를 만든다. 0번 배열에서 충돌이 발생하면 next 필드에 오버플로우 배열 번호를 저장해둔다. 오버플로우 배열에서도 충돌이 발생하면 같은 방법으로 다음 오버플로우 배열 번호를 저장하여 연결한다. 이와 같이 충돌 시에 계속 오버플로우 버켓을 연결하는 넘침연결 방법(overflow chaining)을 선형 조사(linear probing)라고 한다. 선형 조사 방법은 체인이 길어지면 효율이 좋지 않으므로 다른 방법이 사용된다. 충돌이 발생하면 다른 해시 함수로 다시 주소를 계산하는 방법도 있다.

예를 들어 해시 함수가 key mod N이라면(N: 배열의 크기) 고객번호 CID 값에 따라서 배열의 번호가 결정되고 고객번호가 330과 570은 충돌이 발생하여 570이 오버플로우에 저장된다. 충돌이 많이 발생하면 체인이 길어진다.

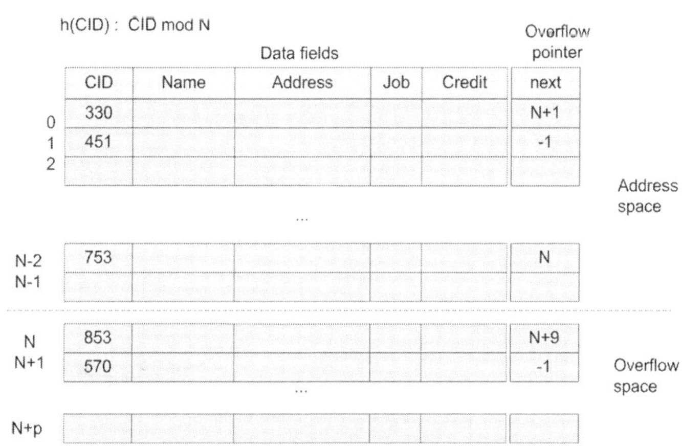

[그림 6.21] 내부 해싱의 실례

(2) 외부 해싱

외부 해싱은 디스크 파일에 대한 해싱을 말한다. 디스크의 물리 블록을 기본 단위로 버켓을 구성한다. 버켓은 한 개 또는 한 개 이상의 연속적인 블록을 하나로 만든다. 하나의 버켓에는 여러 개의 레코드들을 저장할 수 있다. 해시 함수는 킷값을 입력하면 버켓의 물리 주소가 아니라 버켓의 상대적인 번호를 반환한다. 버켓의 상대적인 번호만 알면 버켓의 물리 주소는 쉽게 계산할 수 있다. 하나의 버켓에는 여러 개의 킷값들을 저장할 수 있으며, 각 킷값마다 자료 파일의 레코드 주소를 가지고 있다. 데이터베이스는 자료의 수가 상대적으로 많기 때문에 외부 해싱을 사용한다.

[그림 6.22]는 외부 해싱 방법을 버켓으로 구현한 그림이다. 고객번호를 킷값으로 입력하면 킷값을 10으로 나눈 나머지 값을 버켓번호로 반환한다. 한 버켓에는 여러 개의 킷값이 저장되므로 충돌에 대한 대책이 용이하다. 같은 버켓번호가 많이 반환되어 버켓의 공간이 부족하면 오버플로우 버켓에 저장한다. 계속 충돌이 발생하여 오버플로우 버켓의 공간이 부족해지면 또 오버플로우 버켓으로 연결하여 저장한다. 하나의 물리 블록에는 자료 레코드들을 여러 개 저장할 수 있다. 따라서 버켓의 레코드 포인터는 물리 블록의 주소와 블록 안에서 레코드의 위치를 저장함으로써 정확하게 원하는 논리 레코드를 탐색할 수 있다. 이것은 외부 해싱이기 때문에 여기서 말하는 버켓은 디스크에 파일로 존재한다.

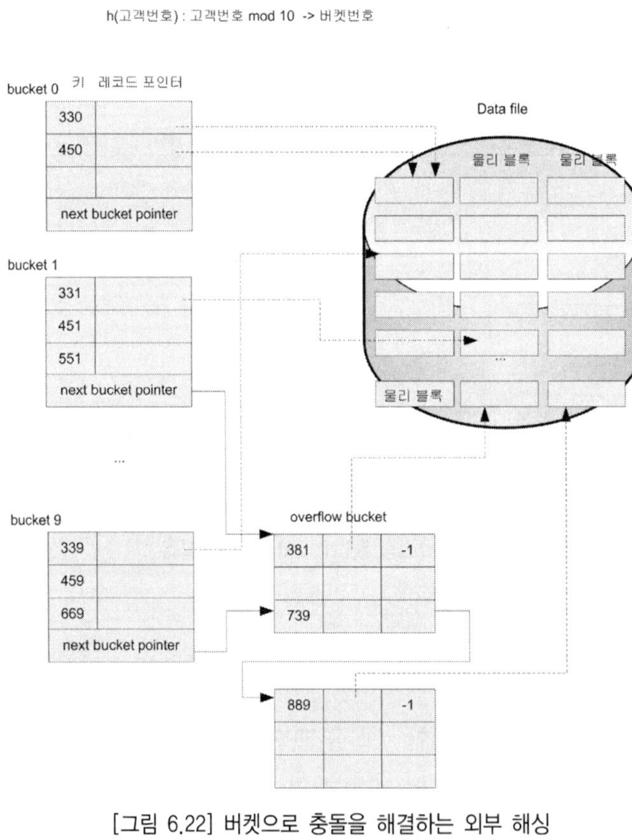

[그림 6.22] 버켓으로 충돌을 해결하는 외부 해싱

지금까지 설명한 해싱 방법의 문제점은 데이터베이스를 구현할 때 해시 함수를 선택해야 한다. 즉, 자료의 크기를 최대치로 예상하여 해시 함수를 설정해야 한다. 즉, 예상되는 레코드의 수가 십만 개인지, 백만 개인지를 데이터베이스 설계자가 판단하여 해시 함수를 설정한다. 데이터베이스를 구현한 후에 자료의 수가 예상치를 초과하면 해시 함수를 사용할 수도 없고 해시 함수를 변경할 수도 없다는 점이다. 이와 같이 한번 설정한 해시 함수를 변경할 수 없는 것을 정적 해싱이라고 한다.

6.4.2 동적 해싱

정적 해싱의 가장 큰 문제점은 해시 주소 공간이 고정되어 있다는 점이다. 파일 크기를 기반으로 해시 함수를 선택하였다면 데이터베이스의 크기가 커질수록 충돌이 증가하여 성능이 나빠진다. 대부분의 데이터베이스는 시간이 갈수록 크기가 증가한다. 정적 해싱을 사용하면서 데이터베이스 크기가 증가하는 것에 대처하려면 [표 6.8]과 같이 몇 가지 방법 중에서 선택해야 한다. 1) 미래를 대비하여 최대한 큰 크기를 설정하고 이에 맞는 해시 함수를 선택한다. 이 방식은 성능 감소를 피할 수 있으나 공간이 낭비된다. 2) 현재 크기에 알맞게 해시 함수를 설정하는 방식은 파일의 크기가 커질수록 성능이 감소한다. 3) 파일을 미래에 확장하면서 재편성하는 방식은 해싱 함수를 변경하고 파일을 재편성하는 작업이 시간이 많이 소요되는 번거로운 작업을 감수해야 한다.

[표 6.8] 해싱을 위한 자료 증가 대비책

순 서	확장 대책	효 과
1	해시 함수 최대화	성능이 유지하는 대신 공간 낭비
2	현재 적정 크기	파일 증가 시 성능 감소
3	필요 시 재편성	시간 소비와 번거로움

정적 해싱의 이와 같은 문제들을 해결하기 위하여 동적 해싱이라는 이름으로 여러 가지 해싱 기법이 소개되었다. 동적 해싱은 레코드의 수가 증가하면 색인으로 사용하는 버켓의 수를 증가하고, 레코드 수가 감소하면 버켓을 통합하여 버켓의 수를 감소시킨다. 이것은 B-트리에서 자료의 수가 증가하거나 감소함에 따라서 노드의 수를 증가시키고 감소시키는 방법과 같은 원리이다. 동적 해싱 중에서 가장 먼저 출현한 확장형 해싱 기법을 설명한다.

(1) 확장형 해싱

확장형 해싱은 색인의 수가 증가하면 해당 색인을 저장하는 버켓만을 분열하여 버켓을 증가시키고, 감소하면 해당 버켓만을 통합하여 버켓의 수를 감소시킨다. 이와 같이 꼭 필요한 버켓만을 분열하거나 통합하여 작업량을 최소화한다. 이 때 사용하는 해시 함수는 킷값의 길이만을 증가하거나 감소함으로써 동일한 해싱 함수를 사용한다. 즉, 해싱에 사용되는 색인의 킷값을 비트 단위로 계산하여 자료의 수가 적으면 적은 비트 수를 사용하고, 자료의 수가 많아지면 많은 비트 수를 해싱에 사용한다.

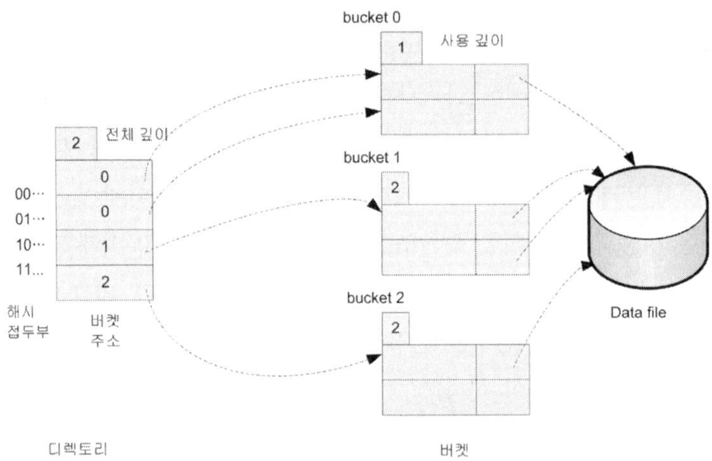

[그림 6.23] 확장형 해시 파일의 구조

[그림 6.23]은 확장형 해시 파일의 일반적인 구조이다. 색인의 킷값은 디렉토리에 저장되고 저장된 자료의 수를 구분할 만큼의 비트 수를 킷값에서 사용한다. 킷값의 비트 값을 해싱 함수에서 사용하므로 킷값의 길이가 b 비트라면 비트 값은 2진수이므로 2^b 만큼의 색인을 구분할 수 있다. 그림에서는 4개의 킷값을 저장하므로 2^2은 4개를 구분할 수 있으므로 2비트만큼을 해싱 함수가 사용한다. 만약 자료의 수가 5개가 되면 2비트로는 5개를 구분할 수 없으므로 3비트를 해시 함수에서 사용하게 되고 2^3은 8이므로 8개의 자료를 구분할 수 있고 해싱할 수 있다. 여기서 말하는 2비트는 킷값이 해시 함수에서 사용되는 크기이므로 2를 전체 깊이라고 말한다. 그러나 버켓에서는 1비트만으로도 색인을 구분할 수 있으므로 1을 사용 깊이라고 말한다.

[표 6.9]은 확장형 해싱의 예제로 활용하기 위하여 만든 고객 이름의 비트 값이다. 첫 번째 자료 '오정해'가 입력되면 디렉토리가 생성되고 버켓이 하나 만들어지고 색인 자료가 [그림

6.24]와 같이 입력된다. 자료가 하나밖에 없으므로 해싱에 사용된 색인 값의 비트 수는 필요 없으므로 전체 깊이와 사용 깊이는 모두 0이다. 이어서 '이인규'를 입력해도 버켓에 여유 공간이 있으므로 다른 작업이 필요 없이 삽입된다.

[표 6.9] 고객 테이블의 고객이름 비트 값

입력 순서	고객 이름	비트 값	비 고
1	오정해	1101	
2	이인규	0011	
3	김좌식	1010	
4	이상철	1011	
5	공효순	0111	
6	장규신	1001	
7	마천영	0101	

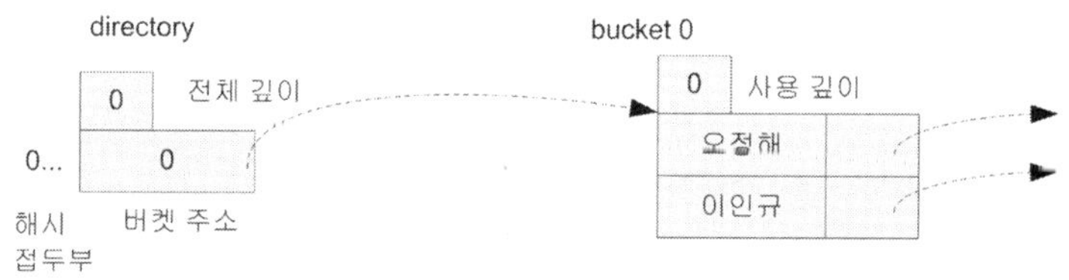

[그림 6.24] 두 개의 색인을 입력한 후의 해시 구조

세 번째 자료인 '김좌식'이 입력되면 구조 변화가 요구된다. 우선 3개의 자료를 저장하려면 2개의 버켓이 소요되고 2개의 버켓을 구분하려면 해시 함수에 1비트가 소요된다. '이인규'는 비트 값이 0으로 시작되므로 해시 접두부 0으로 연결되고, '오정해'와 '김좌식'은 비트 값이 1로 시작되므로 해시 접두부 1로 연결된다. 전체 깊이와 사용 깊이는 모두 1만 사용된다.

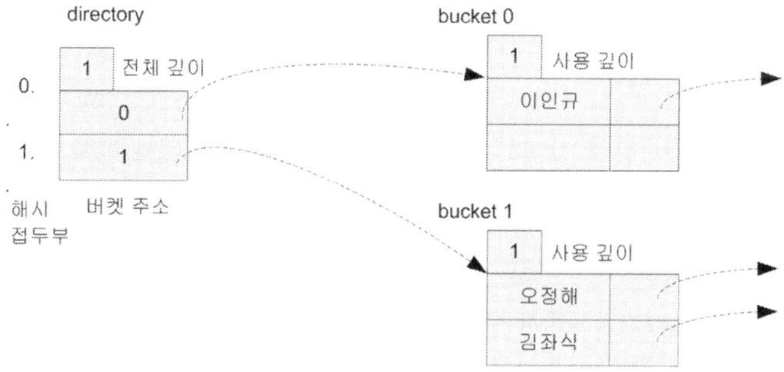

[그림 6.25] 세 개의 색인을 입력한 후의 색인 구조

네 번째 자료인 '이상철'이 입력되면 새로운 구조 변화가 필요하다. '이상철'의 비트 값은 1로 시작되므로 해시 접두부 1에 입력해야 하지만 해시 접두부 1이 가리키는 버켓번호 1에는 이미 색인이 모두 입력되어 여유 공간이 없다. 따라서 [그림 6.26]과 같이 해시 접두부는 2비트를 사용해야 한다. 디렉토리는 00, 01, 10, 11로 시작하는 네 개의 해시 접두부를 사용하여 버켓을 지정한다. 버켓 1을 두 개로 분열하여 비트가 10으로 시작하는 '이상철'과 '김좌식'은 버켓 1에 저장하고, 비트가 11로 시작하는 '오정해'는 버켓 2에 저장한다.

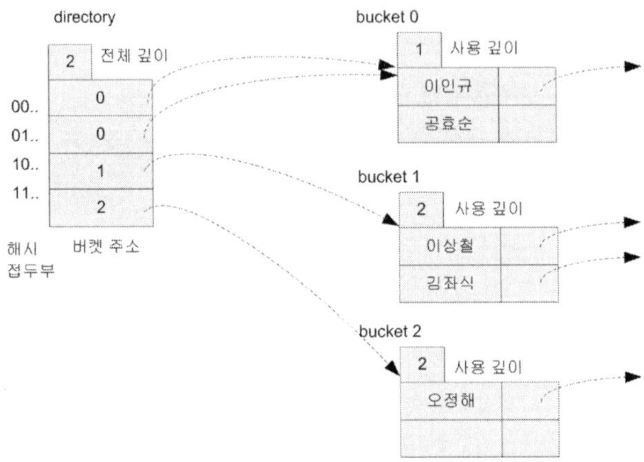

[그림 6.26] 다섯 개의 색인을 입력한 후의 색인 구조

다섯 번째 자료인 '공효순'의 비트 값은 01로 시작되며, 버켓 주소는 0이므로 저장할 공간의 여유가 있으므로 구조 변화가 필요 없다.

여섯 번째 자료인 '장규신'의 비트 값은 10으로 시작되며, 10으로 시작되는 버켓 1에는 공간의 여유가 없으므로 해시 접두부를 2비트로 구분하는 것으로는 버켓을 추가할 수 없다. 따라서 해시 접두부를 3개의 비트로 확장하여 000, 001, 010, 011, 100, 101, 110, 111의 8개로 나눈다. 비트 값이 10으로 시작되는 자료는 '이상철', '김좌식'으로 모두 101로 시작되므로 버켓 1번에 그대로 두고, 100으로 시작되는 '장규신'을 [그림 6.27]과 같이 새로운 버켓 3번에 저장한다.

일곱 번째 자료인 '마천영'의 비트 값은 01로 시작된다. 비트 값이 0으로 시작되는 버켓은 0번으로 여유 공간이 없으므로 분열해야 하기 때문에 해시 접두부를 2개의 비트로 확장해야 한다. '이인규'는 00으로 시작되고, 공효순과 '마천영'은 01로 시작되므로 '공효순'과 '마천영'을 새로운 버켓에 입력한다. 버켓 0번과 버켓 4번의 사용 깊이는 2가 된다. [그림 6.28]과 같이 버켓 0, 2, 3 번에는 여유 공간이 있으나 시작되는 비트 값이 다르므로 여백으로 남겨둔다. 균형 트리와 같이 여백이 많을수록 버켓을 분열하지 않으므로 효율 향상에 도움을 준다.

앞으로 비트 값이 00으로 시작되거나, 100으로 시작되거나, 101로 시작되거나, 11로 시작되는 자료가 입력되면 각 버켓에 한 개씩의 공간이 있으므로 구조 변화 없이 추가가 가능하다.

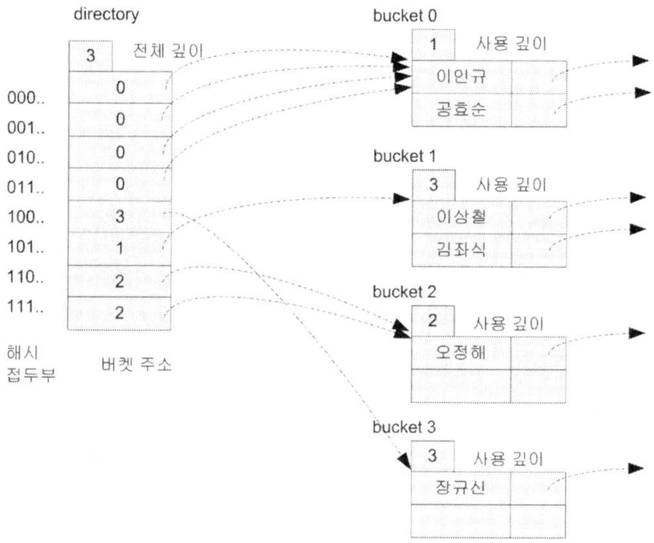

[그림 6.27] 여섯 개의 색인을 입력한 후의 색인 구조

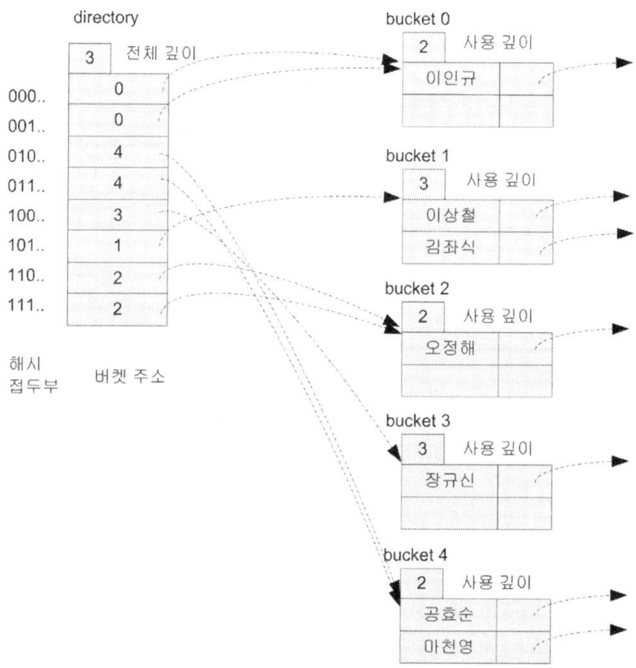

[그림 6.28] 일곱 개의 색인을 입력한 후의 색인 구조

(2) 트리 색인과 해시 색인의 비교

순서 파일과 색인-순서 파일 그리고 해싱 파일의 용도와 성능을 비교하기로 한다. 순서 파일은 순서대로 모든 레코드를 접근해야 하는 응용분야에 적합하다. 급여계산이나 성적처리업무와 같이 모든 직원들이나 모든 학생들을 대상으로 하는 업무에 적합하다. 해싱 파일은 소수의 레코드들을 접근하는 응용분야에 적합하다. 특정한 인물을 검색하는 인사업무나 특정 정보를 검색하는 검색업무에 적합하다. 특히 색인-순서 파일은 부분 탐색 또는 범위 탐색이 용이하다. 색인-순서 파일은 두 파일의 장단점을 모두 가지고 있으므로 전체 레코드를 접근하기도 하고 일부 레코드들을 접근하기도 하는 응용분야에 적합하다. 대부분의 업무는 전체 레코드를 대상으로 하는 업무와 특정 레코드를 검색하는 업무가 포함되어 있으므로 업무의 비중에 따라서 파일 구조를 선택해야 한다.

순서 파일의 단점은 특정 레코드를 신속하게 검색하지 못하는데 있다. 색인-순서 파일의 단점은 데이터베이스를 계속 사용할수록 자료의 추가와 삭제가 많아지므로 성능이 저하되는데 있다. 따라서 자료의 변동이 적은 응용분야에 적합하다. 해싱 파일의 단점은 레코드 전체를 접근하는데 비효율적이라는데 있다.

데이터베이스 설계자는 응용분야의 성격을 이해하고 각 파일들의 장·단점을 검토하여 [표 6.10]과 같은 사항들을 고려해야 한다.

[표 6.10] 파일 선택 시 고려 사항

순서	고려 사항
1	색인이나 해시 구조의 재편성 빈도수는?
2	삽입과 삭제에 대한 빈도수는?
3	어떤 형태의 질의어를 주로 예상되는가?
4	순서 탐색과 직접 탐색의 비율은?
5	범위 탐색의 비율은?

이상과 같은 사항들을 고려하여 데이터베이스 설계자는 파일 구조를 선택해야 한다. 대부분의 질의들은 다음의 양식들을 갖고 있다.

```
SELECT A1, A2, ... , An
FROM relation
WHERE Ai = C
```

이 질의를 처리하기 위하여 시스템은 색인으로 탐색하거나, C 값을 위하여 속성 A_i에 대한 해시 구조를 이용하여 탐색하는 것이 모두 적합하다. A_i가 기본 키라면 한 터플만 탐색하는 것이므로 해싱이 좋다. A_i가 기본 키가 아니고 보조 키라면 C 값에 적합한 터플들이 여러 개 있을 수 있으므로 범위 탐색에 적합한 색인 탐색이 좋다. A_i가 기본 키도 아니고 보조 키도 아니라면 순서 탐색을 해야 한다. 색인을 이용할 때의 탐색 시간은 A_ii의 관계에 있는 투플들의 수에 비례한다. 순서 탐색이라면 역시 투플들의 수에 정비례한다. 그러나 해시 구조라면 데이터베이스의 크기에 독립적이다.

범위를 지정하는 다음과 같은 질의의 경우에는 A_i가 C_1과 C_2 사이의 값을 가진 모든 투플들을 찾는 것이다.

```
SELECT A1, A2, ... , An
FROM relation
WHERE Ai ≧ C1 AND Ai  ≦ C2
```

이 질의는 속성 A_i의 값이 C_1과 C_2의 값 사이에 있는 모든 투플들을 검색하는 것이다. 이와 같은 범위 탐색은 당연히 색인 탐색이 해싱보다 우수하다. 다음으로 순서 파일이 우수하고 해싱 파일이 마지막이다.

연습문제

6.1 다음 용어들을 정의하시오.

1) 보조 색인	2) 블록	3) WORD
4) 버퍼 관리기	5) 페이지	6) 가상 기억장치
7) 해시 함수	8) 히프 파일	9) ISAM
10) 확장형 해싱	11) 오버플로우	12) 백업

6.2 디스크 장치의 특성을 설명하시오. 데이터베이스는 왜 디스크를 이용하는가?

6.3 공간 관리기, 버퍼 관리기, 파일 관리기를 설명하시오.

6.4 DBMS는 왜 OS의 파일 관리기를 선호하지 않는가?

6.5 DBMS와 OS의 버퍼 관리기는 어떻게 다른가?

6.6 히프 파일, 순서 파일, 해시 파일의 특성을 설명하시오. 각각의 용도를 제시하시오.

6.7 신장 레코드와 비신장 레코드의 효율성을 설명하시오.

6.8 고정길이 레코드와 가변길이 레코드의 효율성을 설명하시오.

6.9 색인의 필요성을 설명하시오.

6.10 색인과 해싱의 차이점을 설명하고 용도를 제시하시오.

6.11 기본 키, 보조 키, 클러스터링 키의 차이점과 용도를 설명하시오.

6.12 클러스터링 색인이 필요한 분야는 어디인가? 클러스터링 색인의 실례를 들어보시오.

6.13 레코드 수가 100만개 일 때 접근 비용은? 1 레코드는 200bytes이고, 1 블록은 1,000byte이고, 1 색인은 20bytes이다. 1 색인은 4 블록을 가리킨다. 보조 키 색인을 구성하는 대표적인 2가지 기법을 설명하시오.

6.14 내용기반 검색이란? 어떻게 구현하는가? 문제점과 대책은 무엇인가?

6.15 색인 순차 파일의 장단점과 대책을 설명하시오.

6.16 B-tree 색인을 정의하고, 장단점을 기술하시오.

6.17 B-tree와 B^+-tree의 차이점을 기술하시오.

6.18 다음의 자료가 입력될 때 B-tree를(order=2) 구성하시오.

Data = 20, 25, 10, 80, 35, 60, 15, 45, 66, 76

6.19 다음의 자료가 입력될 때 B^+-tree를(order=2) 구성하시오.

Data = 20, 25, 10, 80, 35, 60, 15, 45, 66, 76

6.20 Hash 색인을 정의하시오. 장단점을 기술하시오.

6.21 확장형 해싱을 정의하시오.

6.22 다음 자료가 입력될 때 확장형 해싱 색인을 작성하시오.

순서	고객	비트값	순서	고객	비트값
1	이효리	1000	4	이서진	1110
2	배용준	1100	5	이보영	0111
3	성유리	0110	6	이영애	0011

6.23 정적 색인과 동적 색인의 차이점을 설명하고 용도를 제시하시오.

6.24 정적 해싱과 동적 해싱의 차이점을 설명하고 용도를 제시하시오.

6.25 DBMS에서 색인 기법과 해싱 기법을 같이 사용할 수 있는지 설명하시오.

6.26 DBMS에서 색인과 해싱의 장•단점을 비교하시오.

6.27 DBMS에서 가장 많이 사용하는 색인 기법과 해싱 기법이 무엇인지 설명하시오.

제 7 장

질의 처리

CHAPTER 07

질의 처리

데이터베이스의 궁극적인 목적은 사용자를 위한 질의처리에 있다. 사용자들의 다양한 요구를 신속하게 처리하여 원하는 양식대로 제시해야 한다. SQL과 같은 고급 언어로 작성된 질의를 기계에서 실행하기 위해서는 여러 가지 처리 과정을 거쳐야 한다. 질의 처리를 효과적으로 수행하기 위하여 질의 처리기는 다양한 처리 전략을 사용한다. 분산 환경에서 여러 사이트의 데이터베이스들을 취합하여 질의 결과를 도출하는 과정은 많은 기술이 요구된다. 이를 위한 기본 정보는 데이터베이스 테이블에 관한 정보와 통계 자료로서 메타 자료라고 한다. 메타 자료는 시스템 카탈로그(catalog)에 저장되어 있으며 질의처리기는 이것을 이용한다.

이 장에서는 사용자의 질의가 입력되었을 때 질의 처리를 수행하는 기본적인 절차를 논의한다. 사용자 질의를 관계 대수로 번역하고, 효과적인 질의 처리를 위하여 자료를 정렬하고 조인하는 기법을 논의하고, 이들 질의를 가장 효율적으로 처리하기 위한 최적화 기법을 논의한다. 클라이언트/서버 등의 분산 환경에서의 효과적인 질의 처리 기법을 논의한다.

7.1 질의 개요

질의(query)란 사용자가 데이터베이스에게 정보 검색을 요청하는 문장이다. 질의는 고급 언어로 작성되며 기계에서 실행되기 위해서는 여러 가지 처리 과정이 필요하다. DBMS의 질의 처리기(query processor)는 고급 언어로 작성된 질의를 입력 받아서 검증하고, 실행 형태로 변환하고, 최적화하고, 실행하는 프로그램이다. 질의 처리기는 SQL 질의를 관계 대수로 변환하며, 질의 실행계획(execution plan)을 수립한다. 질의 실행계획은 질의 처리의 기본 단위인 관계 연산자 트리로 표현되며, 성능 향상을 위하여 최적화하여 사용 한다. 질의는 보통 여러 개의 연산자들로 구성되어 있으므로 이들을 종합적으로 조합하여 가장 효율이 좋은 성능을 유지하도록 최적화 과정을 실행한다. 최적화를 마친 질의 계획을 코드로 생성하여 처리하면 질의 결과가 반환되어 사용자에게 제공한다.

7.1.1 질의 처리 절차

[그림 7.1]은 전형적인 관계 데이터베이스의 질의 처리기의 구성과 처리 과정을 보여준다. 사용자가 원하는 질의를 SQL로 작성하여 입력하면 질의처리기는 4단계의 처리 과정을 거쳐서 결과를 사용자에게 제공한다. 질의 처리 절차는 각 단계별로 다음과 같이 진행된다.

1) 번역 단계

구문 분석기는 입력된 SQL을 1차적으로 문법 검사를 하고, 2차적으로 의미를 검사하고, 오류가 확인되지 않으면 내부형식으로 변환하다. 구문 분석기는 컴파일러에서 주로 취급하는 주제이므로 여기서는 언급하지 않는다. 구문 분석기가 작성한 내부형식은 관계 대수식으로서 질의 계획(query plan)이라고 한다. 질의 계획은 질의 그래프 형태(query graph)로 작성된다. 질의 계획은 색인과 파일을 읽기 위한 순서와 방법을 결정하는 전략이다. 질의 그래프는 질의 처리 과정을 조인, 프로젝트, 셀렉트와 같은 연산자 중심으로 표현한다. 결과적으로 구문 분석기는 관계 해석식을 입력받아서 관계대수식으로 변환한다.

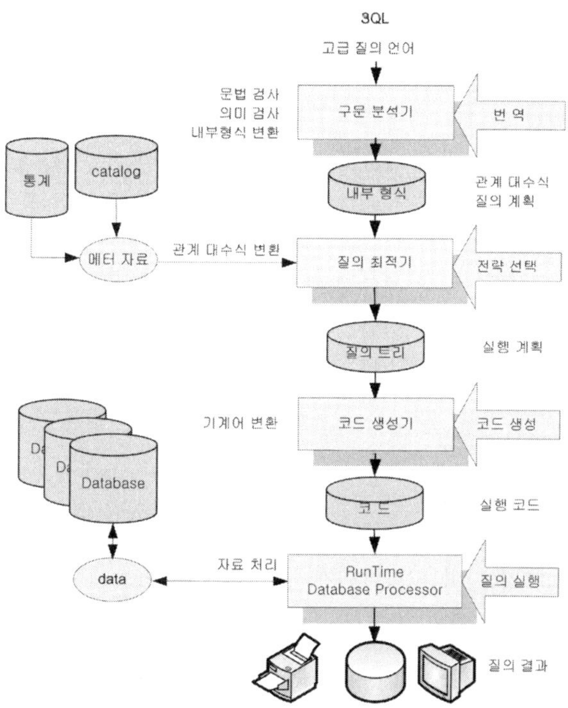

[그림 7.1] 전형적인 질의 처리기

2) 최적화 단계

SQL은 관계해석 언어이기 때문에 원하는 자료를 지정만하고, 자료접근 방법을 요구하지 않는다. 구문 분석기가 작성한 질의 그래프가 효율적이라는 보장이 없기 때문에 질의 최적기가 여러 가지 자료 접근 방법 중에서 가장 효율적인 방법을 선택하여 효율적인 관계 대수식으로 변환한다. 이때 사용하는 전략들은 기존의 시스템 카탈로그와 통계 파일을 참고하여 선택한다. 질의최적기가 생성한 질의 트리를 접근 계획 또는 실행 계획(execution plan)이라고 한다.

3) 코드 생성 단계

코드 생성기는 실행 계획을 받아서 기계어로 실행 코드를 생성한다.

4) 실행 단계

데이터베이스 시스템의 실행시간 처리기는 데이터베이스를 대상으로 질의 실행 코드를 실행하여 결과를 사용자에게 다양한 수단으로 제공한다.

[표 7.1] 질의처리 절차

순서	내역	기 능	처리 내역
1	번역단계 (구문분석기)	문법 검사	구문 분석에 의한 오류 검사
		의미 검사	의미 무결성 검사
		내부 형식 변환	오류가 없으면 관계 대수식 생성
2	최적화단계	전략 선택	카탈로그와 통계 파일에 의한 효율적 접근 방식 선택
		실행 계획 변환	등가의 효율적인 접근 계획: 질의 트리 생성
3	코드생성단계	코드 생성	관계 대수식을 기계어로 변환
4	질의 실행단계	자료처리	자료처리 및 질의 결과 제공

7.1.2 질의 처리 비용

질의 처리에 소요되는 비용을 줄이기 위하여 미리 비용을 추산해보고 사용할 전략을 선택한다. 질의 비용 계산을 하기 위해서는 카탈로그에 저장된 정보를 활용하게 되며, 비용 계산을 돕기 위하여 통계 파일에 기존에 수행한 질의 비용들을 저장하여 활용한다.

(1) 질의 비용 구성요소

데이터베이스 비용은 자료를 구축하는 비용과 질의 처리 비용으로 구분된다. 이 절에서는 질의 처리 비용을 검토하여 질의 성능을 향상하고자 한다. 질의 처리 비용은 일반적으로 질의에 응답하는데 소요되는 시간을 말한다. 질의 처리 비용을 구성하는 요소들은 [표 7.2]와 같이 크게 네 가지가 있다.

이들 질의 비용들을 자세히 살펴보기로 한다. CPU는 가장 빠른 기억장치인 레지스터를 대상으로 자료를 처리한다. CPU 처리 시간은 매우 작기 때문에 일반적으로 질의 처리 비용에서 제외한다. 메모리는 전자 회로이므로 속도가 빠르고, 디스크는 전기기계장치이므로 상대적으로 속도가 늦다. 통신은 외부 통신선로를 사용하기 때문에 외부 상태에 따라서 속도가 가변적이며 빠르다고 할 수 없다. 따라서 질의 처리 비용을 줄이기 위해서는 다음의 두 가지가 중요하다.

1) 디스크 접근 수를 줄인다(메모리 접근보다).
2) 클라이언트/서버 환경에서 통신비용을 줄인다.

[표 7.2] 질의 처리 비용 요소

기 능	처리 내역
CPU 비용	고려하지 않음
메모리 접근 비용	사칙연산, 검색, 정렬, 조인 등
디스크 접근 비용	블록 위치 탐색, 블록 자료 읽기/쓰기
통신 비용	자료 및 요구 메시지 전송 및 수신 비용

클라이언트/서버 데이터베이스와 분산 데이터베이스 같이 테이블이 분산되어 있는 경우에 통신비용은 부담이 크다. 특히 조인 연산 기법에 따라서 통신 효율이 영향을 받는다.

이들 중에서 중요한 메모리, 디스크, 통신비용을 다음과 같이 논의한다.

1) 메모리 접근 비용

메모리 안에서 자료에 대한 사칙연산을 수행하고, 자료를 탐색하고, 정렬하고, 조인하는 비용 등이다. 질의를 수행하는 과정에서 사용하는 메모리 버퍼의 공간도 포함된다.

2) 디스크 접근 비용

디스크의 블록을 탐색하거나, 블록을 읽거나, 갱신하거나, 기록하는 비용이 소요된다. 정렬, 해싱, 기본 색인, 보조 색인에 따라서 비용이 상이하다. 자료를 연산하는 과정에서 중간에 생성되는 파일이 발생하는데 그 크기에 따라서 비용이 크게 소요될 수 있다. 특히 관계 데이터베이스에서는 테이블의 투플 간에 포인터가 없으므로 조인 시에 중간 생성 파일이 매우 커질 수 있다. 이들 중간 생성 파일들을 저장하는 비용이 적지 않다. 디스크를 접근하는데 소요되는 비용 요소는 [표 7.3]과 같다.

3) 통신비용

질의를 다른 컴퓨터로 전송하거나 질의 결과를 전송하거나 질의를 수행하기 위하여 필요한 자료를 전송하는 비용이다. 통신비용은 외부 통신 선로를 이용하는 비용이므로 상대적으로 더 많은 시간 비용이 소요된다. 분산된 테이블들 사이에 조인 연산을 수행하면, 단일 컴퓨터에서 실행되는 데이터베이스에서 보다, 더 많은 비용이 발생한다.

[표 7.3] 디스크 비용 요소

기 능	처리 내역
블록 위치 접근	헤드(arm에 부착) 이동 시간 + 디스크 회전 시간
블록 읽기	한 페이지 읽는 시간
블록 쓰기	블록 읽기의 두 배
블록 전송	BUS로 메모리까지 통신 시간

(2) 비용 계산에 이용되는 정보

데이터베이스 자료를 접근하는 방법은 여러 가지가 존재하며, 가장 좋은 접근 방법을 선택하기 위하여 질의 비용을 추산한다. 질의 처리기는 카탈로그 정보와 통계 정보를 이용하여 질의 비용을 추산한다.

[표 7.4] 카탈로그 정보

요 소	내 역
테이블의 투플 수	테이블에 저장된 투플의 수
테이블의 크기	각 테이블의 페이지 수
색인의 투플 수	색인 엔트리의 수
색인의 크기	각 색인의 페이지 수
색인의 높이	트리 색인의 경우 잎 노드의 높이
색인의 범위	각 색인의 최소값과 최대값

1) 카탈로그 정보

DBMS는 모든 테이블과 색인에 관한 정보를 유지하고 관리한다. 데이터베이스의 자료 자체가 아니라 자료에 대한 정보이므로 메타 자료라고 한다. 메타 자료들은 카탈로그 테이블이라는 특수한 테이블에 저장된다. 카탈로그 테이블은 자료 사전(data dictionary) 또는 시스템 카탈로그 또는 간단하게 카탈로그라고도 한다.

카탈로그에는 기본적으로 데이터베이스가 생성될 때 테이블, 색인, 뷰(view)별로 각각의 이름과 내용이 자료 정의 언어(DDL)에 의하여 저장된다. 테이블에는 테이블 이름, 속성 이름과 속성의 자료형과 자료 길이, 색인의 이름, 테이블의 무결성 제약조건들이 저장된다. 색인에는 색인의 이름, 색인 구조, 탐색 키 속성 이름 등이 저장된다. 뷰 테이블에는 뷰의 이름과 속성들의 정보가 저장된다. 카탈로그에는 기본적인 정보 이외에 데이터베이스 작업을 수행하면서 발생한 정보들을 정리하여 다음과 같은 통계 정보들을 저장한다.

2) 통계 정보

질의 처리기는 질의를 처리한 후에 처리 비용을 통계 파일에 저장한다. 질의 처리기는 좋은 접근 방법을 선택하기 위하여 카탈로그 정보뿐만 아니라 통계 정보들을 검토하여 가장 최선의 전략을 선택해야한다. 질의를 처리한 후에는 질의 처리에 소요된 시간과 질의 처리로 인하여 변경된 사항 등의 정보를 다시 통계정보에 반영한다. 질의 처리 시마다 통계 정보가 갱신됨으로써 통계 정보의 유용성이 향상될 수 있다.

7.2 질의 연산

관계 연산자는 질의를 처리하기 위하여 중요한 기능을 수행한다. 이들 연산자에는 셀렉션, 프로젝션, 조인 등이 있으며 이들을 처리하는 절차에 따라서 질의 수행에 필요한 시간과 공간 비용에 큰 영향을 준다. 질의를 잘 처리하기 위하여 또는 질의 결과물을 순서대로 보기 위해서 정렬이 필요하다. 질의를 처리하는 방법에는 여러 가지 절차가 있으므로 이들 절차를 표현하는 질의 실행 그래프를 만들어서 질의 비용을 추정하는 것은 중요한 알고리즘이다. 이들 질의 연산 기법들을 충분히 숙지하면 질의를 최적화할 수 있는 여건이 마련된다.

7.2.1 관계 대수로 번역

관계 데이터베이스의 질의는 SQL로 작성되는 질의 언어이다. SQL 질의가 입력되면 DBMS는 관계 대수식으로 번역한 후에 질의 트리로 표현하고 최적화한다. SQL 질의는 질의 블록으로 분해되어 최적화하는 기본 단위가 된다. 우선 CUSTOMER 관계에 대한 질의 "성남에 거주하는 고객 중에서 최대 금액을 가진 고객보다 더 많은 금액을 가진 고객의 이름과 전화번호를 찾으시오"를 관계 대수로 번역해보자.

```
SELECT name, telephone
FROM CUSTOMER
WHERE amount > (SELECT MAX(amount)
        FROM CUSTOMER
        WHERE address = '성남');
```

이 질의는 두 개의 SELECT 문으로 구성되어 있으므로 두 개의 질의 블록으로 분해된다. 내부 블록은

```
(SELECT MAX (amount)
FROM   CUSTOMER
WHERE  address = '성남')
```

이고, 외부 블록은

```
SELECT name, telephone
FROM   CUSTOMER
WHERE amount > c
```

이다. 여기서 c는 내부 블록이 반환하는 결과이다. 내부 블록은 다음과 같은 관계 대수식으로 번역될 수 있다.

$\pi_{\text{MAX(amount)}}(\sigma_{\text{address} = \text{'성남'}}(\text{CUSTOMER}))$

외부 블록은 다음과 같은 관계 대수식으로 번역될 수 있다.

$\pi_{\text{name, telephone}}(\sigma_{\text{amount} > c}(\text{CUSTOMER}))$

질의 최적기는 시스템 카탈로그를 검사해서, 각 속성의 자료형과 길이, 각종 통계 자료, 이용 가능한 경로들을 검색한다. 질의 최적기는 이들 자료들을 이용하여 질의 블록에 대하여 실행 계획을 선택한다. 수많은 질의들을 내부 형식으로 변환할 때 얻어지는 대표적인 관계 대수식의 형태는 [표 7.5]와 같다. 질의 최적기는 관계 대수식의 형태를 분류하고 각각의 비용을 추산하여 가장 효율적인 관계 대수식을 선택한다.

[표 7.5] 관계 대수식의 형태

순서	관계 대수식	비 고
1	$\pi_{\text{name, telephone}}\ \sigma_{\text{CID = 0825}}$ (CUSTOMER)	기본 키 속성
2	$\sigma_{\text{sarary > 500,000}}$ (CUSTOMER)	키가 아닌 속성
3	$\pi_{\text{name, telephone}}\ \sigma_{\text{address = '성남'}}$ (CUSTOMER)	키가 아닌 속성
4	$\sigma_{\text{address = '성남' AND sex = 'M'}}$ (CUSTOMER)	두 개 이상의 논리곱 조건
5	$\sigma_{\text{address = '성남' OR address = '부산'}}$ (CUSTOMER)	두 개 이상의 논리합 조건

[표 7.5]에서,
1)번 질의는 CID가 기본 키이므로 기본 키를 이용한 탐색 질의이다.
2)번 질의는 키가 아닌 속성에 관한 범위 탐색(range search) 질의이다.
3)번 질의는 키가 아닌 속성에 관한 정확 일치(exact match) 질의이다.
4)번 질의는 키가 아닌 속성에 관한 두 개의 조건을 모두 만족시키는 질의이다.
5)번 질의는 키가 아닌 속성에 관한 한 개 이상의 조건을 만족시키는 질의이다.

7.2.2 셀렉션과 프로젝션

셀렉트 연산은 테이블에서 조건에 맞는 투플들을 메모리로 읽어오는 연산이며 질의에서 가장 많이 사용하는 연산이다. 셀렉트 연산 다음으로 많이 사용하는 연산이 프로젝션 연산이다. 셀렉트 연산은 선택 조건이 하나인 단순 셀렉트 연산과 선택 조건이 여러 개인 복합 셀렉트 연산으로 구분된다.

(1) 단순 셀렉트 알고리즘

셀렉트 연산을 효율적으로 수행하려면 테이블 구조에 가장 적합한 알고리즘을 선택해야 한다. 우선 [그림 7.2]와 같이 선택 조건이 하나인 질의를 살펴보자.

```
SELECT *
FROM CUSTOMER
WHERE name = '홍길동';
```

[그림 7.2] 간단한 셀렉션 질의

이 질의에서 선택(SELECT) 조건은 name = '홍길동'이다. 이 질의를 수행하려면 CUSTOMER 테이블의 모든 레코드들을 읽고 name 속성의 자료 값이 '홍길동'인지 검사한다. 만약 레코드들의 수가 매우 많고 name이 '홍길동'인 레코드가 적다면 검색 효율은 매우 낮은 방법으로 평가될 것이다. CUSTOMER 테이블에 기본 키로 name 속성이 부여되어 있다면 매우 효율적인 검색이 될 것이다. 그러나 검색 조건이 birth_date 〉 19901231이라면 기본 키가 있어도 아무 소용이 없다. 만약 birth_date 별로 정렬되어 있거나, birth_date에 보조 키가 설정되면 효율이 달라질 것이다. 이와 같이 선택 질의는 질의 형태와 테이블의 구조에 따라서 효율이 큰 영향을 받는다.

이 절에서는 셀렉트 연산을 구현하기 위하여 몇 가지 알고리즘들을 논의한다. 다음은 알고리즘들을 대상으로 주요 셀렉트 연산 기법을 논의한다.

1) 선형 탐색(linear search)

테이블의 모든 투플들을 검색하고 검색된 투플의 속성 값이 선택 조건에 만족하는지를 검사한다. 구체적인 선형 탐색은 각 파일의 블록을 읽고 모든 레코드에 대해 셀렉션 조건을 만족시키는지 검사한다. 각 블록들이 연속되어 있지 않다면 부가적인 탐색이 필요하다. 선형 탐색은 다른 알고리즘보다 느리지만 전체 레코드들을 읽어야 하는 응용에서는 오히려 더 효율적이다. 예를 들어 급여 계산 업무나 학생 성적처리 같은 업무는 직원과 학생들의 모든 레코드들을 읽어서 정보처리를 해야 하기 때문에 선형 탐색이 오히려 더 효율적이다.

[표 7.6] 선택(SELECT) 연산 기법

탐색 기법	내 역	비 고
선형 탐색	첫 레코드부터 끝까지 탐색	O(n)　n: number of record
이진 탐색	한번에 1/2씩 제거하며 탐색	O(n Log n)
기본 키 탐색	직접 레코드 탐색	1 - 수번(색인 구조에 따라)
기본 키 복수 탐색	직접 접근 + 순차 접근	트리 구조 색인
클러스터링 키 탐색	부분 탐색	트리 구조 보조 색인
보조 키 탐색	부분 탐색	트리 구조 색인

2) 이진 탐색(binary search)

테이블이 특정한 속성에 따라 정렬되어 있고, 선택 조건에 그 속성에 대한 동등 비교가 포함되어 있으면 선형 탐색보다 이진 탐색이 더 효율적이다. 원하는 레코드를 찾기 위하여 가장 중간에 위치하는 블록을 찾고 그 블록의 자료 값보다 크면 그 블록부터 끝까지의 중간 블록을 탐색하고, 작으면 그 블록부터 처음까지의 중간 블록을 탐색하여 확인한다. 이와 같이 탐색하면 한번 접근할 때마다 탐색할 자료의 반을 제거하기 때문에 탐색 속도가 매우 우수하며, 이 과정을 원하는 레코드를 찾을 때까지 반복한다. 원하는 레코드를 저장하고 있는 블록을 찾기 위해 읽어야 하는 블록의 개수는 $\lceil \log_2 N \rceil$이다. 여기서 N은 파일 안의 블록의 수이다.

3) 기본 키 탐색(primary key search)

키를 이용하는 탐색은 자료 블록에 앞서서 색인을 먼저 읽고 자료 블록의 위치를 읽어야 한다. 선택 조건이 기본 키 속성에 대한 동등 비교가 포함되어 있으면 해당 투플을 검색하기 전에 기본 키 색인 파일(primary key index file)을 읽어서 해당 블록을 탐색한다.

4) 기본 키에 의한 복수 레코드 탐색

기본 키에 해당하는 필드에 대해 〉, 〉=, 〈, 〈=와 같은 비교 연산을 수행하면 여러 개의 레코드들을 검색할 수 있다. 부분 탐색을 하려면 기본 키를 이용하여 특정 투플을 탐색하고 그 투플의 다음 투플들을 탐색한다. 예를 들어 회사 사원의 사번이 5,000번 이상인 사원을 찾으려면 EID = 5000인 레코드를 기본 키로 찾고 그 다음의 모든 레코드들을 읽으면 된다.

5) 클러스터링 키 탐색

선택 조건이 클러스터링 키 속성에 대하여 동등 비교를 포함한다면 해당 투플을 검색한다. 예를 들어 부서번호 DID 순으로 정렬되어 있는 사원 테이블에서 부서번호가 '12'인 사원들을 검색한다면 소속되는 여러 사원들의 레코드들이 모두 검색될 것이다.

6) 보조 키 탐색

선택 조건이 보조 키 속성에 대하여 동등 비교를 포함한다면 해당 투플을 검색한다. 보조키가 중복을 허용한다면 조건에 맞는 여러 개의 투플들을 검색할 수 있다. 예를 들어 학과번호를 보조 키로 설정된 학생 테이블에서 학과번호가 '300'인 학생들을 검색한다면 소속되는 여러 학생들이 검색될 것이다.

(2) 복잡한 셀렉트 연산

지금까지의 셀렉트 연산은 동등 조건이나 비교와 같은 간단한 형태의 선택 조건만을 처리하였다. 그러나 [그림 7.3]과 같이 조건이 두 개 이상 제공되는 경우에는 조건에 따라서 논리곱과 논리합 연산을 활용해야 한다. 이들 연산은 다음과 같은 형태로 구성된다.

```
SELECT *
FROM CUSTOMER
WHERE address = '수원' AND amount > 5000;
```

[그림 7.3] 복잡한 셀렉션 질의

1) 논리곱(Conjunction)

```
σ θ1 ∧ θ2 ∧ ... ∧ θn (r)
```

셀렉트 연산 $\sigma_{\theta_1 \wedge \theta_2}$ (r)의 결과는 모든 조건 θ_i를 만족시키는 모든 투플의 집합이다. 논리곱 조건은 여러 조건들이 모두 충족되어야 하는 조건이므로 단순 조건들이 모두 AND로 연결된다. 논리곱 조건에 포함되어 있는 어떤 단순 조건의 한 속성을 이용하여 레코드들을 검색한 뒤에 각 레코드가 논리곱 조건에 포함된 나머지 단순 조건들을 만족하는지를 검사한다.

2) 논리합(Disjunction)

```
σ θ1 ∨ θ2 ∨ ... ∨ θn (r)
```

셀렉트 연산 $\sigma_{\theta_1 \vee \theta_2}$ (r)의 결과는 여러 조건들 중에서 단순한 조건 하나만 만족시키는 모든 투플들의 합집합에 의해 만족된다. 논리합은 단순 조건들이 OR로 연결되므로 논리곱보다 훨씬 어렵다. 논리합 조건에서는 최적화가 곤란하다. 모든 레코드들을 선형 탐색으로 읽으면서 여러 조건 중의 하나라도 충족하는지를 확인해야 하기 때문이다.

3) 부정(Negation)

셀렉트 연산 $\sigma_{\neg\theta}$ (r)의 결과는 조건 θ를 만족시키지 못하는 모든 투플들의 집합이다. 널값이 없으면 σ_{θ} (r)의 계산 결과에 포함되지 않는 투플들의 집합이다. 부정 조건은 특정 속성의 자료 값이 충족되지 말아야 하므로 해당 속성을 이용하여 레코드들을 검색하고 각 레코드가 조건을 충족시키지 않는지를 검사한다.

논리합 조건은 최적화가 어려우나 논리곱 조건은 최적화가 가능하므로 논리곱 조건에 대해 더 기술한다. 선택 연산의 조건이 논리곱 조건이라면 조건들을 AND 연결사를 이용하여 기술한다.

1) 개별 색인을 이용한 논리곱

논리곱 조건에 포함되어 있는 단순 조건의 속성이 색인으로 구성되어 있으면, 그 색인으로 검색한 후에 다른 조건이 또 충족되는지를 검사한다.

2) 복합 색인을 이용한 논리곱

논리곱 조건에서 두 개 이상의 속성이 동등 조건과 관련되어 있고 복합 색인이 그 복합 필드에 존재하면 그 색인을 직접 사용할 수 있다.

3) 보조 색인에 의한 논리곱

논리곱 조건에서 두 개 이상의 필드에 대해 보조 색인을 사용할 수 있고 그 색인들이 레코드 포인터를 포함한다면 각 색인은 각 조건을 만족하는 레코드 포인터들의 집합을 검색할 수 있다. 이 레코드 포인터들을 교집합하면 조건을 만족하는 레코드를 검색할 수 있다.

(3) 프로젝트 연산

```
SELECT name, address
FROM CUSTOMER
```

[그림 7.4] 간단한 프로젝션 질의

[그림 7.4]와 같은 질의가 입력되면 질의 최적기는 다음과 같은 관계 대수식으로 번역할 것이다.

$$\pi_{name,\ telephone}\ (CUSTOMER)$$

프로젝션 연산을 완성하려면 다음과 같은 작업들을 수행해야 한다.

1) 원하지 않는 속성들을 제거.
2) 결과 중에서 중복을 제거.

원하지 않는 속성들을 제거하려면 원하는 속성들을 지정하면 가능하므로 간단하다. 그러나 중복을 제거하는 일은 간단하지 않다. 중복을 제거하는 방법은 다음과 같이 두 가지가 있다.

1) 정렬을 수행하여 중복되는 투플을 제거한다.
2) 해싱을 이용하여 원하는 투플만 추출.
   (해싱을 위해 속성을 해싱 키로 설정했어야 가능)

7.2.3 정렬

정렬은 질의 처리에서 주요 알고리즘 중의 하나이다. SQL 문장에서 ORDER BY 구문을 명시하면 결과를 정렬된 형태로 출력한다. 자료가 정렬되어야 동등 비교 연산 또는 조인과 같은 주요 연산을 효율적으로 구현할 수 있다. 동등 비교 연산과 조인 연산은 질의 처리에서 매우 중요하다. 관계 데이터베이스에서는 집합 연산이 기본이므로 중복을 제거해야 한다. 중복을 제거하려면 투플을 정렬하는 알고리즘이 필수적이다. 정렬은 [표 7.7]과 같이 세 가지 측면에서 데이터베이스 시스템에서 중요한 역할을 수행한다.

[표 7.7] 정렬 알고리즘의 기능

순서	주요 기능	비 고
1	ORDER BY 기능	SQL 내장 기능
2	동등 비교 연산, 조인 연산에 필수	
3	집합 연산에 중복 제거용으로 필수	

투플들을 정렬하는 대신에 해당 속성에 대해 색인을 구축하면 투플들을 정렬된 순서로 읽어 들일 수 있다. 그러나 이런 방법은 테이블의 투플들을 정렬된 것으로 보일 뿐이지 실제로는 물리적으로 정렬되는 것이 아니다. 따라서 색인을 이용하여 투플들을 읽어 들이면, 투플 하나 당 한 번의 디스크 접근이 필요할 수 있다. 투플의 수가 블록의 수보다 매우 많으므로 이런 접근 방식은 매우 비효율적이다.

정렬 알고리즘은 주기억장치 내부에서 수행하는 내부 정렬과 주기억장치 외부에서 수행하는 외부 정렬로 구분된다. 주기억장치에 한 번에 올라올 수 있으면 내부 정렬을 수행할 수 있으나 주기억장치에 한 번에 수용할 수 없는 대규모 데이터베이스 테이블들은 디스크에서 외부 정렬을 수행해야 한다. 전형적인 외부 정렬 알고리즘은 정렬-합병(sort-merge) 알고리즘이다. 정렬-합병 알고리즘은 주 파일을 런(run)이라고 하는 작은 부 파일들로 나누고 , 이들을 정렬한 후에 합병하여 더 큰 규모의 런 파일로 만드는 작업을 반복하여 정렬 작업을 완성한다. 정렬-합병 알고리즘은 다른 데이터베이스 알고리즘들처럼 주기억장치의 버퍼 공간을 확보하여 런들을 정렬하고 합병한다. 정렬 단계에서는 파일의 런들을 주기억장치로 읽어온 뒤 내부 정렬 알고리즘을 이용하여 정렬하고 다시 이들을 임시 정렬된 부 파일로서 디스크에 저장한다. 합병 단계에서는 정렬된 런들이 한번 이상의 패스를 거쳐야 합병이 완료된다.

7.2.4 조인

조인 연산은 질의 처리에서 가장 시간이 많이 소요되는 연산이다. 질의 연산의 대부분은 동등 조인과 자연 조인의 변형이다. 조인 질의를 내부 형식으로 변환할 때 얻어지는 대표적인 관계 대수식의 형태는 다음과 같다.

$$R \bowtie_{A=B} S$$

[표 7.8] 조인을 구현하는 알고리즘

순서	알고리즘	내 역
1	중첩 루프 조인	이중 루프 안에서 두 테이블을 순차 탐색하면서 연결
2	단일 루프 조인	한 테이블은 순차 탐색하고 한 테이블은 색인 탐색
3	정렬-합병 조인	정렬된 두 테이블을 순차 탐색하면서 연결
4	해시 조인	두 테이블을 각각의 해시 함수로 탐색하면서 조인

다음은 앞의 관계 대수식에 실제 테이블 이름과 속성 이름을 적용한 실례이다.

$$CUSTOMER \bowtie_{C.CID = O.CID} ORDER$$

이해를 돕기 위하여 CUSTOMER 테이블과 ORDER 테이블을 조인한다고 가정하자. 조인 연산을 위한 질의는 "50,000원 이상 구매한 적이 있는 고객의 이름을 찾으시오"이다.

```
SELECT C.name
FROM CUSTOMER C, ORDER O
WHERE C.CID=O.CID AND O.amount >= 50000;
```

CUSTOMER 테이블에는 m건이 있고, ORDER 테이블에는 n건의 투플들이 있다고 가정한다. 두 테이블을 연결하는 조인 속성은 고객번호 CID이다. [표 7.8]의 조인을 구현하는 알고리즘은 다음과 같다.

1) 중첩 루프 조인(nested loop join)

외부 루프 파일의 각 레코드에 대하여 내부 루프 파일의 모든 레코드를 검색하고 두 레코드가 조인 조건을 만족시키는지를 검사한다.

```
for each tuple tc in CUSTOMER
  for each tuple to in ORDER
    if it satisfy the join condition        // test pair : amount > 50000
    then do something                       // print name
  end
end
```

[그림 7.5] 중첩 루프 조인 알고리즘

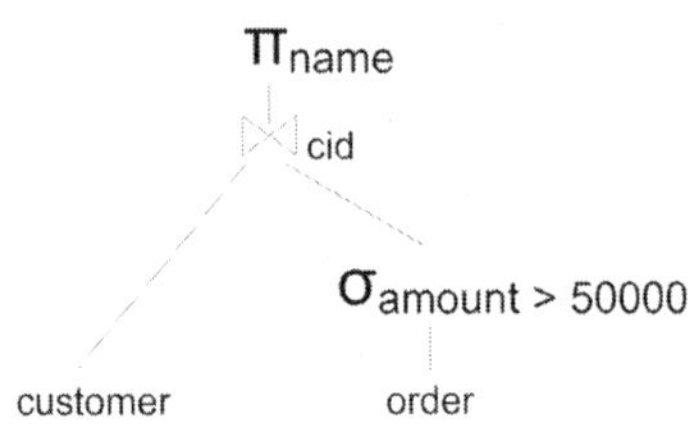

(a) 외부 루프가 CUSTOMER

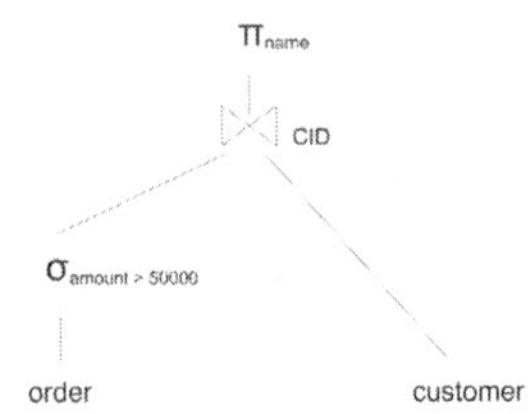

(b) 외부 루프

[그림 7.6] 중첩 루프 조인 구조

[그림 7.5] 알고리즘의 효율은 O(m*n)이다. 처리 효율은 조인에서 외부 루프를 어느 테이블로 설정하는가에 따라서 약간 달라진다. 외부 루프를 ORDER 테이블로 설정하면 조인 조건에 맞는 ORDER 투플의 경우에만 내부 루프를 실행하므로 상대적으로 효율적이다. 만약 금액이 50,000원을 초과하는 고객의 수가 40%라면 내부 루프는 60%가 절약된다. [그림 7.6]에서 (a)는 외부 루프가 CUSTOMER 테이블이다. 모든 CUSTOMER 투플에 대하여 모든 ORDER 투플들을 읽고 조인 조건을 검색한다. (b)는 모든 ORDER 투플들을 읽고 조인 조건을 검색하여 조건에 부합하는 경우에만 CUSTOMER 투플들을 읽는다. 만약 CUSTOMER 투플이 2,000건이고 ORDER 투플이 50,000건이며, 50,000원 이상 구매한 투플이 40%라고 가정한다. (a)의 읽는 비용은 2,000 * 50,000 = 100,000,000번 읽기이다. (b)의 비용은 50,000 + 50,000 * 0.4 * 2,000 = 40,050,000번의 읽기이다.

```
for each tuple to in ORDER
  if it satisfy the join condition      // test pair : amount > 50,000
  then search direct CUSTOMER record by primary key(CID)
       do something               // print name
end
```

[그림 7.7] 단일 루프 조인 알고리즘

2) 단일 루프 조인(single loop join)

조인 속성 중의 하나에 색인이 있다면 다른 파일을 순차 탐색하면서 색인을 이용하여 조인 조건을 만족 시키는지를 검사한다. 두 테이블의 조인 속성이 CID이고 CID는 CUSTOMER 테이블의 기본 키이므로 ORDER 테이블을 읽고 조건이 맞으면 CID를 기본 키로 CUSTOMER 테이블을 읽는다. [그림 7.7]은 단일 루프 조인 알고리즘으로서 ORDER 테이블의 모든 투플들을 읽으면서 조인 조건에 맞으면 CUSTOMER 테이블을 기본 키로 읽는다. [그림 7.8]은 이 알고리즘을 수행하기 위한 테이블 구성도를 설명한 그림이다. 이 알고리즘의 효율을 계산하면, ORDER 투플 전체를 읽고, 조건에 맞는 40%만 CUSTOMER 테이블을 색인 탐색하므로 50,000번/ORDER + 50,000 * 0.4 * 2/customer = 90,000번 읽기이다.

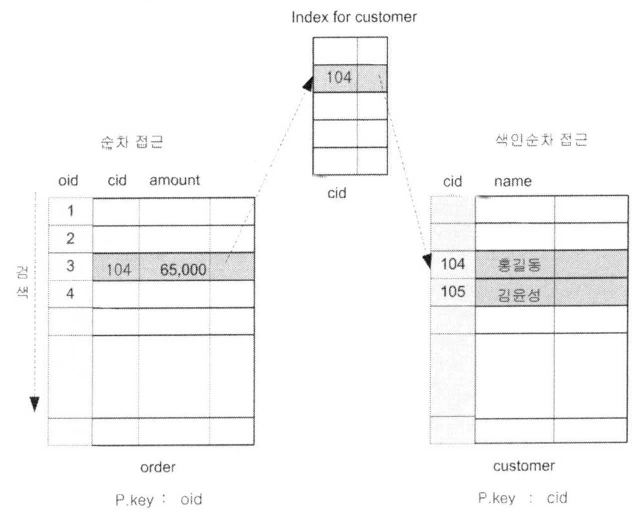

[그림 7.8] 단일 루프 조인 절차

```
   for each tuple to in ORDER AND tuple tc in CUSTOMER
    Loop:
  if they are same CID               // C.CID = O.CID
  then if satisfy join condition     // amount > 50,000
     then do something               // print name
  else if O.CID < C.CID then read next tuple to in ORDER. exit Loop.
      else read next tuple tc in CUSTOMER. exit Loop.
end
```

[그림 7.9] 합병-조인 알고리즘

3) 정렬-합병 조인(sort-merge join)

두 파일들이 조인 속성에 대하여 물리적으로 정렬되어 있다면 두 파일을 조인 속성의 순서대로 읽으면서 두 레코드가 동일한 값을 갖는지를 검사한다. 두 파일이 정렬되어 있다면 매우 효율적이다. 정렬되어 있지 않다면 외부 정렬을 이용하여 정렬시킬 수 있다. 조인 속성이 두 파일에서 키라면 각 블록들의 쌍을 순서대로 메모리에 복사한 뒤 각 파일의 레코드들을 다른 파일과 부합하는 것에 한하여 한번만 스캔한다. [그림 7.9]는 합병-조인 알고리즘이다. 두 테이블을 차례대로 읽으면서 킷값이 같으면 조인 조건을 검사하고 킷값이 작은 쪽의 투플을 읽어서 다시 킷값을 비교하는 절차이므로 전체적으로 모든 투플을 한 번만 읽기 때문에 효율이 높다. [그림 7.11]은 CID로 정렬되어 있는 CUSTOMER 테이블과 ORDER 테이블을 교대로 읽어서 조인하는 테이블 구조를 보여준다.

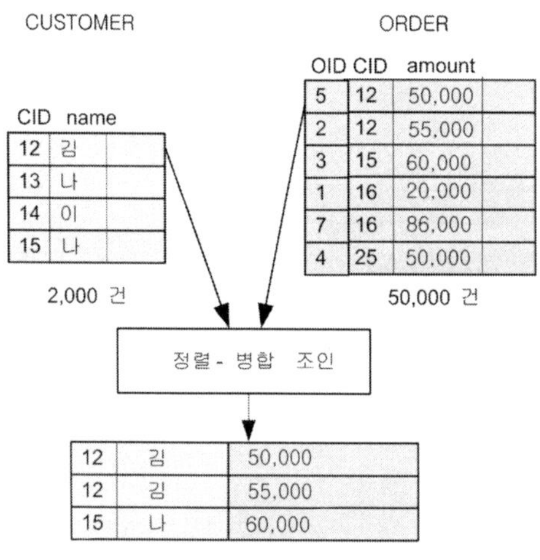

[그림 7.10] 합병-조인 절차

4) 해시 조인(hash join)

해시 조인의 핵심은 두 테이블의 조인 속성 값이 동일하다면 해시 값도 동일하다는데 있다. 속성의 해시 값이 같다면 같은 해시 버켓(hash bucket)에 저장될 것이다. 따라서 같은 버켓번호에 저장되어 있는 두 속성들은 조인할 수 있다. 두 파일의 레코드들은 조인 속성을 해시 키로 하고, 동일한 해시 함수를 사용해서 동일한 해시 파일로 해시된다. 처리 절차는 다음과 같다.

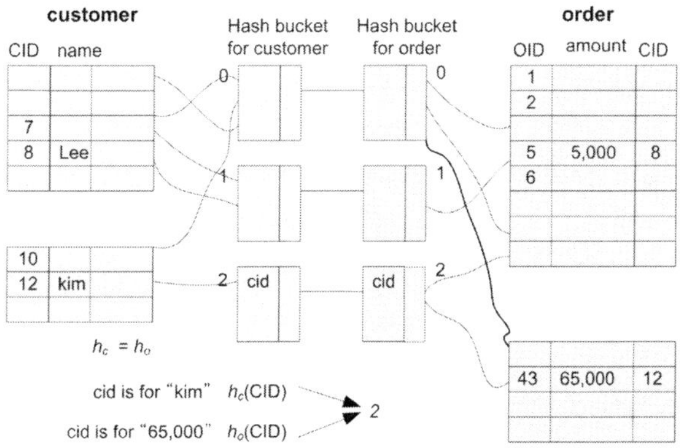

[그림 7.11] 해시 조인 절차

```
for each tuple tc in CUSTOMER  // 분할 단계 1
   i = h(tc  [JoinAtt]);
   Hci = Hci ∪ {tc}
end

for each tuple to in CUSTOMER  // 분할 단계 2
   i = h(to [JoinAtt]);
   Hoi = Hoi ∪ {to}
end

Loop                           // 조사 단계
 read Hci  AND build in-memory hash index
for each tuple tc in CUSTOMER
  probe hash index on Hci  to locate all tuples tc
     such that tc[JoinAtt] = to[JoinAtt]
    for each match
   do something // print name
    end
 end
end
```

[그림 7.12] 해시 조인 알고리즘

1) 분할 단계

작은 크기의 첫째 파일에 대하여 모든 레코드들을 해시 파일 버켓들로 해시한다.

2) 조사 단계

둘째 파일에 대해 한 번의 패스를 거치면서 적절한 버켓을 조사하기 위해서 각 레코드를 해시한다. 둘째 파일의 각 레코드를 해시할 때마다 첫째 파일에서 동일한 해시 주소를 갖는 버켓의 레코드들이 조인 조건을 만족하면 두 레코드를 결합한다.

[그림 7.11]은 해시 조인 알고리즘의 테이블 구성도와 접근 방식과 구체적인 처리 절차의 실례이다. [그림 7.11]의 CUSTOMER 테이블에서 'Kim'위한 CID(12)로 해싱하면 해시 버켓 번호 2가 배정되고, CID 12 레코드의 주소가 베켇 2번에 저장된다. 마찬가지로 ORDER 테이블에서 CID(12)로 해싱하면 역시 같은 버켓번호 2로 배정되고, OID 43의 레코드 주소가 버켇번호 2에 저장된다. CUSTOMER와 ORDER의 각 버켓번호 2에는 CID 값이 12인 정보가 기억되어 있으므로 두 레코드를 조인할 수 있다. [그림 7.12]는 이 해시 조인의 연산 절차를 구현하는 해시 조인 알고리즘이이다.

7.3 질의 최적화

질의 최적화(query optimization)란 질의를 처리하는 방법들 중에서 가장 효율적인 질의 수행 계획을 찾는 기법이다. 사용자들이 작성하는 질의 계획은 효율적인 것과 비효율적인 것 등으로 다양하게 제시된다. 사용자들은 데이터베이스 시스템이 보다 효율적인 질의 계획을 만들어주기 기대한다. 동일한 결과를 가져오는 질의 처리 계획은 많이 존재한다. 질의 최적화는 여러 가지 방법들의 질의 처리 효율을 비교하는 것으로 시작된다. 좋은 질의 처리 방법의 비용은 나쁜 방법의 비용에 비하여 매우 저렴하기 때문에 질의 최적화에 어느 정도 비용을 지불할 가치가 있다.

[표 7.9] 질의 최적화 전략의 기능

순서	주요 기능	산출물
1	디스크 접근 횟수 줄이기	등가의 관계 대수식
2	중간 생성 파일 크기 줄이기	등가의 관계 대수식
3	통신: 전송 횟수 줄이기	실행 계획(execution plan)

7.3.1 최적화 기법

질의 최적화 전략은 [표 7.9]와 같이 크게 세 가지로 나눈다. 질의 계획을 등가의 저렴한 질의 계획으로 바꾸기 위하여 질의를 표현하는 질의 트리를 이용한다. 질의 트리를 변형하여 등가의 저렴한 트리로 변환하는 것이 질의 최적화의 핵심 기능이다. "'좁은문'이라는 책을 주문한 고객들의 이름을 찾으시오"라는 질의에 대하여 질의 번역기가 다음과 같은 관계 대수식을 생성하였다.

$$\pi_{name} (\sigma_{title = '좁은문'} (CUSTOMER \bowtie (ORDER \bowtie ORDER\_BOOKS)) \quad ...(식\ 7\text{-}1)$$

이 관계 대수식은 세 테이블을 조인하였으므로 큰 테이블을 생성한다. 하지만 이 질의 결과로 얻어진 투플들은 소수일 것이다. 더구나 세 테이블이 조인하여 얻어진 16개의 속성들 중에서 질의가 요구하는 속성은 이름 한 개이다. 더구나 ORDER_BOOKS 테이블에서 title이 '좁은문'이 아닌 투플들은 연산에 참여할 필요가 없다. 따라서 ORDER_BOOKS에서 불필요한 투플들을 제외하여 가급적 중간 생성 파일의 크기를 줄이면서 동일한 결과를 얻을 수 있는 관계 대수식의 예를 들면 (식 7-2)와 같다.

$$\pi_{name} (CUSTOMER \bowtie (ORDER \bowtie (\sigma_{title = '좁은문'} (ORDER\_BOOKS)))) ...(식\ 7\text{-}2)$$

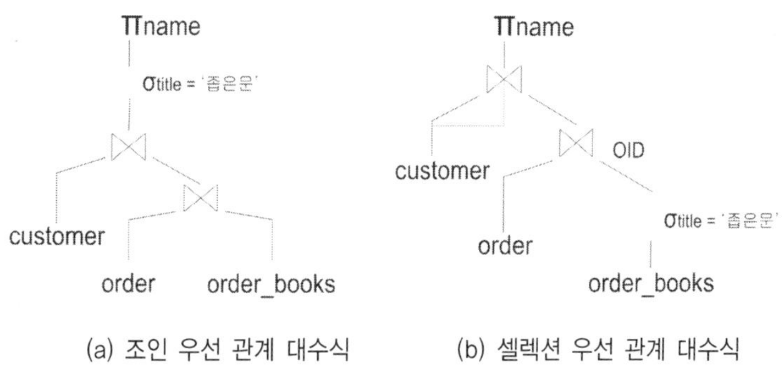

[그림 7.13] 등가의 관계 대수식 변환

[그림 7.13]은 세 테이블을 조인하여야 원하는 질의 결과를 얻을 수 있는 관계 대수식을 두 가지로 표현한 질의 트리이다. [그림 7.13](a)는 세 테이블들을 우선적으로 모두 조인하기 때문에 중간 생성 파일이 크다. [그림 7.13](b)는 ORDER_BOOKS 테이블의 크기를 크게 줄여 놓은 상태에서 나머지 테이블들과 조인하기 때문에 상대적으로 중간 생성 파일의 크기가 작

아진다. 이와 같이 질의 결과는 동일하지만 질의 수행 계획에 따라서 중간 생성 파일의 크기가 작아질 수 있다. 중간 생성 파일의 크기가 작아지면 공간이 절약될 뿐만 아니라 그 이후의 질의 처리 과정에서 디스크 접근 비용이 감소된다.

이상과 같은 기법들을 이용하는 것은 주어진 관계 대수식을 가장 적은 비용을 들여서 동일한 질의 결과를 얻으려는 것이다. 질의 최적기는 가장 비용이 적은 계획을 선택하기 위해서 다음과 같은 세 가지 단계를 이용한다.

1) 주어진 관계 대수식과 동등한 대수식을 만들고,
2) 각 수행 비용을 계산하고,
3) 질의 수행 계획을 작성한다.

최적화 기법을 정리하면 다음과 같이 디스크 접근 방식을 이용하여 비용을 줄이는 기법과 중간 생성 파일의 크기를 줄이는 두 가지 기법이다.

[표 7.10] 디스크 접근 비용 줄이기

종 류	내 역
알고리즘 선택	여러 알고리즘 중에서 가장 적합한 방식을 선택
색인 선택	여러 색인 중에서 가장 효율적인 색인 선택
카탈로그 및 통계 파일 활용	기존 메타 자료의 적극적 활용

(1) 디스크 접근 비용 줄이기

디스크 접근 비용을 줄이기 위해서는 다음과 같이 몇 가지 기법을 이용해야 한다[표 7.10].

1) 알고리즘 선택

디스크에서 원하는 레코드를 탐색하기 위해서는 선형 탐색, 이진 탐색, 기본 키 탐색, 해시 탐색 등의 여러 가지 알고리즘들 중에서 가장 적합한 알고리즘을 선택해야 한다.

2) 색인 선택

데이터베이스 테이블에는 여러 가지 목적으로 색인을 만들었으므로 그 중에서 가장 적합한 색인을 선택하고 탐색 방법을 결정하는 것이 중요하다.

3) 카탈로그 및 통계 파일 활용

알고리즘과 색인을 선택할 때 질의 비용을 추산해야 하는데 비용 추산의 기본 자료는 카탈로그와 통계 파일에 저장되어 있으므로 이를 잘 활용해야 한다.

(2) 중간 생성 파일 줄이기

중간 생성 파일의 크기를 줄이는 방법은 조인 연산을 하기 전에 셀렉션과 프로젝션 연산을 가급적 빨리 수행하여 작은 크기의 테이블을 만든 다음에 조인 연산을 수행하는 것이다. 이보다 더 좋은 방법은 아예 중간 생성 파일을 만들지 않는 것이다. 이 방법이 바로 파이프라인 연산이다([표 7.11] 참조).

[표 7.11] 중간 생성 파일 크기 줄이기

종 류	내 역
셀렉션 먼저 수행	불필요한 투플부터 제거
프로젝션 먼저 수행	불필요한 속성부터 제거
파이프라인 기법 수행	중간 생성 파일을 저장하지 않고 연산 수행

1) 셀렉션 먼저 수행하기

전체 테이블을 대상으로 알고리즘을 적용하는 것보다는 셀렉션을 먼저 수행하여 대상 파일의 크기를 줄이는 것이 효과적이다. 특히 조인을 수행하기 전에 셀렉션을 먼저 수행하면 조인 결과로 얻어지는 중간 생성 파일의 레코드의 수가 작아진다.

π_{name} ($\sigma_{title = '좁은문'}$ (CUSTOMER ⋈ (ORDER ⋈ ORDER_BOOKS))).....(식 7-1)

π_{name} (CUSTOMER ⋈ (ORDER ⋈ ($\sigma_{title = '좁은문'}$ (ORDER_BOOKS))))....(식 7-2)

예를 들어 (식 7-1)에 사용된 테이블의 투플 수가 CUSTOMER 1,000건, ORDER 10,000건, ORDER_BOOKS 50,000건이라 하고, title이 '좁은문'인 ORDER_BOOKS의 투플 수가 50건이라고 가정하자. (식 7-1)의 세 테이블을 삼원 조인(three way join)하고 나중에 셀렉션과 프로젝션을 수행하면 중간 생성 파일의 투플 수는 50,000건에 이른다. 그러나 (식 7-2)와 같이 ORDER_BOOKS 테이블을 셀렉션하면 50건으로 줄어들고, 세 테이블을 모두 조인해도 결과로 얻는 투플 수는 50건 미만이다.

2) 프로젝션 먼저 수행하기

전체 테이블을 대상으로 알고리즘을 적용하는 것보다는 프로젝션을 먼저 수행하여 대상 파일의 크기를 줄이는 것이 효과적이다. 프로젝션을 수행하면 필요한 속성들만으로 테이블을 구성하기 때문에 테이블의 크기가 작아진다.

π_{name} (π CID,name CUSTOMER ⋈ (π_{OID}, CID ORDER ⋈ ($\sigma_{title = '좁은문'}$ ($\pi_{OID,\ title}$ (ORDER_BOOKS))))) ....(식 7-3)

예를 들어 (식 7-1)에 사용된 테이블의 투플 크기가 CUSTOMER, ORDER, ORDER_BOOKS 등이 각각 300 바이트, 200 바이트, 100 바이트라고 가정하자. 세 테이블을 조인하는데 필요한 속성은 CID, OID, title, name이므로 각 테이블에서 필요한 투플의 길이는 각각 20 바이트 정도밖에 되지 않는다. 따라서 (식 7-3)과 같이 수십 바이트 크기의 세 테이블들을 조인하므로 중간 생성 파일의 크기가 크게 작아진다.

3) 파이프라인 기법

앞에서 셀렉션과 프로젝션을 먼저 수행하는 것은 중간 생성 파일의 크기를 줄이는 것이며 이보다 더 효율적인 것은 중간 생성 파일을 아예 만들지 않는 것이다. 파이프라인 방식은 앞 연산의 결과를 다음 연산의 입력으로 사용함으로써 중간 생성 파일을 만들지 않으려는 방식이다.

[그림 7.14]는 CUSTOMER, ORDER, ORDER_BOOKS 세 가지 테이블을 3원 조인하기 위한 질의 트리 실례이다. ORDER와 ORDER_BOOKS 테이블의 조인은 공통 속성 OID로 조인하고, 이 결과를 CUSTOMER 테이블과 공통 속성 CID로 조인한다. ORDER 테이블과 ORDER_BOOKS 테이블의 조인 결과로 얻어지는 투플들을 중간 생성 파일로 저장하지 않고 CUSTOMER 테이블의 투플들과 조인하는 것이 파이프라인 기법이다.

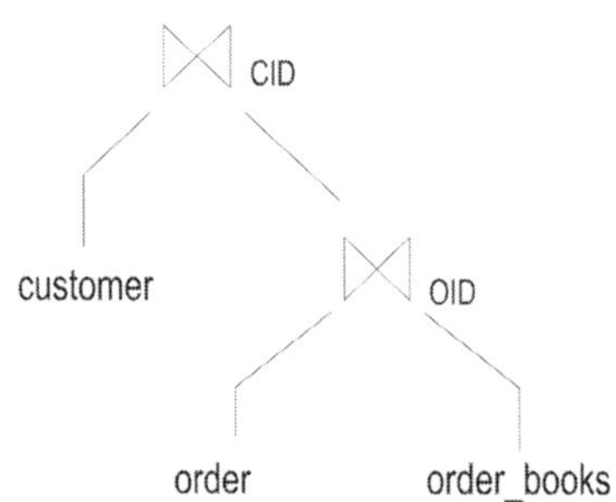

[그림 7.14] 파이프라인 질의 트리

7.3.2 관계 대수식의 등가 변환

질의 비용을 최적화하기 위하여 관계 대수식을 등가이며 염가인 관계 대수식으로 변환한다. 이 때 등가의 관계 대수식이란 두 식이 동일한 결과 투플 집합을 만들어 내는 대수식이다. 대수식의 결과는 집합이기 때문에 투플의 순서는 상관이 없이 등가이다.

(1) 등가 규칙

두 관계 대수식이 등가라는 것은 두 가지 형태의 식의 실행 결과가 동일하다는 것을 의미한다. 두 식이 모두 유효한 데이터베이스에 대해 동일한 결과를 만들어 내기 때문에 첫 번째 형태의 식을 두 번째 형태의 식으로 바꾸거나, 두 번째 형태의 식을 첫 번째 식으로 바꿀 수 있다. 따라서 등가의 저렴한 관계 대수식을 얻기 위하여 다음과 같은 등가 규칙을 이용하여 관계 대수식을 바꿀 필요가 있다.

1) 논리곱이 포함된 셀렉션 연산

$$\sigma_{\theta 1 \wedge \theta 2}(C) = \sigma_{\theta 1}(\sigma_{\theta 2}(C))$$

2) 셀렉션 연산은 교환적이다.

$$\sigma_{\theta 1}(\sigma_{\theta 2}(C)) = \sigma_{\theta 2}(\sigma_{\theta 1}(C))$$

3) 일련의 프로젝트 연산 중에서 마지막 연산만이 필요하고 나머지는 생략될 수 있다.

$$\pi_{L1}(\pi_{L2}(\ldots \pi_{Ln}(C))\ldots)) = \pi_{L1}(C)$$

4) 조인 연산은 교환적이다.

$$C_1 \bowtie_{\theta} C_2 = C_2 \bowtie_{\theta} C_1$$

5) 합집합과 교집합은 교환적이다.

$$C_1 \cup C_2 = C_2 \cup C_1$$
$$C_1 \cap C_2 = C_2 \cap C_1$$

6) 합집합과 교집합은 결합적이다.

$$(C_1 \cup C_2) \cup C_3 = C_1 \cup (C_2 \cup C_3)$$
$$(C_1 \cap C_2) \cap C_3 = C_1 \cap (C_2 \cap C_3)$$

7) 셀렉션 연산은 합집합, 교집합, 차집합 연산에 배분될 수 있다.

$$\sigma_{\theta}(C_1 - C_2) = \sigma_{\theta}(C_1) - \sigma_{\theta}(C_2)$$

8) 프로젝트 연산은 합집합 연산에 배분될 수 있다.

$$\pi_{L}(C_1 \cup C_2) = (\pi_{L}(C_1)) \cup ((\pi_{L}(C_2))$$

(2) 최적화 실례

(식 7-1)의 관계 대수식을 최적화하는 과정을 살펴보기로 한다.

$$\pi_{name}(\sigma_{title = '좁은문'}(CUSTOMER \bowtie (ORDER \bowtie ORDER\_BOOKS))$$

이 관계 대수식은 세 테이블을 조인하기 때문에 중간 생성 파일의 크기가 크다. 중간 생성 파일의 크기를 줄이기 위하여 셀렉션과 프로젝션을 미리 수행한다. 즉, ORDER_BOOKS 테이블에서 title이 '좁은문'인 투플들을 미리 셀렉션하고, CUSTOMER 테이블에서는 결과적으로 얻을 name 속성만 미리 프로젝션하고, 세 테이블을 이퀴 조인(equi-join)하는데 필요한 속성들만 프로젝트한다. 셀렉션과 프로젝트를 미리 수행하여 중간 생성 파일의 크기를 줄이는 최적화된 관계 대수식은 다음과 같다.

$$\pi_{name}((\pi_{CID,\ name}(CUSTOMER)) \bowtie_{CID} ((\pi_{OID,\ CID}(ORDER)) \bowtie_{OID} (\sigma_{title = '좁은문'}(\pi_{OID,title}(ORDER\_BOOKS)))))$$

이 최적화된 관계 대수식을 질의 그래프로 그린 것이 [그림 7.15]이다. 이 질의 그래프는 각 테이블에서 필요한 속성들을 우선적으로 프로젝션 한 후에 셀렉션과 조인을 수행하고, 최종적으로 필요한 속성을 프로젝트하였다.

7.3.3 질의 비용의 추산

(식 7-1)에 사용된 테이블의 투플 수가 CUSTOMER 2,000건, ORDER 50,000건, ORDER_BOOKS 200,000건이라 하고, title이 '좁은문'인 ORDER_BOOKS의 투플 수가 50건이라고 가정하고 여러 가지 경우에 따르는 질의 비용을 추산하기로 한다.

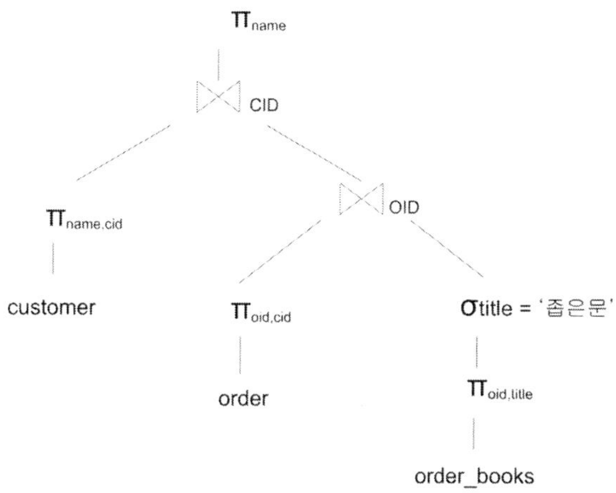

[그림 7.15] 최적화된 관계 대수식

〉〉〉질의 1: "상품을 한번에 50,000원 이상 구매한 실적이 있는 고객의 이름은?"

이 질의를 위한 SQL과 관계 대수식을 작성하면 다음과 같다.

```
SELECT name
FROM CUSTOMER C, ORDER O
WHERE O.CID = C.CID AND O.amount >= 50000;
```

$\pi_{name} (\sigma_{amount} > 50,000 \ (CUSTOMER \bowtie_{CID} ORDER))$

[그림 7.16]은 이를 위한 질의 트리이다. 그림에서 조인 연산의 왼쪽 테이블을 외부 루핑으로 간주하고, 오른쪽 테이블을 내부 루핑으로 간주한다. 질의 비용을 추산하기 위하여 디스크를 읽는 비용과 저장 비용을 계산한다. 이 질의를 수행하는 방법은 단순 이중 루프 방식과 색인을 이용하는 방식이다.

1) 단순 이중 루프

처음에 조인하기 위하여 ORDER 테이블을 50,000번 루핑 돌면서, CUSTOMER 테이블 2,000번 읽으므로 50,000 * 2,000 = 100,000,000번 읽는다. ORDER 테이블을 외부 루핑하면서 구매 금액이 50,000원 이상이면 내부 루핑으로 CUSTOMER 테이블을 2,000번씩 읽는 것이다. CUSTOMER 테이블을 읽으면 name을 출력한다. 따라서 저장 비용은 들지 않는다.

2) 색인 이용하기

CUSTOMER 테이블에서 CID가 기본 키라면 ORDER 테이블을 읽으면서 CUSTOMER 테이블을 기본 키로 읽으면 ORDER 테이블 1건 당 CUSTOMER 테이블의 색인과 자료 블록을 두 번식 읽으므로 50,000번/order + 50,000 * 2/customer = 150,000번 읽는다.

이름을 정렬해야 한다거나 중복되는 이름을 제거해야 한다면 조인 결과를 저장하는 비용과 정렬 비용이 추가된다. 저장 비용은 구매 금액이 50,000원을 넘는 ORDER 테이블의 투플 수만큼 소요된다. 정렬 비용은 O(n log n)을 사용한다고 가정한다. 여기서 n은 구매 금액이 50,000원을 넘는 ORDER 테이블의 투플 수이다.

>>>질의 2: '부산'에 사는 고객이 주문한 내역과 주문 금액을 찾으시오.

이 질의를 위한 SQL과 관계 대수식을 작성하면 다음과 같다.

```
SELECT O.items, O.amount
FROM CUSTOMER C, ORDER O
WHERE O.CID = C.CID AND C.address = '부산';
```

$\pi_{\text{items, amount}}$ ($\sigma_{\text{address = '부산'}}$ (CUSTOMER $\bowtie_{\text{CID}}$ ORDER))

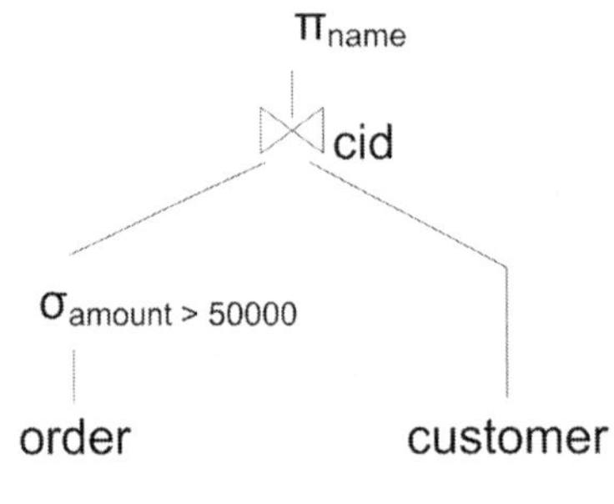

[그림 7.16] 조인 연산을 위한 질의 트리

[그림 7.17]은 이를 위한 질의 트리이다. 질의 비용을 추산하기 위하여 디스크를 읽는 비용과 저장 비용을 계산한다. 이 질의를 수행하는 방법은 단순 이중 루프 방식과 색인을 이용하는 방식이다.

1) 단순 이중 루프

처음에 조인하기 위하여 CUSTOMER 테이블을 순차 탐색하면서 address가 '부산'인 투플이 나오면 ORDER 테이블을 순차 탐색하여 같은 CID가 나오면 조인한다. CUSTOMER 테이블은 2,000번 모두 외부 루핑으로 읽어야 하며, 그 중에서 '부산'에 사는 고객이 400명이라면 내부 루핑에서 ORDER 테이블을 순차 탐색으로 읽어서 조인한다. 따라서 읽는 비용은 2,000번/customer + 400번/customer * 50,000번/order = 20,002,000번이다.

2) 색인 이용하기

ORDER 테이블에 CID로 보조 키가 설정되어 있다면 색인을 이용할 수 있으나 그럴 가능성이 적다. 만약 CID가 보조키라면 외부 루핑으로 CUSTOMER 테이블을 순차 탐색하면서 조건에 맞으면 ORDER 테이블을 CID로 색인 탐색한다. 읽는 비용은 CUSTOMER 테이블을 2,000번 읽고, ORDER 테이블의 약 1/5이 부산 고객이므로 부산 고객 400명에 대하여 10,000개의 ORDER 테이블의 투플을 읽는다. 따라서 2,000/customer + 400 * 10,000 * 2/색인 = 8,002,000번을 읽는다.

만약 질의 결과를 이름순으로 정렬해야 한다면 조인 결과를 저장하는 비용과 정렬 비용이 추가된다.

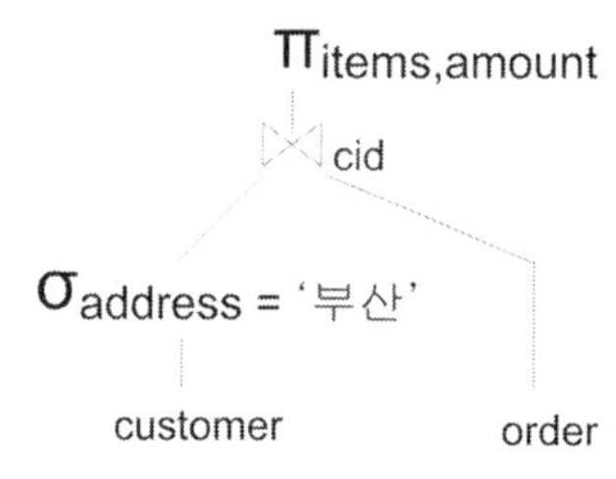

[그림 7.17] 조인 연산을 위한 질의 트리

〉〉〉질의 3: '좁은문'을 구매한 고객의 이름을 찾으시오

이 질의를 위한 SQL과 관계 대수식을 작성하면 다음과 같다.

```
SELECT C.name
FROM CUSTOMER C, ORDER O
WHERE O.CID = C.CID AND
```

```
    O.OID IN ( SELECT OID
               FROM ORDER_BOOKS
               WHERE title = '좁은문');
```

π_{name} $(((\sigma_{title\ =\ '좁은문'}$ ORDER_BOOKS) $\bowtie_{OID}$ ORDER) $\bowtie_{CID}$ CUSTOMER)

[그림 7.18]은 이를 위한 질의 트리이다. 질의 비용을 추산하기 위하여 디스크를 읽는 비용과 저장 비용을 계산한다. 이 질의를 수행하는 방법은 단순 삼중 루프 방식과 색인을 이용하는 방식이다.

1) 단순 삼중 루프

세 테이블을 삼원 조인하기 위하여 단순 삼중 루프를 돌리는 방식이다. 우선 외부 루프에서 ORDER_BOOKS 테이블을 순차 탐색으로 200,000번 읽어서 제목이 '좁은문'인 투플을 가려내고, 중간 루프에서 OID가 동일한 ORDER 테이블의 투플을 찾아내고, 다시 내부 루프에서 CUSTOMER 테이블을 읽어서 이름을 찾는 방식이다. '좁은문'을 주문한 투플이 1,000개라고 가정하자. 외부 루프 ORDER_BOOKS 테이블은 200,000번 읽어야 하고, 여기서 1,000건의 '좁은문' 투플에 대하여 ORDER 테이블을 순차 탐색하면 1,000 * 50,000 = 50,000,000번 읽는다. 다시 ORDER 테이블에서 CUSTOMER 테이블을 내부 루프로 2,000번식 읽는다. 전체를 계산하면 200,000번/order_books + 1,000/좁은문 * 50,000/order * 2,000/customer = 100,000,200,000번 읽는다.

2) 색인 이용하기

외부 루프에서 ORDER_BOOKS 테이블을 순차 탐색하여 '좁은문'을 구매한 투플을 찾아내고, 중간 루프에서 ORDER 테이블에는 OID가 기본 키이므로 색인 탐색을 수행하고, 내부 루프에서는 CID를 기본 키로 탐색한다. ORDER_BOOKS 테이블은 200,000번 읽어야 하며, ORDER 테이블은 1,000개의 '좁은문' 투플에 대해서만 기본 키로 탐색하므로 색인과 자료 블록을 2,000번 읽어야 하고, 내부 루프는 CUSTOMER 테이블의 CID를 기본 키로 색인과 자료를 2,000번 읽어야 하므로 200,000번/order_books + 1,000/order_books * 2,000/order * 2,000/customer = 4,000,200,000번 읽어야 한다.

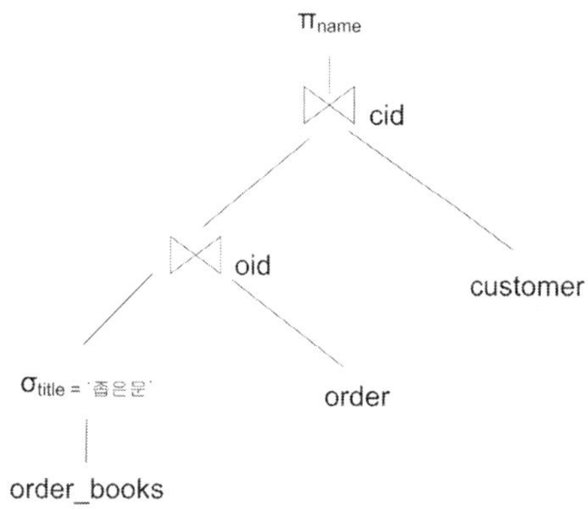

[그림 7.18] 삼원 조인을 위한 질의 트리

7.4 분산 질의 환경

데이터베이스 시스템은 대량의 자료를 처리하므로 호스트 기반의 대형 시스템을 사용하는 것으로 시작되었다. 중앙에 대형 시스템이 있고, 많은 단말기들이 연결되어 중앙 데이터베이스를 중심으로 자료를 처리하였다. 그러나 마이크로컴퓨터와 통신의 발전으로 인하여 규모가 작은 클라이언트/서버 시스템에서 소형 데이터베이스로 서비스를 시작하여 이제는 대형 데이터베이스를 구축하고 사용하게 되었다. 클라이언트/서버 시스템은 인터넷의 보급으로 웹 데이터베이스 시스템으로 확장되었으며, 다른 한편으로 분산 모델로 발전하여 독립적인 데이터베이스 시스템들이 공동의 목적을 위하여 협동 처리를 하고 있다.

질의 처리에 문제가 되는 것은 시스템 간의 자료 전송으로 인한 응답시간(response time)의 증가이다. 여러 사이트에 설치된 데이터베이스들을 조인하는 경우에는 사이트 간에 자료들을 전송하는 통신 시간이 응답시간 증가의 주요 원인이 되고 있다. 질의 처리기는 다른 서버 시스템의 자료 검색과 자료 이동을 위한 새로운 기술을 요구하고 있다. 초기의 클라이언트/서버 모델부터 분산 모델까지 질의 처리를 위한 문제점과 대책을 논의한다.

(1) 초기 클라이언트/서버 모델

초기의 클라이언트/서버 시스템에서는 클라이언트에 디스크가 없고, 서버에는 DBMS가 없어서 데이터베이스를 구축하지 못하였다. [그림 7.19]와 같이 클라이언트에서 질의를 처리하려면 서버로부터 파일을 전송받아서 처리하고, 갱신된 파일을 다시 서버에 전송하는 방식이다. 클라이언트의 역할은 응용 프로그램 실행, 자료 처리, 사용자 인터페이스 등 자료 저장 이외의 모든 것이고, 서버의 역할은 디스크에 파일들을 저장하는 일이다. 클라이언트로 파일이 이동해야 질의를 처리하기 때문에 자료 전송량이 방대하여 응답시간이 길 수밖에 없었다.

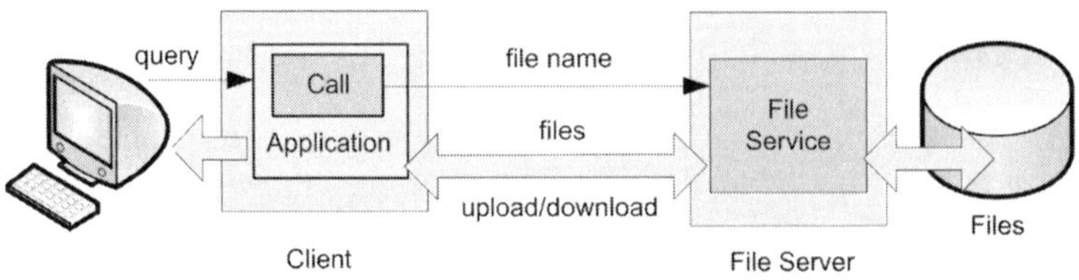

[그림 7.19] 클라이언트/서버 환경의 파일 서버

[표 7.12] 클라이언트/서버 질의 처리

모델 종류	전송 자료(TO 서버)	전송 자료(FROM 서버)	특 징
파일 서버	파일 이름	파일 전체	DBMS 없음
데이터베이스 서버	SQL 문장	선택된 레코드 집합	2계층 모델
트랜잭션 서버	프로그램 이름	사용자에게 필요한 속성 자료	3계층 모델
분산 서버	프로그램 이름	레코드 집합	조인 연산

클라이언트/서버 환경의 데이터베이스 질의 처리 방식은 [표 7.12]와 같이 대표적인 네 가지 방법을 보여준다. 처리 방식에 따라서 질의 처리 효율이 상이하다. 파일 서버와 달리 클라이언트에는 마이크로컴퓨터(개인용 컴퓨터)로 대치되어 단말기에 디스크 저장장치들이 설치되었다. [표 7.12]에서 보는 바와 같이 클라이언트/서버 데이터베이스에서 질의 처리에 관한 성능은 주로 자료 이동에 의한 통신량에 의하여 결정된다.

(2) 클라이언트/서버 질의 처리

초기의 클라이언트/서버 시절에는 개인용 컴퓨터가 기반 환경이었으므로 데이터베이스 관리 시스템을 사용하지 못하였다. 마이크로-컴퓨터 기술의 발전으로 인하여 성능과 용량이 증대되면서 소형 데이터베이스 시스템을 마이크로-컴퓨터에 설치하게 되었다. 클라이언트/서버 시스템이 발전하면서 다양한 데이터베이스 모델이 다음과 같이 분산 환경에 적용할 수 있게 되었다.

1) 데이터베이스 서버

데이터베이스 서버 모델의 질의 처리는 클라이언트가 서버에게 SQL 문장들을 전송하고, 서버는 SQL 문장을 실행한 결과를 클라이언트에게 전송하는 방식이다[그림 7.20]. 실행 결과는 응용 조건에 의하여 선택된 레코드 집합이므로 파일 서버보다 자료의 전송 수량이 매우 작아졌으므로 효율이 향상되었다. 따라서 파일 서버보다 통신 시간이 짧으므로 응답시간이 작아졌다. 클라이언트/서버 시스템의 2계층 모델에 해당한다.

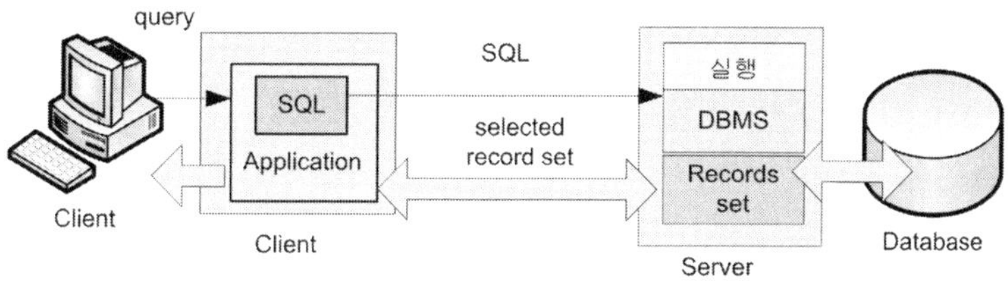

[그림 7.20] 데이터베이스 서버 질의 처리

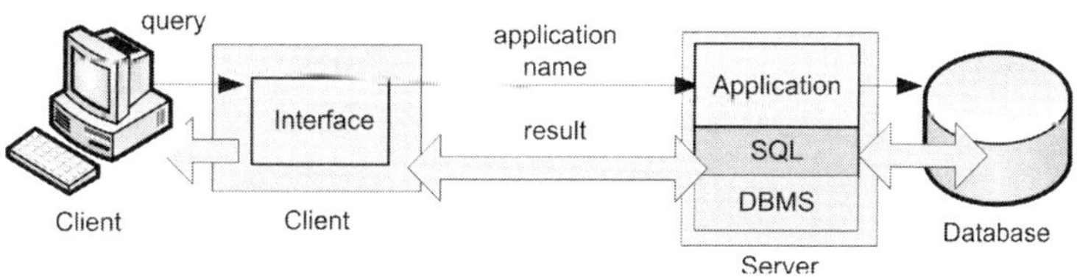

[그림 7.21] 트랜잭션 서버 질의 처리

2) 트랜잭션 서버

트랜잭션 서버 모델의 질의 처리는 클라이언트에 사용자 인터페이스만 있고, 서버에 응용 프로그램과 SQL 프로시저를 모두 저장하는 방식이다[그림 7.21]. 클라이언트가 트랜잭션 이름을 전송하면, 서버는 SQL 문장과 응용 프로그램을 실행하여 사용자에게 필요한 최종 결과만 전송한다. 클라이언트에게 전송되는 자료의 수량이 매우 축소된다. 따라서 서버의 자료 처리 기능이 대폭 향상되어야 한다. 클라이언트가 서버에게 전송하는 자료도 트랜잭션 이름뿐이다. 클라이언트/서버 시스템의 3계층 모델에 해당한다. 인터넷 사이트의 웹 데이터베이스도 클라이언트/서버 모델의 3계층 모델에 해당한다.

3) 분산 서버

분산 서버 모델의 질의 처리는 모든 서버에 응용 프로그램, SQL, DBMS 등 모든 데이터베이스 시스템을 갖추고 독립적으로 질의 처리 기능을 수행한다. 이 모델은 클라이언트의 요구에 의하여 서버들이 서로 협동하여 자료를 처리하고 결과를 클라이언트에게 전송하는 방식이다[그림 7.22]. 이 방식에서는 질의 처리를 위하여 서버들 사이로 데이터베이스 테이블의 레코드 집합들이 다수 이동하게 되며 이것이 적지 않은 통신비용을 야기할 수 있다. 특히 다른 서버에 있는 테이블 간에 조인 연산이 실행되면 통신량이 매우 많아질 수 있다. 조인 연산의 실행 절차에 따라서 통신비용이 매우 상승할 수 있다. 조인을 위한 자료 이동량을 줄이기 위하여 세미 조인(semi join)등의 다양한 기법이 개발되었다. 세미 조인은 제13장에서 다시 논의한다.

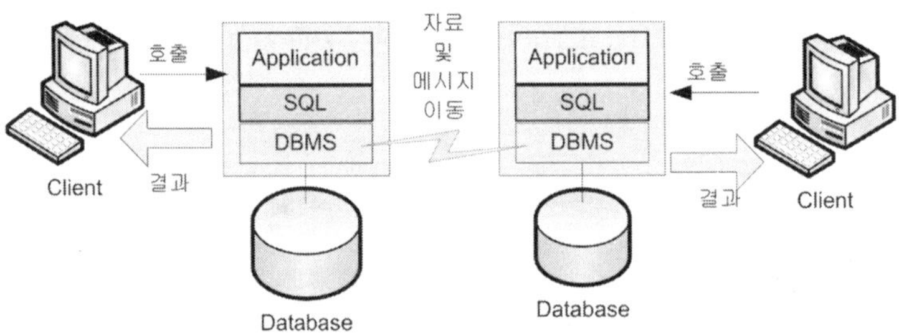

[그림 7.22] 분산 모델

데이터베이스 설계자들은 여러 가지 데이터베이스 모델 중에서 가장 응용 분야에 적합한 모델을 선정해야 한다. 파일 서버 모델은 초창기의 모델이므로 지금은 사용하지 않지만 데이터베이스 서버, 트랜잭션 서버, 분산 모델 등은 지금도 다양한 분야에서 사용되고 있다. 클라이언트/서버 데이터베이스가 더욱 개방적으로 분산화된 모델이 분산 데이터베이스 모델이다. 분산 모델은 모든 데이터베이스 시스템들이 독립적인 기능을 수행하면서 통일된 기능을 수행하는 모델이다. 분산 모델은 제13장 분산 데이터베이스에서 자세히 논의하기로 한다.

연습문제

7.1 다음 용어들을 정의하시오.

1) 질의　　2) 구문 분석　　3) 질의 계획

4) 실행 계획　　5) 질의 트리　　6) 카탈로그

7) 질의 처리 비용　　8) 최적화　　9) 정렬

10) 합병-조인　　11) 해시 조인　　12) 등가 규칙

7.2 질의란?

7.3 질의 처리절차를 기술하시오.

7.4 질의처리에서 구문 분석기의 역할은 무엇인가?

7.5 질의 그래프의 역할은?

7.6 질의 계획이란?

7.7 질의 최적화에서 수행하는 내용은? 절차를 기술하시오.

7.8 질의 "50,000원 이상을 구매한 고객의 이름을 찾으시오" 고객은 2,000건, 주문은 50,000건이다. 관계 스키마는 CUSTOMER =(CID, name, juso, tel), ORDER = (OID, branch, CID, item, qty, price amount)이다.

CUSTOMER 레코드의 길이는 150bytes, ORDER는 100bytes

name: 30bytes, CID, OID: 각각 10bytes

구매 금액이 50,000원 이상인 ORDER 레코드 수는 20,000건.

1) SQL문을 작성하시오.

2) 관계 대수식을 작성하시오.

3) 질의 그래프를 작성하시오.

4) 최적화된 질의 그래프를 작성하시오.

5) nested loop join시 접근 비용은? 중간생성 파일의 크기는?

6) Indexed Nested loop join시 접근 비용은? 중간생성 파일의 크기는?

7) Sort-merge join시 접근 비용은? 중간생성 파일의 크기는?

8) Hash join시 접근 비용은? 중간생성 파일의 크기는?

7.9 파이프라인 방식의 장점은?

7.10 파이프라인 방식을 사용할 수 없는 실례를 설명하시오.

7.11 파일 서버에 가장 적합한 업무는 무엇인가?

7.12 데이터베이스 서버 모델에 가장 적합한 업무는 무엇인가?

7.13 트랜잭션 서버 모델에 가장 적합한 업무는 무엇인가?

7.14 분산 서버 모델에 가장 적합한 업무는 무엇인가?

7.15 클라이언트/서버 데이터베이스의 발전 과정과 기술적인 요소들을 설명하시오.

제 8 장

병행제어

CHAPTER

08 병행제어

많은 사용자들의 질의 요구를 빨리 처리하는 방법의 하나는 여러 트랜잭션들을 동시에 실행시키는 병행처리 기술이다. 병행처리는 여러 트랜잭션들을 동시에 실행하면서 동일한 자료를 접근할 수 있는 처리 기법이다. 병행처리는 일관성 위반 등 여러 가지 복잡한 문제를 야기할 수 있다. 병행제어는 병행처리를 일관성 있게 처리하는 기술이다. 데이터베이스에서는 동일한 자료를 동시에 처리해야할 응용분야가 많이 있으므로 병행제어 기술이 요구된다.

이 장에서는 트랜잭션의 개념과 함께 병행처리의 문제점을 살펴보고, 병행처리 트랜잭션의 스케줄링 방법에 대하여 논의한다. 병행처리 시에 야기되는 문제점들을 극복하기 위하여 록킹 기법, 타임스탬프 기법과 문제점, 검증 기법과 문제점 각각에 대한 대책을 논의한다.

8.1 트랜잭션 개요

대기업을 중심으로 데이터베이스가 대형화되고 대중화되면서 많은 사용자들이 데이터베이스를 접근하게 되어 우수한 병행처리 기술이 요구되었다. 정부와 기업의 다양한 데이터베이스들은 많은 사용자들이 병행처리 할 수 있는 복잡한 환경이다. 트랜잭션과 병행처리와 병행제어를 간단하게 정의하면 다음과 같다.

- 트랜잭션은 데이터베이스를 접근하는 프로그램이다.
- 병행처리는 여러 트랜잭션들이 동일한 자료를 동시에 접근하여 처리하는 기술이다.
- 병행제어는 트랜잭션들을 일관성 있게 병행처리하는 기술이다.

병행처리는 성능 향상 대신에 일관성 위반과 오류 등의 문제를 야기할 수 있다. 성능을 향상하면서 시스템을 오류 없이 사용하려는 노력이 병행제어(concurrent control) 기술을 발전시켰다. 다중 시스템을 중심으로 병행 트랜잭션의 출현 배경을 살펴보기로 한다.

1) 다중 사용자 시스템(multi-user system)

데이터베이스 시스템을 분류하는 기준의 하나는 시스템을 동시에 사용할 수 있는 사용자의 수이다. 한 사용자만 사용할 수 있으면 단일 사용자 시스템이고, 여러 명이 동시에 사용할 수 있으면 다수 사용자 시스템이다. 금융, 항공, 물류업무 등은 많은 사용자들이 동시에 같은 데이터베이스를 사용하는 분야이다. 많은 사용자들이 동시에 자료를 접근하게 되면서 문제점들이 야기되어 병행제어 기술이 발달하게 되었다.

2) 다중 처리 시스템(multi-process system)

현대 컴퓨터 시스템의 특징은 여러 가지가 있지만 가장 대표적인 것이 다중 처리이다. 우선 아무리 작은 개인용 컴퓨터라도 다중 프로그래밍(multi-programmig), 다중 처리가 지원되고 있으며, 병렬처리(parallel process)와 분산처리(distributed process) 등이 가능하다. 이들의 공통점은 여러 프로그램이 하나의 CPU를 공유하거나, 하나의 프로그램이 여러 CPU들을 사용하거나, 하나의 응용 프로그램이 여러 컴퓨터 시스템을 사용하는 것이다. 다중 시스템을 간단하게 정의하면 다음과 같다.

- 다중 프로그래밍은 여러 프로그램들이 하나의 주기억장치를 공유하는 기술이다.
- 다중 처리는 주기억장치에 있는 프로그램을 여러 CPU들이 나누어 처리하는 기술이다.
- 병렬처리는 하나의 프로그램을 여러 처리기(processor)가 나누어 처리하는 기술이다.
- 분산처리는 하나의 응용을 여러 내의 컴퓨터가 나누어 처리하는 기술이다.

이상과 같은 형태의 다중 처리를 실행하는 원인은 신속한 자료처리를 위하여 시스템을 여러 사용자들이 사용하기 때문이다.

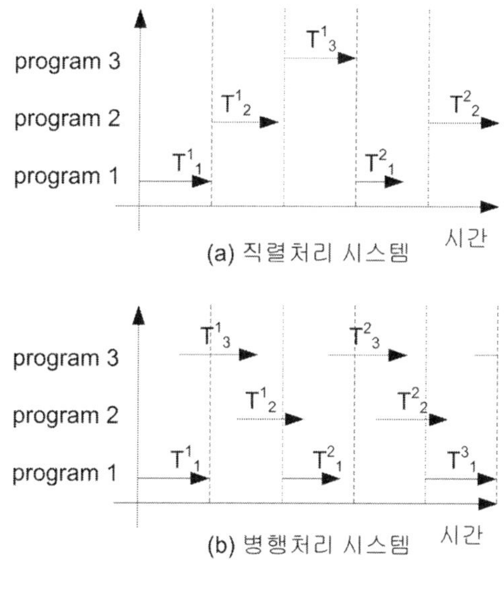

[그림 8.1] 직렬처리와 병행처리 시스템

3) 트랜잭션

데이터베이스를 접근하여 검색, 갱신, 추가, 삭제 등을 수행하는 프로그램의 기본 단위를 트랜잭션이라고 한다. 트랜잭션이란 원래 '상거래'라는 의미로서 물건을 구매하거나 은행에 돈을 입출금하는 한 건의 상거래(commercial transaction)를 의미한다. DBMS는 다중 처리 과정에서 자연히 병행처리를 하게 된다. 병행처리를 하지 않고 트랜잭션들을 하나씩 차례대로 처리하는 직렬처리 방식에서는 일관성 문제가 발생하지 않는다.

[그림 8.1]은 다중 프로그래밍 시스템에서 프로그램 3개가 주기억장치에서 주재하면서 사용자들의 요구에 의하여 차례대로 처리하는 과정을 보여준다. [그림 8.1](a)는 세 개의 프로그램들이 교대로 처리기를 사용하는 것을 보여준다. [그림 8.1](b)는 프로그램들이 같이 실행되는 모습을 보여준다. 이것은 프로그램들이 CPU와 입・출력 작업 사이의 빈 시간을 이용하여 병행처리하는 것을 보여주는 것이다. 전반적으로 병행처리를 하면 같은 시간 안에 더 많은 수의 트랜잭션들을 처리하며, 트랜잭션들이 상대적으로 빨리 완료되는 것을 볼 수 있다. 즉, 처리율(throughput)과 응답시간(response time)을 모두 향상할 수 있다.

8.1.1 병행처리의 문제점

트랜잭션들을 병행처리하면 처리 효율이 높아지지만 처리 과정에서 동일한 자료를 동시에 접근하다가 여러 가지 오류를 일으킬 가능성이 있다. [표 8.1]은 대표적인 병행처리 시의 문제점이며 이 문제점을 해결하는 것이 병행제어이다. 병행처리에 의하여 발생하는 문제점들 중에서 대표적인 4가지 문제점을 다음과 같이 살펴보기로 한다.

[표 8.1] 대표적인 병행처리 문제점

종 류	내 역	문제점
갱신 유실 문제	두 트랜잭션이 동시에 동일한 자료를 갱신	첫째 갱신이 유실
오류 읽기 문제	갱신하는 도중에 다른 트랜잭션이 읽기	낡은 자료 읽기
잘못된 요약	두 자료를 갱신하는 도중에 읽기	요약 결과 오류
무결성 제약조건	두 자료의 제약조건을 검사하지 않고 갱신	일관성 위반

(1) 갱신 유실 문제

[그림 8.2]에서 은행계좌 A에 T_1과 T_2 두 고객의 트랜잭션이 은행 단말기를 이용하여 비슷한 시각에 500원과 600원을 각각 송금하였다. 당시 A에는 3,000원이 잔고였다면 송금 후에

는 얼마가 되었을까? 두 고객이 송금 트랜잭션 T_1과 T_2를 실행하면 각각 Read 문장에서 3,000을 읽었을 것이며 T_1은 여기에 500을 더하여 3,500을 쓰기(write)를 실행하고 T_2는 600을 더하여 3,600의 쓰기를 실행한다. 우리는 당연히 결과가 4,100이 될 것을 기대하지만 실제로는 3,500이거나 3,600이 결과 값이 된다. 그 이유는 T_1은 3,500을 쓰기하고 T_2는 3,600을 쓰기하므로 4,100은 나올 수 없다. 만약 T_1이 3,500을 먼저 쓰기하면 후에 T_2가 3,600을 쓰기할 것이고, T_2가 3,600을 먼저 쓰기하면 후에 T_1이 3,500을 쓰기할 것이므로 결과적으로 먼저 쓰기하는 값이 유실된다.

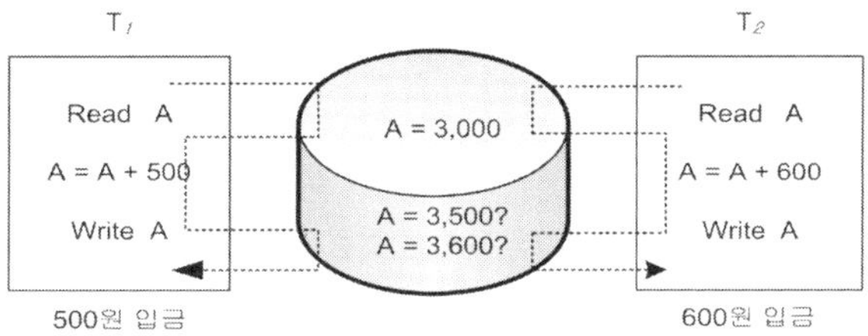

[그림 8.2] 갱신 유실 문제

(2) 오류 읽기 문제

[그림 8.3]에서 잔액이 3,000원인 은행계좌 A의 고객 트랜잭션 T_1이 500원을 송금하는 사이에 고객 트랜잭션 T_2가 잔액을 조회한다고 가정하자. 고객 T_2는 과연 얼마를 읽을까? 비슷한 시간에 원거리 단말기에서 송금과 조회를 하였으므로 어느 트랜잭션이 먼저 실행될지는 확실하지 않다. 확실한 것은 T_2가 3,000원을 읽었다면 오류라고 생각될 수 있다. 왜냐하면 곧 바뀌게 되는 낡은 값을 읽었기 때문에 오류 읽기(dirty read)라고 한다.

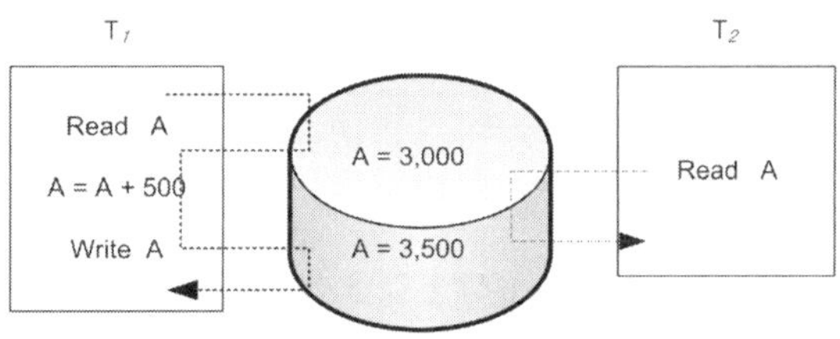

[그림 8.3] 오류 읽기 문제

(3) 잘못된 요약

[그림 8.4]에서 고객 트랜잭션 T_1이 잔액이 3,000원인 계좌 A에서 잔액이 4,000원인 계좌 B로 500원을 송금하는 사이에 다른 고객 트랜잭션 T_2가 계좌 A와 B의 잔액의 합계를 구하는

트랜잭션을 실행하였다. 계좌 A에서 500원을 계좌 B로 송금하는 트랜잭션이므로 두 계좌의 잔액의 합계는 7,000원으로 변함이 없다. 그러나 두 계좌의 잔액을 읽어서 합산하는 프로그램의 결과는 6,500원으로 읽혀질 수 있음을 보여준다. 이와 같은 오류가 발생하는 이유는 자료 값이 바뀌는 도중에 다른 고객 트랜잭션이 자료 값을 읽었기 때문이다.

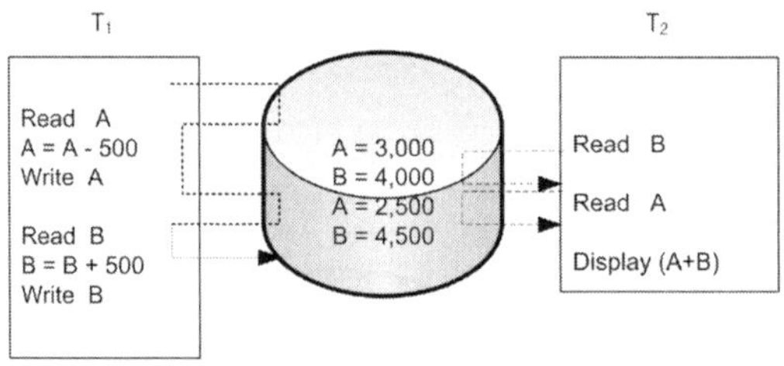

[그림 8.4] 잘못된 요약 문제

(4) 무결성 제약조건 위반

[그림 8.5]는 운수회사에서 운전기사의 배차관리업무를 위한 테이블 갱신에 관한 내용이다. 트럭 기사 한길동이 2009.09.11일에 대전에 트럭으로 배차지시를 받았는데 갑자기 사정이 발생하여 기사를 김길동으로 대치하고자 한다. 면허 테이블에 의하면 김길동은 보통면허를 갖고 있으므로 대형 면허를 필요로 하는 트럭을 운전할 수 없기 때문에 배차 변경은 불가능하다.

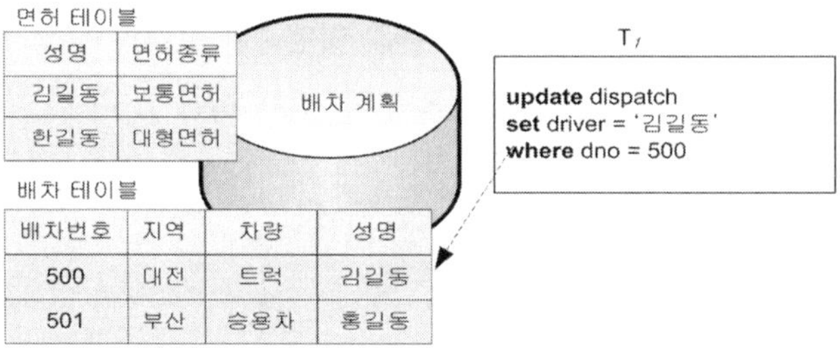

[그림 8.5] 무결성 제약조건 위반

이상과 같이 병행처리를 실행하면 예상하지 않은 오류를 겪게 될 수 있으므로 병행제어 기술이 요구된다. 다음 절에서는 병행처리 오류의 원인을 살펴보고 대책을 수립한다.

8.1.2 병행처리 오류의 원인과 대책

(1) 오류의 원인

앞 절에서 논의한 병행 트랜잭션들의 실행 시에 발생하는 오류의 원인들을 문제점별로 살펴보면 다음과 같다.

1) 갱신 유실 문제

갱신 유실 문제는 동일한 자료를 두 트랜잭션이 동시에 갱신할 때 발생한다. 한 트랜잭션이 자료를 갱신하는 도중에 다른 트랜잭션이 그 자료를 갱신하기 위하여 읽는다면 그 순간 오류가 예상된다. 따라서 한 트랜잭션이 자료를 갱신하려고 접근하면 다른 트랜잭션의 갱신을 위한 접근을 허용하지 말아야 한다. 한 트랜잭션이 갱신을 완료한 다음에 다른 트랜잭션의 접근을 허용하면 오류 문제가 해결된다.

2) 오류 읽기 문제

오류 읽기 문제는 한 트랜잭션이 자료를 갱신하는 도중에 다른 트랜잭션이 같은 자료를 읽는다면 곧 갱신되는 자료를 읽는 것이기 때문에 낡은 자료를 읽는 것이 된다. 따라서 자료를 갱신하는 트랜잭션이 실행 중이면 그 자료는 다른 트랜잭션에 의해 읽혀져서는 안 된다. 따라서 자료를 갱신하는 트랜잭션이 완료될 때까지 다른 트랜잭션의 접근을 허용하지 말아야 한다.

[표 8.2] 병행처리 오류 원인

오 류	원 인	대 책	비 고
갱신 유실 문제	두 트랜잭션이 동시에 자료 갱신	갱신 후에 갱신 실행	갱신 연산 (충돌 연산)
오류 읽기 문제	자료 갱신 도중에 읽기	갱신 후에 읽기	
잘못된 요약	자료 갱신 도중에 읽기	갱신 후에 읽기	
무결성 제약조건	제약조건 무시하고 자료 갱신	제약조건 확인	

3) 잘못된 요약 문제

두 개의 자료를 갱신하는 트랜잭션이 실행하는 도중에 다른 트랜잭션이 두 개의 자료를 모두 읽어서 합계를 계산한다면 계산하는 트랜잭션은 오류를 야기하기 쉽다. 이 문제는 오류 읽기 문제의 연장선에 있는 유사한 문제이다. 따라서 두 개의 자료를 갱신하는 트랜잭션은 다른 트랜잭션의 접근을 허용하지 말아야 한다.

4) 무결성 제약조건 문제

한 업무를 처리하기 위하여 접근해야 하는 테이블이 여러 개가 있을 때는 자료들 간의 무결성 제약조건을 위반할 가능성이 있다. 따라서 트랜잭션이 여러 개의 테이블을 접근할 때 무결성 제약조건을 확인하지 않고 갱신할 때 발생하는 문제이다. 자료를 갱신할 때는 다른 테이블에 저장되어 있는 관련된 자료들 간의 의미관계를 확인하고 갱신해야 한다.

[표 8.2]와 같이 병행처리 시에 발생하는 오류들은 공통적으로 한 트랜잭션이 자료를 갱신할 때, 다른 트랜잭션이 자료를 갱신하거나 그 자료를 읽는다는 점이다. 또는 낡은 자료를 읽는 것은 아니지만 두 자료 간의 무결성 제약조건을 위반하면서 갱신하게 되는 경우이다. 이들 오류들은 모두 자료 갱신 시에 야기된다. 이와 같은 문제를 제거할 수 있는 조치를 취하는 것이 병행제어로서 트랜잭션의 실행에 제약조건을 추가하게 된다. 동일한 자료를 접근하는 연산들 중에서 하나가 갱신 연산이라면 이 연산을 충돌 연산(conflict operation)이라고 한다.

[표 8.3] 병행처리 기법

종 류	처리 내역	충돌 상태
록킹 기법	자료에 록을 걸고 자료 처리 후 해제	충돌에 비관적
타임스탬프 기법	시스템 진입 시간이 빠른 순서로 자료 처리	중간
검증 기법	자료를 처리하고 충돌 여부를 검증	충돌에 낙관적

(2) 병행처리 대책

병행처리 시에 발생하는 오류를 제거하기 위해서는 [표 8.3]과 같이 세 가지 방법이 시행되고 있다. 이들 방법들은 모두 트랜잭션들이 자료를 갱신할 때 다른 트랜잭션들과 동시에 접근하는 것을 피하는데 있다. 우선 세 가지 방법들을 간략하게 살펴본다.

1) 록킹 기법

트랜잭션이 자료를 갱신하기 위하여 접근할 때는 배타적으로 사용할 것을 선언(locking)함으로써 다른 트랜잭션들이 동시에 접근하는 것(충돌 접근)을 피하는 방식이다. 트랜잭션들 끼리 충돌 접근이 많이 발생하는 경우에 사용한다. 충돌 연산을 많이 예상하기 때문에 비관적 기법이라고 한다.

2) 타임스탬프 기법

트랜잭션들이 같은 자료를 접근할 때 충돌을 피하기 위하여 트랜잭션 마다 시스템에 진입한 시간(timestamp)을 비교하여 우선순위를 설정한다. 트랜잭션들끼리의 충돌 연산이 많지 않을 것이지만 적지도 않을 것을 예상하므로 비관적 기법과 낙관적 기법의 중간 기법이다.

3) 검증 기법

트랜잭션들이 같은 자료를 접근하면 일단 처리를 진행하고 완료 단계에서 충돌 여부를 검증(verification)하는 기법이다. 트랜잭션들끼리의 충돌 접근이 적은 경우에 사용한다. 트랜잭션들끼리의 충돌 연산이 많지 않을 것을 예상하므로 낙관적 기법이라고 한다.

이상과 같이 병행처리 대책은 충돌 연산이 발생하는 가능성에 따라서 여러 가지 기법을 선택적으로 사용하고 있다.

8.2 병행처리 트랜잭션

병행처리에 의한 오류를 막기 위해서는 트랜잭션을 일반 프로그램과는 다르게 엄격하게 처리해야 한다. 우선 트랜잭션의 데이터베이스 접근 명령들을 하나로 묶어서 특별하게 취급하고, 처리 과정과 결과를 감시하면서 오류 상태를 확인하고 오류 발생 시에는 대책을 수립해야 한다. 만약 데이터베이스에 이상이 발생했다면 원래의 정상 상태로 돌아가는 복구 기능을 실행할 수 있어야 한다. 트랜잭션 관리자(transaction manager)는 여러 트랜잭션들이 동시에 실행되는 것을 지원한다. 트랜잭션 관리자가 여러 트랜잭션들을 동시에 실행하면서도 야기되는 복잡한 문제들을 해결할 수 있다면 [표 8.4]와 같이 성능 면에서 두 가지 이익을 얻을 수 있다.

[표 8.4] 트랜잭션 처리 성능 기준

종 류	내 역	비고
처리율	단위 시간당 처리가 완료되는 트랜잭션의 수	전체 트랜잭션들의 성능 평가
응답 시간	트랜잭션의 실행 시작부터 완료까지의 시간	개별 트랜잭션의 성능 평가

1) 처리율

트랜잭션의 종류는 CPU를 사용하는 작업과 입·출력장치를 사용하는 작업으로 구분된다. 한 트랜잭션이 두 작업을 동시에 실행할 수 없으므로 어느 한 장치는 항상 휴식하게 된다. 여러 트랜잭션들을 동시에 실행시키면 여러 장치들을 모두 동시에 사용할 수 있으므로 처리율(throughput)이 향상되고 CPU와 입·출력장치를 효율적으로 사용하게 된다.

2) 응답 시간

여러 트랜잭션을 실행시키면 실행 시간이 긴 트랜잭션과 짧은 트랜잭션이 섞여 있을 가능성이 있다. 직렬처리를 한다면 실행 시간이 짧은 트랜잭션이 뒤에 있을 경우에 매우 늦게 처리될 것이다. 병행처리를 수행한다면 짧은 트랜잭션은 빨리 끝날 것이므로 평균 응답 시간(response time)이 현저히 감소될 것이다.

트랜잭션을 병행처리하려면 복잡한 문제들을 야기하여 오류가 발생할 수 있지만 이를 극복할 수 있다면 처리율과 응답 시간 등의 이점이 있다. 트랜잭션의 상태와 특성을 파악하여 스케줄을 잘 세운다면 트랜잭션의 효율적 병행처리가 가능하다. 효율적 처리란 처리율과 응답 시간이 모두 양호한 처리를 말한다.

8.2.1 트랜잭션의 상태

트랜잭션은 실행을 시작하여 종료될 때까지 여러 가지 상태로 변화한다. 트랜잭션이 성공적으로 종료되는 것을 완료(commit)라고 하며, 완료에 이르기 위하여 여러 가지 상태를 거친다. 트랜잭션이 완료되려면 원자성(atomicity, 작업의 최소 단위)이 유지되어야 한다. 원자성(최소 단위 작업)이라는 의미는 하나의 트랜잭션 안에 있는 모든 데이터베이스 접근 명령들이 모두 실행되든지 아니면 전혀 실행되지 말아야 하는 것(all or nothing)을 의미한다. 트랜잭션을 작업의 최소 단위로 묶기 위하여 트랜잭션이 시작되면 트랜잭션의 시작을 알리는 표시 "begin_transaction"을 붙이고, 트랜잭션이 종료되면 종료를 알리는 표시 "end_transaction"을 붙인다. 트랜잭션의 처리 상태를 구분하면 [표 8.5]와 같다.

[표 8.5] 트랜잭션의 상태

트랜잭션 상태	실행 상태 및 처리 내역	비 고
시작	프로그램 실행 개시	시작 표시
실행	자료 접근 연산과 사칙 연산 실행 상태	
부분 완료	트랜잭션이 성공적으로 끝났지만 아직 데이터베이스 갱신 이전 상태	
완료	데이터베이스 갱신 가능 상태	
실패	오류 발생 상태, 실행 이전의 상태로 돌아가야 하는 상태	오류 발생 시
종료	트랜잭션이 완전히 끝난 상태	종료 표시

[표 8.5]에서 트랜잭션 시작 상태는 트랜잭션 실행의 시작을 표시한다. 트랜잭션 실행 상태는 데이터베이스를 접근 연산(read, write 등)과 사칙연산을 실행하는 상태이다. 트랜잭션 부분 완료 상태란 트랜잭션 실행이 성공적으로 끝난 상태이나 아직 실행 결과가 데이터베이

스에 반영되지 못한 상태이다. 트랜잭션 완료 상태란 트랜잭션이 성공적으로 끝났을 뿐만 아니라 실행 결과가 데이터베이스에 반영될 수 있는 상태를 말한다. 트랜잭션 실패 상태란 트랜잭션 실행 중에 오류가 발생하거나 또는 성공적으로 실행한 후에 데이터베이스를 갱신하다가 오류가 발생한 상태로서 곧 트랜잭션 실행이 성공하지 못하고 종료될 상태이다. 실패 상태에서는 트랜잭션이 실행하기 이전의 상태로 되돌아오도록 작업을 마치고 트랜잭션을 종료해야 한다. 즉, 실패 상태에서 트랜잭션의 실행 결과가 일부라도 데이터베이스에 반영되었다면 트랜잭션 시작 이전의 원래 상태로 복귀해야 한다. 트랜잭션 종료 상태란 트랜잭션의 실행 결과가 성공적으로 데이터베이스에 반영되었든 아니면 트랜잭션 실행 이전의 상태로 완벽하게 되돌아가서 트랜잭션이 완전히 끝난 상태를 의미한다.

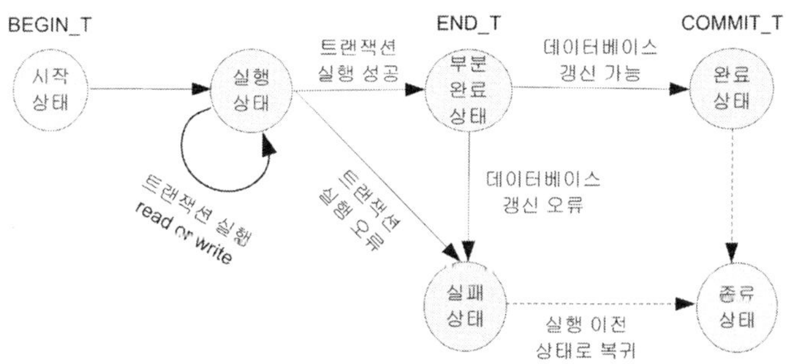

[그림 8.6] 트랜잭션 상태 천이도

트랜잭션이 시작되어 데이터베이스에 접근 연산을 실행하고 완전히 끝날 때까지의 실행 상태를 표현한 것이 [그림 8.6]이다. 트랜잭션의 명령 자체는 “begin_transaction” 표시로 시작하여 "end_transaction" 표시로 둘러싸여 있다. 트랜잭션이 데이터베이스 연산을 실행 중에 오류가 발생하면 즉시 실패 상태로 천이하며, 실행이 성공적으로 종료하면 부분 완료 상태로 가지만 이후에도 여러 가지 이유로 이상이 발생하여 실패 상태로 천이할 수 있다. 예를 들어 부분 완료 상태에서 데이터베이스를 갱신하다가 입·출력 장치에서 오류가 발생할 수 있고, 정전이 발생할 수도 있다. 따라서 트랜잭션은 프로그램이 주기억장치에서 이상 없이 실행되어도 입·출력장치의 이상으로 실패 상태로 갈 수 있다. 부분 완료 상태에서는 주기억장치에서 실행한 트랜잭션의 결과를 데이터베이스에 반영해야 하며 반영이 끝난 상태를 완료 상태라고 한다. 따라서 완료 상태에서는 어떤 이상이 발생해도, 예를 들어 정전이 발생해도, 트랜잭션의 처리 결과가 데이터베이스에 반영되었다고 간주한다. 실패 상태에서는 트랜잭션이 실행 이전과 동일한 상태로 데이터베이스를 되돌려 놓아야 한다. 완료 상태 또는 실패 상태에서 트랜잭션은 종료된다.

8.2.2 트랜잭션의 특성

트랜잭션이 성공적으로 실행되려면 다른 프로그램들과 달리 여러 가지의 특성을 유지해야 한다. 트랜잭션의 특성은 병행처리를 안전하게 유지하고 고장 발생 시에 쉽게 복구하기 위하여 다음과 같은 ACID 특성을 가져야 한다.

1) 원자성(atomicity)

트랜잭션은 한 번 시작되면 완전히 실행되어야 하며, 중간에 정지하려면 전혀 실행되지 말아야 한다(all-or-nothing). 트랜잭션은 원자의 성질과 같이 더 이상 나누어질 수 없는 최소 실행 단위이다. 만약 정전과 같은 사고에 의하여 트랜잭션을 더 이상 실행할 수 없다면 트랜잭션이 갱신했던 자료를 없던 일로 만들고 트랜잭션을 취소해야 하며(rollback), 만약 트랜잭션을 마칠 수 있는 시간 여유가 있다면 트랜잭션을 신속하게 완료해야 한다(rollforward).

2) 일관성(consistency)

일관성이란 모순이 없는 상태이다. 트랜잭션은 데이터베이스를 모순이 없는 상태(일관성)에서 시작하여 모순이 없는 다른 상태(일관성)로 변환해야 한다. 트랜잭션은 일관성을 보장해야 하지만 이 성질을 보장하는 것은 사용자의 책임이다. 사용자 프로그램이 논리적이라면 일관성이 유지된다. 일관성을 유지할 수 없다면 트랜잭션을 실행시키지 말아야 한다.

3) 고립성(isolation)

트랜잭션은 다른 트랜잭션의 영향을 받지 않고 실행되어야 한다. 여러 트랜잭션들이 동시에 실행되더라도 트랜잭션의 갱신이 완료될 때까지 나머지 트랜잭션들로부터 간섭을 받지 않도록 보호해야 한다.

4) 지속성(durability)

트랜잭션이 완료되면 실행 결과를 반드시 데이터베이스에 반영해야 한다. 트랜잭션이 완료되었다는 것은 주기억장치에서 실행이 완료된 것이지 하드 디스크까지 실행 결과가 반영된 것은 아니다. 시스템에 장애가 발생하여 트랜잭션 결과가 데이터베이스에 즉시 반영하지 못했더라도 트랜잭션이 완료되었다면 실행 결과는 반드시 데이터베이스에 반영해야 하는 특성이다.

[표 8.6] 트랜잭션의 ACID 특징

특징	기 능	비 고
원자성	트랜잭션 안의 모든 연산을 실행	불가하면 모두 비 실행
일관성	모순 없는 상태 유지	불가하면 비 실행
고립성	다른 트랜잭션의 영향을 배제	불가하면 비 실행
지속성	갱신되면 2차 기억장치에 저장	디스크에 저장

[표 8.6]은 간략한 트랜잭션의 ACID 특징이며, 이 특징들을 지키지 못할 때는 트랜잭션들을 실행하지 않는다. 이 특징들은 성격상 원자성이 지속성과 관련이 많으며 일관성은 고립성과 관련이 많아서 다음과 같이 두 가지 쌍을 중심으로 분석한다.

1) 원자성과 지속성

원자성이란 더 이상 나누어지지 않는 성질이지만 트랜잭션은 프로그램이기 때문에 완전히 실행하지 못하고 중간에 취소될 수 있는 가능성이 있다. 트랜잭션은 다음과 같은 여러 가지 이유로 인하여 실행 중에 취소될 수 있다.

- 프로그램의 논리적인 오류, 예상하지 않은 입력 자료 값에 의하여 취소될 수 있다.
- 시스템에 장애가 발생하여 트랜잭션이 취소될 수 있다.
- 프로그램과 시스템에는 이상이 없으나 DBMS 이상으로 취소될 수 있다.

원자성을 유지한다는 것은 중간에 트랜잭션이 취소될 경우에는 트랜잭션이 시작 이전의 상태로 데이터베이스를 복원시켜야 함을 의미한다. 또한 트랜잭션이 중간에 취소되지 않고 완료된다면 트랜잭션 실행 결과를 반드시 데이터베이스에 지속적으로 반영해야 함을 의미한다. 트랜잭션이 원자성을 유지한다는 것은 트랜잭션의 실행이 취소되면 실행 이전의 데이터베이스 상태를 지속하고, 완료되면 실행 결과를 데이터베이스에 지속성 있게 유지해야 함을 의미한다.

2) 일관성과 고립성

사용자는 트랜잭션의 일관성을 보장해야 하는 책임이 있다. 일관성이란 데이터베이스를 모순이 없는 상태에서 모순이 없는 다른 상태로 변환하는 성질이다. 트랜잭션이 자체에 논리적인 모순이 없으며, 외부의 영향을 받지 않으면 일관성을 유지할 수 있다. 트랜잭션이 외부의 영향을 받지 않으려면 병행처리를 실행하지 않고 직렬처리를 실행하면 가능하다. 직렬처리란 트랜잭션들이 하나씩 차례대로 실행됨으로써 다른 트랜잭션의 실행으로부터 고립을 유지하는 것이다.

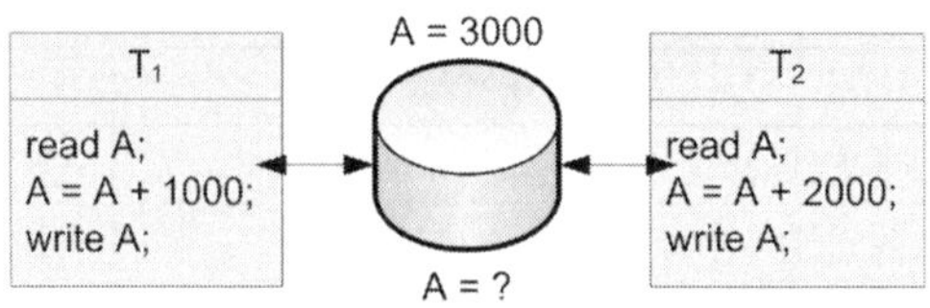

$S_a = r_1(A);w_1(A);r_2(A);w_2(A);$
$S_b = r_2(A);w_2(A);r_1(A);w_1(A);$
$S_c = r_1(A);r_2(A);w_1(A);w_2(A);$
$S_d = r_2(A);r_1(A);w_2(A);w_1(A);$

[그림 8.7] 두 개의 송금 트랜잭션을 위한 스케줄

8.2.3 트랜잭션 스케줄

트랜잭션들이 병행처리될 때 여러 트랜잭션들의 액션(action)들의 실행 순서를 스케줄(schedule)이라고 한다. 액션이란 데이터베이스 접근 연산들의 목록(list)이다. 스케줄의 목적은 트랜잭션들을 병행처리하지만 결과적으로 직렬처리와 같은 효과를 얻는 연산 순서를 만드는 것이다. 직렬처리를 실행하면 다른 트랜잭션들의 간섭을 받지 않기 때문에 처리 결과가 일관성을 가지며 유효하다.

(1) 스케줄의 표현

스케줄 S는 n개의 트랜잭션 T_1, T_2, …, T_n들의 연산들을 순서화한 것이다. 스케줄에 참여하는 각 트랜잭션들 안의 연산들의 순서는 스케줄에서도 트랜잭션 안의 순서와 동일해야 한다. 그러나 스케줄 안의 트랜잭션들의 연산들은 다른 트랜잭션들의 연산들과 섞일 수 있다. [그림 8.7]의 스케줄 S_a, S_b, S_c, S_d는 연산들의 처리 순서가 약간씩 다르지만 트랜잭션 T_1과 T_2 안에서의 연산 순서가 동일하게 유지된다. 즉 각 트랜잭션 안에서는 read 연산이 항상 write 연산보다 앞에 나오듯이 모든 스케줄에서 각 트랜잭션의 read 연산은 write 연산보다 앞에 나온다.

[그림 8.7]에서 S_a, S_b는 직렬처리하는 연산이다. 트랜잭션 T_1이 완전히 처리된 다음에 T_2가 처리되거나, T_2가 완전히 처리된 다음에 T_1이 처리되기 때문이다. 스케줄 S_a와 S_b는 직렬처리 연산이므로 일관성이 유지된다. 그러나 스케줄 S_c와 S_d는 병행처리 연산이며, 오류가 발생한다. 트랜잭션 T_1의 연산과 T_2의 연산이 섞여 나오면서 갱신 유실 문제를 야기한다. 스케줄 S_c와 S_d가 시작되기 전에 A의 값이 3,000이었다면 스케줄이 끝난 후에는 4,000이나

5,000이 되지 일관성을 유지하는 6,000이 될 수 없다. 따라서 S_c와 S_b는 모순 스케줄이므로 병행제어 기법이 요구된다. 스케줄에는 기능에 따라서 다음과 같이 분류할 수 있다[표 8.7].

[표 8.7] 스케줄 분류

분 류	기 능	비 고
직렬 스케줄	한 트랜잭션씩 차례대로 실행	이상무
병행 스케줄	동시에 함께 실행	오류 가능성
직렬화 스케줄	직렬 스케줄처럼 병행처리	새 알고리즘 필요
완전 스케줄	취소와 완료 연산 포함	

1) 직렬 스케줄(serial schedule)

트랜잭션 하나의 실행이 완료되면 다른 트랜잭션을 시작하는 방식으로 하나씩 차례대로 실행하는 스케줄로서 트랜잭션이 실행되는 동안 다른 트랜잭션의 영향을 받을 수 없으므로 모순이 발생하지 않는다.

2) 병행 스케줄(concurrent schedule) : 비직렬 스케줄(non-serial schedule)

트랜잭션들의 자료 접근 연산들을 교차하면서 동시에 실행 시키는 스케줄로서 모순 발생으로 인하여 일관성 유지가 쉽지 않다. 병행 스케줄 중에서 오류가 확실한 스케줄을 충돌 스케줄(conflict schedule)이라고 한다. 충돌 스케줄은 다음 절에서 논의한다.

3) 직렬화 스케줄(serializable schedule)

트랜잭션들이 동시에 자료 접근 연산들을 교차하며 실행시키면서도 결과가 직렬 스케줄과 동일한 스케줄이다. 즉, 병행처리하지만 적절한 제어조치를 취함으로써 일관성을 유지하는 스케줄로서 병행제어에서 필요한 스케줄이다. 즉, 병행제어 스케줄은 직렬성을 유지할 수 있다. 직렬성이란 트랜잭션들의 처리 결과가 직렬처리와 동일한 효과를 가지는 스케줄 특성이다.

4) 완전 스케줄(complete schedule)

각 트랜잭션에 대한 철회와 완료 연산을 포함하는 스케줄이다. 완전 스케줄에서는 오류 발생의 예상과 대책이 마련되어 있으므로 병행제어가 가능하다.

(2) 직렬성

병행제어란 트랜잭션들을 일관성 있게 병행처리하는 제어 기술이다. 병행처리를 실행하면서 일관성이 있으려면 직렬처리를 실행한 결과와 같은 결과를 내도록 스케줄을 조정하는 것이다. 스케줄을 조정하여 충돌을 야기하지 않는다면 직렬성을 확보한 것이므로 직렬화 스케줄이라고 할 수 있다. 직렬화 스케줄은 직렬 스케줄은 아니지만 스케줄의 실행 결과가 직렬 스케줄과 같은 결과를 야기하는 스케줄이다. 병행처리 스케줄을 직렬화 스케줄로 만들면서 성공 여부를 확인하기위한 수단이 충돌 스케줄인지를 확인하는 것이다.

[표 8.8] 충돌 연산의 형태

순서	형 태	발생 예상 문제
1	write-read	오류 읽기, 잘못된 요약
2	read-write	오류 읽기, 무결성 제약조건 위반
3	write-write	갱신 유실

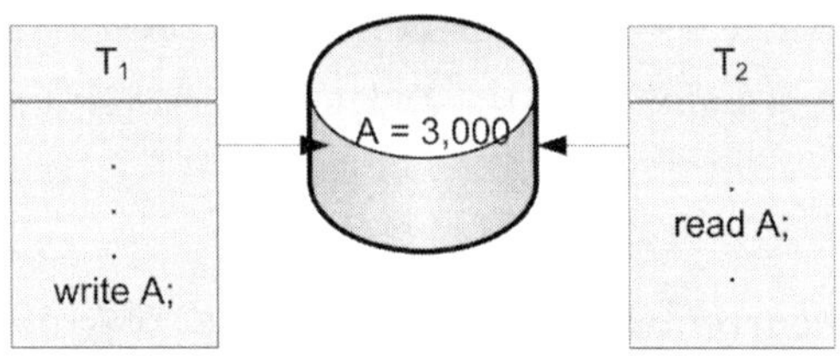

[그림 8.8] 충돌 스케줄 S_0

1) 충돌 스케줄(conflict schedule)

병행처리에서 문제가 되는 것은 충돌 스케줄이다. 충돌 스케줄이란 충돌 연산을 야기하여 트랜잭션의 일관성을 저해하는 스케줄이다. 예를 들어 한 트랜잭션이 자료를 갱신하는 도중에 다른 트랜잭션이 동일한 자료를 갱신하거나 읽으면 모순 가능성이 있다. 항상 문제가 야기되는 것은 자료의 갱신에 있다. 모든 트랜잭션들이 자료를 읽기만 한다면 아무 문제가 없다. 스케줄의 목적은 충돌 스케줄을 찾아내서 직렬화 스케줄을 만드는 것이다. 충돌 스케줄의 형태를 구분하면 [표 8.8]과 같이 세 가지 형태가 있다.

[그림 8.8]과 같이 동일한 자료 A에 두 개의 트랜잭션이 동시에 접근하고 그 중 하나가 갱신 연산이면 충돌 스케줄이다. 충돌 스케줄을 야기하는 충돌 연산의 조건은 [표 8.9]와 같다. 이와 같은 충돌 스케줄에서는 병행처리의 4가지 문제점이 나타나기 때문에 일관성이 무너지기 쉽다.

[표 8.9] 충돌 연산의 조건

조건	기 능	비 고
1	두 개 이상의 트랜잭션들이 동시에 실행	자료 접근 연산
2	동일한 자료를 접근하고	read, write
3	그 중 하나가 갱신	write

[표 8.9]의 write-read 충돌은 한 트랜잭션이 자료를 갱신하는 도중에 다른 트랜잭션이 자료를 읽는 스케줄이다. 오류 읽기(dirty read)의 가능성과 잘못된 요약(incorrect summary)이 예상된다. read-write 충돌은 한 트랜잭션이 자료를 읽는 도중에 다른 트랜잭션이 자료를 갱신하는 스케줄이다. 오류 읽기의 가능성과 무결성 제약조건 문제의 가능성이 예상된다. write-write 충돌은 한 트랜잭션이 자료를 갱신하는 도중에 다른 트랜잭션이 자료를 갱신하는 스케줄이다. 갱신 유실 문제(lost update problem)의 가능성이 예상된다.

T_1	T_2
read A;	
A = A - 500	
write A;	
read B;	
B = B + 500	
write B;	
	read A;
	A = A – 700
	write A;
	read B;
	B = B + 700
	write B;

(a) 스케줄 S_1

T_1	T_2
	read A;
	A = A – 700
	write A;
	read B;
	B = B + 700
	write B;
read A;	
A = A - 500	
write A;	
read B;	
B = B + 500	
write B;	

(b) 스케줄 S_2

[그림 8.9] 직렬처리 스케줄

2) 직렬성 검사

병행제어 기법을 만들 때는 반드시 그 기법으로 만든 스케줄이 직렬성이 있음을 확인해야 한다. 어떤 스케줄에 직렬성이 있으려면 충돌 스케줄이 아님을 증명해야 하는데 그 수단이 선행 그래프(precedence graph)이다. 선행 그래프는 방향 그래프이므로 연산 사이에 선후 관계를 확인하여 트랜잭션들 사이에 순환이 있으면 충돌 스케줄이고 순환이 없으면 일관성 스케줄로 확인한다. 선행 그래프는 트랜잭션을 노드로 하며 접근 연산과 접근 연산 사이의 선후 관계로 표현한다. 즉, 선행 그래프는 G = (V, E)로 구성되는데 V는 트랜잭션을 의미하는 정점들의 집합이고, E는 자료 연산과 연산 사이의 선후 관계를 의미하는 간선들의 집합이다. 선행 그래프의 간선 T_i –> T_j를 작성하는 원칙은 다음과 같다.

T_j가 read(Q) 또는 write(Q)를 실행하기 전에 T_i가 read(Q) 또는 write(Q)를 실행한다.

두 트랜잭션이 동일한 자료를 접근하는 연산들이 있으면 시간적으로 선후 관계를 트랜잭션 단위로 연결한다. 예를 들어 [그림 8.9]의 스케줄 S_1은 트랜잭션 T_1이 완료한 다음에 T_2가 실행된다. T_2에서 write A를 실행하기 전에 T_1이 read A와 write A를 실행하였으므로 간선 $T_1 \rightarrow T_2$가 성립한다. 또한 T_2에서 write B를 실행하기 전에 T_1 이 read B와 write B를 실행하였으므로 간선 $T_1 \rightarrow T_2$가 성립한다. 따라서 [그림 8.10](a)의 선행그래프가 작성된다. 스케줄 1과 같이 간선이 순환되지 않는 선행 그래프의 스케줄은 일관성을 유지한다.

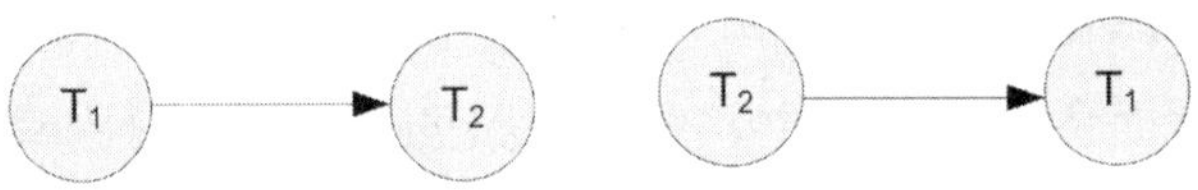

(a) 스케줄 S_1　　　(b) 스케줄 S_2

[그림 8.10] 스케줄 1과 스케줄 2의 선행 그래프

스케줄 S_2는 트랜잭션 T_2의 실행이 완료된 다음에 T_1 이 실행된다. T_1 에서 write A를 실행하기 전에 T_2가 read A와 write A를 실행하였으므로 간선 $T_2 \rightarrow T_1$이 성립한다. 또한 T_1 에서 write B를 실행하기 전에 T_2가 read B와 write B를 실행하였으므로 간선 $T_2 \rightarrow T_1$ 이 성립한다. 따라서 [그림 8.10](b)의 선행그래프가 작성된다. 스케줄 S_2와 같이 간선이 순환되지 않는 선행 그래프의 스케줄은 일관성을 유지한다.

[그림 8.11]의 두 가지 스케줄에서 트랜잭션의 자료 접근 연산이 보이므로 각각 스케줄을 작성할 수 있다. [그림 8.11](a)의 스케줄 3에서는 T_1 의 read A 다음에 T_2의 read A를 실행하고 다시 T_1 의 write A를 실행하므로 선행 그래프의 간선이 T_1 에서 T_2로 그리고 T_2에서 T_1으로 그림과 같이 순환되기 때문에 충돌임을 알 수 있다. [그림 8.11](b)의 스케줄 4에서는 T_1 의 read A 다음에 T_2의 read A를 실행하므로 간선이 T_1 에서 T_2로 연결되지만 T_1 에서는 자료 B에 write만 실행하므로 선후 관계로 연결되지 않는다. 따라서 선행 그래프의 간선이 순환되지 않기 때문에 일관성이 있는 스케줄을 의미한다.

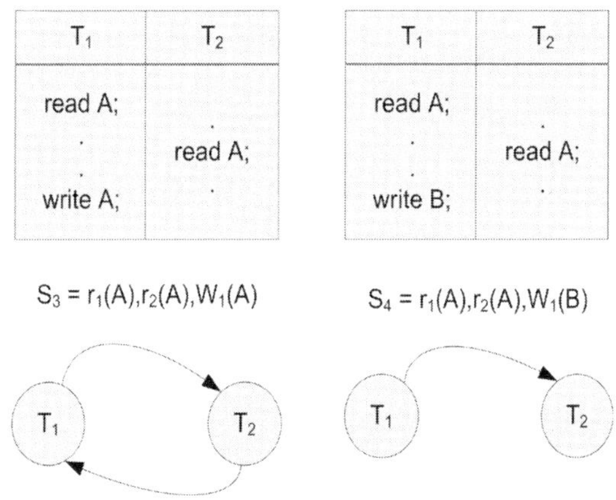

(a) 스케줄 S_3(충돌 스케줄)　(b) 스케줄 S_4(일관성 스케줄)

[그림 8.11] 충돌 스케줄과 일관성 스케줄의 선행 그래프

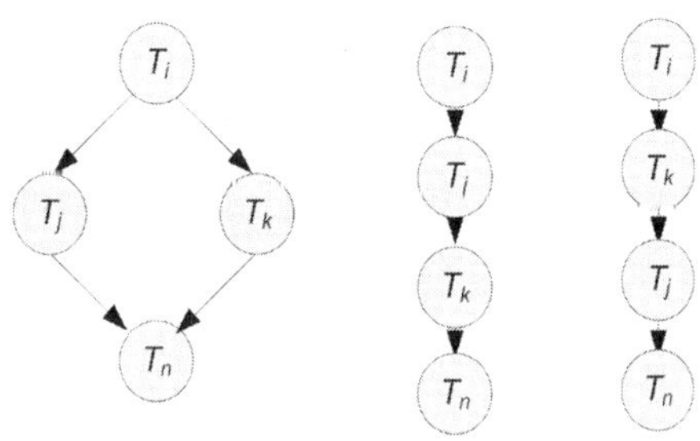

(a) 병행처리　(b) 직렬처리 1　(c) 직렬처리 2

[그림 8.12] 병행처리와 직렬처리 스케줄의 선행 그래프

트랜잭션의 충돌 스케줄 여부를 검사하려면 먼저 선행 그래프를 만든 다음에 순환 탐색 알고리즘을 실행시킨다. 순환 탐색 알고리즘은 알고리즘 교재에 잘 나와 있다. 깊이 우선 탐색(depth first search)을 기반으로 하는 순환 탐색 알고리즘은 $O(n^2)$의 연산이 필요하다. 여기서 n은 그래프의 노드(트랜잭션)의 수이다. 병행처리 스케줄의 선행 그래프는 [그림 8.12](a)의 트랜잭션 T_j와 T_k같이 선후 관계가 애매하다. T_j와 T_k의 선후 관계는 알 수 없으므로 일관성을 유지하기 어렵다. 병행처리를 제어하여 일관성을 유지하게 하려면 [그림 8.12]의 (b)와 (c)같이 각 트랜잭션들의 처리 순서를 명확하게 결정해야 한다. (a)의 스케줄은 순환 알고리즘이므로 선후 관계를 찾아서 지정함으로써 일관성을 유지할 수 있다.

8.3 록킹 기법

병행처리하는 것은 처리율 향상과 응답시간 개선을 위하여 필요하지만 일관성을 유지해야 하는 부담이 따른다. 일관성을 유지하는 것은 트랜잭션의 특성인 원자성을 유지하면 가능하다. 원자성을 유지하려면 트랜잭션이 자료를 접근하는 동안 다른 트랜잭션이 그 자료를 접근하지 못하게 막아야 한다. 트랜잭션의 원자성을 유지하려면 트랜잭션들 간의 상호작용을 제어해서 다른 트랜잭션의 간섭을 막아야 한다.

트랜잭션의 직렬성을 보장하는 방법은 여러 가지가 있으나 이 절에서는 자료를 배타적으로 사용하는 록킹 기법에 대하여 기술한다.

(1) 록의 종류

트랜잭션이 자료를 배타적으로 접근할 수 있으면 그 트랜잭션이 완료된 후에 다른 트랜잭션이 실행되기 때문에 직렬성이 확보된다. 자료를 배타적으로 접근하는 방법이 바로 록(lock) 기법이다. 공중전화 박스에서 전화를 걸 때 줄을 서서 기다리다가 자기 차례가 오면 전화박스 안에 들어가서 문을 닫고 전화를 사용한다. 전화사용이 끝나면 박스 밖으로 나오고 다른 사람이 박스에 들어가서 전화를 사용한다. 이와 같이 전화를 배타적으로 사용함으로써 전화를 순서대로 사용하는 기법이 바로 록 기법이다.

트랜잭션의 ACID 특성을 해치는 접근 연산은 주로 갱신이다. 읽기 연산은 자료의 값을 바꾸지 않기 때문에 일관성을 유지한다. 예를 들어 두 트랜잭션들이 동시에 같은 자료를 접근하면서 읽기만 실행한다면 일관성을 해칠 이유가 전혀 없다. 읽기 연산 도중에 갱신 연산이 추가되면 일관성 유지가 어려워질 수 있기 때문에 읽기 연산을 염려한다. 따라서 자료를 록킹할 때는 읽기 연산과 갱신 연산을 구분하여 트랜잭션을 관리할 필요가 있다.

트랜잭션은 자료에 읽기를 위한 록과 갱신을 위한 록 등 다음의 두 가지 형태의 록을 걸 수 있다.

1) 공유 록(shared lock)

트랜잭션이 자료 Q를 읽을 때는 공유 록 S를 걸 수 있다. 자료 Q에 공유 록 S가 걸려 있으면 다른 트랜잭션이 이 자료를 갱신하지 못한다. 공유 록 S가 걸린 자료는 다른 트랜잭션들에 의하여 읽혀질 수 있다.

2) 배타 록(exclusive lock)

트랜잭션이 자료 Q를 기록할 때는 배타 록 X를 걸어야 한다. 자료 Q에 배타 록 X를 가진 트랜잭션은 자료 Q를 읽을 수도 있고 갱신할 수도 있다. 배타 록 X가 걸린 자료는 공유 록 S를 가진 트랜잭션들에 의하여 읽혀질 수 없다.

여러 개의 록들이 한 자료에 중복될 때는 호환성을 검토해야 한다. [그림 8.13]과 같이 공유 록 S가 걸린 자료는 공유 록은 허가하지만 배타 록은 허가하지 못한다. 배타 록 X가 걸린 자료는 공유 록과 배타 록 모두를 허가하지 못한다.

T_1 \ T_2	공유 록 S	배타 록 X
공유 록 S	허가	불가
배타 록 X	불가	불가

[그림 8.13] 록의 호환성

[그림 8.13] 록의 호환성을 이용하여 록을 구현하는 스케줄을 살펴보자. [그림 8.14]의 스케줄 S_5에서 T_1이 자료 A를 갱신할 것이므로 배타 록 X를 걸고 자료를 읽었다. 이 때 트랜잭션 T_2는 자료 A를 읽기 위하여 공유 록을 걸려고 하지만 이미 T_1에 의하여 배타 록이 걸려 있으므로 대기한다. T_1이 록을 풀었을 때 T_2는 록을 걸 수 있으므로 자료 A를 읽는다. 다시 T_1은 자료를 갱신하기 위하여 배타 록을 걸고자 했으나 이미 T_2에 의하여 공유 록이 걸려 있으므로 배타 록을 걸지 못하고 대기한다. T_2가 공유 록을 해제하면 대기 중이던 T_1이 배타 록을 걸고 자료를 갱신한 후에 배타 록을 해제한다. T_1이 록을 해제하면 대기 중이던 T_2가 다시 록을 걸고 자료를 읽고 록을 해제한다.

T_1	T_2
X-Lock A read A Unlock A X-Lock..대기 read A A = A + 500 write A Unlock A	S-Lock A...대기 read A Unlock A S-Lock A...대기 read A Unlock A

[그림 8.14] 배타 록킹 스케줄 S_5

스케줄 S_5는 한 트랜잭션이 자료를 갱신하고 다른 트랜잭션이 자료를 읽는 스케줄이다. 두 트랜잭션들이 적절하게 배타 록과 공유 록을 걸어서 병행처리를 실행하였다. 그러나 두 트랜잭션들이 완료하는데 록을 걸기 위하여 트랜잭션들이 세 번 대기하였으므로 효율이 좋다고 할 수 없다. 따라서 가급적 효율을 높이기 위하여 공유 록을 많이 사용하면 좋을 것이 예상된다.

스케줄 S_6은 스케줄 S_5의 트랜잭션 처리 효율을 높이기 위하여 배타 록 대신에 공유 록을 사용한 스케줄이다. 트랜잭션 T_1이 자료를 읽기 위해 접근할 때는 공유 록을 걸고, 갱신할 때는 배타 록을 건다. 따라서 T_1과 T_2가 자료 A를 접근할 때 공유 록을 걸었으므로 서로 허용하기 때문에 대기하는 횟수가 [그림 8.15]와 같이 감소되었다. 이와 같이 배타 록보다는 공유 록이 시스템 효율을 향상한다.

T_1	T_2
S-Lock A	
read A	S-lock
Unlock A	read A
X-lock A	Unlock A
read A	S-lock A..대기
A = A + 500	
write A	
Unlock A	read A
	Unlock A

[그림 8.15] 공유 록킹 스케줄 S_6

록의 표현을 간단하게 하기 위하여 앞으로는 S-lock A, X-lock B, Unlock B 등을 LS(A), LX(B), UN(B) 등으로 표현한다. [그림 8.16]의 스케줄 S_7은 공유 록과 배타 록을 사용할 때 발생하는 문제점들을 보여준다. 은행 계좌 A와 B에 각각 1,000원과 3,000원이 있었다면 두 계좌의 합계는 4,000원이다. 계좌 A에서 B로 송금 스케줄 S_7이 완료된 후에는 두 계좌의 합계는 변함없이 4,000원이 되어야 한다. 그러나 스케줄 S_7에 의한 출력 결과는 3,500원이 될 것이다. 송금 트랜잭션 T_1이 실행되는 중간에 트랜잭션 T_2가 A와 B두 계좌를 읽었기 때문이다. 만약 T_1에서 중간에 A의 록을 해제하지 않고 트랜잭션이 완료된 후에 록을 해제UN(A)했다면 모순이 발생하지 않았을 것이다. 따라서 이런 모순을 해결하기 위하여 2단계 록킹 기법을 개발하였다.

(2) 2단계 록킹 기법

[그림 8.16]의 스케줄 S_7은 병행성을 증가시키기 위해 록을 빨리 해제해서 발생한 오류이다. 오류가 발생하는 것을 막으려면 병행성을 감소시키더라도 록을 빨리 해제하지 말아야 한

다. 록을 걸었다가 해제하다가 걸었다가 하면 안 된다. 록을 걸기 시작했으면 계속 걸고, 해제하기 시작했으면 계속 해제만 해야 한다. [그림 8.17]은 스케줄 S_7의 송금 트랜잭션과 두 계좌의 합계를 계산하는 트랜잭션으로 구성된 것을 2단계 록킹 스케줄로 작성한 것이다. T_1이 계좌 A에서 B로 송금하는 동안 자료 A와 B를 모두 록을 걸고 송금이 완료된 후에 함께 록을 해제하였다. 따라서 트랜잭션 T_2는 송금이 완료된 후에 자료 A와 B의 값을 읽어서 합계를 계산하였으므로 일관성이 유지된다.

T_1	T_2
LX A	
read A	LS(A)...대기
A = A - 500	read A
write A	UN(A)
UN(A)	LS(B)
LX(B).....대기	read B
read B	UN(B)
B = B + 500	Display (A+B)
write B	
UN(B)	

[그림 8.16] 모순 스케줄 S_7

T_1	T_2
LX A	
read A	LS(A)...대기
A = A - 500	read A
write A	LS(B)
LX(B)	read B
read B	UN(A)
B = B + 500	UN(B)
write B	Display (A+B)
UN(A)	
UN(B)	

[그림 8.17] 2단계 록킹 스케줄 S_8

2단계 록킹 스케줄은 모순을 해결하지만 새로운 문제를 야기할 수 있다. 스케줄 S_8에서 트랜잭션 T_2가 자료 A 보다 자료 B를 먼저 읽으면 [그림 8.18]의 2단계 교착상태 스케줄 S_9이 된다. 트랜잭션 T_1이 자료 A에 배타 록을 걸고 있을 때 T_2가 자료 B에 공유 록을 걸고 다시 자료 A에 록을 걸려고 하면 이미 T_1이 록을 걸고 있으므로 대기 상태가 된다. 이 때 트랜잭션 T_1이 다시 자료 B에 배타 록을 걸려고 하면 이미 자료 B에 공유 록이 걸려 있어서 대기 상태가 된다. 결론적으로 T_1과 T_2가 서로 상대방이 록을 해제하기를 기다리는데 이 상태가 영원히 계속된다. 이 상태를 교착상태(deadlock)라고 부른다. 교착상태는 데이터베이스뿐만 아니라 자원을 공유하려는 프로그램들 사이에서는 어디서나 발생하는 문제이다. 특히, 운영체제에서는 반드시 해결해야 하는 중요한 문제이다.

T_1	T_2
LX A read A A = A - 500 write A LX(B) ...대기 read B B = B + 500 write B UN(A) UN(B)	LS(B) read B LS(A) ...대기 read A UN(B) UN(A) Display (A+B)

[그림 8.18] 2단계 교착상태 스케줄

S_9

(3) 교착상태 처리

실제 세계에서 교착상태란 길이 막혀서 앞으로도 갈 수 없고 뒤로도 갈 수 없는 상태를 말한다. 도로에서 뿐만 아니라 주어진 상황이 나빠서 자신의 힘으로는 이럴 수도 없고 저럴 수도 없는 매우 난처한 상황을 말하기도 한다. [그림 8.19]와 같이 좁은 교차로에 차량들이 많이 몰리면 서로 먼저 가려고 앞을 다투다가 차들이 전혀 움직일 수 없는 교착상태에 빠지기도 한다. 이럴 때 교통경찰이 와서 정리하면 교착상태가 해결된다.

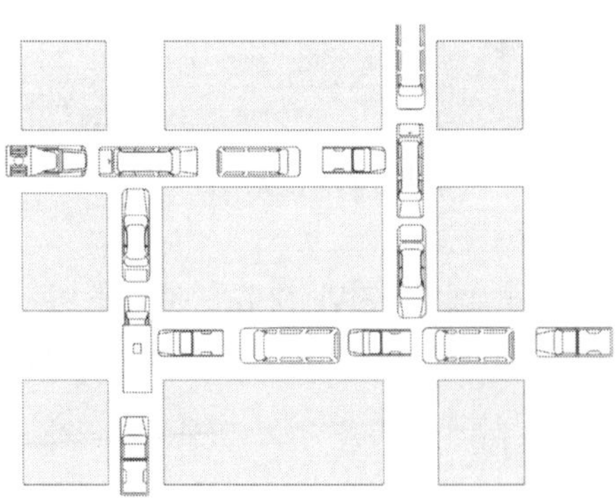

[그림 8.19] 교착상태에 빠진 도로

컴퓨터에서 교착상태란 프로그램들이 자료들을 확보하기 위하여 다른 프로그램들과 경쟁할 때 서로 상대방이 자료의 록을 해제하기를 영원히 기다리는 상태이다. 이와 같은 교착상태는 데이터베이스뿐만 아니라 운영체제, 통신 등에서 발생하기 쉽다. 교착상태를 해결하는 방법은 많이 있으나 대표적인 기법은 [표 8.10]과 같이 교착상태가 발생하지 않도록 조정하는 예방 기법, 교착상태가 예상되면 트랜잭션을 취소하는 회피 기법, 교착상태가 발생하면 탐지하여 해결하는 탐지 및 해결 기법 등이다.

[표 8.10] 교착상태 처리 기법

처리 방식	대 책	비 고
예방 기법	모든 자원이 확보되면 트랜잭션 실행	비관적 기법
회피 기법	교착상태가 예상되면 트랜잭션 취소 후 재시도	중도 기법
탐지 및 해결 기법	교착상태가 발견되면 해결	낙관적 기법

1) 교착상태 예방 기법

철도 건널목에는 일단 정지 표시판이 있어서 모든 차량들이 정차한 후에 안전을 확인하고 철길을 건너야 한다. 데이터베이스에서 교착상태는 트랜잭션들이 자료를 서로 배타적으로 확보하려고 경쟁하다가 자료를 모두 확보하지 못했기 때문에 나머지 자료를 확보하려고 기다리는 현상이다. 따라서 트랜잭션들이 실행하기 전에 자료를 전부 확보할 수 있으면 교착상태는 발생하지 않는다. 교착상태 예방 기법이란 트랜잭션들이 실행하기 전에 필요한 자료를 모두 확보한 후 실행하게 하는 방법이다. 자료를 모두 확보하지 못하면 잠시 기다렸다가 다시 확보를 시도하고, 확보되면 트랜잭션을 실행하는 것이다.

교착상태 예방 기법은 교착상태 가능성이 높은 응용분야에 적합하며, 트랜잭션이 시작되면 반드시 완료한다는 장점이 있다. 교착상태 예방 기법은 교착상태를 확실하게 예방할 수 있으나 자료들이 장시간 록킹되어 있으므로 병행성이 저하되는 단점이 있다. 교착상태가 발생할 가능성이 높다는 전제하에 예방하는 기법이므로 비관적 기법이라고도 한다.

2) 교착상태 회피 기법

도심지 거리에는 예외 없이 교통 신호등이 있어서 차량의 흐름을 제어하고 있다. 차량들이 건널목이나 사거리를 지날 때 신호등이 파란불이면 계속 진행하고 노란 불이면 조심하고 빨간 불이면 대기한다. 대기 차량들은 파란 불이 들어오면 다시 출발한다. 지능형 신호등은 차량이 몰리는 정도에 따라서 또는 건널목에 대기 중인 보행자 수에 따라서 신호등의 점등 시간을 조절한다. 이와 같이 도로 사정에 의하여 교통의 흐름을 통제하면서 차량의 흐름을 제어하는 것은 교착상태 회피 기법이라고 할 수 있다.

교착상태 회피 기법은 예방 기법과 달리 자료가 필요한 시점에서 록을 걸고 자료를 처리한다. 만약 교착상태가 예상되면 트랜잭션을 취소하므로 교착상태에 걸리지 않는다. 그 대신에 항상 교착상태가 걸리는지 여부를 확인해야 하는 부담이 있다. 병행성이 높지만 트랜잭션이 중간에 취소되는 단점도 있다.

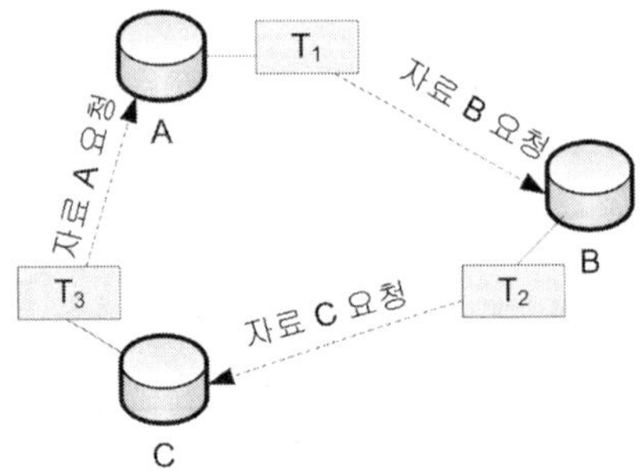

[그림 8.20] 프로세스-자원 그래프

교착상태가 걸리는지 확인하는 방법으로 프로세스-자원 그래프(process-resource graph)를 이용한다. 트랜잭션이 자료를 요청하면 화살표로 표시하여 그래프에 순환이 발생하면 교착상태가 발생하는 것이다. [그림 8.20]과 같이 트랜잭션 T_1이 자원 A를 확보한 상태에서 자원 B를 요청하고, T_2는 자원 B를 확보한 상태에서 자원 C를 요청하고, T_3는 자원 C를 확보한 상태에서 자원 A를 요청하면 순환이 발생하므로 교착상태가 확인된다. 교착상태가 발견되면 어느 트랜잭션 하나를 취소하고 확보했던 자원을 해제하면 다른 트랜잭션들이 먼저 실행을 완료하고 자원들을 해제하면 모두 실행을 완료할 수 있다. 이 기법은 교착상태 발생 빈도수가 중간인 응용분야에 적합하다.

3) 교착상태 탐지 및 해결 기법

교통량이 적은 시골길에는 교통사고 위험성이 매우 적으므로 교차로가 있어도 신호등이 없다. 교통 표지판이 있어서 운전자들의 주의를 환기시키는 것으로 사고를 예방하며 교착상태도 발생하지 않는다. 특별히 행사가 있어서 차량이 많이 몰리면 교통경찰이나 자원 봉사자가 교통을 정리하여 해결하기도 한다. 마찬가지로 트랜잭션들의 충돌이 적은 응용분야에서는 교착상태 예방이나 회피를 위한 조치를 마련하는 것이 오히려 부담이 될 수 있다.

교착상태 탐지 및 해결(deadlock detection and resolution) 기법은 교착상태를 예상하지 않고 트랜잭션들을 실행하며 자료를 접근한다. 트랜잭션들을 처리하는 과정에서 주기적으로 교착상태를 탐지하는 프로그램을 실행하여 충돌여부를 검사한다. 교착상태가 발견되면 교착상태에 걸려있는 트랜잭션 중의 하나를 취소하여 교착상태를 해결한다. 이 기법에서 중요한 것은 교착상태를 탐지하는 도구이다. 대기 그래프(wait-for graph)는 트랜잭션들이 교착상태에 걸려있는지를 확인하는 수단이다.

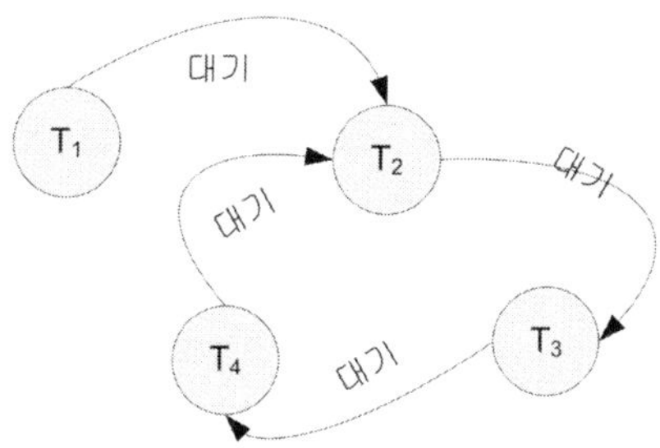

[그림 8.21] 트랜잭션 종료 대기 그래프의 사이클

[그림 8.21]에서 트랜잭션 T_1은 T_2가 끝나기를 대기하고, T_2는 T_3를 대기하고, T_3는 T_4를 대기하고, T_4는 T_2를 대기하고 있다. 교착상태 탐지 알고리즘은 대기 그래프에서 순환을 발견하면 교착상태임을 확인하고 가장 비용이 적게 소요되는 트랜잭션을 선택하여 취소시킨다. 가장 비용이 적게 소요되는 트랜잭션이란 가장 오래된 트랜잭션일 수도 있고 가장 최근에 시작된 트랜잭션일 수도 있다. 여러 트랜잭션들 중에서 최소 비용의 트랜잭션을 선택하여 취소하는 데 있어서도 다양한 알고리즘이 필요하다.

8.4 타임스탬프 기법

록을 사용하는 기법의 핵심은 경쟁하는 트랜잭션들의 처리 순서를 직렬화 하여 자료를 독점적으로 사용하게 하는 것이다. 트랜잭션들의 처리 순서를 록을 얻는 순서로 대체함으로써 트랜잭션들의 직렬처리를 보장한다. 트랜잭션들의 직렬처리를 보장하는 또 다른 방법은 트랜잭션들의 처리 순서를 정하는 기준으로 시간(time stamp)을 이용하는 것이다. 시간을 이용하여 트랜잭션들의 처리순서를 직렬화 하는 방법이 타임스탬프 기법이다.

(1) 타임스탬프 순서화

DBMS는 트랜잭션들의 시스템 진입 시간과 연동하여 타임스탬프를 부여하기 때문에 모든 트랜잭션들의 타임스탬프는 상이하다. 타임스탬프는 컴퓨터 시계를 이용하거나 논리 계수기

logical counter를 이용하여 부여할 수 있다. 논리 계수기를 이용하면 타임스탬프는 1,2,3,... 으로 번호가 부여된다. 컴퓨터 시계를 이용하면 같은 시각에 두 개의 타임스탬프가 발생하지 않도록 보장해야 한다. 타임스탬프를 트랜잭션들의 시작 시간으로 간주할 수 있고, 타임스탬프로 트랜잭션들을 순서화할 수 있으며, 트랜잭션들의 식별자 역할도 할 수 있다. 본 장에서는 트랜잭션 T_i의 타임스탬프를 $TS(T_i)$로 표기한다. 타임스탬프를 이용하여 병행제어를 실행하면 록을 걸지 않기 때문에 교착상태가 발생하지 않는다.

타임스탬프는 트랜잭션뿐만 아니라 자료에도 부여한다. 트랜잭션 T_i는 한 개, 자료 Q는 두 개의 타임스탬프를 가진다. 타임스탬프의 종류는 [표 8.11]와 같다.

[표 8.11] 타임스탬프의 종류

종류	내 역	비 고
$TS(T_i)$	T_i가 시스템에 진입한 시간	
R-TS(Q)	read(Q)를 마지막으로 실행한 시간	
W-TS(Q)	write(Q)를 마지막으로 실행한 시간	

[표 8.11]의 $TS(T_i)$는 트랜잭션 T_i가 시스템에 진입한 시각의 타임스탬프이다. 트랜잭션의 타임스탬프는 트랜잭션이 종료할 때까지 변함없이 유지된다. R-TS(Q)는 read(Q)를 성공적으로 실행한 자료 Q의 타임스탬프의 가장 큰 값이다. 자료 Q의 read 타임스탬프는 read(Q)가 실행될 때마다 갱신된다. W-TS(Q)는 write(Q)를 성공적으로 실행한 자료 Q의 타임스탬프의 가장 큰 값이다. 자료 Q의 write 타임스탬프는 write(Q)가 실행될 때마다 갱신된다.

1) T_i가 read(Q)할 때의 순서화

```
// Ti가 read(Q)를 실행해도 되는가?
if TS(Ti) < W-TS(Q)      // Ti가 진입한 후에 다른 T가 갱신 했는가?
then reject process          // 충돌 연산이므로 거부
else process read(Q)     // 직렬연산이므로 실행
    R-TS(Q) = max[R-TS(Q), TS(Ti)]   // 새 타임스탬프로 갱신
endif
```

[그림 8.22] read(Q)를 위한 타임스탬프 알고리즘

타임스탬프 순서화 알고리즘의 핵심은 트랜잭션 T_i의 타임스탬프가 자료 Q의 타임스탬프보다 빠르면 read(Q) 또는 write(Q)의 실행을 불허하는데 있다. 그 이유는 트랜잭션 T_i가 시스템에 진입한 다음에 다른 트랜잭션들이 자료 Q를 읽거나 갱신했기 때문에 일관성 문제가

야기될 것이라는 것이다. T_i가 시스템에 진입한 다음에 다른 트랜잭션이 자료 Q를 읽거나 갱신한 상태에서 T_i가 읽기를 하면 "오류 읽기 문제"가 되고, 갱신을 하면 "갱신 유실 문제"가 될 것이다. 따라서 타임스탬프를 이용하여 트랜잭션과 자료의 선후 관계를 잘 분석하여 트랜잭션을 실행해야 한다.

[그림 8.22]의 알고리즘은 T_i가 read(Q)를 실행하고자 할 때 실행 가능성을 검사하는 알고리즘이다. T_i의 타임스탬프가 자료 Q의 write 타임스탬프보다 빠르다면 T_i는 "오류 읽기"문제에 해당하므로 T_i는 취소했다가 다시 시스템에 진입해서 처리되어야 한다. 만약 T_i의 타임스탬프가 자료 Q의 write 타임스탬프보다 빠르지 않다면 다른 트랜잭션에 의하여 간섭을 받지 않는 것이므로 직렬 스케줄이다. 직렬 스케줄이라면 T_i는 read(Q)를 실행하고, Q의 타임스탬프 R-TS(Q)의 값을 새 값으로 갱신한다. 즉, R-TS(Q)와 TS(T_i)의 값 중에서 큰 값으로 갱신한다.

TS(T_i) < W-TS(Q)

T_1	T_2
T_i ·········진입	
	write(Q)
read(Q) ...거부	

(a) 충돌 스케줄 S_{10}

TS(T_i) >= W-TS(Q)

T_1	T_2
	write(Q)
T_i ·········진입	
read(Q) ..실행	

(b) 직렬 스케줄 S_{11}

[그림 8.23] read(Q)를 위한 타임스탬프 스케줄

[그림 8.23](a)는 트랜잭션 T_1의 타임스탬프가 T_2에 의한 write(Q)의 타임스탬프보다 빨랐을 경우를 그림으로 시각화한 것이다. 시스템에 일찍 진입한 T_1이 read(Q)를 실행할 때는 이미 다른 트랜잭션 T_2가 자료 Q에 write를 실행한 이후라는 것이다. [그림 8.23](b)는 T_1이 시스템에 진입하고 read(Q)를 실행할 때는 이미 다른 트랜잭션 T_2의 자료 연산이 종료되어 간섭을 받지 않는 상태이다. 따라서 T_1은 read(Q)를 실행할 수 있음을 보여준다.

2) T_i가 write(Q)할 때의 순서화

[그림 8.24]의 알고리즘은 T_i가 write(Q)를 실행하고자 할 때 실행 가능성을 검사하는 알고리즘이다. T_i의 타임스탬프가 자료 Q의 read 타임스탬프보다 빠르다면 T_j가 "오류 읽기" 문제에 해당하므로 T_i는 취소했다가 다시 시스템에 진입해서 처리되어야 한다. 만약 T_i의 타임스탬프가 write(Q)의 것보다 빠르다면 "갱신 유실" 문제에 해당하므로 T_i는 취소해야 한다. 이상의 두 가지 경우가 아니라면 T_i의 타임스탬프가 read(Q)나 write(Q)의 것보다 느리므로

간섭을 받지 않는 것이므로 직렬 스케줄이다. 직렬 스케줄이라면 T_i는 write(Q)를 실행하고, Q의 타임스탬프 W-TS(Q)의 값을 새 값으로 갱신한다. 즉, W-TS(Q)와 TS(T_i)의 값 중에서 큰 값으로 갱신한다.

```
// T_i가 write(Q)를 실행해도 되는가?
if TS(T_i) < R-TS(Q)              // T_i가 진입한 후에 다른 T가 읽기를 했는가?
then reject write(Q)              // 충돌 연산이므로 실행 거부
else if TS(T_i) < W-TS(Q)
    then reject write(Q)          // 갱신 유실 문제 야기
    else process write(Q)         // 직렬연산이므로 실행
      W-TS(Q) = max[W-TS(Q), TS(T_i)]  // 새 타임스탬프로 갱신
    endif
endif
```

[그림 8.24] write(Q)를 위한 타임스탬프 알고리즘

TS(T_i) < R-TS(Q)

T_1	T_2
T_i ……진입	
	read(Q)
write(Q) ..거부	

(a) 오류 읽기 스케줄 S_{12}

TS(T_i) < W-TS(Q)

T_1	T_2
T_i ………진입	
	write(Q)
write(Q) ..거부	

(b) 갱신 유실 스케줄 S_{13}

[그림 8.25] write(Q)를 위한 비일관성 스케줄

TS(T_i) > W-TS(Q) AND TS(T_i) > R-TS(Q)

T_1	T_2
	read(Q)
	write(Q)
T_i ………진입	
write(Q) ..실행	

[그림 8.26] write(Q)를 위한 직렬 스케줄 S_{14}

[그림 8.25](a)는 트랜잭션 T_1의 타임스탬프가 T_2에 의한 read(Q)의 타임스탬프보다 빨랐을 경우를 그림으로 시각화한 것이다. 시스템에 일찍 진입한 T_1이 write(Q)를 실행할 때는 이미 다른 트랜잭션 T_2가 자료 Q에 read를 실행한 이후라는 것이다. [그림 8.25](b)는 T_1의 타임스탬프가 T_2에 의한 write(Q)의 타임스탬프보다 빠른 상태에서 T_2의 write(Q) 이후에 write하는 것이므로 "갱신 유실" 문제에 해당한다. T_1의 타임스탬프가 read(Q)와 write(Q)의 타임스탬프보다 늦은 상태에서 T_1이 write(Q)를 실행할 때는 이미 다른 트랜잭션 T_2의 자료 연산이 종료되어 간섭을 받지 않는다. 따라서 T_1은 write(Q)를 일관성 있게 실행할 수 있다.

[그림 8.26]은 T_1의 타임스탬프가 자료 Q의 read와 write의 타임스탬프보다 늦은 경우이므로 T_1은 자료 연산을 실행하는 동안 다른 트랜잭션들의 간섭을 받지 않는다. 따라서 write(Q) 연산을 일관성 있게 실행할 수 있다.

8.5 검증 기법

지금까지의 병행제어 기법은 충돌 연산이 적지 않다는 가정 하에 수립한 전략들이다. 검증 기법은 충돌 연산이 적다는 가정 하에 수립한 병행제어 전략이다. 차량 통행이 적은 도로에서는 교통사고가 거의 발생하지 않으므로 교통경찰이나 신호등을 설치하지 않는 것과 마찬가지이다. 대신 문제가 예상되거나 발생하면 교통을 정리하는 것이 경제적이다. 검증 기법(verification method)이란 트랜잭션들을 실행시키고 사후에 충돌 여부를 확인하는 기법이다. 록킹 기법을 비관적 기법이라고 하는 대신에 검증 기법은 낙관적 기법이라고 한다.

충돌 연산이란 동일한 자료를 여러 트랜잭션들이 동시에 접근하고 이들 중 하나가 갱신 연산인 경우이다. 트랜잭션들이 읽기 연산만 실행한다면 충돌 연산은 발생하지 않는다. 일반적으로 자료를 한번 생성하고 나면 약간의 갱신과 다수의 읽기 연산만 발생하므로 읽기 연산의 비율은 90%를 초과한다. 따라서 대부분의 응용분야 업무는 충돌 가능성이 적다. 따라서 병행제어 기법을 선택하는 것은 응용분야에 따라서 적합한 알고리즘을 선택해야 한다.

[표 8.12] 검증 기법의 3단계

순서	기 능	내 역
1	읽기 단계	트랜잭션을 주기억장치에서 실행
2	검사 단계	충돌 여부 검사
3	쓰기 단계	충돌이 없으면 데이터베이스에 반영

검증 기법은 트랜잭션의 처리 과정을 [표 8.12]와 같이 읽기, 검증, 쓰기의 3 단계로 나누어 진행한다. 읽기 단계에서는 아무 제약 없이 읽기와 쓰기 연산을 주기억장치에서 실행하고, 검증 단계에서 충돌 여부를 확인하여 충돌이 없으면 쓰기 단계를 실행한다. 검증 단계의 핵심은 각 단계별로 트랜잭션들의 실행 시각을 타임스탬프로 비교하여 충돌여부를 확인한다. 충돌이 확인되면 쓰기 단계를 생략함으로써 직렬성을 유지하는 기법이다. 쓰기 단계에서는 주기억장치에서 실행한 결과를 데이터베이스에 반영한다.

1) 읽기 단계(read phase)

읽기 단계는 트랜잭션이 데이터베이스의 자료를 읽고 그 값들을 트랜잭션 T_i의 지역 변수들에 저장하고, 갱신 결과는 버퍼에 저장한다. 모든 연산이 주기억장치에서 실행되기 때문에 아직 데이터베이스에 갱신되지 않고 지역 변수에 쓰기 연산을 실행한다. 따라서 트랜잭션의 실행 결과가 외부로 노출되지 않은 단계이다.

2) 검사 단계(validation phase)

검사 단계는 읽기 단계에서 실행한 write 연산의 결과 값을 데이터베이스에 반영할 것인지를 결정하는 것이 목적이다. 읽기 단계에서 실행한 트랜잭션이 다른 트랜잭션들의 자료 연산에 의하여 간섭을 받았는지 직렬성 여부를 확인한다. 직렬성을 확인하는 방법은 동일한 자료를 여러 트랜잭션들이 접근하는지를 실행 시간을 기준으로 검사한다. 읽기만 실행하는 트랜잭션들은 충돌이 없으므로 검사 단계에서 작업이 완료된다. 검사를 통과하지 못한 트랜잭션들은 취소된다.

3) 쓰기 단계(write phase)

트랜잭션 T_i가 검사 단계를 통과했으면 데이터베이스를 갱신한다. 트랜잭션들은 쓰기 단계에서 완료된다.

[표 8.13] 검증에 필요한 시각

순서	기 능	내 역	비 고
1	start(T_i)	T_i가 실행을 시작한 시각	begin(T_i)과 동일
2	validation(T_i)	T_i가 검사 단계를 시작한 시각	close(T_i)와 동일
3	write(T_i):	T_i가 쓰기 단계를 시작한 시각	
4	finish(T_i)	T_i가 쓰기 단계를 종료한 시각	

읽기 단계와 쓰기 단계는 전형적인 입·출력 연산이지만 검사 단계는 충돌 연산 여부를 검사하는 복잡한 과정이다. 검사 단계에서는 충돌 여부를 확인하기 위하여 트랜잭션들의 각 단

계의 시작 시간을 알아야 한다. [표 8.13]은 각 단계별로 필요한 시간들이다.

[그림 8.27]은 검증 기법의 검증 프로그램이 실행되는 각 단계의 시각을 보여준다. 트랜잭션 T_i가 시작되면 begin(T_i)와 start(T_i)가 저장된다. 트랜잭션이 종료되면 close(T_i)와 valid(T_i)가 저장된다. 쓰기 단계가 시작되면 write(T_i)가 기록되고, 쓰기 단계가 종료되면 finish(T_i)와 commit(T_i)가 저장된다. 실제로 트랜잭션 T_i가 주기억장치에서 실행되는 시간은 start(T_i)와 close(T_i) 시간 사이이다. 검사 단계와 쓰기 단계는 DBMS가 직렬성 여부를 확인하여 데이터베이스에 갱신을 반영하는 시간이다. 만약 읽기 단계에서 read 연산만 있고 write 연산이 없다면 검사 단계가 즉시 종료된다. 읽기 단계에서 write 연산이 발견되면 복잡한 검사 단계를 실행한다.

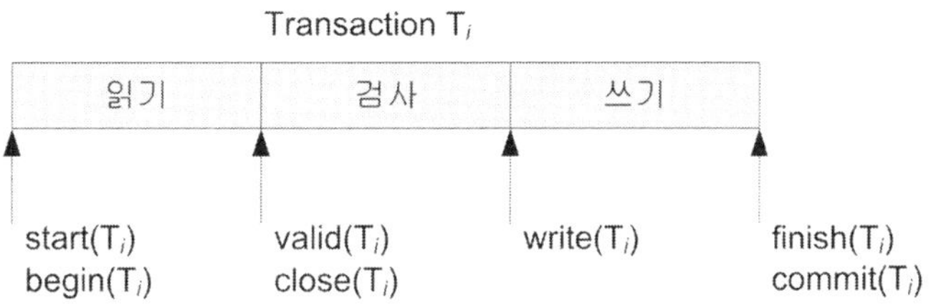

[그림 8.27] 검증 기법의 단계별 시각

직렬성 여부를 확인하는 시간은 valid(T_i)이므로 TS(T_i) = valid(T_i)이다. 만역 TS(T_m) < TS(T_n)이라면 트랜잭션 T_m이 트랜잭션 T_n보다 먼저 나오는 순차 스케줄과 동일해야 한다. 트랜잭션 T_j의 검증을 통과하기 위해서는 TS(T_i) < TS(T_j)인 모든 트랜잭션 T_i에 대하여 다음 두 가지 조건 중의 하나를 만족해야 한다.

1) finish(T_i) < start(T_j).
T_i가 T_j의 실행 시작 전에 종료했기 때문에 직렬성 유지.
2) start(T_j) < finish(T_i) < valid(T_j).
T_j가 일찍 T_i보다 시작했으나 T_j가 검증을 하기 전에 T_i가 쓰기를 종료.

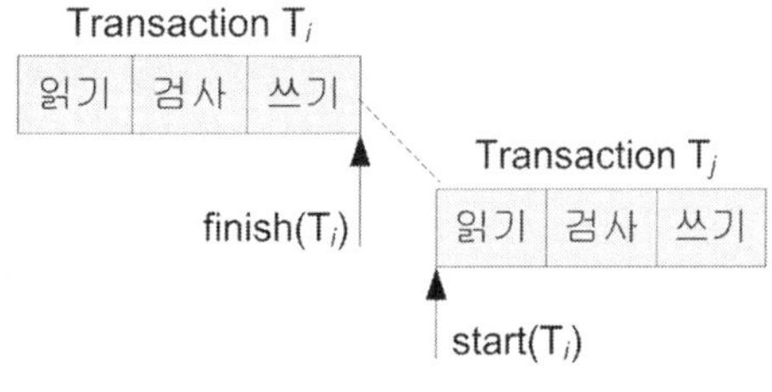

[그림 8.28] 순차 처리 스케줄의 검증 단계

[그림 8.28]은 트랜잭션 T_i가 완료한 다음에 T_j가 시작하는 "finish(T_i) 〈 start(T_j)" 관계를 보여주는 그림으로서 직렬성이 보장되는 스케줄이다. [그림 8.29]는 "start(T_j) 〈 finish(T_i)" 관계이므로 트랜잭션 T_i가 쓰기한 자료들을 T_j가 읽지 않았다. 또한 "finish(T_i) 〈 valid(T_j)" 관계이므로 T_i가 완료한 다음에 T_j가 검사를 시작했으므로 직렬성이 보장된다.

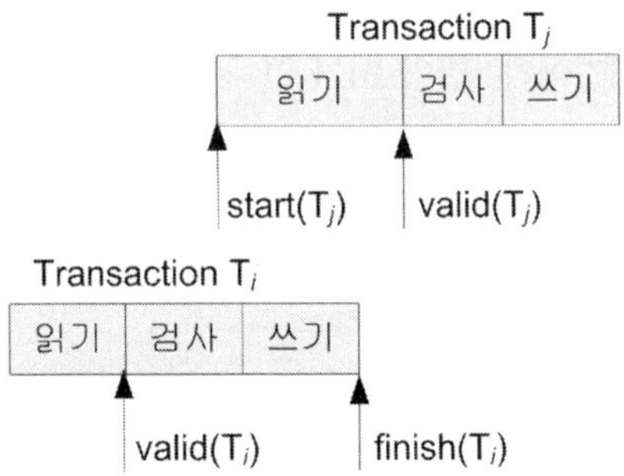

[그림 8.29] 중첩처리를 위한 검증 단계

T_1	T_2
read B	read B
B = B - 500	
read A	
A = A + 500	read A
	<valid>
<valid>	display (A+B)
write B	
write A	

[그림 8.30] 검증 기법을 이용한 스케줄 S_{15}

[그림 8.30]은 검증 기법을 이용하여 스케줄의 직렬성을 확인하는 트랜잭션들이다. 트랜잭션 T_1이 계좌 B에서 계좌 A로 500원을 송금하는 과정에서 T_2가 두 계좌의 잔액을 합산하여 출력하는 프로그램이다. valid(T_2)가 valid(T_1)보다 빠르므로 검증 단계는 성공한 것으로 처리된다. T_1의 자료 값이 데이터베이스에 반영되는 시점은 valid(T_1) 이후에 가능하므로 T_2는 데이터베이스에 반영되기 전의 값을 읽게 되므로 결과적으로 이 스케줄은 직렬성을 갖는다.

연습문제

8.1 다음 용어들을 정의하시오.

1) 트랜잭션	2) 다중처리	3) 직렬성
4) 병행처리	5) 타임스탬프	6) 교착상태
7) 갱신 유실 문제	8) 충돌 스케줄	9) 충돌 연산
10) 처리율	11) 스케줄	12) 직렬성

8.2 현대 시스템의 특징을 설명하시오. 병행처리의 필요성과 문제점을 설명하시오.

8.3 트랜잭션과 프로세스의 차이를 설명하시오.

8.4 병행처리의 필요성과 문제점을 설명하시오.

8.5 병행처리 문제점의 대책을 설명하시오.

8.6 트랜잭션의 특성을 설명하시오.

8.7 트랜잭션의 완료와 종료의 차이를 설명하시오.

8.8 충돌 스케줄의 종류와 조건을 설명하시오.

8.9 스케줄의 직렬성을 검사하는 방법을 설명하시오.

8.10 록을 공유 록과 배타 록으로 구분하여 사용하는 이유는 무엇인가?

8.11 2단계 록킹 기법은 무엇을 해결하기 위한 기법인가?

8.12 2단계 록킹 기법의 문제점과 대책을 설명하시오.

8.13 교착상태의 원인과 대책을 설명하시오.

8.14 타임스탬프는 무엇으로 만드는가? 문제점은 무엇인가?

8.15 록킹 기법, 타임스탬프 기법, 검증 기법 등은 각각 어느 분야에 적합한가?

8.16 검증 기법의 읽기 단계에서 하는 일은 무엇인가?

8.17 트랜잭션 Tk가 자료 Q를 접근하려고 한다. 아래 질문에 답하고 이유를 설명하시오. TS(Tk) = 100이다.

1) W-TS(Q)가 120일 때 T_k가 read(Q)를 실행할 수 있는가?
2) W-TS(Q)가 80일 때 T_k가 read(Q)를 실행할 수 있는가?
3) R-TS(Q)가 120일 때 T_k가 write(Q)를 실행할 수 있는가?
4) W-TS(Q)가 120일 때 T_k가 write(Q)를 실행할 수 있는가?

8.18 다음 스케줄에서 충돌 연산과 충돌 스케줄을 찾으시오. 각각 오류 발생 여부를 설명하시오.

$S_1 = R_1(A), R_2(A), W_1(A), W_2(A), R_1(B), W_1(B)$

$S_2 = R_1(A), W_1(A), R_2(A), W_2(A), R_1(B), W_1(B)$

8.19 [그림 8.31]의 스케줄을 병행처리하려고 한다. 어떤 문제점이 예상되는가? 직렬성이 유지될 것인가? 직렬성 유지가 곤란하다면 록킹 기법을 이용하여 스케줄을 다시 작성하시오.

T_1	T_2
read B B = B - 500 write B read A A = A + 500 write A	read A read B display (A+B)

[그림 8.31] 스케줄 S_{16}

8.20 [그림 8.31]의 스케줄을 타임스탬프 기법으로 병행처리하려고 한다. T_2가 실행하는 read A, read B마다 실행 여부를 결정하시오.

8.21 [그림 8.31]의 스케줄을 타임스탬프 기법으로 병행처리하다 한다. T_1이 실행하는 read B, write B마다 실행 여부를 결정하시오.

제 9 장

복 구

CHAPTER 09 복구

기계를 사용하면 고장이 발생하듯이 데이터베이스도 고장으로 인하여 사용하지 못할 수 있다. 사용 중인 데이터베이스에 고장이 났을 때 고장 이전의 상태로 되돌리는 복구 기능이 필요하다. 고장이 언제든지 발생할 수 있으므로 복구(recovery) 기능도 언제든지 가능해야 한다. 업무를 처리하던 데이터베이스의 복구는 긴급하게 해결해야 하기 때문에 데이터베이스를 개발하는 기술보다 더 시급하고 중요하다.

이 장에서는 고장이 발생하는 주요 원인을 분석하여 데이터베이스를 복구할 수 있는 전략에 대해 논의한다. 데이터베이스의 변동 상태를 기록하는 로그 개념과 ARIES 알고리즘을 살펴본다. 지연 갱신 로그와 즉시 갱신 로그 기법을 살펴보고, 검사점과 재시작 기능을 논의한다. 마지막으로 그림자 페이지 기법을 논의한다.

9.1 개요

데이터베이스 프로그램을 개발하는 일과 고장이 발생한 데이터베이스를 복구하는 일 중에서 어느 일이 더 중요한 것일까? 프로그램 개발이 부진하여 납기가 지연되면 여러 가지 문제가 야기된다. 운영 중인 데이터베이스의 고장을 즉시 복구하지 못하면 피해 범위가 훨씬 더 크고 광범위하다. 데이터베이스를 운영하는 것보다는 새로운 데이터베이스 시스템 개발이 어렵고, 개발보다는 고장이 발생한 데이터베이스를 복구하는 것이 더 어렵다. 고장을 예방하고 고장 발생 시 즉시 확인하고 복구하는 기능은 데이터베이스의 중요한 기술이다.

트랜잭션을 실행하면 데이터베이스 상태는 끊임없이 변화한다. 트랜잭션들이 상태를 변화시키는 도중에 고장이 발생한다면 데이터베이스는 정보를 잃어버릴 수 있다. 잃어버린 정보의 책임은 누구에게 있는가? 고장 원인에 따라서 책임도 달라지므로 원인 분석도 중요하다. 데이터베이스에 고장이 발생하는 원인은 크게 다음의 두 가지로 볼 수 있다.

1) 시스템에 이상이 없는데 고장이 발생했다면 트랜잭션의 응용논리에 문제가 있다.
2) 트랜잭션이 정상 실행되었는데 이상이 발생했다면 시스템에 문제가 있다.

정보를 상실했을 때 중요한 것은 데이터베이스를 일관성 상태로 변환하는 일이며 이것은 데이터베이스 시스템이 해결해야 한다. 데이터베이스를 일관성 상태로 변환하는 것은 데이터베이스를 고장 이전의 상태로 바꾸는 것이다. 복구란 고장 원인이 무엇이든지 관계없이 데이터베이스를 고장 이전의 일관성 상태로 환원시키는 것이다. 복구작업은 고장의 원인에 따라서 선별적으로 진행되어야 한다.

9.1.1 고장의 종류

컴퓨터 시스템은 안전장치들이 이중 삼중으로 점검을 하고 대비하고 있으나 아무리 안전장치들이 있어도 시스템에는 고장이 발생한다. 정보가 손실된 데이터베이스를 복구하기 위해서는 데이터베이스에 이상을 야기한 고장이 무엇인지 알아야 한다. 데이터베이스 시스템에 대한 고장의 종류와 원인을 알아야 효과적으로 고장을 치유할 수 있는 수단을 마련할 수 있다. 고장 발생 시 데이터베이스를 복구하기 위하여 [표 9.1]과 같은 고장들을 살펴본다.

[표 9.1] 데이터베이스 관련 고장의 종류

<table>
<tr><th colspan="2">고장 종류</th><th>고장 원인</th><th>비 고</th></tr>
<tr><td rowspan="2">트랜잭션 고장</td><td>논리 오류</td><td>오류 입력, 자료 부재, 등 내부 조건 이상</td><td rowspan="2">트랜잭션 정비</td></tr>
<tr><td>시스템 오류</td><td>트랜잭션 이상에 의한 교착 상태 발생 등</td></tr>
<tr><td rowspan="2">시스템 고장</td><td>주기억장치</td><td>전원, 운영체제 등에 의한 주기억장치 자료 손실</td><td>시스템 정비</td></tr>
<tr><td>주변장치</td><td>주변장치 이상으로 데이터베이스 자료 손실</td><td>장치 정비</td></tr>
</table>

트랜잭션의 고장 원인에는 논리 오류와 시스템 오류 등 두 가지가 있다. 논리 오류는 트랜잭션에 입력되는 자료의 오류, 자료의 부재, 한계 초과 등의 조건으로 발생한 경우이다. 시스템 오류는 트랜잭션 내부의 이상으로 시스템 교착상태 등이 발생하는 경우이다. 트랜잭션 내부의 고장을 제거하면 시스템을 복구할 수 있다.

시스템 고장의 원인은 주기억장치와 주변장치 고장의 두 가지이다. 주기억장치 오류는 전원 중단, 하드웨어, 운영체제, DBMS 등의 고장으로 인하여 주기억장치의 내용이 손실되는 경우이다. 그러나 디스크 등의 2차 저장장치의 내용은 손상되지 않는다. 주변장치 오류는 디스크 판이나 헤드의 고장이 고장으로 인하여 자료의 내용이 손실되는 경우이다. 데이터베이스 백업을 자주 수행하고 안전 기억장치(stable memory)를 사용하면 복구할 수 있다.

데이터베이스의 고장을 복구하는 방법은 고장의 원인을 제거함으로써 결정된다. 데이터베이스의 일관성을 보장하는 기준은 고장 이전의 상태로 복구하기 위하여 트랜잭션 실행과 관련된 모든 자료를 보관하는 것이다. 주기적으로 데이터베이스를 백업하고, 트랜잭션이 실행했던 자료를 보관해야 한다.

9.1.2 저장장치와 시스템 구조

트랜잭션은 주기억장치에서 실행되지만 실행 결과는 입·출력장치인 디스크에 저장된다. 주기억장치와 입·출력장치는 제어기(controller)가 다른 장치이기 때문에 한 쪽에서 성공해도 다른 쪽에서 실패하면 결과적으로 실패가 될 수 있다. 트랜잭션이 실행되는 두 장치 간의 관계를 잘 이해하는 것은 복구 관리에 중요하다.

(1) 저장장치의 종류

데이터베이스 자료를 처리하기 위해서는 다음과 같이 몇 가지의 저장장치를 사용한다.

1) 1차 기억장치.

RAM, ROM 등의 주기억장치와 같이 CPU가 직접 1차적으로 접근하여 자료를 처리하고 저장하는 장치이다. 휘발성 저장장치라고 말한다.

2) 2차 기억장치.

디스크, USB, CD-ROM 등과 같이 CPU가 주기억장치를 경유하여 자료를 저장하는 장치이다. 디스크는 전자장치가 아니라 전자식 기계이므로 고장이 발생하며 속도가 느리다. 비휘발성 저장장치라고 한다.

3) 안전 기억장치.

안전 기억장치(safe storage)에 있는 정보는 절대 손실되지 않는다. 이론적으로는 절대 안전한 저장장치가 있을 수 없으나 여러 가지 기술을 이용하여 현실 수준에서 절대 안전에 근접한 장치를 구현한다. 예를 들어 미러 디스크(mirror disk)와 같이 정보를 여러 디스크에 저장한다면 여러 디스크들이 동시에 손실되기 어렵다.

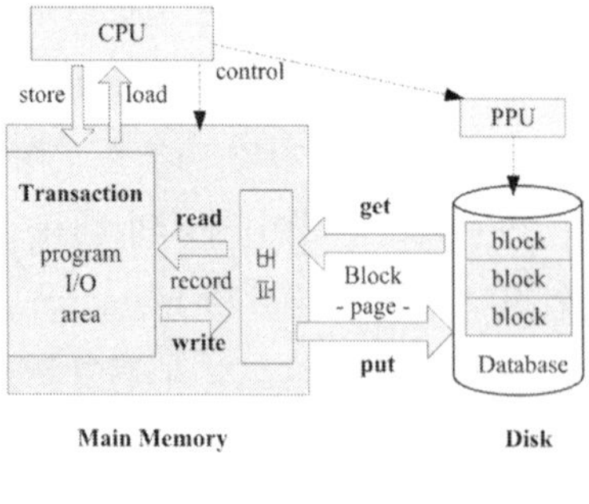

[그림 9.1] 저장장치와 자료 처리 흐름

(2) 저장 시스템의 자료 이동

트랜잭션이 데이터베이스 자료를 처리하고, 저장하는 과정과 각 장치들 간의 자료의 흐름을 이해하면 복구 기법을 이해하는데 많은 도움이 된다. 트랜잭션이 자료를 처리하는 과정은 [그림 9.1]과 같이 디스크 또는 주기억장치의 자료를 읽고, CPU를 이용하여 연산하고, 연산 결과를 디스크에 저장하는 과정이다. 트랜잭션은 주기억장치의 자료를 CPU에 적재(load)하고 연산한다. 연산 결과를 다시 주기억장치에 저장(store)한다. 트랜잭션이 자료를 데이터베이스에 저장하거나 데이터베이스의 자료를 주기억장치로 가져오기 위해서는 디스크를 제어하는 주변처리장치(PPU, peripheral processing unit)에 입·출력 연산을 요청해야 한다. 입·출력장치는 또 하나의 컴퓨터 시스템으로서 CPU의 의뢰를 받아서 PPU가 관리하는 시스템이다.

복구 작업은 주기억장치에 디스크 페이지를 버퍼링하고 캐싱(cashing)하는 운영체제 기능과 밀접한 관계에 있다. 트랜잭션이 자료 연산을 하려면 디스크 페이지를 버퍼에 캐시하고 갱신하고 다시 디스크에 출력해야 한다. 이것은 운영체제의 역할이지만 복구 작업에 매우 중요하므로 DBMS가 저수준의 운영체제 루틴들을 호출하여 해결한다.

디스크는 자료를 블록 단위로 저장하고, 트랜잭션은 레코드 단위로 연산한다. 디스크에서 버퍼까지는 블록 단위로 이동하고, 버퍼에서 트랜잭션 사이는 레코드 단위로 이동한다. 트랜잭션은 read, write 명령으로 레코드 단위로 자료를 이동하고, PPU는 get, put 명령으로 블록 단위로 자료를 이동한다. 블록의 크기가 레코드보다 크기 때문에 하나의 블록은 여러 개의 레코드로 구성되는 것이 보통이다. 트랜잭션의 레코드와 디스크의 블록 사이의 차이를 연결하는 도구가 버퍼다.

주기억장치와 디스크 사이의 자료 이동 명령을 정리하면 다음과 같다.

1) get(A). 디스크 페이지(물리 블록) A를 주기억장치의 버퍼로 이동한다.
2) put(A). 주기억장치 버퍼에 있는 디스크 페이지 A를 디스크로 이동한다.

PPU가 get(A) 명령을 실행하려면 트랜잭션의 read 명령이 있어야 한다. put(A) 명령을 실행하려면 트랜잭션의 write(A) 명령이 있어야 한다. 트랜잭션에 의하여 버퍼와 트랜잭션의 입·출력 변수 사이의 자료 이동 명령은 다음과 같다.

1) read(B) 버퍼에 있는 블록에서 한 레코드를 읽어서 트랜잭션의 지역변수 B로 이동한다. 만약 버퍼 블록이 비어있으면 get 명령을 요청하여 디스크의 블록을 가져오고, 다시 한 레코드를 읽어서 지역변수 B로 이동한다.

2) write(B) 지역변수 B의 값을 버퍼에 있는 블록의 한 레코드에 기록한다. 만약 버퍼 블록이 다 찼으면 put 명령을 요청하여 버퍼 블록을 디스크에 이동한다.

트랜잭션이 처음에 자료 A를 처리하려면 우선 read(A)를 실행해서 자료를 지역변수 A로 이동해야 한다. 트랜잭션은 자료를 가공한 다음에 write(A)를 실행하여 지역변수 A의 값을 버퍼 블록에 갱신한다. 트랜잭션이 read(A) 연산을 수행했을 때 버퍼에 블록이 없으면 즉시 get(A) 명령을 수행하지만, write(B)로 인하여 버퍼 블록이 다 채워졌으면 즉시 디스크를 갱신할 필요는 없다. 다른 트랜잭션이 그 자료를 읽기 전까지만 갱신하면 된다.

[그림 9.2]는 트랜잭션이 자료 레코드를 버퍼 블록에서 읽고, 버퍼에 쓰기 하는 것을 보여준다. 이 시스템은 한 디스크 페이지(물리 블록)에 논리 레코드가 4개 저장된다. 이것은 블록킹 팩터(blocking factor)가 4임을 의미한다. 버퍼를 이용하여 블록의 크기와 레코드의 크기의 차이를 조정하고 연결한다. 트랜잭션이 read A 명령을 수행하면 버퍼 블록에서 한 레코드를 트랜잭션의 지역변수 A로 읽어온다. 또 read A 명령을 실행하면 다음 레코드를 읽어온다. 버퍼에 있는 레코드 4개를 다 읽으면 PPU는 다시 디스크에서 새로운 블록을 버퍼에 가져온다. 트랜잭션이 write A 연산을 실행하면 버퍼 블록에 순서대로 쓰기 연산을 수행한다. 버퍼의 레코드 4개가 다 차면 PPU는 버퍼의 블록을 디스크 블록으로 이동시킨다. 이것은 트랜잭션이 성공적으로 write 명령을 수행해도 버퍼만 갱신되고, PPU가 잘못해서 디스크에 갱신을 못할 수 있음을 의미한다.

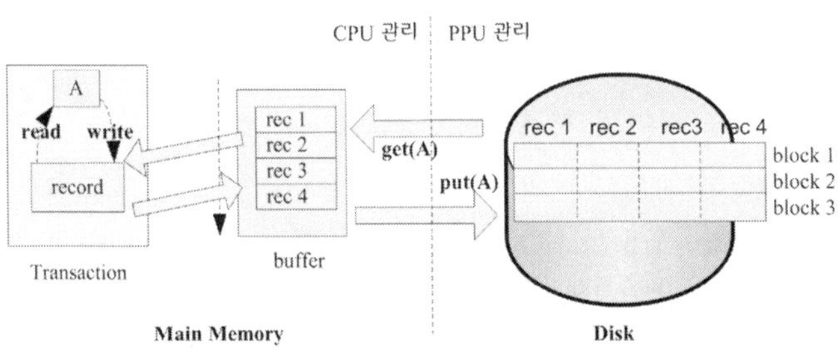

[그림 9.2] 트랜잭션의 읽기/쓰기 연산과 블록 이동

9.1.3 고장과 복구

트랜잭션이 시작하기 전에 계좌 A에 2,000원의 잔액이 있고 계좌 B에는 3,000원의 잔액이 있다. 트랜잭션 T_1은 계좌 A에서 계좌 B로 500원을 송금하는 프로그램이다. 트랜잭션이 실행 도중에 고장이 발생한다면 어떻게 될 것인가? [그림 9.3]의 트랜잭션 T_1의 P_1에서 고장이 발생하면 계좌 A에 500원이 감소되고 계좌 B에는 변함이 없을 것이다. 복구하

는 방법은 무엇인가? T_1을 다시 실행하는 방법과 실행하지 않는 방법이 있다. 각각 어떻게 될 것인가?

- **T_1 재실행 :** 다시 계좌 A에서 다시 500원을 감소시키고 계좌 B에 500원을 증가시킨다. 결과적으로 계좌 A는 1,000원이 되고 계좌 B는 3,500원이 되어 비일관성 상태가 된다.
- **T_1 비실행 :** 계좌 A는 1,500원 계좌 B에는 3,000원인 비일관성 상태가 지속된다.

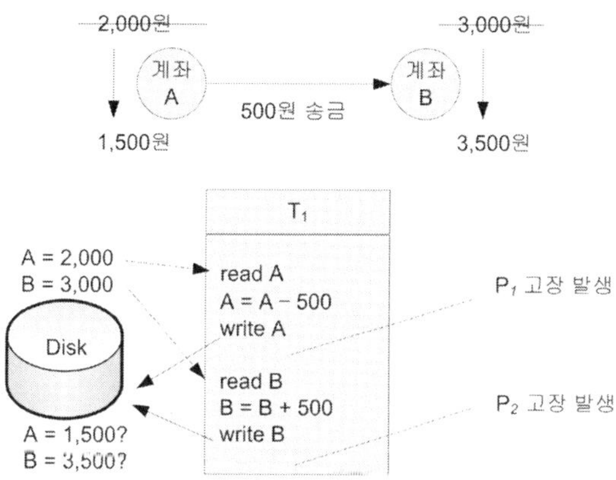

[그림 9.3] 송금 트랜잭션 T_1

두 가지 경우 모두 결과적으로 트랜잭션 T_1의 일관성이 깨진 상태이다. 그 원인은 무엇일까? 트랜잭션의 원자성을 유지하지 못했기 때문이다. T_1은 계좌 A를 갱신하는 코드와 계좌 B를 갱신하는 코드로 구성되어 있는데 그 중에서 일부인 계좌 A를 갱신하는 코드만 실행되어 반영되었기 때문에 원자성이 깨진 것이다. 잘못된 원인은 무엇인가? 잘못이 있다면 계좌 B가 갱신(입금)된다는 보장이 없이 계좌 A만 먼저 갱신(출금)한 것이다. 따라서 계좌 A를 갱신하지 말고 계좌 B가 갱신된다는 보장이 있을 때까지 기다렸다가 입·출금이 보장될 때 같이 갱신하면 원자성이 유지될 것이다.

만약 [그림 9.3]의 P_2에서 고장이 발생했다면 어떻게 할 것인가? 트랜잭션의 자료 연산은 성공적으로 수행되었다. 그러나 주기억장치와 디스크 장치의 제어장치가 다르기 때문에 주기억장치의 갱신 연산이 정상적이어도 디스크에는 부분적으로 갱신되지 못할 수도 있다. 디스크 갱신 가능성은 아래와 같이 3가지 경우가 있다.

```
1) 계좌 A를 1,500원으로 계좌 B를 3,500원으로 갱신한 경우(원자성과 일관성 유지)
2) 계좌 A만 1,500원으로 갱신하고 B는 갱신하지 못한 경우(원자성과 일관성 이탈).
```

3) 계좌 A와 B를 모두 디스크에 갱신하지 못한 경우(원자성 유지, 일관성 이탈).

복구 프로그램에서는 일관성을 벗어난 두 가지 경우(2번과 3번)를 모두 복구해야 한다. 복구하기 위해서는 트랜잭션의 원자성을 유지함으로써 자료의 일관성을 확보하도록 해야 한다. 트랜잭션의 원자성을 유지하는 방법은 간단하다. 트랜잭션이 갱신하려는 값들을 별도로 저장했다가 트랜잭션이 성공적으로 종료하면 다른 파일에 저장된 값들을 이용하여 디스크를 갱신하는 것이다. 만약 트랜잭션이 성공적으로 종료하지 못하면 디스크를 갱신하지 않았으므로 트랜잭션을 다시 실행하면 된다.

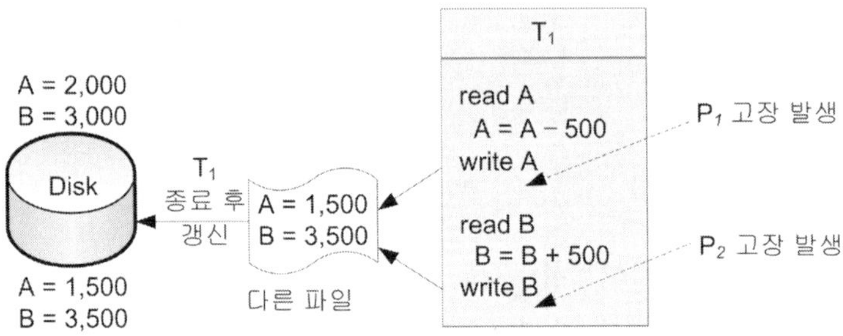

[그림 9.4] 트랜잭션의 원자성을 유지하는 갱신 절차

[그림 9.4]에서 보는 바와 같이, 트랜잭션 T_1이 디스크를 직접 갱신하는 대신에 계좌 A와 B의 갱신된 값 1,500원과 3,500원을 별도 파일에 기억한다. 트랜잭션이 성공적으로 종료되면 이 파일을 이용하여 디스크의 A와 B를 직접 1,500원과 3,500원으로 갱신한다. 만약 트랜잭션이 실행하는 도중에 오류가 발생하면 파일을 폐기하고, 트랜잭션을 다시 실행하면 된다. 이것은 트랜잭션이 실행되어도 데이터베이스를 직접 갱신하지 않았기 때문에 가능하다. 별도 파일을 이용하여 데이터베이스를 갱신하는 이런 형태의 갱신은 자료 값을 증가 하거나 감소하지 않고 갱신 결과 값만 반영하기 때문에 갱신 작업을 여러 번 반복적으로 실행해도 일관성을 해치지 않는다.

9.2 복구 전략

트랜잭션 실패로부터 복구한다는 것은 데이터베이스를 실패 시점에서 가장 가까운 일관성 상태로 복원하는 것을 의미한다. 가장 가까운 일관성 상태로 돌아가기 위해서는 우선적으로 이전의 일관성 상태가 저장되어야 한다. 그 이후에 트랜잭션이 실행한 연산 결과가 저장되어 있으면 이들을 이용하여 이전의 일관성 상태로부터 현재의 일관성 상태로 복구할 수 있다.

9.2.1 로그 개요

로그(log)란 항해 일지, 여행 일기, 실험 일지 등 기록하는 것으로 사용되는 단어이다. 데이터베이스에서는 트랜잭션이 실행하는 작업들의 수행 과정을 기록한 파일이다. 데이터베이스 시스템은 트랜잭션이 실행되는 동안 발생하는 데이터베이스 자료 갱신에 대한 정보를 유지한다. 이와 같이 데이터베이스의 자료 변경 정보를 유지하는 파일을 시스템 로그라고 한다. 시스템 로그를 유지하는 목적은 크게 다음의 두 가지이다.

1) 고장 발생 시 자세한 자료 변경 과정 확인.
2) 잘못된 정보 복구에 활용.

로그 기법을 이용하여 트랜잭션 고장 시 데이터베이스를 복구하는 기본 개념을 살펴보자. [그림 9.5]와 같이 트랜잭션이 read 연산을 실행하면, 디스크에서 자료 블록을 버퍼로 읽어온다. 트랜잭션은 버퍼에서 필요한 레코드 하나를 읽어서 연산을 수행하고, 연산 결과를 별도의 안전 저장장치에 있는 시스템 로그에 저장한다. 트랜잭션이 완료되면 로그에서 "A = 2,500"이라는 자료를 읽어서 데이터베이스를 갱신한다. 즉, A를 읽어서 2,000을 2,500으로 만든 다음에 로그에 A가 2,500이라는 사실을 저장하고, 트랜잭션이 완료되면 데이터베이스를 갱신함으로써 작업을 종료한다.

고장 발생 시에 로그를 읽어서 트랜잭션이 완료한 갱신 정보가 있으면 로그의 자료를 읽어서 데이터베이스를 갱신한다. 만약 트랜잭션이 완료한 정보가 없으면 데이터베이스는 옛 값으로 존재하는 것이므로 트랜잭션을 재실행하면 데이터베이스가 원하는 대로 복구된다. 즉, 고장 시 로그에 "A=2500"이라는 정보가 있으면 디스크에 있는 A를 2500으로 갱신한다. 만약 고장 시 로그에 아무 것도 없으면 트랜잭션을 다시 실행한다.

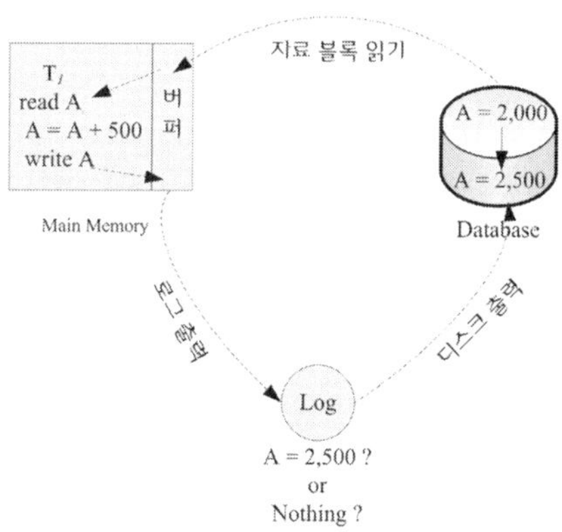

[그림 9.5] 로그 기법의 기본 개념

(1) 로그 개념

로그 파일에 의한 복구의 전형적인 전략은 다음과 같이 백업과 redo/undo 방식으로 요약할 수 있다.

1) 백업(backup)

데이터베이스는 여러 가지 이유로 인하여 부분적으로 손상될 수 있다. 손상이 발생했을 때 최근에 백업된 파일이 있다면 백업된 파일로부터 데이터베이스를 쉽게 복원할 수 있다. 데이터베이스가 최근에 백업된 시점까지 복원되면 다시 그 이후에 발생한 트랜잭션들을 재실행하여 복구할 수 있다. 만약의 사고를 예비하기 위하여 데이터베이스를 주기적으로 백업을 받아야 한다. 백업은 데이터베이스 테이블들을 주로 자기 테이프와 같은 별도의 저장장치에 복사해 놓는 작업이다. 백업은 데이터베이스 사용이 빈번하지 않는 시간을 이용하여 모든 자료를 3차 기억장치에 오랫동안 복사해야 하는 일이지만 매우 중요한 일이다.

2) redo와 undo

트랜잭션이 자료 연산 명령을 성공적으로 실행하면 우선적으로 시스템 로그 파일에 갱신 내역을 기록한다. 로그 레코드가 기록되면 트랜잭션이 성공적으로 완료(commit)되었다고 말하며, 트랜잭션이 완료된 것을 확인한 후에 데이터베이스의 디스크 페이지를 갱신한다. 고장 발생 시에는 로그 정보를 이용하여 트랜잭션이 원하는 갱신을 데이터베이스에 반영하는 것을 redo 연산이라고 말한다.

트랜잭션이 실행 도중에 취소되면 로그 파일을 열어 본다. 로그 파일에 자료를 갱신했다는 내역이 있으면 로그 자료를 이용하여 데이터베이스를 갱신 이전의 상태로 복원할 수 있다. 이와 같이 트랜잭션이 취소되었을 때 그 동안 갱신된 부분을 이전 상태로 되돌리는 것을 undo 연산이라고 말한다. redo(T_i)와 undo(T_i)의 연산 내용을 정리하면 다음과 같다.

- **redo**(T_i) : 트랜잭션 T_i가 갱신하려는 자료들을 새로운 값으로 갱신한다.
- **undo**(T_i) : 트랜잭션 T_i가 갱신하려는 자료들을 옛 값(갱신 이전의 값)으로 복원한다.

redo(T_i)와 undo(T_i)는 모두 트랜잭션 T_i의 원자성을 확보하기 위한 수단이다. undo(T_i)는 트랜잭션이 일부 수행한 갱신을 없었던 일로 되돌림으로써 원자성을 달성한다. redo(T_i)는 트랜잭션이 수행하려던 갱신 연산들을 모두 수행함으로써 원자성을 달성한다. 트랜잭션이 원자성을 달성하면 일관성이 확보된다.

(2) 로그 출력 방식, Steal/No-Steal, Force/No-Force

트랜잭션은 자료 연산을 실행하면서 갱신 연산이 발생하면 즉시 디스크로 출력하려고 한다. 그러나 갱신 결과를 디스크에 출력하고 고장이 발생하여 트랜잭션의 나머지 부분을 실행하지 못하면 원자성이 무너지고 비일관성 상태가 된다. 데이터베이스가 비일관성 상태가 되는 것을 막으려면 로그에 갱신 내용을 저장해 놓고 트랜잭션이 성공적으로 완료될 때까지 갱신 결과를 데이터베이스 반영하지 않는 것이다. 트랜잭션이 성공적으로 완료되면 로그를 이용하여 자료 갱신 결과를 데이터베이스에 반영하면 원자성과 일관성이 유지된다. 트랜잭션이 중간에 취소되면 로그를 폐기함으로써 트랜잭션의 원자성을 유지하고, 다시 트랜잭션을 실행하면 데이터베이스가 복구된다.

DBMS는 자료를 갱신하기 위하여 주기억장치의 버퍼에 있는 디스크 페이지가 언제 디스크에 기록될 것인지를 명시하는 [표 9.2]와 같은 steal/no-steal, force/no-force 기법을 이용한다.

[표 9.2] steal/no-steal, force/no-force 기법

처리 방식	처리 내역
steal	트랜잭션이 갱신한 버퍼 페이지를 즉시 디스크 블록에 반영
no-steal	트랜잭션이 갱신한 페이지를 트랜잭션 완료 전까지 디스크에 반영 안함
force	트랜잭션이 갱신한 페이지를 트랜잭션이 완료하면 즉시 디스크에 반영
no-force	트랜잭션이 갱신한 페이지를 트랜잭션이 완료해도 즉시 디스크에 반영 안함

no-force 방식의 장점은 완료된 트랜잭션이 갱신한 블록이 계속 버퍼에 존재하므로 다른 트랜잭션이 해당 블록을 갱신하려는 경우에 버퍼에서 읽을 수 있으므로 입출력 비용을 줄일 수 있다. 대신 주기억장치 공간이 많이 필요하다. steal은 DBMS가 다른 트랜잭션을 위하여 주기억장치의 버퍼를 비워 둘 필요가 있을 때 사용한다.

[표 9.3] ARIES 복구 절차

번호	복구 작업	내 역
1	분석 단계	고장 시점의 정보 수집
2	Redo 단계	검사점 이후 완료된 갱신 연산 재실행
3	Undo 단계	검사점 이후 미 완료된 갱신 연산 무효화

9.2.2 ARIES 알고리즘

ARIES(Algorithms for Recovery and Isolation Exploiting Semantics)는 데이터베이스 고장 발생 시에 복구하는 알고리즘이다. 개념적으로 단순하고 여러 가지 병행제어 기법에서 잘 동작하기 때문에 IBM의 DB2, MicroSoft의 SQL Server를 위시하여 많은 수의 데이터베이스 시스템들이 이용하고 있는 steal/no-force 알고리즘이다. 트랜잭션에 고장이 발생하여 복구 관리기가 호출되면 3단계로 시스템 복구 작업이 다음과 같이 진행된다[표 9.3].

1) 분석 단계

데이터베이스 시스템 고장 시점에서 버퍼에 남아 있는 자료 블록과 해당 트랜잭션들을 찾아낸다. 이 자료 블록들은 아직 데이터베이스에 반영되지 않은 것들이다.

2) redo 단계

로그 파일을 이용하여 검사점 이후의 갱신 연산들을 다시 실행(redo)한다. 완료된 트랜잭션들의 갱신 연산들을 데이터베이스에 확실하게 반영한다. 즉, 고장 시점의 데이터베이스로 복구한다.

3) undo 단계

로그 파일을 이용하여 검사점 이후의 완료되지 않은 트랜잭션들의 갱신 연산을 무효화(undo)한다. 완료된 트랜잭션들의 갱신 연산들만 데이터베이스에 반영시키는 효과이다.

[그림 9.6]의 스케줄을 살펴보자. 트랜잭션들이 시작되기 전에 A는 1000이고 B는 2000이며 C는 3000이었다. 세 트랜잭션들이 실행되는 과정에서 고장이 발생하였다. 복구 관리자는 분석 단계에서 T_2가 완료되었고 T_1과 T_3가 완료되지 못하였으며, 오손이 예상되는 자료는 A, B, C이므로 이들을 복구해야 하는 것을 확인한다. T_2는 완료했으므로 로그 파일에서 순서대로 redo(T_2)해야 하고, T_1과 T_3는 완료하지 못했으므로 후진 방향으로 undo(T_3,1)시켜야 한다. redo(T_2) 단계에서 로그 파일로부터 디스크의 B를 2500으로 갱신하고, undo(T_3) 단계에서 디스크의 자료 B와 C를 각각 2500과 3000으로 복구하고, undo(T_1) 단계에서 A를 1000으로 복구한다. 〈T_3, B, 2500, 3000〉은 트랜잭션 T_3가 자료 B의 값을 2500에서 3000으로 갱신한다는 의미의 로그 레코드이다. redo(T_2)와 undo(T_3,1)를 실행하여 자료 A, B, C가 각각 1000, 2500, 3000인 상태가 된다. 다시 트랜잭션 T3와 T1을 다시 실행하여 A, B, C를 500, 3000, 2500으로 디스크를 갱신한다.

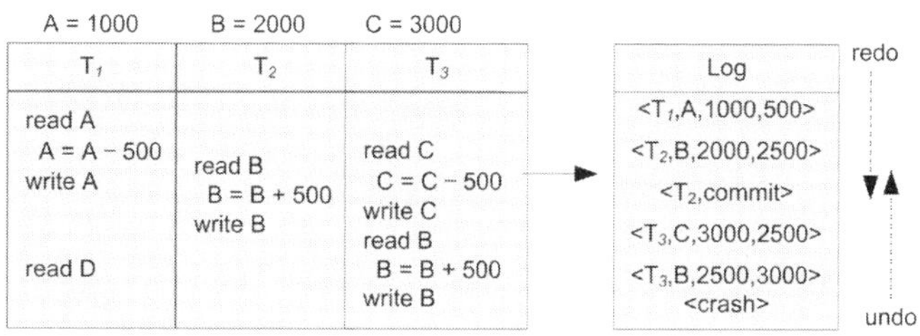

[그림 9.6] 고장 발생과 로그 정보

ARIES 복구 알고리즘은 [표 9.4]와 같이 다음의 세 가지 원리가 기본이다.

1) 로그 우선 기록(WAL, Write Ahead Logging)

데이터베이스에 대한 갱신 사항은 디스크에 기록하기 전에 로그에 먼저 기록한다. 로그는 안전 기억장치에 설치되어야 하며 로그를 이용하여 다시 디스크에 갱신을 반영한다.

2) 재실행시 반복처리(Repeating History during Redo)

고장 발생 후 다시 시작할 때는 고장 이전에 데이터베이스에 수행한 연산을 추적하여 고장이 발생하기 전의 상태로 정확하게 복구한다. 시스템은 고장 시에 실행 중이던 트랜잭션들의 작업을 무효화한다.

3) 무효화 동안의 로그 변경(Logging Changes during Undo)

트랜잭션을 무효화하는 동안 데이터베이스에 가해진 갱신들은 재시작 시점에서 다시 반복되지 않도록 로그에 저장한다.

[표 9.4] ARIES 알고리즘의 주요 원리

번호	복구 작업	내 역
1	로그 우선 기록 WAL	데이터베이스 갱신보다 로그에 먼저 기록
2	재실행 반복처리	복구 시 고장 이전의 갱신 재 실행(확인용)
3	무효화 동안 로그 변경	복구 시 undo 동안의 갱신을 로그에 저장(반복 방지용)

WAL 프로토콜은 데이터베이스 복구에 매우 중요한 요소이다. 완료된 트랜잭션이 수행한 변경은 WAL에 의하여 그 트랜잭션의 모든 로그 레코드들을 안정된 저장장치에 기록했다는 것을 의미한다. WAL은 고장 발생 시 로그 레코드로부터 데이터베이스의 복구를 보장하는 기본 법칙이다. 두 번째 원리가 ARIES와 다른 복구 알고리즘들과의 차이를 나타내는 특징이다. 이 특징으로 인하여 ARIES는 블록보다 더 세밀한 단위를 록킹하는 병행제어 규약들을 지원할 수 있다. 두 번째와 세 번째 원리는 redo(Ti) 연산과 undo(Ti) 연산을 완전히 정반대가 아니도록 취급하는 점이 중요하다.

9.3 로그 기법

데이터베이스의 변경에 대한 기록을 위해 가장 널리 사용되는 기술이 로그 기법이다. 로그는 로그 레코드들의 집합이며, 데이터베이스에 대한 모든 갱신 내용들을 기록한다. 갱신 로그 레코드는 한 번의 데이터베이스 갱신 사항들을 기록하며 [표 9.5]와 같은 정보를 가진다.

[표 9.5] 갱신 로그를 위한 정보

번호	자료 항목	내 역
1	트랜잭션 식별자	write 연산을 수행하는 고유 식별자
2	자료 항목 식별자	갱신 하는 자료를 식별하는 디스크 상의 자료 이름
3	이전의 값	갱신하기 이전의 자료 값
4	새로운 값	갱신 이후의 자료 값

트랜잭션이 실행되면서 시작과 완료, 고장 등의 사건을 기록하는 특별한 레코드를 [표 9.6]과 같이 관리한다.

[표 9.6] 로그를 위한 특별 레코드

번호	레코드 종류	내 역
1	⟨T_i, start⟩	트랜잭션 T_i 시작
2	⟨T_i, X_j, V_1, V_2⟩	트랜잭션 T_i가 자료 X_j에 갱신을 수행 X_j는 갱신 이전에 V_1의 값을 기억하고 갱신 이후에 V_2값 저장
3	⟨T_i, commit⟩	트랜잭션 T_i가 완료
4	⟨T_i, abort⟩	트랜잭션 T_i가 취소

트랜잭션이 자료를 갱신할 때마다 로그 레코드를 생성한다. 로그 레코드가 존재하면 로그를 이용하여 디스크에 있는 데이터베이스 자료를 갱신하는 것은 언제든지 가능하다(redo). 또한 데이터베이스에 이미 갱신된 자료라도 로그 레코드에 있는 옛 값을 이용하여 언제든지 갱신을 취소하고 옛 값으로 되돌릴 수 있다(undo). 로그 기법에는 디스크의 자료를 언제 갱신하는가에 따라서 지연 갱신 로그 기법과 즉시 갱신 로그 기법으로 구분된다.

9.3.1 지연 갱신 로그

지연 갱신 기법은 트랜잭션이 완료될 때까지 모든 자료 갱신 사항들을 로그 파일에 저장해 두는 기법이다. 트랜잭션이 완료되면 로그를 이용하여 디스크의 데이터베이스 자료를 갱신한다. 만약 트랜잭션이 완료되지 않고 실행 도중에 취소되었다면 데이터베이스는 전혀 갱신되지 않은 상태이므로 로그 파일을 폐기하고 트랜잭션을 재실행하면 된다. 트랜잭션이 취소된 경우에 그 트랜잭션들의 로그 파일에 완료를 의미하는 로그 레코드들이 있을 수 있다. 이 경우는 로그 레코드에 있는 대로 데이터베이스가 갱신되었을 수도 있고 갱신되지 않았을 수도 있다. 이때는 로그 레코드를 redo(T_i)하여 새 값으로 갱신하면 확실하게 트랜잭션의 실행 결과를 데이터베이스에 반영하는 것이다.

1) 지연 갱신 로그 레코드 구조

지연 갱신 로그 파일에는 [표 9.7]과 같은 정보가 저장관리 되어야 복구가 가능하다.

[표 9.7] 지연 갱신 로그를 위한 정보

번호	자료 항목	내 역
1	트랜잭션 이름	T_i
2	자료 이름	A, B, C
3	새로운 값	〈T_i, A, 1000〉
4	트랜잭션 시작 기호	〈T_i, start〉
5	트랜잭션 완료 기호	〈T_i, commit〉
6	고장 기호	〈crash〉

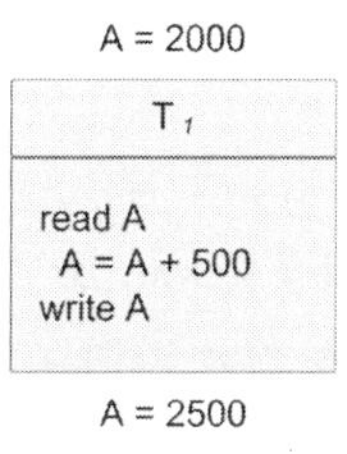

[그림 9.7] 입금 트랜잭션 T_1

2) 지연 갱신 로그의 복구 절차

[그림 9.8]은 계좌 A에 500원을 입금하는 [그림 9.7]의 트랜잭션 T1의 지연 갱신 로그의 실행 절차이다. 트랜잭션은 read A에 의하여 디스크에서 자료 A가 들어있는 디스크 블록을 버퍼 페이지로 읽어온다. 다시 버퍼 페이지에서 자료 A를 읽어서 지역변수에 저장하고, 500원을 추가하는 연산을 실행한 다음에 write A에 의하여 버퍼 페이지에 저장한다. 데이터베이스 시스템은 자료 A의 자료 값을 로그에 저장하고 완료(commit)한 다음에 디스크를 2,500원으로 갱신한다. 고장 발생 시에는 로그에 〈T_i, commit〉 레코드가 있으면 로그에서 디스크를 갱신하고, 〈T_i, commit〉 레코드가 없으면 트랜잭션이 완료되지 않은 것이므로 로그를 무시하고 트랜잭션을 재실행한다. 고장 발생 시에 중요한 것은 로그에 〈T_i, commit〉 레코드가 있느냐 없느냐에 따라서 복구 절차가 달라지는 점이다.

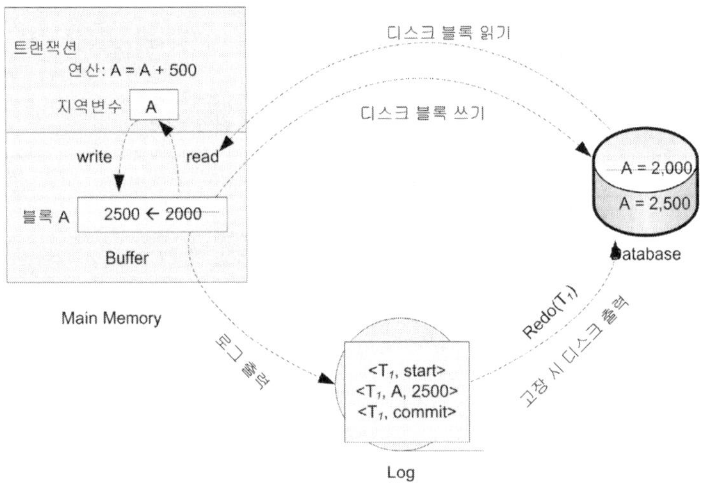

[그림 9-8] 입금 트랜잭션 T_1의 지연 갱신 로그의 처리 절차

[그림 9.9]는 병행 트랜잭션 T_1이 A를 갱신하고, T_2가 계좌 B에서 C로 송금하기 위해 갱신하는 병행처리 스케줄 S1이다. T_2가 먼저 실행을 시작하고, 이어서 T_1이 시작되고, 각각 자료 B, A, C를 갱신하고, T_1, T_2 순으로 실행을 완료한다. 이 스케줄 S_1이 모두 완료되면 [그림 9.10]과 같은 로그 레코드들을 안전 저장장치에 기록한다. 로그 레코드들은 지연 갱신 로그이기 때문에 undo(T_i)를 실행하지 않으므로 갱신 이전의 값은 없고 오직 갱신하는 값만 존재한다.

A = 1000, B = 2000, C = 3000

T_1	T_2

read A
  A = A - 500
write A
	read B
	  B = B - 700
	write B
	read C
	  C = C + 700
	write C

[그림 9.9] 병행처리 스케줄 S_1

[그림 9.10]의 Log_1은 고장이 없는 스케줄이므로 복구할 필요가 없다. Log_2와 같이 〈T_2, commit〉 이후에 고장이 발생했다면 어떻게 할 것인가? 이때는 로그 파일에 있는 순서대로 T_1과 T_2를 redo(Ti)하면 복구된다. 즉, 〈T_2, B, 1300〉, 〈T_1, A, 500〉, 〈T_2, C, 3700〉의 순서대로 데이터베이스를 갱신하면 스케줄 S_1이 원래 의도했던 대로 복구된다. 만약 Log_3과 같이 고장이 발생하여 〈T_2, commit〉가 없고 대신 〈crash〉 레코드가 있다면 어떻게 복구할 것인가? T_1은 완료하고, T_2가 완료하지 못하였으므로 T_1의 로그 레코드들을 redo(T_1)하고, T_2를 재실행하면 데이터베이스가 복구된다.

지연 갱신 Log_1	지연 갱신 Log_2	지연 갱신 Log_3
<T_2, start> <T_2, B, 1300> <T_2, C, 3700> <crash>	<T_2, start> <T_2, B, 1300> <T_2, C, 3700> <T_2, commit> <T_1, start> <T_1, A, 500> <crash>	<T_2, start> <T_2, B, 1300> <T_2, C, 3700> <T_2, commit> <T_1, start> <T_1, A, 500> <T_1, commit> <crash>

[그림 9.10] 병행처리 스케줄 S_1의 지연 갱신 로그

[그림 9.11]은 스케줄 S_1이 진행될 때 트랜잭션이 실행되면서 로그 레코드가 만들어지고, 데이터베이스에 갱신이 반영되는 과정을 시간 순서대로 보여주는 그림이다. 트랜잭션이 시작되기 전에 자료 A, B, C의 값은 각각 1,000, 2,000, 3,000이다. T_2가 자료 B의 값을 1300으로 갱신하면 로그 레코드 〈T_2, B, 1300〉가 만들어지고, T_1이 자료 값을 500으로 갱신하면 로그 레코드가 만들어지지만 데이터베이스의 상태는 변경되지 않는다. T_1이 완료되면 데이터베이스의 자료 값 A가 500으로 갱신된다. T_2가 C의 값을 갱신하면 로그 레코드를 만들고, T_2가 완료되면 데이터베이스 B와 C의 자료 값이 각각 1300과 3700으로 갱신된다.

지연 갱신 Log_1	데이터베이스 상태
<T_2, start> <T_1, start> <T_2, B, 1300> <T_1, A, 500> <T_1, commit> <T_2, C, 3700> <T_2, commit> .	A=1000, B=2000, C=3000 . . . A=500, B=1300,C=3700

[그림 9.11] 지연 갱신 로그의 데이터베이스 상태

[그림 9.12]는 스케줄 S_1이 진행되는 상태별로 지연 갱신 로그 파일의 내용을 기록한 것이다. 이 로그 기록을 보고 복구 절차를 수립하기로 한다. Log_1에서는 T_2가 B를 1300, C를 3700으로 갱신한 로그 레코드를 기록되었으나 ⟨T_2, commit⟩ 레코드가 없으므로 트랜잭션 T_2가 실행 중에 취소되었음을 알 수 있다. ⟨T_2, commit⟩ 로그 레코드가 없는 것은 데이터베이스를 갱신하지 않은 것을 의미하므로 B와 C의 값은 각각 2000과 3000의 옛 값을 유지하고 있을 것이다. 따라서 redo(T_2) 연산을 실행할 필요 없이 T_2를 재실행하면 데이터베이스가 복구된다.

지연 갱신 Log_1	지연 갱신 Log_2	지연 갱신 Log_3
<T_2, start> <T_2, B, 1300> <T_2, C, 3700> <crash>	<T_2, start> <T_2, B, 1300> <T_2, C, 3700> <T_2, commit> <T_1, start> <T_1, A, 500> <crash>	<T_2, start> <T_2, B, 1300> <T_2, C, 3700> <T_2, commit> <T_1, start> <T_1, A, 500> <T_1, commit> <crash>

[그림 9.12] 스케줄 S_1의 지연 갱신 로그 실례

[그림 9.12]의 Log_2에는 T_2의 ⟨T_2, commit⟩ 로그 레코드가 존재하고, T_1의 ⟨T_1, commit⟩ 로그 레코드는 없으므로 T_2는 정상적으로 완료된 것이고 T_1은 실행 중에 고장으로 취소된 것이다. 따라서 T_2는 redo(T_2)를 실행하고, T_1은 트랜잭션을 재실행하면 데이터베이스가 복구된다.

[그림 9.12]의 Log_3에는 T_2의 ⟨T_2, commit⟩ 로그 레코드와 T_1의 ⟨T_1, commit⟩ 로그 레코드가 존재하므로 두 트랜잭션이 모두 정상적으로 완료되었다. 따라서 redo(T_2), redo(T_1)을 실행하면 데이터베이스가 새 값으로 복구된다.

9.3.2 즉시 갱신 로그

즉시 갱신 기법은 트랜잭션이 자료를 갱신할 때마다 로그에 갱신 사항을 기록하고 즉시 디스크의 데이터베이스 자료를 갱신하는 기법이다. 트랜잭션의 오류 발생 가능성이 낮다면 신속하게 데이터베이스를 갱신하는 장점이 있다. 트랜잭션이 완료되면 모든 자료 갱신이 디스크의 데이터베이스에 반영되었을 것이다. 트랜잭션이 완료되었다는 것은 로그를 안전하게 저장했다는 것을 의미하므로 로그로부터 데이터베이스를 안전하게 갱신할 수 있다는 의미이다. 만약 트랜잭션이 완료되지 못했다면 트랜잭션이 데이터베이스에 반영한 갱신 값들을 옛 값으로 복원해야 한다. 트랜잭션이 완료하지 못했다는 것은 트랜잭션의 연산 결과가 데이터베이스에 부분적으로 반영했을 가능성이 있다는 의미이므로 데이터베이스를 트랜잭션 실행 이전의 값으로 복원하는 것이다.

1) 즉시 갱신 로그 레코드 구조

즉시 갱신 로그 파일에는 [표 9.8]과 같은 정보가 저장되어야 복구가 가능하다.

[표 9.8] 즉시 갱신 로그를 위한 정보

번호	자료 항목	내 역
1	트랜잭션 이름	T_i
2	자료 이름	A, B, C
3	옛 값과 새로운 값	〈T_i, A, 1000, 1500〉
4	트랜잭션 시작 기호	〈T_i, start〉
5	트랜잭션 완료 기호	〈T_i, commit〉
6	고장 기호	〈crash〉

지연 갱신 로그와의 차이점이 있다면 로그 레코드에 갱신 이전의 옛 값과 갱신 이후의 새 값이 모두 포함되어 있다는 점이다. 즉시 갱신 로그 기법은 이 자료를 이용하여 새 값으로 redo(T_i)하고 옛 값으로 undo(T_i)하여 데이터베이스를 복구할 수 있다.

2) 즉시 갱신 로그의 복구 절차

[그림 9.13]은 계좌 A에 500원을 추가하는 트랜잭션의 즉시 갱신 로그의 실행 절차이다. 트랜잭션은 read A에 의하여 디스크에서 자료 A가 들어있는 블록을 버퍼 페이지로 읽어온다. 다시 버퍼 페이지에서 자료 A를 읽어서 지역변수에 저장하고, 500원을 추가하는 연산을 실행한 다음에 write A에 의하여 버퍼 페이지에 저장한다. 데이터베이스 시스템은 A의 자료 값을 로그에 저장하고 완료(commit)한 다음에 디스크를 2,500원으로 갱신한다. 고장 발생

시에는 로그에 ⟨T_i, commit⟩ 레코드가 있으면 로그에서 redo(T_i)를 실행하여 디스크를 갱신한다. 만약 ⟨T_i, commit⟩ 레코드가 없으면 트랜잭션이 완료되지 않은 것이므로 디스크를 트랜잭션 실행 이전의 상태로 되돌려놓아야 한다. 따라서 로그에서 undo(T_i)를 실행하여 데이터베이스를 옛 값으로 복구하고, 트랜잭션을 다시 실행한다. 고장 발생 시에 중요한 것은 로그에 ⟨T_i, commit⟩ 레코드가 있느냐 없느냐에 따라서 redo(T_i)와 undo(T_i)를 선택적으로 실행한다는 점이다.

[그림 9.14]는 [그림 9.9]의 병행처리 스케줄 S_1을 위한 즉시 갱신 로그 파일이다. 지연 갱신 로그와 달리 즉시 갱신 로그에서는 옛 값과 새 값을 모두 저장한다. 만약 고장이 발생했을 때 로그에 ⟨T_i, commit⟩ 레코드가 있으면 redo(T_i)를 실행하여 로그의 새 값들을 이용하여 데이터베이스를 갱신한다. 이것은 혹시 데이터베이스가 갱신되지 못했을 경우를 대비하여 한 번 더 갱신하는 것이다. 고장이 발생했을 때 ⟨T_i, commit⟩ 레코드가 없는 트랜잭션들에 대해서 undo(T_i)를 실행하여 옛 값들을 이용하여 데이터베이스를 갱신한다. 이것은 트랜잭션의 원자성을 확보하기 위하여 부분적으로 갱신한 자료를 옛 값으로 복원하는 것이다.

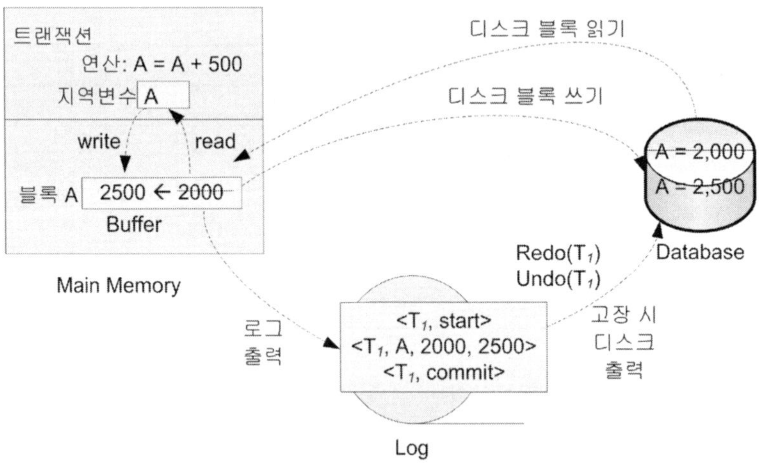

[그림 9.13] 입금 트랜잭션 T_1의 즉시 갱신 로그의 처리 절차

[그림 9.14]의 Log_1에서는 고장이 없으므로 복구가 필요 없다. Log_2에서 만약 ⟨T_2, commit⟩ 이후에 ⟨crash⟩에서 고장이 발생했다면 어떻게 할 것인가? 이때는 두 트랜잭션이 모두 완료된 상태이므로 로그 파일에 있는 순서대로 트랜잭션 T_1과 T_2의 로그 레코드를 redo(T_i)하면 복구된다. 즉, ⟨T_2, B, 2000, 1300⟩, ⟨T_1, A, 1000, 500⟩, ⟨T_2, C, 3000, 3700⟩의 순서대로 데이터베이스를 갱신하면 스케줄 S_1이 원래 의도했던 대로 복구된다.

즉시 갱신 Log_1	즉시 갱신 Log_2	즉시 갱신 Log_3
<T_2, start> <T_2, B, 2000, 1300> <T_2, C, 3000, 3700> <crash>	<T_2, start> <T_2, B, 2000, 1300> <T_2, C, 3000, 3700> <T_2, commit> <T_1, start> <T_1, A, 1000, 500> <crash>	<T_2, start> <T_2, B, 2000, 1300> <T_2, C, 3000, 3700> <T_2, commit> <T_1, start> <T_1, A, 1000, 500> <T_1, commit> <crash>

[그림 9.14] 병행처리 스케줄 S_1의 즉시 갱신 로그

Log_3에서 고장이 발생하여 〈T_2, commit〉가 없고 대신 〈crash〉 레코드가 있으면 어떻게 복구할 것인가? T_1은 완료하였으므로 T_1의 로그 레코드들을 redo(T_1)하여 디스크를 복구하고, T_2는 완료하지 못하였으므로 T_2의 로그 레코드들을 undo(T_2)하여 갱신 이전의 상태로 돌려놓고, 트랜잭션 T_2를 재실행하면 데이터베이스가 복구된다.

즉시 갱신 Log_2	데이터베이스 상태
<T_2, start> <T_1, start> <T_2, B, 2000, 1300> <T_1, A, 1000, 500> <T_1, commit> <T_2, C, 3000, 3700> . .	A=1000, B=2000, C=3000 . B=1300 A=500 . C=3700 .

[그림 9.15] 즉시 갱신 로그의 데이터베이스 상태

[그림 9.15]는 스케줄이 진행될 때 트랜잭션이 실행되면서 로그 레코드가 만들어지고, 데이터베이스에 갱신이 반영되는 과정을 시간 순서대로 보여주는 그림이다. 트랜잭션이 시작되기 전에 자료 A, B, C의 값은 각각 1,000, 2,000, 3,000이다. T_2가 자료 B의 값을 1300으로 갱신하면 T_2가 완료되지 않아도 로그 레코드 〈T_2, B, 2000, 1300〉가 기록되고, 즉시 데이터베이스의 자료 B가 1300으로 갱신된다. T_1이 자료 A의 값을 500으로 갱신하면 로그 레코드가 삽입되고, 즉시 데이터베이스의 자료 A가 500으로 갱신된다. T_2가 자료 C의 값을 3700으로 갱신하면 로그 레코드가 삽입되고, 즉시 데이터베이스의 자료 C가 3700으로 갱신된다.

[그림 9.16]은 스케줄 S1이 진행되는 상태별로 즉시 갱신 로그 파일의 내용을 기록한 것이다. 이 로그 기록을 보고 복구 절차를 수립하기로 한다. Log_1에서는 T_2가 B를 1300으로, C를 3700으로 갱신한 로그 레코드가 기록되었으나 〈T_2, commit〉 레코드가 없으므로 트랜잭션 T_2

가 실행 중에 취소되었음을 알 수 있다. ⟨T_2, commit⟩ 로그 레코드가 없지만 데이터베이스가 트랜잭션 실행 즉시 갱신되었을 가능성이 있다. 데이터베이스를 복구하기 위하여 undo(T_2)를 실행하여 B와 C의 값을 각각 2000과 3000의 옛 값을 복원한 다음에 트랜잭션 T_2를 실행해야 한다. 따라서 redo(T_2) 연산을 실행할 필요 없이 데이터베이스가 복구된다.

[그림 9.16]의 Log_2에는 T_2의 ⟨T_2, commit⟩ 로그 레코드가 존재하므로 T_2는 정상적으로 완료된 것이다. 따라서 T_2는 redo(T_2)를 실행하여 데이터베이스를 다시 갱신한다. T_1의 ⟨T_1, commit⟩ 로그 레코드가 없으므로 T_1은 실행 중에 고장으로 취소된 것이다. 그러나 T_1의 ⟨T_1, A, 1000, 500⟩ 로그 레코드가 존재하므로 데이터베이스의 A가 500으로 갱신되었을 가능성이 있다. 따라서 undo(T_1)을 실행하여 A의 값을 옛 값(1000)으로 복원한 다음에 T_1을 재실행하면 데이터베이스가 복구된다.

즉시 갱신 Log_1	즉시 갱신 Log_2	즉시 갱신 Log_3
<T_2, start> <T_2, B, 2000, 1300> <T_2, C, 3000, 3700> <crash>	<T_2, start> <T_2, B, 2000, 1300> <T_2, C, 3000, 3700> <T_2, commit> <T_1, start> <T_1, A, 1000, 500> <crash>	<T_2, start> <T_2, B, 2000, 1300> <T_2, C, 3000, 3700> <T_2, commit> <T_1, start> <T_1, A, 1000, 500> <T_1, commit> <crash>

[그림 9.16] 스케줄 S_1의 즉시 갱신 로그 실례

[그림 9.16]의 Log_3에는 T_2의 ⟨T_2, commit⟩ 로그 레코드와 T_1의 ⟨T_1, commit⟩ 로그 레코드가 존재하므로 두 트랜잭션이 모두 정상적으로 완료되고 붕괴되었다. 따라서 redo(T_2), redo(T_1)을 실행하면 데이터베이스가 새 값으로 복구된다.

9.3.3 검사점과 재시작

데이터베이스를 가동하는 도중에 시스템 고장이 발생하면 트랜잭션과 데이터베이스의 상태를 상세히 파악하고 이들을 원래의 정상 상태로 복구해야 한다. 트랜잭션이 자료 갱신 연산을 실행하면 갱신 내용을 로그에 먼저 기록한다. 고장이 발생하면 로그 파일 전체를 읽어서 redo(T_i) 또는 undo(T_i)를 수행해야 하는 트랜잭션들을 파악하고 복구해야 한다. 그러나 로그 파일이 너무 크면 전체를 탐색하는 것이 쉬운 일이 아니다. 여기에는 다음과 같은 어려움이 있다.

- 전체 로그 파일을 탐색하는데 많은 시간이 소요된다.
- redo(T_i)해야 하는 트랜잭션들의 대부분은 이미 데이터베이스를 정상적으로 갱신하였으므로 또 redo(T_i)해야 하는 것은 낭비이다.

저장된 로그 레코드의 수가 매우 많기 때문에 꼭 필요한 로그 레코드만 읽는 기술이 필요하다. 이와 같은 이유로 야기되는 복구 시간을 줄이기 위하여 도입된 것이 검사점(checkpoint)과 재시작(restart) 개념이다. 검사점은 DBMS 상태를 어느 시점에서 스냅 사진과 같이 복제하여 저장하는 정보이다. 검사점의 목적은 고장 발생 시에 탐색해야 하는 로그 레코드의 수를 감소시키는 등 DBMS의 복구 작업량을 줄이기 위한 것이다.

로그에는 자료 갱신 레코드 이외에 검사점 정보를 포함한다. 검사점의 정확한 사전적 의미는 트랜잭션의 자료 갱신 내용이 디스크에 확실하게 반영되었다는 사실을 기록한 시간 정보이다. 그러므로 검사점 이전에 완료된 모든 트랜잭션들의 갱신 결과는 모두 디스크에 반영되었으므로 시스템에 고장이 발생해도 복구할 필요가 없다. 즉, 시스템이 붕괴해도 로그로부터 redo(T_i) 또는 undo(T_i)를 수행할 필요가 없다. 검사점은 주기적으로 기록된다. 검사점에서는 병행처리를 고려하지 않고 아래와 같은 트랜잭션만을 고려한다.

- 가장 최근의 검사점이 시작된 이후의 트랜잭션
- 최근의 검사점 당시 실행 중이던 트랜잭션

가장 최근의 검사점 당시에 여러 트랜잭션들이 실행될 수 있기 때문에 병행처리 시에는 더욱 알고리즘이 복잡해진다. DBMS는 검사점의 주기를 결정해야 한다. 검사점 주기가 빠르면 고장 발생 시에 복구가 빠르지만 트랜잭션 실행 시간이 지연된다. 검사점 주기가 길어지면 복구 시간이 느려지는 대신에 트랜잭션 실행 시간이 빨라진다.

[표 9.9] 검사점에서 수행하는 작업

번호	자료 항목	내 역
1	트랜잭션 정지	검사점에서 실행 중인 모든 트랜잭션을 일시 정지
2	로그 출력	모든 로그 레코드들을 안전 기억장치에 출력
3	버퍼 출력	주기억장치의 모든 버퍼 블록들을 디스크에 출력
4	검사점 출력	검사점 레코드를 로그에 저장하고 안전 기억장치에 출력
5	트랜잭션 재실행	다시 트랜잭션들을 정상적으로 가동

고장이 발생하면 로그 파일에서 검사점을 읽어서 검사점 이전에 완료된 트랜잭션들을 찾고, 그 다음에 시작한 트랜잭션들의 로그 레코드들을 읽어서 redo(T_i)와 undo(T_i) 연산을 실

행한다. 이상과 같은 복구 작업을 수행하기 위하여 검사점에서는 부수적인 작업이 필요하다. 검사점 시점에서 수행하는 작업은 [표 9.9]와 같다.

검사점에서 [표 9.9]와 같은 조치를 취한 다음에 고장이 발생하면 [그림 9.17]과 같은 재시작 기능을 수행해야 한다. 재시작 기능은 시스템에 고장이 발생하면 기동하는 복구 관리자의 기능이다. 복구 기능은 고장이 발생하면 로그 파일의 끝에서 후진 탐색하여 검사점 레코드 〈checkpoint〉를 찾는다. 검사점 레코드를 찾으면 그 이전에 시작한 마지막 트랜잭션의 시작 로그 레코드 〈T_i, start〉를 찾는다. 마지막 트랜잭션 T_i 이전의 트랜잭션들은 모두 완료되어 갱신 결과들이 데이터베이스에 모두 반영되었으며, 검사점 이전에 마지막으로 시작된 트랜잭션의 로그 레코드들도 모두 반영되었으므로 이들은 복구 대상이 아니다. 복구 관리자는 마지막 〈checkpoint〉부터 분석을 시작한다. 분석에 의하여 고장 상태가 파악되면 검사점부터 마지막 로그 레코드까지 순서대로 실행된 모든 트랜잭션 T_i에 대하여 〈T_i, commit〉 레코드가 있으면 redo(T_i)를 실행한다. 다시 마지막 로그 레코드부터 후진하면서 〈T_i, commit〉 레코드가 없으면 undo(T_i) 연산을 실행한다.

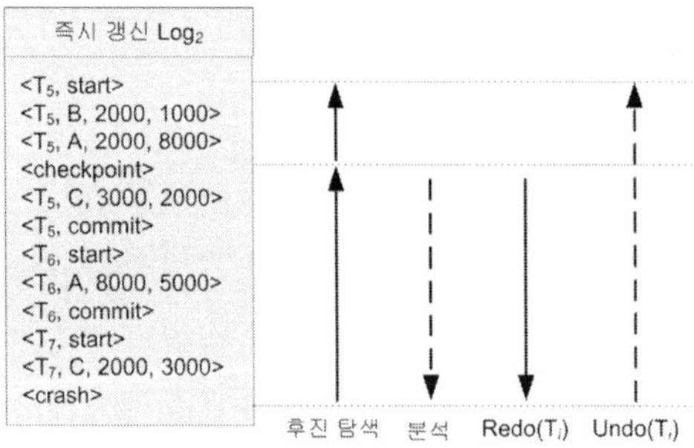

[그림 9.17] 검사점에 의한 재시작 절차

고장 발생 시점에서 복구 관리자가 수행하는 복구 작업의 내용은 [표 9.10]과 같다.

[표 9.10] 고장 시점에서 수행하는 복구 작업

순서	복구 작업 내역
1	로그 파일을 후진 탐색하여 검사점 〈checkpoint〉 레코드 탐색
2	검사점 이전에 시작한 트랜잭션의 첫 로그 레코드의 〈T_i, start〉 탐색
3	검사점부터 로그의 끝까지 복구를 위한 분석 시작
4	검사점에서 로그 파일의 끝까지 redo(T_i) 실행
5	로그 파일을 후진 탐색하여 검사점까지 undo(T_i) 실행

검사점 이후에 실행하는 복구 연산 절차를 자세히 설명하면 다음과 같다.

- <T_i, commit> 완료 로그 레코드가 있는 트랜잭션들은 완료된 것이므로 검사점 이후의 모든 T_i에 대하여 순서대로 redo(T_i)를 실행한다.
- <T_i, commit> 완료 로그 레코드가 없는 트랜잭션들은 완료된 것이 아니므로 모든 T_i에 대하여 로그 파일의 마지막부터 검사점까지 역순으로 undo(T_i) 연산을 실행한다. 검사점부터 로그의 끝까지 순서대로 undo(T_i)를 실행한 T_i들을 재실행한다.

undo(T_i) 연산은 즉시 갱신 로그에만 적용되는 것이므로 지연 갱신 로그에서는 사용하지 않는다. [그림 9.18]은 지연 갱신 로그와 즉시 갱신 로그 기법에 의하여 생성된 로그 파일이다. 트랜잭션 T_5가 실행하다가 검사점을 저장하였으며, 계속해서 T_6, T_7을 실행하다가 고장이 발생하였다. 동일한 스케줄을 지연 갱신 로그 기법과 즉시 갱신 로그 기법 두 가지로 로그 레코드를 생성하였다.

[그림 9.18]의 지연 갱신 로그에 의한 복구 절차는 [표 9.11]에 기술한다.

[표 9.11] 지연 갱신 로그 Log_1에 의한 복구 절차

순서	복구 작업	비 고
1	검사점 탐색.	고장 시점에서 역순으로 로그 레코드를 탐색.
2	최종 트랜잭션 탐색	검사점 이전에 시작한 마지막 트랜잭션(T_5)탐색.
3	redo(T_5) 실행.	검사점 이후의 T_5 레코드는 〈T_5, commit〉가 있으므로
4	redo(T_6) 실행	T_6의 로그 레코드는 검사점 이후이며, 〈T_6, commit〉가 있으므로
5	T_7를 다시 실행.	T_7은 〈T_7, commit〉 레코드가 없으므로 미 완료.

[그림 9.18]의 즉시 갱신 로그에 의한 복구 절차는 [표 9.12]에 기술한다.

[표 9.12] 즉시 갱신 로그 Log_2에 의한 복구 절차

순서	복구 작업	비 고
1	검사점 탐색.	고장 시점에서 역순으로 로그 레코드를 탐색.
2	최종 트랜잭션 탐색	검사점 이전에 시작한 마지막 트랜잭션(T5)탐색.
3	redo(T_5) 실행.	검사점 이후의 T_5 레코드는 〈T_5, commit〉가 있으므로
4	redo(T_6) 실행	T_6의 로그 레코드는 검사점 이후이며, 〈T_6, commit〉가 있으므로
5	undo(T_7) 실행	T_7은 〈T_7, commit〉 레코드가 없으므로 미 완료.
6	T_7를 다시 실행	

지연 갱신 로그와 즉시 갱신 로그 기법은 약간 상이하지만 시스템 고장이 감소하고 있으므로 상용 DBMS에서는 즉시 갱신 로그를 많이 사용하고 있다.

지연 갱신 Log_1	즉시 갱신 Log_2
<T_5, start>	<T_5, start>
<T_5, B, 1000>	<T_5, A, 2000, 1000>
<T_5, A, 8000>	<T_5, B, 2000, 8000>
<checkpoint>	<T_5, C, 3000, 2000>
<T_5, C, 2000>	<checkpoint>
<T_5, commit>	<T_5, commit>
<T_6, start>	<T_6, start>
<T_6, A, 5000>	<T_6, B, 8000, 5000>
<T_6, commit>	<T_6, commit>
<T_7, start>	<T_7, start>
<T_7, C, 3000>	<T_7, D, 2000, 3000>
<crash>	<crash>

[그림 9.18] 검사점에 의한 로그 파일

9.4 그림자 페이지

ARIES는 데이터베이스 복구에 가장 널리 사용되는 알고리즘이지만 다른 복구 알고리즘들과 마찬가지로 WAL 프로토콜을 기반으로 하는 로그 기법을 이용한다. WAL 프로토콜을 이용하지 않는 알고리즘으로 IBM의 System R에서 사용한 그림자 페이지(shadow page)기법이 있다. 그림자 페이지 기법은 가장 초기의 복구 알고리즘으로서 데이터베이스를 페이지들의 집합으로 보고 페이지를 관리하는 페이지 테이블을 복구에 활용하는 기술이다.

WAL 프로토콜의 시스템 로그를 사용하는 복구 기법은 로그 파일을 운영하기 위하여 디스크 입・출력 시간이 많이 소요되기 때문에 효율이 좋지 않다. 디스크 접근 시간을 개선할 수 있는 것이 그림자 페이지 기법이다. 데이터베이스는 복구를 위하여 n개의 디스크 페이지(디스크 블록)라고 하는 고정-길이 블록으로 구성되어 있다고 간주한다. 데이터베이스는 n개의 엔트리를 가진 디렉토리가 있으며, i번째 엔트리는 i번째 디스크 페이지를 가리킨다. 디렉토리가 너무 크지 않으면 주기억장치에 유지하고 디스크의 데이터베이스 페이지들에 대한 모든 읽기와 쓰기 연산들은 디렉토리를 통하여 이루어진다. 페이지라는 용어는 주기억장치를 관리하기 위한 공간 분할 기법으로서 운영체제에서 빌려온 용어이다. 이 기법은 단일 사용자 환경에서는 로그를 사용할 필요가 없다. 다수 사용자 환경에서는 병행제어를 위하여 로그가 필요하다.

[그림 9.19]와 같이 디스크에서 사용하는 페이지들은 운영체제가 디스크의 물리 블록 단위로 관리하고 있다. 운영체제는 사용하지 않는 디스크 블록을 자유공간으로 관리하고 있다. 데이터베이스 시스템이 페이지를 요구하면 운영체제가 자유공간에서 페이지 단위로 제공한

다. 어떤 파일 F가 디스크의 물리 블록 5개를 점유하기 위해서는 운영체제의 자유공간으로부터 페이지를 할당받아야 한다. 파일의 특정 레코드를 갱신하려면 해당 레코드가 들어있는 페이지를 읽어서 블록 단위로 갱신해야 한다. 사용자가 페이지를 폐기하면 운영체제에게 반납하고, 운영체제는 자유공간으로 관리한다. 이런 파일관리 기법을 효과적으로 이용한 것이 그림자 페이지 기법이다.

그림자 페이지 기법의 핵심은 (현행)페이지 테이블 이외에 그림자 페이지 테이블이라고 하는 두 개의 페이지 테이블을 유지하는데 있다. 그림자 페이지 테이블은 트랜잭션이 실행되기 이전의 초기 상태를 변함없이 유지하고, 현행 페이지 테이블은 트랜잭션의 실행 상태를 반영하므로 계속 변경된다.

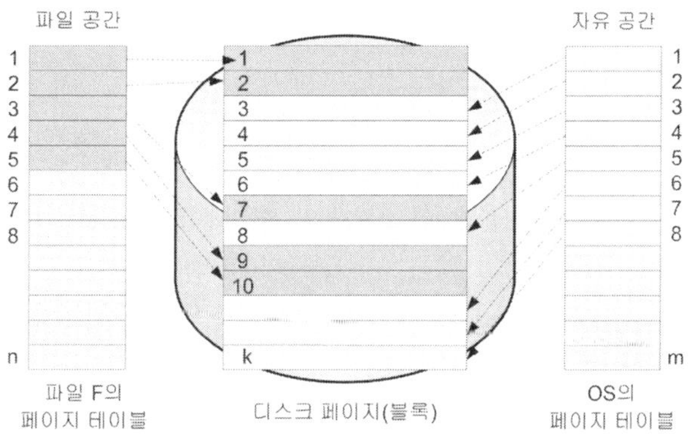

[그림 9.19] 디스크의 페이지 테이블 구조

[그림 9.20]에서 파일 F의 그림자 테이블은 5개의 디스크 페이지를 사용하고 있다. 트랜잭션이 실행되려면 트랜잭션은 현행 페이지 테이블을 복제하여 동일한 그림자 페이지 테이블을 만든다. 트랜잭션이 실행되는 동안 그림자 페이지는 절대로 수정되지 않는다. 쓰기 연산이 수행될 때 데이터베이스의 새로운 사본이 생기지만 그 페이지의 이전 사본을 갱신하지 않는다. 그 대신에 사용되지 않는 새 페이지에 갱신한다. 예를 들어 트랜잭션이 4번 페이지를 갱신하면 운영체제에서 새로운 페이지 3번을 할당받아서 갱신 결과를 기록하고, 페이지 테이블의 포인터만 바꾸어준다. 트랜잭션이 다시 5번 페이지를 갱신하면 새로운 페이지 4번을 할당받아서 갱신결과를 저장한다. 결과적으로 그림자 테이블은 트랜잭션 시작 전과 종료 후에도 동일하고, 현행 페이지 테이블은 변경되었다.

만약 트랜잭션 실행 중에 고장이 발생하여 데이터베이스가 붕괴했을 때는 트랜잭션이 실행하기 이전 상태로 돌아가야 복구할 수 있다. 붕괴된 데이터베이스를 복구하려면 트랜잭션이 실행되어 수정이 반영된 현행 페이지 테이블을 폐기하고, 변함이 없는 그림자 페이지 테이블을 복제하여 현행 페이지 테이블을 만들고, 수정된 디스크 페이지들은 모두 폐기한다. 이 상태에서 취소된 트랜잭션을 다시 실행시키면 데이터베이스가 복구될 것이다. 자료를 redo(T_i)하거나 undo(T_i)하는 연산이 없으므로 no-redo/no-undo 기법이다. 이 기법은 그림자 페이지 테이블을 이용하여 트랜잭션의 원자성과 일관성을 유지하는 알고리즘이다.

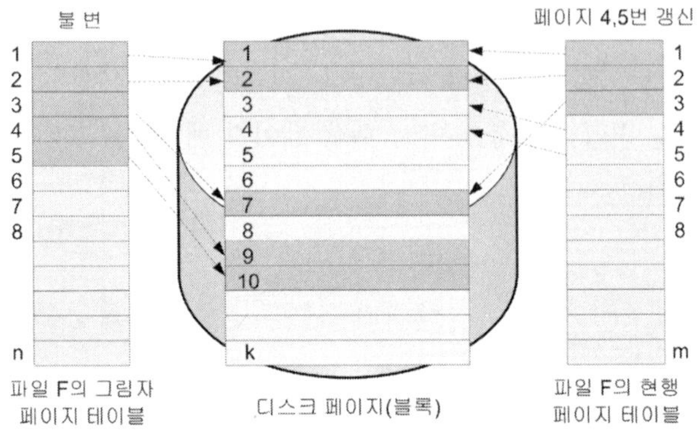

[그림 9.20] 그림자 및 현행 페이지 테이블

그림자 페이지 기법의 단점은 다음과 같다.

1) 자료 단편화(data fragmentation)

초기 데이터베이스의 디스크 페이지들은 연속되어 있어서 접근 효율이 높다. 트랜잭션이 실행되면서 페이지가 갱신될 때마다 페이지의 위치가 변경된다. 디스크 페이지들의 위치가 바뀌면 자료의 지역성이 흩어지므로 디스크 접근 효율이 저하된다.

2) 쓰레기 수집(garbage collection)

트랜잭션이 자료를 갱신할 때마다 현행 페이지 테이블은 새로운 페이지를 사용한다. 그림자 페이지가 가리키고 있는 옛 페이지들은 트랜잭션이 완료되어도 접근할 수 없다. 이런 페이지들은 자유공간도 아니고 사용하는 정보도 없으므로 쓰레기와 마찬가지이다. 따라서 주기적으로 쓰레기를 수집하여 처리하는 작업이 요구된다.

여러 트랜잭션들을 운영하려면 트랜잭션마다 그림자 페이지 테이블을 운영해야 하므로 병행처리하는데 로그 기법보다 못하다는 평가가 있다. 트랜잭션들을 병행처리 하기 위해서는 로그 파일이 필요하고, 트랜잭션의 원자성과 일관성 목적 이외에도 데이터베이스를 사용하는 이력을 관리하기 위해서도 로그가 필요하다. 그림자 페이지 기법을 사용하는 System R도 로그 기법을 같이 사용하고 있다.

연습문제

9.1 다음 용어들을 정의하시오.

1) 페이지 2) 안전 기억장치 3) 스케줄
4) 로그 5) 스키마 6) PPU
7) 검사점 8) ARIES 9) WAL
10) commit 11) 그림자 페이지 12) undo

9.2 트랜잭션의 고장 원인에 대하여 설명하시오.

9.3 고장 발생 시에 로그 기법을 이용하여 복구하려고 한다. 로그의 목적은 무엇인가?

9.4 backup이 복구에 어떤 기능을 제공하는지 설명하시오.

9.5 redo()와 undo()는 각각 무엇을 수행하는가?

9.6 redo()와 undo()는 각각 어떤 장점과 단점이 있는지 설명하시오.

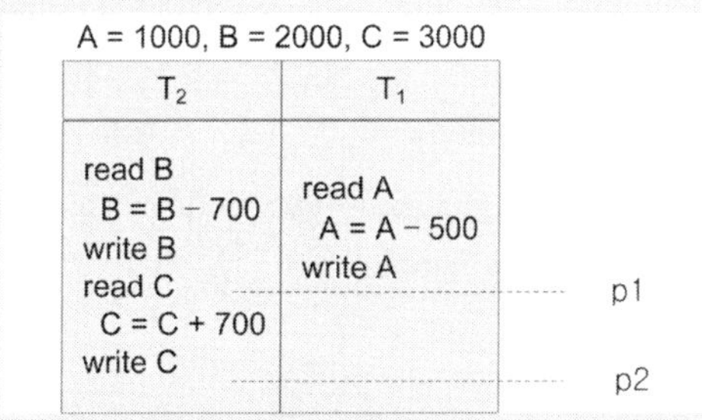

[그림 9.21] 병행 스케줄 S_2

9.7 [그림 9.21] 병행 스케줄 S_2를 보고 지연 갱신 로그를 작성하시오.

p1에서 고장 시 로그를 작성하시오.

9.8 [그림 9.21] 병행 스케줄 S_2를 보고 즉시 갱신 로그를 작성하시오.

p2에서 고장 시 로그를 작성하시오.

9.9 [그림 9.22]의 송금 트랜잭션이 정상적으로 실행되었는데 불구하고 데이터베이스에 반영되지 않았다면 그 이유는 무엇인가?

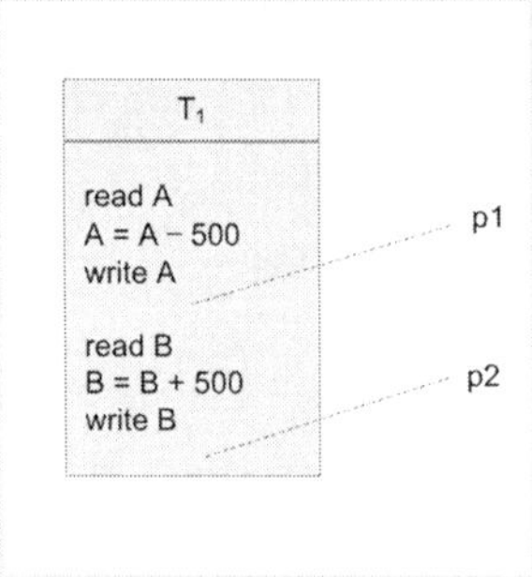

[그림 9.22] 송금 트랜잭션

9.10 복구를 위하여 지연 갱신 로그 기법을 운용하고 있다.

1) 송금 트랜잭션 T_1이 정상 실행될 때 복구 관리기가 하는 일을 순서대로 기재하시오.

2) p1에서 고장이 발생하였다. 복구 관리기가 복구하는 일을 순서대로 기재하시오.

3) p2에서 고장이 발생하였다. 복구 관리기가 복구하는 일을 순서대로 기재하시오.

9.11 복구를 위하여 즉시 갱신 로그 기법을 운용하고 있다.

1) 송금 트랜잭션 T_1이 정상 실행될 때 복구 관리기가 하는 일을 순서대로 기재하시오.

2) p1에서 고장이 발생하였다. 복구 관리기가 복구하는 일을 순서대로 기재하시오.

3) p2에서 고장이 발생하였다. 복구 관리기가 복구하는 일을 순서대로 기재하시오.

9.12 트랜잭션에서 〈T_i, commit〉 레코드는 무엇을 의미하는가? 이 레코드가 없을 때와 있을 때 복구는 어떻게 달라야 하는가?

지연 갱신 Log_3
<T_2, start>
<T_2, B, 1300>
<T_2, C, 3700>
<T_2, commit>
<T_1, start>
<T_1, A, 500>
<T_1, commit>
<crash>

[그림 9.23] 지연 갱신 로그

즉시 갱신 Log_2
<T_2, start>
<T_2, B, 2000, 1300>
<T_2, C, 3000, 3700>
<T_2, commit>
<T_1, start>
<T_1, A, 1000, 500>
<crash>

[그림 9.24] 즉시 갱신 로그

9.13 [그림 9.23] 지연 갱신 로그를 보고 복구 절차를 설명하시오.

9.14 [그림 9.24] 즉시 갱신 로그를 보고 복구 절차를 설명하시오.

Log_1
<T_5, start>
<T_5, B, 1000>
<T_5, A, 8000>
<checkpoint>
<T_5, C, 2000>
<T_5, commit>
<T_6, start>
<T_6, A, 5000>
<T_6, commit>
<T_7, start>
<T_7, C, 8000>
<crash>

[그림 9.25] 지연 갱신 로그

Log_2
<T_5, start>
<T_5, A, 2000,1000>
<T_5, B, 2000,8000>
<T_5, C, 3000,2000>
<checkpoint>
<T_5, commit>
<T_6, start>
<T_6, B, 8000,5000>
<T_6, commit>
<T_7, start>
<T_7, D, 2000,3000>
<crash>

[그림 9.26] 즉시 갱신 로그

9.15 [그림 9.25] 지연 갱신 로그를 보고 복구 절차를 설명하시오. 여기에는 검사점 레코드를 활용한다.

9.16 [그림 9.26] 즉시 갱신 로그를 보고 복구 절차를 설명하시오. 여기에는 검사점 레코드를 활용한다.

제 10 장

데이터베이스 보안

CHAPTER **10**

데이터베이스 보안

정보산업사회로 진입하면서 데이터베이스의 중요성이 고조되었으며, 지식산업사회로 발전하면서 데이터베이스는 산업사회의 핵심적인 자산이 되고 있다. 기업체를 포함한 모든 분야의 정보들이 데이터베이스로 집중되고 있으며, 데이터베이스 관리 능력이 산업 생산성에 중요한 요소가 되고 있다. 이와 더불어 데이터베이스의 무결성을 유지하고, 불법적인 침입으로부터 데이터베이스를 보호할 필요성이 증대하고 있다. 정부와 기업들은 단순히 자료 자체를 보호하는 것뿐만 아니라 개인의 비밀을 보장하고 불법적 접근을 제어해야 한다. DBMS는 데이터베이스를 보호하기 위하여 접근 제어 등 여러 가지 보안 기법을 도입하고 있다.

이 장에서는 데이터베이스 보안을 위한 기초 개념들을 소개하고, 자료를 보호하기 위한 임의 접근제어, 강제 접근제어, 특수 접근제어 기법을 논의한다. 4절에서는 암호화 기법과 함께 전자 서명과 전자 인증서에 대하여 간략히 기술한다.

10.1 개요

데이터베이스의 안전을 확보하기 위하여 보안 목표와 관련 쟁점들을 논의하고, 데이터베이스의 보안을 지키기 위한 제어 수단을 논의하며, 보안 업무를 수행하는 담당자들의 역할과 업무 내역을 기술한다.

10.1.1 보안 목표와 쟁점

데이터베이스를 이용하여 기업의 주요 정보를 운용하려면 최소한의 안전 기준을 설정하고 운영해야 한다. 우선 데이터베이스에 오류가 있는 자료가 들어오지 못하게 하고, 자료를 불법적으로 사용하려는 위협을 막아야 한다. 데이터베이스를 위협하는 요인들은 수없이 많이 있으나 이들을 막을 수 있는 보안의 핵심 개념은 [표 10.1]과 같이 세 가지이다.

[표 10.1] 데이터베이스 보안의 3 요소

종 류	내 역
무결성	자료의 정확성 유지
가용성	권한을 가진 사용자들의 접근 허용
기밀성	권한이 없는 사용자들의 접근 방지

1) 무결성

데이터베이스 자료를 사용하기 위해서는 자료 자체에 오류가 있어서는 안 된다. 오류 없는 자료가 입력되었어도 계속되는 추가, 갱신, 삭제 등의 변경을 통하여 오류가 발생하면 무결성이 상실된다. 무결성(integrity)이 상실된 이후에 데이터베이스를 사용하는 것은 큰 재앙을 불러 올 수 있으므로 대책을 세워야 한다. 무결성은 권한이 있는 사용자만 자료를 수정할 수 있는 기능이다.

2) 가용성

가용성(availability)이란 권한을 가진 사용자들이 데이터베이스를 접근할 수 있는 것을 의미한다. 가용성이 상실되면 권한을 가진 사용자나 프로그램이 자료를 사용할 수 없는 경우가 발생한다. 또한 데이터베이스를 통하여 기업의 핵심 업무를 수행할 수 없을 것이다. 가용성이란 권한을 가진 사용자에게 데이터베이스 접근을 거부하면 안 되는 기능이다.

3) 기밀성

적절한 권한 없이 비밀 정보를 가질 수 있다면 기업, 정부, 국가가 매우 위험한 상황에 빠질 수 있다. 자료의 기밀성(confidentiality)은 국가가 법으로 보호하고 있으나 DBMS는 기술적으로 외부의 위협으로부터 자료의 기밀을 보호해야 한다. 기밀성이란 권한이 없는 사용자에게 자료 노출을 방지하는 기능이다.

데이터베이스 보안은 무결성, 가용성, 기밀성이 일부 또는 전부 상실되는 것을 막는 것으로서 방어 수단은 접근 제어, 추론 제어, 흐름 제어 그리고 암호화 등이다. 이들 수단들을 잘 조직하여 다양한 공격과 실수로부터 데이터베이스를 보호하는 것이 데이터베이스 보안이다.

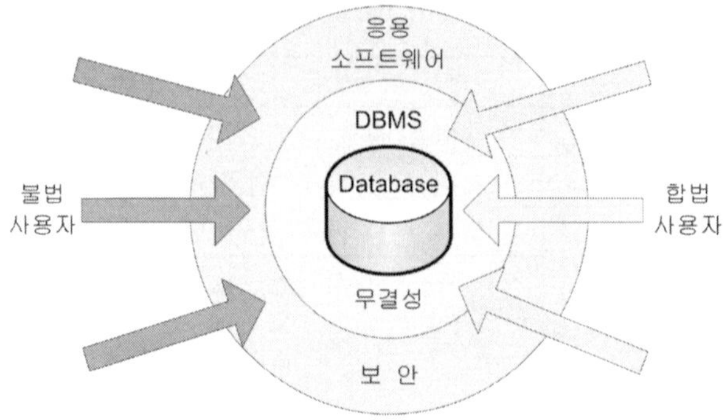

[그림 10.1] 무결성과 보안의 관계

자료 보안과 무결성은 항상 같이 고려해야 하는 주제이다. [그림 10.1]과 같이 보안이 불법적인 접근으로부터 자료를 보호하는 것이라면, 무결성은 합법적인 접근으로부터 정확한 자료를 유지하는 개념이다. 이들을 좀 더 설명하면 다음과 같다.

- 보안 : 허가 받지 않은 사용자로부터 자료를 보호한다.
- 무결성 : 허가 받은 사용자로부터 자료를 보호한다.

보안이 유실되는 경우는 불법적인 사용자들의 위장 침투, 계정과 암호를 추정하여 반복 접근 시도, 접근 권한 위반 등의 접근에 있다. 무결성이 유실되는 경우는 합법적인 사용자들의 자료 오류, 다른 자료와의 제약조건 위반, 시스템 고장에 의한 자료 손상 등의 접근에 있다.

데이터베이스를 여러 가지 위협으로부터 보호하기 위하여 앞의 세 가지 핵심 요소들을 지키는 것이 주요 보안 목표가 되고 있다. 이들 보안 목표들을 달성하기 위하여 접근 제어, 추론 제어, 흐름 제어, 암호화 등의 많은 보안 기술들이 개발되어 사용되고 있다. 그러나 이들 목표를 달성하기 위해서는 다음과 같이 사회적으로 기술적으로 여러 가지 쟁점 사항들을 극복하고 조정해야 한다[표 10.2].

[표 10.2] 데이터베이스 보안의 쟁점 사항

종 류	내 역
사법 제도	법률에 의한 자료 보호
행정 정책	정보 보호와 공개를 위한 구체적인 실무 행정 대책
적용 수준	장치와 시스템별 보안 기능의 수준 조정
보안 등급	자료와 사용자에 따르는 보안 등급 분류

1) 사법 제도

개인 사생활을 보호하기 위한 정보 보호법, 영업 기밀을 지키기 위한 법, 알 권리를 지키기 위한 정보 공개법 등 다양한 법들이 많이 운용되고 있다. 여러 분야의 입장을 조율할 수 있는 법을 제정해야 하고, 각종 법률에 모두 적합한 보안 기법을 만들어야 한다.

2) 행정 정책

정보의 종류에 따라서 공개 수준을 결정해야 하는 정책적 판단이 요구된다. 개인 금융 기록, 의료 기록 등에 대한 정부와 기업의 보안 수준이 조정되어야 한다.

3) 적용 수준

보안을 지키기 위해서 적용되어야 하는 시스템 수준을 조정해야 한다. 예를 들어 통신망, 운영체제, DBMS, 프로그램 등 어느 수준에서 보안 기능을 수행할 지를 조정해야 한다.

4) 보안 등급

기업에 따라서 여러 단계의 보안 등급을 정하고 자료와 사용자들을 분류해서 보안 정책을 운용해야 한다. 예를 들어 1급 비밀, 2급 비밀 등으로 자료를 구분하고, 비밀 자료를 접근할 수 있는 사용자들의 등급도 설정해야 보안 정책을 운용할 수 있다.

10.1.2 보안을 위한 제어 수단

데이터베이스의 자료를 보호하기 위하여 사용되는 네 가지 주요 수단들은 [표 10.3]과 같다.

[표 10.3] 데이터베이스 주요 보호 수단

종 류	보 호 수 단
접근 제어	사용자에 따라 자료 접근 권한을 상이하게 부여하는 기술
추론 제어	기밀 정보를 추론하여 취득하지 못하게 제어하는 기술
흐름 제어	권한 없는 사용자에게 자료 누출을 방지하는 기술
자료 암호화	자료를 변환하여 노출되어도 해독을 방지하는 기술

1) 접근 제어

데이터베이스의 보편적인 보안 문제는 권한이 없는 사용자가 데이터베이스 자료를 얻으려고 하거나, 고의적으로 데이터베이스 내용을 수정하려는 것이다. 이것을 해결하는 방법 중의 하나는 데이터베이스 시스템에 접근 통제 기능을 만드는 것이다. 큰 기업일수록 많은 양의 정보와 사용자들이 데이터베이스를 활용하고 있으나 모든 직원들이 모든 자료를 접근하는 것은 바람직하지 않다. DBMS는 자료 접근을 제어하는 기능을 제공해야 한다.

DBMS는 크게 세 가지 접근 제어 기법을 제공한다.

- 임의 접근 제어(discretionary access control). 임의 접근 제어는 사용자들에게 특정 자료(DBMS, 테이블, 레코드, 필드 등)들에 지정된 연산(읽기, 쓰기, 갱신, 실행 등)을 허용하는 권한을 임의로 부여하는 방식이다.
- 강제 접근 제어(mandatory access control). 강제 접근 제어는 자료와 사용자들을 다양한 보안 등급으로 분류하고 적절한 보안 정책을 적용하여 다단계 보안을 시행한다. 특정 등급의 사용자가 특정 등급의 자료를 접근하게 허용하는 방식이다. 이 방식의 연장선상에 역할-기반 보안 기법이 있다.
- 특수 접근 제어(special access control). 임의 접근 제어와 강제 접근 제어를 모두 동원해도 해결하지 못하는 경우가 있다. 비밀 채널, 흐름 제어 등으로 해결하고 있으나 앞으로 더 많은 위험들이 예상되므로 더욱 대비책을 강구해야 한다.

임의 접근 제어가 유연성이 높은 장점이 있다면, 강제 접근 제어는 보호 수준이 높다는 장점이 있으며, 특수 접근 제어는 새로운 문제를 해결하는 수단이다.

[표 10.4] 접근 제어 수단

종 류	보 호 수 단
임의 접근 제어	특정한 자료에 지정된 연산을 허용
강제 접근 제어	사용자와 자료에 보안 등급을 부여하고 등급에 따라 연산을 허용
특수 접근 제어	앞의 두 제어 기법에 의하여 해결되지 않는 보안 문제를 해결

2) 추론 제어

통계 데이터베이스는 다양한 기준에 따르는 요약 정보를 제공한다. 예를 들어 인구 통계에 대한 데이터베이스는 나이, 성별, 소득, 학력, 가족 수 등의 통계를 제공한다. 통계 전문가, 시장조사 관련자들은 통계 데이터베이스를 검색을 목적으로 접근할 수 있으나 특정 개인에 대한 비밀 정보는 접근할 수 없다. 그러나 통계 자료의 합산, 평균, 최고, 최저 값들에 대한 질의만으로 개인의 정보를 연역하거나 추론하는 것이 가능하다. 따라서 통계 데이터베이스에 대한 보안은 개인 정보를 접근하지 못하게 할 뿐만 아니라 추론할 수 없도록 통제해야 한다.

3) 흐름 제어

업무 지원을 위하여 정보를 합법적으로 제공하는 과정에서 권한이 없는 사용자들에게 전달되는 것을 방지한다. 조직의 보안 정책에 위배되는 방법으로 정보를 묵시적으로 흐르게 하는 작은 통로를 비밀 통로(covert channel)라고 한다.

4) 자료 암호화

자료 암호화는 자료가 노출되어도 권한이 없는 사용자는 그 내용을 인식할 수 없게 자료의 코드를 변환한다. 자료는 특정한 알고리즘을 사용하여 암호화된다. 권한이 없는 사용자가 암호화된 자료를 인식하려면 암호를 해독해야 하므로 자료가 보호된다. 권한을 가진 사용자는 해독 알고리즘이나 복호화 키를 가지고 있으므로 자료를 접근할 수 있다.

10.1.3 데이터베이스 보안 업무

데이터베이스 관리자는 전반적인 데이터베이스 관리 책임과 더불어 데이터베이스 보안 업무를 담당한다. 데이터베이스 보안 업무가 잘 수행되는지 확인하고 개선하기 위하여 이를 주기적으로 검사하는 감사 업무가 있다.

(1) 데이터베이스 관리자 업무

데이터베이스 관리자(DBA)는 보안을 위시하여 데이터베이스를 관리하기 위한 모든 권한을 가진다. 데이터베이스 관리자는 기업의 보안 정책에 따라 사용자와 자료를 분류하고 데이터베이스를 접근하려는 사용자들에게 권한을 부여한다. 데이터베이스 관리자는 DBMS가 제공하는 특권 명령들을 이용하여 [표 10.5]와 같이 보안에 관련된 명령들을 수행한다.

[표 10.5] DBA가 사용하는 DBMS용 특권 명령

명령 종류	명령의 내역
계정 생성	사용자가 DBMS에 접근할 수 있도록 새 계정과 암호를 생성
권한 부여	데이터베이스 관리자가 특정 계정에 특정 권한을 부여
권한 취소	데이터베이스 관리자가 특정 계정에 부여했던 특정 권한을 취소
보안 등급 지정	사용자 계정에 적절한 보안 등급을 지정

데이터베이스 관리자는 데이터베이스에 대한 전반적인 보안책임을 가진다. 데이터베이스 관리자는 데이터베이스에 접근하려는 사용자의 신청을 받아서 필요하다면 계정과 암호를 지급한다. 사용자는 데이터베이스를 접근할 때마다 계정과 암호를 입력함으로써 DBMS에 로그인(login)해야 한다. DBMS는 계정과 암호를 검사하여 유효하면 데이터베이스 접근을 허용한다. 응용 프로그램도 사용자로 간주되므로 암호를 입력해야 실행할 수 있다.

(2) 데이터베이스 감사 업무

사용자는 로그인할 때 계정 이름과 암호를 통하여 데이터베이스 사용을 검증받으므로

DBMS는 로그인 테이블에 모든 사용자들의 계정과 암호를 관리해야 한다. 사용자의 계정이 취소되면 즉시 테이블에서 계정과 암호를 삭제해야 한다. 또한 암호의 안전을 위하여 주기적으로 수정해 주어야 한다. 데이터베이스 사용자가 적법한 계정과 암호를 이용하여 DBMS에 로그인해서 로그오프할 때까지 로그인 세션(login session) 동안의 모든 동작은 로그 파일에 저장된다. DBMS는 로그인한 단말기와 계정을 연결할 수 있으므로 누가 어느 단말기에서 어떤 연산을 수행했는지를 확인할 수 있다.

시스템 로그는 데이터베이스 붕괴로부터 복구하기 위하여 모든 자료 연산을 기록하고 있다. 시스템 로그와 계정 테이블을 연결하여 DBMS는 데이터베이스에 가해진 모든 연산 기록을 확인할 수 있다. 데이터베이스에 불법 갱신 등의 이상이 의심되면 데이터베이스 감사를 실시한다. 데이터베이스 감사는 특정 기간 동안 데이터베이스에 적용된 모든 연산을 검사하기 위하여 시스템 로그를 조사하는 것이다. 불법적이거나 권한이 없는 사용자의 연산이 발견되면 데이터베이스 관리자는 그 연산을 수행한 계정을 알 수 있다. 하나의 데이터베이스를 다수의 은행원들이 다수의 트랜잭션을 실행하여 갱신하는 금융 업무에서는 데이터베이스 감사가 매우 중요하다. 보안을 목적으로 데이터베이스 로그를 조사하는 것을 추적 감사(audit trail)라고 한다.

10.2 임의 접근 제어

임의 접근 제어(discretionary access control) 기법은 전형적으로 권한을 부여하고 취소하는 것을 기반으로 한다. 권한이란 한 사용자에게 특정 자료 객체에 대한 지정된 연산(읽기, 쓰기, 실행 등)을 허용하는 것이다. DBMS는 이들 권한들이 어떤 사용자에게 허가되었고 또 취소되었는지를 계속 추적하며, 항상 권한이 있는 사용자들만 객체에 접근할 수 있도록 허용한다. 이 절에서는 SQL 언어에서 제공하는 기능을 위주로 설명한다. 데이터베이스 시스템을 사용하도록 권한을 할당하는 데는 아래와 같은 두 가지 수준이 있다.

- 계정 수준 : DBA는 각 계정이 보유할 특정 권한들을 지정한다.
- 테이블 수준 : DBA는 테이블이나 뷰(view)를 접근하는 권한을 지정한다.

테이블에 대한 권한의 부여와 취소를 통제하기 위하여 데이터베이스의 각 테이블에는 소유자 계정(owner account)이 할당되어 있다. 소유자 계정은 처음 테이블이 생성되었을 때 사용된 계정이다. 테이블이나 뷰 같은 데이터베이스 객체를 생성한 사용자는 자동적으로 그 객체에 대한 모든 적용 가능한 권한을 가진다.

10.2.1 SQL의 임의 접근 제어

SQL은 GRANT 명령과 REVOKE 명령을 통해 접근 제어를 지원한다. GRANT 명령은 사용자들에게 기본 테이블(base table)이나 뷰에 대한 권한을 부여하는 것이고, REVOKE 명령은 권한을 취소하는 것이다. GRANT 명령의 구문은 다음과 같다.

```
GRANT 권한 ON 객체 TO 사용자 [WITH GRANT OPTION]
```

여기서 말하는 객체는 주로 테이블이나 뷰다. GRANT 명령에서 지정할 수 있는 권한은 [표 10.6]에 명시한 종류들로서 개별 테이블에 부여될 수 있다.

[표 10.6] GRANT 명령에서 지정 가능한 권한

권한 종류	권한의 내역
검색 권한	SELECT에 의한 테이블 검색
갱신 권한	UPDATE, DELETE, INSERT에 의한 갱신
참조 권한	외부 키 정의

검색 권한이란 SELECT를 이용하여 특정 계정에게 명시된 '객체'(테이블이나 뷰)를 검색할 수 있는 권한이다. 여기에는 ALTER TABLE 명령에 의하여 나중에 추가된 속성들도 포함된다. 갱신 권한은 특정 계정에게 명시된 '객체'(테이블이나 뷰)를 갱신할 수 있는 권한이다. 이 권한에는 UPDATE, DELETE, INSERT 등이 포함된다. 참조 권한은 REFERENCES를 이용하여 테이블에 명시된 속성을 참조하는 외부 키(foreign key)를 정의할 수 있는 권한이다.

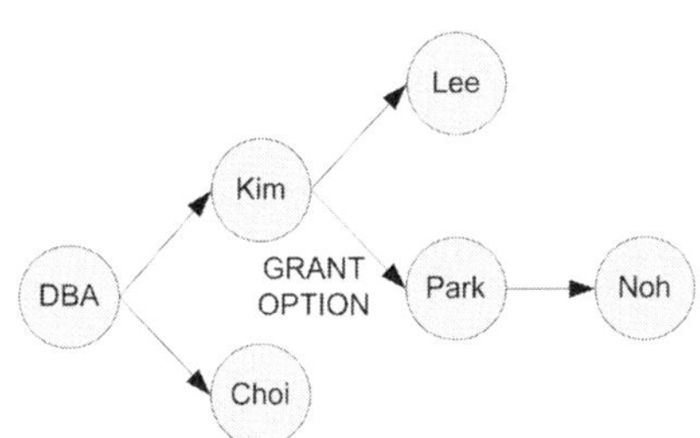

[그림 10.2] 권한 부여 트리

GRANT OPTION을 이용하면 다른 사용자에게 같은 권한을 부여할 수 있다. 기본 테이블(base table)을 생성한 사용자는 자동적으로 그 테이블에 대한 모든 적용 가능한 권한들을 가지며 이 권한들을 다른 사용자에게 허가하는 허가권도 가진다. 뷰를 생성한 사용자는 그 뷰를 정의할 때 사용한 모든 뷰나 기본 테이블에 대해서 가지고 있는 권한과 같은 권한들을 그 뷰에 대해 가진다.

[그림 10.2]는 권한을 가진 계정이 다른 계정에게 권한을 전파하는 것을 표현한 그림이다. DBA는 계정 Kim과 Choi에게 테이블을 생성할 권한을 부여했다. 계정 Kim과 Choi는 자신에게 필요한 테이블을 생성할 수 있다. Kim은 테이블 CUSTOMER를 생성하고, 이 테이블을 검색할 수 있는 SELECT 권한을 계정 Lee와 Park에게 전파하였다. Park에게는 GRANT OPTION을 부가하였으므로 Park은 자신이 받은 권한을 다른 계정 Noh에게 전파할 수 있게 되었다. 그러나 Lee는 GRANT OPTION이 없으므로 자신의 권한을 전파하지 못한다.

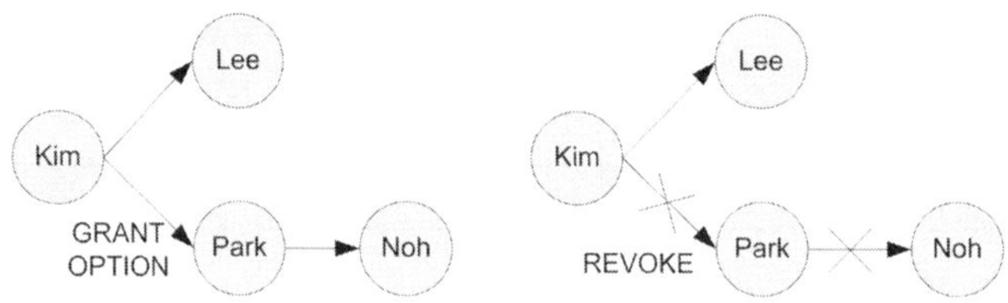

(a) 권한 전파 (b) 권한 취소

[그림 10.3] 권한 전파와 취소

[그림 10.3](a)는 Kim이 Park에게 권한을 전파하고, Park이 다시 이 권한을 Noh에게 전파하였다. [그림 10.3](b)는 Kim이 Park에게 전파한 권한을 취소한 것이다. Park의 권한이 취소되었기 때문에 Park이 전파한 Noh의 권한도 자동적으로 취소된다.

10.2.2 임의 접근 제어의 실례

데이터베이스 관리자가 다섯 개의 계정 Lee, Kim, Park, Choi, Noh를 생성하고 Kim과 Choi만이 기본 테이블을 생성할 수 있기를 원한다고 가정하자. 데이터베이스 관리자는 아래와 같은 SQL의 SCHEMA 명령을 사용한다.

CUSTOMER

CID	Name	Address	Bdate	Phone	Credit

ORDER

OID	CID	Odate	Items	Qty	Amount

[그림 10.4] TEST_GRANT 스키마의 두 테이블

```
CREATE SCHEMA TEST_GRANT AUTHORIZATION Kim, Choi; // by DBA
```

사용자 계정 Kim에게 TEST_GRANT라는 스키마 아래에 데이터베이스 테이블(기본 테이블)을 생성할 수 있는 능력을 부여한다. Kim은 [그림 10.4]에 예시한 두 개의 테이블 CUSTOMER와 ORDER를 생성한다. Kim은 두 테이블의 소유자이므로 각 테이블에 대하여 모든 테이블 접근 권한을 가진다.

Kim은 Lee에게 이 두 테이블에 자료를 삽입하고 삭제하는 권한을 부여하려고 한다. 그러나 Lee가 이 권한들을 다른 사용자에게 전파하는 것을 원하지 않는다. Kim은 아래와 같은 명령을 사용할 수 있다.

```
GRANT INSERT, DELETE ON CUSTOMER, ORDER TO Lee; // by Kim
```

테이블 소유자 계정인 Kim은 테이블에 대한 권한들을 다른 계정들에게 부여할 수 있는 GRANT OPTION을 자동으로 가진다. 그러나 Lee는 CUSTOMER와 ORDER 테이블에 대한 INSERT와 DELETE 권한을 다른 계정에게 부여할 수 없다. 그 이유는 명령에 GRANT OPTION이 없었기 때문이다.

이번에는 Kim이 Park에게 CUSTOMER와 ORDER 테이블에 대한 정보를 검색하도록 허용하고 그 권한을 다른 계정에게도 전파하려고 한다면 다음 명령과 같이 된다.

```
GRANT SELECT ON CUSTOMER, ORDER TO Park WITH GRANT OPTION;      // by Kim
```

이 GRANT OPTION 때문에 Park은 자신의 권한을 다른 계정에게 전파할 수 있다. 예를 들어 Park은 자신의 권한을 다음과 같이 Noh에게 전파할 수 있다.

```
GRANT SELECT ON ORDER TO Noh;   // by Park
```

GRANT OPTION이 Noh에게 주어지지 않았기 때문에 Noh는 SELECT 권한을 다른 계정에게 전파할 수 없다.

이번에는 Kim이 CUSTOMER 테이블에 대한 SELECT 권한을 Park으로부터 취소하려고 한다고 하자. Kim은 다음 명령을 통하여 이를 실행할 수 있다.

```
REVOKE SELECT ON CUSTOMER FROM Park;  // by Kim
```

Noh는 CUSTOMER에 대한 SELECT 권한을 Park으로부터 받았기 때문에 DBMS는 자동적으로 Noh로부터 CUSTOMER에 대한 SELECT 권한을 취소한다.

10.2.3 View를 이용한 접근 제어

뷰는 그 자체로서 임의 접근 제어의 중요한 보안 수단이다. 데이터베이스 관리자는 사용자들이 기본 테이블을 직접 접근하지 않고 뷰를 통하여 간접 접근하도록 관리하고 있다. 뷰는 사용자에게 꼭 필요한 자료만 제공하는 수단이므로 보안 기능을 강화하는 역할을 하고 있다. 데이터베이스 시스템은 두 단계의 보안을 제공한다.

- 테이블 : 사용자의 접근 권한에 따라서 테이블 접근을 제한한다.
- 뷰 : 사용자의 접근 권한에 따라서 뷰 접근을 제한한다.

뷰는 GRANT 명령과 관련하여 DBMS가 제공하는 보안 기능의 중요한 요소이다. [그림 10.5]는 뷰를 이용하여 사용자들의 자료 접근을 제한하는 것을 보여준다. 사용자들은 기본적으로 기본 테이블을 접근하는 것이 허용되지 않고 뷰 테이블의 접근만 허용된다. 뷰 테이블은 기본 테이블의 부분 집합으로 해당 사용자에게 꼭 필요한 부분만 접근을 허용한다. 뷰 테이블은 특정 속성만으로 제한할 수도 있고, 특정 투플들만으로 제한할 수도 있다.

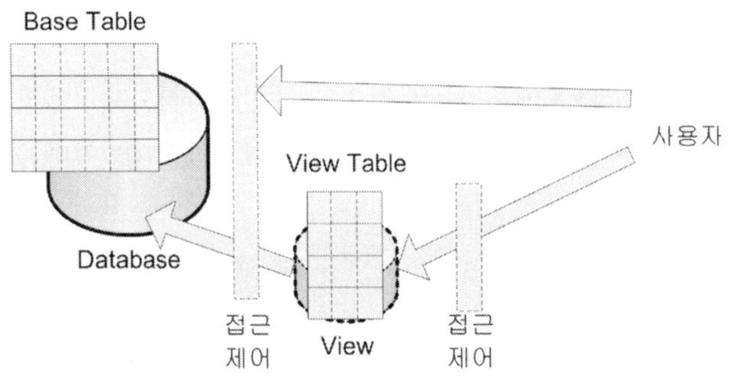

[그림 10.5] View 테이블에 의한 보안

테이블의 소유자 Kim이 다른 계정 Lee에게 CUSTOMER 테이블의 일부를 검색할 수 있는 권한을 주고 싶으면, Kim은 보여주고 싶은 속성들로 구성된 뷰를 생성하여 SELECT 권한을 부여하면 된다. Kim이 Lee에게 성명, 주소, 전화번호만을 읽을 수 있도록 권한을 부여하려면 다음과 같이 LEE_CUSTOMER라는 이름의 뷰를 만든다.

```
CREATE VIEW LEE_CUSTOMER AS      // by Kim
  SELECT Name, Address, Phone
  FROM CUSTOMER
```

뷰를 생성한 후에는 이 뷰에 대한 SELECT 권한을 Lee에게 부여한다.

```
GRANT SELECT ON LEE_CUSTOMER TO Lee;  // by Kim
```

소유자 Kim이 특정한 투플들만 Park에게 보여주고 이 권한을 다른 계정에게도 전파하게 하고 싶으면, 특정 투플들을 질의를 통하여 검색하여 뷰를 생성하여 권한을 부여하면 된다. 다음과 같이 고객번호 CID가 1000이 넘는 고객들의 투플들을 검색하여 뷰를 만든다.

```
CREATE VIEW PARK_CUSTOMER AS  // by Kim
  SELECT Name, Address, Phone
  FROM CUSTOMER
  WHERE CID > 1000;
```

뷰를 생성한 후에는 이 뷰에 대한 SELECT 권한을 GRANT OPTION을 첨부하여 Park에게 부여한다.

```
GRANT SELECT ON LEE_CUSTOMER TO Park WITH GRANT OPTION;// by Kim
```

Kim이 Park에게 권한 전파 기능 없이 CUSTOMER 테이블의 주소 속성만 갱신 하도록 허용하려고 한다면 다음과 같은 명령을 사용할 수 있다.

```
GRANT UPDATE ON LEE_CUSTOMER(Address) TO Park; // by Kim
```

UPDATE와 INSERT 권한은 테이블에서 갱신하거나 삽입할 특정 속성들을 명시할 수 있다. 반면에 SELECT와 DELETE 명령에서는 속성들을 명시할 수 없다. 그러나 뷰를 갱신하는 것이 모든 DBMS에서 가능한 것은 아니다.

임의 접근 제어 방식은 전통적으로 관계 데이터베이스에서 주로 사용되어 왔다. 임의 접근 제어 방식은 테이블, 뷰 등의 객체에 권한을 부여하고 삭제하는 방식으로 보안을 유지한다. 이 기법은 사용자에게 권한이 있으면 자료 접근이 가능하고, 권한이 없으면 접근이 불가능한 단순한 방식이다. 그러나 현실에서는 보안 수준이 다양한 자료들이 있고, 자료들을 접근하는 사용자들의 직무 범위와 집행 권한이 다양하기 때문에 더 세밀한 접근 제어 기법이 요구되고 있다.

10.3 강제 접근 제어

임의 접근 제어 방식으로는 보안에 취약한 부분이 있어서 강제 접근 제어(mandatory access control) 방식이 도입되었다. 권한이 없는 사용자가 권한이 있는 사용자로 하여금 자료를 유출시키게 할 수 있는 트로이 목마(Trojan horse scheme) 방식에 취약하다. [그림 10.6]과 같이 낮은 등급의 침입자가 특정 자료를 도용하기 위하여 자료를 저장할 임시 테이블(PAY_LEE)을 만들고, 특정 계정(LEE)에게 이 테이블에 대한 INSERT 권한을 부여하고, 특정 계정(LEE)이 자주 사용하는 프로그램을 수정하여 복제 프로그램으로 만든다. 침입자가 원하는 자료를 이 테이블에 추가하도록 복제 프로그램을 실행한다. 이와 같은 방식으로 보안 대책을 교묘하게 피해 나가는 기법을 이용하면 임의 접근 제어 방식이 취약해진다.

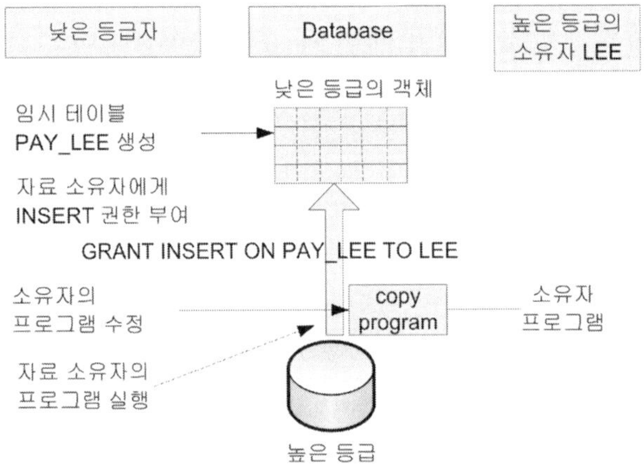

[그림 10.6] 트로이 목마 형태의 침입

10.3.1 강제 접근 제어 기법

많은 응용분야에서는 자료와 사용자 보안 등급을 분류하고 등급 기준에 따라서 접근을 제어하는 부가적인 보안 정책을 사용하고 있다. 이 방식은 모두에게 분류된 접근 제어를 요구하기 때문에 강제 접근 제어라고 한다. 이 방식은 보안 등급을 여러 단계로 나누어 수준에 맞는 보안을 지원하기 때문에 **다단계 보안**(multilevel security)이라고도 한다. 대부분의 상용 DBMS에서는 임의 접근 제어만 제공하지만 보안 요구가 많은 정부, 군, 정보기관 등의 분야에서는 임의 접근 제어와 함께 강제 접근 제어 기법을 사용한다. 강제 접근 제어 기법 중에서 가장 널리 알려진 방식인 Bell-La Padula 모델에 대해 알아본다.

(1) Bell-La Padula 모델

이 모델은 주체(사용자, 계정, 프로그램), 객체(테이블, 투플, 속성, 뷰, 연산), 보안 등급(security), 허가 등급(clearance)으로 구성된다. 데이터베이스 객체에는 보안 등급이 지정되며, 각 주체에는 허가 등급이 지정된다. 주체 S의 등급을 class(S)라 하고, 객체 O의 등급을 class(O)라 한다. 등급은 *top secret(TS), secret(S), confidential(C), unclassified(U)* 등 4가지로 분류한다. 등급의 우선순위는 *TS 〉 S 〉 C 〉 U*로서 TS가 보안이 가장 민감한 등급이다. 주체 S가 객체 O를 접근하기 위해서는 다음의 두 가지 제약조건이 준수되어야 한다.

```
1. 단순 보안 특성.
  class(S) >= class(O)가 아니면, 주체 S가 객체 O에 읽기 접근을 할 수 없다.
2. 스타 특성.
  class(S) =< class(O)가 아니면, 주체 S가 객체 O에 쓰기 접근을 할 수 없다.
```

첫 번째 제약조건은 주체의 보안 등급이 높아야 낮은 등급의 객체를 읽을 수 있다는 의미이다. 이것은 매우 명백하고 단순하므로 단순 보안 특성이라고 한다. 두 번째 제약조건은 등급이 높은 주체가 등급이 낮은 객체에 자료를 기록하면 등급이 낮은 다른 주체들이 읽을 수 있기 때문에 안 된다는 의미이다. 이 제약조건을 위반하면 높은 등급의 정보가 낮은 등급으로 흘러가게 되어 다단계 보안의 원칙을 위반하는 것이다. 예를 들어 TS 등급을 가진 사용자가 TS 등급의 객체를 복제하여 U 등급의 객체에 기록하면 모든 사용자들이 이 객체를 읽을 수 있다.

이 방식을 적용하면 트로이 목마 방식의 침투를 막을 수 있다. 트로이 목마에서는 침입자가 임시 테이블을 만들고 특정 계정의 프로그램을 수정하여 자료를 임시 테이블에 저장하려고 한다. 그러나 강제 접근 제어 방식에서는 침입자의 등급이 낮으므로 침입자가 만든 임시 테이블에 높은 등급의 계정을 가진 프로그램이 자료를 저장하지 못한다. 따라서 강제 접근 제어는 트로이 목마 방식의 침입을 막을 수 있다.

(2) 다단계 테이블

다단계 테이블(multilevel table)이란 허가 등급이 다른 사용자들이 동일한 테이블에 대해 서로 다른 투플의 집합을 보게 되는 테이블이다. 허가 등급이 다른 주체들이 동일한 테이블을 접근하게 되면 투플마다 보안 등급이 다르기 때문에 볼 수 있는 투플들이 다르기 때문이다. 강제 접근 제어 기법에서는 데이터베이스 객체마다 보안 등급을 지정해 주어야 하는데 객체의 단위가 스키마, 데이터베이스, 투플, 속성 등으로 세분화할 수 있다. 만약 투플 단위로 보안 등급을 부여한다면 어떤 투플은 보안 등급이 TS이고, 어떤 투플은 등급이 C일 수 있으므로 허가 등급이 TS인 사용자가 이 테이블을 보면 모두 보이지만, 등급이 U인 사용자가 보면 보안 등급이 U인 투플만 보이게 될 것이다.

[그림 10.7]에 있는 입찰정보 테이블의 인스턴스를 살펴보자. 허가 등급이 TS인 사용자들은 이 테이블의 모든 투플들을 읽을 수 있다. S 등급의 사용자는 두 번째와 세 번째 투플을 볼 수 있다. U 등급의 사용자는 세 번째 투플들만 읽을 수 있다.

C 등급의 사용자가 투플 〈12, 인천시, 빌딩, 2, C〉를 입력하려고 한다. 그러나 입찰번호가 기본 키이므로 다음의 문제가 발생한다.

- 이 투플을 삽입하면 기본 키가 12인 투플이 두 개 생긴다.
- 기본 키 제약조건 때문에 입력을 불허한다면 허가 등급이 C인 사용자는 "입찰번호가 12인 입찰정보가 있기는 한데 보안 등급이 C보다 높아서 볼 수 없구나"라고 추론할 것이다.

입찰번호	발주자	분야	단위	보안등급
11	외무부	빌딩	5	TS
12	부산시	댐	3	S
13	경기도	도로	4	U

[그림 10.7] 입찰정보 테이블의 한 인스턴스

이상과 같이 자료를 입력해보고 추론할 수 있다면 허가 등급이 낮은 사용자가 보안 등급이 더 높은 정보를 추론할 수 없어야 하는 보안 원칙에 위배된다. 이 문제를 해결하는 방법은 보안 등급을 키의 일부로 간주함으로써 앞의 삽입을 허용하는 것이다. [그림 10.8]은 입찰번호와 보안 등급을 묶어서 기본 키로 하고 앞의 삽입을 허용한 것이다. S 등급의 사용자는 인천시, 부산시, 경기도 발주자 투플을 읽을 수 있으며, TS 등급의 사용자들은 네 투플들을 모두 접근할 수 있다. 하나의 자료 객체가 허가 등급이 다른 사용자들에게 다른 값으로 나타나는 현상을 다중발현이라고 한다. 자료의 보안 등급을 속성마다 다르게 부여하는 경우에는 다중발현이 더욱 빈번하게 나타날 것이다.

입찰번호	보안등급	발주자	분야	단위
11	TS	외무부	빌딩	5
12	S	부산시	댐	3
12	C	인천시	빌딩	2
13	U	경기도	도로	4

[그림 10.8] 기본 키를 확장하여 투플을 삽입한 인스턴스

임의 접근 제어는 다양한 분야의 응용에 적합하도록 높은 유연성을 가지고 있다. 단점은 트로이 목마와 같은 공격에 취약하다. 접근 권한을 가진 사용자가 정보에 접근한 이후에는 정보 유통을 통제하지 않기 때문이다. 강제 접근 제어 방식은 보호 수준이 높기 때문에 매우 유용하다. 정보의 불법적인 흐름도 방지하기 때문에 고도의 보안이 요구되는 국방 분야에 적합하다. 그러나 강제 접근 제어 방식은 적용 절차가 너무 엄격해서 유연하지 못하다는 단점이 있다. 실제로 상용 DBMS들은 주로 임의 접근 제어를 사용한다. 따라서 임의 접근 제어와 강제 접근 제어 기법의 장점을 잘 조화할 수 있는 방법이 요구된다.

10.3.2 특수 접근 제어 기법

임의 접근 제어 기법과 강제 접근 제어 기법을 다 동원해도 자료 보안을 모두 해결하지는 못한다. 비밀 채널, 흐름 제어, 통계 데이터베이스 등과 같은 부분에서도 자료 보안을 위협하는 요소들은 많이 있으며 앞으로 더 위험 요소들이 증가할 것으로 예상된다.

(1) 비밀 채널과 흐름 제어

비밀 채널과 흐름 제어는 정보가 높은 등급에서 낮은 등급으로 흘러가는 것을 방지하는 기법이다.

1) 흐름 제어

흐름 제어(flow control)는 인접한 객체들 사이에 정보의 흐름을 조절한다. 객체 A에서 객체 B 사이의 흐름은 프로그램이 X에서 값을 읽어 Y에 쓸 때 발생한다. 객체에 저장된 정보가 덜 보호된 객체로 흐르지 않게 하는 것이 흐름 제어의 기능이다. 대부분의 흐름 제어는 보안 등급의 개념을 사용한다. 송신자에서 수신자로의 정보 전달은 수신자의 보안 등급이 송신자의 보안 등급 보다 높아야 허용된다.

흐름 정책은 정보의 흐름이 허용된 통로를 명시한다. 가장 간단한 흐름 정책은 기밀(C: confidential)과 기밀아님(N: nonconfidential)의 두 등급으로 정보를 명시하며, 등급 C로부터 등급 N으로 흐름을 허용하지 않는 것이다.

2) 비밀 채널

강제 접근 제어 방식을 사용하더라도 간접적인 수단을 통하여 높은 등급에서 낮은 등급으로 정보가 흘러갈 수 있다. 분산 데이터베이스 시스템에서는 하나의 응용이 여러 컴퓨터에 있는 데이터베이스들을 접근하는 과정에서 여러 사이트의 트랜잭션들이 서로 협동처리를 수행해야 한다. 예를 들어 한 사이트의 등급이 S인 트랜잭션이 다른 사이트의 등급이 C인 트랜잭션과 협동처리를 하는 경우가 발생한다. 하나의 전역 트랜잭션이 완료하기 위해서는 각 사이트의 지역 트랜잭션들이 완료에 동의해야 한다. 이런 트랜잭션 간의 동의 절차를 우회적으로 이용하면 S 등급의 정보를 C 등급의 트랜잭션에게 전달할 수 있다. 비밀 채널(covert channel)이란 이와 같이 우회적인 방법을 이용하여 고급 정보를 저급 객체로 흘러가게 할 수 있다.

미국 국방성에서는 보안을 강화하기 위하여 강제 접근 제어 방식을 요구하고 있어서 DBMS 제작사들도 강제 접근 제어 기법을 적용하기 시작했다. 미국 국방성의 요구사항은 보안 등급을 A, B, C, D로 분류하고 있다. 가장 높은 A 등급은 보안 기법에 대한 수학적 증명을 요구하며, B 등급은 강제 접근 제어 기법을 요구하고, C 등급은 임의 접근 제어 기법을 요구하고 있다. B 등급은 B1, B2, B3 등급으로 세분하며, B2에서는 신원 확인과 비밀 채널 제거를 요구하고, B3에서는 추적 감사와 보안 관리자 지정을 요구한다. C 등급에서는 C1과 C2 등급으로 분류하고 C2는 로그인 확인(login verification)과 추적 감사(audit trail)를 요구한다.

(2) 통계 데이터베이스

통계 데이터베이스는 주로 다양한 집단들에 대한 통계를 산출하기 위하여 사용된다. 통계 데이터베이스는 개별적인 정보를 검색하는 것이 아니고, 집계된 정보를 검색하는 질의를 허용하는 데이터베이스이다. 예를 들어 "직원들의 평균 급여는 얼마인가?"라는 질의는 허용되지만 "홍길동의 급여는 얼마인가?"라는 질의는 허용되지 않는다. 사용자들이 집단에 대하여 평균, 합계, 개수, 최대값, 최소값, 표준편차와 같은 통계 정보를 검색하는 것은 허용된다. 따라서 통계 데이터베이스에서 DBMS는 COUNT, SUM, MAX, MIN, AVERAGE, STANDARD DEVIATION과 같은 집단 함수를 포함하는 질의만을 허용한다.

데이터베이스는 개인들에 대한 비밀 자료도 포함하고 있을 수 있으므로 사용자 접근으로부터 보호해야 한다. 통계 질의에서는 투플들의 집단에 통계 함수를 적용한다. 예를 들어 특정 집단에 대한 개인들의 숫자나 평균 소득 등을 검색하고자 할 수 있다. 그러나 특정 개인의 소득과 같은 개인 자료를 검색하는 것은 허용되지 않는다. DBMS는 개인 자료의 비밀을 보장하면서도 유용한 통계 요약을 제공할 수 있어야 한다.

통계 질의를 적당하게 조절하면 개별적인 투플의 값들을 추론할 수 있다. 특히 질의의 선택조건에 의하여 질의 결과가 작을 때는 더욱 추론하기 쉽다. 예를 들어 다음과 같은 통계 질의를 살펴보자.

```
SELECT AVG(bonus) FROM EMPLOY
WHERE address = '인천' AND major = '전산학' AND hobby = '동양란'
```

특정한 직원이 받은 상여금을 알고 싶은데, '인천'에 살면서 '전산학' 전공자로서 '동양란'을 키우는 사람은 많지 않을 것이다. 따라서 앞의 통계 질의에 의하여 특정인의 상여금을 추론할 수 있다. 이 문제는 선택조건에 의하여 검색되는 집단의 투플 수가 적을 때는 통계 질의를 허용하지 않음으로써 해결된다. 다른 방법은 반복하여 동일한 투플들의 집단을 참조하는 연속적인 질의를 방지하는 것이다.

10.4 암호화

임의 접근 제어기법과 강제 접근 제어 기법 등의 강력한 접근 제어 수단에도 불구하고 데이터베이스를 모든 침입으로부터 완벽하게 막지는 못한다. 자료가 불법적으로 노출되거나 갱신될 때 자료를 지키는 수단이 암호화이다. 자료가 누설되어도 상대방이 읽을 수 없다면 자료의 안전이 유지되기 때문이다. 암호화는 자료를 보호하기 위하여 자료의 기호를 다른 기호로 변환하고, 침입자들은 역변환하기 힘들게 만드는 기술이다.

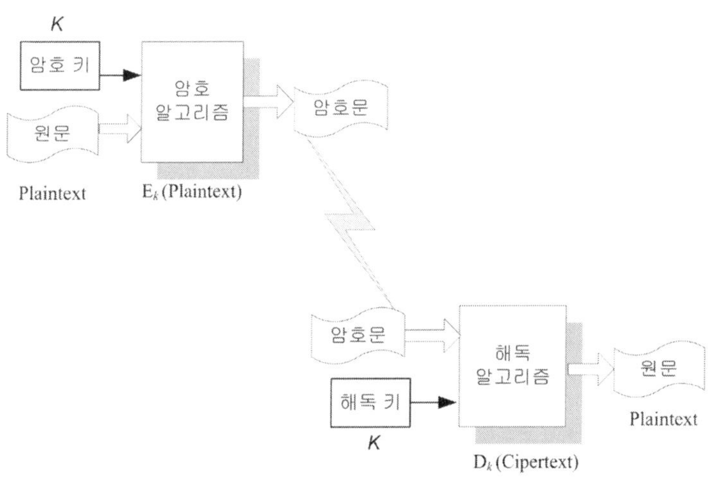

[그림 10.9] 암호화 및 해독 절차

10.4.1 자료 암호화

역사적으로 암호의 기원은 문자의 기원과 비슷하다. 최초의 알파벳 문자 언어는 수메리아(Sumeria)에서 노예 생활을 하던 유태인들이 주인 모르게 자기들끼리 통신하기 위하여 만든 것이라고 한다. 한편에서는 고대의 페니키아인들이 선박으로 무역을 하는데 상자에 들어있는 상품을 자신들만 알 수 있도록 표기하려고 만든 것이라고도 한다. 두 가지 경우 모두 문자를 암호로 사용되기 위하여 만들어졌다는 것이다.

자료 암호화를 논의하기 위해서 몇 가지 용어를 설명한다. 원래의 자료를 원문(plaintext)이라고 하고, 원문은 암호화 알고리즘(encryption algorithm)을 통하여 암호화된다. [그림 10.9]와 같이 원문과 함께 암호화 키(encryption key)를 입력하면 암호문(ciphertext)이 출력된다. 암호화 키는 비밀이 지켜져야 한다. 암호화는 미리 명시한 암호화 키를 사용해서 자료에 암호화 알고리즘을 적용한다. 암호화 알고리즘은 공개되어 있거나 특별한 비밀은 아니다. 암호화된 자료를 해독하기 위해서는 해독 키(description key)를 사용해야 한다. 암호문을 해독하려면 암호화된 문서와 해독 키를 같이 전송해야 하는데 문제는 외부에 같이 노출되면 암호화 자료가 해독된다는 점이다. 암호화 키와 해독 키가 같은 키를 대칭 키라고 하고, 다른 키를 비대칭 키라고 한다. 대칭 키는 누설이 용이한 반면에 암호화/해독 성능이 높고, 비대칭 키는 누설이 어려운 반면에 암호화/해독 성능이 낮다. 따라서 대칭 키와 비대칭 키를 적절하게 혼합하여 사용하는 기술이 필요하다.

자료 암호화 표준(DES: Data Encryption Standard)은 미국 정부가 일반인이 사용하도록 개발한 암호 시스템이다. DES는 미국뿐만 아니라 많은 국가들에서 암호의 표준으로 사용하고 있다. DES 알고리즘은 대입과 치환 기법을 이용하여 구성된 복잡한 구조이다. DES는 자료를 64 비트 블록으로 나누고, 각 블록을 64 비트 키를 이용하여 암호화한다.

미국 국가 표준원(NIST: National Institute of Standard and Technology)은 고급 암호화 표준(AES: Advanced Encryption Standard)을 제시하였다. AES는 자료를 128비트 블록으로 구성하며 128, 192, 256 비트의 키들을 사용할 수 있다. AES는 DES와 비교하여 가능한 키들을 더 많이 제시하므로 해독하기에 훨씬 많은 시간이 필요하다. 본래 암호화의 특징은 해독을 못하게 하는 것보다는 해독하는데 매우 많은 시간(ex. 슈퍼컴퓨터로 수 십 년 소요)을 소요하게 해서 암호화 효과를 달성하는데 있다.

10.4.2 공개키 암호화

대칭 키 기법은 암호화 키와 해독 키가 같으므로 암호문과 함께 암호화 키를 전송하면 보안 유지가 어렵다는 약점이 있다. 1976년에 Diffie와 Hellman은 공개 키 암호화(public key encryption)라는 새로운 암호 시스템을 제안하였다. 공개 키 알고리즘은 자료의 비트 값에 대한 조작이 아니라 수학적 함수에 근거를 두고 있다. 이들은 초월 증가수열을 이용하여 배낭 문제(knapsack problem)를 설정하였다. 배낭 문제를 해결하는데 엄청난 계산이 요구되기 때문에 침입자가 암호를 해독하는데 많은 시간이 걸리게 하기 위해서이다. 초월 증가수열이란 수열의 각 항이 그 앞의 모든 항들의 합보다 크게 되는 수열을 말한다. 최초의 공개 키 중의 하나는 1978년에 MIT의 연구진에 의해 제시되어 지금까지 최상으로 군림하고 있으며 이들의 이름을 따서 RSA 알고리즘이라고 한다.

공개 키 기반 알고리즘은 두 개의 키를 생성하고, 암호화 키와 해독 키로 사용하기 때문에 비대칭 키라고 한다. 공개 키 기법에서는 다른 사용자들이 자료를 암호화하거나 해독하는데 사용할 수 있도록 공개하면 공개 키(public key)라고 하고, 암호화하거나 암호문 해독을 위하여 키의 소유자가 갖는 키는 개인 키(private key)라고 한다. 공개 키와 개인 키는 용도에 따라서 모두 암호화하는데 사용할 수도 있고, 해독하는데 사용할 수도 있다. 공개 키 기법을 위한 기본적인 사용 단계는 [표 10.7]과 같다.

[표 10.7] 공개 키 사용 설차

순서	처리 절차	비 고
1	각 사용자는 한 쌍의 키를 생성	공개 키, 개인 키
2	각 사용자는 한 개의 키를 공개(공개 키) 공개 하지 않은 키는 개인키가 됨	공개 키를 전달
3	자료를 수신자의 공개 키로 암호화하여 수신자에게 전송	수신자의 공개 키를 받아야
4	수신자는 자신의 개인 키로 해독	

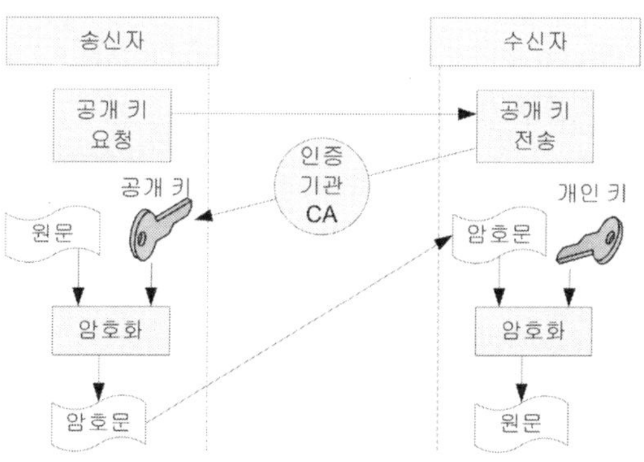

[그림 10.10] 공개 키에 의한 암·복호화 절차

[그림 10.10]은 어떤 원문을 송신하고 싶은 사용자가 공개 키 암호화 기법을 이용하여 원문을 암호화하고 수신자에게 전송하는 공개 키 기법의 운용 과정을 보여준다. 실제로는 수신자의 공개 키는 인증기관(CA, Certificate Authority)의 전자 인증을 받아야 하고, 암호문이 변조되었는지를 방지하기 위하여 전사 서명도 필요하기 때문에 좀 더 복잡한 절차를 거친다. 전자 인증과 전자 서명에 대한 것은 10.4.3절의 전자 인증서에서 논의한다.

10.4.3 전자 서명과 전자 인증서

암호화 기법의 장점은 자료가 노출되어도 암호화 키가 없으면 자료를 보호할 수 있다는 점이다. 그러나 암호화로는 외부에서 접수된 자료가 위조되었는지 또는 다른 사람이 위장하여 보냈는지 알 수 없다. 암호화로는 도청 방지만 가능하기 때문이다. 만약 컴퓨터가 무력화되어 암호화 키가 노출되었다면 모든 암호문이 외부에 누설되는 큰 위험에 빠질 수 있다. 이런 문제점들에 대한 대책으로 나온 것이 전자 서명(digital signature)과 전자 인증서(digital certificate)이다. 특히 인터넷과 같은 통신을 위주로 사용하는 전자상거래, 전자 금융 시스템 등에서는 전자 서명과 전자 인증이 필수적이다.

(1) 전자 서명

전자서명(digital signature)은 종이 문서에 사용되는 서명이나 인감과 같이 전자문서에 서명한 사람이 누구인지를 확인하고 서명된 전자문서가 변조되었는지 알 수 있도록 전자문서에 부착되는 특수한 형태의 디지털 정보이다. 전자 서명의 목적은 전송 자료의 위조, 변조, 송수신 부인을 막기 위함이다.

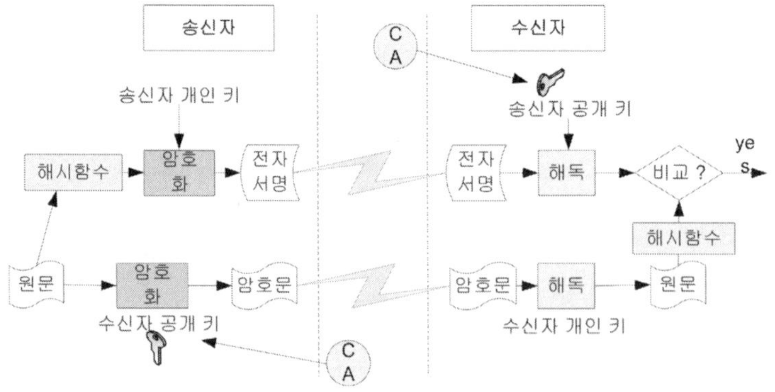

[그림 10.11] 공개 키 기법을 이용한 전자 서명 처리 절차

[그림 10.11]은 송신자가 원문을 암호문으로 바꾸어 보냈을 때 수신자가 원문의 진위를 가리는 전자 서명 기법을 설명한 그림이다. 송신자가 원문을 암호문으로 바꾸어 보냈을 때 수신자가 원문의 진위를 가리는 방법을 보여준다. 송신자가 원문의 일부를 해시함수로 해싱 하여 암호화한 것을 전자 서명이라고 한다. 수신자는 전자 서명을 받아 인증기관(CA)에서 받은 송신자의 공개 키로 해독한다. 수신자는 송신자에게서 받은 원문을 해독하여 그 일부를 해싱 하여 전자 서명과 일치하는지를 검사한다. 검사 결과가 일치하면 원문은 해당 송신자가 보낸 것이 확실하며 변조되지 않았음을 알 수 있다. 우리나라에선 1998년 12월 '전자서명법'이 제정되었으며 이후 주로 인터넷 뱅킹, 사이버 증권거래 등 금융 분야에 전자서명이 이용되어오고 있다. 2002년 4월부터 시행된 개정 '전자서명법'에는 전자서명의 범위가 공개 키 기반구조(PKI) 암호방식에서 지문·음성·홍채 인식 등으로 확대되었다.

(2) 전자 인증서

전자 인증서(digital certificate)는 전자상거래나 비즈니스를 위한 문서 교환 시 사용자의 신원과 문서의 내용을 보증하는 전자문서이다. 국가에서 인증한 공인 인증기관에서 발급한다. 인증서는 거래 상대방의 신원을 확인해주는 것과 함께 문서내용이 변조되거나 위조되지 않았다는 사실을 검증하고 제3자로 인한 훼손을 예방하므로 거래의 안전성을 확보하거나 기밀서류를 다룰 때 유용하다. 인증서는 일련번호, 유효기간, 발급기관명과 발급기관이 사용하는 전자 서명의 알고리즘 정보, 사용자에 대한 정보, 인증서 버전 등으로 구성된다. 공개 키 기반 인증에서는 수신자가 송신자의 공개 키를 알아야 암호문을 해독할 수 있다. 이때 수신자가 인증서 발급기관에게 요청하여 송신자의 공개 키를 받는다. 인증기관에서 제공하는 송신자의 암호화된 공개 키가 전자 인증서 역할을 한다.

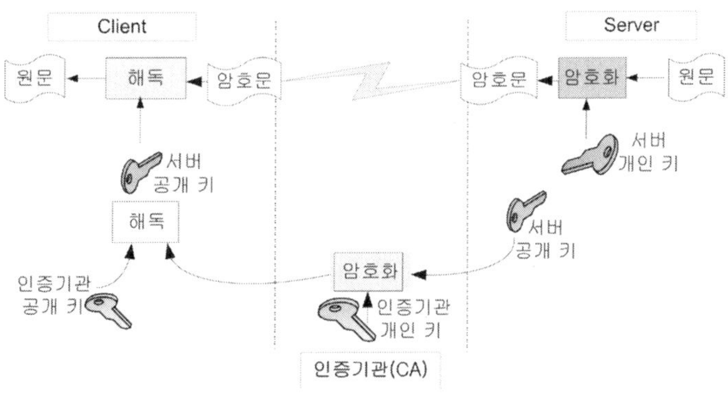

[그림 10.12] 전자 인증서 사용 절차

[그림 10.12]는 두 인터넷 사이트 사이에 전자문서를 전송하는 과정에서 서버에서 보낸 암호문을 클라이언트에서 전자 인증서를 활용하여 암호문을 안전하게 복호화 하는 절차를 보여준다. 클라이언트가 암호문을 해독하려면 서버의 공개 키가 필요하고, 서버의 공개 키는 서버가 미리 인증기관에 등록한 상태이다. 클라이언트는 인증기관으로부터 인증기관의 개인 키로 암호화한 서버의 공개 키를 전송받는다. 클라이언트는 미리 받아둔 인증기관의 공개 키로 암호화된 서버의 공개 키를 해독하고, 서버의 공개 키로 서버의 암호문을 해독하여 원문을 얻는다.

[그림 10.11]에서는 송신자가 수신자의 공개 키를 요청하여 원문을 암호화한다고 되어있다. 그러나 수신자의 공개 키를 아무런 인증 없이 받아서 문서를 전송하면 해킹을 피할 수 없기 때문에 전자 인증서가 필요하다. 전자 인증서는 국가의 산업 활동에 매우 중요하므로 전자 인증서를 제공하는 공인 인증기관이 필요하다.

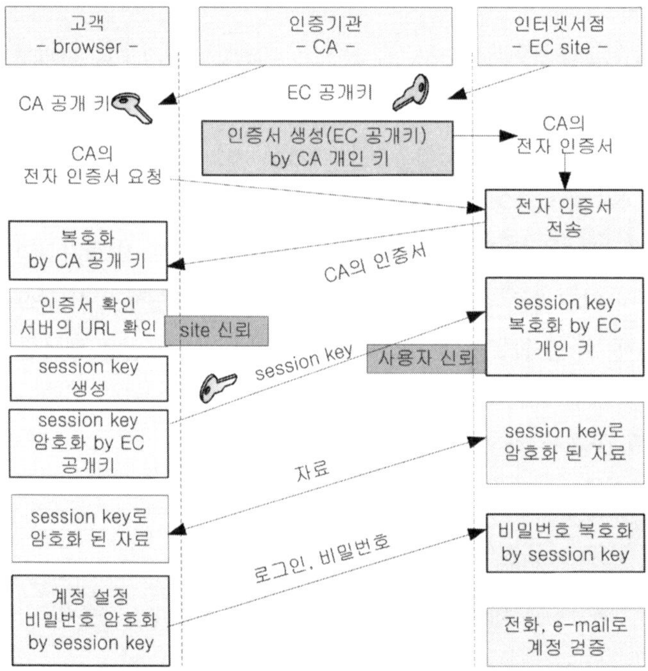

[그림 10.13] 전자상거래 사이트와 고객의 인증 절차

[그림 10.13]은 고객이 인터넷 서점에서 상품을 구매하고 대금을 지불하기 위하여 서로의 신원을 인증하는 절차를 설명한 것이다. 고객과 전자상거래 사이트는 상품과 대금을 교환하기 위해서 공인 인증기관(CA: Certificate Authority)의 개입을 요구한다. 고객은 인증기관의 공개 키를 미리 받아두고, 인증기관은 인터넷 서점의 공개 키를 미리 받아둔다. 고객이 필

요한 것은 인터넷 서점임을 증명하는 인증기관의 전자 인증서이다. 이 전자 인증서는 인증기관이 자신의 개인 키로 암호화한 인터넷 서점의 공개 키이다. 고객은 전자 인증서를 받아서 인증기관의 공개 키로 인터넷 서점의 공개 키를 얻고 인터넷 서점을 신뢰한다. 고객은 자신의 세션 키(session key)를 생성하고 인터넷 서점의 공개 키로 암호화하여 인터넷 서점에 전송한다. 세션 키는 자료를 신속하게 암(복)호화하기 위하여 만든 DES와 유사한 대칭 키이다. 세션 키를 받은 인터넷 서점은 고객을 신뢰하고 자신의 개인 키로 해독하여 자료를 암(복)호화하는데 사용한다.

[그림 10.13]의 하단에 있는 비밀번호 관리는 자료 보안 못지않게 중요한 사항이다. 비밀번호가 외부에 누설되지 않도록 하기 위하여 사용자는 계정을 개설할 때 비밀번호를 자신의 세션 키로 암호화하여 해당 전자상거래 사이트에 전송한다. 전자상거래 사이트에서는 이미 받아둔 고객의 세션 키를 이용하여 비밀번호를 해독하고, 고객이 설정한 비밀번호와 일치하는지 확인해야 한다. 실제로 확인하는 방법은 로그인한 인터넷이 아닌 휴대전화 또는 이메일 등의 다른 통신 수단을 이용함으로써 비밀번호의 안전을 유지할 수 있다.

연습문제

10.1 다음 용어들을 정의하시오.

1) 보안 2) 무결성 3) 접근 제어
4) 추론 제어 5) 흐름 제어 6) 자료 암호화
7) 전자 인증서 8) 임의접근 9) 공개 키
10) AES 11) 권한 부여 2) 전자 서명

10.2 보안과 무결성의 차이점을 기술하고, 각각의 대책을 설명하시오.

10.3 데이터베이스의 자료를 보호하기 위한 주요 수단을 설명하시오.

10.4 임의 접근 제어 방식과 강제 접근 제어 방식의 차이점을 기술하시오.

10.5 DBA가 보안을 강화하기 위하여 해야 하는 업무를 기술하시오.

10.6 GRANT 명령에서 지정할 수 있는 권한을 설명하시오.

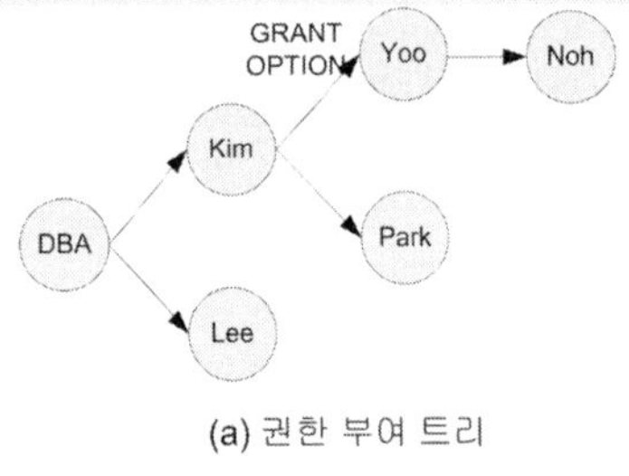

(a) 권한 부여 트리

CUSTOMER

CID	Name	Address	Bdate	Phone	Credit

(b) CUSTOMER 관계 스키마 도표

[그림 10.14] 권한 부여 트리

10.7 [그림 10.14] 권한 부여 트리를 만들려고 한다. DBA가 Kim과 Lee에게 권한을 부여하는 명령을 작성하시오.

10.8 [그림 10.14]에서 Kim이 Park과 Yoo에게 CUSTOMER 테이블에 대한 검색, 추가, 갱신 권한을 부여하는 명령을 작성하시오.

10.9 [그림 10.14]에서 Kim이 Yoo에게는 전파 권한을 부여하려고 한다. 권한을 부여하는 명령을 작성하시오.

10.10 [그림 10.14]에서 Yoo가 Noh에게 검색과 갱신 권한을 부여하는 명령을 작성하시오.

10.11 뷰를 이용하여 보안을 유지할 수 있는 기법을 설명하시오.

10.12 그림 [10.14]에서 Kim이 Park을 위하여 CUSTOMER 테이블에서 이름과 신용도를 조작할 수 있는 뷰를 만들어 주려고 한다. SQL 명령을 작성하시오.

10.13 Kim, Lee, Park, Yoo의 보안 등급은 각각 TS, S, C, U이다.
테이블 A, B, C, D의 보안 등급은 각각 TS, S, C, U이다.

1) Kim, Lee, Park, Yoo가 읽을 수 있는 테이블은 각각 어느 것인가?
2) Kim, Lee, Park, Yoo가 쓸 수 있는 테이블은 각각 어느 것인가?
3) 읽거나 쓸 수 없는 테이블이 있다면 그 이유는 무엇인가? 단순 보안 특성과 스타 특성에 의하여 설명하시오.

10.14 DES의 용도와 장·단점을 기술하시오.

10.15 DES와 AES의 차이점을 비교하시오.

10.16 대칭 키와 비대칭 키의 설계 상의 차이점을 설명하시오.

10.17 대칭 키와 비대칭 키의 용도를 설명하시오.

10.18 전자 서명과 전자 인증서를 차이점을 설명하시오. 각각의 실례를 제시하시오.

10.19 전자상거래 사이트에서 계정을 개설할 때 ID와 비밀번호를 안전하게 전달하는 방법을 설명하시오.

제 11 장

웹 데이터베이스

(Web Database)

CHAPTER 11

웹 데이터베이스(Web Databas

인터넷의 발전과 보급으로 인하여 사용자들은 다양한 자료 자원(data source)에 접근할 수 있게 되었다. 인터넷으로 자료 자원에 접근하여 서비스를 요청하고 서비스를 받는 것은 사업자들뿐만 아니라 일반인들의 사회생활에도 많은 영향을 주었다. 사업자들은 전자 입찰을 이용하고, 일반인들은 전자 상거래를 이용함으로써 입찰 장소나 상품 매장, 관공서에 직접 나가지 않아도 원하는 일을 할 수 있다. 전자 입찰과 전자 상거래는 인터넷에서 자료를 표현하는 언어와 데이터베이스가 효율적으로 연동되는 기술로 인하여 가능하게 되었다. 초기의 인터넷 사이트들은 HTML 파일의 단순한 형태였지만 점차 발전하여 데이터베이스를 연결하고, 새로운 생성 언어(markup language)를 개발하는 등 지속적으로 진화하고 있다. 이제는 웹 페이지의 자료를 컴퓨터가 인식하고 정보를 처리할 수 있는 생각하는 웹으로 발전하고 있다.

이 장에서는 웹 페이지를 구성하는 다양한 자료와 생성 언어 등을 논의하고, 웹 페이지의 구조를 살펴보고, 동적 페이지를 중심으로 ODBC와 JDBC 등의 역할을 논의한다. XML 자료 모델을 살펴보고 XML 스키마와 관계 데이터베이스의 관계를 중심으로 웹 데이터베이스에서의 역할을 논의한다.

11.1 웹 페이지

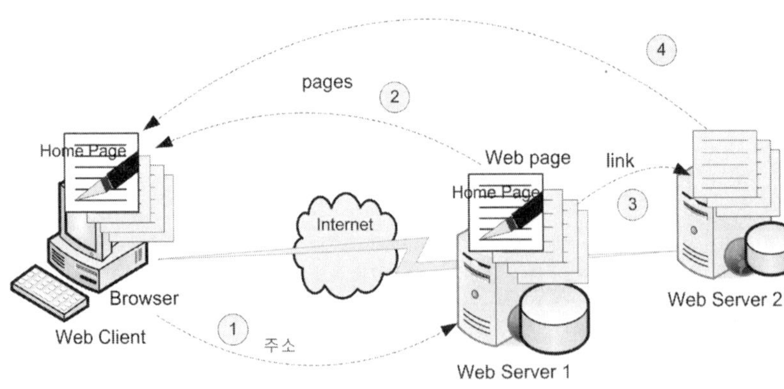

[그림 11.1] 웹 페이지의 구성

웹 페이지는 다른 컴퓨터에 있는 문서를 단순한 클릭으로 읽을 수 있는 문서를 말한다. 웹 페이지 이전에는 다른 컴퓨터의 문서를 보려면 복잡한 통신 절차를 거쳐야 했는데 이제는 클릭 한번이면 자동적으로 상대방의 문서가 내 앞에 나타나는 것이다. [그림 11.1]과 같이 홈 페이지란 컴퓨터에 저장된 첫 번째 문서로서 다른 컴퓨터에서 인터넷을 이용하여 간단하게 읽어 볼 수 있는 문서이다. 기존의 통신 방식으로는 텍스트만 가능했는데 웹 페이지는 텍스트 기반의 문서에 그림과 음성 등이 포함된 조금 특별한 문서이다. 더 다른 점이 있다면 하이퍼텍스트(hypertext) 개념으로 한 페이지에서 다른 페이지로 링크를 이용하여 이동하면서 세계 각지의 페이지들을 접근할 수 있다는 점이다.

1989년에 Tim Berners-Lee가 제안한 기본적인 웹 페이지는 웹 서버에 저장된 텍스트 문서를 웹 클라이언트를 통하여 사용자에게 보여주는 웹 문서이다. 웹 문서는 웹 브라우저를 통하여 표현되는데 HTML 명령으로 작성되며, HTML 문서는 변동이 적은 고정된 문서를 표시하는데 편리하다. 텍스트 문서의 내용을 변경하려면 HTML 명령의 소스 자체를 변경해야 하기 때문에 변경이 자주 발생하는 웹 문서를 사용하기에는 불편하다. 컴퓨터 기술이 발전하여 각종 멀티미디어 자료들이 웹 페이지에 반영되고, 데이터베이스를 효율적으로 연결할 필요성이 대두되었다. 실시간으로 변동하는 자료를 보고 싶은 사용자들에게는 더 이상 간단한 HTML로 만족을 할 수 없게 되었다. XML과 같은 새로운 생성 언어(markup languago)와 다양한 도구들이 개발되어 사용되고 있다.

11.1.1 WWW: 다양한 형태의 자료 집합

월드 와이드 웹에는 다양한 종류와 형태의 자료들이 있다. 자료들을 구조 형태로 분류하면 [표 11.1]과 같이 다음 세 가지 종류로 나눌 수 있다.

[표 11.1] 자료 구조의 형태

자료의 구조 형태	특 징	실 례
구조화된 자료	구조가 잘 정의된 자료	DBMS에 저장된 금융, 고객 자료
반구조화된 자료	부분적으로 구조화된 자료	다양한 형태의 참고문헌(책, 논문, 잡지,,)
비구조화된 자료	구조화되지 않은 자료	텍스트 문서(논문, 수필,,,)

1) 구조화된 자료

은행의 금융 자료와 같이 데이터베이스에 저장된 정보는 스키마에 의하여 명확하게 설계된 자료들이므로 구조화된 자료(structured data)라고 한다. 테이블의 각 레코드들은 다른 레코드들과 동일한 구조의 속성들을 가진다. 데이터베이스 테이블의 각 속성들을 엄격하게 설계하고 유지하기 위하여 메타 자료를 이용하여 자료를 생성한다. DBMS들은 모든 자료들이 catalog에서 규정한 정의와 제약조건들을 지키고 있는지를 확인하고 데이터베이스를 운영한다.

2) 반구조화된 자료

어떤 과제의 보고서에 첨부된 참고문헌들은 책, 논문, 잡지, 홈페이지 등으로 구성되어 있다. 이들 자료들은 대부분 제목, 저자, 출판사, 출판일자 등이 있으나 모든 레코드들의 구성이 동일하지는 않다. 책에 대한 정보는 제목, 저자, 출판사, 출판일자 등과 같은 속성 정보와 본문으로 구성된다. 논문에 대한 정보는 논문이 실린 논문지의 이름과 학회의 이름이 중요하고, 홈페이지 정보는 홈페이지의 주소가 중요하다. 제목, 저자, 출판사와 같은 속성 정보는 데이터베이스에 저장할 수 있는 구조화된 정보들이지만 본문은 구조화가 어려운 텍스트 문서이다. 이와 같이 부분적으로 구조화된 자료를 반구조화된 자료(semi-structured data)라고 한다.

3) 비구조화된 자료

웹 페이지에 있는 정보들은 웹 페이지마다 정보의 구조 형태가 다르다. 한 가지 공통점은 이들이 텍스트 문서이기 때문에 구조화되지 못한 자료라는 것이다. 인터넷 웹 페이지에 있는 자료들은 사이트마다 자신의 스타일에 맞추어 자료를 다양한 방법으로 표현하고 있으므로 구조화하기 어렵다. 이와 같은 자료들을 비구조화된 자료(unstructured data)라고 한다.

웹 페이지는 비구조화된 자료들을 표현하는 것으로 시작되었으나 사용자 요구가 고급화되면서 반구조화된 자료뿐만 아니라 구조화된 자료들도 표현할 수 있어야 한다. 더 나가서 컴퓨터가 지식 검색을 할 수 있는 자료들을 표현하고 처리할 수 있어야 한다.

11.1.2 생성 언어

생성 언어(markup language)는 문서를 표현하기 위하여 즉, 문서를 생성하기 위하여 만든 언어이다. 보기 좋은 포스터나 보고서를 만들기 위하여 큰 글씨와 작은 글씨를 잘 배합하여 디자인 하듯이 컴퓨터도 좋은 보고서를 만들기 위하여 만든 언어가 생성 언어이다. 웹이 처음 시작할 때는 HTML로 시작되었으나 많은 기능들이 추가되어 이제는 동적인 HTML과 XML 등을 사용하고 있다.

(1) HTML

HTML(hypertext markup language)은 웹 페이지에서 보여주는 문서를 기술하는 간단한 언어이다. 웹 클라이언트가 웹 서버의 주소 URL을 전송하면 웹 서버는 그 주소가 지정하는 문서를 보내주는데 이 문서의 형식이 HTML이다. HTML은 웹 브라우저가 문서를 화면에 표시할 때 문자의 크기와 모양, 위치, 색 등을 지정하고, 줄 간격을 늘이고 줄이는 등의 간단한 표시(mark)를 지정하는 언어이다.

HTML의 명령들은 태그(tag)라고 하는 표시를 이용하여 표현 방식을 지정한다. 모든 태그 명령들은 시작 태그 〈tag〉와 종료 태그 〈/tag〉의 한 쌍으로 이루어진다. 웹 문서는 〈HTML〉과 〈/HTML〉 태그 안에 기술함으로써 이 문서가 웹 문서임을 알린다. 〈head〉와 〈/head〉 태그 안에는 문서의 머리가 되는 주제어를 기술하고, 문서의 본문은 〈body〉와 〈/body〉 안에 넣어서 표시한다. 만약 이 태그들을 사용하지 않는다면 사용자들이 원하는 내용을 사용자들이 보고 싶은 방식으로 표현하기 곤란할 것이다.

[그림 11.2](a)는 웹으로 보여주려는 책에 관한 문서의 내용이다. [그림 11.2](b)는 (a)의 책의 내용을 보기 좋게 표현하기 위하여 기술한 태그 명령들이다. 즉, [그림 11.2](a)와 같은 내용을 표현하기 위하여 [그림 11.2](b)의 HTML 문서를 작성한 것이다. 메모장에서 "books.html" 파일을 작성하여 실행하면 [그림 11.2](a)의 내용이 화면에 출력된다.

```
Book List on Hand
Science

Authhor: James Martin
Title: Information Retrieval
Published 1990

Fiction

Authhor: Margaret Mitchel
Title: Gone with the wind
Published 1939
Paperback
```

(a) html 파일이 보여주는 내용

```
<HTML>
<HEAD>Book List on Hand</HEAD>
<BODY>
<br>
Science
<UL>
  <LI>Authhor: James Martin</LI>
  <LI>Title: Information Retrieval</LI>
  <LI>Published 1990</LI>
</UL>
Fiction
<UL>
  <LI>Authhor: Margaret Mitchel</LI>
  <LI>Title: Gone with the wind</LI>
  <LI>Published 1939</LI>
  <LI>Paperback</Li>
</UL>
</BODY>
</HTML>
```

(b) "books.html" 문서 파일

[그림 11.2] HTML 문서 파일로 작성한 도서 목록

HTML에는 사용자가 보여주고 싶은 문서를 보여주기 위한 수단일 뿐만 아니라 오디오, 비디오 프로그램까지도 포함할 수 있다. 사용자가 브라우저를 이용하여 HTML 문서를 검색하면 텍스트와 이미지가 보이고, 오디오가 재생되며, 삽입된 프로그램들이 사용자의 컴퓨터에서 실행된다. HTML을 이용하면 이와 같이 다양한 멀티미디어 표현이 가능하다.

(2) XML

HTML은 웹에서 원하는 문서를 매우 간단하게 표현할 수 있기 때문에 편리하고 유용한 도구이다. 그러나 웹 문서를 좀 더 효과적으로 활용하기 위하여 문서의 내부 구조를 표현하기에는 HTML이 편리하지 않다. [그림 11.2](b)의 웹 문서를 다른 응용에서 활용하고자 한다면 여러 가지 문제가 발생한다. 우선 책의 저자와 제목을 속성 자료로 활용하기 위하여 저장하려고 한다면 HTML 문서에서는 저자와 제목을 구분하기 곤란하다. 즉, HTML은 웹 문서를 글자의 크기와 모양과 위치에 맞추어 표현할 수는 있으나 어느 문자열이 저자이고 어느 문자열이 제목인지 식별하지 못한다. 이것을 구분하려면 태그 명령으로 구분해야 하는데 HTML 태그 명령들 중에는 사용자들이 원하는 태그들이 다양하게 준비되어 있지 않기 때문이다. HTML 태그 명령을 이용하여 전자상거래에 필요한 계약 내용이나 상품 정보 등의 복잡한 문서를 교환하지 못한다.

XML(eXtensible Markup Language)은 HTML의 단점을 보완하기 위하여 만든 표시 언어이다. HTML은 태그의 종류와 의미가 고정되어 있으므로 그 이외의 종류를 만들 수도 없고 다른 의미로 사용할 수도 없다. XML은 사용자가 새로운 태그들을 정의할 수 있으므로 새로운 유형의 자료나 문서를 얼마든지 만들 수 있고, 다른 사용자에게 전송하여 자료를 공유할 수 있다. XML은 웹 문서의 입장에서 HTML처럼 자료를 웹 페이지에 표현할 수 있고, DBMS의 입장에서 스키마처럼 자료들의 속성을 표현할 수 있으므로 HTML와 DBMS를 연결해주는 역할을 수행할 수 있다.

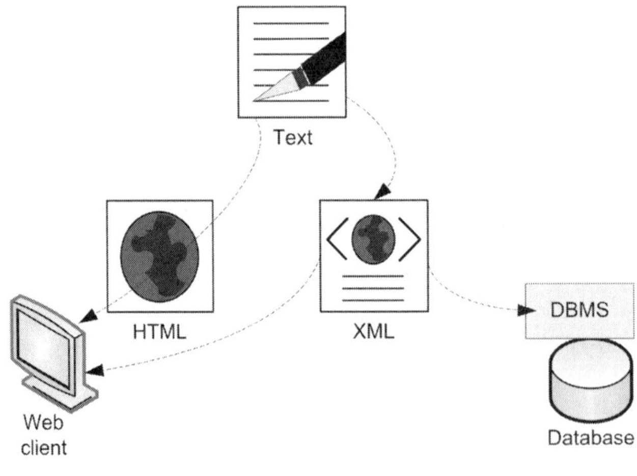

[그림 11.3] XML과 HTML과의 관계

[그림 11.3]은 텍스트 문서를 웹 문서로 사용자에게 보여줄 때의 HTML과 XML과의 관계를 설명해준다. 문서를 웹 문서 형태로 사용자에게 보여주기 위해서는 HTML 형식을 이용할 수 있다. 이 방식은 매우 간단한 방식이므로 쉽게 홈 페이지로 활용할 수 있으나, 이 문서에 사용된 자료들은 단지 텍스트로 인식할 뿐이므로 자료의 상세한 내용으로 분류하여 DBMS에 저장하거나 활용할 수는 없다. XML은 문서를 HTML처럼 웹 문서로 표현할 수 있으며, 사용자가 임의로 만들 수 있는 태그 명령들을 이용하여 속성 자료들을 구분할 수 있으므로 이들 자료를 정리하여 DBMS에 저장하고 활용하는 것이 가능하다.

[표 11.2]는 HTML과 XML의 차이점을 비교한 것이다. XML은 사용자가 태그를 임의로 정의하여 요소와 속성별로 자료의 내부 구조를 표현할 수 있다. 자료의 속성별로 구분할 수 있으므로 데이터베이스에 자료를 저장하고 검색할 수 있으므로 다른 컴퓨터와 자료 교환과 공유가 가능하다. HTML은 자료의 표현은 가능하지만 속성별로 구분하지 못하는 불편함이 있다.

[표 11.2] HTML와 XML의 비교

구분	HTML	XML
태그	고정식, 제한적	사용자 정의 가능: 의미 부여 기능
정보 표현	단순 표현	정보의 내부 구조 반영
Database 연계	속성 구분 곤란	속성 별로 저장, 교환과 공유 가능
검색 효율	비효율적	구조와 내용 분리로 효율적
장점	쉽고 간결	문서 작성 편리

11.2 웹 페이지 구조

웹 페이지의 구조는 기본적으로 클라이언트/서버 구조로서 서비스를 요청하는 클라이언트와 서비스를 제공하는 서버가 통신망으로 연결되는 구조이다. 웹 구조는 통신망이 인터넷이므로 웹 클라이언트는 HTTP(Hypertext Transfer Protocol)를 이용하여 웹 서버에게 서비스를 요청하고, 웹 서버는 해당 HTML 파일을 이용하여 웹 클라이언트에게 서비스를 제공한다.

11.2.1 클라이언트/서버 구조

[표 11.3] 클라이언트/서버 모델의 소프트웨어 구성요소

구성요소	기 능	실 례
표현 논리	사용자에게 자료의 내용을 보여주는 프로그램	Form, Browser
응용 논리	현실 문제를 해결하는 프로그램	급여계산, 상품 주문
자료 논리	자료 연산을 수행하는 프로그램	SQL 프로그램
DBMS	데이터베이스 엔진	Access, Oracle, Sybase,,

개인용 컴퓨터와 중앙집중식 슈퍼 컴퓨터의 경우는 모든 소프트웨어 구성요소들이 한 곳에 설치되어 있는 단일 계층 모델이다. 단일 계층 모델과 달리 소프트웨어 구성요소들이 클라이언트와 서버로 분산된 것이 클라이언트/서버 모델이다. 클라이언트/서버 구조는 2계층 모델과 3계층 모델로 구분된다. 클라이언트/서버 모델은 2계층으로 시작되어 3계층으로 발전되었으며, 웹 서버 모델은 대표적인 3계층 모델이다. 클라이언트/서버 구조의 핵심은 [표 11.3]과 같이 4개의 소프트웨어 구성요소가 어디에 위치하는가에 있다. 기본적으로 표현 논리는 사용자가 있는 클라이언트에 주재해야 하고, 자료를 처리하는 자료 논리와 DBMS는 서버에 주재하는 것이 합리적이다. 결과적으로 응용 논리는 클라이언트와 서버에 모두 주재할 수 있다.

(1) 2계층 모델

클라이언트/서버 구조의 2계층 모델은 응용 프로그램이 클라이언트에 있는 반면에 3계층 모델은 서버에 위치한다. [그림 11.4]와 같이 클라이언트에 표현논리와 응용논리가 주재하면서, 응용 프로그램이 서버에 데이터베이스에 자료를 요청하는 SQL 문장을 전송한다. 서버는 자료를 처리한 실행 결과로 얻어진 해당 레코드(record set)들을 클라이언트에 전송하고, 클라이언트는 사용자에게 표현논리를 통하여 제시한다. 2계층 모델에서 클라이언트는 개인용 컴퓨터의 기능이 우수하기 때문에 사용자 인터페이스를 효과적으로 설계하고 운용할 수 있다.

2계층 모델은 응용 논리가 클라이언트에 있기 때문에 응용 프로그램을 갱신하려면 모든 클라이언트들이 갱신 작업을 수행해야하는 불편함이 있다. 클라이언트의 수가 많을수록 갱신 작업은 어려워진다. 2계층 모델은 응용 프로그램이 클라이언트에 주재하기 때문에 데이터베이스 자료를 얻기 위하여 클라이언트와 서버 간에 오고 가는 통신 메시지의 횟수가 많고 응답

시간(response time)이 느리다. 따라서 2계층 모델은 클라이언트의 수가 수백 개 이상 되는 업무는 처리하기 곤란하다. 사용자 수가 적고, 자료 처리 규모가 작은 중소기업이나 대기업의 부서업무에 적합하다.

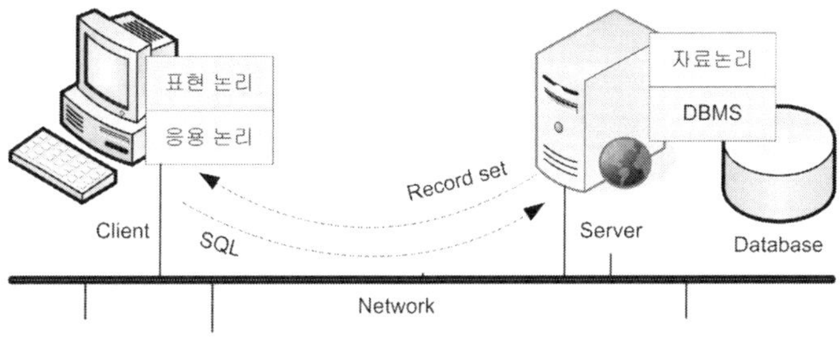

[그림 11.4] 2계층 모델

(2) 3계층 모델

[그림 11.5]와 같이 클라이언트에 표현논리가 존재하고, 응용 프로그램과 자료논리, DBMS 등이 모두 서버에 주재한다. 사용자는 단순히 서버에게 원하는 자료를 요청하고, 서버의 응용 프로그램이 모든 자료처리를 완료하고 사용자가 원하는 결과 자료만을 클라이언트에게 보내준다. 클라이언트는 서버로부터 꼭 필요한 자료만 받아서 단순하게 사용자에게 보여주는 역할만 수행한다. 따라서 클라이언트와 서버 간에 전송되는 통신 메시지의 수가 적으므로 응답 시간이 짧아진다. 클라이언트는 사용자 인터페이스에 전념할 수 있어서 인터페이스 기능이 우수하다.

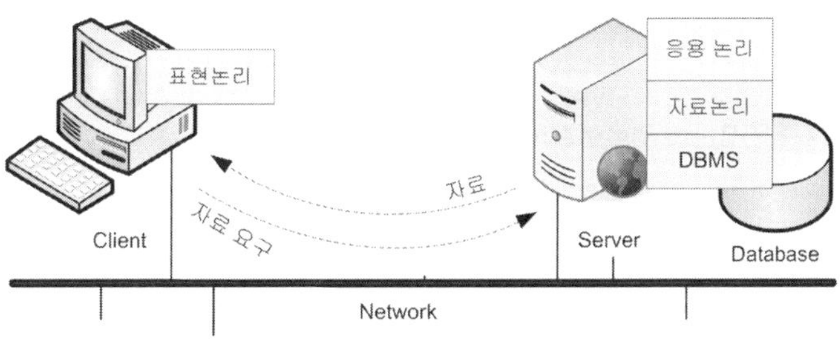

[그림 11.5] 3계층 모델(2단계)

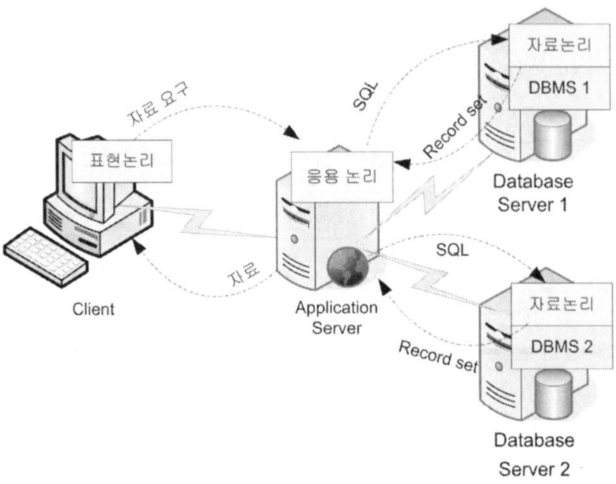

[그림 11.6] 3계층 모델(3단계)

응용 프로그램을 갱신할 때는 서버에 있는 하나의 프로그램만 수정하기 때문에 프로그램 갱신 작업이 간단하다. 특히 클라이언트들이 넓은 지역에 분산되어 있는 경우에는 더욱 편리하다. 응용 프로그램을 컴퓨터 성능이 우수한 서버에서 실행하므로 실행 속도가 빠르다. 따라서 3계층 모델은 사용자들이 넓은 지역에 분포하고, 수가 많으며, 자료 처리 규모가 큰 대규모 업무에 적합하다.

[그림 11.6]은 응용 논리와 DBMS를 분리하여 다른 서버에 설치한 3단계 3계층 모델이다. 이 모델의 특징은 응용 프로그램이 다양한 자료 자원(data source)을 접근할 필요가 있기 때문에 응용 논리와 DBMS를 분리한 것이다. 응용 서버는 응용 논리에 충실할 수 있으며, 데이터베이스 서버들은 전문적으로 자신의 DBMS 환경에 적합한 자료 관리에 충실할 수 있다.

3계층 모델은 다음과 같은 장점을 가진다.

1) 이기종 시스템(heterogeneous system)

응용 프로그램들이 다른 계층에서 다른 플랫폼들과 다른 소프트웨어 구성요소들의 장점을 이용할 수 있다. 다른 서버들의 환경에 영향을 주지 않고 자신에게 적합한 환경을 유지하며 코드를 수정하거나 변경하는 것이 용이하다.

2) 클라이언트의 확장성

클라이언트들은 서버와 독립적으로 표현 계층에 적합한 환경을 유지할 수 있다. 클라이언트들은 다양한 환경에서 필요한 응용 서버들에 접근하여 효율적으로 원하는 서비스를 받을 수 있다.

3) 통합 자료 관리(integrated data management)

응용 서버들은 독립적으로 중앙에서 여러 자료 자원들을 접근할 수 있으며 투명하게 관리할 수 있다.

4) 소프트웨어 개발

표현 논리, 응용 논리, 자료 논리가 확실하게 분리되어 있으므로 각 논리별로 최적화하여 설계할 수 있다. 응용 논리는 중앙 집중식으로 관리하므로 수정, 보완, 유지 관리가 용이하다.

[표 11.4] 2계층 모델과 3계층 모델의 비교

구분	2계층 모델	3계층 모델
응용 프로그램	클라이언트에 설치	서버에 설치
프로그램 관리	개별 관리	통합 관리
통신 효율(C/S 간 통신 수)	보통	우수
처리 규모/확장성	소규모/보통	대규모/우수(이기종 지원)
장점	설치 용이	프로그램 정비 용이

[표 11.4]에서 2계층과 3계층 모델의 장단점을 비교하였다. 2계층 모델은 응용 프로그램을 클라이언트에 설치했으므로 프로그램 갱신 시에 모든 클라이언트를 갱신해야 한다. 클라이언트들을 광범위한 지역에 설치하면 프로그램을 정비하기 어렵다. 3계층에서는 사용자가 서버의 응용 프로그램을 호출하면 서버에서 통합관리하기 때문에 모든 서비스를 해결하고 결과만 클라이언트에게 반환하므로 통신 횟수가 적다. 반면에 2계층 모델은 클라이언트에서 응용 프로그램이 서버에게 여러 번 자료를 요청해야 하므로 통신 횟수가 많아진다. 3계층은 서버만 교환하면 축소와 확장이 용이하므로 처리 규모도 쉽게 확장할 수 있다. 3계층 모델은 서버 측에서 응용 프로그램이 여러 가지 이기종 시스템을 통합 관리하는 것이 용이하다.

(3) 웹 서버 모델

웹 서버 모델의 구조는 기본적으로 클라이언트/서버 구조이다. 클라이언트/서버 구조는 서비스를 요청하는 클라이언트와 서비스를 제공하는 서버가 통신망으로 연결되어 협동처리 하는 시스템이다. 웹 서버 모델은 [그림 11.7]과 같이 인터넷으로 연결되는 클라이언트/서버 시스템이며, 응용 프로그램이 서버에 있는 3계층 모델이다. 웹 클라이언트의 사용자는 단순히 웹 브라우저를 통하여 서버에 있는 웹 문서의 주소를 전송한다. 서버는 통신망을 통하여 전달되는 URL 중에서 자신의 주소와 일치하는 메시지를 접수하고, 디스크에서 해당 디렉토리에 저장되어 있는 HTML 문서를 찾아서 클라이언트에게 전송한다. 클라이언트는 웹 브라우저를 이용하여 HTML 문서를 사용자에게 제공한다. 웹 페이지의 서비스 절차를 정리하면 다음과 같다.

① 웹 브라우저에서 원하는 URL을 지정하여 인터넷으로 웹 서버에게 전송한다.
② 웹 서버는 자신의 주소와 일치하는 URL이 오면 접수한다.
③ 웹 서버는 디스크에서 해당 디렉토리에 있는 웹 문서(HTML 파일)를 검색한다.
④ 웹 서버는 HTML 파일을 클라이언트에게 전송한다.
⑤ 웹 브라우저는 HTML 파일을 화면에 출력한다.

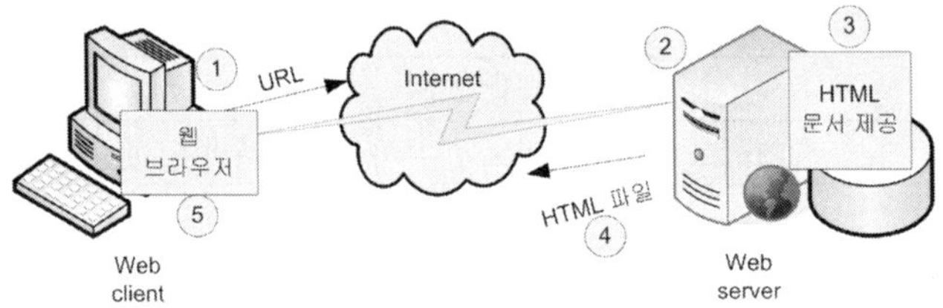

[그림 11.7] 웹 서버 모델의 구조

클라이언트는 웹 문서의 주소가 포함된 메시지를 인터넷을 통하여 서버에게 전송하는 것으로서 서비스를 요청하는데 이때 요청하는 주소를 URL(Universal Resource Locator)이라고 한다.

```
http://www.kyungwon.ac.kr/~test/db/index.html
```

이 URL은 www.kyungwon.ac.kr이라는 웹 서버 컴퓨터의 ~test/db라는 디렉토리에 저장되어 있는 index.html이라는 파일을 가리킨다. 이 파일은 HTML을 이용하여 작성한 텍스트 문서로서 다른 파일에 대한 링크들을 포함하고 있다. 이 문서를 구성하고 있는 태그 명령들을 웹 브라우저가 번역하여 문서를 화면에 출력하면 사용자는 링크를 선택하여 다른 문서들로 항해할 수 있다. 컴퓨터에 있는 이런 웹 문서들의 모임을 웹 사이트(web site)라고 한다. 월드 와이드 웹이란 인터넷을 통하여 접근할 수 있는 웹 사이트들의 집합을 말한다.

11.2.2 웹과 데이터베이스

[그림 11.2]와 같은 웹 페이지는 클라이언트의 요청에 의하여 웹 서버가 디스크에 있는 "books.html" 파일을 찾아서 일방적으로 웹 클라이언트에게 전달하는 방식이다. 이와 같은 웹 페이지는 기존의 "books.html" 파일을 단순히 웹 브라우저에게 전달하는 것이므로 정적 페이지(static page)라고 한다. 이와 대조적으로 클라이언트의 서비스 요청에 따라서 다양한

HTML 파일을 만들어서 웹 브라우저에게 전달하는 웹 페이지를 동적 페이지(dynamic page)라고 한다.

(1) 정적 페이지(static page)

웹 페이지에서 기존의 자료 내용을 바꾸려면 HTML 파일의 소스를 미리 변경해 두어야 한다. 매일 변동되는 환율을 클라이언트에게 서비스하려면 매일 HTML 파일의 소스를 변경해 두어야 하고, 매시간 변동되는 원유 가격을 서비스하려면 매시간 해당 HTML 파일의 소스를 갱신해 두어야 한다. 이와 같이 미리 HTML 소스 파일을 작성한 후에 사용자가 서비스를 요청하면, 웹 서버가 단순히 해당 파일을 찾아서 제공하는 웹 페이지를 정적 페이지(static page)라고 한다.

[그림 11.2](b)의 웹 페이지는 기존의 HTML 문서를 제공하는 정적 페이지의 실례이다. 정적 페이지의 내용을 변경하려면 HTML의 소스 파일을 사람의 손으로 일일이 수정해야 하므로 인건비와 함께 시간이 많이 소요된다. 정적 페이지는 서버의 자료를 일방적으로 사용자에게 제시하는 방식이다. 시시각각 변화하는 정보의 내용을 클라이언트에게 서비스하기 위해서는 정적 페이지 방식이 적합하지 않다.

(2) 동적 페이지(dynamic page)

사용자의 다양한 요구를 서버가 제공하기 위해서는 클라이언트와 서버가 서로 자료를 주고 받으면서 대화를 해야 한다. 웹 클라이언트가 서버에게 자료를 전달하는 방법은 일반적으로 HTML에서 폼(form)을 사용하는 것이다. [그림 11.8]은 서버가 클라이언트와 대화하기 위하여 form 태그로 자료를 교환하는 절차를 기술한 것이다. 클라이언트가 웹 서버의 html 파일 주소를 호출하면 "bookstore.html" 파일이 서버에서 클라이언트로 이동되면서 form을 전달한다. 클라이언트는 form에 자료를 입력한 후에 action 문을 이용하여 서버의 "order.cgi" 프로그램을 실행할 것을 서버에게 요청한다. 서버는 "order.cgi" 프로그램을 실행하여 사용자가 원하는 서비스 결과를 html 파일로 클라이언트에게 전달한다. 서버는 폼을 이용하여 사용자와 대화하면서 서비스를 제공할 수 있다.

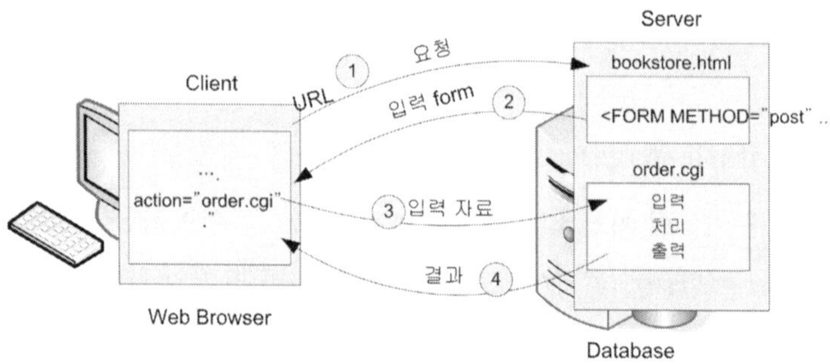

[그림 11.8] FORM을 이용한 클라이언트/서버 사이의 자료 교환

```
<html><head><title>Internet Book Store</title></head>
<body>
<form action="order.cgi" method="get" name="LoginForm">
      Please input user name
      <input type="text" name="userName" id="uname"><p>
      <input type="text" name="address" id="address"><p>
      <input type="text" name="company" id="company"><p>
      ...........
      <input type="submit" value="send">
 </form>
</body>
</html>
```

[그림 11.9] 입력 필드와 버튼을 가진 "bookstore.html" 파일

[그림 11.9]는 사용자가 서버에게 요청한 "bookstore.html" 파일이다. 이 html 파일은 폼의 일반적인 양식으로서 이 폼을 이용하여 사용자의 이름, 주소, 직장 등의 자료를 입력 받으려고 만든 실례이다. 클라이언트가 자료를 입력하고 'send'라는 버튼을 누르면 'uname' 등의 변수 이름으로 입력한 문자열들이 서버로 전달되고, form 태그의 action으로 지정한 "order.cgi" 프로그램이 서버에서 실행된다. 실행 결과는 HTML 파일에 포함되어 사용자에게 전달된다.

동적 페이지는 클라이언트의 서비스 요청 시에 서버의 프로그램이 HTML 파일을 만들어서 클라이언트에게 제공하는 웹 페이지이다. 사용자의 서비스 요청이 있으면, 서버의 프로그램이 데이터베이스의 자료를 이용하여 HTML 파일을 만들어 보내기 때문에 최신의 정보를 신속하게 제공할 수 있다. 동적 페이지는 [그림 11.10]과 같이 HTML 문서를 작성하는 작업에 사람이 개입하지 않고 웹 서버의 프로그램이 자동적으로 수행한다. 웹 서버에서 데이터베이

스 서버에게 데이터베이스 자료 처리를 요청하고, 자료를 검색하고, 검색 결과를 받아서 HTML 파일을 만드는 작업도 모두 프로그램이 자동적으로 수행한다. 웹 서버와 데이터베이스 서버는 별도의 기계에 설치하지 않고 하나의 서버에서 같이 사용할 수도 있다.

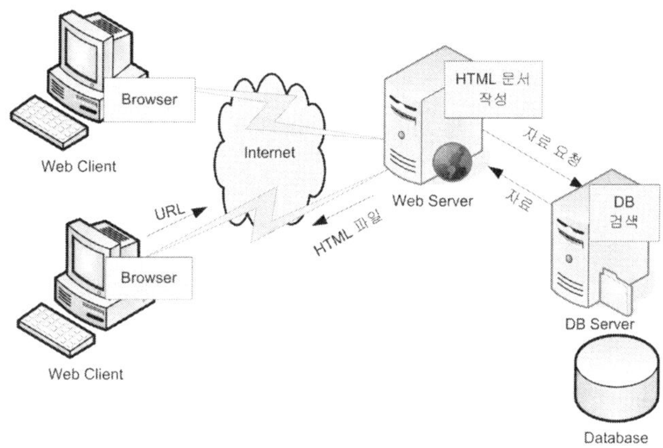

[그림 11.10] 웹 서버와 데이터베이스 연결

11.3 동적 페이지

동적 페이지란 웹 페이지의 HTML 파일 작성을 자동화하는 기술이다. 정적 페이지는 기존에 만들어진 페이지를 제공하는 기술이고, 동적 페이지는 서비스 요청 시에 웹 서버에서 프로그램이 새로운 페이지를 만들어서 제공하는 기술이다. 웹 서버 프로그램이 웹 페이지를 동적으로 만들 때는 사용자가 데이터베이스 자료를 요구할 때가 있으므로 데이터베이스 서버가 필요하다.

11.3.1 동적 페이지 기술

사용자의 입력을 받아서 그에 따르는 응답을 제공하면 좋은 서비스를 제공할 수 있다. 웹 서버는 클라이언트가 요청한 서비스를 다양하게 제공하기 위하여 동적으로 응용 프로그램을 실행한다. 사용자의 요구에 따라서 웹 서버에서 응용 프로그램을 선택적으로 실행하는 기술은 CGI, ASP, JSP 등이 있다.

(1) CGI

CGI(common gateway interface)는 폼에 있는 인수들을 서버 측 응용 프로그램들에게 어떻게 전달하는지를 정의하는 프로토콜이다. 웹 서버가 프로그램을 실행시킬 때는 새로운 프로세스를 생성하고 CGI 규약을 이용하여 이 프로세스와 교신한다. 이 프로세스의 결과물로 HTML 문서를 만들어서 클라이언트에게 제공한다. [그림 11.11]에서 사용자 요청이 접수되면 웹 서버는 새로운 CGI 프로세스를 생성한다. 생성된 CGI 프로그램은 별도로 실행되고 HTML 형식의 문서를 웹 서버에게 전달하고, 웹 서버는 다시 HTML 파일을 사용자에게 전달한다.

[그림 11.9]는 CGI 프로그램을 호출하는 웹 페이지의 실례이다. 클라이언트가 웹 서버로 주소를 보내면 웹 서버에서 [그림 11.9]와 같은 페이지가 클라이언트로 전달되고, 사용자가 자료를 입력하고 "submit" 버튼을 누르면 "order.cgi"라는 별도의 CGI 스크립트 프로그램([그림 11.11]의 order.cgi)이 실행된다. CGI 프로그램은 다시 사용자 요구(입력)에 따라서 다른 응용 프로그램이나 DBMS를 사용하는 프로그램을 호출할 수 있다.

웹 서버는 응용 프로그램을 실행하기 위하여 새로운 프로세스를 생성한다. CGI 프로그램은 매 요청마다 하나의 프로세스를 새로이 만들어 실행하므로 같은 응용 프로그램에 대한 요청이 있을 때마다 프로세스들을 새로 생성한다. 따라서 주기억장치를 많이 점유하기 때문에 처리 속도가 지연되는 문제점이 있다. 이 문제점을 해결하기 위하여 ASP, Java Servlet, JSP, 응용 서버 등의 여러 가지 대책이 마련되었다.

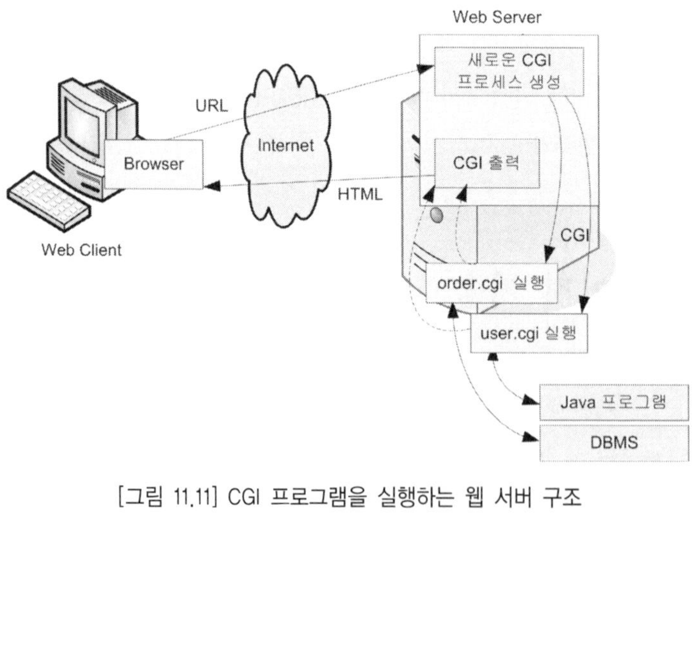

[그림 11.11] CGI 프로그램을 실행하는 웹 서버 구조

(2) ASP와 JSP

CGI 프로그램의 특징은 HTML 파일과 별도의 응용 프로그램을 이중으로 수행하기 때문에 처리 부담이 크다. 이 문제를 해결하는 방법으로 HTML 파일과 응용 프로그램을 통합하는 방향으로 연구가 진행되었다. 이 연구의 결과가 ASP와 JSP(Java Server Page) 등이다.

1) ASP

ASP(Active Server Page)는 마이크로소프트사가 WWW 응용을 실현하기 위하여 만든 기술로서 프로그램을 개발하기 쉽고, 성능도 CGI보다 뛰어나기 때문에 많이 사용되고 있다. ASP 는 COM(Component Object Model)에 기반을 두고 웹 서버에서 HTML과 응용 프로그램을 통합시키기 위하여 만든 서버 측 프로그램이다. COM 기술을 사용하면 서버 측에 데이터베이스와 같은 다양한 정보 저장소들을 쉽게 접근하여 그 결과를 HTML 문서로 만들어서 클라이언트에게 전송할 수 있다. ASP는 "HTML 문서" + "서버 측 실행 프로그램"의 형식이기 때문에 CGI와 같이 이중으로 프로그램이 실행되지 않고 하나의 프로그램으로 실행되기 때문에 성능이 우수하다.

[그림 11.12]에서 클라이언트가 "order.asp"를 요청하면 스크립트 엔진이 ASP 파일을 읽어서 실행하고, 그 결과를 "HTML 문서"에 포함하여 새로운 웹 페이지를 만들어서 클라이언트에게 전송한다. ASP에서는 HTML 문서와 프로그램을 함께 섞어서 사용하기 때문에 프로그램의 양이 줄어든다. ASP 프로그램이 별도로 실행되지 않고 HTML 파일과 함께 실행되므로 효율적이다. ASP를 사용하기 위해서는 마이크로소프트사의 IIS(Internet Information Server)나 PWS(Personal Web Server)를 사용한다.

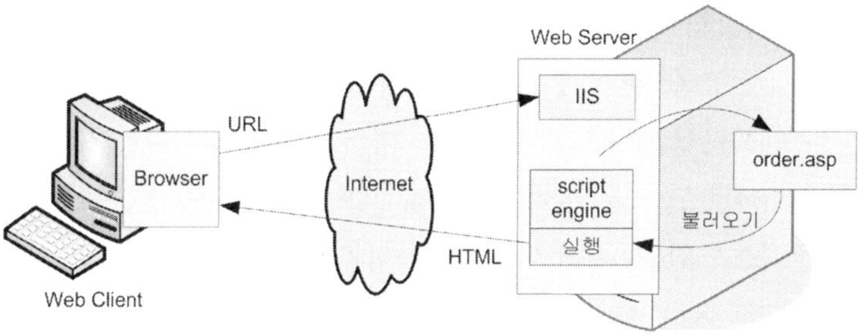

[그림 11.12] ASP의 동작 절차

2) JSP

JSP(Java Server Page) 기술은 마이크로소프트사의 ASP 기술에 대항하기 위하여 개발되었으며, 기존의 여러 가지 기술들을 종합한 동적 페이지 기술이다. JSP는 웹 페이지에 프로그램을 직접 끼워 넣을 수 있다. ASP는 VB 스크립트를 사용하지만 JSP는 자바를 사용하는 점이 다르다. JSP는 기종에 무관하게 서버 측에서 동적으로 내용물을 만들어주는 기술이다. JSP는 응용 논리와 웹 페이지의 외부 형태를 분리하면서 개발 과정을 단순화한다. JSP는 웹 페이지 내에 동적으로 내용물을 만들어내는 특수한 HTML 태그들을 붙임으로써 내용물과 외부 표현을 분리한다. 웹 서버는 이 태그들을 분리 내용물로 바꾼 후에 브라우저에게 제공한다.

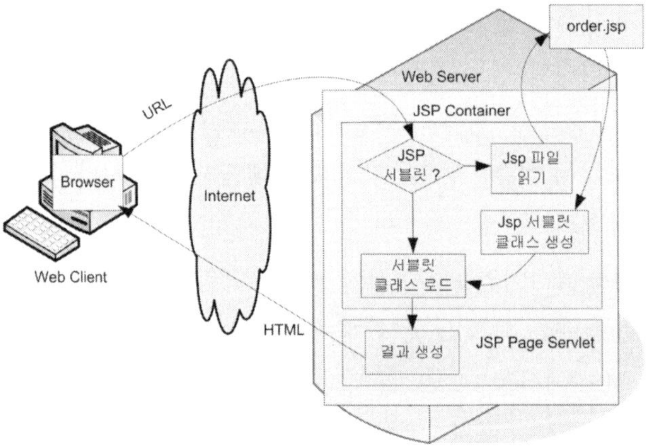

[그림 11.13] JSP 동작 절차

[그림 11.13]을 통하여 JSP의 동작 원리를 살펴본다. 웹 서버가 클라이언트로부터 "order.jsp"에 대한 요청을 받으면, 웹 서버는 이 요청을 서블릿 실행을 맡은 별도의 프로세스에게 넘긴다. 이 프로세스를 "서블릿 컨테이너" 또는 "JSP 컨테이너"라고 한다. JSP 컨테이너는 "order.jsp" 파일을 읽어서 JSP 서블릿 소스 코드를 생성한다. 이 코드는 자바 컴파일러를 사용하여 JSP 서블릿 클래스 파일로 컴파일 된다. 이 클래스 파일을 JSP 컨테이너에 적재하여 프로그램을 실행한다. 한번 서블릿 클래스가 만들어지면 이후의 클라이언트 요청 시에는 재 컴파일 없이 클래스를 실행한다. JSP 웹 페이지는 처음에는 컴파일과 적재 과정으로 인하여 응답 속도가 느리지만 이후에는 빠르게 처리된다.

JSP 기술을 다른 기술들과 비교해보면 [표 11.5]와 같이 전반적으로 JSP가 우수하다. 설치 가능한 웹 서버를 살펴보면, ASP는 기본적으로 ActiveX 컨트롤을 사용하기 때문에 MS 윈도우즈 플랫폼에서만 작동되지만, JSP는 플랫폼과 서버에 영향을 받지 않고 수행된다. 따라서

JSP는 이식성이 우수하다. JSP는 ASP와 마찬가지로 어느 정도 개발자가 페이지 디자인과 동적인 내용 생성을 분리해서 작업할 수 있도록 지원하고 있다. ASP는 COM 모델을 사용해서, JSP는 자바 빈즈와 JSP 태그를 이용해서 이런 분리가 가능하다. CGI는 "HTML 문서"와 CGI 프로그램이 별개로 수행되므로 병행성이 적지만, ASP와 JSP는 "HTML 문서와 응용 프로그램이 통합되어 병행 효율성이 우수하다.

[표 11.5] JSP와 다른 기술의 비교

기술 / 특성	CGI	ASP	JSP	PHP
웹 서버	all	MS IIS, PWS	all	all
이식성	종속적	종속적	독립적	독립적
재사용/모듈성	곤란	곤란	용이	용이
스크립트 언어	C, Perl	VB Script, JScript	Java	C
병행성	곤란	우수	우수	우수
데이터베이스	모든 환경	MS SQL에 최적	모든 환경	MySQL에 최적
실행 방식	컴파일	인터프리트	컴파일	인터프리트
장단점	성능 저하	배우기 쉬우나 기능 한계	Java 배우기 어려움	기능 한계

11.3.2 데이터베이스 기술

한 응용 프로그램이 여러 개의 DBMS를 접근하려면 각 DBMS별로 접근할 수 있는 응용 프로그램을 각각 작성하고 실행해야 한다. 동일한 응용 프로그램을 여러 개 작성하고 실행하는 것은 매우 번거롭고 낭비적이다. 이런 문제를 해결하는 방법이 ODBC와 JDBC이다. ODBC는 말 그대로 개방적으로 여러 가지 DBMS를 자유롭게 사용할 수 있게 해주는 미들웨어(middleware)이다. 하나의 응용 프로그램이 ODBC를 이용하면 여러 개의 DBMS를 쉽게 접근할 수 있다.

(1) ODBC

컴퓨터가 보급된 이후로 DBMS들이 많이 개발되었으나 사용 방법과 접근 방법이 모두 다르다. 마이크로소프트사는 여러 가지 다양한 관계형 데이터베이스들을 공통적으로 접근할 수 있는 표준 인터페이스 프로그램인 ODBC(Open Database Connectivity)를 발표하였다. ODBC는 데이터베이스의 종류에 관계없이 응용 프로그램이 하나의 인터페이스를 통하여 여러 종류의 데이터베이스를 사용할 수 있는 프로그램이다. ODBC를 사용하면 사용자들은 자료가 어느 데이터베이스에 어떻게 저장되었는지 상세한 내용을 몰라도 쉽게 연결하여 사용할 수 있다. ODBC는 SQL과 범용 프로그래밍 언어를 통합할 수 있다. ODBC는 응용 프로그래밍 인터페이스(application programming interface:API)를 통하여 응용 프로그래머에게 표준화된 방식으로 데이터베이스 특성을 알려준다. ODBC API는 관계형 데이터베이스에 연결하기 위하여 현재 가장 많이 사용되는 프로그래밍 인터페이스이다.

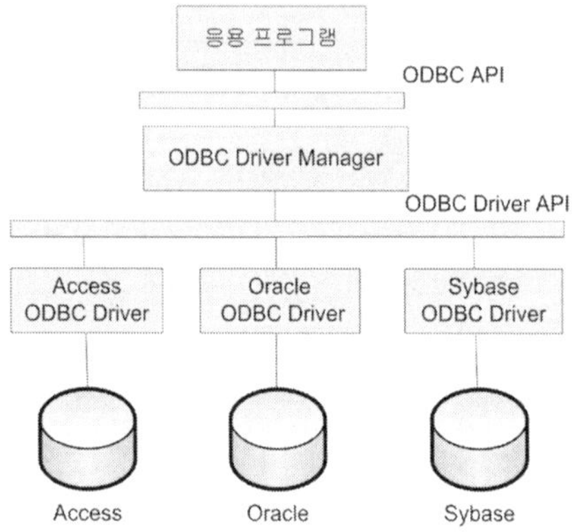

[그림 11.14] ODBC의 역할

ODBC를 이용하면 사용자는 여러 개의 DBMS를 접근하기 위하여 여러 개의 응용 프로그램을 작성할 필요가 없이 하나의 프로그램만 작성하여 사용하면 된다. [그림 11.14]와 같이 하나의 응용 프로그램은 ODBC를 통하여 여러 가지 종류의 DBMS들을 접근할 수 있다. 클라이언트 응용 프로그램이 사용하고자 하는 DBMS 제작사의 ODBC 관리자를 설치하면 ODBC 드라이버는 해당 데이터베이스를 사용할 수 있도록 해당 데이터베이스 명령을 작성하여 DBMS 엔진에게 전달해준다. DBMS 제작사들은 클라이언트들이 자신의 DBMS를 사용할 수 있도록 전용 ODBC 드라이버를 제공하고 있다.

(2) JDBC

ODBC에 대항하기 위하여 자바 진영에서 제시한 대안이 JDBC(Java Database Connectivity)이다. 자바 진영에서는 JDBC-ODBC 브리지를 이용하여 ODBC를 사용할 수 있지만 ODBC는 C를 기반으로 만들었기 때문에 자바 프로그램이 이용하기에 문제가 있다. 자바 진영에서는 Java 언어에서 데이터베이스를 잘 접근하기 위하여 JDBC를 만들었다.

[그림 11.15]는 데이터베이스를 인터넷 환경에서 사용하는 절차를 보여준다. 그림에서와 같이 Java 응용 프로그램은 Java API를 이용하여 특정 DBMS 드라이버를 호출하다. 이 그림에서는 Oracle 드라이버가 호출되어 Oracle 데이터베이스를 네트워크 드라이버를 통하여 호출한다. Oracle 데이터베이스는 네트워크 드라이버와 같은 컴퓨터에 있을 수도 있고 다른 컴퓨터에 있을 수도 있다. 서버에서는 Oracle DBMS에게 Oracle 명령이 전달되는데 Oracle DBMS는 이 명령이 어느 컴퓨터에서 오는지에 관계없이 명령을 수행한다. 결과로 얻어진 자료는 HTML 파일에 포함되어 클라이언트에게 역순으로 전달된다. 이 그림에서 보는 절차는 ODBC에서도 동일하게 적용된다. ODBC나 JDBC를 이용하기 위해서는 DBMS 제작사가 공급하는 클라이언트 모듈인 드라이버 관리자를 클라이언트에 설치해야 한다.

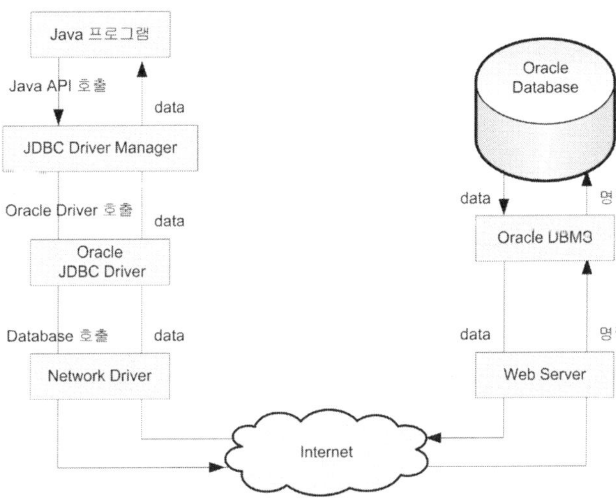

[그림 11.15] JDBC의 실행 절차

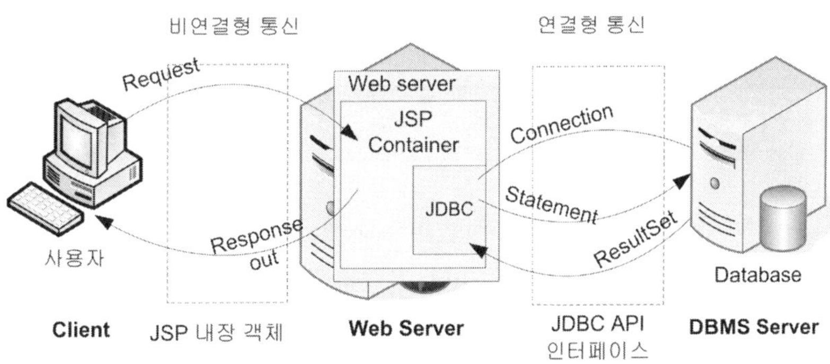

[그림 11.16] 3계층 JDBC 시스템

[그림 11.16]은 JDBC를 이용하여 3단계 3계층 구조로 웹 서비스를 구축하는 방법을 보여준다. 웹 서버가 클라이언트와 접속되면 JSP 컨테이너에게 제어를 넘겨준다. JSP 컨테이너는 JSP 내장 객체인 Request 객체를 이용하여 사용자의 요구와 자료를 접수하고, JDBC Connection 인터페이스를 이용하여 DBMS 서버와 통신을 연결하고, JDBC Statement 인터페이스를 이용하여 데이터베이스 서비스를 요청한다. DBMS 서버는 데이터베이스 엔진을 실행하여 얻은 결과를 JDBC ResultSet 인터페이스를 통하여 JSP 컨테이너에게 전달하고, JSP는 자료를 가공한 다음에 JSP 내장 객체인 Response를 이용하여 html 파일을 클라이언트에게 전달한다. 웹 서버는 데이터베이스 작업을 위한 부담을 경감함으로써 웹 서비스의 응답시간을 개선할 수 있는 장점이 있다.

[표 11.6] ODBC와 JDBC의 비교

특성 \ 기술	ODBC	JDBC	비 고
웹 서버	MS IIS, PWS	all	
데이터베이스	관계 데이터베이스	관계 데이터베이스	
인터페이스	VB Script, JScript	자바	
브릿지		JDBC-ODBC	Java에서 ODBC 사용
장점	가장 많이 보급	이식성	

[표 11.6]과 같이 JDBC는 플랫폼에 독립적이다. ODBC는 MS사의 윈도우 환경에서만 사용이 가능하지만 JDBC는 모든 환경에서 사용이 가능하다. ODBC는 MS 제품인 VBScript를 위주로 사용되지만 JDBC는 자바를 중심으로 효율적으로 다양한 플랫폼에서 사용된다. ODBC는 가장 많이 보급되어 사용되는 장점이 있는 반면에 JDBC는 이식성이 높은 장점이 있다. JDBC는 JDBC-ODBC 변환 프로그램이 있기 때문에 기존의 ODBC 환경의 프로그램도 지원할 수 있다.

11.4 XML

HTML과 XML은 마크업 언어(markup language)이다. 마크업이란 출력할 내용물의 크기와 위치 등을 지정하는 문자나 기호들이다. HTML은 문서의 구조를 적절하게 표현하는 기능이 우수하지만, 단순하게 표현하는 것 이상으로는 역할을 하지 못한다. 복잡한 문서의 내부구조와 형식을 표현할 수 있으면 다른 시스템과 문서 교환과 저장이 편리할 것이다. XML은

HTML의 단점을 보완하기 위하여, 새롭게 만들어 사용할 수 있는 사용자 정의 마크업을 만들기 위한 표준이다. XML은 HTML에 내장되어 있는 문서의 입장과 DBMS의 스키마 입장 사이에서 이들을 연결해주는 고리이다. XML은 웹상에서 자료를 교환하고 구조화하는 표준 언어로 채택되고 있다.

[그림 11.17]은 HTML과 XML 문서를 비교하기 위하여 동일한 자료를 두 문서로 표현한 것이고, [그림 11.18]은 두 파일을 실행한 결과이다. 실행 결과를 보는 바와 같이 XML에서의 태그는 보는 것에 대해서 전혀 관심이 없다. HTML에서는 출력 내용이 단순한 텍스트의 나열이지만, XML 문서에서는 태그가 자료의 구조를 반영하는 용도로 사용된다. XML은 문서의 자료 구조를 결정하는데 의미가 있기 때문에 디렉토리 구조처럼 나타난다. XML에서는 <제목>, <출판사>, <출판일자> 등으로 자료를 구분하여 저장하고 인식할 수 있는 기반이 된다.

```
<HTML>
<HEAD></HEAD>
<BODY>
<font size=3> 과학
<p> 정보검색 </p>
<p> 도서출판 그린</p>
<p> 2009년 4월</p>
</font>
</BODY>
</HTML>
```

(a) HTML 문서

```
<?xml version="1.0" encoding="euc-kr" ?>

<과학>
  <제목>정보검색</제목>
  <출판사>도서출판 그린</출판사>
  <출판일자>2009년 4월 9일</출판일자>
</과학>
```

(b) XML 문서

[그림 11.17] HTML과 XML 문서

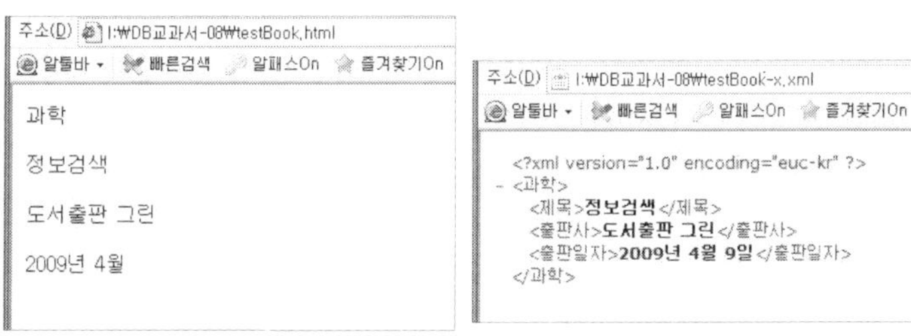

(a) HTML 출력　　(b) XML 출력

[그림 11.18] [그림 11.17]을 디스플레이한 결과

11.4.1 XML 데이터 모델

XML 문서를 생성하려면 요소(element)와 속성(attribute)이라는 두 가지 구조화 개념을 이용한다. XML의 속성은 데이터베이스에서의 속성과 달리 HTML에서 사용되는 속성의 의미를 가진다. [그림 11.19]는 〈book〉이라는 XML 요소를 보여준다. HTML과 마찬가지로 문서에서 요소는 시작 태그(tag)와 종료 태그로 표시된다. 태그 이름은 괄호 〈 ... 〉안에 표시되며, 종료 태그는 특별히 〈/ ... 〉 형태로 표시되어 구분된다.

단순 요소(simple element)는 자료 값을 포함하며, 복합 요소(complex element)는 다른 요소들로부터 계층적으로 구성된다. XML에서는 문서 안에서 요소의 의미를 나타내도록 태그 이름을 정의해 나가지만 HTML에서는 태그가 해당 텍스트를 기술하는 방법만 다룬다는 점에서 큰 차이가 있다. XML에서는 사용자가 태그 이름을 의미 있게 부여함으로써 데이터베이스에서 자료를 검색하고, 저장하고, 식별할 수 있는 기능을 갖게 된다. 이로써 XML은 프로그램에 의한 자동 해석과 처리가 가능하게 되었다.

```
<booklist>
<book genre="fiction" format="paperback">
  <author>
    <ssn>1234-5678</ssn>
    <firstName>Margaret</firstName>
    <lastName>Mitchel</lastName>
  </author>
  <title>Gone with the wind</title>
  <published>1939</published>
</book>
<book genre="Science" format="hardcover">
  <author>
    <ssn>2345-6789</ssn>
    <firstName>James</firstName>
    <lastName>Martin</lastName>
  </author>
  <title>Information Retrieval</title>
  <published>1990</published>
</book>
</booklist>
```

[그림 11.19] XML 코드의 일부분

XML의 구성 요소들을 다음과 같이 정리한다.

1) 요소(element)

XML 문서를 구성하는 기본 단위로서 태그라고도 부른다. [그림 11.19]의 문서에서 요소 booklist는 모든 내용 정보를 감싸고 있다. author 요소는 저자에 관한 모든 정보를 구분 짓는 역할을 한다. XML의 요소는 대문자와 소문자를 구별한다.

2) 속성(attribute)

요소를 부가적으로 설명하기 위하여 속성을 두고 있다. 속성은 요소 안에서 이름을 부여하고 자료 값을 〈element attribute="value"〉 형식으로 작성한다. [그림 11.19]에는 두 개의 속성이 있다. 장르와 책의 제본 형식을 기술하는 속성들이다.

3) 개체 참조(entity references)

XML에서 사용되는 내용의 텍스트들은 모두 XML 파서에 의하여 해석된다. XML 파서에 의하여 해석되는 텍스트들을 PCDATA(parsed character data)라고 한다. 텍스트 중에서 PCDATA로 사용하면 안 되는 문자는 '&', '〈', '〉', '.' 들이다. 이들은 개체 참조라고 해서 특별한 문자로 취급된다.

4) 주석(comment)

XML 안에 어디든지 주석을 기술할 수 있다. 주석은 〈!-로 시작하여 -〉로 끝난다.

5) 문서 형태 선언(document type declaration: DTD)

XML에서는 사용자가 임의로 생성 언어를 정의할 수 있다. DTD는 사용자가 임의로 요소, 속성 등을 명세해 줄 수 있는 규칙이다. DTD는 허용되는 태그와, 태그의 순서, 내포 방식 등을 명시하는 문법이다.

XML 문서의 종류는 다음과 같이 3가지이다.

1) 자료-중심 XML 문서

특정한 구조를 따르는 작은 문서들로 구성되며, 구조화된 데이터베이스로부터 추출될 수 있다. 이들 문서는 교환이나 표현을 위하여 XML 문서로 제작된다.

2) 문서-중심 XML 문서

책이나 논문 같은 대규모 텍스트들이다. 이들은 거의 구조화되어 있지 않다.

3) 혼합 XML 문서

구조화된 문서와 구조화되지 않은 문서들이 섞여 있는 문서이다.

```
<!DOCTYPE BOOKLIST [
  <!ELEMENT BOOKLIST (BOOK)*>
  <!ELEMENT BOOK (SSN, AUTHOR, TITLE, PUBLISHED?)>
    <!ELEMENT SSN (#PCDATA)>
    <!ELEMENT AUTHOR (FIRSTNAME, LASTNAME)>
      <!ELEMENT FIRSTNAME (#PCDATA)>
      <!ELEMENT LASTNAME (#PCDATA)>
    <!ELEMENT TITLE (#PCDATA)>
  <!ATTLIST BOOK genre (Science | Fiction) #Required>
  <!ATTLIST BOOK format (Paperback | Hardcover) "Paperback">
]>
```

[그림 11.20] 인터넷 서점의 XML DTD

자료-중심 XML 문서들은 반구조화되어 있거나 구조화된 자료로 간주될 수 있다. XML 문서가 XML 스키마를 따르거나 DTD를 포함하고 있으면 이들은 구조화된 문서이다. XML 문서가 스키마를 따르지 않는다면 이들은 반구조화된 문서이다.

11.4.2 XML DTD와 Schema

XML 문서를 형식적으로 규정하는 방법은 DTD와 스키마가 있다.

(1) XML DTD

DTD는 사용자가 자신의 문서를 구성하는 요소, 속성 등을 명세할 수 있는 규칙의 집합이다. DTD가 있으며 그 DTD에 따라서 작성된 문서를 유효한 문서라고 한다. [그림 11.20]은 인터넷 서점을 만드는 DTD의 실례이다.

DTD 하나는 〈!DOCTYPE name [DTD 선언부]〉로 정의된다. name은 DTD의 이름이고, DTD 선언부는 DTD 규칙들을 정의한 텍스트이다. 다음의 실례를 들어서 규칙을 살펴보자.

```
<!ELEMENT BOOKLIST (BOOK)*>
```

이 규칙은 (BOOK) 다음에 별표 '*' 있으므로 요소 BOOKLIST가 0개 이상의 BOOK 요소로 구성된다는 것을 의미한다. 만약에 한 권 이상의 (BOOK) 요소가 있어야 한다면 별표 대신에 덧셈 기호 '+'를 사용한다. 물음표 '?'를 사용하면 없거나 또는 한 개를 의미한다.

다음의 규칙을 살펴보자

```
<!ELEMENT BOOK (SSN, AUTHOR, TITLE, PUBLISHED?)>
```

이 규칙은 하나의 BOOK 요소에 SSN 요소 하나, AUTHOR 요소 하나, TITLE 요소 하나, 그리고 있어도 되고 없어도 되는 PUBLISHED 요소 하나로 구성됨을 의미한다.

```
<!ELEMENT FIRSTNAME (#PCDATA)>
```

FIRSTNAME 요소는 지금까지의 요소와 달리 실제 자료인 텍스트가 포함되는 것을 의미한다. 요소를 정의할 때 가능한 자료형은 다음의 형식과 같다.

```
<!ELEMENT name (컨텐츠 자료형)>
```

컨텐츠의 자료형은 [표 11.7]와 같이 5가지가 있다. 정규식(regular expression)은 컴파일러에서 문법을 위해 사용되는 정규식과 같다.
다음은 속성을 선언하는 문장이다.

```
<!ATTLIST BOOK genre (Science | Fiction) #Required>
```

키워드 ATTLIST는 한 요소의 속성 선언을 의미한다. 여기서는 BOOK 요소에 genre라는 속성이 존재하며, 속성의 값으로는 Science 또는 Fiction 둘 중에서 하나가 가능하고, #Required가 있으므로 필수적으로 입력해야함을 의미한다. #Required 대신에 실제 자료 값을 기술하면 묵시적인 값으로 인정한다. "Paperback"이 묵시적인 값으로 사용된 실례이다.

[표 11.7] XML DTD 컨텐츠의 자료형

자료형	내 역	비 고
다른 요소	한 요소가 다른 요소를 포함할 수 있음.	
#PCDATA	문자 자료	
EMPTY	내용물이 없음을 의미	
ANY	어떤 내용물도 가능함을 의미	피하는 것이 좋음
정규식	앞의 네 가지로부터 구성됨 - 식1, 식2, 식3 - 식1 | 식2 | 식3 - 식*, 식?, 식+	regular expression

(2) XML 스키마

DTD는 기본적인 문서 교환에는 적합하지만 다양한 용도의 응용분야에서는 여러 가지 단점을 가지고 있다. DTD의 문제점은 다음과 같다.

1) DTD는 구현이 어렵다.
DTD는 XML 문법을 따르지 않기 때문에 작성 방법을 따로 익혀야 한다.
2) DTD의 자료형은 제한되어 있다.
DTD는 문자열 이외의 숫자, 일자 같은 자료형(data type)을 지원하지 않는다.
3) DTD는 재사용과 확장성이 부족하다.
DTD는 클래스 상속 개념도 없고 자식 클래스를 파생 시키는 기능도 없다.

DTD는 자료형이 제한되어 있고 확장성이 부족하기 때문에 복잡한 응용분야에서는 자료 교환을 위하여 보다 효율적인 스키마를 사용한다. XML 스키마 언어는 XML 문서의 구조를 기술하는 표준 언어이다. XML 문서 외에 XML 스키마를 기술하는 문서를 XML 스키마 문서(XML schema document)라고 한다. XML DTD와 마찬가지로 XML 스키마도 계층 자료 모델을 가지며, 요소와 속성을 주요 개념으로 사용한다. 그러나 XML 스키마에서는 키, 참조, 식별자 등 데이터베이스로부터 추가적인 개념들을 도입하고 있다. 스키마의 주요 개념은 다음과 같다.

1) 이름 공간(namespace)

특정 웹 사이트에 저장된 파일을 지정함으로써 사용될 XML 스키마 언어 요소들의 집합을 명시하는 것이 필요하다.

```
<?xml version="1.0" encoding="euc-kr"?>
<xs:schema xmlns:xs="http://www.w3.org/2001/XMLSchema">
  <xsd:annotation>
    <xsd:documentation xml:lang="en">Product Schema (Element Approach)
Prepared
         by KKK<xsd:documentation>
  </xsd:annotation>
  <xs:element name="productGroup">
    <xs:complexType>
         <xs:sequence>
           <xs:element name="product">
             <xs:complexType>
             <xs:sequence>
              <xs:element name="maker" type="xs:string"/>
              <xs:element name="productName" type="xs:string"/>
              <xs:element name="price" type="xs:string"/>
             </xs:sequence>
             </xs:complexType>
          <xsd:unique name="makerNameUnique">
               <xsd:selector xpath="maker"/>
            <xsd:field xpath="makerName"/>
             </xsd:unique>
          <xsd:key name="makerIDkey">
               <xsd:selector xpath="makerID"/>
            <xsd:field xpath="makerID"/>
             </xsd:key>
           </xs:element>
         </xs:sequence>
    </xs:complexType>
  </xs:element>
<xs:schema>
```

[그림 11.21] XML 스키마 실례

2) 주석, 문서화, 사용언어

〈xsd:annotation〉은 주석을 표현하며, 〈xsd:documentation〉은 주석 외의 XML 기술을 의미한다.

3) 요소와 형태(element and type)

〈xsd:element name="제품군"〉는 요소를 기술하며, 〈xsd:complexType〉은 형태를 의미한다.

4) 키의 명시

XML 스키마는 데이터베이스의 기본 키와 외부 키 개념을 지원한다. 〈xsd:unique〉 태그는 데이터베이스에서 유일한 값이라는 것을 표현한다. 〈xsd:selector〉 태그와 〈xsd:field〉 태그는 요소 타입과 요소 이름을 명시한다. 〈xsd:key〉는 기본 키를 의미하며, 〈xsd:keyref〉는 외부 키를 의미한다.

[그림 11.21]은 이상의 XML 스키마 규칙을 근거로 작성한 XML 스키마이다. xs="http://www.w3.org/2001/XMLSchema"는 이름공간을 URL로 지정한 것이며, 〈xsd: annotation〉은 주석을 기술한 것이고, 〈xs:element name="product"〉는 요소를 기술한 것이다. xml:lang = "en"은 사용되는 언어로서 "영어"를 사용함을 의미한다. xs:complexType은 형태를 기술한 것이다. xsd:unique name="makerNameUnique"는 유일한 값을 가지는 필드를 의미하며, xsd:key name="makerIDkey"는 기본 키임을 의미한다.

11.4.3 XML 문서와 데이터베이스

XML 문서를 저장하고 검색하는 방법들은 다양하다. 우선 XML 문서들을 저장하는 방법을 살펴보고, 가장 많이 사용하는 관계 데이터베이스에서 XML 문서를 추출하는 기법들을 살펴보기로 한다.

(1) XML 문서를 저장하는 방법들

XML 문서를 저장하는 이유는 질의와 검색을 효율적으로 수행하려는 것이며 저장 방법들은 다음과 같이 다양하다.

1) DBMS 활용 방식

관계형 DBMS나 객체지향형 DBMS를 이용하여 XML 문서를 텍스트로 저장할 수 있다.

2) DBMS를 이용하여 XML 문서의 내용을 자료 요소로 저장

XML DTD나 XML 스키마를 준수하는 XML 문서를 저장할 때 DTD나 스키마에 명시된 구조와 대응되는 데이터베이스 스키마를 생성해야 한다. 반대로 데이터베이스에서 XML 문서를 생성하는 매핑 알고리즘이 필요하다.

3) XML 자료를 저장하는 시스템 개발

XML 문서를 전문적으로 저장하는 새로운 데이터베이스 시스템을 개발하여 저장한다.

4) 관계 데이터베이스를 이용하는 방식

관계형 데이터베이스에 수많은 자료가 저장되어 관리되고 있으며, 이중의 일부가 웹을 통하여 출력되고 교환된다.

(2) 관계 데이터베이스에서 XML 문서의 추출

기존의 관계 데이터베이스의 자료들을 추출하여 XML 문서로 변환하고자 한다. XML에서는 문서를 표시하기 위하여 계층 구조를 사용한다. 그러나 대부분의 데이터베이스들은 관계형으로서 테이블 형태로 자료를 표시한다. 참조 무결성을 반영하면 관계형 모델은 그래프 형태로 간주될 수 있다. 따라서 관계 데이터베이스에서 자료를 추출하여 XML 문서를 추출하기 위해서는 그래프 구조의 관계형 모델을 계층 구조의 XML 모델로 변환해야 한다.

[그림 11.22]는 인터넷 서점 데이터베이스에서 영업사원과 고객 그리고 고객이 주문한 서적에 대한 관계를 그린 ERD이다. 영업사원과 고색의 관계는 영업 관계로서 일대다이고, 고객과 주문의 관계는 고객이 서적을 구매하는 관계로서 역시 일대다이다. 영업사원은 자신의 고객이 주문한 서적을 배달하는 지원 관계로서 역시 일대다이다. 이들의 관계는 ERD에서 보는 바와 같이 그래프 구조이다. 이것은 실제로 데이터베이스를 형성하고 있는 구조지만 XML은 계층 구조이므로 [그림 11.23]과 같은 계층 구조로 변환해야 XML로 표현이 가능하다. 그래프 구조를 계층 구조로 변환하려면 그래프에서 순환을 제거하는 알고리즘이 필요하다.

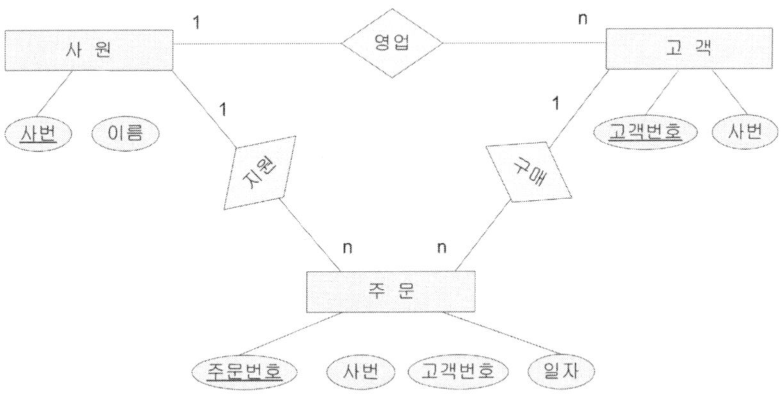

[그림 11.22] 인터넷 서점 데이터베이스의 ERD

(3) XML 구조와 XPath

XML 질의를 하기 위해서는 XML 자료가 있는 위치를 찾아야 하고, 위치를 찾으면 질의어를 실행해야 한다. 따라서 XML 문서의 특정 노드를 지시할 수 있는 경로식을 찾는 XPath와 일반적인 질의어인 XQuery가 있다. XML은 부모 요소와 자식 요소를 갖는 트리 구조(계층 구조)로 표현된다. XPath는 XML 계층 구조에서 특정 요소까지 도달하기 위한 경로를 표현하는 도구이다. XPath는 디렉토리 구조에서 특정 파일을 찾아가는 경로명을 지정하는 것과 같은 개념이다. XPath는 식에 표시된 경로를 만족하는 요소 노드들의 컬렉션을 반환한다.

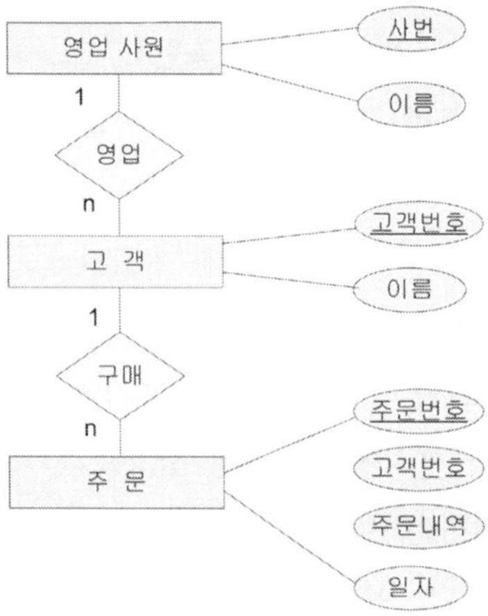

[그림 11.23] 영업 사원을 뿌리로 하는 계층 구조

```
<products>
  <cellular model="sch-00">
    <telecom>019</telecom>
    <salesType>change</salestype>
    <maker>samsung</maker>
  </cellular>
  <cellular model="cx-00">
    <telecom>011</telecom>
    <salesType>newbuy</salestype>
    <maker>LG</maker>
  </cellular>
</products>
```

[그림 11.24] 휴대폰 판매를 위한 XML 코드

[그림 11.24]는 휴대폰을 판매하기 위한 정보관리를 위하여 만든 XML 문서이다. 이 문서의 내용을 XPath에 따른 계층 구조로 표현한 것이 [그림 11.25]이다. XPath 모델은 루트 노드, 요소 노드, 속성 노드, 주석 노드, 텍스트 노드 등으로 구성된다.

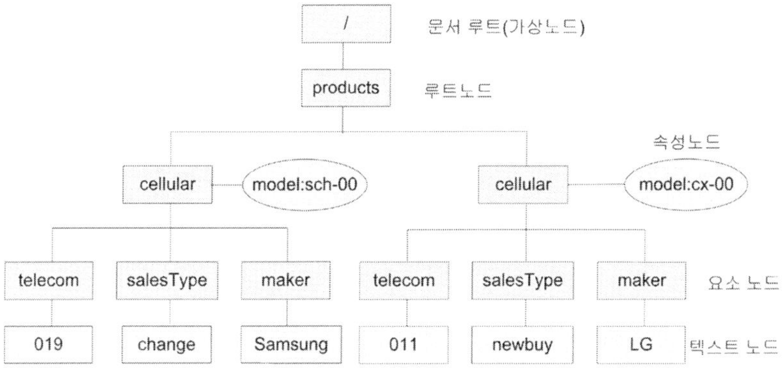

[그림 11.25] [그림 11.24]를 위한 계층 구조 그림

연습문제

11.1 다음 용어들을 정의하시오.

1) 웹 페이지	2) 생성 언어	3) HTML
4) 태그	5) XML 스키마	6) 클라이언트/서버
7) ASP	8) JSP	9) JDBC
10) XML	11) script	12) CGI

11.2 HTML과 XML에서 태그의 차이점은 무엇인가?

11.3 구조화된 문서와 비구조화된 문서들과의 차이점을 설명하시오.

11.4 2계층 모델과 3계층 모델의 장·단점을 설명하시오.

11.5 3계층 모델의 통신 효율이 2계층 모델보다 좋은 이유는 무엇인가?

11.6 3단계 3계층 모델은 어떤 분야에 적합한가? 웹 서버 모델에서 실례를 들어 설명하시오.

11.7 웹 서버 모델은 2계층인가 3계층 모델인가?

11.8 정적 페이지와 동적 페이지의 구조 상의 차이점을 설명하시오.

11.9 웹 서버와 클라이언트 사이의 대화를 진행하는 수단은 무엇인가?

11.10 동적 페이지를 만드는 도구들을 설명하시오.

11.11 CGI 프로토콜의 장단점을 설명하시오.

11.12 ASP와 JSP가 출현한 배경을 설명하시오.

11.13 ASP가 CGI 보다 효율적인 이유는 무엇인가?

11.14 JSP 컨테이너의 역할은 무엇인가?

11.15 ODBC가 출현한 배경은 무엇인가?

11.16 JDBC가 출현한 배경은 무엇인가?

11.17 ODBC와 JDBC의 장단점을 비교하시오.

11.18 클라이언트/서버 모델에서 JDBC를 사용하려고 한다. 클라이언트와 서버 각각에 어떤 소프트웨어를 설치할 것인지 설명하시오.

11.19 ODBC와 JDBC의 용도를 설명하시오.

11.20 HTML의 문제점은 무엇인가? HTML 문제점은 어떻게 해결하는가?

11.21 XML의 구성요소들과 각각의 역할을 설명하시오.

11.22 XML DTD의 문제점은 무엇인가?

11.23 XML 스키마와 DTD의 차이점은 무엇인가?

11.24 XML 문서를 저장하는 방법들을 설명하시오.

11.25 관계 데이터베이스에서 XML 문서를 추출하는 방법들을 설명하시오.

11.26 XPath의 용도를 설명하시오.

11.27 기존 관계 데이터베이스에서 자료를 읽어서 XML로 변환하는 방법을 설명하시오.

제 12 장

정보 검색

CHAPTER 12

정보 검색

정보 검색은 수많은 텍스트 문서에서 원하는 내용이 들어있는 문서를 찾는 작업으로 시작되었다. 텍스트 문서는 데이터베이스의 자료와 달리 비구조적이다. 논문 데이터베이스에서 키워드를 이용하여 논문을 찾는 작업이 정보 검색의 대표적인 실례이다. 정보 검색은 도서관을 중심으로 발전되었으며, 인터넷의 보급으로 인하여 다양한 분야에서 적용되고 있다. 정보 검색은 데이터베이스 시스템과 비교하면 주요 검색 대상과 목표가 다르지만 자료 구축과 검색 기술에서 유사성이 많이 있다. 정보 검색이 찾으려고 하는 자료들은 주로 데이터베이스에 저장되어 있기 때문에 데이터베이스 구조를 적극적으로 이해하고 활용하는 기술이 필요하다.

이장에서는 자료 검색과 정보 검색의 개념을 논의하고, 질의와 문서의 연관성 우선순위에 관하여 기술한다. 정확하지 않은 질의에도 검색을 지원할 수 있는 온톨로지 기반의 검색을 논의하고, 정보 검색 모델에 관하여 논의한다. 검색 성능을 조회율과 정확도를 기준으로 평가하며, 웹 검색 엔진의 구조와 기능에 대하여 기술한다.

12.1 개요

정보 검색은 비구조적인 텍스트 문서를 대상으로 발전되었다. 정보 검색의 전형적인 모델들은 정보는 텍스트 문서들로 구성되며, 대량의 문서가 존재한다는 것을 전제하고 있다. 텍스트 문서들은 비구조적이며, 문서의 구조에 대한 정보도 없다. 확실한 것은 문서의 수량이 기하급수적으로 증가하고 있다는 사실이다. 인터넷의 보급으로 인하여 검색해야 할 정보를 저장하는 웹 사이트의 수가 증가함에 따라 정보 검색 업무도 지역이 아닌 지구적 차원으로 방대해지고 있다.

[표 12.1] 검색 시스템의 종류

순서	검색 시스템	지원 체제	검색 대상	검색 수단
1	도서 카드 시스템	종이 카드	서적, 논문 외	제목, 저자, 출판사 외
2	키워드 검색 시스템	컴퓨터	문서 색인	미리 선정된 키워드
3	전문 검색 시스템	컴퓨터	문서 전체	문서의 모든 용어
4	웹 검색 시스템	인터넷	문서 전체	웹 사이트의 전체 용어

정보 검색은 저술하고자 하는 연구자들이 관련 문헌을 찾아보는 작업으로부터 출발하였다. 도서관에는 관련 문헌을 찾으려는 사용자들을 위하여 과거에는 도서관 입구에 종이 카드로 작성된 도서 목록 카드를 설치하였다[표 12.1]. 문헌의 저자, 출판사, 제목, 분야 등의 정보를 담아둔 도서목록 카드를 알파벳 순서로 정렬하여 놓았다. 도서 목록 카드는 서적과 논문의 제목, 저자, 출판사 등의 속성 자료(attribute data)만으로 검색을 수행하였다.

컴퓨터가 도입되면서 사용자들은 서적의 제목, 저자, 출판사 등의 속성 자료보다 논문 안의 텍스트 내용을 검색하고 싶어 하였다. 논문 안에 원하는 단어가 있다면 더욱 효율적인 검색이 될 것이기 때문에 논문의 주요 단어들을 키워드(keyword)로 선정하고 키워드들을 색인으로 제공하였다. 따라서 논문을 작성하는 사람들은 논문의 앞부분에 키워드들을 여러 개 기재하였다. 중요한 키워드를 중심으로 논문의 키워드 검색이 시작되었다. 그러나 논문 전체에 있는 모든 단어들을 전부 검색하려는 요구가 증대하여 전문 검색(full text search) 시스템이 도입되었다. 전문 검색이란 문서 전체의 내용을 색인 형태로 제공하는 검색 기법이다. 전문 검색에서는 문서의 모든 단어들이 키워드로 취급된다. 비구조적인 문서에서는 구성을 알 수 없기 때문에 전문 검색이 필수적인데 그 이유는 어느 단어가 키워드인지 알 수 없기 때문이다. 모든 단어가 키워드이기 때문에 문서 안의 단어들은 용어(term)라고 부른다.

인터넷의 보급으로 검색 대상이 시구 전체의 웹 사이트들로 확장되었다. 웹에는 정보가 많으나 정보를 검색하는 도구가 없었으므로 새로운 도구와 기술이 요구되었다. 기존의 도구로는 검색이 불가능하였으므로 많은 기관들에서 정보 검색 엔진들을 개발하게 되었다. 정보 검색 시스템들이 발전하고 있으나 공통점은 컴퓨터를 기반으로 하고 있으며 데이터베이스 시스템과 밀접한 관계를 가지고 운용되고 있다는 점이다.

12.1.1 자료 검색과 정보 검색

정보 검색은 컴퓨터의 출현과 함께 시작된 과제로서 자료 검색과 구별된다. 자료 검색은 데이터베이스에서 구조화된 자료를 검색하는 것이고, 정보 검색은 텍스트 문서 파일들에서 비구조화된 문서를 검색하는 일이다. [표 12.2]는 자료 검색과 정보 검색을 기능별로 비교한 것이다.

[표 12.2] 자료 검색과 정보 검색의 비교

기 능	자료 검색	정보 검색
대상 자료	구조적 자료(속성 자료)	비구조적 자료(텍스트)
목적 시스템	데이터베이스 시스템	정보 검색 시스템
검색 형태	정확한 일치	유사도 검색
검색 결과	레코드, 속성들	주제와 관련된 문서들
주요 비중	갱신, 병행제어, 무결성 외	키워드, 유사도

(1) 자료 검색

자료 검색은 데이터베이스에서 구조화된 자료를 검색하는 일이다. 데이터베이스는 저장되는 자료의 형식과 크기가 미리 정의되어 있으며, 그 내용이 카탈로그에 저장되어 있다. 데이터베이스는 구조가 복잡하고 처리 절차도 간단하지 않다. 다만, 검색은 항상 정확한 일치(exact match)를 주요 목표로 설정하고 있다. 검색해야 하는 자료 항목이 미리 정의되어 있으므로 키를 이용하여 검색한다. 자료 검색은 원하는 자료가 있는 레코드를 찾는 것이 주요 목적이다. 데이터베이스는 검색 자체보다 갱신, 병행제어, 무결성, 복구 등의 작업에 더 많은 비중을 두고 있다. 자료 검색은 자료에 대한 스키마가 있으므로 스키마를 활용하면 효율을 높일 수 있다.

(2) 정보 검색

정보 검색은 문서 파일에서 비구조화된 자료를 검색하는 일이다. 검색하는 방법은 키가 없으므로 키워드를 기반으로 문서들을 찾는다. 문서 안에 원하는 키워드를 검색하는 방식이므로 내용 기반 검색(content-based retrieval)이라고도 한다. 원하는 키워드가 있어도 그 문서가 반드시 원하는 문서가 아닐 수 있으므로 유사한 정보를 찾는다는 의미에서 유사도(similarity) 검색이라고도 한다. 원하는 키워드가 여러 개라면 모두 일치하는 문서와 하나만 일치하는 문서가 있을 수 있으므로 유사한 정도를 기준으로 유사도를 검색한다. 정보 검색은 키워드가 있는 문서를 찾는 것이 아니라 주제와 연관성이 많은 문서를 찾는 것이 목적이다. 정보 검색에는 자료에 대한 스키마 정보가 없으므로 정확한 정보의 의미는 사용자가 확인해야 한다.

두 가지 검색의 공통점은 모두 디스크에 자료를 저장하고 검색한다는 점이다. 정보 검색의 대상인 텍스트 자료는 구조가 없지만 약간의 변형을 가하면 반구조화(semistructure)될 수 있다. 즉, 논문의 제목, 저자, 출판사, 발행일자, 키워드 등을 속성 데이터베이스에 저장하고, 논문을 제목, 요약, 서론, 본론, 결론, 참고문헌 등으로 나누고 의미를 부여하여 검색하면 자료 검색과 좀 더 가까운 방식으로 검색할 수 있다.

12.2 연관성 우선순위

인터넷 검색 엔진에 질의를 던지면 수없이 많은 자료들이 검색된다. 수십 억 개의 서버에서 질의를 수행하면 수십 만 건이 넘는 자료들이 검색될 수 있다. 검색되는 문서들이 너무 많아서 실제로 원하는 정보를 찾아낼 수 없다. 검색된 문서 중에는 전혀 중요하지 않은 용어들도 검색되기 때문에 유사도가 낮은 문서들이 많이 있다. 사용자의 편의를 위해서라면 검색 결과에 우선순위를 부여하여 반환하면 좋을 것이다. 질의하는 용어와 연관성이 많은 문서들을 차례대로 출력하는 방법이 필요하다.

12.2.1 연관성 계산

정보 검색의 문제는 특정한 용어 *t*가 주어졌을 때, 특정 문서 *d*가 *t*와 얼마나 연관성이 있느냐는 것이다. 질의는 여러 개의 용어들로 구성될 수 있다. 연관성 *r*이란 질의 Q에 대한 문서 *d*의 연관성을 의미한다. 연관성은 용어 빈도수(*tf*, term frequency)가 많으면 높을 것이라는 가정을 할 수 있다. 용어 빈도수 *tf*는 용어 *t*가 문서 *d*에 나오는 빈도수이다. 하지만 용어 빈도수가 높다고 연관성이 반드시 높은 것은 아니다. 따라서 용어 빈도수 *tf*는 특정 문서 *d*에 나오는 용어 *t*의 빈도수를 문서 *d*에 있는 전체 용어의 수로 나눈 값으로 다음과 같이 정의한다.

용어 빈도수 : 문서 *d*에 나오는 용어 *t*의 수를 *d*에 있는 전체 용어의 수로 나눈 값의 로그 값.

```
tf(d,t) = log(1 + n(d,t)/n(d))
```

n(*d*, *t*)는 문서 *d*에 나오는 용어 *t*의 빈도수이고, *n*(*d*)는 문서 *d*에 있는 전체 용어의 수이다.

질의 Q는 여러 개의 용어들로 구성될 수 있다. 용어들이 자주 나타나는 것보다는 적게 나타나는 것이 문서의 특징을 결정하는 측면이 있다. 예를 들어 data라는 용어는 많이 나오지만 문서의 특징을 크게 나타내지 못하고, query라는 용어는 적게 나타나지만 문서의 특징을 더 잘 나타낼 수 있다. 따라서 용어의 빈도수의 역수를 취하면 오히려 문서의 연관성이 높아지는 성질을 반영한 것이 역문헌 빈도수(idf, inverse document frequency)이다. 역문헌 빈도수 *idf*(*t*)는 다음과 같이 정의된다.

역문헌 빈도수 : 용어 *t*를 포함하는 문서들의 수의 역수이다.

```
idf(t) = 1/n(t)
```

n(*t*)는 용어 *t*를 포함하는 문서들의 수이다.

지금까지의 수식을 정리하면 질의 Q에 대한 문서 *d*의 연관성은 다음과 같이 정의된다.

질의 Q에 대한 문서 *d*의 연관성 = 용어 빈도수 * 역문헌 빈도수

```
r(d, Q) = Σ tf(d,t) * idf(t)
        = log(1 + n(d,t)/n(d)) * 1/n(t)
```

이와 같이 용어 빈도수와 역문헌 빈도수를 이용해서 문서의 연관성을 측정하는 방법을 *tf.idf*방식이라고 한다. 이와 같은 *tf–idf* 방식도 다양하게 개선할 수 있다. 질의 Q를 구성하는 여러 개의 용어들 중에서 특정한 용어의 가중치를 높이고 싶을 때가 있다. 예를 들어 query보다는 index라는 용어의 가중치를 높일 필요가 있다면 용어 빈도수에 용어 가중치를 곱하면 된다.

```
uw(d,t) = tf(d,t) * w(d,t)
```

여기서 용어 가중치(w, weight)는 여러 가지로 정의할 수 있다. 여기서는 용어 *t*를 가진 문서의 수가 많다면 문서의 특징이 무의미해지므로 전체 문서의 수를 용어 *t*를 가진 문서의 수로 나눈 값으로 다음과 같이 정의한다.

용어 가중치 *w(d, t)* : 문서 전체의 수를 용어 t를 가진 문서의 수로 나눈 값의 로그 값이다.

```
w(d,t) = log(N/df(t))
```

여기서 N은 모든 문서의 수이고, df(*t*)는 용어 *t*를 가진 문서의 수이다. 따라서 지금까지 설명한 연관성을 종합해보면 결과적으로 질의 Q에 대한 문서 d의 연관성은 다음과 같이 정의된다.

질의 Q에 대한 문서 d의 연관성 = 용어 빈도수 * 역문헌 빈도수 * 용어 가중치

```
r(d, Q) = Σ tf(d,t) * idf(t) * w(d,t)
        = log(1 + n(d,t)/n(d)) * 1/n(t) * log(N/df(t))
```

검색 모델은 이상과 같이 질의와 문서와의 연관성을 수치로 계산하여 문서들 간의 유사성을 비교할 수 있는 근거로 활용한다.

[표 12.3] 문서 전처리 작업

순 서	전처리 작업	내 역	비 고
1	어휘 분석	특수 문자 식별	!, &, *, +, -, / 외
2	불용어 제거	의미 없는 단어 제거	a, the, this, which 외
3	어간 추출	접두사, 접미사 제거	encapsulated
4	(용어)색인어 선정	용어 정리 및 선별	capsule
5	시소러스	동의어, 동음이의어, 반대어 외	재규어?, 테이블?

12.2.2 문서 전처리

문서에서 원하는 용어를 효율적으로 검색하기 위해서는 검색을 수행하기 전에 준비해야할 사항들이 있다. 특히 전문 검색에서는 문서에 있는 모든 단어들을 대상으로 검색해야 하기 때문에 더욱 철저한 준비가 필요하다. 정보 검색을 수행하기 위해서는 [표 12.3]과 같은 전처리 과정이 필요하다. 문서 전처리 과정은 다음과 같이 5가지의 텍스트 연산이 요구된다.

1) 텍스트 어휘 분석

어휘 분석(lexical analysis)은 문서에 있는 문자들을 단어열로 변환하는 과정이다. 공백, 숫자, 하이픈, 문장 부호, 대소문자 여부 등과 같은 특수 문자들을 찾아내고 단어들을 식별하는 과정이다.

2) 불용어 제거

문서에서 용어 빈도수가 너무 많은 단어들은 오히려 문서의 특징을 나타내지 못한다. a, the, this 등과 같은 단어들은 빈도수는 높지만 문서 변별에 도움을 주지 못하기 때문에 불용어(stop word)라고 한다.

3) 어간 추출

같은 단어라도 어미변화에 따라서 다른 단어로 인식될 수 있다. 같은 단어지만 접두사와 접미사가 붙으면 다른 단어로 인식될 수 있으므로 접두사와 접미사를 제거하고 어간(stem)만을 추출하는 작업이 필요하다.

4) 용어(색인어) 선정

어휘 분석, 불용어 제거, 어간 추출 작업이 완료되면 색인으로 사용할 수 있는 단어들만 남는다. 그러나 남아있는 모든 단어들을 색인화하지 않고 추상적인 관점을 도입하여 효율적인 단어들을 선별하고 정리하는 작업이다.

5) 시소러스 구축

한 단어에 여러 가지의 다른 의미가 있을 수 있으며, 다른 단어지만 같은 의미가 있는 단어들이 많이 있다. 동의어, 반대어 등의 단어 목록을 작성하면 검색에 많은 도움을 줄 수 있다. 시소러스(thesaurus)는 라틴어로 "단어의 보고"라는 뜻이다.

이상과 같은 문서 전처리 작업을 거치면 본격적으로 정보 검색을 시작할 수 있다. 다음에는 정보 검색을 시작하면서 야기되는 문제점들을 살펴보기로 한다.

12.3 시맨틱 웹

시맨틱 웹(semantic web)이란 인간뿐만 아니라 기계도 정보를 이해할 수 있도록 하는 기술이다. 승용차를 가지고 있는 사람이 차를 정비하려고 인터넷에서 관련 정보를 찾아본다고 가정해보자. '차량'이라는 단어와 '정비'라는 단어를 이용하여 검색할 수 있다. 또는 "차량 정비"라는 텍스트로 찾을 수도 있다. 여기서 '차량'과 '정비'라는 두 단어 중에서 하나만으로도 찾는 것인지 두 단어가 모두 있는 문서를 검색하는 것인지에 따라서 or 또는 and 관계를 지정할 수 있다. 더 나가서 "차량 정비" 대신에 "자동차 수리"라는 텍스트로 찾을 수도 있다. 차량은 자동차와 유사한 의미를 가지며, 정비는 수리와 유사한 의미를 가진다. 동의어(synonym)를 지원하는 검색 시스템은 더 좋은 검색 결과를 가져올 것이다.

어떤 사람이 '재규어'라는 단어로 검색을 한다면 '재규어' 자동차 정보와 함께 '재규어'라는 동물에 관한 정보도 나올 수 있다. 키워드 기반의 질의(keyword-based query)는 하나의 단어가 여러 가지 의미를 지니는 동음이의어(homonym)에 관한 문제를 해결해야 한다. '테이블'이라는 단어는 가구라는 의미와 함께 데이터베이스의 표(表, table)를 의미한다. 사용자가 원하는 질의 결과를 효율적으로 얻기 위해서는 단어의 의미를 정확하게 파악해야 한다. 정보의 수량이 기하급수적으로 증가하고 있기 때문에 정보의 의미를 정확하게 파악하지 않으면 원하는 정보를 효율적으로 얻기 힘들다. 이를 위해서 개념 기반 질의(concept-based query) 분야가 연구되고 있다. 문서에 나타난 단어들이 어떤 개념을 포함하고 있는지, 사용자가 찾는 개념은 어떤 것인지를 이해하고 있어야 사용자가 관심 갖고 있는 개념을 서술하는 문서를 검색해 줄 수 있을 것이다. 시맨틱 웹은 기계가 사람처럼 정교하게 정보를 처리해주는 생각하는 웹이다. 시맨틱 웹의 핵심 기술은 XML, RDF, 온톨로지, 지능형 에이전트 등으로서 차례대로 논의한다.

12.3.1 온톨로지

온톨로지(ontology)는 철학적 개념으로서 존재의 본질과 유형에 관한 이론을 의미한다. 컴퓨터에서는 개념을 규정하는 것을 의미한다. 정보의 수량이 기하급수적으로 증가하고 있으므로 사용자가 원하는 정보를 얻으려고 질의했을 때 수십만 건의 문서가 검색된다면 검색의 목적을 달성했다고 말할 수 없을 것이다. 검색된 정보의 수량이 수십 건으로 좁혀졌다고 하더라도 관련이 없는 문서라면 사용자는 더욱 실망할 것이다. 온톨로지는 사용자가 원하는 정보의 개념을 파악하고 해당 개념을 가지고 있는 문서를 효율적으로 검색하기 위하여 개념을 정확하게 명세하는 기술이다. 온톨로지를 구체적으로 표현하는 수단이 RDF(resource description framework)이다. RDF를 이용하여 정보의 의미를 파악하고 검색을 효율적으로 수행할 수 있다.

(1) 온톨로지

Tom Gruber는 "온톨로지는 개념화의 명세"라고 간략하게 정의하였으며, Borst는 이를 확장하여 다음과 같이 정의하였다.

> 온톨로지는 공유된 개념을 명확하게 정형화한 명세이다.

Gruber의 정의는 너무 간략해서 오히려 이해하기 힘들 정도이므로 [표 12.4]와 같이 Borst의 정의를 풀어보기로 한다.

1) 공유(sharing)

공유는 정보를 사용하는 사람들과 기계들이 정보의 의미를 정확하게 이해할 수 있도록 합의해서 공통적으로 사용할 수 있다는 의미이다. 정보의 개념을 공용화하기 위해서 표준화를 목적으로 한다.

2) 개념화(conceptualization)

개념화는 머릿속에서 알고 있는 사물들의 공통점을 찾아서 구체적인 집합으로 만드는 과정이다. 민들레, 국화, 벚꽃, 목련 등의 공통점은 꽃이라는 점이다. 꽃은 바로 민들레, 국화, 벚꽃, 목련 등의 개념이다. 민들레와 국화는 풀에 속하는 꽃이고 벚꽃과 목련은 나무에 속한다. 이와 같이 공통점을 찾아서 하나의 집합으로 묶고, 또 다른 공통점을 찾아서 여러 개의 집합으로 분류하는 작업을 개념화라고 할 수 있다.

3) 명확성(explicitness)

명확하다는 것은 개념들의 종류와 개념들 간의 관계와 이들의 제약사항들을 정의하는 것이다. 개념의 의미가 정확하고 숨겨진 뜻이 없이 개방적으로 기술되는 것이다. 개념의 종류와 관계가 명확하면 기계가 정보의 의미를 정확하게 파악하고 처리할 수 있다.

4) 정형화(formal)

정형화라는 것은 컴퓨터가 정보를 읽을 수 있어야한다는 의미이다. 따라서 자료의 표현 형식과 내용이 형식적으로 정의되어야 한다.

5) 명세(specification)

명세는 개념의 내용을 상세하게 기술한다는 뜻이다. 명세한 내용이 정확하다면 기술한 내용만으로 개념을 유추할 수 있어야 한다. 개념화를 종합하면 사물들의 공통점을 찾아서 분류하고 상세하게 내용을 기술하는 작업이다.

[표 12.4] 온톨로지의 의미

용어	내 역	비 고
공유	정보의 의미를 사용자들이 합의하여 공통적으로 사용한다는 의미	공용성
개념화	사물들의 공통점을 찾아서 집합으로 묶고 분류하는 작업	분류
명확성	개념들의 종류와 이들 간의 관계와 제약조건을 정의	정확성
정형화	기계가 정보를 읽을 수 있도록 형식을 정의	형식화
명세화	개념의 내용을 상세하게 기술	상세한 기술

온톨로지를 이상과 같이 정의함으로써 사용자들이 원하는 정보의 개념을 다른 사용자들과 함께 공유하면서 명확하고 상세하게 기계가 인식할 수 있도록 정의하여 검색하고자 하는 것이다. 이를 정리하면 온톨로지란 인간과 프로그램이 지식을 공유하는데 도움을 주기 위해 사용된 개념화 명세서라고 말할 수 있다. 온톨로지는 사람이 갖고 있는 '개념'과 같은 것을 일종의 데이터베이스 형태로 만드는 기술이다. 각 분야의 전문가들의 관심, 목적, 관점을 반영하여 각 분야에서 사용되는 여러 복잡한 어휘의 해석과 의미를 정의하므로 지식베이스(knowledge-base)라고 부르기도 한다.

온톨로지의 목적은 정보를 기반으로 지식을 만드는 것이다. 정보는 매우 많이 저장되어 있으며 지속적으로 수량이 증가하고 있으나 이를 효과적으로 활용하기 위하여 지식으로 승화시키기 위한 노력이 온톨로지이다. 즉, 컴퓨터가 정보를 의미 있게 처리하도록 지원하는 것이 온톨로지의 목적이다.

(2) RDF

개념기반 질의를 위하여 온톨로지를 구체적으로 만드는 수단이 RDF(resource description framework)이다. RDF는 메타데이터를 처리하기 위한 기초로서 문서의 의미를 지정하는 역할을 수행하며, 추론을 규정하는 규칙(rule)을 표현할 수 있는 언어이다. RDF는 XML로 자료를 표현하며, 자료의 의미를 명확하게 함으로써 웹에서 기계가 정보를 이해할 수 있게 하며, 자료를 쉽게 교환 가능하게 한다. RDF는 의미, 구조, 구문(syntax)에서 공통 규칙을 이용한다. RDF는 자원, 속성, 속성 값을 하나의 단위로 취급하는 개념으로 구성된다. RDF는 언어의 주어, 동사, 목적어에 해당하는 주체(subject), 술어(predicate), 객체(object)를 가지며, 이를 포함한 것을 문장이라고 한다. 자원은 구조(자료)를 의미하고, 속성(특성)은 자료에 대해서 사용된 역할이며, 속성 값은 속성(특성)의 자료 값을 의미하므로 RDF는 (구조, 특성, 값)으로도 표현할 수 있다. 그러나 주체 중심이 아니라 술어 중심의 구조를 가진다.

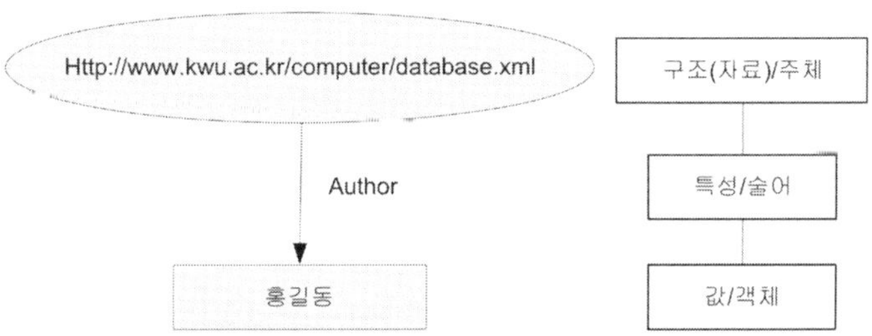

[그림 12.1] RDF의 실례

[표 12.5]와 같이 실례를 기술하면 (데이터베이스, 저자, 홍길동)으로 표현된다. [표 12.5]에서 실례 1은 일반 온톨로지이며, 실례 2는 웹 온톨로지의 실례이다. 웹 온톨로지에서는 웹 주소 URI를 사용하였다.

[표 12.5] RDF의 구조

구성 요소	내 역	실 례 1 - 일반 온톨로지 -	실 례 2 - 웹 온톨로지 -
구조 structure	주체 subject	데이터베이스	www.kwu.ac.kr/computer/database.xml
특성 property	술어 predicate	저자	dblab.kyungwon.ac.kr/1.2/author
값 value	객체 object	홍길동	dblab.org/cs/professor/58603 * Hong, kil-dong

RDF 자료 모델을 정의하면 다음과 같다.

RDF는 정보 자원의 특성과 값을 명세함으로써 자원 간의 상호 관계를 기술하는 모델이다.

RDF는 기존의 메타데이터(meta-data)에 대한 정보만을 표현한다. 정보 자원의 특성을 선언하기 위한 메커니즘이 없고 자원의 특성과 다른 자원 간의 관계 정의를 위한 메커니즘을 제공하지 않는다. 이를 위해서는 RDF 스키마가 필요하다. RDF 스키마는 숨은 자료의 무결성을 보증하기 위해 사용하는 메타언어라 할 수 있다. RDF 스키마는 RDF 문장에서 쓰인 author, book, name 등과 같은 어휘들의 정의를 위한 메타언어로서의 역할을 한다. RDF 스키마는 자원과 특성의 집합을 네임스페이스(NameSpace)로 표현한다.

[표 12.6] 온톨로지 구축 과정

순서	단계별 작업	내 역
1	설계	온톨로지 구축 목적을 명세
2	개념화	주제 영역의 핵심 개념 정리
3	범주화	주제 영역의 단어들을 분류
4	정의 생성	주제 영역에서 기본적인 단어들을 정의
5	기호화	온톨로지 표현 언어로 기호 생성

[표 12.6]은 온톨로지 구축 방법을 설계 단계에서 기호화하는 단계까지 5단계로 정리한 것으로 다음과 같다.

1) **설계 단계** : 온톨로지 구축 목적을 명확하고 상세하게 기술한다. 컴퓨터가 온톨로지의 목표를 달성하려면 정보를 읽고 이해할 수 있어야 한다.
2) **개념화 단계** : 주제 영역의 핵심 개념들을 찾아서 기술하고 내용을 확인한다.
3) **범주화 단계** : 주제 영역에 관련된 단어들을 최대한 나열하고, 유사한 의미를 가지는 단어들끼리 분류한다.
4) **정의 단계** : 해당 주제 영역에서 가장 기본적인 단어들을 정의한다.
5) **기호화 단계** : 정의된 단어들을 온톨로지 표현 언어를 이용하여 기호로 생성한다.

개념 기반 질의는 개념의 계층 구조를 이용하여 더욱 확장될 수 있다. 온톨로지란 개념들 간의 관계를 반영하는 계층 구조를 말한다. [그림 12.2](a)에서와 같이 가장 많이 사용하는 관계는 일반화(generalization)라고 말하는 IS-A 관계이다.

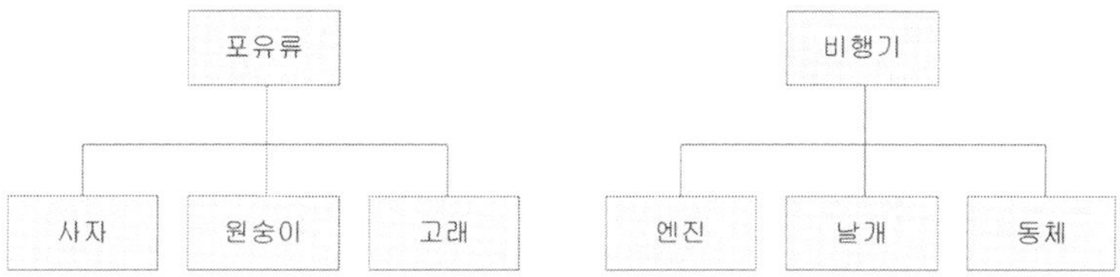

(a) IS-A 관계 (b) PART-OF 관계

[그림 12.2] 개념들 간의 관계성 표현

예를 들어 사자, 원숭이, 고래를 일반화한 개념이 포유류이므로 사자는 포유류이다(사자 IS-A 포유류). 반대로 포유류를 특수화(specialization)하면 사자, 원숭이, 고래가 된다. 다음으로 많이 사용되는 PART-OF 관계는 한 개체가 여러 개의 부분 개체로 이루어지는 관계이다. 예를 들어 비행기 날개는 비행기의 부분이다(비행기 날개 PART-OF 비행기).

XML은 문서를 구조적으로 표현할 수 있는 문법을 제공하지만 의미를 표현하지는 못한다. RDF는 의미를 제공하는 방법을 제공하지만 제약사항이 많고 너무 간단하다. 웹 문서를 대상으로 추론 기능을 수행하기 위해 개발한 언어가 온톨로지 언어 OWL(ontology web language)이다. OWL은 시맨틱 웹의 온톨로지 구축을 위해 만든 웹 언어이다. 온톨로지 언어는 RDF 스키마의 모델링 요소들이 부족한 점을 보완하기 위하여 개발되었다. 특히 RDF의 동의 요소, 역관계, 합집합, 교집합 등의 다양한 표현력을 추가하여 논리적인 추론이 가능하게 강화하였다. 대표적인 OWL로 OIL(ontology inference layer), DAML(DARPA agent markup language) 등이 있다. OIL은 온톨로지를 정의하는 언어로서 클래스를 표현하는데 중점을 두는 언어이다. DAML은 기계가 정보를 읽고 이해하기 위해서 XML을 기반으로 고안된 의미론적 언어(semantic language)이다. DAML과 OIL을 결합하여 만든 (DAML+OIL) 언어는 컴퓨터가 쉽게 읽을 수 있고, 쉽게 이해할 수 있도록 표현할 수 있으며, 온톨로지를 생성하는 것이 가능한 언어이다. 온톨로지 기반의 새로운 질의의 예를 들면 다음과 같다.

〉〉〉 질의 1:

'홍길동' 교수에 대한 정보를 찾으시오.

현재 웹 검색 엔진으로 이 질의가 가능하다고 생각하기 쉽지만 '교수' 신분에 대한 고려 없이 처리하면 교수가 아닌 '홍길동'이 다수 검색될 가능성이 크다.

〉〉〉 질의 2:

'홍길동'이 저술한 "차세대 차량 엔진"에 관한 논문을 참조한 다른 논문들을 검색하시오.

차량과 동의어인 자동차, 승용차 등에 대한 온톨로지 설정이 필요하다.

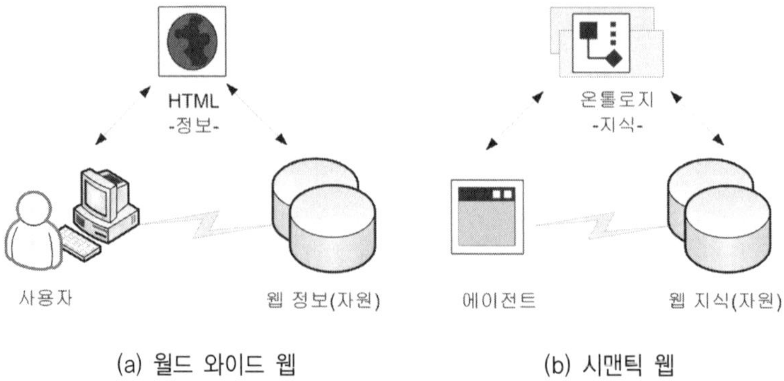

[그림 12.3] 기존 웹과 시맨틱 웹의 비교

12.3.2 시맨틱 웹

시맨틱 웹은 웹이 제공하고 있는 정보를 잘 정의된 온톨로지를 이용하여 표현함으로써, 분산되어 있는 응용 간의 상호 운영성을 제공하기 위한 것이다. 시맨틱 웹에서는 다른 자료구조를 가진 응용들도 온톨로지를 이용하여 상대방의 정보를 이해하고 처리할 수 있다. 기존 웹에서의 정보 검색은 사람의 해석과 판단을 요구한다. 만약 검색 엔진에 '테이블'을 입력하면 이 단어가 포함된 문서가 수없이 많이 나온다. 대부분 필요 없는 문서이므로 원하는 문서를 찾으려면 눈으로 수없이 확인해야 한다. 사람이 눈으로 보고 이해해야 하는 웹이다. 이제는 사람뿐만 아니라 컴퓨터가 이해할 수 있는 웹을 필요로 하고 있다.

기존의 웹은 HTML로 작성되었으며 이제는 점차 XML로 작성되고 있다. HTML이 사람에게 정보를 보여주기 위한 목적으로 사용되었기 때문에 자료를 효과적으로 사용하기 위하여 XML이 제안된 것이다. 그러나 XML도 자료의 구조를 표현하는데 주목적이 있으므로 자료의 의미를 표현하지는 못한다. 현재의 웹 마크업 언어는 정보의 표현만을 중시하고, 이기종간의 정보 시스템과의 통합이 어렵고, 정보의 의미 전달이 어렵다.

[그림 12.3]은 기존 웹과 시맨틱 웹의 차이점을 보여준다. 기존 웹은 사람이 웹 사이트를 찾아다니면서 정보를 검색하고 HTML을 통하여 보여주기 만하는 웹이라면, 시맨틱 웹은 에이전트 프로그램이 온톨로지를 이용하여 지식을 검색하여 찾아주는 웹이다.

(1) 시맨틱 웹의 구조

시맨틱 웹(semantic web)은 웹에서 정보의 의미를 이해하고 의미에 따라서 정보를 처리하기 위한 웹이다. 시맨틱 웹에서 뜻하는 '의미'는 인간뿐만 아니라 기계(프로그램)도 이해할 수 있는 '의미'를 뜻한다. 시맨틱 웹이 추구하는 이상은 웹상에 존재하는 문서들이 단순히 보여주기 위한 것이 아니라 컴퓨터가 쉽게 읽을 수 있게 작성되고, 자료 간의 연관관계가 잘 정의되어 있으며, 서로 독립적인 컴퓨터 프로그램이나 에이전트들이 쉽게 접근할 수 있고, 문서의 의미에 적합하게 처리할 수 있고, 다양한 응용분야에서 자동화하고 통합된 자료들을 공유하는 것이다.

시맨틱 웹은 기계가 자료를 이해하고 정보를 처리할 수 있도록 지능화하기 위해 만든 웹이다. 시맨틱 웹은 텍스트 위주에서 벗어나 단어의 유사성과 상관관계 등을 파악하여 결과를 보여주려고 한다. 웹상에서 그림, 문서 등의 모든 객체를 대상으로 에이전트 소프트웨어를 이용하여 목적에 맞는 정보를 수집, 가공, 응용하는 노력을 하고 있다. 컴퓨터가 인간의 언어와 정보를 이해하고 인간과 의사를 소통할 수 있는 웹을 만들고자 한다. 시맨틱 웹은 월드 와이드 웹을 창시한 팀 버너스리(Tim Berners-Lee)가 창안한 차세대 웹 기술로서 다음과 같이 정의하였다.

시맨틱 웹은 잘 정의된 정보에 대한 의미를 가짐으로써 사람과 컴퓨터가 협동할 수 있는 웹이다.

시맨틱 웹을 간단하게 설명하면, 컴퓨터가 정보의 의미를 이해하고 의미를 조작할 수 있는 웹이다. 시맨틱 웹은 정보 자원들 사이에 의미적 연관성을 이용하여 다양한 정보를 효율적으로 활용하게 해준다. 시맨틱 웹에서 의미를 부여한다는 것은 컴퓨터가 정보를 쉽게 처리하기 위하여 선언적인 추가 정보를 부여하는 것이다. 시맨틱 웹은 3개의 주요 요소로 구성된다.

1) 자원 서술 : XML, RDF

의미적으로 주석화된 웹 정보 자원은 일종의 지식베이스를 형성한다. 시맨틱 웹에서는 자원의 의미적 운용성을 기반으로 거대한 지식 베이스(knowledge)를 구축할 수 있다. 지식베이스란 전문 지식이나 문제 해결에 필요한 사실과 규칙 등이 저장되어 있는 데이터베이스이다.

2) 지식 서술 : 온톨로지

온톨로지는 응용분야 별로 단어의 의미를 개념화하여 공유할 수 있도록 정의하는 것이다. 즉, 도메인 어휘의 의미 정보를 공식적으로 기술하고 표현한다. 온톨로지는 일종의 지식 표현으로서 컴퓨터는 온톨로지로 표현된 개념을 이해하고 지식처리를 할 수 있다. 추론과 증명

등의 처리에 온톨로지의 공리와 규칙이 이용되며 규칙 표현을 위해서 별도의 규칙 언어가 사용된다.

3) 통합 운용 : 에이전트

에이전트는 인간을 대신하여 정보 자원을 수집, 검색하고 추론하여, 온톨로지를 이용해서 다른 에이전트와 상호 정보 교환 등의 일을 수행하는 지능형 프로그램이다. 에이전트는 메타데이터로 표현된 지식을 공유와 교환이 가능하게 해주는 중계 역할을 한다. 에이전트는 정보를 추론하고 정제하여 사용자가 이용할 수 있는 의미 있는 정보를 제공한다. 에이전트는 여러 개의 웹 페이지를 분석하여 개념적으로 연관되어 있는 웹 페이지들을 연결하여 결과물을 작성한다.

현재의 월드 와이드 웹은 정보의 표현만을 중시하고, 이기종간의 정보 시맨틱 웹을 통합하기 어렵다. 정보의 의미 선달이 어렵다. 이밖에도 시맨틱 웹은 [표 12.7]과 같이 여러 가지 면에서 상이하다.

[표 12.7] 기존 웹과 시맨틱 웹의 차이점

구 분	시맨틱 웹	월드 와이드 웹
제 안	1999, Tim Berners-Lee	1989, Tim Berners-Lee 2004 Dale Dougherty (web 2.0)
검색 주체	기계(프로그램)	인간
자료 연결	의미적, 형식적	비형식적
검색 기능	의미적 연결 관계와 추론 검색	단어 수준의 검색
키워드 오류 시	의미적 추론으로 검색	검색 불가
연관정보	관계에 의한 연관 정보 브라우징	키워드의 의미와 연관 정보 부재
주요 기술	온톨로지, RDF	Folksonomy, Wiki, Ajax, RSS
주요 기능	기술 중심(지능형 에이전트)	사용자 중심(개방, 공개, 참여)

(2) 시맨틱 웹의 미래

월드 와이드 웹이 자료를 구조화하여 사용자를 지원하는 웹이라면, 시맨틱 웹은 자료의 내용을 의미화하여 정보를 처리하고 지식을 창출하여 사용자를 지원하는 웹이다. 고급 웹은 다양한 도메인의 지식을 처리하여 종합적으로 의사결정을 지원할 수 있는 지능화된 웹이다. [그림 12.4]에서와 같이 시맨틱 웹은 정보의 의미를 이해하고 처리하는 단계에서 더욱 발전하고 있다. 시맨틱 웹은 지식을 처리하고 더 나아가 지혜를 생산하여 인간의 행동을 결정할 수 있을 때까지 발전할 것이다. 시맨틱 웹에는 다음과 같은 문제가 해결되어야 한다.

1) **기반 기술 :** RDF, OIL, DAML 등과 같이 정확히 정해진 기술이 아직은 부족하다.
2) **언어 관계 :** 수많은 언어들의 연관 관계가 RDF 스키마나 온톨로지로 설명하기 쉽지 않다.
3) **표준화 :** 시맨틱 웹에 적합한 지능형 에이전트를 개발하기 쉽지 않다. 지금의 검색 에이전트로는 적용하기 곤란하다.

시맨틱 웹의 현재 상황은 다음과 같은 이유로 인하여 정체되어 있다.

1) **발전 속도 :** 발전하는 속도가 너무 느리다.
2) **복잡도 :** 시맨틱 웹은 기술이 너무 복잡하여 사용하기 쉽지 않다. XML, 메타데이터, 추론 시스템 등 아직까지 정착되지 않은 기술들을 사용하기 때문이다.
3) **표준화 :** 시맨틱 웹은 웹의 정보들이 메타데이터를 제공하기 때문에 표준화가 쉽지 않다.

시맨틱 웹은 아직까지는 하나의 비전에 해당한다. 앞에서의 문제들이 해결되는 시점에서 시맨틱 웹은 폭발적으로 사용이 확장될 것이다.

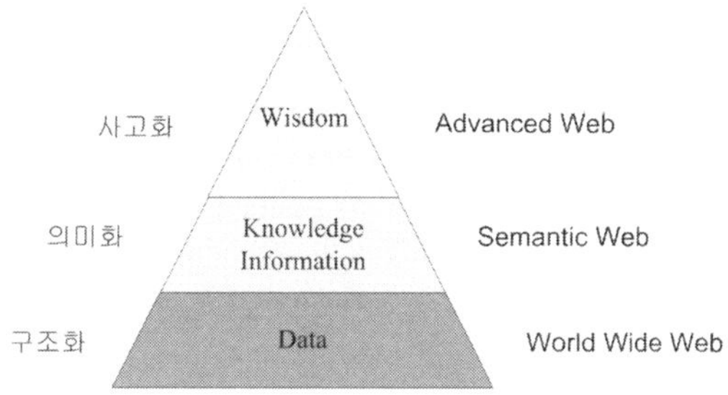

[그림 12.4] 웹의 피라미드

(3) 지식 검색

지식 검색은 정보를 수집하고 분석하여 사용자가 원하는 형태의 지식으로 가공하여 제공하는 것을 말한다. 정보 검색이 객관적인 사실을 찾으려는 노력이라면 지식 검색은 새로운 정보를 창출할 수 있는 종합적인 정보를 제공하려는 노력이다. 이를 위해 사용자가 원하는 정보와 지식을 기계가 인식하고 가공할 수 있는 객관적인 표현 방법이 필요하다. 즉, 머릿속의 암묵지(implicit knowledge)를 외형적인 형식지(formal knowledge)로 변환할 수 있는 도구가 필요하다. 온톨로지, 지식베이스 그리고 시맨틱 웹이 지식 검색의 수단이 되지만 더 많은 도구들이 요구된다. 지식이 많으면 의사결정을 지원할 수 있으므로 지식 검색은 지식과 의사결정의 중간에서 정보와 지식을 현실에 응용할 수 있는 형태로 변환해주는 시스템이라고 말할 수 있다. 지식 검색에 필요한 핵심 기술들은 다음과 같다.

1) 지능형 검색

기존의 검색 엔진들이 불리언 모델을 사용하고 있으므로 속도는 좋으나 정확도가 문제가 된다. 앞으로는 벡터 공간모델, 확률 모델 외에 사용자 질의 피드백과 수정이 용이하고 자연어 검색과 순위 알고리즘이 우수한 다양한 모델들을 개발해야 한다. 주제에 대한 지식, 문서에 대한 지식, 사용자에 대한 지식을 근거로 정보와 지식을 제시하는 검색이다.

2) 지식 브로커

분산 환경에서 다양한 자료 자원(data source)에 일관성 있는 방식으로 자료를 접근하고 통일된 방식으로 에이전트(agent)들을 이용하여 자료를 통합 저장하고 관리할 수 있는 도구이다.

3) 자동분류

순위 알고리즘이 많은 검색 결과를 효과적으로 제공하기 위한 것이라면 자동분류는 검색 결과를 의미적으로 유사한 범주로 묶어서 보여주기 위한 기법이다. 정보와 지식의 내부를 의미 단계에서 분석하여 관련성이 높은 것끼리 클러스터링하는 기술이다.

[표 12.8] 지식 검색의 요소 기술

순서	요소 기술	내 역
1	지능형 검색	다양한 검색 모델과 자연어 검색, 피드백 외
2	지식 브로커	다양한 자료 자원에 통합적인 접근, 저장, 관리 외
3	자동분류	의미 단계 분석, 지식의 범주화, 클러스터링 외
4	에이전트	추론, 학습, 계획의 독립적 판단, 결정, 협동처리

4) 에이전트

분산 환경에서 다양한 자료 자원에 이동하면서 접근하기 위해서는 검색 프로그램이 독자적으로 판단하고 결정하는 기능이 공급자 쪽에서 요구된다. 수요자 쪽에서는 사용자의 행동 패턴을 분석하여 원하는 지식을 맞춤형으로 미리 제공(push service)하는 기술이다. 에이전트끼리 추론(reasoning)하며, 학습(learning)하면서 계획하는 협동처리가 중요한 기술이 된다.

지식 검색에도 정보 검색 기술이 대부분 수용되지만, [표 12.8]은 지식 검색 시스템을 구축하는데 새롭게 요구되는 핵심 기술들이다. [표 12.9]는 지식 검색과 기존의 정보 검색 기술을 비교한 내용이다. 정보 검색이 관리자들에게 필요한 시스템이라면 지식 검색은 경영자들에게 지식 경영을 위하여 의사결정을 수행하는데 더욱 긴요한 시스템이 될 것이다.

[표 12.9] 정보 검색과 지식 검색의 비교

기 능	정보 검색	지식 검색
대상 자료	비구조적 자료(텍스트)	비구조적 자료(텍스트)
목적 시스템	정보 검색 시스템	지식 검색 시스템
검색 도구	패턴 매치 알고리즘	온톨로지, RDF, 지식베이스
검색 결과/사용자	정보/실무자, 관리자	지식/관리자, 경영자
핵심 기술	검색 모델, 순위 알고리즘 외	지능형 검색, 브로커, 자동분류, 에이전트

12.4 검색 모델

사용자는 많은 문서들 중에서 자신이 원하는 문서를 찾으려면 모든 문서들을 읽어보아야 한다. 그러나 문서가 너무 많으면 모두 읽을 수 없으므로 유사성이 높다고 생각되는 문서들을 선택해서 읽어야 한다. 가장 유사성이 높은 문서들을 어떻게 판단할 것인가? 사용자는 자신이 원하는 용어들이 많이 들어있는 문서들을 유사성이 높다고 판단할 수 있다. 사용자가 "정보 검색"에 관한 자료를 찾고자 한다면 '정보'와 '검색' 두 단어가 많이 나타나는 문서부터 찾아볼 것이다. '정보'와 '검색'이라는 두 단어로 구성된 질의를 이용하여 모든 문서들을 대상으로 비교하여 빈도수가 많은 문서들을 찾는 것이 한 가지 방법일 것이다.

검색 모델은 용어를 매개로 질의와 문서가 얼마나 관련되는지를 결정하는 도구.

질의와 문서는 단어라는 텍스트들로 구성되어 있는데 어떻게 연관이 있다고 가정할 것인가? 연관이 있다면 얼마나 연관이 있다고 결정할 것인가? 이와 같은 질문에 대한 답변이 검색 모델이다. 검색 모델은 질의를 구성하고 있는 용어들이 문서에서 나타나는 빈도수, 위치 등을 이용하여 연관성을 결정한다. 검색 모델에는 불리언 모델(boolean model), 벡터 공간 모델(vector space model), 확률 모델(probability model) 등이 있으나 본 절에서는 가장 널리 보급된 불리언 모델, 벡터 공간 모델, 내용기반 검색 모델 등에 대하여 논의한다.

12.4.1 불리언 모델

정보 검색 시스템의 목표는 사용자 질의에 응하여 문서 데이터베이스에서 관련 문서를 검색하는 것이다. 대부분의 상업용 정보 검색 시스템은 불리언(boolean) 검색 시스템이나 텍스트-패턴 탐색(text-pattern search) 시스템이다. 텍스트-패턴 탐색 질의는 스트링이나 정규식(regular expression)들이다. 검색하는 동안 모든 문서들을 탐색하면서 질의 문자열을 포함하는지를 검사한다. 텍스트-패턴 시스템은 작은 규모의 문서 데이터베이스를 탐색하는데 많이 사용되며 적합하다.

불리언 검색 모델에서, 문서들은 키워드들의 집합으로 색인이 만들어진다. 질의들도 마찬가지로 키워드들의 집합으로 구성되며 논리 연산자(logical operator)들로 연결되어 질의 용어들 사이의 관계성이 표현된다. 일반적으로 많이 사용되는 논리 연산자들은 AND, OR, NOT 등이다. 검색 규칙들을 살펴보면 다음과 같다.

1) OR 연산자

합집합 연산자는 두 개의 용어들을 동의어로 간주한다. 예를 들어 (용어$_1$ OR 용어$_2$)가 주어지면, 문서나 레코드에서 둘 중의 한 용어가 있으면 검색 조건이 충족된다.

2) AND 연산자

교집합 연산자는 두 용어들을 하나의 용어 절로 만들어서 두 개의 조건을 충족시켜야 검색된다. 예를 들어 (용어$_1$ AND 용어$_2$)가 주어지면, 문서나 레코드에서 두 개의 용어가 모두 있어야 검색 조건이 충족된다.

3) NOT 연산자

부정 연산자는 제한을 가하거나, 범위를 좁히기 위하여 사용된다. AND 연산자와 함께 사용되기도 한다. 예를 들어 (용어$_1$ AND NOT 용어$_2$)가 주어지면 용어1이 있어야 하지만 용어2는 반드시 없어야 검색 조건을 충족한다.

예를 들어 curve라는 용어가 들어있는 문서의 집합은 (12, 25, 36, 77, 125, 334)이고, query라는 용어는 (11, 12, 34, 56, 76, 125) 문서에 있다고 가정하자. 질의 Q_1은 (curve and query)이고, Q_2는 (curve or query)이고, (curve and not query)이라면 각각의 질의 결과는 다음과 같다.

```
(curve and query) = 12, 125
(curve or query) = 11, 12, 25, 34, 36, 56, 76, 77, 125, 334
(curve and not query) = 25, 36, 77, 334
```

불리언 모델은 이상과 같이 사용자의 요구를 불 수식으로 명확하게 표현하는 것이 가능하다. 집합론과 불 대수(boolean algebra)를 기반으로 하는 모델이기 때문에 논리가 간결하고 단순하다. 사용자들에게는 질의가 명확하고, 직관적이고 이해하기 쉽다는 장점이 있다. 그러나 질의 결과가 많을 때 순위화하기 어렵고, 부분적으로 일치하는 문서를 찾기 힘들다. AND를 많이 사용하면 질의 결과가 너무 적고, OR를 많이 사용하면 질의 결과가 너무 많아서 원하는 결과를 고르기 힘든 단점이 있다.

12.4.2 벡터 공간 모델

벡터 공간 모델은 질의와 문서가 모두 용어들로 구성된 파일이며, 질의는 하나 이상의 용어로 구성된 벡터 값이라고 가정한다. 또한 문서와 질의를 표현하는 용어들의 집합은 고정되어 있다고 가정한다. 문서 D_i와 질의 Q_j는 검색하고자 하는 용어들의 벡터로 구성할 수 있으므로 다음과 같이 표현한다.

$$D_i = [T_{i1}, T_{i2}, \ldots T_{ik}, \ldots, T_{in}]$$
$$Q_j = [Q_{j1}, Q_{j2}, \ldots Q_{jk}, \ldots, Q_{jn}]$$

T_{ik}는 문서 $_i$의 용어 k이며, Q_{jk}는 질의 $_j$에서 용어 k의 가중치를 의미한다. n은 문서와 질의에서 사용된 용어들의 전체 수이다. 용어 가중치 T_{ik}와 Q_{jk}는 이진수이거나 tf.idf이거나 다른 의미에서 얻어진 가중치이다. 문서 D_i와 질의 Q_j의 유사도는 문서에 나오는 해당 용어들의 빈도수와 질의에 나오는 해당 용어들의 빈도수를 행렬식으로 곱하여 얻을 수 있으므로 벡터 공간 모델에서는 다음과 같이 계산할 수 있다.

$$S(D_i, Q_j) = \Sigma T_{ik} * Q_{jk} \qquad \text{(식 12.1)}$$

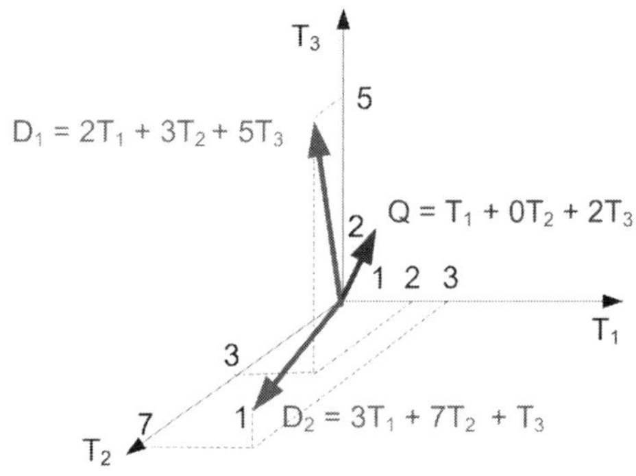

[그림 12.5] 질의와 문서의 벡터 비교

〉〉〉 예제 1: 다음과 같이 세 개의 용어로 구성된 질의 Q1을 문서 D1과 D2에 검색하기로 한다.

```
질의 Q1 = [T1, 0T2, 2T3]
문서 D1 = 2T1 + 3T2 + 5T3
     D2 = 3T1 + 7T2 + T3
     T1: retrieval, T2: information, T3: system
```

[그림 12.5]는 질의 Q_1과 문서 D_1과 D_2의 벡터를 3차원의 그래프로 표현한 그림이다. 그림에서 볼 때 질의 Q의 벡터는 문서 D_2보다 D_1에 더 가까운 것을 알 수 있다. 그러나 이것은 눈으로 예측한 것으로서 부정확할 수 있으므로 정확하게 계산하는 방법이 요구된다. 질의 Q_1을 문서 D_1과 D_2를 대상으로 (식 12.1)을 이용하여 유사도를 계산하기로 한다.

```
Q1 = [1, 0, 2]
D1 = [2, 3, 5]
D2 = [3, 7, 1]
S(D1, Q1) = [2 3 5] * [1 0 2] = 2 + 0 + 10 = 12
S(D2, Q1) = [3 7 1] * [1 0 2] = 3 + 0 +  2 =  5
```

질의 Q_1은 문서 D_2보다 D_1에 12 대 5의 비율로 더 유사하다고 말할 수 있다. 따라서 눈으로 비교한 것과 결과는 같지만 정확한 수치로 유사도를 설명할 수 있는 장점이 있다.

〉〉〉 예제 2: 이번에는 질의 Q2와 4 개의 문서를 대상으로 유사도를 계산하기로 한다. 질의 Q2가 4개의 용어로 구성되어 있으며 각 용어들의 중요한 가중치가 0.5, 0.5, 0, 0이라고 가정하고, 질의 Q를 처리하려고 하는 문서 D는 4 개 있으며 용어들이 다음과 같이 구성된다고 가정하자. 질의 Q2의 용어 벡터는 다음과 같이 작성되어 있다.

```
Q2 = [0.5, 0.5, 0.0, 0.0]
D3 = [0.2, 0.1, 0.4, 0.5]
D4 = [0.5, 0.6, 0.3, 0.0]
D5 = [0.4, 0.5, 0.8, 0.3]
D6 = [0.1, 0.0, 0.7, 0.8]
```

질의 Q_2를 4개의 문서 D_3, D_4, D_5, D_6에 적용시키려면 (식 12.1)에 대입하여 다음과 같이 계산한다.

```
S(D3, Q2) = 0.1 + 0.05 + 0 + 0 = 0.15
S(D4, Q2) = 0.25 + 0.3 + 0 + 0 = 0.55
S(D5, Q2) = 0.2 + 0.25 + 0 + 0 = 0.45
S(D6, Q2) = 0.05 + 0.0 + 0 + 0 = 0.05
```

이상과 같은 계산 결과에 따라서 질의 Q_2와 네 문서와의 유사도는 D_4, D_5, D_3, D_6의 순서가 되므로 문서 D_4가 가장 우선순위가 높은 유사한 문서로 판정된다.

벡터 공간 모델은 용어 가중치를 사용함으로써 검색 성능을 향상시켰다. 부분 정합(partial match)이 가능하게 되어 검색 결과가 증가된다. 유사도를 상세하게 계산할 수 있기 때문에 유사도에 의하여 검색 결과에 순위를 부여할 수 있게 되었다. 그러나 벡터 공간 모델은 용어 간의 연관성을 고려하지 않으므로 용어들 사이에 의존성이 무시된다. 따라서 연관 피드백이 없이는 성능을 향상하기 어려운 단점이 있다.

12.4.3 내용기반 검색

자료 검색이 키 필드를 이용하여 잘 구조화된 데이터베이스를 검색하는 것이라면 정보 검색은 주제를 이용하여 구조화되지 않은 파일을 검색하는 것이다. 정보 검색은 미리 정해져 있는 필드를 검색하는 것이 아니라 주어진 주제(내용)가 파일에 존재하는지에 대하여 문서의 모든 텍스트들을 찾기 때문에 내용기반 검색(content-based retrieval, CBR)이라고 한다.

기존의 자료 검색이 킷값인 x값이 주어지면 원하는 레코드 y를 찾는 것이므로 레코드는 킷값 x의 함수이므로 $y = f(x)$라고 표현한다. 이와 반대로 레코드의 내용을 알면 킷값을 알 수 있는 파일을 역파일(inverted file)이라고 한다. 역파일은 내용 y값을 알면 킷값 x를 알 수 있는 반대 개념의 파일로서 $x = f^{-1}(y)$로 표현한다. [표 12.10]과 같이 원하는 내용의 일부분을 알면 전체 내용을 알 수 있는 수단이 내용기반 검색이다.

[표 12.10] 내용기반 검색의 비교

구 분	키 필드 기반 검색	내용기반 검색	비 고
함수 관계	$y = f(x)$	$x = f^{-1}(y)$	x: key, y: content
파일 형식	file	역파일 inverted file	
색 인	키를 저장하는 색인	내용을 저장하는 색인	목표: 상세한 내용(레코드, 문서)
응용 분야	데이터베이스 분야	멀티미디어 검색	키로 검색, 내용으로 검색
실 례	key(학번) --> 성명 key(곡명) --> 노래 제목	성명 --> 학번 곡조 --> 음악	기본 키(키 필드 기반), 보조 키(내용기반)

역파일은 내용기반 검색을 위하여 사용된다. 역파일의 대표적인 실례가 도서관의 도서목록 카드이다. 도서목록 카드에는 책의 주제에 따라서 책의 이름과 위치가 기재되어 있다. "정보 검색"이라는 주제의 책을 빌리고 싶으면 "정보 검색"이라는 주제가 적힌 카드를 찾고 카드에 적힌 위치를 찾아가면 책을 찾을 수 있다.

역파일의 실례를 살펴보자. 논문에 대하여 전문 검색(full-text search)을 하는 경우에는 용어를 입력하면 해당 용어가 기술되어 있는 문서 번호들을 반환하고자 한다. 용어를 문서에서 신속하게 찾기 위해서 색인이 필요하다. 다음은 역파일의 색인을 구성하기 위한 실례이다.

용어$_1$: 문서$_1$, 문서$_{22}$
용어$_2$: 문서$_4$, 문서$_7$, 문서$_{22}$
용어$_3$: 문서$_1$, 문서$_7$
용어$_4$: 문서$_{14}$

이상과 같이 색인이 구성된 상태에서 다음과 같은 질의가 주어질 수 있다.

질의 Q_1: 용어$_1$과 용어$_2$가 같이 있는 문서는?
질의 Q_2: 용어$_1$ 또는 용어$_2$가 있는 문서는?
질의 Q_3: 용어$_1$이 있고 용어$_2$가 없는 문서는?

질의 Q_1은 (용어$_1$ and 용어$_2$)의 형식으로, 질의 Q_2는 (용어$_1$ or 용어$_2$)의 형식으로, 질의 Q_3는 (용어$_1$ and not 용어$_2$)의 형식으로 표현할 수 있다. [그림 12.6]은 역파일의 색인 구조를 추상적으로 모델화한 그림이다. 용어마다 해당 용어가 있는 문서번호들과 해당 문서의 주소가 저장되어 있다. 질의 Q_1은 용어 'ANSI'와 용어 'CASE'가 있는 문서번호를 찾아서 얻은 집합 $\{D_1, D_{22}\}$와 $\{D_4, D_7, D_{22}\}$를 교집합하면 결과 집합 $\{D_{22}\}$를 얻는다. 질의 Q_2는 두 집합을 합집하여 결과 집합 $\{D_1, D_4, D_7, D_{22}\}$를 얻는다. 질의 Q_3은 두 집합을 차합집하여 결과 집합 $\{D_1\}$을 얻는다.

역파일은 자료 레코드가 하나의 텍스트 문서로 구성되어 있다고 가정한다. 역파일의 실제 구조는 [그림 12.7]에서 보는 바와 같이 다음 3개의 파일로 구성된다.

1) 색인 파일

색인 파일(index file)에는 용어와 이 용어가 나타나는 문서의 빈도수와 함께 호스팅 파일의 해당 레코드 주소를 저장한다. 사용자는 색인 파일만 보고도 검색할 문서의 수를 파악할 수 있다.

2) 포스팅 파일

포스팅 파일(posting file)은 해당 용어마다 실제 문서의 주소를 저장하며 그 문서에서 이 용어의 가중치 값을 저장할 수 있다.

3) 문서 파일

문서 파일(document file)에는 실제의 텍스트 문서가 저장되어 있다.

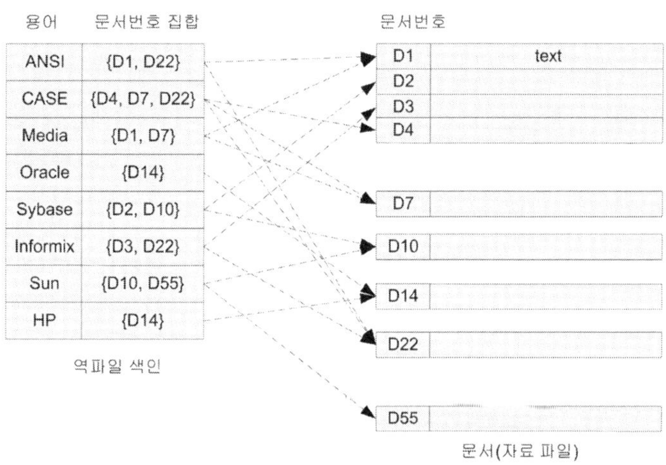

[그림 12.6] 역파일의 색인과 파일 구조

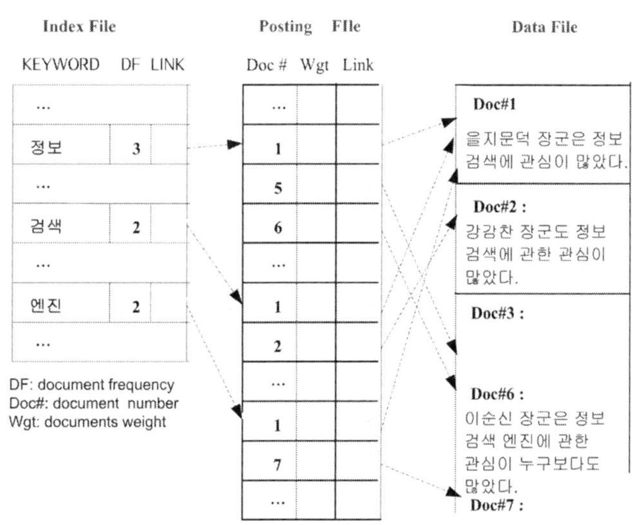

[그림 12.7] 역파일의 구조와 실례

12.5 검색 성능 평가

사용자가 정보를 검색하기 위하여 입력하는 단어들은 많은 수의 문서들에 포함되어 있을 수 있다. 이들 문서들을 정확하게 검색하려면 모든 단어에 대한 색인을 구축해놓아야 한다. 그러나 색인 규모가 방대해지면 검색 성능이 떨어지므로 색인 공간을 줄이기 위하여 간결한 색인 구조를 유지한다. 색인 구조가 간결해지는 것은 검색의 정확도가 저하된다는 의미이다. 색인이 정밀하지 못하면 관련 문서들이 검색되지 않을 수 있으며(false drop, 거짓 누락), 관련이 없는 문서들이 검색될 수도 있다(false positive, 거짓 실재). 100% 완전한 검색이라면 거짓 누락과 거짓 실재가 모두 없어야 하지만 절충효과(trade off)를 기대해야 한다. 우수한 색인 구조라면 거짓 누락을 가지지 않으며, 거짓 실재를 일부 허용하는 것이다. 사용자가 최종적으로 완전한 문서를 검색하여 확인하는 과정에서 거짓 문서를 탈락시킬 수 있기 때문이다.

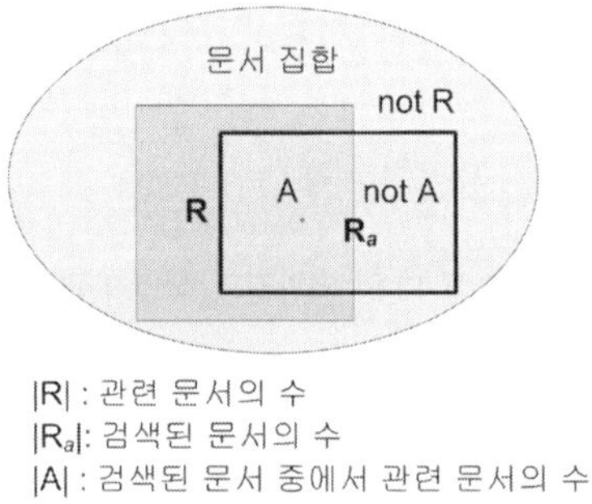

[그림 12.8] 정확도와 조회율

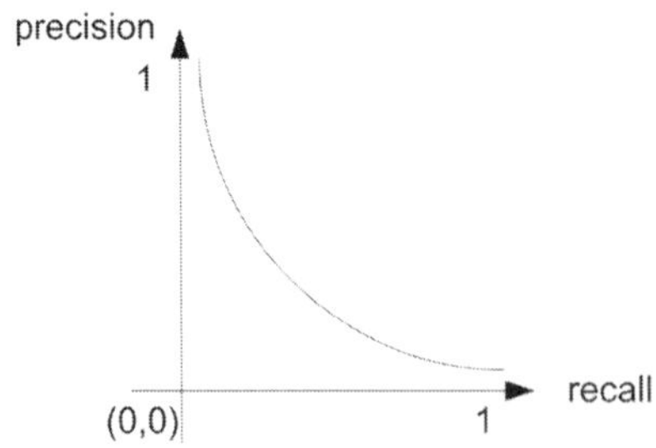

[그림 12.9] 조회율-정확도 그래프

정보 검색 시스템의 성능을 판단하는 기준은 정확도(precision)와 조회율(recall)이다. 정확도는 (식 12.2)와 같이 검색된 문서 중에서 관련 문서가 얼마나 되는지를 나타내는 비율이며, 조회율은 (식 12.3)과 같이 문서 집합에 있는 관련 문서들 중에서 얼마나 검색되었는지를 나타내는 비율이다.

$$정확도 = \frac{검색된 관련 문서의 수}{검색된 문서의 수} \quad \cdots\cdots \quad (식\ 12.2)$$

$$조회율 = \frac{검색된 관련 문서의 수}{관련된 전체 문서의 수} \quad \cdots\cdots \quad (식\ 12.3)$$

[그림 12.8]에서 문서 집합은 전체 문서들을 의미하므로 검색과 관련된 문서 R과 관련되지 않는 문서 notR로 구성된다. 검색된 문서 R_a는 관련된 문서 A와 관련되지 않은 문서 not A로 구성된다. 따라서 정확도는 $|A|$ / $|R_a|$이고 조회율은 $|A|$ / $|R|$이다.

[표 12.11] 조회율과 정확도의 비교

검색된 문서의 수	조회율		정확도		비 고
1	1/6	0.17	1/1	1.0	조회율: 낮음, 정확도: 높음
2	2/6	0.33	2/2	1.0	
3	2/6	0.33	2/3	0.67	
4	2/6	0.33	2/4	0.5	
5	3/6	0.5	3/5	0.6	
6	4/6	0.67	4/6	0.67	조회율 = 보통 = 정확도
7	4/6	0.67	4/7	0.57	
8	4/6	0.67	4/8	0.5	
9	5/6	0.83	5/9	0.55	
10	5/6	0.83	5/10	0.5	조회율: 높음, 정확도: 낮음

이상적인 검색 시스템이라면 정확도와 조회율이 모두 좋아야 한다. 그러나 [그림 12.9]에서 보는 바와 같이 조회율과 정확도의 관계는 반비례 관계이다. 문서 집합에서 관련 문서를 많이 가져오려고 조회율을 높이면 정확도가 저하되고, 정확도를 높이려면 문서 집합에서 관련된 문서를 많이 가져오지 못하므로 조회율이 저하된다. [표 12.11]은 6개의 관련된 문서가 있는 문서 집합에서 10번의 검색을 시행한 결과를 조회율과 정확도로 보여준다. 처음 검색을 시행하면 조회율은 매우 낮으나 검색 횟수가 증가할수록 조회율은 증가하고 정확도는 감소하는 것을 보여준다. [표 12.11]의 자료에 의하면 [그림 12.9]의 그래프가 올바르다는 것을 알 수 있다.

12.6 웹 검색 엔진

웹 검색 엔진(web search engine)이란 인터넷의 각종 사이트에 대한 정보를 보유하고 있는 데이터베이스 시스템이다. 사용자가 필요한 정보를 찾기 위해 인터넷을 돌아다니지 않고도 원하는 정보를 찾게 해주는 프로그램이다. 1989년 Tim Berners-Lee가 월드 와이드 웹을 제안한 이래 인터넷에서 웹 사이트들은 급속하게 증가되었다. 현재 약 100억 개 이상의 웹 사이트가 존재하며 이 수는 계속 증가하고 있으며 정보의 수량과 품질도 지속적으로 향상되고 있다. 방대한 규모의 정보를 인터넷에서 효과적으로 찾기 위해서 웹 검색 엔진의 중요성은 날로 증가하고 있다. 정보 검색이란 데이터베이스에서 사용자가 원하는 정보를 찾아주는 작업이다. 웹 검색 엔진은 웹 사이트에 산재해 있는 정보들을 수집하여 체계적으로 데이터베이스에 저장하고 사용자의 정보 검색을 지원하는 프로그램이다. 본 절에서는 웹 검색 엔진의 구조와 형태를 논의하고 미래를 제시하고자 한다.

12.6.1 웹 검색 엔진 구조

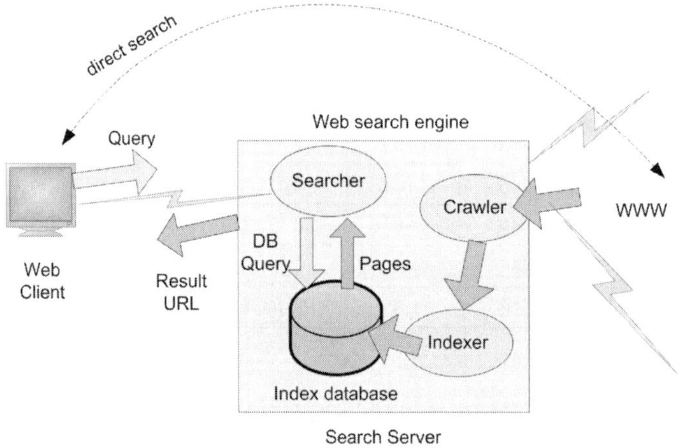

[그림 12.10] 웹 검색 엔진의 주요 기능

기존의 정보 검색 엔진은 자료를 지역 데이터베이스에 저장하고 지역에서 정보를 검색하는 방식이다. 이에 반하여 웹 검색 엔진은 지역에 정보를 저장하지 않고, 지역에는 색인만 저장하고 필요하면 색인에 있는 웹 사이트 주소(URL)를 이용하여 직접 해당 웹 사이트에 가서 정보를 가져오는 방식이다. 색인을 적극적으로 활용하는 이유는 검색 시에 응답 속도를 빠르게 하기 위한 것이고, 자료를 지역에 저장하지 않는 이유는 저장 효율성을 고려한 때문이다. 웹 검색 엔진에서는 색인을 잘 구축하기 위하여 로봇 프로그램이 외부의 웹 사이트를 대상으로 정보를 검색하여 색인 데이터베이스에 핵심 정보만 제목 위주로 저장해둔다. 따라서 웹 검색 엔진은 광대한 규모의 인터넷 특징과 사용자의 신속한 응답 서비스 요구에 부응하여 구조와 성능을 발전시키고 있다.

(1) 웹 검색 엔진의 기능

일반적으로 웹 검색 엔진은 [그림 12.10]과 같이 웹 사이트에서 자료를 검색하여 수집해오는 자료 수집 기능(crawl, 또는 웹 에이전트), 수집된 자료에서 용어를 추출하고 분류하여 색인 데이터베이스에 저장하는 기능(index), 사용자의 요구를 받아서 색인 데이터베이스에 있는 자료를 검색해주는 검색 기능(search) 등 3가지 기능으로 구성된다. 웹 검색 엔진이 검색을 수행하는 과정은 다음과 같다.

1) 자료 수집기는 수많은 웹 사이트를 다니면서 정보를 수집하여 색인기에게 전달한다.
2) 색인기는 용어를 추출하고, 분류하여 색인 데이터베이스에 체계적으로 저장한다.
3) 사용자는 검색 서버에 접근하여 웹 검색 엔진에게 원하는 정보에 관한 주제를 입력하고, 검색기는 사용자 질의를 데이터베이스가 인식할 수 있는 질의로 변환하여 색인 데이터베이스에서 정보 검색을 실행한다.
4) 검색 결과로 간단한 자료의 내용과 실제 자료가 저장된 웹 사이트의 주소들을 얻는다.
5) 검색기는 사용자가 원하는 주제와 유사도를 측정하여 우선순위를 부여하고 검색된 정보를 사용자에게 제공한다.
6) 사용자는 반환받은 정보들 중에서 관심이 있는 정보의 주소(URL)를 이용하여 직접 웹 사이트에서 상세한 정보를 가져온다.

[표 12.12]는 웹 검색 엔진의 간략한 주요 기능이다. 웹 검색 엔진을 구성하는 프로그램들의 기능은 다음과 같다.

1) 자료 수집

웹 로봇(web robot, crawler)은 웹 사이트의 하이퍼텍스트 구조를 따라 연결된 이웃 페이지로 이동하는 방법으로 모든 사이트를 검색하여 각 주소(URL)와 간단한 정보를 검색 서버로 전송하는 웹 검색 프로그램이다. 웹 로봇은 검색 사이트를 위하여 독립적으로 실행하는 에이전트 프로그램이다. 웹 로봇이 수집하는 자료에는 텍스트, 소리, 영상, 동영상 등 모든 종류가 포함된다.

2) 용어 추출

웹 사이트에서 가져오는 자료는 무수히 많은 단어들로 구성되어 있으므로 이 중에서 문서 식별에 중요하다고 판단되는 단어들을 선별하는 과정이 용어 추출이다. 용어란 특정한 문서를 식별할 수 있다고 판단되는 단어를 말하며 색인어(index term)라고 부르기도 한다. 용어는 명사를 위주로 선택되므로 용어 추출은 명사를 추출하는 과정이기도 하다. 한국어는 다양한 형태소들이 혼합되어 있는 교착어이므로 용어 추출이 쉽지 않다.

3) 용어 저장

용어가 추출되면 각 용어와 해당 문서의 번호, 용어의 빈도수, 용어의 위치, 별도의 부가정보 등을 데이터베이스에 저장한다. 이 데이터베이스는 용어를 검색할 수 있도록 용어를 색인으로 사용하므로 색인 데이터베이스라고 부른다. 용어를 키로 하여 나머지 정보가 저장된 파일을 역파일(inverted file)이라고 한다.

4) 사용자 검색

사용자가 검색하려는 내용을 색인 데이터베이스에서 실행할 수 있는 질의로 변환하고 질의를 실행한다. 이미 구축된 색인 데이터베이스를 대상으로 사용자가 웹 인터페이스를 이용하여 원하는 정보를 찾는 과정이다. 실행 결과로 얻어진 내용을 사용자에게 제공한다. 사용자는 원하는 용어를 한 개 이상 입력할 수 있으므로 이들을 조합하는 방법을 결정하는 것이 중요하다.

5) 순위 알고리즘(ranking algorithm)

검색된 자료가 많으면 사용자가 원하는 정보를 파악하기 힘들기 때문에 유사도를 측정하여 유사도 순서대로 정보를 정렬하는 기능이다. 과거에는 용어 빈도수나 위치로 유사도를 측정하였으나 Google에 의하여 "링크가 많이 연결된 정보"를 가중치에 반영하는 개념을 도입하였다.

[표 12.12] 웹 검색 엔진의 주요 기능

순서	기 능	주요 처리 내역	프로그램
1	자료 수집	웹 사이트에서 정보를 수집하여 검색 사이트로 전송	crawler
2	용어 추출	웹 로봇이 보내주는 정보에서 용어를 추출하고 정리	indexer
3	용어 저장	추출된 용어를 색인 데이터베이스에 저장	
4	사용자 검색	사용자 질의를 데이터베이스 질의로 변환하고 실행	searcher
5	순위 알고리즘	원하는 정보와 가장 유사한 순서대로 정렬하는 프로그램	

(2) 웹 검색 엔진의 구조

웹 검색 엔진의 구조는 [그림 12.11]과 같이 전형적으로 색인 데이터베이스를 구축하는 프로그램과 사용자의 질의를 받아서 색인 데이터베이스로부터 정보를 검색하는 두 가지 프로그램으로 구성된다. 다음은 이들 검색 엔진을 구성하는 상세 기능을 수행하는 프로그램들이다.

1) 색인 데이터베이스 구축

- **컬렉션(Collection)** : 검색 대상이 되는 문서의 집합을 말한다. 로봇이 수집한 웹 사이트의 HTML 문서 등이 될 수 있다.

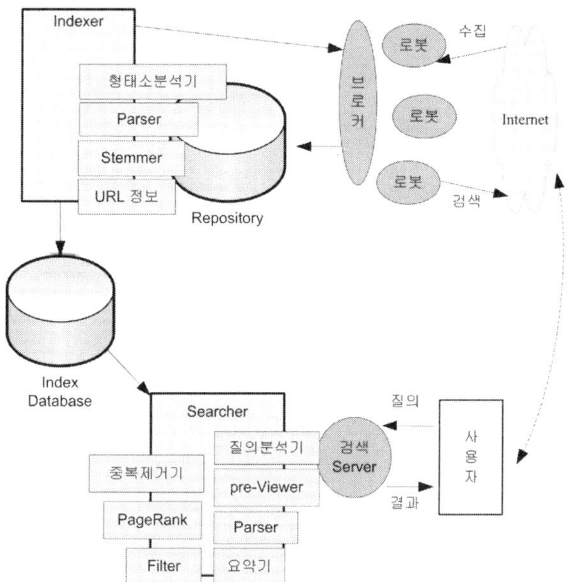

[그림 12.11] 전형적인 웹 검색 엔진의 구조

- **웹 로봇(Web Robot)** : 수십억 개 웹 사이트의 하이퍼텍스트 구조를 자동적으로 추적하여 정보를 수집하고, 주기적으로 재방문하여 변경된 정보를 수집한다. 신속한 정보 수집 처리를 위하여 로봇들을 여러 개 운용한다.
- **브로커(Broker)** : 다양한 컬렉션에 대하여 문서들을 하나의 질의로 검색하고 취합하는 프로그램이다. 여러 개의 로봇들이 필요한 정보를 수집하도록 관리한다. 수집해온 정보는 일단 자료 저장소에 저장된다.
- **자료 저장소(Repository)** : 로봇들이 수집한 정보는 일단 자료 저장소에 저장한다.

- **구문 분석기(Parser) :** 자료 저장소의 자료를 읽어서 구문을 분석하여 필요한 자료들을 추출한다.
- **형태소 분석기(Morpheme analyzer) :** 문서의 핵심 키워드를 분석하기 위하여 어절로부터 형태소를 분리하고 추출한다. 형태소란 뜻을 가진 최소의 언어 단위를 말한다.
- **어간 추출기(Stemmer) :** 어간을 분리하여 필요한 정보들만 정리한다.
- **색인기(Indexer) :** 문서의 중요 키워드들을 추출하고 순위를 부여하여 색인 데이터베이스에 저장한다.
- **색인 데이터베이스 :** 색인 정보를 저장하는 데이터베이스이다. 초기에는 상용 DBMS를 사용하였지만 속도 향상을 위하여 별도의 전용 파일 시스템으로 구성하기도 한다.

2) 사용자 정보 검색

- **질의 분석기(Query analyzer) :** 비정규화된 사용자의 질의를 받아서 정규화된 데이터베이스 질의로 변환한다.
- **구문 분석기(Parser) :** 사용자의 질의를 데이터베이스 질의로 바꾸기 위하여 구문을 분석한다.
- **검색기(Searcher) :** 사용자가 입력한 검색 질의에 대해 색인 데이터베이스에서 검색 모델에 의하여 유사한 문서를 추출한다.
- **필터(Filter) :** 다양한 형식의 문서들에서 텍스트 정보를 얻기 위한 기능이다. doc, hwp, html 파일들은 모두 내부 파일 형식이 다르므로 텍스트 형식으로 변환한다.
- **중복 제거기(Duplicate Remover) :** 검색된 결과 중에서 중복되는 웹 사이트는 제거한다.
- **페이지 랭커(PageRanker) :** 검색 결과를 페이지별로 우선순위를 부여한다. 검색 모델과 순위 알고리즘에 맞게 구성된다.
- **요약기(Summarizer) :** 문서의 핵심이 되는 내용을 간결한 문장으로 축약한다.
- **미리 보기(pre-Viewer) :** 사용자가 웹 페이지로 직접 자료 검색을 실행하기 전에 검색 엔진이 가지고 있는 문서를 미리 보여준다.

웹 검색 엔진의 구조는 검색 엔진의 출현이래로 끊임없이 진화되고 있다. 수십억 개의 웹 페이지에서 검색되는 결과가 많기 때문에 사용자 질의와 연관성이 많은 문서를 연결시키는 검색 모델이 우수해야 좋은 검색 엔진을 만들 수 있다. 앞으로는 정보 검색의 차원에서 지식 검색의 차원으로 진화하고 있다. 이를 위해 온톨로지와 시맨틱 웹에 대한 연구가 활발하게 진행되고 있다.

12.6.2 웹 검색 엔진 형태

(1) 1세대 검색 엔진: 일명 디렉토리 검색 엔진

디렉토리 검색 엔진은 검색 서버의 관리자들이 정보를 주제별로 잘 선별하고 정리하여 검색을 지원하기 때문에 주제별 검색 엔진이라고도 한다. 사용자가 찾고자 하는 정보에 대한 지식이 분명하지 않거나, 특정 분야의 주제를 검색하고자 할 때 사용한다. 주제별 검색엔진은 큰 주제에서 작은 주제로 점차 범위를 좁혀서 검색 하는 방식의 검색엔진이다. 사람이 자료를 선별하고 정리하기 때문에 정보의 수량이 적다는 단점이 있다.

[표 12.13] 웹 검색 엔진의 역사

검색 엔진 세대	엔진 특징	대표적 실례
1 세대 엔진	디렉토리 검색	Yahoo, Lycos, Einet Galaxy
2 세대 엔진	키워드 + 로봇 검색	Altavista, HotBot, Excite
2.5 세대 엔진	디렉토리 + 로봇 검색	네이버, 다음, 엠파스, 파란
3 세대 엔진	PageRank 기법	Googlc
4 세대 엔진	지식 검색(시맨틱 웹)	Hakia, searchme, Qrobo

현재 시중에서 사용되고 있는 웹 검색 엔진은 크게 주제별, 단어별, 지식 검색 엔진으로 분류할 수 있다. 주제별 엔진은 정보를 주제별로 분류하여 디렉토리를 구성하여 정보의 범위를 좁혀가면서 검색하는 기법이다. 단어별 엔진은 단어를 기반으로 검색하여 자료를 제공하는 엔진이다. 지식 검색 엔진은 관련 단어와 주제를 종합적으로 분석하여 지식 수준의 정보를 제공하는 엔진이다. [표 12.13]은 웹 검색 엔진이 발전해온 과정을 기술별로 정리한 실제 상품들이다.

(2) 2세대 검색 엔진 : 로봇 검색 엔진

웹 페이지가 억 단위로 증가하자 사람이 자료를 선별하는 것이 어려워서 에이전트를 이용한 로봇 검색 엔진이 출현하였다. 로봇은 한 사이트에서 연결된 링크를 따라서 다른 사이트로 이동하면서 키워드(keyword)를 기준으로 자료를 수집하여 검색 서버에게 전송함으로써 서버는 많은 자료를 확보하게 되었다. 대표적인 검색 엔진으로는 Altavista, HotBot, Excite 등이 있다.

(3) 2.5세대 검색 엔진 : 디렉토리와 로봇의 결합 엔진

로봇 엔진이 많은 정보를 찾아주었지만 디렉토리 엔진과 같이 엄선되고 잘 정리된 서비스를 제공하지 못하였다. 또한 로봇 엔진의 검색 논리가 모두 다르기 때문에 엔진마다 상이한 검색 결과를 제공하였다. 이런 문제를 충족하기 위하여 메타 검색 엔진이 출현하였다. 메타 검색 엔진은 자체 정보를 보유하지 않고 다른 검색 엔진의 결과를 실시간으로 가져와 정리하여 제공하는 방식이다. 대표적인 2.5세대 검색 엔진으로는 네이버, 다음, 엠파스, 파란 등이 있다. 대표적인 메타 검색 엔진으로는 CUSI, SavvySearch, MeraFine 등이 있다.

(4) 3세대 검색 엔진 : 고급 로봇 검색 엔진

Google이 첫 페이지에 클릭하고 싶은 정보를 노출하는 구조의 페이지랭크(PageRank) 기법을 적용함으로써 검색 엔진 시장을 석권하였다. 페이지랭크란 어떤 페이지의 중요성은 그 페이지를 참조하는 다른 페이지들의 수로 알 수 있다는 가정으로 페이지의 우선순의를 부여한 개념이다. 이 방식은 한 논문의 가치는 그 논문을 인용하는 횟수에 비례한다는 과학기술논문 평가 기준을 활용한 것이다. [그림 12.12]는 페이지랭크 개념을 단순화 시킨 약식 개념이다. 웹 페이지 A의 페이지랭크는 A를 인용하는 다른 웹 페이지들(T_1, T_2, …, T_n)이 가리키는 페이지랭크 값의 합인 120(50+40+30)이다. 다른 웹 페이지에서 A로 연결되는 비중은 외부로 연결되는 링크 수로 나눈 값이다. 따라서 웹 페이지 A의 페이지랭크는 (식 12.4)과 같이 A로 연결되는 모든 페이지랭크의 합계로 계산할 수 있다. 즉, (식 12.4)는 실제로 구글에서 사용하는 공식으로 페이지 A의 페이지랭크 PR(A)는 페이지 A를 가리키는 페이지들의 페이지랭크를 A를 인용하는 수로 나눈 값들의 합계이다.

$$PR(A) = (1-d) + d\left(\frac{PR(T_1)}{C(T_1)} + \frac{PR(T_2)}{C(T_2)} + \cdots + \frac{PR(T_n)}{C(T_n)}\right) \quad \text{(식 12.4)}$$

A : 페이지랭크 PR을 계산하고자 하는 노드(웹 페이지).
T_1, T_2, ... , T_n : A를 인용하는 노드.
$C(T_n)$: 노드 T_n에서 외부로 나가는 노드 수(링크 수).
d : 통제 상수.

[그림 12.12]의 페이지랭크 그래프에서 간단하게 페이지랭크 값을 계산해본다. 그래프에서 T_1의 페이지랭크가 100이고 외부 연결 링크가 두 개이므로 A를 가리키는 페이지랭크 값은 50

이다. T_2에서 외부로 연결되는 링크는 A 하나이며 값은 40이고, T_n에서 외부 연결 링크가 세 개이므로 A로 가는 값은 30이다. 따라서 A의 페이지랭크 값은 다음과 같이 세 노드에서 연결되는 페이지랭크 값의 합계로 계산할 수 있다.

$$PR(A) = \frac{PR(T_1)}{C(T_1)} + \frac{PR(T_2)}{C(T_2)} + \frac{PR(T_n)}{C(T_n)} = \frac{100}{2} + \frac{40}{1} + \frac{90}{3} = 120$$

웹 페이지 A의 페이지랭크 값은 120이 된다.

(5) 4세대 검색 엔진 : 차세대 로봇 검색 엔진

지금까지의 검색 엔진은 사용자가 원하는 검색어와 동일한 단어가 들어 있는 페이지를 찾는 키워드 검색에 기반을 두고 있다. 앞으로는 사용자가 검색하고자 하는 의미를 파악하여 페이지를 제공하는 의미기반 검색으로 기술이 발전할 것으로 예상된다. 자료의 구조를 체계적으로 정의해주는 XML, 공유 개념을 명세해주는 온톨로지, 생각하는 시맨틱 웹 등을 기반으로 의미가 부여된 정보를 검색해주는 지식 검색 엔진이 출현하고 있다. 4세대 검색 엔진은 인터페이스에서도 새로운 시도를 할 것으로 예상된다. 대표적인 4세대 검색 엔진으로는 Hakia, searchme, Qrobo 등이 있다.

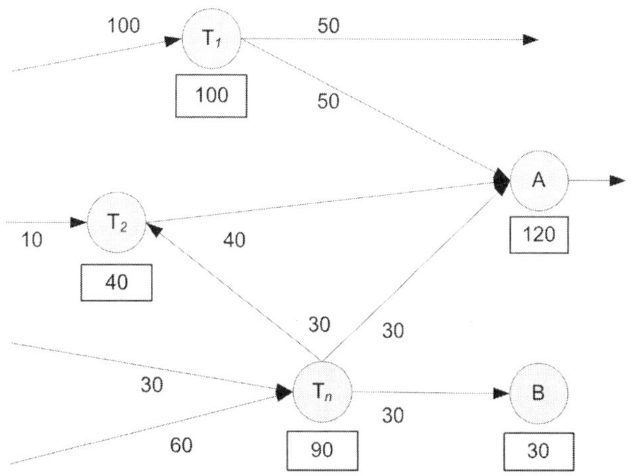

[그림 12.12] 단순한 형태의 페이지랭크 개념

연 습 문 제

12.1 다음 용어들을 정의하시오.

1) 자료 검색	2) 정보 검색	3) 지식 검색
4) 전문 검색	5) 유사도	6) 용어 빈도수
7) 역문헌 빈도수	8) 용어 가중치	9) 시소러스
10) 온톨로지	11) 개념	12) 지식베이스
13) 검색 모델	14) 조회율	15) 정확도

12.2 문서를 검색하기 위한 전처리 과정을 설명하시오.

12.3 RDF는 무슨 용도로 사용하는가?

12.4 시맨틱 웹이란 무엇이며, 목표와 구축 방법을 설명하시오.

12.5 온톨로지란 무엇이며, 추구하는 목표와 구축 방법을 기술하시오.

12.6 시맨틱 웹에서 온톨로지의 역할을 설명하시오.

12.7 시맨틱 웹에서 RDF의 역할을 설명하시오.

12.8 온톨로지와 RDF의 관계를 설명하시오.

12.9 시맨틱 웹의 미래 전망을 기술하시오.

12.10 자료 검색과 정보 검색의 차이점을 기술하시오.

12.11 정보 검색과 지식 검색의 차이점을 기술하시오.

12.12 지식 검색이란 무엇인가?

12.13 지식 검색에 필요한 핵심 기술을 설명하시오.

12.14 에이전트가 지식 검색에 필요한 이유는 무엇인가?

12.15 불리언 검색 모델의 장단점을 설명하시오.

12.16 벡터 공간 검색 모델의 장단점을 설명하시오.

12.17 내용기반 검색을 지원하는 기술은 무엇인가?

12.18 역파일 구조에서 포스팅 파일의 역할은 무엇인가?

12.19 조회율과 정확도의 관계를 설명하시오. 조회율과 정확도를 함께 향상하는 기법에 대해 설명하시오.

12.20 디렉토리 검색 엔진과 키워드 검색 엔진 그리고 로봇 검색 엔진의 차이점을 설명하시오.

12.21 검색된 자료가 많으면 순위 알고리즘을 이용하여 정렬을 하는데, 대표적인 순위 알고리즘을 기술하시오.

12.22 검색 엔진에서 브로커의 역할과 기능을 설명하시오.

12.23 색인기에서는 파서가 무슨 용도로 사용되는가?

12.24 검색 엔진의 자료 저장소에서 용어를 추출하는 기술에 대해 설명하시오.

12.25 한국어에서 용어를 추출하는 것이 중국어보다 어려운가? 어렵다면, 혹은 쉽다면 그 이유는 무엇인가?

12.26 차세대 검색 엔진의 발전 방향을 설명하시오.

제 13 장

분산 데이터베이스

CHAPTER 13

분산 데이터베이스

데이터베이스가 출현한 이후에는 조직체의 각 분야에서 사용하는 자료를 데이터베이스 시스템으로 집중하는 작업이 진행되었다. 자료를 집중하는 작업이 어느 정도 성과를 거두면서 다시 자료를 지역으로 분산시키는 작업이 진행되었다. 데이터베이스의 짧은 역사 속에서 우리는 집중화와 분산화를 같이 경험하고 있다. 이것은 사회적으로 중앙 집중화 된 권력이 지방 분권화로 이행하는 것과 유사한 방식의 흐름이다. 분산 데이터베이스는 데이터베이스 기술과 통신 기술을 접목하여 다수의 데이터베이스를 하나의 데이터베이스처럼 사용하는 기술이다. 컴퓨터 통신 기술의 발전으로 인하여 인터넷이 보급되면서 분산 데이터베이스가 활발하게 발전하고 있다.

이 장에서는 분산의 개념과 분산 환경에서 데이터베이스들이 어떻게 적용되고 있는지를 기술한다. 분산 데이터베이스의 구조를 설명하고, 분류하며, 핵심 구성 요소들의 역할과 기능을 논의한다. 분산 데이터베이스의 설계 방법을 기술하고, 분산 트랜잭션의 기능과 관리를 논의한다. 분산 질의처리를 위하여 세미 조인 등의 효율적인 기법들을 논의한다.

13.1 개요

현대 컴퓨터 시스템의 특징은 분산처리, 병렬처리, 멀티미디어, 객체지향, 인공지능 등으로 축약할 수 있다. 실제로 데이터베이스 관리 시스템(DBMS)들은 이들 특징들을 모두 데이터베이스 시스템에 추가하고 있다. 이 절에서는 분산처리와 병렬처리를 기반으로 데이터베이스 시스템을 기술한다. 분산 시스템이란 여러 지역에 있는 컴퓨터들을 통신망으로 연결하여 하나의 시스템처럼 사용하는 기술이고, 병렬 시스템이란 하나의 작업을 여러 장치에서 나누어 실행하는 기술이다. 분산과 병렬 시스템의 공통점은 하나의 작업을 여러 개의 장치나 프로그램으로 나누어 처리한다는 점이다.

분산이란 여러 개체들을 하나처럼 사용하는 기술이다.

분산 시스템과 데이터베이스를 통합하면 분산 데이터베이스 시스템을 쉽게 이해할 수 있다. 분산 데이터베이스 시스템은 데이터베이스를 여러 개로 나누어 놓고 하나처럼 사용하므로 편리한 시스템이다. 실제로 여러 개의 시스템을 하나처럼 표현해야 하기 때문에 내부적으로는 복잡한 시스템이다.

13.1.1 분산 데이터베이스의 개념

분산이란 흩어놓는 개념이고, 데이터베이스란 모으는 개념이므로 분산 데이터베이스는 흩어놓고 다시 모으는 모순되는 개념이다. 컴퓨터 세계에서 분산이란 컴퓨터를 여러 지역에 흩어놓고 통신망으로 연결하여 하나의 컴퓨터처럼 사용하는 개념이다. 데이터베이스를 여러 지역에 흩어놓는 이유는 각 지역에서 자료를 처리할 필요가 있기 때문이고, 연결하는 이유는 각 지역의 자료처리 업무를 종합적으로 관리할 필요가 있기 때문이다.

(1) 분산 데이터베이스

분산 시스템은 독립적으로 실행되는 컴퓨터들을 통신망으로 연결하여 하나의 컴퓨터처럼 사용하는 시스템이다. 물리적으로는 개별적인 컴퓨터들이지만 논리적으로는 하나의 컴퓨터이다. 분산 데이터베이스는 물리적으로 여러 지역에서 실행되는 데이터베이스들을 통신망으로 연결하여 하나의 데이터베이스처럼 사용하는 가상적(논리적)인 데이터베이스이다. 분산 데이터베이스 시스템을 만드는 목적과 이유는 [표 13.1]과 같이 크게 두 가지이다.

[표 13.1] 분산 데이터베이스의 종류

종류	내 역
연방 데이터베이스	기존의 데이터베이스 시스템들을 통합하여 사용하는 데이터베이스
분산 데이터베이스	하나의 데이터베이스를 여러 시스템에 배치하여 사용하는 데이터베이스

1) 연방 데이터베이스

기존에 개별적으로 사용하고 있는 데이터베이스 시스템들을 통합할 필요가 있을 때는 연방 데이터베이스 시스템을 구축한다. 예를 들어 한 은행이 다른 은행을 기업 인수 합병(M&A)하는 경우에 두 가지 데이터베이스 시스템을 하나로 통합하는 경우에 해당한다. 이 경우에는 두 개의 데이터베이스가 독립적으로 운용되면서 은행의 통합관리를 위하여 두 데이터베이스를 연결하여 부분적으로 중앙에서 관리를 하게 된다. 이런 업무는 연방국가와 같이 지방 정부들이 지역자치 체제를 운영하면서 국방, 외교, 통화와 같은 전국적인 업무는 중앙정부에서 집행하는 것과 유사하기 때문에 연방 데이터베이스 시스템이라고 한다.

2) 분산 데이터베이스

새로 전국 규모의 기업을 설립하는 경우에 과거에는 중앙 컴퓨터에 대형 데이터베이스를 설치하고 각 지역에 단말기를 설치하여 모든 지역의 데이터베이스 업무를 중앙에서 처리하는 데이터베이스 시스템을 구축하였다. 그러나 이제는 지역에 컴퓨터를 설치하여 지역 데이터베이스 업무를 수행하게 하고, 중앙에 설치하는 컴퓨터는 지역 데이터베이스 업무를 총괄하는 일을 수행하게 한다. 즉, 처음부터 데이터베이스를 전국에 분산 배치하여 지역 데이터베이스 업무는 지역에서 처리하고 여러 데이터베이스와 관련된 업무는 전역으로 처리한다. 데이터베이스를 분산 시스템에 적용시킨 것이 분산 데이터베이스 시스템이다.

(2) 병렬 데이터베이스

컴퓨터의 처리 속도를 향상하는 방법 중에는 병렬처리(parallel process)가 대표적인 기능의 하나이다. 병렬처리 시스템은 여러 개의 CPU들과 디스크들을 병렬로 사용함으로써 중앙 연산 처리속도와 입·출력 처리속도를 균형 있게 조절하여 향상시킨다. 과거에는 병렬처리를 슈퍼컴퓨터에서 사용하는 특수한 용도로 간주하였으나 마이크로컴퓨터의 발전으로 인하여 이제는 점차 보편화되고 있다. 데이터베이스 규모가 점차 확장되면서 초대형 데이터베이스에 질의를 하면 응답 시간이 매우 길어질 수 있다. 수많은 트랜잭션을 짧은 시간에 처리하기 위해서는 병렬처리가 필수적이다. 분산처리는 여러 대의 컴퓨터 시스템을 설치하여 작업을 나누어 처리하는 것이라면, 병렬처리는 여러 대의 처리장치들을 설치하여 나누어 처리하는 것이라고 생각할 수 있다. 따라서 병렬처리도 분산처리의 한 가지 방법이라고 할 수 있다. 데이터베이스를 병렬처리 시스템에 적용한 것이 병렬처리 데이터베이스 시스템이다.

[표 13.2] 병렬처리 시스템 분류

분 류	분류 기준	실 례
밀 결합 시스템	처리기와 기억장치 사이의 접근 속도: 고속	슈퍼컴퓨터
이완 결합 시스템	처리기와 기억장치 사이의 접근 속도: 저속	분산 컴퓨터

1) 병렬처리 시스템 구조

분산처리 시스템과 병렬처리 시스템을 구분하는 방법으로 CPU와 메모리 간의 접근 속도, 메모리와 디스크 간의 전송 속도 등을 기준으로 삼기도 한다. 두 시스템을 구분하기 위하여 다음과 같이 시스템 구성요소들의 결합 정도를 기준으로 분류한다[표 13.2].

가. 밀 결합 시스템(tightly-coupled system)

밀 결합 시스템이란 CPU에서 다른 CPU나 메모리, 디스크 등의 장치들을 접근하는 속도가 빠른 시스템을 말한다. 대표적인 실례가 슈퍼컴퓨터이다. 여러 개의 CPU들과 메모리, 디스크 장치들이 하나의 캐비닛 안에 설치되어 있거나 인접한 캐비닛에 설치되어 신속하게 자료를 처리하는 시스템이다.

나. 이완 결합 시스템(loosely-coupled system)

이완 결합 시스템이란 CPU에서 다른 CPU나 메모리와 디스크 등의 장치를 접근하는 속도가 빠르지 않은 시스템을 말한다. 여러 개의 CPU와 장치들이 지역적으로 떨어진 곳에 설치된 연방 시스템과 분산 시스템 등이 여기에 속한다.

밀 결합 시스템과 이완 결합 시스템의 절대적인 차이는 없다. 단지 CPU와 다른 장치들 사이의 접근 속도가 빠르면 상대적으로 밀 결합 시스템이고, 늦으면 이완 결합 시스템이다. 밀 결합 시스템과 이완 결합 시스템 사이에는 무수한 스펙트럼이 존재하기 때문이다. 밀 결합 시스템의 대표적인 실례가 슈퍼컴퓨터라면, 이완 결합의 대표는 분산 컴퓨터라고 할 수 있다. 따라서 병렬 데이터베이스 시스템도 이들 시스템 사이에 다양하게 적용된다고 할 수 있다.

2) 병렬처리 데이터베이스의 물리적 구조

병렬 데이터베이스의 기본 개념은 자료처리 수행 단계들을 최대한 병렬로 수행하여 성능을 향상하는 것이다. 데이터베이스는 병렬처리하면 성능 향상에 도움이 되는 부분들이 많이 있다. 실제로 데이터베이스는 병렬처리의 가장 성공적인 사례의 하나이다. 병렬 데이터베이스의 구조는 [그림 13.1]과 같이 크게 세 가지로 구분된다.

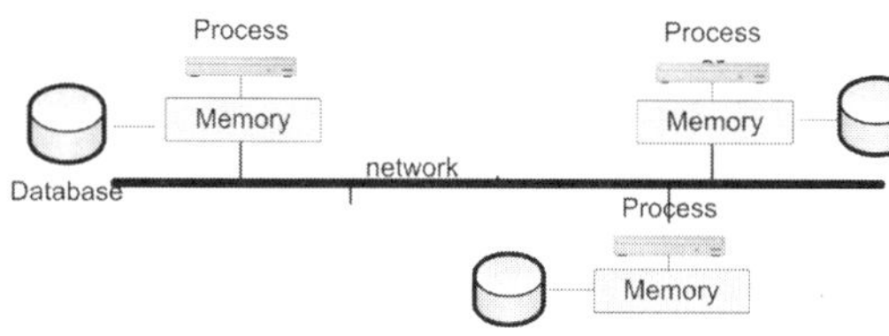

(a) 무 공유

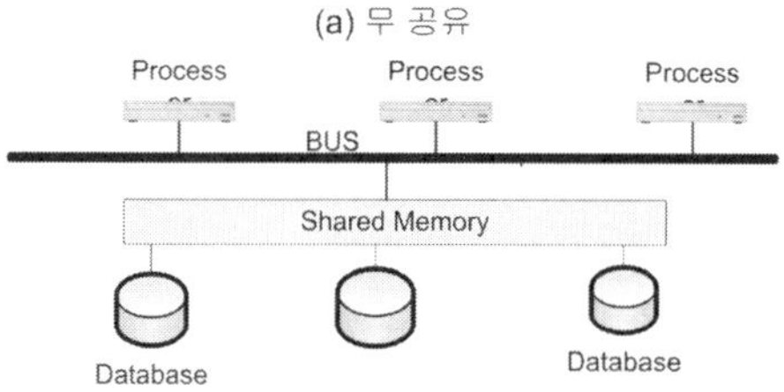

(b) 공유 메모리

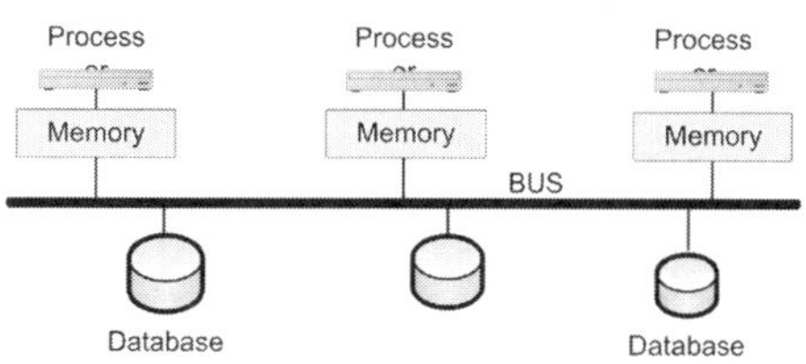

(c) 공유 디스크

[그림 13.1] 병렬처리 데이터베이스 시스템의 세 가지 구조

가. 무 공유 데이터베이스

무 공유 데이터베이스 시스템이란 데이터베이스가 설치된 독립된 컴퓨터들이 네트워크로 연결된 상태이다. 컴퓨터마다 주기억장치와 디스크가 설치되어 있으나 컴퓨터가 다른 컴퓨터의 주기억장치나 디스크를 공유하지 못하는(shared nothing) 구조이다. 네트워크를 통하여 자료를 다른 컴퓨터에게 전달하여 데이터베이스에 저장하고 처리한다. 무 공유 다중프로세서 구조에서는 노드들이 대칭적이고 동질적이지만 분산 데이터베이스 환경에서는 각 노드의 하드웨어와 운영체제들이 다른 경우가 많다. 하나의 작업을 여러 데이터베이스 시스템들이 나누어 처리할 수 있으므로 넓은 의미에서 병렬처리 데이터베이스 환경으로 간주된다.

나. 메모리 공유 데이터베이스

여러 프로세서들이 버스(bus) 네트워크를 이용하여 주기억장치를 공유하는(shared memory) 구조이다. 디스크는 주기억장치에 연결되어 있으므로 프로세서들이 주기억장치와 디스크를 공유하는 병렬 데이터베이스이다. CPU의 메모리 접근 속도가 빠르므로 밀 결합 시스템(tightly-coupled system)으로 분류된다. 전통적인 컴퓨터의 구조는 주기억장치에 프로세서들을 추가한 멀티프로세서 시스템이기 때문에 메모리 공유 시스템에 가깝다. 따라서 상용 데이터베이스 시스템들은 메모리 공유 데이터베이스 쪽으로 개발되었다.

다. 디스크 공유 데이터베이스

프로세서마다 전용 주기억장치가 연결되어 있고, 프로세서들이 버스 네트워크를 이용하여 서로 디스크들을 공유하는(shared disk) 병렬 데이터베이스 시스템이다. CPU에서 다른 주기억장치를 접근하는 속도가 빠르지 못하므로 이완 결합 시스템(loosely-coupled system)으로 분류된다. 프로세서는 디스크의 데이터베이스를 공유하면서 전용 주기억장치를 이용하여 자료를 처리한다.

[표 13.3] 병렬처리 데이터베이스의 구조

구 조	내 역	문제점
무 공유	독립된 시스템들을 네트워크로 연결	디스크 공유 곤란
메모리 공유	공유 메모리를 중심으로 프로세서와 디스크 사용	메모리 사용 시 간섭
디스크 공유	전용 메모리가 있는 프로세서들이 디스크 공유	디스크 사용 시 간섭

메모리 공유와 디스크 공유 구조는 네트워크를 통하여 메시지를 교환하는 부담이 없이 통신할 수 있다. 이 구조를 사용하여 개발된 데이터베이스 시스템은 병렬 프로세서 기술을 이용하기 때문에 병렬 데이터베이스 관리 시스템이라고 부른다. 메모리 공유와 디스크 공유 데이터베이스의 기본적인 문제는 간섭이다. 프로세서가 추가될수록 주기억장치 접근이나 버스 네

트워크 대역폭에 대한 경쟁이 치열해지기 때문이다. 무 공유 데이터베이스는 간섭에서는 자유로우나 데이터베이스 공유가 쉽지 않은 것이 문제점이다. [표 13.3]과 같이 분산 데이터베이스에서는 각각의 데이터베이스 시스템들이 이런 종류의 병렬 데이터베이스 구조를 운영할 수 있다.

13.1.2 분산 데이터베이스의 부수 기능

분산 데이터베이스를 구현하려면 중앙집중식 데이터베이스의 주요 기능 이외에 다음과 같은 추가적인 기능이 요구된다. [표 13.4]에서 분산 데이터베이스의 부수적인 기능을 요약하였다.

[표 13.4] 분산 데이터베이스의 부수적인 기능

부수 기능	내 역
분산 트랜잭션 관리	전역 트랜잭션과 지역 트랜잭션 관리
메타 자료 관리	분산 DBMS의 모든 메타 정보를 유지(분산, 단편, 할당, 중복 정보 등)
분산 질의처리	조인 연산의 비용 감소를 위하여 세미 조인 연산 사용 등
중복 자료관리	중복 자료 중에서 접근할 사본을 식별하고, 일관성 유지
분산 데이터베이스 회복	사이트와 통신 선로 고장 시 데이터베이스를 회복하는 기능
보안	분산 환경을 이용하는 불법 침입으로부터 데이터베이스 보호

1) 분산 트랜잭션 관리

분산 데이터베이스의 트랜잭션은 지역 트랜잭션과 전역 트랜잭션으로 구성된다. 지역 트랜잭션은 단일 시스템에서 실행되는 트랜잭션이므로 중앙집중식 트랜잭션과 동일하다. 전역 트랜잭션은 다른 사이트들의 지역 트랜잭션을 기동시키고 결과를 받아서 종합하는 트랜잭션이다. 분산 트랜잭션이란 전역 데이터베이스를 접근하는 트랜잭션이다.

2) 메타 자료 관리

각 지역 데이터베이스에서 관리하고 있는 카탈로그 자료들을 통합하여 분산 DBMS가 자료의 분산, 단편화, 할당, 중복 정보 등에 대한 정보를 관리한다.

3) 분산 질의처리

분산 데이터베이스 질의는 다른 사이트로 질의를 전송하고 결과 자료를 전송하고, 전송받는 기능을 지원해야 한다. 데이터베이스가 분산되어 있으므로 자료 전송 비용을 줄이는 질의 기법이 요구된다. 조인 연산의 비용을 감소하기 위하여 세미 조인 연산을 사용한다.

4) 중복 자료 관리

분산 데이터베이스에 저장된 자료들의 상태와 중복, 단편화된 상태를 추적하고 관리해야 한다. 이를 위해 단편 스키마, 할당 스키마, 전역 스키마 등을 구축하여 지역 스키마를 관리한다. 중복된 자료가 여러 사이트에 저장되어 있을 때 한 자료가 갱신, 삭제되어도 전체 자료들의 일관성이 유지되는 기능이다.

5) 분산 데이터베이스 회복

분산 데이터베이스 시스템의 각 사이트가 붕괴되었을 때 그리고 통신 선로에 고장이 발생하였을 때 처리 중인 데이터베이스 트랜잭션을 회복시키는 기능이 요구된다. 어느 한 사이트에 고장이 발생하면 일관성 있게 복구해야 한다. 트랜잭션의 ACID 특성이 분산 트랜잭션에서도 적용되어야 한다. 중복 자료를 이용하고, 다른 통신 루트를 찾아서 데이터베이스를 회복시킨다.

6) 보안

분산 데이터베이스 시스템은 분산 환경 안에서 정보를 교환할 때 외부의 불법 침투에 노출될 수 있다. 전역 트랜잭션에 의하여 지역 트랜잭션을 기동하고 완료하는 과정에서 정확한 사용자인지를 확인하는 보안 기법이 요구된다.

13.1.3 분산 데이터베이스의 장·단점

데이터베이스를 운영하는 조직체들은 업무 조직이 분산되어 있으므로 이들 업무를 효율적으로 지원하기 위해서는 데이터베이스가 분산되어 지원하는 것이 바람직하다. 분산 데이터베이스는 장점만 있는 것이 아니므로 [표 13.6]과 같이 단점도 함께 살펴보기로 한다.

[표 13.5] 분산 데이터베이스의 장점

장 점	내 역
성능	여러 대의 시스템이 작업을 나누어 처리하므로 응답 시간 감소
가용성	사본이 여러 사이트에 저장되어 있으므로 가용성 증가
지역성	가까운 위치의 사본을 접근하므로 접근성과 통신 시간 단축 효과
확장성	네트워크에 필요한 시스템을 추가하는 것으로 쉽게 확장
투명성	물리적으로 여러 대의 시스템을 논리적으로 하나의 시스템처럼 쉽게 자료 처리

(1) 장점

1) 성능

데이터베이스들이 분산되어 개별 데이터베이스의 크기가 작으므로 각 지역 트랜잭션들의 처리 속도가 향상된다. 전체 데이터베이스들을 접근해야 하는 전역 트랜잭션이 주어져도 여러 사이트에서 지역 트랜잭션들이 나누어 병렬처리하기 때문에 응답시간이 향상된다.

2) 가용성

분산 데이터베이스는 자료를 여러 사이트에 중복하여 저장하기 때문에 한 사이트에 사고가 발생하더라도 다른 사이트의 자료를 이용할 수 있다. 자료를 중복하여 저장하면 신뢰도와 가용성을 함께 증가할 수 있다.

3) 지역성

분산 데이터베이스는 자료를 가장 필요로 하는 지역에 데이터베이스를 설치하므로 응답 속도가 향상된다. 자료의 지역화는 CPU와 입·출력장치에 대한 경쟁을 감소시키고, 원거리 통신에 의한 접근 지연도 감소시킨다.

4) 확장성

중앙집중식 데이터베이스를 확장시키려면 데이터베이스 시스템 자체를 대형으로 교체해야하므로 하드웨어와 소프트웨어 시스템 자체가 대형화되기 때문에 복잡한 작업들이 수반된다. 분산 데이터베이스의 경우에는 네트워크에 유사한 시스템을 추가하거나, 지역 시스템에 프로세서, 디스크 장치 등을 추가하는 것이므로 훨씬 용이하다.

5) 분산 투명성

분산이란 지역적으로 떨어진 위치에 설치한 컴퓨터들이 통신망으로 연결되어 하나의 시스템처럼 사용하는 개념이다. 투명성이란 시스템의 자세한 내용을 모르고도 쉽게 사용할 수 있는 개념이다. 따라서 사용자는 분산 데이터베이스 시스템 내의 각 파일이나 자료가 어디에 있는지 몰라도 접근할 수 있으므로 편리하다.

[표 13.6] 분산 데이터베이스의 단점

단 점	내 역
복잡성	여러 시스템을 하나인 것처럼 처리해야 하므로 내부 구조가 복잡
오류	기능이 복잡하기 때문에 오류 발생 가능성 증대
처리 부담	네트워크 간의 통신량 증대와 협동처리로 처리 부담 증가
비용	복잡성과 처리 부담 증가로 인하여 비용 증가

(2) 단점

분산 데이터베이스의 단점을 살펴보면 [표 13.6]과 같이 비용이 많이 소요된다.

1) 복잡성

분산 데이터베이스는 물리적으로 여러 사이트에 주재하는 데이터베이스들을 논리적으로 하나의 데이터베이스인 것처럼 운용하기 때문에 다양한 미들웨어가 필요하고, 사이트 간에 협동처리가 증가하며, 이들 협동처리를 해결하는 과정에서 소프트웨어들이 복잡해진다.

2) 오류 증가

소프트웨어가 복잡하기 때문에 오류 가능성이 증가한다. 특히 분산·병렬처리로 인하여 오류가 쉽게 야기되고 오류의 원인을 찾기 어렵다.

3) 처리 부담 증가

사이트 간에 협조하기 위하여 통신량이 많아지며, 같은 기능의 소프트웨어가 많아지므로 처리 부담이 증가한다.

4) 비용 증가

복잡한 기능의 소프트웨어를 개발하고, 오류 확인을 위한 절차가 증대하고, 소프트웨어의 수가 많아지고, 통신량이 많아지므로 각종 비용이 증가한다.

분산 데이터베이스는 장점 못지않게 단점도 많이 있다. 분산 데이터베이스는 중앙집중식 데이터베이스와 완벽한 분산 데이터베이스 시스템 사이에 다양한 형태의 구조가 존재한다. 분산 환경에서 분산된 조직의 업무가 데이터베이스 기능을 요구할 때 장·단점을 검토하여 현실에 맞는 구조로 분산 데이터베이스를 설계하는 유연성이 요구된다.

13.2 분산 데이터베이스 구조

분산 데이터베이스의 구조는 분산 시스템의 지역 사이트에 데이터베이스를 나누어 설치하고 하나처럼 사용하는 구조이다. 지역 사이트에는 독립적으로 실행되는 데이터베이스 시스템이 운영되며, 분산 데이터베이스 시스템은 지역 데이터베이스 시스템들을 이용하여 전체 데이터베이스를 하나처럼 운영한다.

13.2.1 분산 데이터베이스 구조

분산 데이터베이스는 분산 시스템의 물리적인 구조 위에 데이터베이스를 나누어 설치하고, 트랜잭션의 ACID 특성을 유지하기 위한 분산 트랜잭션 관리 프로그램으로 구성된다. 하나의 데이터베이스를 분산 시스템에 설치하는 구조는 데이터베이스를 최소 단위인 단편들로 나누고 지역에 배치하는 할당 스키마와 단편들을 종합하는 전역 스키마로 구성된다.

(1) 분산 데이터베이스의 물리 구조

분산 데이터베이스 시스템의 물리적인 구조는 크게 네 가지로 구성된다. 첫째, 여러 지역의 데이터베이스들과 둘째, 이들을 관리하는 지역 DBMS들과 셋째, 지역 DBMS들을 연결하는 통신망과 넷째, 지역 데이터베이스들을 하나의 데이터베이스처럼 사용하는 분산 DBMS로 구성된다. 이들 구성 요소들의 물리적인 측면에서 살펴보기로 한다[표 13.7].

[표 13.7] 분산 데이터베이스의 물리 구조

구성요소	내 역
지역 DBMS	지역 사이트의 데이터베이스를 관리
지역 Database	지역 사이트에 저장된 자료(전역 데이터베이스 구성 요소)
통신망	지역 사이트들을 연결하는 통신망
분산 DBMS	전역 트랜잭션과 전역 데이터베이스 관리
전역 카탈로그	전역 데이터베이스에 대한 메타-자료(자료 사전)

1) 지역 DBMS

지역 데이터베이스를 접근하는 지역 트랜잭션을 지원하고, 지역 데이터베이스를 관리하는 DBMS이다. 다른 지역의 DBMS들과 형태와 성능이 다를 수도 있다. 분산 DBMS의 요청에 의하여 다른 지역 사용자들을 위한 데이터베이스 서비스를 지원하기도하며, 필요하면 분산 DBMS에게 다른 지역 데이터베이스 서비스 지원을 요청하기도 한다.

2) 지역 데이터베이스

지역 사이트에서 지역 사용자들을 지원하는 데이터베이스이다. 지역 데이터베이스(local database)들의 합집합으로 전역 데이터베이스를 구성한다. 전역 데이터베이스(global database)는 가상적인 자료로서 전역 사용자들을 위해 데이터베이스 서비스를 지원한다.

3) 통신망

지역 사이트들을 연결하는 통신망을 의미한다. 좁은 지역에서는 LAN(local area network)을 이용하고 넓은 지역에서는 WAN(wide area network)을 이용한다. 인터넷의 보급으로 인터넷이 광역 분산 데이터베이스의 통신을 지원한다.

4) 분산 DBMS

전역 사용자들을 위하여 전역 데이터베이스를 관리하며, 전역 사용자들이 요구하는 전역 트랜잭션을 기동시키고, 전역 트랜잭션이 필요로 하는 지역 트랜잭션의 실행을 요구하고, 결과를 받아서 취합하여 전역 사용자에게 제공한다. 이를 위해 지역 사이트에 전역 트랜잭션과 지역 트랜잭션을 기동하고 조정하는 트랜잭션 조정자(transaction coordinator, TC)가 설치된다.

5) 전역 카탈로그

전역 데이터베이스를 구성하는 자료의 속성과 어디에 어떤 형태로 저장되어 있는지를 기억한다. 지역 사이트는 지역 데이터베이스 마다 자신의 카탈로그를 가지고 있다. 분산 데이터베이스의 구조를 [표 13.7]에서 간단하게 요약하였다. 지역 데이터베이스를 사용하는 지역 사용자들에게는 분산 데이터베이스가 단일 데이터베이스와 동일하게 사용된다. 전역 데이터베이스를 사용하기 위해서는 여러 지역 데이터베이스들을 접근해야 하므로 분산 DBMS의 지원을 받아야 한다. 분산 DBMS에서 전역 데이터베이스 처리 기능은 분산 데이터베이스 트랜잭션에서 논의한다. [그림 13.2]에서 보는 바와 같이 지역 사용자들은 직접 지역 DBMS에 접근하여 서비스를 받는다. 전역 사용자들은 여러 지역의 데이터베이스를 접근해야 하므로 분산 DBMS에게 서비스를 요청한다. 전역 사용자들은 자신들만 사용하는 시스템이 따로 있는 것이 아니고 각 지역 사이트에서 접근하여 분산 DBMS의 지원을 받는다. 따라서 분산 DBMS의 트랜잭션 조정자가 각 지역 사이트에 설치되어 전역 사용자들을 지원한다.

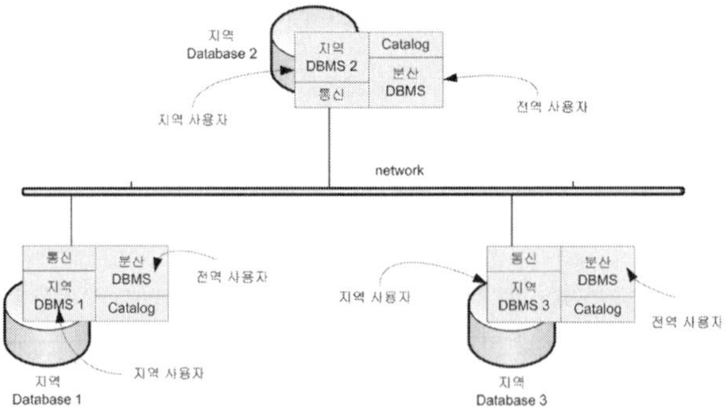

[그림 13.2] 분산 데이터베이스 시스템 구성 요소

(2) 분산 데이터베이스의 특성과 분류

분산 데이터베이스는 분산 환경에 맞추어 데이터베이스를 분산 배치한 시스템이다. 분산 데이터베이스는 설계 환경에 따라서 다음과 같이 분산성, 이질성, 자치성 세 가지 요소에 따라서 특성이 결정된다. [표13.8]은 분산 데이터베이스의 특성을 세 가지 측면에서 정리하였다.

1) 자치성

분산 시스템에서 자치(autonomy)란 각 데이터베이스에 대한 제어를 사이트별로 분산하는 기능이다. 자치의 요건은 지역 연산이 다른 사이트의 데이터베이스 시스템의 영향을 받지 않는 것이다. 지역 DBMS의 질의와 최적화는 전역 질의의 영향이 없다. 완벽한 자치라면 다른 사이트와 아무 관련이 없는 시스템이고, 자치가 전혀 없다면 데이터베이스가 여러 개 존재하는 중앙집중식 데이터베이스 시스템이다.

2) 이질성

분산 시스템에서 이질성(heterogeneity)이란 사이트별로 다양한 형식을 허용하는 정도이다. 하드웨어뿐만 아니라 운영체제, 자료 모델, DBMS, 질의 언어 등이 다양하게 섞여있는 정도를 말한다. 동질화될수록 사용과 관리 면에서 편리하지만 지역 업무의 특성상 이질성을 허용해야 하는 경우가 있다. 완벽한 이질 시스템이란 사이트별로 모든 구성 요소들이 모두 다른 경우이고, 이질성이 전혀 없다면 모든 사이트의 구성 요소들이 동일한 시스템을 말한다.

3) 분산성

분산 데이터베이스 시스템에서 분산성(distribution)이란 사이트별로 자료가 분산되어 있는 정도를 의미한다. 완전한 분산이란 모든 자료가 모든 사이트에 중복되어 있는 경우이고, 전혀 분산되지 않았다면 모든 자료가 전혀 중복되지 않은 시스템을 말한다.

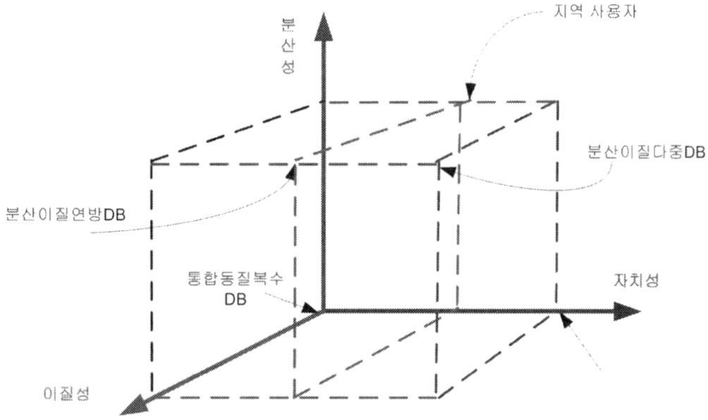

[그림 13.3] 분산 데이터베이스의 3요소

[그림 13.3]은 분산 시스템의 3요소인 분산성, 이질성, 자치성을 3개의 축으로 데이터베이스에 적용시킨 그림이다. 3가지 축의 원점 좌표에는 분산도 없고, 자치도 없고, 이질성도 없는 여러 개의 데이터베이스가 중앙에 집중되어 있으므로 통합동질복수 데이터베이스라고 한다. 이와 정반대로 분산 시스템의 3요소가 모두 완벽하게 충족되는 꼭짓점은 분산이질다중 데이터베이스라고 한다. 자치성이 중간 정도 유지되는 시스템을 연방 시스템이라고 한다. 따라서 자치성이 중간 지점에 속하는 사각형에는 분산성과 이질성에 따라 다양한 연방 데이터베이스가 된다. 이와 같이 분산 데이터베이스 시스템의 명명법은 분산성, 이질성, 자치성의 순서대로 특성을 부여하는 것이다[표 13.8].

[표 13.8] 분산 데이터베이스의 특성

특성	내 역
자치성	지역 데이터베이스들이 독립적으로 운영할 수 있는 기능
이질성	다양한 종류의 데이터베이스와 소프트웨어들로 구성될 수 있는 기능
분산성	데이터베이스가 여러 사이트에 설치되어 운영되는 기능

(3) 분산 데이터베이스의 분류

분산 데이터베이스 시스템의 종류를 구분하는 기준은 구체적인 DBMS를 대상으로 분류할 수 있도록 설정하였다. 전체적인 분산 데이터베이스 시스템의 분류는 [그림 13.4]와 같다. 분산 데이터베이스 시스템은 크게 동질적인 시스템과 이질적인 시스템으로 구분된다. 동질 분산 DBMS는 여러 개의 동일한 형식의 데이터베이스를 갖춘 시스템으로서 모든 사용자들은 전역 사용자들이다. 동질 DBMS는 자료가 여러 사이트에 있다는 사실 외에는 집중식 데이터베이스와 유사하다. 동질 DBMS는 다시 자치성이 높은 R^*와 같은 DBMS와 자치성이 적은 SDD-1과 같은 DBMS로 구분된다[표 13.9].

[표 13.9] 분산 데이터베이스의 분류

<table>
<tr><th>종 류</th><th>분류</th><th colspan="3">내역 및 실제 DBMS</th></tr>
<tr><td rowspan="2">동질 DB</td><td rowspan="2">전역 사용자만</td><td>자치</td><td colspan="2">자치성이 높은 동질 DBMS. ex. R*</td></tr>
<tr><td>비자치</td><td colspan="2">자치성이 낮은 동질 DBMS. ex. SDD-1</td></tr>
<tr><td rowspan="4">이질 DB</td><td>Gateway</td><td colspan="3">이질 데이터베이스 시스템들을 통신 인터페이스 방식으로 연결</td></tr>
<tr><td rowspan="3">하나의 System 으로 통합</td><td>Full DBMS</td><td colspan="2">모든 DBMS 기능을 지원하는 이질 DBMS. ex. Porel</td></tr>
<tr><td rowspan="2">부분적인 DBMS 기능</td><td>연방 DB</td><td>전역과 지역 사용자를 허용하는 DBMS. ex. Mermaid</td></tr>
<tr><td>비연방 DB</td><td>전역 사용자만 허용하는 이질 DBMS. ex. Unibase</td></tr>
</table>

이질 데이터베이스 시스템은 같은 시스템 안에서 통합하는 방식과 게이트웨이(gateway)에 의하여 다른 시스템을 연결하는 방식으로 구분된다. 게이트웨이에 의한 통합이란 다른 시스템을 연결하는 부분에서 두 시스템의 형식을 변환하는 방식이다. 시스템에 의한 통합 방식은 완전한 DBMS 기능을 갖춘 데이터베이스와 부분적인 DBMS 기능을 갖춘 데이터베이스로 구분된다. 완전한 DBMS 기능을 갖춘 시스템이란 어떤 DBMS든지 기대할 수 있는 모든 기능을 제공하는 시스템으로서 Porel 등이 있다. 부분적인 DBMS 기능을 갖춘 시스템이란 여러 개의 DBMS를 가진 다중 데이터베이스 시스템으로서 완벽한 데이터베이스 기능을 제공하지는 못한다. 부분적인 DBMS 기능을 갖춘 시스템은 다시 연방 데이터베이스와 비연방 데이터베이스로 구분된다. 연방 데이터베이스에는 지역 사용자와 전역 사용자가 모두 존재하지만, 비연방 데이터베이스는 지역 사용자들이 존재하지 않는다. 연방 데이터베이스에는 Mermaid, EDOS, MRDSM 등이 있으며, 비연방 DBMS에는 Unibase 등이 있다. [표 13.8]은 분산 데이터베이스 시스템들을 특징별로 분류한 내용이다.

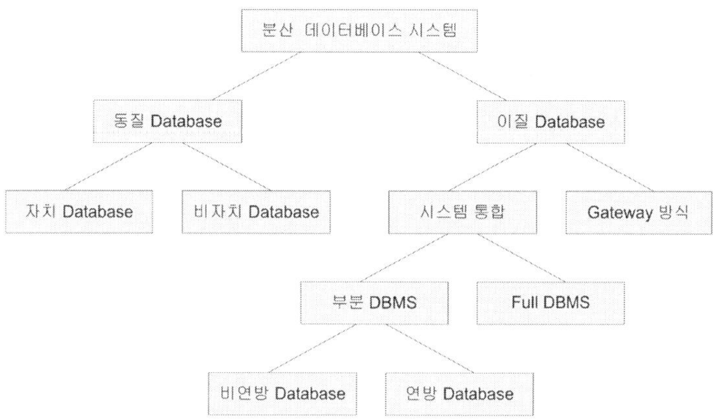

[그림 13.4] 분산 데이터베이스 시스템의 분류

13.2.2 분산 데이터베이스의 논리 구조

분산 데이터베이스 시스템은 독립된 지역 데이터베이스 시스템으로 구성된다. 지역 데이터베이스를 접근하려는 사용자들은 지역 DBMS를 접근하고, 전역 데이터베이스를 접근하려는 전역 사용자들은 분산 DBMS를 접근한다. 지역 DBMS에는 지역 자료를 관장하는 지역 스키마가 있으며, 분산 DBMS에는 전체 자료를 관장하는 전역 스키마가 있다. 전역 스키마를 접근하는 사용자는 궁극적으로 지역 스키마를 접근해야 서비스를 충족할 수 있다. 전역 스키마는 지역 스키마의 합집합이므로 지역 스키마와 연결하기 위하여 전체 자료를 조각으로 나누는 단편 스키마와 각 단편을 지역 스키마에 할당하는 할당 스키마로 구성된다. 따라서 분산 데이터베이스의 스키마 구조는 [그림 13.5]와 같이 4단계로 구성되어 있다.

1) 지역 스키마

지역에 어떤 단편들이 어떻게 저장되어 있는지를 정의한다. 독립된 지역 데이터베이스를 지원하는 스키마로서 중앙집중식 데이터베이스 시스템과 동일한 구조를 갖추고 있다. 지역 데이터베이스를 서비스하기 위하여 지역 DBMS가 관리한다. 전역 스키마를 구성하는 기본 요소이다.

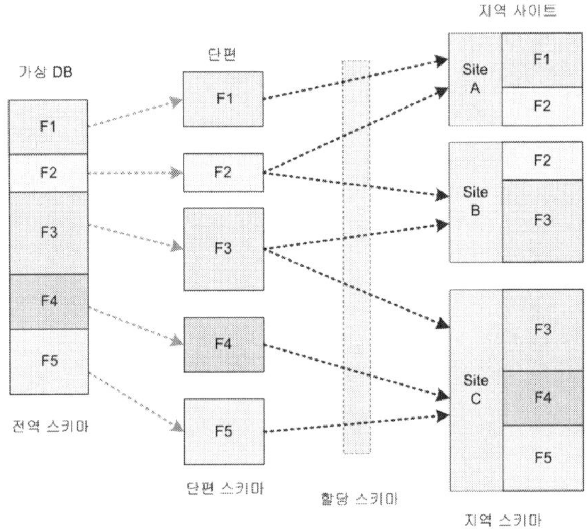

[그림 13.5] 분산 데이터베이스의 스키마 구조

2) 단편 스키마

전체 데이터베이스가 어떻게 작은 조각(단편)으로 구성되어 있는지를 정의한다. 분산 데이터베이스를 구성하면서 지역 사이트에 분할하여 할당되는 최소 단위를 단편이라고 한다. 단편 스키마는 단편을 조직하는 스키마이다. 단편은 지역 스키마와 전역 스키마를 구성하는 기본 요소이다.

3) 할당 스키마

데이터베이스의 각 단편이 어느 지역 데이터베이스에 할당되어 있는지를 정의한다. 단편을 한 개 이상의 사이트에 할당하여 사본을 중복 저장할 수 있다.

4) 전역 스키마

분산된 전체 데이터베이스를 구성하는 모든 지역 데이터베이스들의 집합을 전역 관계로 표현한 것이다. 자료들을 여러 사이트에 할당하기 위하여 어떤 사이트에 어떤 자료 부분들을 저장할 것인가를 결정해야 한다. 모든 사이트에 저장할 지역 스키마의 합집합이 전역 스키마이다. 지역 데이터베이스를 구성하는 단편들로 구성되며, 분산 DBMS가 전역 사용자를 위하여 관리한다.

[표 13.10]의 분산 데이터베이스의 각 스키마들의 내역은 다음 절에서 다시 기술하기로 한다.

[표 13.10] 분산 데이터베이스의 논리 구조

구성 요소	내 역
전역 스키마	모든 지역 스키마의 합집합
단편 스키마	전역 데이터베이스를 구성하고 있는 단편들을 정의
할당 스키마	어느 단편이 어느 지역에 할당되었는지를 정의
지역 스키마	지역에 어느 단편들이 저장되었는지를 정의

13.2.2 분산 데이터베이스의 자료 설계

분산 데이터베이스 설계는 자료 설계와 트랜잭션 설계로 구성된다. 자료 설계의 첫 단계는 지역 데이터베이스에 배치할 자료들을 설계하는 일이다. 여러 사이트에 할당하여 저장할 수 있는 논리적인 자료의 단위를 단편이라고 한다. 단편들을 분산된 사이트에 할당하고, 중복 배치함으로써 가용성과 신뢰도를 향상하고, 전역 트랜잭션의 성능을 향상할 수 있다.

(1) 단편화 설계

분산 데이터베이스의 자료 설계는 자료들을 분할하여 지역 사이트에 분산시키는 것으로 시작된다.

분산 자료 설계는 다음과 같이 상향식 설계(bottom-up design)와 하향식(top-down design) 설계로 구분된다.

1) 상향식 설계

지역 데이터베이스들을 설계한 다음에 이들을 통합하여 전역 스키마를 설계하는 방식이다. 단일 데이터베이스의 자료 설계는 외부 스키마, 개념 스키마, 내부 스키마 설계를 거쳐서 진행된다. 마찬가지로 분산 데이터베이스의 설계도 지역의 단일 데이터베이스 설계 결과를 토대로 전역 스키마를 설계한다. 전역 스키마는 전역 사용자를 위하여 지역 스키마를 통합한 개념 스키마이다. 여러 지역의 스키마들은 개념 스키마의 동일한 자료에 대하여 일관성을 유지하도록 물리 설계를 조정하여 확정한다. 설계 성과가 지역 데이터베이스부터 일찍 나오지만 최종적인 전역 스키마 설계에서 문제점이 나올 수 있다. 이 방식은 연방 데이터베이스를 설계하는 경우에 적합한 방법이다.

2) 하향식 설계

전역 데이터베이스를 설계한 다음에 단편들을 지역에 배치하여 지역 데이터베이스를 설계하는 방식이다. 조직의 업무를 분석하여 사용자들의 자료와 처리에 대한 요구를 정의한다. 요구분석을 토대로 외부 스키마와 전역 개념 스키마를 설계한다. 분산 설계 단계에서 지역 개념 스키마를 작성하고 내부 스키마 설계 과정을 거쳐서 지역 스키마를 결정하는 설계 방식이다. 전체 업무를 파악해야 하므로 시간이 걸리지만 설계에 완전을 기할 수 있다. 상향식 설계와 비교할 때 일장일단이 있으나 하향식 설계가 선호되고 있다. 이 방식은 분산 데이터베이스를 처음부터 설계하는 경우에 적합하다.

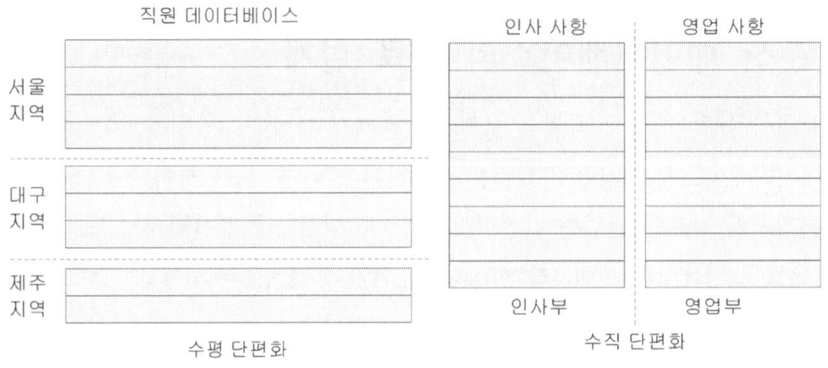

[그림 13.6] 수평 단편화와 수직 단편화

(2) 단편화 방식

자료를 지역 사이트에 분산하기 전에 분산되는 데이터베이스의 논리적인 단위를 결정해야 한다. 분산 데이터베이스는 지역에 할당하는 자료들을 단편(fragment)이라는 논리적인 최소 단위로 분할한다. 가장 쉬운 논리적인 단위는 테이블이다. 각 사이트별로 필요한 테이블들을 우선적으로 배치하는 방식이다. 은행에서 인사 테이블은 인사부에 배치하고, 홍보 테이블은 홍보부에 배치하고, 대출과 저축 테이블은 영업부에 배치하는 방식이다. 그러나 한 테이블을 여러 지역에 배치하는 경우도 있으므로 하나의 테이블을 수평적으로 또는 수직적으로 단편화하는 방식이 필요하다.

1) 수평 단편화

테이블의 수평 단편은 투플들의 부분집합이다. 수평 단편에 속하는 투플들은 특정한 속성에 대한 조건으로 명시된다. 회사에서 직원 테이블을 지역 사이트에 배치하는 경우에 직원들의 거주지별로 테이블을 나누어 수평적으로 배치하는 것이 편리하고 효율적이다. [그림 13.6](a)와 같이 테이블을 투플 단위로 나누어 분할하는 것을 수평 단편화라고 한다.

2) 수직 단편화

각 지역 사이트에 저장되는 테이블의 경우에 테이블의 모든 속성들이 필요하지 않을 수 있다. 회사에서 직원들을 관리하기 위한 인사 테이블을 설계할 때 직원들의 대출과 저축을 위한 영업 사항은 영업부에 할당하고, 테이블의 인사 사항과 급여 사항, 인사고과 사항 등은 인사부에 배치하는 것이 좋을 것이다. 따라서 인사 테이블을 수직적으로 분할하여 영업부에는 영업에 관련된 속성들만 할당하고, 인사부에는 인사에 관련된 속성들만 할당하는 것이 효율적이다. [그림 13.6](b)와 같이 테이블을 관련된 속성들을 중심으로 나누어 분할하는 것을 수직 단편화라고 한다.

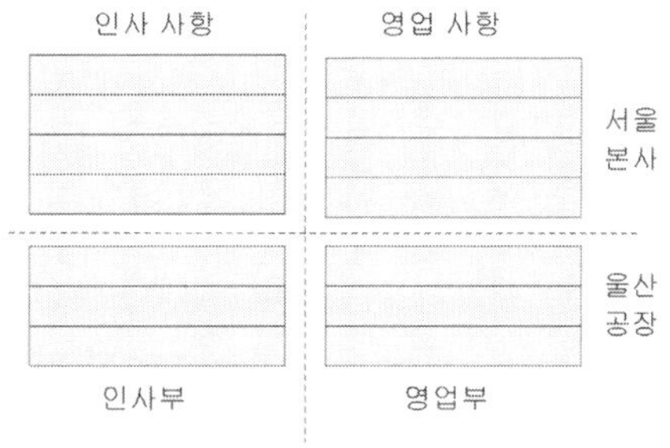

[그림 13.7] 대형 공장 인사 테이블의 혼합 단편화

3) 혼합 단편화

수평 단편화와 수직 단편화를 혼합하여 사용하는 경우를 혼합 단편화라고 한다. 대형 제철 공장을 운영하는 회사의 경우에 혼합 단편화가 필요하다. 서울 본사와 울산 공장에 근무하는 직원들의 인사 테이블은 근무지별로 수평적으로 분할하여 할당하는 것이 필요하고, 영업 테

이블도 서울과 울산에 나누어 설치하는 것이 효과적이다. 따라서 서울 사이트의 데이터베이스에는 서울에 근무하는 직원들의 수평단편들과 영업 사항을 포함한 수직 단편들로 구성된다. [그림 13.7]과 같이 테이블을 수평과 수직으로 분할하여 필요한 지역에 필요한 단편들을 할당하는 것을 혼합 단편화라고 한다.

(3) 중복과 할당

중복은 자료의 신뢰도와 가용성을 향상시킨다. 완전 중복(fully replicated) 분산 데이터베이스는 모든 사이트에 전체 데이터베이스가 저장된 경우이고, 비중복 분산 데이터베이스는 사이트별로 중복을 전혀 가지지 않는 경우를 말한다. 완전 중복의 단점은 자료 갱신 시에 일관성을 유지하기 위하여 모든 사이트의 단편들을 갱신해야 하므로 실행 속도가 지연된다는 점이다. 비중복(nonreplicated)의 경우에는 갱신 시 한 사이트만 갱신하므로 실행 속도가 빠르지만, 신뢰도와 가용성이 취약하다. 두 가지의 극단적인 경우 이외에 몇 개의 단편들만 몇 개의 사이트에 중복 할당하는 부분 중복(partial replication)이 존재한다. 자료의 안전을 위하여 모든 자료들을 두 개의 인접 사이트에 중복시키는 경우도 이에 해당한다. 부분 중복의 한 가지 실례는 노트북을 가지고 다니는 영업사원들이 자신의 영업 자료만을 다운받아서 가지고 다니다가 필요하면 서버의 데이터베이스와 동기화하는 경우이다.

13.3 분산 데이터베이스 트랜잭션

분산 데이터베이스 시스템에서 실행되는 트랜잭션은 전역 트랜잭션과 지역 트랜잭션으로 구분된다. 지역 트랜잭션은 한 지역의 데이터베이스만 접근하는 트랜잭션이며, 전역 트랜잭션은 두 개 이상의 지역 데이터베이스를 접근하는 트랜잭션이다. 따라서 지역 트랜잭션은 지역 DBMS가 관장하며, 전역 트랜잭션은 분산 DBMS가 관장한다. 전역 트랜잭션은 지역 데이터베이스를 접근하는 지역 트랜잭션들이 모두 성공적으로 실행되어야 완료할 수 있다. 즉, 트랜잭션의 ACID 특성이 전역적으로 요구된다.

13.3.1 전역 트랜잭션

분산 트랜잭션의 특징은 전역 트랜잭션에 있다. 전역 트랜잭션은 지역 트랜잭션들이 중첩되는 구조(nested transaction)로서 지역 트랜잭션들이 모두 완료되어야 전역 트랜잭션이 완료된다.

(1) 분산 트랜잭션관리

분산 DBMS는 시스템에 사용자들이 접근하면 지역 트랜잭션인지 전역 트랜잭션인지 식별한 다음에 지역 트랜잭션은 지역 DBMS에게 맡기고 자신은 전역 트랜잭션들만 처리한다. 각 사이트는 자체 지역 트랜잭션 관리자를 가지고 있다. 지역 트랜잭션 관리자의 기능은 해당 사이트에서 수행되는 트랜잭션들의 ACID 특성을 보장하는 것과 전역 트랜잭션을 처리하는 것을 협조한다. 전역 트랜잭션이 실행되기 위해서는 각 지역 사이트에서 지역 트랜잭션들의 협동처리가 필요하므로 각 사이트에는 지역 트랜잭션들의 실행을 관리하는 지역 트랜잭션 관리자가 필요하고, 한 사이트에서 시작된 여러 트랜잭션들의 수행을 조정하는 트랜잭션 조정자가 필요하다.

트랜잭션 관리자(Transaction Manager): 지역 데이터베이스를 접근하는 트랜잭션을 관리한다. 트랜잭션 관리자가 관리하는 트랜잭션들은 지역 사이트에서 기동하여 지역 데이터베이스를 접근하는 지역 트랜잭션이거나 전역 트랜잭션에 의하여 지역 데이터베이스를 접근하려고 기동된 지역 트랜잭션이다.

트랜잭션 조정자(Transaction Coordinator): 지역 사이트에서 기동된 모든 트랜잭션들의 실행을 관리한다. 트랜잭션이 지역 데이터베이스를 접근하면 지역 트랜잭션 관리자에게 실행을 맡기고, 전역 데이터베이스를 접근하면 각 지역의 트랜잭션 관리자에게 실행을 위탁하고, 실행 결과를 받아서 종합한다.

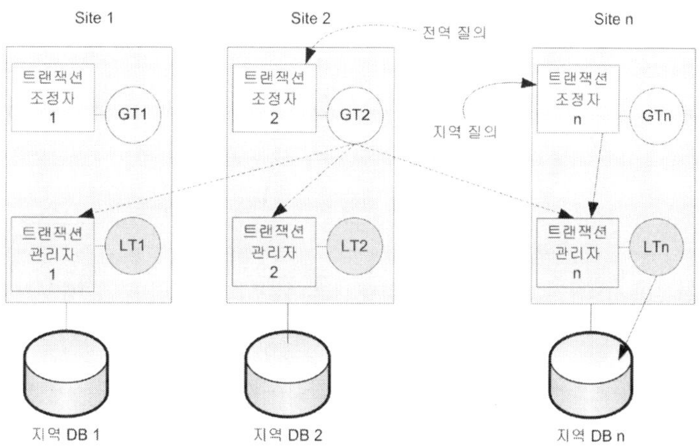

[그림 13.8] 분산 트랜잭션의 협동처리

중앙집중식 환경에서는 한 사이트의 데이터베이스만 접근하기 때문에 트랜잭션 관리자만 필요하다. 분산 환경에서는 트랜잭션이 여러 사이트의 데이터베이스를 접근하기 때문에 트랜잭션 조정자가 필요하다. 각 사이트의 트랜잭션 조정자는 다음과 같은 책임을 가진다.

- 트랜잭션 실행을 시작
- 전역 트랜잭션을 식별하여 하위 트랜잭션을 분리하고, 다른 사이트에 실행을 위탁
- 다른 사이트에서 실행된 결과를 받아서 완료 또는 종료

모든 지역 트랜잭션들이 성공적으로 완료되어야 전역 트랜잭션의 실행이 완료된다. 따라서 전역 트랜잭션은 지역과 전역에서 각각 완료되어야 하므로 2단계 완료 규약이라고 한다.

(2) 중첩 트랜잭션

전역 트랜잭션은 지역 트랜잭션들로 구성된다. 지역 트랜잭션들이 모두 성공적으로 완료되어야 전역 트랜잭션도 완료된다. 만약 지역 트랜잭션들 중의 하나라도 실패하면 전역 트랜잭션도 실패한다. 따라서 전역 트랜잭션은 지역 트랜잭션들의 중첩 트랜잭션(nested transaction)이라고 한다.

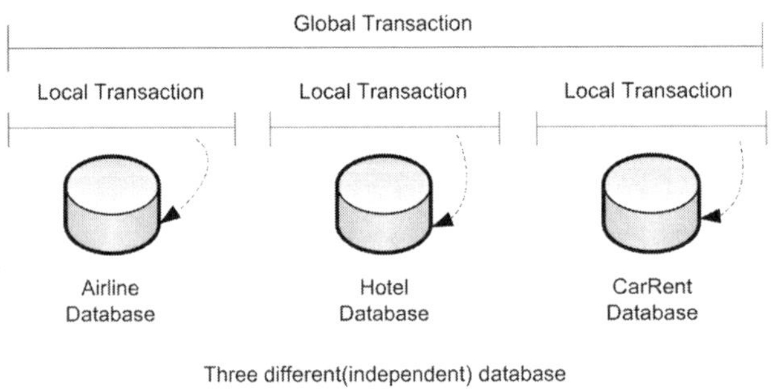

[그림 13.9] 전역 트랜잭션의 중첩 구조

여행사 업무에서 해외여행 예약 트랜잭션은 항공기 예약, 호텔 예약, 자동차 예약으로 구성된다. 어떤 여행의 경우에는 항공기 예약은 항공사에서, 호텔 여행은 호텔에서, 자동차 예약은 자동차 렌트 회사에서, 전체 예약은 여행사에서 주관하기 때문에 모든 회사들의 예약이 성립되어야 전체 여행 계약이 성립된다. 이 때 전체 여행 계약은 전역 트랜잭션이고, 항공기, 호텔, 자동차 예약은 모두 지역 트랜잭션이라고 말할 수 있다. [그림 13.9]에서와 같이 여행 예약 트랜잭션은 항공사 데이터베이스, 호텔 데이터베이스, 자동차대여 데이터베이스 등을 모두 성공적으로 예약할 수 있어야 완료할 수 있다.

13.3.2 분산 질의처리

중앙집중식 데이터베이스에서 질의처리 효율은 디스크 접근 시간을 줄이는데 있었으나 분산 데이터베이스에서는 사이트 간에 자료를 전송하는 시간을 줄이는 것이 중요하다. 데이터베이스의 크기가 클수록 전송 시간이 더욱 중요하다. 조인(join) 연산은 특히 자료 전송 시간이 큰 부담이 된다. 조인 연산의 결과로 발생하는 중간 생성 파일의 크기를 줄이는 것도 자료 전송 시간 개선에 중요한 역할을 한다.

(1) 전역 질의

사용자가 전역 질의를 요청하면 분산 DBMS의 트랜잭션 조정자(transaction coordinator)는 전역 데이터베이스를 접근하기 위하여 각 지역 트랜잭션 관리자(transaction manager)에게 지역 질의를 요청하고 결과를 전송받아서 취합하여 사용자에게 제공한다. 예를 들어 어떤 은행에서 전체 고객들의 저축계좌의 총금액을 다음과 같이 전역 질의로 요청하였다고 가정하자.

```
select balance
from Deposit
```

이 은행이 세 개의 지역 사이트를 운영하고 있다면 분산 DBMS는 트랜잭션 조정자 TC_r를 이용하여 각 사이트에 지역 질의를 실행하여 줄 것을 각 지역 트랜잭션 관리자 TM_i에게 요청한다. 각 지역 관리자 TM_i는 다음과 같은 지역 질의를 수행하고 수행 결과를 요청한 TC_r에게 반환한다.

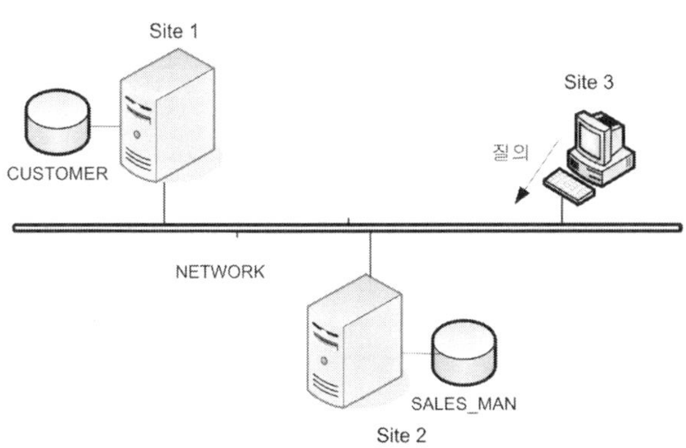

[그림 13.10] 분산 질의처리를 수행하는 세 개의 사이트

```
select balance
from Deposit site i
```

지역 질의를 요청한 트랜잭션 조정자 TC_i는 각 트랜잭션 관리자의 결과를 받아서 취합하여 사용자에게 제공한다.

(2) 자료 전송 비용

사이트 간의 거리가 멀수록 사이트 간의 전송 비용이 큰 비중을 차지한다. 사이트 간의 거리가 가까우면 사설 근거리 통신망을 이용할 수 있지만 거리가 멀어서 공용 장거리 통신망을 사용하게 되면 응답 속도 저하와 함께 적지 않은 통신비용을 지불해야 한다. 따라서 분산 데이터베이스의 질의 최적화 알고리즘은 자료 전송량의 감소를 최대의 목표로 한다. 자료 전송 비용을 감소할 수 있는 문제를 해결하기 위하여 [그림 13.10]과 같이 구성된 세 개의 사이트에서 두 가지 예제를 들어서 설명하기로 한다.

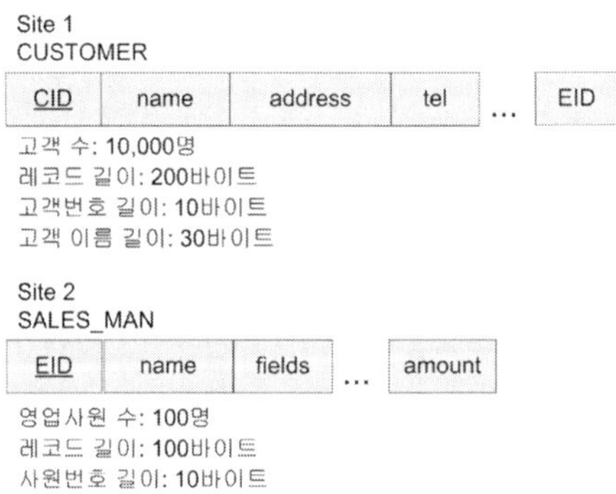

[그림 13.11] 자료 전송이 필요한 두 사이트에 설치된 테이블 내역

[그림 13.10]의 분산 환경에서 두 테이블을 조인하는 전역 트랜잭션을 실행하고자 한다. 세 개의 사이트가 있는데 사이트 1에는 고객 테이블이 있고, 사이트 2에는 영업사원 테이블이 있고, 사이트 3에는 사용자가 질의를 하고 있다. 고객 테이블은 영업사원번호와 고객이름 순서대로 정렬되어 있다.

〉〉〉 [예제 13.1]

사이트 3에서 "영업사원의 이름별로 고객이름을 찾아라"라는 질의를 요청하였다.
이 질의를 수행하기 위한 전역 트랜잭션의 SQL 문장은 다음과 같다.

```
select S.name C.name
from customer as C, sales_man as S
where C.eid = S.eid
order by S.name
```

[그림 13.11]에는 고객 테이블과 주문 테이블의 관계 스키마 도표(relational schema diagram)와 각 테이블의 크기가 있다. 고객 테이블의 크기는 200바이트 * 10,000건 = 2,000,000바이트이고, 영업사원 테이블의 크기는 100바이트 * 100명 = 10,000바이트이다.

영업사원 마다 담당 고객이 있으므로 이 질의의 결과는 10,000개의 레코드가 될 것이고, 영업사원이름과 고객 이름의 길이를 합하면 60바이트이다. 따라서 결과로 만들어지는 테이블의 크기는 10,000레코드 * 60바이트 = 600,000바이트가 될 것이다. 질의가 사이트 3에서 발신되었다고 가정한다. 다음은 이 질의를 수행할 수 있는 세 가지 경우이다.

1) CUSTOMER와 SALES_MAN 테이블을 사이트 3으로 전송하여 조인을 실행한다. 이 경우에 2,000,000 + 10,000 = 2,010,000바이트가 전송된다.
2) 사이트 2로 CUSTOMER 테이블을 전송하고, 사이트 2에서 조인한 결과를 사이트 3으로 보낸다. 시이트 2로 2,000,000바이트를 보내고, 사이트 3으로 결과 테이블 600,000바이트를 전송하므로 2,600,000바이트가 전송된다.
3) 사이트 1로 SALES_MAN 테이블을 전송해서 조인을 실행한 다음에 사이트 3으로 결과를 전송한다. 이 경우에 10,000바이트 + 600,000바이트 = 610,000바이트를 전송해야 한다.

자료 전송량을 최소화하기 위해서는 세 번째 방식으로 질의를 수행해야 한다. 세 번째가 전송 효율이 좋은 이유는 크기가 작은 테이블을 이동했기 때문이다. 다음에는 두 번째 예제를 살펴보자.

〉〉〉 [예제 13.2]

사이트 3에서 "영업사원 '홍길동'이 담당하는 고객이름을 찾아라"라는 질의를 요청하였다.

이 질의를 수행하기 위한 전역 트랜잭션의 SQL 문장은 다음과 같다.

```
select C.name
from customer as C, sales_man as S
where C.eid = S.eid and S.name = '홍길동'
```

모든 영업사원들은 담당하는 고객이 있으므로 SALES_MAN 테이블의 name과 EID를 찾고, 다시 CUSTOMER 테이블에서 EID에 의한 고객 이름을 찾아야 한다. 따라서 이 질의를 수행하려면 마찬가지로 두 개의 테이블을 조인해야 한다. 고객이 10,000명이고, 영업사원이 100명이므로 평균적으로 영업사원 1명당 100명의 고객을 담당한다고 본다. 따라서 질의 결과는 30바이트 * 100명 = 3,000바이트이고, 다음과 같이 세 가지 질의처리 방식이 가능하다.

1) CUSTOMER와 SALES_MAN 테이블을 사이트 3으로 전송하여 조인을 실행한다. 이 경우에 2,000,000 + 10,000 = 2,010,000바이트가 전송된다.
2) 사이트 2로 CUSTOMER 테이블을 전송하고, 사이트 2에서 조인한 결과를 사이트 3으로 보낸다. 이 경우에 CUSTOMER 테이블 2,000,000바이트를 보내고, 결과 테이블 3,000바이트를 전송하므로 2,003,000바이트가 전송된다.
3) 사이트 1로 SALES_MAN 테이블을 전송하고, CUSTOMER 테이블과 조인을 실행한 다음에 결과를 사이트 3으로 전송한다. 이 경우에 10,000바이트 + 3,000바이트 =13,000바이트를 전송해야 한다.

[예제 13.1]보다 훨씬 큰 차이로 세 번째 방식이 효율적이다. 그 이유는 크기가 작은 테이블을 이동하여 조인 연산을 수행했기 때문이다. 이와 같은 두 가지 예제는 클라이언트/서버 시스템에서 데이터베이스가 없는 클라이언트가 분산 질의를 요청할 때 발생하기 쉬운 경우이다. 그러나 [그림 13.12]와 같이 데이터베이스를 설치하고 있는 두 개의 사이트에서 앞에서와 같은 질의를 요청하는 경우를 살펴보자. 사이트 2에서 질의를 요청하면 다음과 같은 두 가지 질의처리 방식이 가능하다.

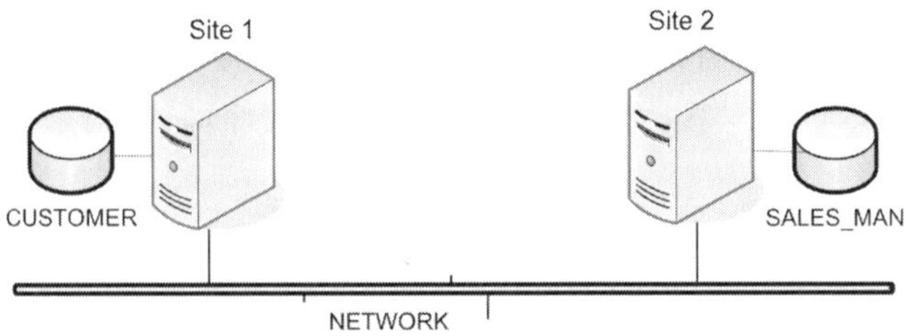

[그림 13.12] 테이블을 가진 두 서버에서의 질의

1) CUSTOMER 테이블을 사이트 2로 전송하여 조인 연산을 실행하는 경우에는 [예제 13.1]과 [예제 13.2] 모두 2,000,000바이트를 전송해야 한다.
2) SALES_MAN 테이블을 사이트 1로 전송하여 조인 연산을 실행하고, 결과를 사이트 2로 전송한다. 이 경우에는 [예제 13.1]의 경우에 10,000바이트 + 600,000바이트 = 610,000바이트를 전송해야 한다. [예제 13.2]의 경우에는 10,000바이트 + 3,000바이트 = 13,000바이트를 전송해야 한다.

두 번째 방식이 효율적인 이유는 작은 테이블을 큰 테이블이 있는 사이트 1로 전송하여 조인하고, 조인 결과로 얻은 더 작은 테이블을 다시 사이트 2로 전송하기 때문이다. 이와 같이 데이터베이스가 설치된 두 사이트에서 분산 질의를 수행하는 경우에는 더 효율적인 세미 조인(semi join)이라는 연산을 수행한다. 다음 절에서 세미 조인 연산을 기술한다.

(2) 세미 조인

세미 조인의 핵심 아이디어는 조인에 꼭 필요한 속성과 투플들만 다른 사이트로 전송함으로써 자료 전송량을 줄이는 방식이다. 꼭 필요한 속성들을 얻기 위해서 프로젝션 연산을 가능한 한 먼저 실행하고, 꼭 필요한 투플들을 얻기 위해서 가능한 한 셀렉션 연산을 먼저 실행해야 한다. 다음은 프로젝션과 셀렉션을 가능한 한 먼저 실행하는 세미 조인 절차이다.

세미 조인 $R \ltimes_{A=B} S$이란 테이블 R이 있는 사이트에서 R과 S의 중복되는 속성을 프로젝션한 결과를 S가 있는 사이트로 보내서 S와 조인을 수행하고, 그 결과에서 필요한 자료만 셀렉트하고 프로젝션한 결과를 다시 R이 있는 사이트에 가져와서 R과 조인하는 연산이다. 다음은 [그림 13.10]의 사이트 1에서 [예제 13.1]과 [예제 13.2]를 세미 조인하는 절차이다.

1) 사이트 1에서 두 테이블의 공통 속성인 EID 속성만으로 테이블 $temp_1$을 만든다.
   $temp_1 = \pi_{EID}(CUSTOMER)$
2) $temp_1$ 테이블을 사이트 2로 전송한다.
3) 사이트 2에서 $temp_1$과 SALES_MAN을 조인하고, 필요한 속성들(EID, name)만으로 $temp_2$ 테이블을 생성한다. $temp_2 = \pi_{EID,name}(SALES\_MAN \bowtie EID\ temp1)$)
4) $temp_2$를 사이트 1로 전송한다.
5) 사이트 1에서 $temp_2$와 CUSTOMER 테이블을 조인하고, 필요한 속성들만 출력하여 $temp_3$ 테이블을 만든다. $temp_3 = \pi_{SALES\ MAN.name,\ CUSTOMER.name}(CUSTOMER \bowtie_{EID} temp_2)$)
6) $temp_3$ 테이블을 사이트 3으로 전송한다.

[예제 13.1]을 구현하기 위하여 임시로 작성한 테이블 $temp_1$, $temp_2$, $temp_3$을 작성한 [그림 13.13]을 살펴보자.

사이트 1에서 만들어진 사원번호 EID로 구성된 $temp_1$ 테이블의 크기는 10바이트 * 100명 = 1,000바이트이며, 이것을 사이트 2로 전송한다. 사이트 2에서 $temp_1$과 SALES_MAN을 조인하여 영업사원번호와 사원 이름으로 만들어진 $temp_2$의 테이블의 크기는 40바이트 * 100명 = 4,000바이트이며, 이것을 사이트 1로 전송한다. 사이트 1에서 CUSTOMER 테이블과 조인하여 만들어진 결과 테이블 $temp_3$은 60바이트 * 10,000명 = 600,000바이트이다. $temp_3$을 사이트 3으로 전송한다. 따라서 전송 비용은 1,000바이트 + 4,000바이트 + 600,000바이트 = 605,000바이트이다.

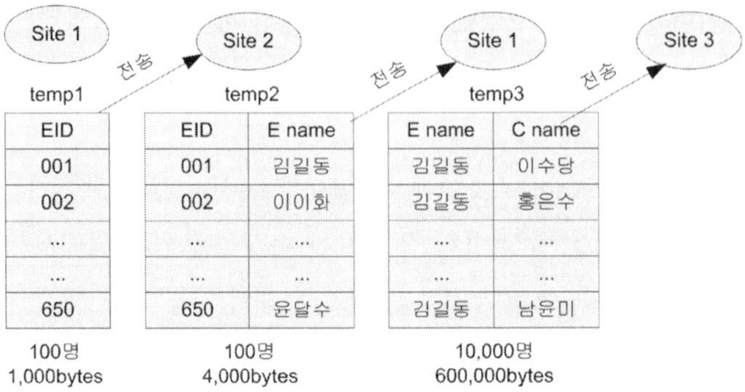

[그림 13.13] 예제 1의 세미 조인 절차

[예제 13.2]를 구현하기 위하여 임시로 작성한 테이블 $temp_1$, $temp_2$, $temp_3$을 작성한 [그림 13.14]를 살펴보자. 사이트 1에서 만들어진 사원번호 EID로 구성된 $temp_1$ 테이블의 크기는 10바이트 * 100명 = 1,000바이트이며, 이것을 사이트 2로 전송한다. 사이트 2에서 $temp_1$과 SALES_MAN을 조인하여 영업사원 '홍길동' 이름의 EID로 만들어진 $temp_2$의 테이블의 크기는 40바이트 * 1명 = 40바이트이며, 이것을 사이트 1로 전송한다. 사이트 1에서 CUSTOMER 테이블과 조인하여 만들어진 결과 테이블 $temp_3$을 사이트 3으로 전송한다. $temp_3$의 크기는 30바이트 * 100명 = 3,000바이트이다. 따라서 전송 비용은 1,000바이트 + 40바이트 + 3,000바이트 = 4,040바이트이다.

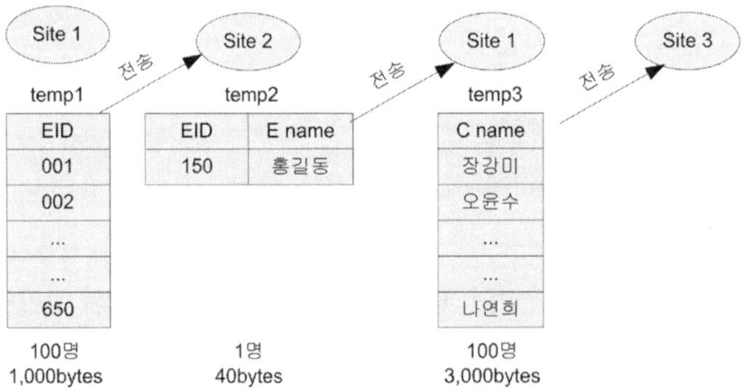

[그림 13.14] 예제 2의 세미 조인 절차

세미 조인은 분산 환경에서 자료의 전송량을 줄이기 위한 목적으로 개발되었다. 세미 조인 연산 R $\ltimes_{A=B}$ S는 사이트 1에 있는 테이블 R과 사이트 2에 있는 테이블 S를 조인하는데, 먼저 R의 조인 속성을 프로젝션하여 S가 있는 사이트로 전송한다. 사이트 2에서 전송된 테이블과 S를 조인한 다음에 꼭 필요한 자료들만 프로젝션해서 다시 R이 있는 사이트 1로 전송하여 조인을 수행하는 기법이다. 이 연산의 핵심은 자료의 크기가 작은 테이블을 만들어서 이동하는데 있다. 따라서 R $\ltimes_{A=B}$ S와 S $\ltimes_{A=B}$ R는 서로 상이한 결과를 가져온다.

13.3.3 분산 자료 갱신

분산 DBMS의 특징은 사용자가 보기에는 중앙집중식 DBMS와 동일하게 보여야 한다는 점이다. 물리적으로 여러 사이트에 자료가 분산되어 있지만 사용자에게는 논리적으로 하나의 자료만 있는 것으로 보여야 한다. 자료를 읽는 트랜잭션은 원본과 함께 여러 사본들이 있지만 모두 같은 값을 가지고 있기 때문에 가까운 위치에 있는 사본을 읽는 것으로 쉽게 처리된다. 그러나 자료를 삭제하는 트랜잭션은 원본과 함께 모든 사본들을 함께 삭제해야 처리가 완료된다. 자료를 갱신하는 트랜잭션도 원본과 함께 모든 사본들을 함께 갱신해야 처리가 완료된다. 분산 트랜색션은 ACID 특성의 하나인 원자성을 유지해야 하므로 하나의 전역 갱신 트랜잭션이 완료되려면 모든 지역 갱신 트랜잭션이 완료되어야 한다. 지역 갱신 트랜잭션 중의 하나라도 완료하지 못하면 전역 갱신 트랜잭션이 완료되지 못한다. 이렇게 모든 사본들이 함께 동시에 갱신되는 중복을 동기 중복(synchronous replication)이라고 한다. 반면에 시차를 두고 천천히 사본들이 갱신되는 중복을 비동기 중복(asynchronous replication)이라고 한다. 상용 분산 DBMS들은 효율성 때문에 비동기 중복을 널리 사용한다.

(1) 동기 중복

모든 사본들을 함께 갱신하는 방법에는 여러 가지가 있다. 대표적인 기법은 전역 갱신 트랜잭션이 기동되면 모든 사이트에 있는 사본들에게 록을 걸고 모두 갱신한 다음에 록을 해제하는 기법이다. 전역 갱신 트랜잭션이 사본이 있는 사이트의 지역 트랜잭션들에게 갱신을 요청하면 지역 트랜잭션들이 사본에 록을 걸고 갱신한다. 모든 지역 트랜잭션들로부터 완료 보고가 접수되면 전역 갱신 트랜잭션을 완료한다. 동기 중복 기법에서는 자료를 읽을 때는 가장 가까운 위치에 있는 사본을 읽으면 되고, 갱신할 때는 모든 사본을 갱신해야 하므로 하나읽기-전체갱신(read-only write-all) 기법이라고도 한다. 이 기법은 갱신보다 읽기 연산이 많은 응용분야에서 효율적이다.

[그림 13.15]는 원본 사이트에서 모든 사본 사이트에 자료를 록킹하라는 지시와 갱신 지시를 전송한다. 모든 사본 사이트에서 갱신 완료 보고가 접수되면 원본을 갱신하는 절차이다. 이 방식은 일관성 유지가 좋은 반면에 사본이 많을수록 갱신 시간이 많이 소요된다. 동기 중복 기법은 갱신 비용이 많이 소요되는 것이 단점이다. 동기 중복에서 갱신 트랜잭션이 완료되려면 모든 사본들에 록을 걸어야 하는데 록을 걸고 해제하는데 많은 시간이 소요될 수 있다. 록을 걸고 해제하는 도중에 통신 선로에 이상이 발생하면 전역 갱신 트랜잭션이 완료되기 어렵다.

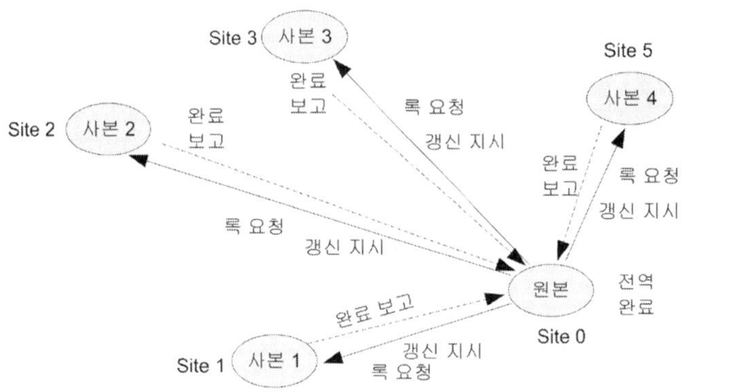

[그림 13.15] 동기 중복에 대한 전역 갱신 절차

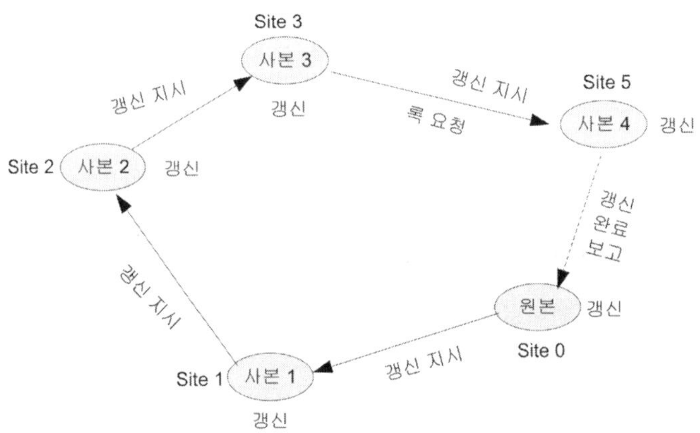

[그림 13.16] 비동기 중복에 대한 전역 갱신 절차

(2) 비동기 중복

중복된 자료는 자료를 처음 생성한 원본(master copy)과 원본을 복제한 사본(secondary copy)으로 구분할 수 있다. 원본은 자료를 생성한 사용자가 주로 사용하고 사본은 사고를 대비하여 예비용으로 사용되는 경우에는 원본과 사본을 따로 취급할 수 있다. 따라서 주로 사용되는 원본은 신속하게 갱신할 필요가 있지만 예비용으로 사용하는 사본은 천천히 갱신해도 지장이 없을 수 있다. 원본을 사용할 때는 최신 버전임을 확신하고 사용할 수 있다. 비동기 중복은 갱신 시에 모든 사본들을 함께 갱신하지 않고 시간 간격을 두고 차례대로 갱신하는 방법이다. 주로 사용되는 원본은 빨리 갱신하여 자료의 일관성을 제공하고, 사본들은 예비용으로 사용하기 때문에 천천히 갱신한다.

[그림 13.16]은 원본 사이트에서 원본을 갱신한 후에 첫째 사본 사이트에 갱신을 지시하면, 첫째 사본 사이트부터 사전에 지정된 순서에 의하여 모든 사본 사이트에서 갱신을 완료한다. 최종 사본 사이트에서 갱신 완료 보고를 원본 사이트로 보고하는 절차이다. 앞에서의 두 가지 방식은 원본과 사본을 구분하지만 원본과 사본을 구분하지 않고 전역 갱신을 수행하기도 한다.

연습문제

13.1 다음 용어들을 정의하시오.

1) 분산	2) 분산 시스템	3) 단편화
4) 투명성	5) 세미 조인	6) 병렬처리
7) 동기 중복	8) 전역 트랜잭션	9) 전역 스키마
10) 연방 시스템	11) 하향식 설계	12) 공유 메모리

13.2 분산 시스템이 발전할 수 있었던 기술적인 특징들을 설명하시오.

13.3 분산 시스템의 장·단점을 비교하시오.

13.4 분산 데이터베이스와 병렬 데이터베이스의 유사성과 차이점을 설명하시오.

13.5 연방 데이터베이스가 필요한 응용분야를 설명하시오.

13.6 분산 데이터베이스가 적합한 응용분야를 설명하시오.

13.7 밀 결합 시스템과 이완 결합 시스템을 구분하는 기준을 설명하시오.

13.8 분산 시스템과 병렬 시스템을 구분하는 기준을 설명하시오.

13.9 밀 결합 시스템과 분산 시스템과의 관계를 설명하시오.

13.10 분산 데이터베이스가 가장 필요로 하는 기능을 설명하시오.

13.11 분산 데이터베이스의 가장 취약한 부분을 설명하시오.

13.12 분산 시스템에서 투명성이 필요한 이유를 설명하시오.

13.13 분산 데이터베이스 시스템에서 지역 DBMS와 분산 DBMS의 기능상의 차이점을 설명하시오.

13.14 분산 데이터베이스 시스템에서 자치성, 이질성, 분산성을 가장 적절하게 조합하여 사용하는 경우를 예를 들어 설명하시오.

13.15 분산 데이터베이스 시스템을 분류하고 현재 가장 많이 사용되는 것은 어느 종류인지 예를들어 설명하시오.

13.16 분산 데이터베이스를 설계할 때 상향식과 하향식에 적합한 경우를 각각 예를 들어 설명하시오.

13.17 분산 데이터베이스를 구축할 때 수평 단편화와 수직 단편화 그리고 혼합 단편화에 가장 적합한 응용업무를 예를 들어 설명하시오.

13.18 분산 데이터베이스에서 중복의 필요성과 구현 방법을 설명하시오.

13.19 분산 데이터베이스에서 전역 질의와 지역 질의 처리 절차가 어떻게 다른지를 각각 설명하시오.

13.20 중첩 트랜잭션을 실행할 때 자식 트랜잭션이 취소되면 부모 트랜잭션은 어떻게 처리해야 하는가? 반대로 자식 트랜잭션을 실행하는 도중에 부모 트랜잭션이 취소되면 자식 트랜잭션을 어떻게 처리해야 하는가?

13.21 분산 질의처리를 실행할 때 성능에 가장 문제가 되는 것은 무엇인가?

13.22 분산 질의처리에서 비용이 많이 소요되는 연산은 무엇인가?

13.23 세미 조인 연산의 목적과 실행 방법을 설명하시오.

13.24 사이트 1에는 사원 테이블이 있고 사이트 2에는 고객 테이블이 있다. 사이트 3에서 '홍길동' 사원이 지원하는 고객의 명단을 찾고자 질의하였다. 여러 가지 처리 절차를 제시하고 가장 효율적인 방법을 선택하시오. 다음은 관련 테이블의 관계 스키마이다.

사원(사번, 성명, 주소, 전화)

사번은 10바이트이고, 사원 투플은 100바이트이고, 투플 수는 100개

고객(고번, 성명, 주소, 전화, 취미, 구매실적,......, 사번)

고번은 10바이트이고, 고객 투플은 200바이트이고, 투플 수는 10,000개

13.25 동기 중복과 비동기 중복이 가장 적합한 응용분야를 설명하시오.

찾아보기

(A)

(B)

(C)

(D)

(N)

(O)

(P)

(ㄴ)

(ㄷ)

(ㅊ)

참고문헌

니시다 케이스케 저, 김성훈 역, 『구글을 지탱하는 기술』, 멘토르, 2008

대림 출판부, 『클릭하세요 JSP 웹 프로그래밍』, 도서출판 대림, 2002

성윤정 저, 『예제로 배우는 XML』, 대림, 2005

이병욱 저, 『데이터베이스 시스템』, 생능출판사, 1999

이병욱 저, 『데이터베이스 원론』, 생능출판사, 2001

주종면 저, 『알기 쉽게 해설한 오라클 SQL & PL/SQL』, 이한출판사, 2005

Baeza-Yates, Ribeiro-Neto 저, 김명철외 6인 공역, 『최신정보검색론』, 홍릉과학출판사, 2001

Bhavani, Thuraisingham 저, 『XML Databases and the Semantic Web』, CRC Press, 2006

C.J. Data 저, 박석 역, 『데이터베이스 시스템』, 홍릉과학출판사, 2000

Charles Dye 저, 『Oracle Distributed Systems』, O'REILLY, 2007

Elmasri, Navathe 공저, 황규영 외 6인 공역, 『데이터베이스 시스템』, Info-Tech-Corea, 2007

Guojun 저 『Multimedia Database Management Systems』, Artech House Boston·London, 2002

John Davies, Dieter Fensel, Frank van Harmelen 저, 『towards The Semantic Web』, Wiley, 2005

Oge Marques, Borko Furht 저, 『Content-based Image and Video Retrieval』, Kluwer Academic Publisher, 2008

ORACLE 출판부, 『Introduction to Oracle9i: SQL Student Guide·Volume 1』, Oracle, 2001

ORACLE 출판부, 『Introduction to Oracle9i: SQL Student Guide·Volume 2』, Oracle, 2001

Raghu Ramakrishnan, Johnannes Gehrke 공저, 김수희 외 7인 공역, 『데이터베이스 시스템 3판』, McGraw-Hill Korea, 2003

Silberschatz, Korth, Sudarshan 저, 김형주 역, 『데이터베이스 시스템』, McGraw-Hill Korea, 2006

William B. Frakes, Ricardo Baeza-Yates 저, 류근호 김진호 공역, 『정보검색』, 시그마프레스, 1995

≫≫ 저자 프로필

저자 이병욱

- 연세대학교 공과대학 공학사
- George Washington 대학교 공학석사
- 중앙대학교 전자계산학 박사
- 현대상선(주) 전산부장
- 뉴욕시립대학교 연구교수
- 현재 경원대학교 IT대학 컴퓨터 소프트웨어학과 교수

관심분야

- 데이터베이스, 분산시스템, 디지털 컨버전스

도서출판 그린

데이터베이스 총론

인 지

인 쇄 일 ▶	2009년 8월 24일
발 행 일 ▶	2009년 8월 28일
저 자 ▶	이 병 욱
발 행 인 ▶	윤 덕 우
발 행 처 ▶	도서출판 그린
출판등록 ▶	제8-161호(1995. 5. 3.)
주 소 ▶	서울시 서대문구 연희동 219-20 (우)120-828
전 화 ▶	02)333-2574, 2575
Fax ▶	02)333-2561
E-mail ▶	greenpress@greenpress.co.kr
Homepage ▶	http://www.greenpress.co.kr

정가 : 23,000원

ISBN : 978-89-5727-121-6